토익

족집게 비법
RC

Pat Jeon 지음

 버들미디어

족집게 비법
토익 RC

Pat Jeon 지음

2014년 4월 29일 초판 1쇄 인쇄
2014년 5월 1일 초판 1쇄 발행

펴낸이 마복남
펴낸곳 버들미디어
등록 제 10-1422호
주소 서울시 은평구 증산로 403-2
전화 (02)338-6165 | 팩스(02)323-6166
E-mail : bba666@naver.com

ISBN 978-89-6418-037-2 03710

※책값은 표지 뒷면에 표시되어 있습니다.

1. 대학생도 두 달만에 만점받은 TOEIC.

우리나라에 TOEIC이 처음 도입된 1982년 이래 32년이 지난 현시점에서 볼 때 TOEIC의 위상은 실로 엄청나며 최근 5년 동안 누적 응시자수가 급기야 1000만명을 돌파했다.

TOEIC은 국제 업무에 필요한 실용 영어 능력을 평가하는 시험으로 한국과 일본을 비롯한 전 세계 약 60여 개 국가의 기업 및 기관에서 인력 채용 및 평가, 업무 배치, 승진, 향후 영어 학습 프로그램 계획 등 여러 방면에서 활용하고 있습니다. ETS(Educational Testing Service)에서는 앞으로도 국제 업무에 필요한 실용 영어 능력을 정확하게 평가하는 TOEIC 시험이 되기 위해서는 'TOEIC 시험 수험생 및 활용기관에서의 요구' 와 '영어 커뮤니케이션 환경에서 필요한 새로운 이론' 들을 시험에 반영해야 할 필요성을 느끼게 되었습니다. 이러한 '요구' 와 '환경' 을 TOEIC 시험의 개발 목적과 비교, 분석하여 새롭게 바꾸고 개발하는 것이 시험 개발자의 역할이기도 합니다.
따라서 ETS에서는 국제적인 환경에서 커뮤니케이션으로 사용하고 있는 영어에 대해 조사/검증 작업을 거듭하였고, 필요한 영어 능력을 평가하기 위해서는 현행 TOEIC의 일부 문제 형식을 변경하는 것이 타당하다는 판단을 하게 되었습니다.

이러한 배경 아래, ETS에서는 2004년에 세계 11개국 (한국, 일본, 중국, 캐나다, 프랑스, 이탈리아, 브라질, 인도, 멕시코, 스페인, 태국)의 기관 및 기업의 협력을 얻어 Global Survey를 실시하였으며 현재의 비즈니스 현장에서 어떠한 영어 능력이 필요한지 '조사/검증' 하는 작업을 진행하였습니다. 이를 통해 얻은 조사 결과와 2005년 9월부터 미국에서 시작할 예정인 TOEFL iBT Test(Next Generation TOEFL)개발 경험 등을 반영하여 2006년 5월 28일 정기 시험부터 TOEIC 시험의 일부 유형을 변경하여 실시하고 있다.

본서는 최근 TOEIC 기출 문제의 part 5, 6, 7을 분석함으로써 선택지만 보고도 관련 어법이 무엇이며, 통계적으로 항상 함께 등장하고 있는 정답과 오답의 유형은 어떤 것 인지를 공개함으로써 빈출되고 있는 어휘, 구조, 어법을 해석 없이 재빨리 풀 수 있게 구성했으며, 기출 유형을 최대한 반영하여 쉬운 문제는 1, 2초 안에 풀 수 있는 비법과 전략을 수록하였다. 또한 전국에 많은 저의 독자들과 수강생들 중에서도 2-3개월 만에 토익 만점("최민정학생[카페닉네임->no doubt]-daum에 pattoeic 카페 고득점수기" 중에서),및 900점대 이상 수강생들을 무수히 많이 배출시켰으며, 국내 유명 토익, 토플 강사들도 배출 시켰으며, 특히 part 7의 경우는 독해의 구성과 정답의 위치 파악에 성공할 수 있도록, 출제자들이 정답과 오답을 만들어 낼 때 선택지에 사용하는 정오답 장치를 가려내는 비법과 전략을 2004년("토익 part 7 쉽게 따라 잡기" 책에서 국내 첫 공개)이후 개정된 내용을 다시 재공개함으로써 이 내용을 자기 것인양 표절하는 몰지각한 많은 저자들에게 법적 대응 할 것을 밝히며 본 저자의 책에서만 유일하게 밝힌 정오답 원리와 정오답 장치에 관해서 더 이상 모방하거나 표절하는 것에 경고하는 바이며, 전국에 많은 학생들이 최소한의 시간에 최대한의 득점을 목표로 고득점 또는 만점 받을 수 있게 책에서 의도기획했으므로, 일부 몰지각한 저자들이 이를 훼손함으로써 학생들에게 상처가 될 수 일은 즉각 중단하기 바란다.그동안 TOEIC 시험에서 시간에 쫓기기만 했던 전국의 많은 수험생들에게 TOEIC의 기초와 실전 감각을 극대화 할 수 있게 재구성하였다. 부디 이 "족집게 비법 토익" 책을 통해서 수많은 토익커들이 TOEIC 시험에 자신감을 갖게 되는 계기가 되기를 바라며 영어 정복을 향한 큰 도약을 이루길 바란다.
끝으로 이 "족집게 비법 토익" 책이 나오기 까지 애써주신 버들미디어 출판사 사장님과 편집장님 이하 편집부직원분들에게 진심으로 감사의 인사를 전하는 바입니다.

2014년 5월
저자 Pat Jeon

Contents

TOEIC은 진화한다!

1979년 미국 ETS(Educational Testing Service)에 의해 개발된 이래, TOEIC(Test Of English for International Communication)은 국제 업무에 필요한 실용 영어 능력을 평가하는 시험으로 한국과 일본을 비롯한 전 세계 약 65여 개국 4,000여 기업 및 기관에서 인력 채용 및 평가, 업무 배치, 승진, 향후 영어 학습 프로그램 계획 등 여러 방면에서 활용하고 있습니다. 우리나라에는 1982년 도입되었으며 현재 전 세계적으로 해마다 약 500만 명 이상이 응시하고 있습니다.

ETS(Educational Testing Service)에서는 앞으로도 국제 업무에 필요한 실용 영어 능력을 정확하게 평가하는 TOEIC 시험이 되기 위해서는 'TOEIC 시험 수험생 및 활용기관에서의 요구' 와 '영어 커뮤니케이션 환경에서 필요한 새로운 이론' 들을 시험에 반영해야 할 필요성을 느끼게 되었습니다. 이러한 '요구' 와 '환경' 을 TOEIC 시험의 개발 목적과 비교, 분석하여 새롭게 바꾸고 개발하는 것이 시험 개발자의 역할이기도 합니다.

따라서 ETS에서는 국제적인 환경에서 커뮤니케이션으로 사용하고 있는 영어에 대해 조사/검증 작업을 거듭하였고, 필요한 영어 능력을 평가하기 위해서는 현행 TOEIC의 일부 문제 형식을 변경하는 것이 타당하다는 판단을 하게 되었습니다.

이러한 배경 아래, ETS에서는 2005년 현재 세계 11개국 (한국, 일본, 중국, 캐나다, 프랑스, 이탈리아, 브라질, 인도, 멕시코, 스페인, 태국)의 기관 및 기업의 협력을 얻어 Global Survey를 실시하였으며 현재의 비즈니스 현장에서 어떠한 영어 능력이 필요한지 '조사/검증' 하는 작업을 다시 진행하였습니다. 이를 통해 얻은 새로운 조사 결과와 2005년 9월부터 미국에서 시행된 TOEFL iBT Test(Next Generation TOEFL)개발 경험 등을 반영하여 2006년 5월 28일 정기 시험부터 TOEIC 시험의 일부 유형을 변경한 New TOEIC이 시행되고 있습니다.

New TOEIC의 특징과 장점

1. 수험자 및 활용기관의 요구 반영 및 최신의 영어 커뮤니케이션 이론이 반영된다.
2. 더욱 길어진 지문으로 응시자의 능력을 폭 넓게 평가한다.
3. 국제 업무 환경에서 사용되는 다양한 발음 및 악센트를 반영한다.
4. 실제 환경에서 요구되는 보다 실제적인 언어 능력을 평가한다.
5. 연관 있는 두 개의 독해 지문으로 독해 능력 평가의 개선을 도모한다.

More Authentic - 보다 현실적인 커뮤니케이션에 가까운 테스트로

New TOEIC에서는 More Authentic(보다 실제적인)이라고 하는 개념을 바탕으로 문제를 출제합니다. 이 것은 실제 커뮤니케이션에서 필요로 하는 영어 능력을 평가하기 위해 보다 현실에 입각한 상황이나 설정 을 Test상에서도 재현하고 있으며 이를 위해 지문을 장문화하였고, 발음을 더욱 다양화(미국, 영국, 캐나 다, 오스트레일리아, 뉴질랜드)하였으며, 과거의 틀린 문장 고치기는 삭제하였습니다.

현행 New TOEIC이 평가하고 있는 '요점을 알다', '추측할 수 있다' 등의 능력뿐만 아니라, 언어 운용 능 력의 기초를 이루는 문법, 어휘, 음성식별능력 등 보다 폭넓은 측정이 가능하고, 이러한 기초능력이 있어 야만 갖출 수 있는 높은 Level의 능력도 평가할 수 있도록 구성되어 있습니다.
소재에 관해서는 현재와 동일하게 일반적이며 비즈니스에서 필요한 커뮤니케이션 상황을 채택하였고, 특수한 비즈니스 영어 지식을 필요로 한다거나 그 나라의 역사나 문화 등 고유의 사상을 모르면 풀 수 없 는 문제들을 배제시켰습니다.
또한, 기존의 TOEIC시험과 동일하게 수동적인 능력(듣기와 읽기 능력)을 직접적으로 평가함으로써 능동 적인 능력(말하기와 쓰기 능력)을 간접적으로 평가한다는 개념을 New TOEIC에서는 그대로 반영했습니 다.

Evidence Centered Design

New TOEIC에는 Evidence Centered Design(ECD)이라고 하는 새로운 기법을 적용하였습니다.
ECD 기법이란?

1. TOEIC에서는 수험자의 어떠한 영어 능력을 평가하는가를 확정한다.
2. 그 영어 능력을 평가하기 위해 필요한 Data(Evidence)는 어떠한 것인가를 확정한다.
3. 그 Data를 수집하기 위해 어떠한 것을 수험자에게 질문하면 좋은가를 확정한다.
4. 수험자에게 질문하기 위해 가장 적합한 설문을 검증하고, 시험에 적용한다.

영어 능력을 평가하는데 필요한 Data(Evidence)수집을 Test 설계의 중점에 두고 있으므로, 그 방법을 Evidence Centered Design이라고 부릅니다. 이러한 Data(Evidence)를 수집하기 위하여 각각 구체적으로 아래와 같은 능력을 수험자에게 묻고 있습니다.

[L/C]
1. Inferring gist, purpose, and basic context
대의나 개략적인 내용을 파악하고 있는가?

2. Understanding details
   상세한 내용을 이해할 수 있는가?

[R/C]

1. Understanding specific (factual) information in tables and passages
   도표나 문장에 실려 있는 특정 정보를 찾아내거나 이해할 수 있는가?

2. Connecting information across passages
   한 개 혹은 복수의 지문에 걸친 정보를 관련지을 수 있는가?

지문은 하나의 질문마다 한 가지의 능력과 관련되어 있는 것이 아니라, 하나의 지문으로 복수의 능력을 측정하거나, 혹은 지문에 직접 능력과 관계가 없는 내용도 포함되어 있습니다. 또한 어떠한 부분이 특정 능력과 관련되어 있는 것도 아닙니다. New TOEIC에서는 이러한 ECD라고 하는 기법을 통해, 수험자의 능력을 다각적으로 검증하는 것이 가능합니다. 또한 '어떠한 영어 능력을 평가할 것인가' 라는 정의와 문제설계가 깊이 관련되어 있어 보다 상세한 피드백이 가능합니다.

현행 NEW TOEIC 구성

구성	Old TOEIC			현행 New TOEIC			시간	배점
		내용	문항수		내용	문항수		
Listening Comprehension	Part 1	사진묘사	20	Part 1	사진 묘사	10	45분	495점
	Part 2	질의응답	30	Part 2	질의 응답	30		
	Part 3	짧은대화	30	Part 3	짧은 대화	30		
	Part 4	설명문	20	Part 4	설명문	30		
Reading Comprehension	Part 5	문법/어휘	40	Part 5	단문 공란 메우기 (문법/어휘주절완성)	40	75분	495점
	Part 6	틀린문장 고치기	20	Part 6	장문 공란 메우기	12		
	Part 7	독해	40	Part 7	독해 단일 지문 복수 지문	28 20		
TOTAL	7 Parts		200문항		7 Parts	200문항	120분	990점

1. L/C Part 주요 특징

■ Part 1의 사진 묘사문제는 10문항으로 출제됨.

■ Part 3, Part 4 지문 당 각각 3개의 문제로써 각 질문은 음성화 됨.(Tape을 통해 들려 줌)

■ 미국, 영국, 캐나다, 오스트레일리아, 뉴질랜드 등 다양한 실제 발음 채택됨.

2. R/C Part 주요 특징
- 현행 New TOEIC의 Part 6부분은 12개의 장문 공란 메우기가 출제됨.
- New TOEIC의 Part 5는 단문 공란 메우기, Part 6은 장문 공란 메우기가 출제됨.
- New TOEIC의 Part 7에서는 1~2개의 지문을 읽고 질문에 답하는 문제가 출제됨.

3. 전체 구성과 특징
- 구성은 L/C Part(45분, 100문항)와 R/C Part(75분, 100문항)이며, 총 120분, 200문항임
- 중간에 휴식시간은 없음
- L/C Part는 Tape을 통해 나오는 지문을 듣고 질문에 답함, R/C Part는 인쇄된 문제를 읽고 질문에 답함
- 점수는 L/C 5~495점, R/C 5~495점, 총 10~990점으로 5점 간격으로 표시됨
- 시험은 영문으로만 구성
- 모두 객관식으로 답안지에 Marking 하는 방식

난이도

원칙상 ETS의 검증을 받고 있는 현행 New TOEIC은 Equating(성적의 동일화)을 실시하기 때문에 TOEIC 활용 기관에서는 기존의 TOEIC 성적을 활용하던 것과 같은 방법으로 New TOEIC 시험 결과를 활용할 수 있습니다. 예를 들어, 현행 TOEIC의 600점과 동일한 의미를 가집니다.

피드백

〈Evidence Centered Design〉에서 다루고 있듯이, New TOEIC에서는 보다 상세한 피드백이 가능합니다. ETS와 한국 TOEIC 위원회에서는 피드백과 관련하여 검증 작업을 진행 중이며 결정되는 대로 홈페이지, E-mail 등을 통해 공지되고 있습니다.

시행 현황 및 설문 조사 결과

정기 시험은 2006년 5월부터 출제 유형이 일부 변경되어 실시되고 있으며, TOEIC SPEAKING & WRITING TEST는 2006년 12월 9일부터 그 첫 시행에 들어갔습니다.
현재 TOEIC평균 점수는 640점, TOEIC Speaking은 5 Level이었으며 아울러 취업준비생들이 각각
희망하는 TOEIC 점수는 883점, TOEIC Speaking은 6 Level(130~150점)으로 조사됐습니다.

한국 TOEIC위원회 통계자료에 의하면 2009년에 취업을 위해 TOEIC에 응시한 수험자의 TOEIC평균 점수는 640점, TOEIC Speaking은 5 Level이었다. 그렇다면 취업 준비생(대학생)이 희망하는 TOEIC과 TOEIC

Speaking 점수는 어떨까?

YBM/Si-sa 한국TOEIC위원회에서는 전국 5개 도시(서울, 대전, 대구, 광주, 부산)에서 개최한 「하반기 채용 대비 TOEIC, TOEIC Speaking 설명회」참석한 취업 준비생(대학생) 1,000명을 대상으로 '취업과 영어'에 관한 설문조사 내용이다.

■ **TOEIC 응시 목적은?**
1위-입사 지원(54.1%), 2위-개인 실력 평가(22.4%), 3위-졸업인증(16.8%), 4위-학점 취득(6.7%)

■ **TOEIC Speaking 응시 목적은?**
1위-입사 지원(73.5%), 2위-개인 실력 평가(20.7%), 3위-졸업 인증(3.3%), 4위-학점 취득(2.5%)

■ **본인의 영어 능력 중 가장 부족하다고 생각하는 것은 무엇입니까?**
1위- 말하기(41.0%), 2위- 쓰기(24.7%), 3위- 듣기(19.4%), 4위- 읽기(14.9%)

■ **취업에 있어서 가장 중요하다고 생각하는 스펙(Spec)은 무엇입니까?**
1위- 학점((32.5%), 2위- TOEIC 성적(26.1%), 3위- 인턴십 경험(23.7%), 4위- TOEIC Speaking 성적(9.4%), 5위- 공모전 등 수상 실적(4.3%), 6위- 해외연수 경험(2.9%), 7위- 동아리 및 봉사활동(1.2%)

■ **TOEIC과 TOEIC Speaking이 취업에 도움이 된다면 어느 정도의 비중을 차지한다고 생각하십니까?**
1위- 70~50% (36.8%), 2위- 90~70%(31.6%), 3위- 50~30%(20.4%), 4위-100~90%(7.7%), 5위- 30% 미만(3.5%)

■ **취업을 위해 본인이 희망하는 TOEIC과 TOEIC Speaking 점수?**
  ▲TOEIC- 883.7점, ▲TOEIC Speaking- 6.5 Level(130~150점)

■ **본인의 영어 능력(성적)향상을 위해 어떤 노력을 하십니까?**
1위- 영어 학원(온라인 강의 포함)수강(42.9%), 2위- 자습(33.8%), 3위- 스터디 그룹 참여(15.8%), 4위- 어학연수(4.6%), 5위- 기타(2.9)

설문조사 결과를 보면 응답자 대부분은 취업을 위해 TOEIC과 TOEIC Speaking에 응시하고 있었다. 이들이 희망하는 TOEIC 점수는 883점, TOEIC Speaking은 6.5 Level(130~150점)로 나타났다. 실제 취업준비생의 TOEIC 평균 점수(2009년)와 비교해 보면 TOEIC은 240점, TOEIC Speaking은 1 Level 정도의 차이를 보였다.

취업 시 가장 필요한 스펙(Spec)에 대해서는 ▲' 학점'을 1위(32.5%)로 꼽았으며, 그다음은 ▲TOEIC 성적

■ 취업시 가장 필요한 스팩

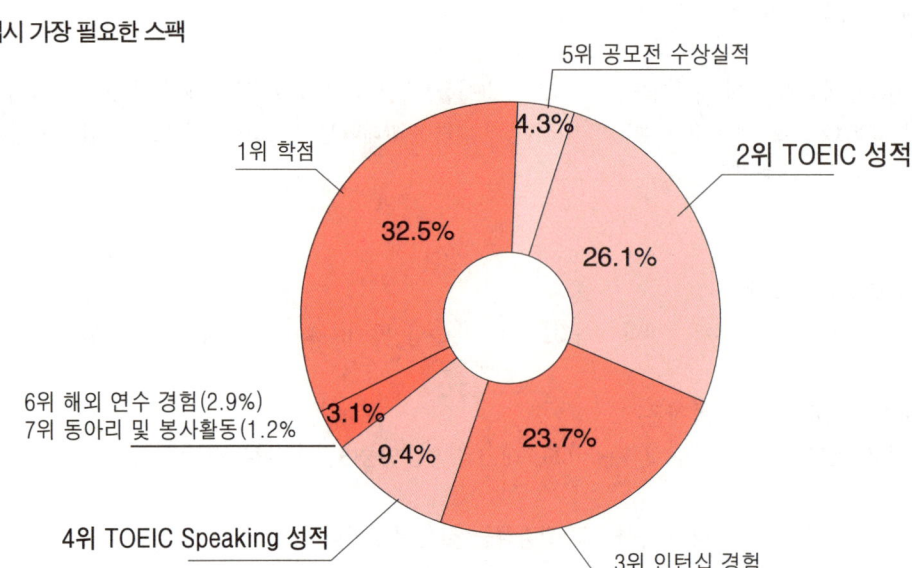

5위 공모전 수상실적
4.3%

2위 TOEIC 성적

1위 학점
32.5%

26.1%

6위 해외 연수 경험(2.9%)
7위 동아리 및 봉사활동(1.2%
3.1%

9.4%

23.7%

4위 TOEIC Speaking 성적

3위 인턴십 경험

(26.1%)- 인턴십 경험(23.7%)- TOEIC Speaking 성적(9.4%)-공모전 수상실적(4.3%)-해외연수 경험(2.9%)-
동아리 및 봉사활동(1.2%) 인 것으로 나타났다. 학점 다음으로 TOEIC 점수가 중요한 것으로 조사됐다.

TOEIC과 TOEIC Speaking 성적이 취업에 도움을 주는 정도에 대한 질문에 응답자의 36.8%가 '70~50%'
정도 도움이 된다고 답을 했으며, '70~90%' 도움이 된다고 답한 응답자도 31.6%에 달했다. 응답자 대부
분이 취업에 있어서 TOEIC, TOEIC Speaking 성적이 많은 도움을 준다고 생각하고 있었다.
반면 "도움이 되지 않는다" 라고 답한 응답자는 3.5%에 불과했다.

"취업에 있어서 TOEIC과 TOEIC Speaking 중 어떤 시험이 더 중요한가" 라는 질문에는 TOEIC과 TOEIC
Speaking 두 개 모두 중요하다. 라고 답변한 사람이 58.3%에 달했다. 취업준비생들은 영어의 4대 영역(듣
기, 읽기, 말하기, 쓰기)을 골고루 갖추는 것이 취업에 도움이 된다고 생각하는 것으로 나타났다.

2007~2009년 정기 TOEIC 응시 현황

2009년 정기 TOEIC 총 1,936,379명 응시, 평균성적은 619점

TOEIC 주관사인 한국TOEIC위원회(이하 한국TOEIC위원회)에서' 2009년 정기 TOEIC 성적 분석' 결과를 발표하였다.   (접수방법: 홈페이지 www.toeic.co.kr. 출처: 한국TOEIC위원회) *정기TOEIC이란? 매월 정해진 일자에 일반인을 대상으로 시행되는 TOEIC 시험을 말한다. 이에 반해 기업 및 단체의 요청에 의해서 비정기적으로 시행되는 시험을 '특별TOEIC시험' 이라고 한다.

전년대비 4만 명(2.1%) 증가

한국TOEIC위원회에 자료에 따르면 2009년 한해 동안 TOEIC 정기시험에 응시한 수험자는 1,936,379명이며, 이들의 평균 점수는 619점이다. 전년보다 응시인원은 4만 명 가까이 증가한 것으로 나타났다.

① 2009년 정기TOEIC 응시 인원 및 평균성적
응시인원: 1,936,379명
평균성적: 619점

② TOEIC 응시 목적: 취업을 위한 응시 41.8%로 가장 높아
2009년 정기 TOEIC 응시목적을 보면 취업을 위해 응시한 수험자가 41.8%로 가장 많았고, 그 다음은 '앞

■ 2007~2009년 정기 TOEIC 응시현황

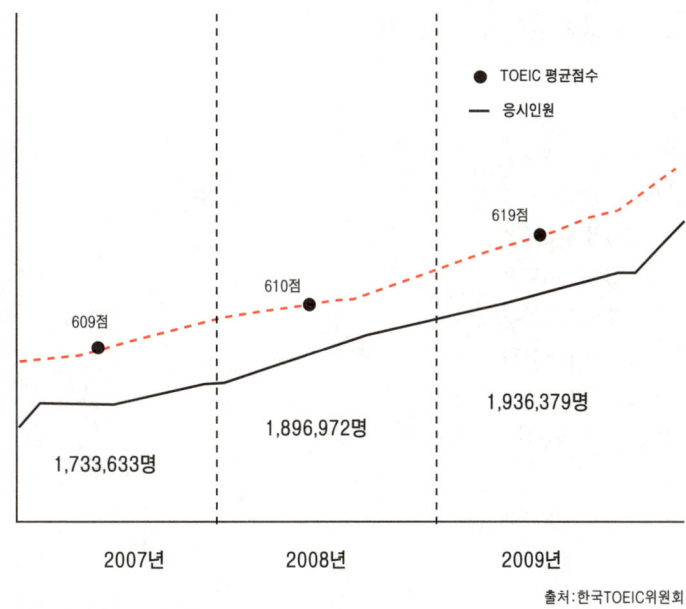

출처: 한국TOEIC위원회

으로의 학습방향 설정' 이었다.
취업: 41.8%
앞으로의 학습방향 설정: 21.0%
졸업 및 인증: 15.5%
승진: 6.6%
연수과정 성과측정: 3.2%
무응답: 11.9%

③ 학력별 TOEIC 평균성적; 학력이 높을수록 평균성적도 높아
직업고등학교 L:277점 R: 211점 T: 487점
직업전문학교 L:251점 R: 187점 T: 438점
대학(전문대학) L:275점 R: 213점 T: 488점
대학교 L:337점 R: 289점 T: 626점
대학원 L:344점 R: 308점 T: 652점 (LC-L RC-R Total-T)

④ 전공별 TOEIC 평균성적:교육학이 최고(685점),음악o 미술o 체육이 최저(550점)
인문학 L: 356점 R: 304점 T: 660점 사회과학, 법학 L:343점 R: 299점 T: 643점
경제학, 경영학 L:345점 R: 298점 T: 642점
자연과학 L:327점 R: 278점 T: 605점
의학, 약학, 간호학 L:317점 R: 267점 T: 583점
공학 L: 321점 R: 275점 T: 596점
교육학 L:363점 R: 322점 T: 685점
음악, 미술, 체육 L:313점 R: 237점 T: 550점
기 타 L:314점 R: 255점 T: 569점 (LC-L RC-R Total-T)

⑤ 연령별 TOEIC 평균성적
20세 이하: L:335점 R: 268점 T: 603점
21세~25세: L:329점 R:275점 T: 604점
26세~30세: L:343점 R: 293점 T: 636점
31세~35세: L:335점 R: 302점 T: 637점
36세~40세: L:319점 R: 297점 T: 616점
41세~45세: L:299점 R: 282점 T: 581점
46세~50세: L:286점 R: 270점 T: 556점
51세 이상: L:285점 R: 278점 T: 563점 (LC-L, RC-R, Total-T)

난이도 높은 3~4줄짜리 긴 문제의 경우는 보통 A, B, C, D의 정답 선택지를 먼저 보는 것이 유리하다. 이 때 관련 내용을 재빨리 파악하면 TOEIC의 단골 메뉴로 자주 출제되는 것과 그렇지 않은 것을 간파해 내게 된다. 그러나 일반적으로 다음의 순서를 밟는 것이 시간 안배 측면에서 더욱 유리하다.

1 전체 해석을 자제하고 본동사 1개를 먼저 찾아라.

완전한 문장에는 반드시 정동사가 하나 있어야 한다. 고로 동사를 먼저 찾는다. 그런 다음 빠진 성분만을 재빨리 고른다. 이 때 밑줄 바로 앞과 바로 뒤가 항상 결정적인 힌트가 된다. 앞과 뒤의 부분적인 어휘들의 구조와 의미만을 보고 전체 문장의 해석은 최대한 자제하며 문제의 정답을 신속 정확히 찾는다.

1979년 토익이 개발 출제될 당시부터 이미 토익 문법은 객관적인 정보 전달을 목적으로 하여, 성분이 모두 갖춰진 완전한 문장을 그 기본 단위로 해서 전체 해석하지 않고 전체 구조나 어순, 어형만을 보고 정답을 고를 수 있게끔 출제하고 있다. (Part 5-6).

고로, 토익 문법은 구조를, 독해와 청취는, 부분적인 의미를 그 기준으로 삼아서 정답을 고른다.

2 컴마(comma) 뒤에는 주로 주절이 정답으로 온다! (80-90% 출제)

아래처럼 컴마(comma)나 콜론([semi]colon) 뒤에는 대부분 완전한 문장으로서 주절이 온다. 즉, 컴마(comma) 뒤에는 반드시 정동사가 하나 나온다. 중요한 주절은 항상 보충 성분(전치사(구), 부사, 부사절, 분사 구분, to부정사…) 뒤에 주로 나오게 되며 연막 장치이자 하나의 함정으로 이들 보충 어구들인 부사나 전치사구를 먼저 앞세워 찾고자 하는 문장 성분이나 품사, 어휘를 고르기 어렵게 만든다.

> ▷ 【전치사구, (: / ;) 주어 + 동사 + 목적어/보어】(80-90% 출제)

〈기출 예제〉

As a manager, Steven (having / had / to have) much love for all his staff.

〈매니저로서 Steven은 자신의 직원들을 매우 사랑했다.〉

전체 문장 중에는 정동사가 하나 있어야 하므로 정동사(had)가 정답이 된다. (정답 ●had)

3 주절이 먼저 등장하고 부사구/전치사구가 뒤에 나오기도 한다.

완전한 문장 뒤에 전치사구, 부사구/절, 관계절, 분사… 등이 출제되기도 한다.

> ▷ 【주어 + 동사 + 목적어/보어 + 전치사구】(10~20% 출제)

① 계명 1 : 전체 해석은 철저히 자제해라!
② 계명 2 : 문장 속의 정동사 1개를 재빨리 찾아라!
③ 계명 3 : 밑줄 앞뒤의 어법과 어순을 확인해라!
④ 계명 4 : 동사의 형태, 시제, 태를 확인해라!
⑤ 계명 5 : 문장 성분(주어, 동사, 목적어, 보어)을 확인해라!

〈기출 예제〉

They enjoyed the fellowship of other actors (the / in the / a) company.
〈그들은 사내의 다른 관계자들과 우정을 쌓았다〉

완전한 문장 뒤에는 전치사구가 나오므로 in을 넣어 in the company가 정답이다.

1979년 토익이 일본에 이어 두 번째로 국내에 도입되던 당시부터 이미 The Chauncey Group International 의 토익 출제자들은 전체 해석 없이 전체 구조만보고도 정답을 고를 수 있게끔 상황을 설정해 놓았으므로 최대한 해석을 자제하고 전체 구조(완전한 문장)와 부분적인 어휘의 뜻만을 보고서 정답을 고른다.

한 문제 당 10~20초안에 해결해서 토익 어법어휘 문제(101~152번)를 전체 20분대 내에 풀어내야만 Part 7 의 독해를 무난하게 풀 수 있게 된다.

일부 토익 책에서는 문법 문제 당 25~35초안에 해결해야 된다고 나오지만 실제 시험을 본다면 독해 문제 까지 감안했을 때 이는 너무 긴 시간이며 웬만하면 17초, 18초, 20초안에 끝낼 수 있게 최대한 초 테크로 시간 단축을 해야 한다.
400~500점 대 수험생이나 800~900점 대 수험생이나 할 것 없이 독해의 경우는 전체 주어진 75분 중에 거 의 55분 이상이 소요된다. 그러므로 나머지 20여분 안에 문법을 끝내야 하며 4~5분 나머지 시간은 답안지 에 marking하면 된다. 시간 안배는 곧, 점수와 직결되는 것이다.

만약, 문법에서 20분 이상 지체될 경우는, 독해 문제는 지문을 제대로 읽어보지도 못한 채 10~15문항 이상 은 그냥 답안지만 보고 찍고 말게 되는 그런 불행한 사태가 초래되며 이를 방치하면 계속 악순환 될 뿐이 다.

실전 문제풀이 공략 순서

1 긴 문제의 경우, 선택지 A, B, C, D를 먼저 보고 관련된 문법과 해당 품사를 재빨리 간파해서 통계적인 정답과 오답의 어휘를 고른다.

무조건 단 한 번에 정답 먼저 고르려고 무리하지 말고 A, B, C, D 보기의 공통점과 관련 문법을 재빨리 파악해서 그것과 무관한 오답을 하나하나 제거하고 남는 것을 최종적인 정답으로 골라서 문제의 빈칸 속에 넣고 그 앞과 뒤가 문법적으로 제대로 연결되는지를 확인하면 되는 것이다. [소거법]

이런 문제 풀이 감각은 토익 선생이든, 학생이든 본서의 공식 중 적어도 70~80% 정도는 충분히 훈련이 되어야만 가능하다. 그래야만 특정 문제들의 경우 보기만 보고도 정답과 오답을 고를 수 있고, 또는 문제의 첫 단어만 보고도 정답과 오답을 고를 수 있게 된다. 그렇게 되기까지는 각 전략 비법의 내용을 통해서 단순한 암기가 아닌 출제자의 출제 경향과 출제 의도까지 동시에 제대로 간파해야만 될 것이다.

120분이라는 정해진 시간이 있으므로 제한된 시간 안에 해결해 내려면, native speaker들처럼 일일이 해석을 해서 껴 맞추거나 또는 원리 원칙을 그대로 고수하는 정석대로의 문제 풀이 방법 자체는, 결국 토익을 매월 준비하고 시험 보는 전국의 약 20~40만 명이상 되는 학생들과 신입 토익 선생들이 초창기 몇 년간 시행착오를 겪게 되는 가장 큰 원인 중에 하나 인 것이다.

2 A, B, C, D 보기 중에 동일한 동사 4개가 등장할 때는 『be + p.p. 또는 동사원형』이 정답유형이다!!

〈기출 예제〉
The counselor asked that they ___ to solve their problem themselves.
A. tried   (B) have tried   (C) trying   (D) try

〈그 법률 고문은 그들 자신이 문제 해결을 위한 노력을 해야 한다고 요청했다.〉

소망, 주장, 요구, 제안(ask, insist, suggest, require, request⋯)의 의미를 지니는 동사가 등장할 때, that절 속에는 『조동사 (should) + 동사원형』이 정답이다.(Part 5) 또는 Part 6에서는 that절속에는 동사원형이 정답이 된다. should가 생략된 채 동사원형 try만이 정답으로 남는다.

이때는 선택지 A, B, C, D중에는 동일한 동사 4개가 등장하며 동사원형을 정답으로 갖게 되어 있다!
고로, TOEIC 문법 전체 통 털어, 선택지의 특징이, 동일한 동사 4개가 시제나 어형만 바뀐 채 같이 등장하는 문제의 경우는, 매월 출제되는, 수동태 『be + p.p.』를 정답으로 출제하거나 또는『동사원형』을 정답으로 출제할 때 보기의 모습이 되고 마는 것이다. 전체적으로 폼 잡고 하루 종일 해석하는 것이 아니라 매년,

매월, 격월, 또는 연간 3~5회 .. 이렇게 규칙적으로 출제되는 빤한 내용들이 있게 마련이라는 것이다.

즉, 특정 내용이 출제되는 그 주기를 알게 되면, 이런 통계를 통해서 선택지만 보고도 그 정답과 오답을 아주 쉽게 알게 되는 것이다.

물론 영어 강사들도 하루아침에 그렇게 되는 것은 아니고 10년, 15년, 20년,... 오랜 세월에 지나면서 세월만큼 경지에 도달하게 되면 몸에 먼지 베듯이 결국, 이 때 정답은, 보기만 쓱~봐도, 『동사원형이거나 be + p.p.』가 됨을 쉽게 알 수 있는 것이다.

Part 5 출제 유형 맛보기

전반적으로는 기존과 동일한 형태이며 어법 문제가 다소 어려워지고 어휘와 숙어의 비중이 커졌다.
문제의 길이는 보통 3 - 4 줄이며 짧아야 2줄이다.

1. 〈문항 수〉 : 40 문항 ◑ 40문항
2. 〈동사의 어법〉 : 17% - 7문제
3. 〈품사의 어법〉 : 22% - 9문제
4. 〈전치사〉 : 8% - 3문제
5. 〈품사〉 : 20% - 8문제
6. 〈문맥 속 어휘〉 : 32% - 13문제

〈SAMPLE〉

101. Mr. Wayne _____ that the region's economy would grow by about
    five percent both this year and next.

    (A) predicted   (B) predicting   (C) predict   (D) was predicted

|전문 해석 및 해설|

〈Wayne씨는 그 지역의 경제가 올해와 내년에 약 5 퍼센트 성장할 것 이라고 예측하였다.〉
토익은 한 문장을 그 기본 단위로 출제하므로, 위 문장[주어 + 타동사 + that절]의 전체 주어는 Mr. Wayne
이고, 목적어는 that이 이끄는 명사절이다. 주어와 목적어 사이에 빠져있는 품사는 타동사이므로 능동형
의 동사가 정답이 된다. that절의 시제가 과거이므로, 역시 과거 동사가 정답으로 나와야 된다. 고로 정답
은 (A) predicted가 된다.

 Part 6 출제 유형 맛보기

Part 6 독해 지문 속 빈칸 채우기 *장문장 완성형(Cloze)

시대적인 요구에 따른 것으로 유학 시험 TOEFL이 CBT(Computer-Based Test)에서 iBT(Internet-Based
Test)로 바뀐 배경처럼 문법이 없어지고 Speaking & Writing Proficiency를 측정하고자하는 것처럼 TOEIC
시험도 다국적인 영어의 현상을 있는 그대로 보다 더 실용적인 현장 영어의 모습을 담고자하는 노력에서
기인한 것이다. 이미 대중 매체를 통해서 알려진 바대로 이런 변화는 부분적인 변화일 뿐이며 근본적인
변화로 보기는 역시 어렵다는 것이 본 저자의 견해이다.

TOEIC R/C 영역의 경우 Part 5는 문법과 어휘문제 40문항이 출제되며 새로운 유형의 Part 6는 현재 12문항으로 출제된다. 이는 실용적인 편지, e-mail, 팩스, 광고 문등의 장문의 문맥 속에서 주로 의미와 어법에 맞는 어휘와 표현을 고르는 장문 공란 메우기가 새롭게 출제된다. 각각 3문항짜리 장문이 4개가 등장하므로 모두 12문항이 출제되며 전체 문맥보다는 문장 속의 부분적인 문제 자체의 단순한 어휘와 표현, 문법 등을 고려해서 올바른 정답을 쉽게 고를 수 있게 출제된다.

역시 관건은 어휘와 기초 문법! 그놈의 어휘와 문법에 있다고 볼 수 있다. 독해 지문 속에서의 어휘와 표현을 묻는 문제이므로 기존의 어휘력 보다는 좀 더 다양하고 폭 넓으며 적재적소에 가장 적합한 어휘력을 갖춰야 된다는 것이 요구되고 있으며 이에 그 출제 유형의 문제를 소개한다.

1. Part 6의 구성과 전략 해법 5계명

Part 6(Cloze)는 글 중의 결어(缺語)를 보충하는, 독해력 테스트로서 형태나 그 모습은 Part 5이지만 그 내용에 있어서는 지문 독해 Part 7의 실용문을 그 주제로 하고 있으며 실질적으로는 독해 지문의 전조이며 독해 지문을 위한 훈련에 지나지 않다.
Part 6의 문제 유형은 어휘 문제(50%), 품사(40~45%), 접속사, 전치사, 수동태, 시제, 동사 형태 등 문법 문제(10~5%)로 구성되므로 문법 문제는 대폭 줄어들은 반면, 독해력 증진을 위한 어휘 문제가 대거 출제되는 만큼 어휘와 품사를 병행한 복합 적인 문제가 전반적으로 출제된다.
그러므로 문법이 줄고 어휘가 늘어난 만큼 오히려 모든 수험생들 입장에서는 해 볼만 한 좋은 기회가 아닌 가싶다. Part 6에서 가장 큰 변화는 독해를 위한 어휘를 대대적으로 출제한다는 새 경향이다. 초중급자는 물론이고 기존의 고득점자들 또한 그 어느 때 보다도 어휘력 보강에 전력을 쏟아야 할 것이다.

NEW TOEIC 구성

구성	Old TOEIC			New TOEIC			시간	배점
		내용	문항수		내용	문항수		
Listening Comprehension	Part 1	사진묘사	20	Part 1	사진 묘사	10	45분	495점
	Part 2	질의응답	30	Part 2	질의 응답	30		
	Part 3	짧은대화	30	Part 3	짧은 대화	30		
	Part 4	설명문	20	Part 4	설명문	30		
Reading Comprehension	Part 5	문법/어휘	40	Part 5	단문 공란 메우기 (문법/어휘주절완성)	40	75분	495점
	Part 6	틀린문장 고치기	20	Part 6	장문 공란 메우기 (형태는 PART 5 내용은 PART 7)	12		
	Part 7	독해	40	Part 7	독해 단일 지문 복수 지문	28 20		
TOTAL	7 Parts		200문항		7 Parts	200문항	120분	990점

2. Part 6 속성 풀이 전략 해법 5계명

① 계명 1 : 문장 속의 정동사가 1개 있는지 확인해라!
② 계명 2 : 품사 문제의 경우, 밑줄 바로 앞뒤의 문장 성분과 품사만 확인해라!
③ 계명 3 : 난이도 있는 어휘 문제의 경우, 앞뒤 문장 속의 핵심 어휘만 비교해라!
④ 계명 4 : 쉬운 어휘 문제의 경우에는 밑줄 바로 앞뒤의 관련 어휘만 확인해라!
⑤ 계명 5 : 문법 문제의 경우에는 밑줄 앞뒤의 어법과 어순을 확인해라!

독해 지문 전체를 다 읽고 해결하는 문제는 절대 출제되지 않으며 만약 그럴 경우엔 그것은 독해 Part 7에서 출제되고 있는 만큼, 현행 TOEIC Part 5를 푼다는 전략으로 빈칸을 포함한 기본 문장만을 참고하면 된다. 특히, 밑줄 바로 앞뒤의 성분과 품사를 집중적으로 확인할 때 거의 모든 문제는 해결 된다. 이 중 난이도 높은 어휘문제의 경우는 빈칸을 포함한 문장의 바로 앞, 뒤 문장의 비교 관련된 품사만을 모두 비교하면 된다.

즉 빈칸의 정답이 형용사일 경우, 앞뒤 문장속의 형용사를 모두 비교해라! 정답이 명사 일 경우는 앞뒤 문장 속의 모든 명사를 비교해라! 모든 것은 빈 칸 앞뒤의 성분과 품사가 90%이상 좌우하게 된다는 사실을 명심 또 명심 하도록 하자!

Questions 141-143 refer to the following advertisement.

Clover Credit Card
You have options when it comes to credit cards. At Clover Bank there is a card for every need.

All Clover credit cards offer :
- A low, variable Annual Percentage Rate
- Worldwide ATM network access
- Same rate for purchases, cash advances, and balance transfers

A credit card is a great _____ when used responsibly. You'll have peace of mind
141. (A) delay
    (B) product
    (C) replacement
    (D) tool

knowing that you have the means to cover books, supplies, and _____
142. (A) unqualified
    (B) uninformed
    (C) unexpected
    (D) unattached

emergencies while paying for these purchases over time. Students can apply for a
Visa with a $1,000.00 credit limit. If you're trying _____

143. (A) accept
 (B) change
 (C) manage
 (D) supervise

credit wisely, a MasterCard secured by your savings account is a good choice.
Clover's secured MasterCard has all the benefits you expect, and it is easier to
qualify for. If you're under 18 years of age, you will need a qualified adult as co-
signer or joint cardholder.

|전문 해석 및 해설| 141-143 다음 광고를 참조하시오.

클로버 신용 카드
신용카드에 관한 한 다양한 옵션들이 존재합니다. 저희 클로버 은행에서는 고객들의 어떤 요구에도 부합
되는 카드를 제공해 드릴 수 있습니다.

모든 클로버 크레디트 카드는 아래의 서비스를 제공 드립니다.
- 낮은 그리고 다양한 연 이자율
- 세계 어디서든 현금인출기의 사용이 가능함
- 구매, 현금 서비스, 자금 이체 등에 동일한 수수료율 적용

신용 카드는 책임감 있게 사용될 경우 매우 유용한 도구입니다. 책을 사든, 일용품을 구매하든, 혹은 예기
치 않게 돈을 써야 될 상황이 벌어졌을 경우, 여러분은 시간을 두고 결제하는 구매수단을 갖고 있다는 것
을 알고 있기 때문에 안심하실 수 있습니다. 학생들은 1000불의 신용 한도로 비자카드를 신청하실 수 있
습니다. 만약 신용 관리를 현명하게 하고자 하신다면, 저축 예금의 예치 금액 한도 내에서 지불이 가능한
마스터 카드를 선택하시는 것이 좋습니다. 클로버 마스터 카드는 여러분이 원하시는 모든 카드 혜택을 제
공하고, 신청 또한 용이 합니다. 만약 여러분이 18세 이하의 미성년이라면 자격이 되는 성인을 보증인 혹
은 가족 카드소지자로 내세워야 합니다.

141. 정답 (D)
|해설| 기존 Part 6에서는 거의 출제되지 않았던 어휘 문제이다. 같은 품사(여기서는 명사)이지만 다른 뜻
 을 가진 단어들 중에서 문맥상 자연스러운 단어를 고르는 문제이다. '책임감 있게 사용된다면 신용
 카드는 매우 훌륭한 도구이다' 라는 말이 되어야 하므로 정답은 tool이 된다. '방향' 이라는 의미의
 direction은 문맥상 말이 되지 않고 product 또한 '물건' 이라는 뜻으로 tool과 혼동하기 쉬우나 신용
 카드는 product가 될 수 없으므로 오답이 된다. replacement의 경우 대체할 다른 대상이 있어야 하
 므로 이 문제에서는 쓰일 수 없다.

142. 정답 (C)

|해설| '비상사태' 라는 의미의 명사 'emergencies' 를 수식하며 자연스러운 의미를 만들어 낼 수 있는 단어는 '예상치 못했던' 이라는 의미의 'unexpected' 이다.

143. 정답 (C)

|해설| 이 문장에서는 '현명하게 신용 카드를 관리하고자 한다면' 의 의미가 되어야 하므로 '~을 관리하다' 라는 뜻의 manage가 적절한 답이 된다. supervise 는 사람을 '관리하다' 의 의미를 지니므로 신용카드를 관리할 때는 쓸 수 없는 표현이므로 오답이 된다.

Part 7 출제 유형 맛보기

Part 7 (복수 지문 유형 Double Passage)

2006년 5월부터 출제되는 New TOEIC의 2개의 지문(double passage)유형은, 기존의 Part 7 독해 문제들이 주어진 지문을 기준으로 출제하는 보다 일반적인 정보(general information)를 요구하거나 육하원칙에 따른 특정 정보(specific information)를 묻는 형태인데 반해서 현행 New TOEIC의 Part 7의 2개 지문(double passage) 유형은 육하원칙에 따른 보다 자세하고 특정한 정보(specific information)는 물론이고 상호 지문 간의 추론 유형(inference), 단순 추론 유형(corollary argument), 귀납적인 추론(induction) 유형, 연역적인 추론(deduction)유형 등도 4문항에서 8문항까지 출제된다.

이는 사실 기존의 긴 장문의 독해 지문을 구성, 내용 및 분량 면에서 2개 지문으로 나눠놓은 것에 지나지 않은 유형으로서 기존의 Part 7 독해와 근본적인 변화는 없는 것으로 상호 연관성 있는 좀 더 긴 실용적인 지문이라 볼 수 있다. 결국 실제적으로는 새로운 2개의 지문(double passage)유형이 20개의 문항으로 출제되므로 이에 따른 기본 필수 어휘나 표현도 증가됐으며, 특히 동의어(synonym)와 다의어(ambiguous words)훈련에 각별한 주의를 기울이도록 한다.

역시, 관건은 바로, 문제 풀이 속도에 있으므로 항상 제목과 아래 문제를 먼저보고 지문 내용은 나중에 보되 아래 문제에서 자세한 정보를 정답 또는 힌트로 요구하는 부분만을 우선순위로 취사선택해야 하며 나머지 부분은 다음 지문과 문제를 위해서 과감하게 버린다. 지문이 2개로 늘어남에 따른 시간 안배 문제(Timing)가 기존과 마찬가지로 가장 큰 숙제이므로 철저하게 위의 지문보다는 아래 문제를 항상 먼저 보고 관련된 부분을 지문 중에서 재빨리 파악해서 정답과 힌트를 찾아낸다.

현행 TOEIC과의 비교표

구성	Old TOEIC			New TOEIC			시간	배점
		내용	문항수		내용	문항수		
Listening Comprehension	Part 1	사진묘사	20	Part 1	사진 묘사	10	45분	495점
	Part 2	질의응답	30	Part 2	질의 응답	30		
	Part 3	짧은대화	30	Part 3	짧은 대화	30		
	Part 4	설명문	20	Part 4	설명문	30		
Reading Comprehension	Part 5	문법/어휘	40	Part 5	단문 공란 메우기 (문법/어휘)	40	75분	495점
	Part 6	틀린문장 고치기	20	Part 6	장문 공란 메우기 (141번-152번))	12		
	Part 7	독해	40	Part 7	독해 단일 지문(153번-180번)	28		
					복수 지문(181번-200번)	20		
TOTAL	7 Parts		200문항	7 Parts		200문항	120분	990점

New TOEIC에서 Part 7은 기존의 1개의 지문(single passage) 유형이 그대로 28개 문항으로 출제되며 2개의 지문(double passage) 유형이 새롭게 20문항 출제되므로 총 48문항이 출제된다. 고로 전체 문항수와 지문의 길이가 늘어난 형태이다. 이는 두 개의 관련된 지문간의 상호 연계성을 토대로 한 기본적인 정보 검색의 독해 문제들로서 2개의 각 지문마다 5개 문항이 출제되므로 모두 2개짜리 지문이 전체 4개 이므로 2개의 지문(double passage) 유형 문제는 모두 20문항이 새롭게 출제되게 된다. 난이도나 길이는 기존과 별 차이 없이 출제된다.

Part 7. 속성 풀이식 독해의 3대 전술! & 독해 해법 10계명!

길고 긴 장문의 독해 지문을 두 개로 분리한 것에 지나지 않다. 고로 정답은 의외로 쉽고 단순한 정보 검색에 지나지 않으므로 다음의 속성 독해의 3대 전술과 독해 해법 10계명을 통해서 정답 쉽고 빠르게 고르는 순서를 익히도록 하자!

[독해 3대 전술]

▷ 전술 1. Skimming : 질문에서 요구하는 정보만을 전체적으로 훑어보라!

육하원칙(5W 1H)에 해당하는 세세한 정보의 정답은 바로 의문사가 결정한다.

즉, "who(⇒수신자, 발신자 등의 사람이 정답), why(⇒편지 목적, 의도 등의 to부정사, for + 명사, because, so that, 문장, because of, due to 등이 답), what(⇒동봉된 물품, 사항 등으로 사물 정답, to부정사, 동사, that절), how + 형용사(⇒숫자, 수량사), where(⇒장소가 정답), when(⇒숫자, 시간이 정

답), how(○from, by -ing, through…), what kind of (○명사가 정답)

What is the purpose of this letter? ○ To provide a reference

How did Mr. Smith learn? ○ From a business associate

What kind of business ? ○ Legal services

What does Mr. Hill require? ○ That Mr. Johnson pay an export tax

Why has this letter been written? ○ To comment on the excellence

When was the tax system created? ○ In 1790

How many patents have been issued? ○ 55,000

Where is the main office? ○ Ontario

Why were losses not greater? ⇒ Because of actions by union

▷ **전술 2. Skipping : 모르는 어휘의 경우는 문맥으로 간파하고 넘어가라!**
  독해 중에 잘 모르는 어휘를 만날 경우 앞뒤 문맥을 통해 의미나 분위기만을 파악한 채 재빨리 넘어간다.

▷ **전술 3. Scanning : 고유 명사나 숫자를 취사선택해라!**
  해당 문제가 의문사 how +형용사, who, where, what 등으로 시작할 경우는 그 정답의 모습으로 고유 명사나 숫자가 됨으로 해당 지문의 정답의 위치인 전반부나 후반부 중에서 고유 명사나 숫자만을 재빨리 찾는다.

보통의 경우, 정답을 빨리 차기위해서는 위의 언급한 skimming, scanning, skipping등의 3대 독해 기법 등이 요구된다. 먼저, 질문에서 요구하는 정보만을 전체적으로 훑어보는 식의 독해를 해야 한다. 즉, skimming을 통해서 6하 원칙에 해당하는 요구되는 정보의 정답을 결정하는 의문사를 결정적인 힌트로 재빨리 정답을 검색해야 된다.
다음으로 모르는 어휘의 경우는 문맥으로 간파하고 넘어가는 기법 즉, skipping을 통해서 독해 중에 잘 모르거나 낯선 어휘를 만날 경우 문맥을 통해 의미나 분위기를 파악한 채 재빨리 넘어간다.
결국 결정적인 특정 정보만을 직접적으로 바로 검색하되 주로 고유 명사나 숫자가 이에 해당되므로 이를 주시하는 독해 즉, scanning을 통해서 쉽게 해당 문제가 의문사 how+형용사, who, where, what 등으로 시작할 경우는 그 정답으로 고유 명사나 숫자를 해당 지문 중에서 재빨리 검색해 내는 것이다.

토익 독해는 한마디로 "철자 바뀐 숨은 동의어 표현 찾기"라고 할 수 있을 정도로 영어 실력보다는 시간 안배(timing)와 동의어가 대단히 중요하다. 영어를 제 아무리 잘 한다하더라도 주어진 시간 안에 풀어내지 못한다면 어김없는 찍어야 되므로 감점이 되는 것이지만 비록 짧은 시간 안에 벼락치기(cramming)로 암기해서 공부하더라도 출제 영역과 시험 범위가 있어서 이 안에서만 제대로 공부한다면 비록 영어는 서툴다 하더라도 고득점 내지는 만점까지도 득점이 가능한 시험이 바로 토익인 것이며 이렇듯 영어 자체 이외의 문제 운영의 측면인 시간 안배, 출제 경향, 출제 범위, 풀이 요령, 정답의 위치, 정답의 원리, 영어 문화권에 대한 이해 등의 영어 실력이외의 것들이 상당히 요구되고 있다.

[독해 해법 10계명 ⇔ part 3/4]

① 계명 1 : 맨 위의 각 지문별 장르를 파악해라!

② 계명 2 : 각 지문의 (부)제목 먼저 읽어라!

③ 계명 3 : 아래 2-5개 문제를 먼저 재빨리 2~5번 반복해서 읽어라!

④ 계명 4 : 의문사에 일치하는 핵심어(key word)를 재빨리 검색해라!

⑤ 계명 5 : 정답이 되는 육하원칙(5W 1H)의 세부 정보는 종속절에 분포된다!

⑥ 계명 6 : 보통, 첫 문제는 첫 1~3 문장에 정답과 힌트가 분포된다!(두괄식 구성)
　　　　　보통, 마지막 문제는 마지막 1~3문장에 정답과 힌트가 분포된다!(미괄식 구성)
　　　　　첫 1~2(3) 문항은, 첫 문제의 정답과 힌트가 되며, 마지막 문단에 출제되기도 한다. 역으로, 마지막 문제의 정답과 힌트가, 첫 문단에서 출제되기도 한다!

⑦ 계명 7 : 각 지문별 정답은 평균 2-3개! 그 정답을 검색해라!

⑧ 계명 8 : 정답인 종속절은 to부정사, -ing/-ed, 부사, 전치사류로 변형 출제된다!

⑨ 계명 9 : 정답인 종속절은 :(콜론), ;(세미콜론), A or B(동격의 or), S, 삽입어구, V(주어와 동사 사이의 삽입 컴마), A, B, and/or C(열거의 컴마), A - B(동격의 대쉬), A, B(동격의 컴마), (A) (동격의 괄호) 등으로 변형 출제된다!

⑩ 계명 10 : 정답은 철자 바뀐 숨은 동의어를 찾아라!(=paraphrasing) 지문 속의 철자와 같은 어휘가 나올 때, 규칙적인 리듬과 박자가 파생되므로 음악성을 지니게 되어서, 의도적인 오답으로 출제된다!

〈지문 종류〉

1 단일 지문(single passage) : 광고나 지시사항, 그리고 송장 (invoice)과 같은 기존의 주제에서 크게 벗어나지 않으나, 다음 지문의 종류가 추가 되었다.

2 서평(Book Review) : 영어권 생활에서 자주 접할 수 있는 실제적인 지문이다. 서평가의 의견이나 책의 내용을 묻는 문제 등이 출제된다.

3 복수 지문(double passage) : 안건과 이메일 같은 연관이 있는 두 개의 독해 지문이 나란히 제시되고, 그 두 지문에 관한 문제가 5개 출제된다. 두 지문을 종합적으로 이해하고 푸는 문제는 지문 당 1개 정도 출제되나 전혀 출제되지 않는 경우도 있다.

4 복수 지문의 내용 :
　① 서신 교환(exchange of letters)
　② 광고와 통지(advertisement and notice)
　③ 안건과 이메일(agenda and e-mail)
　④ 광고와 편지(advertisement and letter)
　⑤ 기사와 편지(article and letter)
　⑥ 초청장과 양식(invitation and form)

1. What is the meaning of the word "authentic" in line 2 of paragraph 3?

    (A) real

    (B) proper

    (C) pure

    (D) close

⇨ 특정 단어의 정의를 묻는 문제로, TOEFL에서는 전형적으로 등장하는 어휘 문제이다. 하지만, TOEIC에 서는 새로이 다루어지는 문제 형태로, 단일 지문, 복수 지문 모두에 출제된다.

2. What was Mr. Chang's response to Ms. Lee's request?

    (A) He set up a date for a meeting.

    (B) He gave her a refund.

    (C) He met her in person.

    (D) He had an interview with her

⇨ 위의 문제 형태는 복수 지문에만 해당되어, 두 지문을 종합적으로 이해하여야만 풀 수 있는 문제로, 지 문 당 1개 정도 출제될 수도 있다. 위의 문제를 잠깐 살펴보면, 첫 번째 지문에서 제시된 Ms. Lee의 요 청(request)이 무엇이고 그에 따른 Mr. Chang의 응답은 무엇인지를 묻는 문제이므로, 두 지문을 모두 이해해야 풀 수 있는 문제가 된다.

Part 7 <SAMPLE : Single Passage>

Questions 153-154 refer to the following job advertisement.

Employees Wanted

Denny's is currently hiring waitresses for its newest restaurant in Irvine. Starting pay is $9.75 an hour but can be negotiable depending on past work experience. Applicants must be good at math and be able to work well under pressure. All shifts are currently available, but employees must be willing to work any shift when necessary. Please fax your resume to the number listed below.

Denny's Irvine

Fax No. 809-345-4294

153. What position is the job advertisement for?

(A) Cook

(B) Waitress

(C) Manager

(D) Factory workers

154. What is NOT stated as a requirement for this job?

(A) Past work experience

(B) Good math skills

(C) Willingness to work day and evening shifts

(D) Ability to work under stress

|전문 해석 및 해설| 153-154 다음 광고를 참조하시오.

직원 구함

Denny's 는 Irvine에 가장 최근에 오픈한 체인점에서 일할 (153) 여종업원을 현재 찾고 있습니다. 초봉은 시간당 $9.75이지만, 경력에 따라 조정 가능합니다. (154 b)지원자들은 수학에 능해야 하며 (154 d)스트레스가 많은 상황에서도 무리 없이 일할 수 있어야 합니다. 모든 시간대에 지원할 수 있지만, 필요할 경우 (154 c) 어떤 시간대에도 기꺼이 일할 수 있어야 합니다. 아래에 나와 있는 번호로 팩스를 보내 이력서를 제출해 주십시오.

Denny's Irvine

Fax 번호 809-345-4294

(어휘) negotiable 협의할 수 있는 shift (교대) 근무 시간

be willing to 기꺼이 ~할 수 있는

153. 어떤 직위가 광고되고 있는가?

    (A) 요리사

    (B) 여종업원

    (C) 매니저

    (D) 공장 노동자

◐ 구직광고의 초반부에 waitress를 구한다고 분명하게 나와 있으므로 정답은 (B)가 된다.

154. 이 일의 요구 조건으로 언급되지 않은 것은 무엇인가?

    (A) 전 직장 경력

    (B) 훌륭한 수학 능력

    (C) 낮 또는 밤에 기꺼이 교대 근무할 수 있는 것

    (D) 스트레스 받는 상황에서 일할 수 있는 능력

○전 직장 경력에 대한 언급은 없으므로 정답은 (A)이다.

Part 7 <SAMPLE : Double Passage>

Questions 181-185 refer to the following business letter and the requested items

March 7, 2000

Gordon Tanner
2740 West Ponderosa St.
Pierre, SD
96743

Joe's Plumbing & Heating, Ltd.
3500 King Road
Pierre, SD
96758

Attention: Mr. John Stafford, Sales Representative

Dear Mr. Stafford:

Could you please provide me with a quote for the following items? I am currently building a new home and am acquiring quotes from several plumbing and heating businesses for various components needed for my home.

Please include in the quote the retail price, taxes, and installation costs itemized separately.
I would like this information by March 14 and will make my decision and place an order with the dealer of my choice on March 18.
Sincerely,
Gordon Tanner

The various items I need quoted are as follows:
  1. A residential air conditioner.
  2. Furnace
  3. Gas fireplace.
  4. Water softener.
  5. Water heater.

181. When does Mr. Tanner want the quote?

    (A) In seven days

    (B) In eight days

    (C) In nine days

    (D) In ten days

182. Which of the following was a quote not requested for?

    (A) Water heater

    (B) Furnace

    (C) Water softener

    (D) Heat pump

183. What does Mr. Tanner need these items for?

    (A) A house he has been contracted to build.

    (B) His own new home.

    (C) His construction company

    (D) His sister's new home.

184. Where does Mr. Tanner acquire the quotes for various components from?

    (A) several new houses

    (B) some Sales Representative

    (C) some residents

    (D) several plumbing and heating companies

185. According to the above letter, which is not included in the quote?

    (A) The retail price

    (B) Taxes

    (C) itemized furnace

    (D) installation costs

[전문해석]

2000년 3월 7일

Gordon Tanner

2740 West Ponderosa St.

Pierre, SD

96743

Joe's Plumbing & Heating, Ltd.
3500 King Road
Pierre, SD
96758

참조: 존 스태포드, 판매 대리인

스태포드 씨에게:

다음 물품의 시가를 알려 주시겠습니까? 저는 현재 새로운 집을 짓고 새 집에 필요한 다양한 구성 물품을 구하기 위해 몇몇 배관 및 냉난방 사업체로부터 가격 정보를 얻고 있습니다.

위에 각각 명세한 품목의 소매가격과 세금, 설치비용 시가를 적어 주십시오. 이 정보를 3월 14일까지 알고 싶으며 3월 18일에 결정을 해서 제가 선택한 판매 회사에 주문을 할 예정입니다.

고든 태너

시가를 얻고 싶어 하는 품목들은 다음과 같습니다.
1. 주거용 에어컨
2. 난방 장치
3. 가스용 벽난로
4. 정수기
5. 온수기

181. 태너 씨가 언제 시가를 원합니까?
 (A) 7일 후까지
 (B) 8일 후까지
 (C) 9일 후까지
 (D) 10일 후까지

182. 다음 중 시가를 요청한 품목이 아닌 것은?
 (A) 온수기
 (B) 난방장치
 (C) 정수기
 (D) 열펌프

183. 태너 씨는 어디에 이런 품목들을 필요로 하는가?

    (A) 그가 짓기로 한 집에

    (B) 자신의 새로운 집에

    (C) 그의 건설 중인 회사에

    (D) 그의 누나의 새로운 집에

184. 태너 씨는 어디에서 다양한 품목들의 시가를 얻는가?

    (A) 몇몇 새 집에서

    (B) 일부 영업 직원

    (C) 일부 주민

    (D) 몇몇 배관 및 냉난방 사업체

185. 위의 편지에 따르면 시가에 포함되지 않는 것은?

    (A) 소매가격

    (B) 세금

    (C) 항목별 난방로

    (D) 설치비용

|어휘|

quote 시가, 시세(를 얻다) **plumbing** 배관 **residential** 주거의 **retail price** 소매가격 **itemize** (arrange, group, list, rank,) 항목별로 적다, 명세를 밝히다 **place an order** 주문하다 **acquire** (gain, get, obtain, procure, capture, secure, seize, win) 획득하다 **component** (element, ingredient, member, module, segment) 구성 요소, 구성 물품 **furnace** 난방 장치 **water softener** 경수 연화제, 정수기 **water heater** 온수기

[정답] 181. (A) 182. (D) 183. (B) 184. (D) 185. (C)

New TOEIC의 정답 원리와 오답 원리 따라잡기

[refund ⊙ refund ⊙ refund ⊙ refund] (환불하다, 반품하다)
★ 동일한 철자반복 ⊙ 규칙적인 소리반복 ⊙ 규칙적인 박자와 리듬 ⊙ 음악성 ⊙ 노래 ⊙ 오답

[예제 1.]

Q: How can I get a refund?

A: (A) The refund was given.

  (B) Ask the front desk.

  (C) The price is refunded

[해석]

Q: 어떻게 환불 받을 수 있나요?

A: (A) 환불 액수를 받았다.

  (B) 안내 데스크에 문의해 보세요.

  (C) 값은 환불이 된다.

[해설] 문제의 refund가 반복해서 등장한 (A)의 the refund와 (C)의 refunded는 전형적으로 규칙적인 박자(beat)나 리듬(rhythm)을 발생시킴으로써 정보의 전달이 아닌 겉도는 소리의 전달(parrot-fashion)에 불과한 것으로 출제자의 의도적인 오답이 된다.

이와는 달리 의미가 자연스레 연결되며 철자를 바꿔 재 진술(rephrasing, rewording,paraphrasing)하므로 (B)는 상황에 맞는 정답이 된다.

[refund ⊙ reimburse ⊙ repay ⊙ return] (환불해주다, 상환하다, 갚다)
★ 철자 다른 동의어 반복 ⊙ 규칙적인 의미반복 ⊙ 규칙적인 의사소통 ⊙ 원활한 대화 ⊙ 정답

[예제 2.]

Q: How did you reimburse the price?

A: (A) We repaid her twofold.

  (B) Yes, We really reimbursed it.

  (C) They' ll reimburse the money.

[해석]

Q: 어떻게 환불 했나요?

A: (A) 그녀에게 두 배로 환불했어요.

  (B) 네, 정말 환불했어요.

(C) 그들이 그 대금을 돌려 줄 겁니다.

[해설] 문제의 reimburse가 반복해서 등장하는 (B)와 (C)는 규칙적인 박자(beat)나 리듬(rhythm)을 발생시킴으로써 정보의 전달이 아닌 겉도는 소리의 전달(parrot-fashion)에 불과한 것으로 결국, 음악성을 지니므로 출제자의 의도적인 오답이 되며 이와는 달리 철자 바뀐 동의어로 재 진술(rephrasing, rewording, paraphrasing)하고 있는 (A)가 정답이 된다.

---

(3) **near-record** ● high ● lofty ● elevated (기록적으로 높은)

(4) **hear from** ● be informed of ● be familiarized with ● be notified of (~대해 들어서 알다)

(5) **correct** ● amend ● remedy ● point out an error (실수를 정정하다)

(6) **expensive** ● costly ● excessive ● extravagant (값비싼)

(7) **vaccinated** ● immunized ● inoculated ● insusceptible (예방 접종된)

(8) **crash** ● fail ● collide ● collapse (고장, 폭주, 정지) *컴퓨터 시스템

(9) **poor** ● inferior materials ● faulty ● defective (재질이 나쁜, 불량의)

(10) **competitive quotation** ● good price ● charge ● cost (경쟁력 있는 가격, 비용)

(11) **be related to** ● a relative of ● be relevant to ~에 속하다, (~와 관련되다)

(12) **room charges** ● room rates ● lodging [hotel] expenses ● hotel bills (숙박비용)

(13) **continued growth in** ● an increase in ● an rise in ● a surge (~의 증가)

(14) **a machine** ● a device ● implements ● an apparatus (장치, 기계)

(15) **limited to ten** ● a maximum of ten ● at most 10 ● not exceed (10 최대 10까지)

위의 예제 (1)처럼 refund ● refund ● refund ● refund (환불해주다, 돌려주다)
철자(spelling)가 똑같은 어휘가 계속 반복되는 현상은 음악의 규칙적인 박자(beat)나 리듬(rhythm)을 발생시켜 반복적인 규칙성을 줌으로서 결국엔, TOEIC 영어가 아닌 규칙적이고 경쾌한 노래(melody, tune, song, chant, ballad, poem…)형식이 되고 만다. 즉, 정보의 전달이 아닌 겉도는 소리의 전달(parrot-

fashion)에 불과함으로 철자가 같은 어휘가 TOEIC 문제의 선택지의 보기 중 그대로 또 다시 등장할 경우, 의도적인 오답이 되고 마는 것이다.[위의 예제(1)의 경우] 즉, 정보 전달의 TOEIC 영어가 아닌 결국, 음악이 되기 때문이다.

고로 오답과 정답의 원리를 알면, 수년 내지 수십 년을 강의해 온 영어 선생들보다 더 확실히 더 정확히 더 빠르게 정답과 오답을 고를 수 있는 것이다.

TOEIC의 청취, 문법, 독해의 모든 영역에서 앞의 문제 내용 중에 이미 나왔던 어휘나 표현이 보기에 다시 그대로 등장할 경우, 음악성 때문에 곧! 오답이 되고 만다. [위의 예제(1)의 경우]

고로, 정보 전달이나 의사소통을 목적으로, 같은 주제(topic)가 계속 반복되는 동안에는 음악적인 리듬을 발생시키는 동일한 철자(또는 소리)의 반복이나 중복은 피해야 한다. [위의 예제(1)의 경우]
그 겉도는 소리의 전달(parrot-fashion)의 해결책은, 철자가 바뀐 동의어(synonym), 대명사(pronoun), 대동사(proverb) 등을 이용하거나, 또는 쉽게 풀이 설명(rephrase, paraphrase)함으로써 계속 문맥을 유지시키고 음악적인 요소를 없애며 원활한 의미를 주는 정답을 만들게 된다. 즉, 음악이 되므로 한번 쓴 말을 다시 써서는 안 되는 이유인 것이다. [위의 예문(2)에서 (15)까지의 경우]

ETS가 출제하는 1천여 개 이상의 모든 성인 영어 시험의 경우 이러한 언어의 원리가 그대로 적용된다. 2006년 12월 9일부터 첫 시행이 되는 TOEIC Writing과 TOEIC Speaking의 경우도 마찬가지이다.
앞에서 사용한 어휘를 그대로 계속 사용하면 바로 감점으로 연결 된다는 것이다. TOEIC Reading을 한다거나, TOEIC Grammar 문제를 풀 경우도 마찬가지이므로 철자가 바뀐 상태의 새로운 어휘가 나온다거나 동의어나 대명사, 대동사 등은 앞에 반드시 같은 어휘가 있으며 선행 지시어(referent)가 있으므로 다른 의미로 받아들여서는 안 된다. [위의 예문(2)에서 (15)까지의 경우]

즉, TOEIC 영어란, 음악처럼 같은 소리나 철자의 의미 없는 반복[위의 예제(1)의 경우]이 아닌, 철자를 계속해서 바꾸거나 쉽게 풀이 설명(rephrase, paraphrase) 함으로써 그 의미를 계속 전달시켜 그 문맥이 끊이지 않게 유지되고 내용이 자연스럽게 연결되어야 한다. [위의 예문(2)에서 (15)까지의 경우]

철자를 계속 바꾸거나 쉽게 풀이 설명(rephrase, paraphrase)하는 이유는, 마치 우리 몸의 면역 방어 기능(immunity)과정과 같다. "일반적으로 몸이 침입해 오는 미생물에 대항해서 자기를 방어하는 여러 가지 "면역" 반응(immune reaction)을 통해서, 혈액 단백질의 한 성분인 '감마 글로블린' 이, 항체(an antibody, 抗體)를 생산 하고, 그 항체가 이들 침입해 들어온 여러 가지 항원(an antigen, 抗原)들을 식별하도록 함으로써 항원에 달라붙어 백혈구(a leukocyte)로 하여금 공격을 가하여 효소 작용으로(enzymatic action) 그들을 파괴하도록 한다.

이 때 외부에서 한번 받아들인 어휘나 표현들(항원)이 우리 뇌 속으로 입력될 때, 뇌 속에 이미 저장되어 있던 그들과 같은 동의어나 표현들이(항체) 민감한 반응을 보이며(자가 면역 방어기능) 입력된 새 어휘를 이해하는 과정(항원식별) 중에 그들과 대치 가능한 같은 동의어나 또는 풀이된 쉬운 표현들, 대명사, 대동사들로 다시 바뀌어서 표현되는 것이다(항체 형성 과정). 이런 과정은 우리가 태어날 때 갖게 되는, 뇌의 선천적 언어 기능(language acquisition device : LAD, 언어 습득 장치)인 것이다. 이는 이미 미국 MIT공대의 촘스키 교수(Noam Avram Chomsky 1928~)가 설명한 바 있다. 이를 해명하려는 노력이 현, 국제 언어 학회의 큰 과제이기도 하다.

TOEIC 청취에서도, 문제나 질문 중에 특정 어휘의 발음과 똑같거나 비슷한 단어가 보기 중에 그대로 똑같거나 비슷하게 들려 와서 마치 정답인 것처럼 혼동을 주는 동일한 소리의 반복 현상들은 규칙적인 박자(beat)와 rhythm이 발생하는 경쾌한 음악(melody)이 되어서 오답이 되는 것이다. 그렇기 때문에 철자가 같거나 비슷한 어휘에 의해 같거나 비슷한 소리가 들려 올 땐 이미 TOEIC 영어가 아닌, 음악의 리듬이 만들어 지므로 의도적인 오답이 되는 것이다[위의 예제(1)의 경우]. 이런 언어의 특징을 그대로 이용해서 출제자들은 문제와 소리상의 공통부분(어휘)이 가장 적은 것을 정답으로 출제하고 있는 것이다. [위의 예문(2)에서 (15)까지의 경우]

TOEIC 독해에서도 본문 중에 특정 어휘와 동일한 단어(고유 명사나 동의어 없는 어휘들은 정답도 똑같은 철자로 등장한다)가 문제의 보기 중에 그대로 등장하면 역시 오답이 되고 만다. 다시 말해, TOEIC 청취나 독해에서도 정답은 일반적으로 동의어로 바뀌거나 다른 표현으로 바뀐(rephrase, paraphrase) 채 출제되는 것이다. 고유 명사나 동의어가 없는 어휘를 제외하고는 철자가 같은 동일 어휘가 그대로 보기 중에 다시 나올 땐 결국 오답이 된다. [위의 예제(1)의 경우]

고로, 토익 독해도 동일 어휘의 반복을 피해서, 본문과 공통부분(어휘)이 가장적은 것을 정답으로 출제하고 있다. [위의 예문(2)에서 (15)까지의 경우]

시중에 많은 TOEIC 서적들이, 이러한 영어의 정통 원리나 실제 TOEIC 경향을 배제한 채, 여전히 단순한 문제, 설명, 및 답만을 일괄적으로 주는 식의 구성에서 벗어나지 못한다는 많은 질책이 쏟아지는 것도 어찌 보면 당연한 일이 아닌가 싶다.

실제 TOEIC 시험은 그 시험 범위가 있어서 계속 변형 반복 출제되고 있다. 10년 전이나, 10년 후나 OLD TOEIC이나 NEW TOEIC이나 할 것 없이 TOEIC에는 변함없이 반복 출제되는 내용이 각 Part별로 형성되어있어서 R/C와 L/C의 경우, 학생들도 실제로 2~3개월만에도 만점이 나오는 학생들이 적지 않은 실정이다.
실제 영어 구사능력이나 실력과는 비례하지 못하지만 이런 시험 범위, 즉 시험에 나오는 것과 나오지 않는 것을 잘 알게 되면, 선택지인 A, B, C, D 보기만 갖고도 정답과 오답을 쉽게 가려낼 수 있게 되기 때문이다.
물론 강사들도 강의 경력 10-20여년 이상의 연륜과 실제 경향을 통해 경지에 올라 있을 때 그럴 것이다.

5년 전, 7년 전, 10년 전에 실제 TOEIC 시험에 출제된 문제 유형이 최근에도 문제만 약간 바뀐 채 여전히 그대로 출제된다는 것을 안다면, 그래서 특정 문법에 경우 어떤 유형, 정답, 오답이 잘 출제되는 단골 메뉴인지를 잘 안다면 출제될 내용도 예상 예측이 가능하게 된다. 그런 이유에서 본 저자에게도 2~3개월만에도 950점, 970점, 990점 만점을 획득한 수많은 수험생들이 배출된 것이다.

★ Mini-Test 1.

다음은 TOEIC 청취에서 소리가 같거나 비슷해서 음악성을 갖는 의도적인 오답유형으로서 출제되는 유사음들이다. 각 initial로 시작하는 한 쌍의 오답 어휘를 1개 이상 채워보자.

1. class / g _____	31. rack / l _____	61. tow / t _____
2. coffee / c _____	32. book / bo _____	62. pour / f _____
3. duck / d _____	33. still / st _____	63. raise / r _____
4. file / p _____	34. throw / dr _____	64. bend / v _____
5. grass / g _____	35. fill / f _____	65. around / r _____
6. horse / h _____	36. cab / c _____	66. about / b _____
7. letter / l _____	37. buck / b _____	67. rest / l _____
8. picture / p _____	38. ban / v _____	68. water / w _____
9. raising / r _____	39. load / r _____	69. waive / w _____
10. sales / s _____	40. label / l _____	70. play / p _____
11. setting / s _____	41. hill / h _____	71. pot / p _____
12. shell / s _____	42. pack / p _____	72. rot / l _____
13. ship / s _____	43. cart / c _____	73. carton / c _____
14. writing / r _____	44. browse / bl _____	74. sow / s _____
15. law / l _____	45. dock / d _____	75. weight / w _____
16. rise / r _____	46. disk / d _____	76. sink / s _____
17. clash / c _____	47. floor / f _____	77. drain / t _____
18. slow / s _____	48. pill / p _____	78. praise / p _____
19. bed/ b _____	49. half / h _____	79. late / r _____
20. their / t _____	50. light / r _____	80. feed / f _____
21. mail / m _____	51. fill / p _____	81. work / w _____
22. hole / w _____	52. dress / a _____	82. tile / t _____
23. learn / r _____	53. ladder / l _____	83. ride / g _____
24. staff / s _____	54. point / a _____	84. letter / l _____
25. plane / p _____	55. weigh / w _____	85. cow / c _____
26. fax / f _____	56. pile / f _____	86. waiter / w _____
27. farm / f _____	57. back / b _____	87. close / c _____
28. boss / b _____	58. tend / a _____	88. curtain / b _____
29. glove / gl _____	59. form / f _____	89. shirt / s _____
30. kick / k _____	60. bulb / b _____	90. bus / b _____

〈Mini-Test 1 정답〉

1. glass	31. lack(결핍되다)	61. toward(~의 쪽을 향하여)
2. copy	32. bookstore	62. four
3. dock(선착장)	33. steel(강철)	63. race(경마, 경륜)
4. pile(쌓아올린 더미)	34. draw	64. vend(자판기로 팔다)
5. glass	35. fuel(연료)	65. round
6. house	36. cap	66. bound(뛰어오르다)
7. ladder	37. bug(벌레, 도청기, 괴롭히다)	67. last(마지막의)
8. pitcher	38. van(화물차)	68. waiter
9. racing(질주경기)	39. road(도로)	69. wave(손짓해서 인사하다)
10. sails	40. level(평면[plane])	70. pray(기도하다)
11. sitting	41. heal(낫게 하다)	71. part
12. shelf(선반)	42. peck(쪼아먹다)	72. lot(부지, 위치)
13. sheep	43. car	73. cartoon(연재만화)
14. riding(승차)	44. blouse(블라우스)	74. saw(톱, see의 과거)
15. low	45. duck(암오리)	75. weigh(저울로 무게를 달다)
16. raise(끌어 올리다)	46. desk	76. sing
17. crash(충돌하다)	47. flower	77. train
18. snow	48. peel(과일 껍질)	78. place(배열하다)
19. bat	49. help	79. rate(평가하다, 어림잡다)
20. there	50. right	80. fit(알맞는, 튼튼한)
21. main	51. peel(껍질을 벗기다)	81. walk
22. whole	52. address(연설하다)	82. type
23. run	53. litter(쓰레기를 어지르다)	83. glide
24. stuff(자료, 내용)	54. appoint(임명하다)	84. ladder
25. plan	55. wait	85. coat
26. fact	56. file	86. water
27. firm(튼튼한)	57. bake(빵을 굽다)	87. clothes
28. bus	58. attend(동행하다)	88. button
29. globe(공)	59. farm	89. short
30. keep	60. ball	90. boss

★ Mini-Test 2.

다음은 TOEIC 듣기, 읽기, 말하기, 쓰기에서 의미가 일치하게 철자를 바꿈으로써 어휘를 paraphrase(변형)시켜 의도적인 정답 유형으로 출제되는 동의어들이다. 각각 의미 같은 동의어를 1개 이상 채워보자.

1. once a year	_____	매년
2. in one month	_____	한 달 후에
3. once in two months	_____	두 달에 한 번
4. a year ago	_____	작년
5. at the end of the week	_____	주말에
6. in one week	_____	일주 후에
7. undergo renovation	_____	회사(설비, 공장, 일)를 확장하다
8. the food provider	_____	요리 공급업자
9. small	_____	작은, 소형의
10. last night	_____	어제 밤
11. walk to the office	_____	사무실까지 걸어가다
12. be delayed	_____	지연되다, 늦춰지다
13. busy	_____	바쁘다, 활동 중이다
14. contact	_____	연락하다, 알리다
15. discuss	_____	논의하다, 고려하다, 토론하다
16. the manual	_____	안내서, 지침서
17. replace	_____	바꾸다, 복원하다
18. submit	_____	제출하다, 제안하다, 보내다
19. prepare	_____	준비하다, 갖추다
20. move	_____	움직이다, 이동시키다, 옮기다
21. attend	_____	항상 가다, 출석하다
22. care for	_____	신경 쓰다, 돌보다, 주의하다
23. accompany	_____	동행하다, 안내하다
24. cheap	_____	값이 싼, 경제적인, 빈약한
25. buy	_____	구입하다, 획득하다, 얻다
26. improve	_____	좋아지다, 개선하다
27. duplicate	_____	복사하다, 이중으로 하다
28. start	_____	시작하다, 개시하다
29. loan out	_____	빌려주다, 대부하다
30. complete	_____	완성하다, 마무리하다
31. review	_____	재검토하다
32. inaccurate	_____	틀린, 잘못된, 부정확한
33. accident	_____	우연한 사고, 불운
34. wait on	_____	기다리다, 기대하다
35. stop by[in, at]	_____	들르다, 방문하다

36. **break down**		고장 나다
37. **disconnect**		분리하다, 연락을 끊다
38. **a schedule**		예정(표), 스케줄, 일정
39. **speak in public**		연설하다, 강연하다
40. **deliver**		배달하다, 운송하다, 전하다
41. **available**		이용 가능한, 유효한, 손에 넣을 수 있는, 입수[이용] 가능한
42. **get a day off**		비번이다, 휴일이다
43. **pay out**		지불하다, 보상하다, 갚다
44. **resign**		사임하다, 은퇴하다, 그만두다
45. **contribute to**		기부하다, 기여하다, 제공하다
46. **be going to** +동사원형		-할 것이다
47. **advertise**		광고하다, 알리다
48. **profitable**		유리한, 수지맞는, 돈이 벌리는
49. **expensive**		비싼, 비용이 많이 드는, 과대한
50. **send**		보내다, 발송하다

〈 Mini-Test 2 정답 〉

1. **once a year**	every year 매년
2. **in one month**	in 30 days 한 달 후에
3. **once in two months**	bi-monthly 두 달에 한 번
4. **a year ago**	last year, a previous year 작년
5. **at the end of the week**	weekend 주말
6. **in one week**	postponed for seven days 일주 후에
7. **undergo renovation**	expand company(establishment, mill, plant, works) 회사의 설비, 공장, 일 등을 확장하다
8. **the food provider**	the caterer 요리 공급업자, 음식을 마련하는 사람
9. **small**	diminutive(little, miniature, tiny, compact, not spacious) 작은, 소형의
10. **last night**	yesterday, a previous night 어제 밤
11. **walk to the office**	go to the office on foot 사무실까지 걸어가다
12. **be delayed**	arrive late(slow, be retarded, be postponed, procrastinate) 지연되다, 늦춰지다
13. **busy**	employed(engaged, occupied, working, be tied up) 바쁘다, 활동 중이다
14. **contact**	approach(communicate with, notify, inform, reach, give ~ a call) 연락하다, 알리다
15. **discuss**	talk about(address, confer, consider, deliberate, examine, review, argue, contest, debate, dispute) 논의하다, 고려하다, 토론하다
16. **the manual**	guide(guidebook, handbook, primer, text) 안내서, 지침서
17. **replace**	displace(supplant, reinstate, restore, return) 바꾸다, 복원하다
18. **submit**	file(present, turn in, hand in, send in, introduce, propose, suggest) 제출하다, 제안하다, 보내다

19. **prepare**	fix(make, ready, equip, furnish, provide) 준비하다, 갖추다
20. **move**	transfer(migrate, relocate, rearrange, shift, stir) 움직이다, 이동시키다, 옮기다
21. **attend**	appear at(frequent, visit, tend, always go) 항상 가다, 출석하다
22. **care for**	mind(heed, note, observe, consider) 신경 쓰다, 돌보다, 주의하다
23. **accompany**	chaperon(escort, attend, conduct, guide, lead, usher) 동행하다, 안내하다
24. **cheap**	bargain(economical, inexpensive, reasonable, poor) 값이 싼, 경제적인, 빈약한
25. **buy**	purchase(acquire, get, procure) 구입하다, 획득하다, 얻다
26. **improve**	ameliorate(pick up, better, correct, cultivate, enhance, convalesce, recover) 좋아지다, 개선하다
27. **duplicate**	copy(repeat, reproduce, clone, parallel) 복사하다, 이중으로 하다, 사본하다
28. **start**	begin(commence, depart, inaugurate, initiate, originate, activate, launch) 시작하다, 개시하다
29. **loan out**	allow(credit, lend) 빌려주다, 대부하다(loan out)
30. **complete**	terminate(finish, finalize, conclude, end) 완성하다, 마무리하다, 완결하다, 달성하다
31. **review**	criticize(critique, evaluate, reassess, reevaluate, reexamine)
32. **inaccurate**	wrong(erroneous, fallacious, faulty, imprecise, incorrect, inexact) 틀린, 잘못된, 부정확한
33. **accident**	misadventure(misfortune, mishap, chance) 우연한 사고, 불운
34. **wait on**	anticipate(await, expect, attend, serve) 기다리다, 기대하다
35. **stop by[in, at]**	drop in[to](over, around, by)(step in, make a call, visit, call at, pay [make] a visit to) 들르다, 방문하다
36. **break down**	get [go] out of order(go wrong with, malfunction, does not work well) 고장나다
37. **disconnect**	disengage(separate, uncouple, disassociate) 분리하다, 연락을 끊다
38. **a schedule**	agenda(calendar, plan, program, timetable) 예정(표), 스케줄, 일정
39. **speak in public**	make [deliver] a speech(address an audience, lecture) 연설하다, 강연하다
40. **deliver**	convey(fetch, hand, pass, transfer, allot, dispense, distribute, bear) 배달하다, 운송하다, 전하다
41. **available**	open(ready, accessible, convenient, handy, obtainable, procurable, securable) 이용할 수 있는, 쓸모 있는, 유효한(for, to), 손에 넣을 수 있는, 입수[이용] 가능한
42. **get a day off**	be [go] off duty(be off, off guard, off day, get a time off, take a vacation) 비번이다, 휴일이다
43. **pay out**	compensate(recompense, refund, reimburse, clear, disburse, expend, outlay) 지불하다, 보상하다, 갚다
44. **resign**	leave(quit, retire, abdicate) 사임하다, 은퇴하다, 그만두다, 기권하다
45. **contribute to**	donate(bestow, confer, endow, give, present) 기부하다, 기여하다, 제공하다
46. **be going to** +동사원형	be scheduled to + 동사원형, be due to + 동사원형, be slated to + 동사원형, will + 동사원형
47. **advertise**	promote(publicize, announce, broadcast, display, show) 광고하다, 알리다
48. **profitable**	lucrative(fruitful, gainful, beneficial) 유리한, 수지맞는, 돈이 벌리는
49. **expensive**	costly(dear, excessive, exorbitant, extravagant) 비싼, 비용이 많이 드는, 과대한
50. **send**	direct(guide, route, mail, ship, dispatch, issue, transmit) 보내다, 발송하다

PART Ⅰ

PART 5.
문장 완성형

▶문장 구성 성분 ⇨ 주어, 동사, 목적어/보어, 보충어

⇨ Part 5는 완전한 문장(full sentence)을 정답으로 출제한다.

경향 분석 정보 1개 ⇔ 완전한 문장 1개 ⇔ 정동사 1개

❶ Part 5는 완전한 문장을 그 기본 단위로 출제한다! 즉, 정보 전달의 기본 단위로서 성분이 모두 갖춰진 완전한 문장(full sentence)을 정답으로 출제한다. 아래처럼 문장에는 정동사가 반드시 한 개 있어야 되며 이런 정동사는 완전한 문장임을 나타내 주는 것이다.

❷ 정보 1개 ⇔ 완전한 문장 1개 ⇔ 정동사 1개 라는 공식을 명심하자!

❸ 문장의 주요 필수성분은 주어, 동사, 목적어(명사, 동명사, to부정사, that절…), 보어(형용사, 명사어구, 동명사, to부정사, that절…)가 되며 이들 성분을 찾아서 채워 넣는다.

❹ 문장의 보충 성분은 부사(어구), 부사절, 분사구문, to부정사, 각종 전치사구 등이며 문장 중에서는 생략되어도 전혀 지장이 없으므로 철저하게 무시하며 건너 뛸 성분들이다.

밑줄 바로 앞 성분과 밑줄 바로 뒤 성분을 결정적인 힌트로 이용해서 그 중 빠진 성분이나 품사를 고르는 문장완성 유형(Part 5, 6)이 출제된다.

출제 의도 정동사가 있는 완전한 문장을 그 기본 단위로 출제하기 위함이다.

출제 빈도 매월

출제 유형 아래 출제공식 1~5는 아무리 화려하게 변형되어 복잡해보여도 알고 보면 TOEIC의 모든 문장들은 단순한 하나의 기본문장에 지나지 않으므로 전체 구조를 파악하는 것이 1-2초 안에 정답을 찾는 관건이다.

【 주어 + 동사 + 목적어/보어(필수성분) + 부사구(보충성분) 】: 80-90% 출제

출제 유형별 기출 예문

■ **출제공식 ❶** ⇨ 【 ___ + 동사 + 목적어/보어 + 부사구 】 ⇔ 주어((대)명사어구)가 정답이다.

ex.> Garrent & Co. specifically requested that _____ incorporate several photos to showcase different clothing products.

(A) us   (B) they   (C) themselves   (D) we

〈Garrent & Co. 회사는 다른 의류제품을 진열하기위해서 우리가 일부 사진을 섞어줄 것을 요청했다.〉

➡ That절속에 주어가 없으므로 전체 해석 없이도 밑줄 앞뒤만 보고 바로 정답은 D이다.

■ **출제공식 ❷** ⇨ 【 주어 + ___ + 목적어/보어 + 부사구 】 ⇔ 정동사가 정답이다.

ex.> The special sale on bread at Jaspinder's Bakery _____ next Sunday.

    (A) will begin   (B) begin   (C) has begun   (D) began

    〈Jaspinder제과점에 제빵 특별판매가 다음 일요일에 시작될 것이다.〉

    ➲ 문장 전체의 동사가 없으므로 next Sunday가 함께 나올 수 있는 정답은 미래 시제 동사인 A이다.

■ **출제공식 ❸** ⇒【 주어 + 동사 + ___ + 부사구 】 ⇔ 목적어/보어[명사어구]가 정답이다.

<ex.> Participants at the annual Environmental Conference will discuss ways to enhance _____ among Environmental engineers.

    (A) cooperative   (B) cooperate   (C) cooperated   (D) cooperation

    〈연례 환경회의 참석자들은 환경 공학자들 간의 협력을 증대시킬 방법을 토론할 것이다.〉

    ➲ 타동사 enhance의 목적어가 필요하므로 전체 해석 없이도 정답은 명사 어형인 D이다.

■ **출제공식 ❹** ⇒【 주어 + 동사 + 목적어/보어 + ___ 】 ⇔ 부사[구]가 정답이다.

<ex.> I hope that we have the opportunity to work _____ in the future.

    (A) nearly   (B) certainly   (C) together   (D) unless

    〈우리가 앞으로 함께 일할 기회를 갖게 되길 바란다.〉

    ➲ 자동사 work뒤에는 부사[어구]가 출제되므로 정답은 C이다. (A)의 nearly는 뒤에는 숫자나 수량사가 나오며 (B)의 certainly는 문장 전체를 수식하는 문장 부사로서 문장 맨 앞에 나와야한다. (D)의 unless는 접속사이므로 뒤에는 문장(주어+동사)이 연결된다.

■ **출제공식 ❺** ⇒【 ___ + 주어 + 동사 + 목적어/보어 + 부사구 】 ⇔ 부사[어구,절]가 정답이다.

ex.>_____ you leave the hotel, please complete a customer satisfaction survey at the reception desk.

    (A) Before   (B) Because of   (C) During   (D) nevertheless

    〈호텔을 떠나기 전에, 접수구에서 고객 만족도 조사를 다 작성해 주시기 바랍니다.〉

    ➲ 컴마 우측엔 주절이며 좌측엔 부사절이 등장했으므로 정답의 부사절 이끄는 접속사는 A이다.
    (B) Because of 와 (C) During은 전치사이므로 뒤에는 명사어구가 나와야하며 (D) nevertheless는 접속 부사이므로 두 분장 사이에 나와야 한다.

위의 출제공식들처럼 전체 문장의 어순 구조를 묻는 문제가 매월 출제되며 전체 해석 자제한 채 전체 문장 성분(주어, 동사, 목적어/보어, 부사구) 중에서 빠진 성분만을 1~2초 만에 정답으로 고른다.(Part 5)

1. A cut in Germany's interest rates (enabling / enables / to enable) a reduction in British mortgage rates before next June.

독일의 이자율 감소는 다음 6월 전에 영국의 저당률 감소를 가능케 한다.

2. Those (employ / employees / employment) are competing for their managers' attention.

저 직원들은 매니저들의 주목을 받기 위해 경쟁 중이다.

3. The director (informing / informed / to inform) all the staff that his president is very dedicated owner.

이사는 전 직원들에게 자신의 사장은 헌신적인 경영주라는 것을 알렸다.

4. Our CEO (consideration / considers / to consider) that the corporation has had an effect on domestic industry.

우리 사장님은 그 주식회사가 국내 산업에 영향을 주었다고 본다.

5. An (analyze / analysis / analyst) of ten years' work revealed a number of inconsistences.

10년간의 업무 분석을 통해 드러난 것은 많은 불합리한 점들이다.

정답 ▶ 1. enables 2. employees 3. informed 4. considers 5. analysis

CHECK-UP TEST

1. _____ of the first landing was actually a rather rugged and barren island.

   (A) The site is   (B) It is the site
   (C) There was the site   (D) The site

2. Cholesterol _____ a wide variety of heart and vein diseases.

   (A) that causes   (B) causing
   (C) in causing   (D) causes

3. David , the great American tycoon, _____ the race to the country.

   (A) who won   (B) won
   (C) winning   (D) to have won

4. In 1993, the great earthquake of San Diego almost _____ the city.

(A) destroying
(B) to destroy
(C) destroyed
(D) is destroyed

5. Composed of oxygen and hydrogen , water _____ two of the trace elements in air.

(A) has been
(B) is
(C) being
(D) which is

6. In spite of common occurrence , they always _____ the same mistakes.

(A) make
(B) are made
(C) being made
(D) to make

7. _____ of cholesterol , which may cause heart and vein diseases.

(A) Yolk containing lots
(B) Yolk to contain a lot
(C) Yolk contains lots
(D) Yolk which contains a lot

8. _____ main types of cell division, mitosis, and meiosis.

(A) Two are
(B) There are two
(C) The two are three
(D) There two are

9. The vice-president of our firm _____ some information , before he makes a vital decision.

(A) needs
(B) is needed
(C) to need
(D) needing

10. Our research into the new market _____ shown us how little we know about this product.

(A) has
(B) it has
(C) to have
(D) having

1. 주어 찾기
[정답] (D)

전략 비법 | 전치사 of 바로 앞은 명사가 정답이다.

완전한 문장 속에서 빠진 성분(품사)이 정답이다. 주어가 있어야 문장이 성립된다. (A), (B), (C) 모두 동사가 중복되어 탈락되고, 전치사 of 앞뒤엔 명사가 정답이다.

해석 | 최초의 상륙지는 다소 울퉁불퉁한 불모지였다.

어구 | **rugged**(= severe)울퉁불퉁한, 엄한 **barren** (= unfruitful) 불모의, 무익한

2. 동사 찾기
[정답] (D)

전략 비법 | 완전한 문장이 되려면 정동사가 하나 있어야 한다.

(A)는 that을 탈락시킨다. (B)는 -ing는 정동사가 될 수 없다. 시제 있는 정동사가 되어야 완전한 문장을 가진다. (C)는 전치사 어구이므로 탈락됨. (D)만이 시제가 있는 정동사라 완전한 문장을 만든다.

해석 | 콜레스테롤은 다양한 심장과 혈관 질병을 유발시킨다.

어구 | **a variety of** + 복수 명사(= various + 복수 명사)다양한 **vein diseases** 혈관 질병

3. 동사 찾기
[정답] (B)

전략 비법 | 완전한 문장이 되려면 정동사가 하나 필요하다.

『주어, 삽입어구, 동사』의 삽입 구조로 첫 컴마 앞은 주어, 두 번째 컴마 뒤는 본동사가 답이 된다. A는 who를 탈락, (C)와 (D)는 본동사가 아니므로 문장을 이끌 수가 없다.

해석 | 미 재계의 거물인 David가 전국 레이스에서 입상했다.

어구 | **tycoon** 실업계(정계)의 거물 **win** 이기다, 승리하다, 수상하다 **the race** 경주, 경마, 사이클 경기

4. 동사 찾기
[정답] (C)

전략 비법 | 완전한 문장이 되려면 정동사가 한 개 필요하다.

(A)와 (B)는 본동사가 되지 못하고 목적어(the city)가 있으므로 시제를 가진 본동사로서 문장을 이끌려면 (C)만이 가능하다.

해석 | 1993년에 San Diego의 큰 지진으로 시 전체가 파괴됐다.

어구 | **earthquake** 지진 **destroy** 파괴하다

5. 동사 찾기
[정답] B

전략 비법 | 『완전한 문장이 되려면 정동사가 한 개 필요하다.』

(A)의 완료 시제는 일반적으로 사람내지 이에 준하는 것을 주어로 갖는다. (C)의 준동사(-ing)는 문장을 이끌 수가 없다.

해석 | 산소와 수소로 이뤄진 물은 공기 중에 있는 두 개의 극미량의 원소이다

어구 | **be composed of** (= consist of, be made up of, comprise.) ~로 성립되다, 이루어지다 **trace** 극미량의, 흔적 **element** 화학 원소, 성분

6. 동사 찾기
[정답] (A)

전략 비법 | 『컴마(comma) 뒤엔 주로 완전한 문장이 정답이다.』

한 문장 속에는 동사가 1개 있어야 한다. 목적어(the same mistake)가 있어 능동문이 되며 (C)나 (D)는 본동사가 아니라서 탈락됨.

해석 | 보통 일어나는 일이기는 하지만, 그들은 늘 같은 실수를 한다.

어구 | **in spite of** (= despite, irrespective of, regardless of, nonetheless, nevertheless) ~임에도 불구하고 **occurrence** 발생, 사건, 일

7. 동사 찾기
[정답] (C)

전략 비법 | 『완전한 문장이 되려면 정동사가 하나 필요하다.』

(A)는 -ing를 제거하고, (B)는 to를 제거하고, (C)는 which를 없앴다. 시제가 있는 정동사는 오직 (C)뿐.

해석 | 계란의 노른자에는 많은 콜레스테롤이 함유 되어있어 심장 및 혈관 질병을 유발시킬 수 있다.

어구 | **yolk** 계란의 노른자 부위 **heart** 심장 **vein** 정맥, 혈관, 암맥 **disease** 질병 **cause** 유발시키다, 초래하다(= lead to, result in, bring on[about], give rise[birth] to, effect.)

8. 동사 찾기 [정답] (B)

전략 비법 | 『완전한 문장이 되려면 정동사가 하나 필요하다.』

　　　　(A)는 앞에 문맥이나 문단이 전혀 없는 경우 앞의 특정 어휘를 받은 대명사(two)는 첫 문장의 주어가 될 수 없다. (B)는 「there are + 숫자 + 복수 명사」.

해석 | 세포 분열에는 두 가지가 있으니 곧 유사 분열과 감수 분열이다.

어구 | **cell** 세포 **division** 분열, 부서, 과 **mitosis**[maiốusis, mi-] 유사 분열 **meiosis**[maiốusis] 감수 분열

9. 동사 찾기 [정답] (A)

전략 비법 | 『완전한 문장이 되려면 정동사가 한 개 필요하다.』

　　　　(B)는 목적어가 있어 수동이 될 수 없으며 (C)나 (D)는 본동사가 아니므로 문장을 이끌 수는 없다.

해석 | 우리 회사의 부사장이 정보를 필요로 하고 있으며, 곧 중대한 결정을 내릴 것으로 보인다.

어구 | **vice-president** 부사장 **vital** 중요한, 필수적인 **firm** (=company) 회사

10. 본동사 찾기 [정답] (A)

전략 비법 | 『완전한 문장이 되려면 정동사가 한 개 필요하다.』

　　　　완전한 문장 속 주어(our research)는 하나로 바로 뒤에 중복 주어인 대명사 it(he ,they…) 등은 나올 수 없다. 토익 문법에서 늘 오답 장치로 이용되는 주어의 중복, 동사의 중복, 목적어/보어의 중복(Part 5) 등은 항상 오답으로 모두 제거 되어야 된다.

해석 | 새로운 시장 조사 연구는 우리가 본 제품에 대해 얼마나 모르는가를 보여주게 되었다.

어구 | **research into** ~의 조사 **show** 보여주다 **how little** 아주 적게 **product** 제품

▶삽입 구조

⇒ 모든 삽입 구조 뒤에는 정동사를 정답으로 출제한다.

경향 분석 ❶ 주어와 동사 사이에 하나의 함정으로 삽입어구를 이용하여 그 삽입어구 뒤에 나오는 정답을 쉽게 찾지 못하게 한다. 주로 주어와 동사의 단/복수 일치 문제로 출제되며, 일반적으로 삽입어구 뒤는 주로 동사를 정답으로 출제된다. (Part 5)

❷ 매월 출제되며 주로 삽입 구조 뒤의 동사의 단/복수를 출제한다.

> **매월 출제되는 삽입 구조 바로 뒤에는, 바로 정동사를 정답으로 출제한다.**

정답으로 삽입 구조 뒤에는 시제가 있는 정동사 매월 출제된다. 주어 바로 뒤에 전치사 of, by, for 등 수식어구를 삽입시켜 수험생들의 주의력을 분산시키므로 주의를 요하는 문제로서 정동사가 있는지를 확인한다.

출제 의도 함정으로 삽입 구조를 이용해서 그 뒤의 정동사를 정답으로 찾지 못하게끔 유도한다.

출제 빈도 매월

출제 유형 아래 유형 [1]~[6]이며 이런 함정 부분 뒤에 정답의 위치인 동사가 나온다!

	함정 위치	정답 위치
유형 [1]	주어 + [관계사(who / which / that).........]	+ 정동사
유형 [2]	주어 + [접속사 that ....]	+ 정동사
유형 [3]	주어 + [분사(-ed / -ing), to부정사 ......]	+ 정동사
유형 [4]	주어 + [of ....]	+ 정동사
유형 [5]	주어 + [전치사구(by, for, on, to, in,)]	+ 정동사
유형 [6]	주어 , [동격의 명사 어구]	, 정동사

출제 유형별 기출 예문 위의 유형 [1]~[6]의 기출예문을 체득하자!

유형 [1]	The Massini Mountain trail [which includes several river crossings] is recommended only for experienced hikers. 강 건널목을 포함한 Massini산길은 경험 많은 도보 여행객들에게만 권장된다.
유형 [2]	The idea [that the problem will solve itself] is ridiculous 문제가 저절로 풀릴 거라는 그런 생각은 어리석은 것이다.
유형 [3]	The survey [conducted in September] showed an average pay hike 9월에 시행된 그 조사는 평균 임금 상승을 보여줬다.

유형 [4]	The Language Institute [of the European Global Bank] is seeking five teachers for their Headquarters 유럽의 Global 은행 어학원에서는 본사를 담당할 5명의 선생을 찾고 있다.
유형 [5]	Employees [in these offices] are asked to relocate for a few days as the work progresses. 이 사무실의 직원들은 업무가 진행될 때 몇 일간 이사를 가야한다.〉
유형 [6]	Ian Grey, [a world renowned pianist], will bring his smooth sounding jazz 세계적으로 유명한 피아니스트인 Ian Grey는 자신의 부드러운 선율의 재즈를 선보 일 것이다.

Start - Up

1. Some scholars from Canada and Australia (is / are / being) going to retire from the organization.

캐나다와 호주 출신의 일부 학자들이 조직에서 퇴직할 예정이다.〉

2. The overall effort of the financial committee (are / is / being) likely to be the result of an attempt to produce a variety of products.

재정 위원회의 종합적인 노력은 다양한 상품을 생산하려는 결과인 듯하다.

3. All his staff of the marketing department (go / goes / going) bowling from 8:00 to 9:00.

그의 마케팅 부서 전 직원들은 8시에서 9시까지 볼링을 치러간다.

4. The location of the main office (have / has / having) been shown by the map.

본사의 위치는 지도에 나타나 있다.〉

5. The economist considered the most outstanding expert (have / has / having) just arrived.

가장 뛰어난 전문가로 여겨지는 그 경제학자가 막 도착했다.

6. The journalists considered the most qualified experts (has / have / having) just arrived.

가장 자격 있는 전문가로 여겨지는 신문 잡지 기자들이 막 도착했다.

7. The officers assigned to handle president's account (is / are / being) available to discuss every question.

사장의 예금계좌를 담당하도록 임명된 임원들은 모든 질문에 토론할 준비가 되어있다.

정답 ▶ 1. are 2. is 3. goes 4. has 5. has 6. have 7. are

CHECK-UP TEST

1. The kangaroo, a marsupial of Australia, _____ strangest mammals in the world.

   (A) is among the
   (B) it is among the
   (C) among is the
   (D) among them

2. Bill Cosby, a famous U.S. TV star, _____ the Emmy Award in 1965.

   (A) won
   (B) winning
   (C) was won
   (D) who won

3. Richard Berman, a jack-of-all-trades and master of many, _____ his versatility by participating in many historic events.

   (A) proved
   (B) to prove
   (C) proving
   (D) proven

기출 유형 전략 비법

1. 동사 찾기 [정답] A

전략 비법 Ⅰ 『삽입 구조 뒤, 동사에 밑줄 짝! 답이다』
　　　　 완전한 문장이 되기 위해선 시제가 있는 정동사가 하나 필요하다. B는 주어 it 이 중복. D는 동사가 없어서 탈락됨.
해석 Ⅰ 호주의 유대 동물인 캥거루는 세계적으로 희귀한 포유류 중 하나다.
어구 Ⅰ **marsupial** 유대 동물(주머니가 있는) **mammal** 포유류

2. 동사 찾기 [정답] A

전략 비법 Ⅰ 『삽입 구조의 두 번째 컴마(comma)뒤, 동사에 밑줄 짝! 답』
　　　　 완전한 문장이 되기 위해선 시제가 있는 정동사가 필요하다. B의 -ing는 문장을 가질 수 없다. C는 목적어가 있어 능동문이 되어야 한다. (D)는 who를 제거한다.
해석 Ⅰ 유명한 tv 스타, BILL 이 1965년에 에미상을 수상했다
어구 Ⅰ **Emmy Award** 에미상(미국 TV프로, 연기자, 기술자에게 매년 수여됨)

3. 동사 찾기 [정답] A

전략 비법 Ⅰ 『삽입 구조 바로 뒤에는 시제 있는 정동사가 정답이다』
　　　　 삽입 구조 바로 뒤에는 정동사가 나온다. 하나의 함정으로 등장한 삽입어구 뒤가 일반적으로 답의 위치가 된다. 완전한 문장이 되기 위해선 시제가 있는 정동사가 한 개 필요하다.
해석 Ⅰ 다방면에 다재다능한 Richard 는 많은 역사적 사건에 참여해 자신의 능력을 입증시켜 보였다.
어구 Ⅰ **jack-of-all-trades** 팔방미인 **prove** 입증시키다 **versatility** 다재다능함 **participate in** ~에 참여하다

▶등위 접속사 and, (or, but, so)

⇒ 주의력을 분산시키는 접속사(and) 뒤에 준동사를 정답으로 출제한다.

경향 분석 ❶ 접속사를 함정으로 이용해서 자연스럽게 주의력을 분산시킨다. 접속사 뒤에 있는 정답을 눈에 안 띄게 한다. 결국, 접속사를 기준으로 좌우 대칭의 병렬 구조를 형성해서 양쪽 모두 모습을 일치하게 (-ing and -ing, -ed and -ed, to + 동사 and [to] + 동사, 명사 and 명사, 동사 and 동사, 형용사 and 형용사, 부사 and 부사.) 출제하는 문제로서 A, B, C 모두 일치된 모습을 정답으로 출제한다.

❷ 주로 대등 접속사, 종속 접속사, 관계사 뒤에 그 일치된 준동사를 분포시킨다.

출제 의도 병렬 구조로서 대등 접속사 and(or) 앞뒤의 문장 성분을 일치시키기 위함이다.

출제 빈도 격월에서 매월

출제 유형 아래 유형 1~2.

▶ 유형 [1] A,   B,   and[or]   C   {정답 분포도: C-〉B-〉A }
▶ 유형 [2] A   and[or]   B   {정답 분포도: B-〉A }

출제 유형별 기출 예문

유형 [1]	The new employees expect accuracy, efficiency, and dedication from a number of directors. 새 직원들은 많은 중역들로부터 정확성, 유능함, 및 헌신적인 정신을 기대한다.
유형 [2]	All of the staff asked him to go and find my reports. 모든 직원들은 그에게 가서 내 보고서를 찾으라고 요구했다.

이때 정답의 순서는 유형 1의 경우는 C -〉 B -〉 A 순서대로 정답이 몰린다.

유형 2의 경우는 B -〉 A 순서로 정답이 몰린다. 이렇듯 접속사 뒤가 가장 많은 정답이 된다.

이때 대등 접속사(and, or, but…)가 그 뒤에 가장 많이 정답을 가지며, 종속 접속사(that, when, while, because, although, since, before, after, as, whenever…)나 관계사(who, which, that, what, where, when…)등도 그 뒤에 정답을 지닌다.

Start - Up

1. Children need to learn how to treat people, deal with things, and (respect / to respect / respected) the aged.

아이들은 사람을 대하는 방법, 사물을 다루는 방법, 노인들을 존중하는 방법을 배울 필요가 있다.

2. Most fellowships are usually given by governments, foundations, and (corporates / corporations / corporated).

대부분의 공동 협력관계는 보통은 정부, 기금, 및 법인에 의해 주어진다.

3. Styles and fads in music may come and (gone / go / to go)

음악의 양식과 유행은 왔다가 사라질 수 있다.

4. Banks are differentiated from other financial institutions by their functions of accepting deposits and (make / made / making) loans.

은행은 예금을 받고 대출도 해주는 즉, 여신과 수신 기능으로 다른 금융 기관과는 구별이 된다.

정답 ▶ 1. respect   2. corporations   3. go   4. making

CHECK-UP TEST

1. The computer may help us in storing data, analyzing problems, making calculations, and _____ information.

(A) to transmit   (B) transmitting
(C) transmit   (D) transmitted

2. Advertisers stopped believing that products would sell themselves, and _____ to back their efforts with scientific methods instead.

(A) starting   (B) started
(C) to start   (D) starts

3. Jane had established the building in California and _____ her work in the college when she was given the prize.

(A) began   (B) begun
(C) to begin   (D) begins

기출 유형 전략 비법

1. 접속사 찾기   [정답] B

전략 비법ㅣ『주의력을 분산시키는 접속사(and, or, but) 뒤에 같은 준동사를 정답으로 출제한다.』
나열을 이용한 병렬 구조의 경우(A, B, and C) 통상, A, B, C중 일치된 것이 정답이다. 그 답으로 몰리는 것을 보면 C, B, A의 순서로 많다. 주어 + 동사(help) + 목적어 + 전치사(in) -ing, -ing, and to V

해석ㅣ컴퓨터를 통해서 정보 저장, 문제 해결, 사칙 연산, 정보 전달을 할 수 있다.

어구ㅣ**store** 저장하다 **transmit** 보내다, 전송하다 **make calculation** 연산하다.

2. 접속사 찾기   [정답] B

전략 비법ㅣ『접속사(and, but, or…) 앞뒤에는 동일 시제가 정답이다.』
접속사(and) 앞과 뒤는 과거 시제로 일치해야 된다. (C)의 starting은 B의 believing처럼 that절을 갖지 못하기 때문에 believing 과는 일치되지 못한다. 고로 C는 started가 된다.

해석ㅣ광고주들은 상품이 저절로 팔린다는 생각을 그만두고, 대신 과학적인 방법으로 노력하기 시작했다.

어구ㅣ**advertiser** 광고주 **product** 상품 **back** 돕다, 원조하다 **instead** (of) 대신에

3. 접속사 찾기   [정답] B

전략 비법ㅣ『접속사(and) 앞과 뒤는 동일 시제가 정답이다.』
구조는 "주어 + had v-ed … and v-ed이므로 접속사 뒤의 동사의 시제도 과거완료가 되어야 한다.

해석ㅣJane은 California에 건물을 졌고, 대학에서 일을 할 당시 수상했다.

어구ㅣ**establish**(= build, found) 건물을 짓다 **be given** 받다 **the prize** (= reward, award, jackpot) 상(금)

▶3대 종속 접속사:

⇒ 정답의 3대 접속사 : 1순위 양보의 「al」though,
2순위 이유의 because,
3순위 조건의 if(once, [ant,]unless) !

경향 분석 ❶ 보기에 이 셋 중 하나의 접속사가 등장하면 일단 답으로 생각한다(Part 5). 영어에 존재하는 50여종
의 모든 접속사 중에서 우리의 일상에 가장 많이 사용되므로 TOEIC 시험에서도 역시 격월에서 매월
의 출제 빈도로 적중률 매우 높게 출제된다.
❷ although는 주절과 역접 관계(긍정/부정, 부정/긍정)로 보통 주절엔 still, even(-조차도), only가 나온
다. because는 주절과 순접 관계(긍정/긍정, 부정/부정)로, if는 주절에 반드시 조동사(will, can, may,
would…)가 등장하며, unless의 경우는 주절에 will not, may not, cannot 등이 등장한다.

출제 의도 부정일 때 although, 긍정일 때 because, 조건일 때 if, 순간 동작일 때 while등 접속사를 구분하기 위함
이다.
출제 빈도 격월에서 매월
출제 유형 아래 유형 1~3. 정답 순위별로 출제 분포되고 있다.

❶ 양보 접속사(~에도 불구하고)	although,=though,=even though,=even if + 문장
❷ 이유 접속사(~때문에)	because, since, as, in that, now that, considering that, for[주절 뒤에만 등장한다] + 문장
❸ 조건 접속사(~한다면)	조건의 접속사(~한다면) : if, in case {that}, once, suppose/supposing{that}, providing/provided {that}, granting/granted {that}, on condition {that}, so long as, + 문장
❹ 부정 조건 접속사(~않다면)	unless + 문장

출제 유형별 기출 예문

유형 [1]	Although the problem is very difficult, yet there must be some way to solve it. 〈문제는 매우 어렵지만 그래도 어떻겐가 해결할 길이 있을 것이 틀림없다.〉
유형 [2]	Because I trust him, I have appointed him. 그를 믿기 때문에 임명했다.
유형 [3]	We' ll finish it if it takes us all day. 설사 하루 종일 걸린다 해도 그것을 끝낼 작정이다.
유형 [4]	Unless he has done the work to my satisfaction, I shall not pay for it. 내가 만족할 만큼 일을 해놓지 않았으면 돈을 안 주겠다.

1. The accountant is rather shy (because / **although** / despite) he's not as bad as he used to be.
   그 회계사는 과거만큼 나쁘지 않은데도 좀 부끄러워한다.

2. (Although / **Because** / due to) the consultant was so late, he was driving too fast, finally having an accident.
   그 회사의 상담 고문은 너무 늦었기 때문에 빨리 달렸고 결국 사고를 내고 말았다.

3. The last train was delayed (because / **because of** / although) bad weather.
   막차가 악천 우로 지연됐다.)

4. He wouldn't work for them (because / because of / **although**) the competitors paid me a billion dollars.
   경쟁자 측에서 10억 달러를 지불한다 해도 그들을 위해 일하진 않았다.

5. (If / **Unless** / in case of) you call me to say you're not coming, we may no longer wait for you.
   못 온다고 전화하지 않는 다면, 더 이상 기다리지는 않을 것이다.

정답 ▶ 1. although 2. Because 3. because of 4. although 5. Unless

CHECK-UP TEST

1. Their long efforts that went to the research cannot be valuable ____ they didn't get a salary raise and promoted to a higher position.

   (A) as though
   (C) because
   (B) when
   (D) even if

2. Susan can now initiate a social reform movement, ____ she has learned to get some information on the new project.

   (A) although
   (C) now that
   (B) as if
   (D) before

3. We miss Ann very badly _____ that she has sincerely hoped to share her own fortune with us for ever.

(A) then   (B) but
(C) now   (D) since

기출 유형 전략 비법

1. 접속사 찾기   [정답] C

전략 비법] | 『주절의 이유를 나타낼 땐 접속사 because류가 정답이다.』
두 개의 부정 문장이기 때문에 이유를 설명해 주는 순접 접속사 because가 된다.
as though/if는 가정법 과거나 과거완료가 나와야 하며, 주절에도 조동사가 과거로 나와야 한다. even if는 양보를 나타내서 두 문장 중에 하나가 긍정문이면 답이 될 수 있다.

해석 | 그들이 그 연구에 바친 오랜 노력은 무가치할 수밖에 없게 됐는데, 이유인 즉, 봉급 인상도 고위직으로의 승진도 못했기 때문이다.

어구 | effort 노력, 노고 **research** 연구 **cannot be** ~일리가 없다 **valuable** 가치 있는 **get a salary raise** (봉급)인상되다 **get promoted to** ~로 승진하다 **higher position** 고위직

2. 접속사 찾기   [정답] C

전략 비법 | | 『주절의 원인을 나타낼 때 because, in(now) that, since류가 정답!』
A의 although는 두 문장이 서로 역접관계일 때, 즉 둘 중 하나는 부정 문장이 되어야 한다. as if는 가정법을 나타내므로 동사는 과거나 과거완료가 되어야 한다. 고로 정답은 C이다.

해석 | Susan은 그 프로젝트의 새 정보를 얻게 되어서 이제야 사회 개혁 운동을 시작하게 됐다.

어구 | | information on ~에 관한 정보 **initiate** 시작하다(= start, inaugurate) **social reform movement** 사회 개혁 운동

3. 접속사 찾기   [정답] C

전략 비법 | 『주절의 원인을 나타낼 때 because, in(now) that, since류가 정답!』
부사 then 은 문장을 이끌 수 없어 탈락되고, since는 문제에서 that이 빠져야 답이 된다. but that은 unless(= if … not)가 된다. 고로 정답은 C가 된다.

해석 | 우리는 Ann이 자신의 운명을 우리와 평생 같이 할 것을 간절히 원했기 때문에 그녀가 몹시 그립다.

어구 | miss 그리워하다, ~를 놓치다 **badly** 몹시 **sincerely hope to** 간절히 바라다 **share one's fortune with** ~와 자신의 운명을 함께 하다 **for ever** 영원히(=for good, everlastingly)

UNIT 05 ▶정답의 3대 접속사와 전치사 구분하기

⇒ 양보의 접속사 (al)though, 전치사 despite, in spite of, regardless of 이 가장 많이 출제되므로 곧, 정답의 1순위 접속사와 전치사구가 된다.

경향 분석 ❶ 양보의 표현은 연간 5~6회 이상 매월까지 접속사와 전치사 문제 중에서 가장 많은 정답으로 출제되고 있으므로, 일단 등장만 해도 답일 정도이다. 1979년 역대 토익 시험이 국내에 도입 시행된 이래 양보의 표현이 가장 많이 출제 됐고 또한 가장 많이 출제되고 있는 불변의 정답 1순위 접속사와 전치사이다.

❷ 다음 2순위로는 접속사 because류와 가정법을 이루는 접속사 if가 연간 4~5회 정도의 비중으로 출제되고 있다. 주절과 역접 관계 일 때 although가, 서로 관련된 이유의 순접 관계 일 때 because가, 가정법은 if가, 순간 동작과 시간의 접속사 while가 제 4순위로 출제된다. 이 셋 중 하나의 접속사가 보기 중에 나오면, 일단 답이라 생각해도 좋을 정도이다. 그 출제 빈도가 격월에서 매월까지 가장 높기 때문이다.(Part 5)

❸ Part 6에서도 특히 아래 [4],[5],[6]의 양보의 전치사, 접속부사, 접속사들 중 하나를 정답으로 출제한다.

출제 의도 동사가 있는 완전한 문장과 동사가 없는 어구를 구분하기 위함이다.

출제 빈도 격월에서 매월

출제 유형 아래 유형 4~6.

❹ 접속사 + 주어 + 동사 : 접속사 뒤엔 주어와 동사가 있는 완전한 문장을 매월 정답으로 출제되고 있다. 이 때 접속사 뒤에 동사 없는 구(phrase)가 가장 많은 오답으로 출제된다.

유형 [1] : (Al)though (~에도 불구하고)	〈문장 이끌기〉 주어 + 동사	2006년 ~ 2013년 동안 연간 8회 이상 출제
유형 [2] : Even though/if (~에도 불구하고)	주어 + 동사	2006년 ~ 2013년 동안 연간 5회 이상 출제

출제 유형별 기출 예문

유형 [1]	He said he sees household debt problem is on the mend although the absolute debt level is high. 그는 가계부채 문제에 있어서 절대적인 수준은 높지만 해결되어 가고 있는 것으로 본다고 말했다.
유형 [2]	Even though you did technically use us as bait. 네가 우리를 미끼로 썼음에도 불구하고 말야.

❺ 전치사 + 명사구/동명사(-ing) : 전치사 뒤에는 명사, 동명사, 대명사를 정답으로 매월 출제된다. 그러나 전치사 뒤에 동사를 가장 많은 오답으로 출제하며, 그 밖의 오답으로는 전치사 뒤에 형용사, 부사를 함께 출제하기도 한다.

1. despite (~에도 불구하고)	〈명사어구 이끌기〉 + 명사구	2006년 ~2013년 동안 연간 8~9회 이상 출제
2. in spite of	+ 명사구	2006년 ~2013년 동안 연간 7~8회 이상 출제
3. regardless of	+ 명사구	2006년 ~2013년 동안 연간 3~5회 이상 출제
4. irrespective of	+ 명사구	2006년 ~2013년 동안 연간 3~4회 이상 출제
5. notwithstanding	+ 명사구	2006년 ~2013년 동안 연간 3회 이상 출제
6. in the face(teeth) of	+ 명사구	2006년 ~2013년 동안 연간 2회 이상 출제
7. in disregard of	+ 명사구	2006년 ~2013년 동안 연간 1~2회 이상 출제
8. for all that, with all	+ 명사구	2006년 ~2013년 동안 연간 1~2회 이상 출제
9. without regard(reference) to	+ 명사구	2006년 ~2013년 동안 연간 1~2회 이상 출제

출제 유형별 기출 예문

유형 [1]	They went for a walk despite the rain. 그들은 비가 오는 데도 불구하고 산책을 나갔다.
유형 [2]	In spite of the changed situation, the president reportedly followed his regular schedule. 변화된 상황에도 불구하고 회장은 평소와 다름없는 일과를 보냈다.
유형 [3]	The second round will proceed regardless of his attendance. 제2차 변론은 그의 출석 여부와는 상관없이 진행될 것이다.
유형 [4]	We will buy it irrespective of its price. 값의 고하를 불문하고 사겠다.
유형 [5]	He was plucked notwithstanding his great diligence. 그는 공부는 열심히 했건마는 낙제했다.

❻접속 부사 : 두 문장 사이에 나와서 두 문장을 연결한다. 문장을 연결하는 접속사 기능과 동시에 부사 역할을 겸하고 있어 접속사와의 차이를 익혀 두도록 하자. 이 접속 부사는 주로 Part 6의 중문 이상의 독해 영역에서 주로 정답으로 출제되며, Part 5에서는 주로 오답으로 출제된다. 가장 많이 출제되는 1순위 접속부사는 nevertheless, nonetheless(~에도 불구하고), 2순위는 otherwise(만약 그렇지 않으면), 3순위는 however 등이다.

문장 1 문단 1	+; nonetheless(nevertheless) +	문장 2 문단 2	2006년~2013년 동안 연간 1~2회 출제

1순위	No matter what people say, it is nevertheless the truth. 사람들이 뭐라 말하더라도 그것은 진실이다.
2순위	Start at once, otherwise you will be late. 곧 떠나지 않으면 늦는다.
3순위	Before the rainy season comes along, however, scorching summer days will continue for the next couple of days. 하지만 장마가 시작되기 전까지 타는 듯한 여름날이 앞으로 이틀 동안 계속될 것이다.

Start - Up

1. (If / Even if / In case of) it was a national holiday, all the staff had to work as supervisors.

국경일 임에도 불구하고 전 직원들은 감독자처럼 근무해야 했다.

2. (Despite / Although / In spite of) a lot of managers [headed by the president] attended the opening ceremony, there were only a few new employees there.

회장을 그 보스로 하는 많은 관리자들이 개회식에 참석했으나 참석한 신입 사원들은 불과 몇 명뿐 이었다.

3. (Although / Despite / Despite of) the urgent emergency and bankruptcy, All the staff didn't make attempts to get over them.

긴급한 비상사태와 파산 상태임에도 불구하고 전 직원들은 이를 타계하려고 노력하지 않았다.

4. (Regardless of / Regarding of / Regardless) age, nearly all the bikers were dressed in full regalia.

연령 불구하고 거의 모든 자전거를 타는 사람들이 화려한 복장을 하고 있었다.

5. The visitor was uncertain whether the team would receive him warmly. (despite / nevertheless / in spite) he knocked at the door.

방문객은 팀으로부터 따뜻하게 환영받을 것을 확신할 수 없었음에도 불구하고 노크를 했다.

정답 ▶ 1. Even if 2. Although 3. Despite 4. Regardless of 5. nevertheless

1. _____ it takes him 100 years, he will finally complete the work, terminating all the discussion.

    (A) If   (B) Although

    (C) As   (D) As if

2. _____ Patrick is now only 20, he knows anything in the various fields of industry.

    (A) Through   (B) Though

    (C) As   (D) As if

3. _____ Nick seems very ugly, everybody almost always respect him.

    (A) Although   (B) As though

    (C) As   (D) Even

기출 유형 전략 비법

1. 접속사 찾기   [정답] B

전략 비법 | 『주절과 극단적인 역접 관계의 경우는 although가 답이다.』

    보기 중에 although가 등장할 경우 일단 정답이 된다. 100년이란 극단적인 상황이므로 양보의 접속사 although가 답이 된다. 가정의 if나 이유의 as는 100년이란 시간이 적당히 적은 시간으로 줄게 되면 답이 될 수도 있다. as if는 가정법을 나타내므로 동사 시제가 과거나 과거완료가 되어야 한다. 고로 정답은 B가 된다.

해석 | 100년이 걸린다 해도 그는 결국 그 일을 끝내 모든 토의 사항을 마무리 지을 것이다.

어구 | it takes + 사람 + 시간…(시간이)얼마 걸리다 **complete** 완성하다, 마무리하다 **terminate** 종료시키다, 끝내다 **discussion** 토론, 토의

2. 전치사 고치기   [정답] B

전략 비법 | 『주절과 상반되는 역접 관계의 경우는 양보의 (al)though가 답이다.』

    주절과 상반되는 역접 관계가 되므로 A는 양보의 접속사 (al)though가 된다.

    초점 부사(only, even, just)는 일반적으로 강조 하고자 하는 모든 8품사의 성분 앞에 거의 다 위치하므로 늘 문법적으로 좋다.

해석 | Patrick은 이제 겨우 나이 20살인데도 불구하고 각 산업 분야의 모든 것을 다 알고 있다.

어구 | various fields of industry 다양한 산업 분야

3. 접속사 찾기   [정답] A

전략 비법 | 『주절과 상반되는 역접 관계의 경우는 (al)though가 답이다.』

    주절과 상반되는 경우이므로 양보의 접속사 (al)though가 된다. as though(마치 ~처럼)는 as if와 함께 가정법을 이끌므로 가정법 과거나 과거완료가 와야 한다. 또한 as는 because나 when의 의미이므로 주절과는 순접 관계가 되거나 시간을 나타낼 때 쓰인다. 부사 even은 문장을 이끌지 못한다.

해석 | Nick은 못생긴 편임에도 불구하고 많은 이들에게 존경을 받고 있다.

어구 | ugly 못생긴(= bad-looking, homely) **respect** 존경하다

▶접속사와 전치사

⇒ 『접속사 + 주어+동사』, 『전치사 + (대)명사어구』 어순이 곧 정답이다!

경향 분석 ❶ 매월 출제되는 접속사 다음엔 주어와 동사를 가지는 문장이 정답으로 나오며, 전치사 뒤엔 명사(동명사) 또는 목적격 대명사가 정답으로 출제된다.

❷ "소유격 + 명사"가 등장할 경우는 소유 대명사(mine, his, hers, ours…)가 정답이다. 주로 문미에는 (by) himself, herself, themselves 등의 재귀대명사가 정답으로 출제된다.

출제 의도 동사의 유무에 따라 문장과 어구를 구분하기 위함이다.

출제 빈도 매월

출제 유형 아래 유형 [1]-[6].

▶ 접속사와 전치사가 서로 일치되는 한 쌍의 정답 어휘들이다. 특히 격월까지 출제되는 아래 유형 1-5. 은 반드시 암기하도록 한다. 이 범위에서 모두 출제된다.

1 접속사 + 문장(주어 + 동사)

〈정답의 1순의 접속사: 양보 접속사〉 ❶「Al」though, Even though(if)+주어+동사	⇔	Despite(in spite of, regardless of, irrespective of) + 명사구
〈정답의 2순의 접속사: 이유,원인접속사〉 ❷ Because(as, since) + 주어+동사	⇔	Because of(due to, owing to, on account of, thanks to) + 명사구
〈정답의 3순의 접속사: 조건접속사〉 ❸ If(-하면, once) + 주어+동사	⇔	In case of(in the event/time of) + 명사구
〈정답의 4순의 접속사: 시간접속사〉 ❹ While(-하는 동안에) + 주어+동사 When + 주어+동사	⇔	During + 시간명사구 In(at, on) + 시간명사구
〈정답의 5순의 접속사〉 ❺ Unless(~하지 않는다면) + 주어+동사 If(~한다면) + 주어+동사	⇔	Without(except for, barring) + 명사구 With(in case of) + 명사구
❻ If(~인지 아닌지)+주어+동사 to see if.「타동사의목적절로만 출제됨」	⇔	Whether +주어+동사or not. (~인지 아닌지) 「주어/목적절로 둘 다 출제됨」
❼ Until + 주어+동사는 last, wait, stay, remain, keep 등과 함께 출제	⇔	By + 시간명사구 (종료, 완료) send,submit,deliver,ship,email,return,fax,dispatch 등과 함께 출제
❽ So that(= In order that) + 주어 +will(can, may)+동사 (-위해서)	⇔	In order(=so as) to+동사원형 (-위해서)
❾ Since +주어+과거동사(/과거시간명사구)	⇔	Since, For , In , During + 명사구
❿ Besides + 명사구/동명사(-ing)	⇔	Beside[=near,next to] +장소/위치
⓫ What / Who(m)/ Whose	⇔	That or Which/Where/When
⓬ Between + 명사구〈-〉 and (둘일 때)	⇔	Among + 복수명사구 (셋 이상)

유형 [1]	Although they are studying at law schools in America, they do not follow the curriculum there. 비록 그들이 미국 내 법대 대학원에서 공부하고는 있지만 그들은 미국의 교과 과정을 따르지는 않습니다.
유형 [2]	Delegations from nine other countries withheld approval because they lacked authority to sign. 다른 9개국 대표단은 합의를 체결할 권한이 없어 동의를 보류했다.
유형 [3]	If we all set to, we should be able to finish the job in a week. 우리가 모두 착수한다면 일주일 안으로 일을 마칠 수 있을 거야.
유형 [4]	It is hard work for patients who have to wait a whole day while going through all sorts of examinations required before entering the hospital. 환자가 입원을 위해 온갖 검사를 받으면서 하루 종일 기다리는 것은 힘든 일이다.
유형 [5]	We can't make it unless we both lay our cards on the table. 서로 의중을 솔직히 털어놓지 않는 한 이루어질 수 없어요.
유형 [6]	I don't know if he wants to make something of it. 그가 그것에 대해 트집을 잡고 싶어할 지 어떤지 모르겠다.
유형 [7]	Hang on to your present job until you find a better one. 더 좋은 일자리를 찾을 때까지 현 직장에 그대로 있어라.
유형 [8]	Law majors often neglect their classes so that they can concentrate on passing the bar examination. 법학 전공자들은 사법시험 합격에만 전념하기 위해 수업을 소홀히 하는 경우도 잦다.)
유형 [9]	Recent polls conducted by various trade organizations show that multinational firms saw much change since they arrived. 다양한 통상단체들이 실시한 최근 조사에 따르면 다국적 기업들이 국내 진출한 이래 상당한 변화를 겪은 것으로 나타나고 있다.
유형 [10]	Besides the lawmakers, legal experts, civic groups and many others have long expressed diverse views on the law. 의원들 이외에도 법률 전문가, 시민단체 및 기타 다수의 국민들은 국가보안법과 관련해 다양한 견해를 표명해 왔다.
유형 [11]	Any person who desires to bid for the above `shall apply within a week. 상기 입찰 희망자는 1주일 내에 신청할 것.
유형 [12]	The parcel weighs between eight and ten pounds. 그 소포는 8파운드에서 10파운드 사이의 무게가 나간다.

1. (Despite / Although / In spite) I refuse to discuss the question.
이 문제를 논하고 싶지 않음에도 불구하고

2. (Although / Despite / Despite of) an attempt to stagger working hours
〈근무시간을 서로 다르게 하려는 노력에도 불구하고

3. The letter was not expedited (by / until / for) it reached the post office.
〈편지는 우체국에 도착하고 나서 신속처리 됐다.

4. (What / That / Which) he will succeed is certain.
그가 성공할 것이라는 것이 확실하다.

5. (Therefore / so that / because) he may succeed.
그는 성공하기 위해서

6. (During / While / For) you were away, there was a big fire in the neighborhood.
안 계신 동안에 이웃에 큰 화재가 났었습니다.〉

7. (For / In order that / So) the patient may get some rest.
환자가 안정하도록

8. (Because of / Because / Due to) he was absent from the class.
그가 수업 결석했기 때문에

9. (Without / Unless / If) he has done the work to my satisfaction, I shall not pay for it.
만족할 만큼 일을 해놓지 않았으면 돈을 안 주겠다.

10. (Provide / Providing / Provision) that his expenses are paid,
그의 경비가 지불되면

정답 ▶ 1. Although 2. Despite 3. until 4. That 5. So that 6. While 7. In order that
8. Because 9. Unless 10. Providing

1. The talks are (aiming / aiming at / aimed) a compromise.
   회담의 목적은 협상에 있다.

2. The tickets will reach you (with / without / within) the week.
   티켓은 이 번 주 내로 도착할 것이다.

3. All applicants interviewed were subject (to / for / at) unfair treatment.
   면접을 받는 모든 지원자들은 불공정한 대접을 받을 수 있었다.

4. The patient showed no signs of being in pain (prior to / prior / prior than) suffering a heart attack.
   심장 질환을 앓기 이전에 환자는 통증의 기미는 전혀 없었다.

5. (Ahead of / Ahead / Ahead to) the meeting
   회의 전에

6. Finally the conference (come / came to / coming) an end.
   마침내 회의가 끝났다.

7. For (access / access to / accessing) the main server
   매인 서버에 접근하기 위해서

8. To (wait / wait for / waiting) the computers to shut down
   컴퓨터가 정지되길 기다리며

9. To (refer to / refer / referring) your mail dated May 10
   5월 10일 메일을 참조하기 위해

10. To be responsible (to / for / at) handling with the labor union
    노조를 다룰 책임을 맡기 위해

11. The price increase came (for / into / at) effect last week.
    가격 인상이 지난 주 실시됐다.

12. outstanding qualification (to / for / with) the position
    그 직책에 잘 맞는 자격 요건

13. employees (within / with / without) minimum of five year's experience
    최소한 5년의 경험을 지닌 직원들

14. in honor (for / of / with) Dr. Kim
    축하하여, 경의를 표해

15. the convention center available (on / to / with) all members

모든 회원들이 이용 가능한 집회 장소

16. (Due of / Due to / Due) the approaching storm

다가오는 폭풍 때문에

17. (Demand to / Demand for) the new products is rising.

새 상품의 수요가 증가하고 있다.

18. The political world has had the beneficial influence (in / on / for) the company's planning to cut down on the spending

정계는 지출 비를 삭감하려는 회사의 계획에 좋은 영향을 끼쳐왔다.

19. comparable (of / for / to) the manager

관리자에 필적하는

20. To concentrate (in / on / to) the economic expansion

경제 확장에 집중시키기 위해서

정답 ▶	1. aiming at	2. whithin	3. to	4. prior to	5. ahead of(in advance of, prior to)	6. came to
	7. access to	8. wait for	9. refer to	10. for	11.into	12. for
	13. with	14. of	15. to	16. Due to	17. Demand for	18. on
	19. to	20. on				

③ 전치사 + (동)명사 : 2006년~2013년 동안 연간 6~8회 정답 유형

1. (Instead / Instead of) relying solely on newspaper listings

신문 목록에만 전적으로 의지하는 대신에

2. (With / Within) easy reach of the bus station

버스 정거장에 쉽게 갈수 있는 거리에

3. (Since / For) the last ten years

지난 10년 동안

4. The task force had little trouble (to identification / ?in? identifying)

특별 전담팀은 신원을 밝히는데 거의 어려움이 없었다.

5. (Following / After) years of growth

여러 해 성장 후에

6. Please contact the shipping department (the soonest / as soon as possible)

가능한 한 빨리 선적부에 연락을 취해라

7. (According / According to) the United States census

미국 인구 조사에 따라서

8. the interesting qualities (beside / besides) taste

미각 이외의 재미나는 특질들

9. (For to see / To see) the best show

최고의 쇼를 보기 위해서

10. the details (regard / regarding) local travel agency

지방 관광사에 관한 세부사항

11. (about / around) the world

세계 도처에

12. (for / during) the staff meeting

직원회의 동안에

13. (in means of / by means of) words

말에 의하여

14. (in place for / in place of) the manager

관리자 대신에

15. (in spite / in spite of) the financial crisis

재정위기 상황임에도 불구하고

16. (because / because of) the long vacation

오랜 휴가 때문에

17. (regardless / regardless of) the weather report

기상 통보에도 불구하고

18. (during / until) the middle of twentieth century

20세기 중엽까지

19. (after / since) 2004

2004년 이후로 줄곧

20. (during / for) the last(past) fifty years

지난 50년 동안

정답 ▶ 1. instead of   2. within   3. for   4. in identifying   5. After   6. as soon as possible
7. According to 8. besides(except for)   9. to see   10. regarding
11. around(all over, throughout) 12. during 13. by means of 14. in place of   15. in spite of
16. because of 17. regardless of

4 전치사 + (동)명사 : 2006년~2013년 동안 연간 6회 정답 유형

1. On(In) behalf (for / of) the vice president
부사장을 대신해서

2. (between / among) most instructors
대부분 교사들 중에서

3. (in addition to / in addition for) being a manager
관리자가 되는 것 이외에

4. the talk (by / between) the management and the union
노사간의 대화

5. (with / within / throughout) history
역사를 통해서

6. His success here (depends / depends on) effort and ability.
그가 여기에서 성공하느냐 못하느냐는 노력과 능력 여하에 달려 있다.

7. We're grateful to you (at / for) your help.
도와주서서 감사합니다.

8. Prepare (in / for) the worst.
최악의 경우에 대비해라.

9. Not be so concerned (to / about) your poor performance.
나쁜 성과에 대해 너무 근심하지 마라〉

10. To go (in / on) strike
파업하다

11. (In / On) such a nice day
쾌적한 날에

12. the manager (on / in) charge of sales department
영업부 담당 부장

13. (Despite / Although) the product sales have increased, the salary won't be raised.
상품 판매가 증가했음에도, 임금은 오르질 안을 것이다.

14. (Although / Despite) her poor performance, Ms. Ruth was promoted to a manager last year.
실적이 부진함에도 불구하고, Ruth양은 작년에 승진해서 매니저가 됐다.

15. (Because of / **Because**) it rained, the garden party was finally canceled.

비가 와서 가든파티는 결국 취소됐다.

16. (**Despite** / In spite) the high demand, the price didn' t go up.

수요는 많지만 값은 오르지 않았다.

17. (While / **During**) the performance, never use a cellular phone.

업무 중에는 휴대폰은 절대 사용하지마라

18. (**Unless** / Except) car pools save money, most employees will not want the service.

카풀로 비용이 절감되지 않으면, 대부분의 직원들은 서비스를 원치 않을 것이다.

19. (Because of / **Due**) the increased profit, the firm will consider hiring some more employees.

이윤이 증가했으므로 회사는 더 많은 직원 채용을 고려할 것이다.

20. (**Although** / In spite) Mr. Steven is employed at IBM, he wants to work in a larger company.

Steven은 IBM에 입사했음에도 불구하고 더 큰 회사에서 근무하길 원한다.

정답 ▶	1.of	2. among	3. in addition to	4. between	5. throughout	
	6. depends on	7. for	8. for	9. about	10. on	11. on
	12. in	13. Although	14. Despite	15. CEcause	16. Despite	17. Durint
	18. Unless	19. Because of	20. Althought			

5 『소유격+명사』가 등장 하면 소유 대명사로 출제된다.	〈-〉 소유 대명사(mine, yours, ours)가 정답!
6 문장의 주어와 일치하면 재귀대명사가 등장한다.	〈-〉 재귀대명사 (myself, himself, themselves)등이 주로 문미 나 주어 바로 뒤에서 정답이 됨.

Start - Up

1. The staff did the assignment (by them / **by themselves** / by they).

직원들은 담당 임무를 혼자 힘으로 해냈다.

2. His annual report was more complex than (me / **mine** / myself).

그의 연례 보고서는 내 것보다 더 복잡했다.

3. The director is an old friend of (her / herself / **hers**).

그 중역은 그녀의 오랜 친구 중에 하나이다.

4. Mr. Michael's assistant is authorized to act in (his / him / himself) place.

마이클의 보좌관은 그를 대신하도록 권한을 부여받았다.

5. The manager's office will be located near (us / ourselves / ours).

관리자 사무실은 우리 사무실 옆에 위치할 것이다.

6. This is not his fault but (her / herself / hers).

이것은 그의 잘못이 아니라 그녀의 잘못이다.

정답 ▶ 1.by themselves 2. mine 3. here 4. his 5. ours 6. hears

CHECK-UP TEST

1. When the cinema was over, Sharon and _____ went to the restaurant for dinner.

   (A) he   (B) his
   (C) him   (D) himself

2. The golden trophy was finally awarded to Nick and _____ .

   (A) she   (B) herself
   (C) her   (D) her self

3. The planning team always wonders if his ticket is near _____ .

   (A) to her   (B) herself
   (C) hers   (D) by hers

기출 유형 전략 비법

1. 대명사 고치기 [정답] A

전략 비법 | 『접속사(관계사, 삽입어구)뒤에 (대)명사가 곧 정답이다.』

토익이 국내에 보급되기 시작한 1979년 이후부터 일반적으로 수험생들의 주의력을 분산시켜 답을 고르기 어렵게 만드는 하나의 함정이자 연막 장치로 이용되어 출제되고 있는 접속사, 관계사, 삽입어구들은 그 바로 뒤를 정답의 위치로 출제하는 경향이 있다. 게다가 8가지 문법 기능을 하는 8품사 중, 의미 영역(content word)으로서 아시아권 토익 수험생들인 영어의 non-native들이 틀리기 쉬운 (대)명사(25%), 동사(10%), 형용사(20%), 전치사(20%), 부사(25%)를 TOEIC 출제자들은 문제의 대상으로 출제하고 있기 때문에 통계상 이들 품사가 일반적으로 가장 많은 정답이 되고 만다. 성분상, 문장의 주어 자리이므로 주격 he가 된다.

해석 | 영화가 끝난 뒤 sharon과 그는 저녁을 먹으러 식당에 갔다.

어구 | **cinema** (= movie, film, cellulose)영화 **be over** 끝나다

2. 전치사의 목적격 고르기 [정답] C

전략 비법 | 『전치사나 타동사 뒤에는 목적격 대명사가 정답이다.』

일반적으로 대명사는 전치사나 타동사 뒤에서는 그 목적격이 답이 되며, 주어나 보어 자리에서는 주격이 답으로 출제된다. 재귀대명사 herself는 그 문장의 주어인 trophy와 일치되어야만 나올 수 있으나 사람과 사물로 불일치되므로 탈락. 고로 정답은 C

해석 | 그 황금 트로피는 결국 nick과 그녀에게 수여 됐다.

어구 | **finally** 결국, 마침내 **be awarded** 수여되다

3. 목적격 고르기 [정답] C

전략 비법 | 『대명사는 전치사 뒤에서 목적격이 곧 정답이다.』

일반적으로 대명사는 전치사나 타동사 뒤에서는 그 목적격이 정답이 되며, 주격 보어 자리에서는 주격이 답으로 출제된다. "소유격 + 명사"인 his ticket은 뒤에서는 소유 대명사 hers(= her ticket)로 바뀐다.

해석 | 기획팀은 늘 그의 ticket이 그녀 것 옆에 있는지 궁금해 한다.

어구 | **planning team** 기획팀 **wonder** 궁금해 하다, 의아 해하다 **near** (= next to, beside, by) 옆에

▶등위접속사와 종속접속사

⇒ 정답의 3대 상관 접속사 : 1순위 both/and,
2순위 (n)either/(n)or,
3순위 not (only)/but (also)이다.

1. 등위 접속사

경향 분석 격월까지 출제되는 상관 접속사는 정답의 1순위로 both ~ and, 2순위는 (n)either ~ (n)or, 3순위는 not (only) ~ but (also)가 출제되고 있으며 연간 2회 이상 between ~ and도 출제된다.

출제 의도 both와 and, (n)either와 (n)or, not (only)와 but (also), between과 and를 일치시킨다.

출제 빈도 연간 4~5회 이상 격월까지

출제 유형 아래 유형 1~8.

▶ 대등한 순접 관계에 있는 단어, 구, 절을 연결하는 연결사이다.

---

and = ~와(과), 그리고, 그러자, 그러면 (연간 4~5회 이상 출제)

출제 유형별 기출 예문

There are many old restaurants in and about[around] headquarters.
본사 및 그 근교에는 많은 식당들이 있다.)

▶ 등위접속사 A and B : A와 B 둘 중 하나가 답이다. A와 B는 같은 품사와 어형(명사 and 명사, 부사 and 부사, 형용사 and 형용사, 동사 and 동사, to부정사 and [to]부정사, -ing and -ing, -ed and -ed)이 되도록 출제한다.

• between A and B : A와 B 둘 사이에(= between + 복수 명사)

• 주어가 A and B일 때 답은 복수 동사가 된다.

• and, or, but은 고르는 일치문제로서 격월 정도 출제되는 정답이다.

• 주어가 (Both) A and B일 때는 무조건 복수 취급한다.

---

❶ **nor** = 또한 ~도 아니다(=and - not, or - not)

⇨ 「nor + 조동사 + 주어」의 어순이 정답이다 [연간 3~4회 출제]

❷ **both A and B** = A와 B 둘 다(=A and B alike) 〈양자 긍정〉 [연간 5~6회 출제]

❸ A(주어), [as well as B], C(동사) = B뿐만 아니라 A도 역시 [연간 4~5회 출제]

❹ not only A but [also] B = A뿐만 아니라 B도 역시 [연간 5~6회 출제]

유형 [1]	Most of those present seem to not understand the difference between what is possible and what is likely. 출석자들 대다수는 가능한 것과 있을법한 것의 차이를 이해 못한 듯하다.
유형 [2]	The presentation is long, nor have we heard it out. 그 발표가 길어서 우리는 끝까지 들은 적이 없다.
유형 [3]	This article sells well both at home and abroad. 이 물건은 국내에서도 국외에서도 잘 팔린다.
유형 [4]	The lecture is instructive as well as interesting. 강의가 재미도 있지만 유익하기도 하다
유형 [5]	It is important not only to attend the meeting but (also) to take part in the discussion. 회의에 출석하는 것뿐만 아니라 토론에 참가하는 것도 중요하다.

▶ 선택의 등위 접속사

or = 또는 , 그렇지 않으면
- either A or B = A이든가 B이든가 〈양자 택일〉
- neither A nor B = A도 B도 둘 다 ~아니다 〈양자 부정〉
- neither = not ~ either(~도 역시 아니다)
- nor = and/or ~ not(~도 않다)

유형 [1]	We could not find our document either at our house or on the road. 서류는 집에서도 길에서도 찾을 수가 없었다.
유형 [2]	Neither boss nor his employee often knows much of the other. 사장과 직원이 서로를 잘 모르는 일이 자주 있다.

▶ 역접 관계의 등위 접속사

❶ but = 그러나
❷ not A, but B = A가 아니라 B이다(= B, not A)
❸ while = 한편, ~반면에, ~하지만 (독해의 중반부/후반부에 출제)
   while 주어 + 동사(be+-ing / be+서술형용사) = -하는 동안 (독해 전반부/중반부에 출제)
❹ never(not, no) A but[=except] B = A하면 반드시(꼭) B한다.

유형 [1]	This is not much, but I hope you will like it. 변변치 못한 것입니다만 마음에 드시면 다행이겠습니다.
유형 [2]	Not that I hate reading, but that I have no time. 독서가 싫다는 것이 아니라 시간이 없다는 것이다.
유형 [3]	While he appreciated the honor, he could not accept the position. 명예로운 일이라고 감사하였으나 그는 그 지위를 받을 수는 없었다.
유형 [4]	Justice was never done but someone complained. 공평히 판가름해도 반드시 누군가가 불평을 터뜨렸다.

▶ 이유의 등위 접속사

❶ **for** = 왜냐하면(A, for B : 간접적인 이유 설명으로서, 주절 뒤에서만 정답으로 출제된다.)

❷ **so** = 그래서(A, so B : 두 문장 사이에서는 so, ⇨ because A, B ; 문두에서는 because[since, as]로 출제된다.)

[연간 5~6회 출제]

유형 [1]	He is a good athlete, for he has won prizes in many contests. 그는 스포츠를 잘한다. 그 증거로 여러 경기에서 상을 탔거든.
유형 [2]	Check the list carefully so there will be no mistakes. 틀림이 없도록 리스트를 잘 조사하시오.

Start - Up

1. Alice is pretty (but / and) clever.
엘리스는 예쁘며 영리하기까지 하다.

2. Push the button, (or / and / but) the door will open.
버튼을 누르면 문이 열릴 것이다.

3. (Unless / If / Whether) you push the button, the door will open.
버튼을 누르면 문이 열릴 것이다.

4. The survey shows a link between asthma (or / and / but) air pollution.
조사에서는 천식과 공기 오염의 연계 관계를 보여준다.

5. Bread (but / and / or) butter is good for most sick people.
버터 바른 빵은 대 부분의 환자에게 좋다.

6. A needle and thread (were / was / to be) found on the floor.

실이 꿰어져 있는 바늘이 바닥에서 발견됐다.

7. I am not rich, nor (I / do I / I do) wish to be.

부자가 아니도, 그렇게 되고 싶지도 않다.

8. He is both a soldier (nor / and / or) a poet.

그는 군인이자 동시에 시인이기도 하다.

9. He gave me money (as / so / as well as) food.

그는 내게 음식은 물론 돈도 주었다.

10. He (only / not only / not) teaches English, but also writes many novels.

그는 영어를 가르칠 뿐만 아니라 많은 소설도 집필 중이다.

11. Make haste, (and / or / so) you will be late for school.

서둘러라 그렇지 않으면 지각할 것이다.

12. Either you (and / or / nor) I am mistaken.

너와 나 둘 중 한 사람이 잘못 생각했다.

13. Neither he is responsible for it (or / nor / and) I am.

그와 나 둘 다 책임질 필요 없다.

14. He works slowly (and / but / or) accurately.

그는 더디지만 정확히 일한다.

15. He did not come on Sunday, (and / but/ or) on Monday.

그는 일요일이 아니라 월요일에 왔다.

16. (For / Because / Because of) the river is so high, it must have rained much last night.

강물이 높았기 때문에 분명히 간밤에 비가 많이 왔다.

| 정답 ▶ | 1.and | 2. and | 3. if | 4. and | 5. and | 6. was | 7. do I | 8. and |
| | 9. as well as | 10. not only | 11. or | 12. or | 13. nor | 14. but | 15. but | 16. Because |

2. 종속 접속사 : 종속절을 이끌어 주절을 보충 설명 연결하는 접속사

1 **명사절(=주제,결론)을 이끄는 접속사 THAT** : 문장 속에서 문장 전체의 주어, 목적어, 보어로 출제된다. 고로 THAT절은 간접적인 결론을 담고 출제되지만, 직접적인 결론은 명령문으로 출제된다.

---

❶ that, if (~인지 아닌지), whether ~ or (~인지 아닌지), what, how 등의 의문사 : 타동사의 목적어로 쓰이는 접속사 ; 독해 전체의 결론을 유도한다. 〈독해지문의 중/후반부〉

❷ 사람 주어 + be aware(**assured, confident, sure, convinced, glad, sorry, afraid**…) + that절

❸ It is + 형용사(**certain, likely, evident, hard, sure, impossible**…) + that절

❹ the + 추상명사 + that절(= 동격 명사절) ⇔ the + 추상명사 + of -ing

- the idea(fact, truth, opinion, possibility, rumor, report, statement, notion, concept, news…) + that + 완전한 문장(=주어 + 동사 + 목적어/보어)

- the + 추상명사 + 동격의 that절 또는 the + 추상명사 + of -ing가 정답!

출제 유형별 기출 예문

유형 [1]	We were informed that an epidemic had broken out in the next village. 〈이웃 마을에 전염병이 발생했다는 통보를 받았다.
유형 [2]	We are convinced that our project will succeed. 우리는 우리 계획이 성공할 것이라고 확신한다.
유형 [3]	They were aware that something was wrong. 그들은 어딘가 잘못되어 있음을 알아차렸다.
유형 [4]	It is not likely (that) he will come. 그는 올 것 같지 않다.
유형 [5]	It is impossible to overpraise him. 아무리 그를 칭찬하여도 지나치지 않는다.
유형 [6]	The news that he would not recover worried me. 그가 회복할 가망이 없다는 소식에 내 마음이 아팠다.

2 **형용사절을 이끄는 것(=관계사)** : 문장 속에서 바로 앞의 명사(=선행사)를 수식하는 형용사절로 출제된다.

---

1. 관계대명사 (who, whom, which, that) + 불완전한 문장 ([주어] + 동사 + [목적어])

2. 관계부사 (when, where, how, why) + 완전한 문장 (= 주어 + 동사 + 목적어)

3. 유사 관계대명사 (as, but, than) + 불완전한 문장 ([주어] + 동사 + [목적어])

유형 [1]	I saw one of my old friends, who recognized me at once. 〈나는 옛 친구를 만났는데 그는 나를 즉시 알아보았다.〉
유형 [2]	I began to read the book, which was very exciting. 〈그 책을 읽기 시작했는데 그것은 손에 땀을 쥐게 했다.〉
유형 [3]	He will do anything that you ask him to. 〈그는 당신이 해 달라고 하는 일은 무엇이든지 할 것이다.〉
유형 [4]	We took care to preserve trees where their presence was necessary. 〈우리는 필요한 곳에 서 있는 나무의 보호에 힘썼다.〉
유형 [5]	Now is the time when we have to make a decision. 〈지금이야말로 우리가 결단을 내려야 할 때다.〉
유형 [6]	There is no reason why he should not visit Canada. 〈그가 캐나다를 방문해선 안 될 이유는 없다.〉
유형 [7]	Such men as heard him praised him. 〈그의 얘기를 들은 사람들은 그를 칭찬했다.〉
유형 [8]	He is not such a coward but he can do that. 〈그는 그것을 못할 만큼 겁쟁이는 아니다.〉
유형 [9]	Foreign cars are becoming more popular than they were. 〈외제차들이 이전보다 더욱 인기를 끌고 있다.〉

3 부사절 이끄는 종속 접속사 : 양보, 이유, 조건, 목적, 결과, 시간, 장소, 비교의 부사절 순위로 매월에서 연간 3~4회까지 출제되고 있다.

▶ 시간 부사절 이끄는 접속사

when, whenever(~할 때마다), while(~하는 동안) as, till, not until(~까지), by the time, after, before, since, as soon as(=immediately, the moment(~하자마자), no sooner ~ than(=hardly ~ before ~하자마자), as long as(~하는 한), as often as

Time goes very fast when one is busy.
〈바쁠 때면 시간이 매우 빨리 간다.

He will have finished it by the time she comes back.
그녀가 돌아올 때까지는 나그는 그것을 끝내 놓고 있을 게다.

▶ 장소 부사절 이끄는 접속사

where, wherever

Where there are no democratic institutions, people may resort to direct action.
〈민주 제도가 없는 곳에서는 사람들은 직접 행동에 호소하는 일이 있다.〉

▶ 목적의 부사절을 이끄는 접속사

1. so that ~ will/can/may(= in order that ~ may) : ~하기 위해서

   in order(=so as) to부정사 : ~하기 위하여

2. lest ~ should(= for fear that ~ should) : ~하지 않기 위해서

1. He worked hard so that his family could live in comfort.
   그는 가족이 편안히 살 수 있도록 열심히 일했다.〉

2. Take your umbrella with you lest[=for fear] it (should) rain.
   비가 오면 안 되니까 우산을 가지고 가거라.〉

▶ 결과의 부사절 이끄는 접속사

1. so + 형용사 + [a(n) + 명사] + that =〉 너무 …해서 ~하다(결과의 부사절)

   such + 명사 + that =〉 너무 …해서 ~하다

   such + a(n) + 형용사 + 명사 + that =〉 너무 …해서 ~하다

2. so that ~ can / may =〉 ~하기 위해서(목적의 부사절)

   (= in order that ~ can/may)

1. She gave so witty an answer that everyone burst out laughing.
   그녀는 아주 재치 있는 대답을 했기 때문에 모두 웃음을 터뜨렸다.〉

2. It gave him such a shock that his face turned white.
   그는 그것에 충격을 받은 나머지 그의 얼굴은 하얗게 질렸다.〉

▶ 원인, 이유 부사절 이끄는 접속사

as, since, because, now that, in that, seeing that(= considering that), for(주절 뒤에만)
   : ~ 때문에 (p.57. 정답의 4대 접속사)

- I like him none the less because he is too simple.
〈그는 지나치게 단순하지만 그래도 나는 좋아한다.〉

- Now that I have paid all my debts, a load is off my mind.
〈빚을 다 갚고 나니 속이 시원하다.〉

▶ 조건의 부사절을 이끄는 접속사

if, once(일단 ~하면), unless(~하지 않는다면), provided(= providing) that(~라면), suppose(= supposing) that, in case that(~의 경우라면), on condition that(~의 조건으로), so long as(~하는 한), as far as(~하는 한) 등

- Once a vacancy occurs, it is very hard to find any business to fill in the empty office, said an estate agent.
일단 공석이 발생하면 이를 채워줄 신규수요가 생기기 어렵다.

- Unless (he was) in uniform, he didn't look a policeman.
그는 제복을 입지 않으면 경찰관으로 보이지 않았다.

▶ 양보의 부사절을 이끄는 접속사(= -일지언정, -일지라도)

1. though, although, even if, even though   (p.57. 정답의 4대 접속사)
2. 복합 관계부사 (whenever, wherever, however + 형용사…)
3. 복합 관계대명사 (whoever, whatever, whichever)

- Although a slight reconfiguration of branches may be needed, We see no need to add or reduce the branches, he said.
〈지점의 배치를 약간 바꾸어야 할지는 모르지만 지점을 추가 또는 감축할 필요성은 느끼지 못 한다.〉

- Whenever he gets a chance, he would find fault with me.
〈그는 걸핏하면 내 흉을 본다.〉

▶ 비교의 부사절을 이끄는 접속사

as, as + 형용사/부사 원급 + as, not so(as) ~ as, as far as, so far as

- He is as strong as the next man of his size.
그는 같은 체격의 사람이면 누구에게도 뒤지지 않을 만큼 세다.〉

▶ 양태의 부사절을 이끄는 접속사

as if(= as though) + 가정법 과거/과거완료 = 마치 ~처럼, ~하듯이

출제 유형별 기출 예문

• He referred to the matter as if it were nothing important.
그는 무덤덤한 어조로 그 문제를 언급했다.

Start - Up

1. (What / That / Who) he will succeed is certain.
그가 성공할 것이 분명하다.

2. (If / Whether / What) it is a good plan is a matter for argument.
좋은 계획인지 아닌지가 논의주제다.

3. I don' t know (which / when / what) that happened.
언제 그 일이 일어났는지 모른다.

4. They' re aware (of / that / what) their car is parked on a double yellow line.
그들의 차가 이중 황색 선에 주차되어 있다는 것을 알았다.

5. He feels sure (of / that / what) you' ve made the right decision.
그는 네가 올바른 결정을 했다고 확신 한다.

6. It was uncertain (what / that / who) the plan was a failure.
그 계획이 실패했는가는 불확실했다.

7. It was evident (what / that / whether) the robber knew the building well.
강도가 건물을 잘 알았던 것이 분명했다.

8. The idea (if / that / what) the problem will resolve itself is ridiculous.
문제가 저절로 풀린다는 생각은 어리석은 것이다.

9. He toyed with the idea of (surprise / surprising / a surprise) her with a present.
그는 그녀를 선물로 깜짝 놀라게 하려는 생각으로 혼자 즐거워했다.

10. There' s quite a possibility (which / that / what) war may break out.
전쟁이 발발하는 가능성이 충분히 있다.

11. He was the first man (which / that / what) sailed around the world.

그는 최초로 세계 일주 항해를 했다.

12. He is a man (which / who / what) has much learning.

그는 지식이 많은 사람이다.

13. (While / During) you were away, there was a fire in the neighborhood.

안 계신 동안에 이웃에 화재가 있었습니다.

14. (By / Until) you told me, I had heard nothing of what happened.

네가 내게 말할 때 까지, 일어난 일에 대해 아무것도 듣지 못했다.

15. I will follow you (when / wherever) you go.

어딜 가든 따라갈 것이다.

16. He works hard (such / so) that he may pass the exam.

시험에 합격하기위해서 그는 열심히 일한다.

17. They climbed higher (such / in order) that they might get a better view.

그들은 더 좋은 전망을 찾기 위해서 더 높이 올라갔다.

18. He is (such / so) poor that he cannot buy the car.

그는 너무 가난해서 차를 살수 없다.

19. He was absent (because of / because) he was sick.

그는 병이 나서 결석했다.

20. (For / Because) no one agrees to my proposal, I will give it up.

아무도 내 제안에 동의하지 않기 때문에 포기할 것이다.

21. (Unless / If) you ask him, he will help you.

그에게 부탁한다면, 그가 도와줄 것이다.

22. (If / Unless) you work harder, you will not succeed.

더 열심히 일하지 않으면 실패할 것이다.

23. I will go there (provide / providing) ?that? my expenses are paid.

비용이 나오면 거기 갈 것이다.

24. (Despite / Although) he is poor, he is happy.

그는 가난하지만 행복하다.

25. (Even / Even if) it should rain, we will start.

비가와도 출발할 것이다.

26. It's not as (stronger / strong) as it used to be.

과거처럼 세지는 않다.

27. She opened her lips (as /as if) she were to speak.

말하는 것처럼 그녀는 입을 열었다.

> 정답 ▶ 1. That 2. Whether 3. when 4. that 5. that 6. that 7. that 8. that 9. surprising 10. that 11. that 12. who 13. While 14. Until 15. wherever 16. so 17. in order 18. so 19. because 20. because 21. If 22. Unless 23. providing 24. although 25. Even if 26. strong 27. as if

U^NIT 08 ▶종속접속사 that

⇒『무생물 주어 + indicate(show, suggest, imply) + that절』의 정답유형!
⇒ 보편타당한 객관성을 나타냄

경향 분석 실제 토익에서 출제되고 있는 접속사는 40여종이며 이 중 두 문장을 연결하는 기능의 접속사 중에서 생략 가능한 것은 사람을 주어로 하는 문장에서 일반 타동사의 목적어로 쓰인 접속사 that뿐이다.

❶ 사람주어 + 타동사(say, know, believe, expect, hope, confirm···) + that절
❷ 무생물 주어 + 타동사(indicate, show, suggest, imply, reveal, state, mean..) + that절

출제 의도 that절을 갖는 타동사를 묻기 위한 의도이다.
출제 빈도 연간 3~4회 이상
출제 유형 아래 유형1~4.

1 사람 주어 + 타동사(say, expect, hope, know) + that 주어 + 동사
2 It is + 형용사 (certain, likely, evident, hard, sure) + that절
3 무생물 주어 + indicate(show, suggest, imply, reveal, state, mean,···) + that절
4 의심, 의혹, 부정 의미의 본동사 뒤에는 의문사가 종속 접속사로 나온다.
　① don't know/care
　② not sure/certain
　③ wonder, inquire
　④ ask, mind
　　　　　⇔
　의문사(wh-word) 주어 동사
　if / whether(~인지 아닌지)
　[연간 5~6회 출제]

출제 유형별 기출 예문

유형 [1]	• officials and analysts expect that it could turn around in the second quarter due to improving credit-card usage and tighter credit checks. 관계자나 분석가들은 신용카드사용이 증가하고 있고 또 신용확인을 엄격히 하여 2분기에는 흑자로 돌아설 수 있을 것으로 기대하고 있다.
유형 [2]	• It is certain that they will sign the contract. 그들이 그 계약서에 서명할 것이 확실하다.
유형 [3]	• The statistics indicate that auto accidents are on the decrease. 통계는 자동차 사고가 감소하고 있음을 보여 주고 있다.
유형 [4]	• I wonder whether his apology would make any difference now. "이제 와서 그가 사과한들 뭐가 달라지겠느냐"라고 그는 말했다.

1. He said (what / that / which) he'd pick up Michael after work.
그는 퇴근 후 마이클을 태워주겠다고 했다.

2. The staff can't confirm (what / that / which) the document is authentic.
직원들은 그 문서가 진짜인지를 확인할 수 없다.

3. It was certain (what / that / who) the plan was a failure.
그 계획이 실패라는 것은 확실했다.

4. It was evident (what / that / which) new manager took over the marketing division.
새로운 매니저가 마케팅 부서를 인수인계했다는 것은 분명했다.)

5. (What / That / Which) there'll be a job opening in a few weeks is possible.
몇 주 안에 공석이 생기다는 것이 가능한 일이다.

6. Thunder (indicates / to indicate / indicating) that a storm is near.
천둥은 폭풍이 가까이 있다는 것을 나타내는 것이다.

7. His experiment (showed / shows / to show) that the theory was false.
그의 실험은 그 학설이 오류임을 증명 하였다.

8. The marketing department wonders (that / how / which) much local phone calls cost.
마케팅 부서에서는 지방 장거리 통화 요금이 얼마인지 궁금해 하고 있다.

정답 ▶ 1. that 2. that 3. that 4. that 5. that 6. indicates 7. showed 8. how

CHECK-UP TEST

1. Most people _____ the most important factor in business is service.

   (A) tell   (B) say
   (C) talk   (D) speak

2. They had hoped _____ the game, but the others played very well.

   (A) the company to win   (B) that the company win
   (C) that the company would win   (D) the company's winning

3. Sonia is not certain _____ the sales manager is in the right or not.

(A) if

(B) whether

(C) that

(D) which

4. All the personnel of the branch office is now sure _____ Nick will get promoted to a manager.

(A) that

(B) if

(C) which

(D) as

5. The staff of the Office of Railways never minds _____ the head manager resigns.

(A) if

(B) whether

(C) even if

(D) though

기출 유형 전략 비법

1. 동사 찾기
[정답] (B)

전략 비법 | 『타동사(say) + {to + 사람} + that절이 정답이다.』

that절을 목적어로 갖는 타동사를 찾는 문제이다. (A)는 tell + 사람 + that절의 구조를 갖고, say(suggest, explain…) + {to + 사람} + that절의 구조를 갖는다. talk과 speak은 자동사로 that절은 갖지 못한다.

해석 | 대다수 사람들은 business에서 가장 중요한 것은 service라고 말한다.

어구 | **factor** 원인, 요인 **service** 용역, 서비스

2. 목적어 찾기
[정답] (C)

전략 비법 | 『타동사 hope + that절 또는 hope to부정사가 정답이다.』

(A)는 hope to부정사만이 가능하나, hope A to부정사는 불가. expect A to부정사는 가능. (B)의 that절 속에는 조동사 will 필요하다. (D)의 경우는 타동사 hope은 미래 지향적인 동사이므로 이런 동사는 to부정사를 목적어로 갖고, stop, discontinue, miss처럼, 과거 지향적인 동사들은 -ing동명사를 목적어로 갖는다.

해석 | 그들은 자신들 회사가 game에 승리할 것으로 기대했으나, 타회사들이 더 잘 했다.

어구 | **hope that** … will 희망하다, 기대하다 **win the game** 게임에 이기다

3. 접속사 고치기
[정답] (B)

전략 비법 | 『의심, 의혹, 부정 동사 뒤에는 의문사가 정답이다.』

부정, 의혹, 불확실성의 동사나 형용사 not certain…은 if나 whether ~ or not을 가진다. 문미에 or not이 있으므로 whether가 된다.

해석 | Sonia는 그 영업 과장이 맞는지의 여부를 확신하지 못한다.

어구 | **not certain** 확신 못하다, 모르다 **sales manager** 영업부 과장 **be in the right** 옳은, 바른

4. 접속사 고치기
[정답] (A)

전략 비법 | 『확신, 장담, 긍정 동사 뒤에는 종속 접속사 that이 답이다.』

긍정, 확신의 동사 know, be sure/certain은 종속 접속사로 that만을 갖는다.

해석 | 그 지점의 전직원들은 Nick이 매니저로 승진될 것으로 확신하고 있다.

어구 | **the personnel** (집합) 직원 **branch office** 지점 **get promoted to** ~로 승진하다

5. 접속사 찾기   [정답] A

전략 비법 | 『의심, 의혹, 부정 동사 뒤에는 의문사가 정답으로 온다.』

새로운 동사 앞에는 접속사나 관계사가 반드시 나와야 문장이 연결된다. 주절의 동사가 의심과 불확실성을 나타내는 동사 mind, wonder, ask…이므로 whether ~ or not이나 if또는 의문사 모습의 종속 접속사를 정답으로 가진다. (B)의 whether는 문미에 or not이 있을 때 나올 수 있고, (C)와 (D)는 명사절을 이끌 수 없고 모두 양보의 부사절을 이끌므로 탈락된다. 고로 (A)의 if가 정답이 된다.

해석 | 철도청의 전 직원들은 그 수석 매니저 사임 여부엔 관심이 없다.

어구 | **the Office of Railways** 철도청 **head manager** 수석 매니저 **mind** 신경 쓰다 **resign**(= retire, leave the service, step out down) 사임하다

▶종속접속사 that과 관계사 whoever

⇒ 두 문장 중, 앞 문장이 완전할 때 종속 접속사 that이 정답이다.

경향 분석 [1] 문제 중 두 개의 동사가 등장할 경우, 앞 동사(동사1)는 명사절인 that절 또는 관계절 속의 동사가 된다.

[2] 첫 번째 동사가, 빠진 성분이 없는 완전한 문장을 이끌 경우는 명사절인 that절 속의 동사가 된다[1]. 그러나 앞 동사(동사1)의 주어가 없는 불완전한 문장을 이끌 경우는 관계절 속의 동사가 되고 만다 [2]. 마지막 동사(동사2)는 항상 전체 문장의 본동사가 된다. (Part 5)

출제 의도 관계대명사 whoever와 who 구분하기, whoever, which 및 접속사 that 구분하기

출제 빈도 연간 2~3회 이상

출제 유형 아래 유형 1~3.

[1] 첫 문장이 완전할 경우 : 명사절

【 _____ 주어 + 동사1 + 목적어 】+ 동사2(= 본동사)

정답 | ① That ② how, where, when, whether 등 각종 명사절의 접속사≫

[2] 첫 문장에 사람 주어가 없을 경우(70~80% 이상) : 관계절

【 _____ + 동사1 + 목적어 】+ 동사2(= 본동사)

정답 | ① The man who / ② those(anyone, he) who / ③ whoever≫

[3] 첫 문장에 사물 주어가 없을 때 : 관계절

【 _____ + 동사1 + 목적어 】+ 동사2(= 본동사)

정답 | ① the thing which / ② whichever[=1~4] / ③ what(ever)[〉5≫

출제 유형별 기출 예문

유형 [1]	• That my CEO did not scold me surprised me. 사장님께서 나를 꾸중하시지 않는 것에 놀랐다.〉
유형 [2]	• Whoever wants to play baseball can do so. 야구를 하고 싶은 사람은 누구든지 할 수 있다.〉
유형 [3]	• Take whichever[whatever] you like. 어느 것이나 좋은 것을 가져라.〉

1. (What / That / Whoever) the United States generates 20 million pounds of rubbish every year has been estimated recently.
〈미국이 매년 2천만 파운드의 쓰레기를 만들고 있다는 사실이 최근에 산정됐다.〉

2. (Who / Whoever / That) writes the best novels will win a cash prize.
〈최고의 소설을 쓰는 작가들은 누구든 현상금을 획득하게 될 것이다.〉

3. (Which / What[ever]) brings about happiness has utility according to the doctrine of utilitarianism.
행복을 가져오는 것은 무엇이든 공리주의에 따라 실용성을 지닌다.〉

정답 ▶ 1. That 2. Whoever 3. What[ever]

CHECK-UP TEST

1. _____ seat belts save lives has been proven by some automobile companies.

(A) that   (B) The
(C) there are   (D) when

2. _____ financial problem helps to relieve scarcities is a recent fact.

(A) the   (B) That
(C) if   (D) there is

3. _____ Susan first appeared in our university still remains a mystery.

(A) when   (B) That
(C) Since   (D) Even if

기출 유형 전략 비법

1. 접속사 찾기   [정답] (A)

전략 비법 | 『첫 문장이 완전한 문장일 때 접속사 that 등이 정답이다.』

(C)를 고르면 문장의 동사가 3개가 되어서 문장 하나에 동사도 한 개여야 한다. (D)의 when은 주절을 파괴시켜 부사절을 만듦으로 탈락된다.

해석 | 좌석 벨트가 생명을 구해 준다는 사실을 일부 자동차사에서 입증해 왔다.

어구 | seat belt 안전벨트 prove that… 입증하다 automobile company 자동차 회사

2. 접속사 찾기 [정답] (B)

전략 비법 ┃『첫 문장이 완전한 문장일 때 접속사 that 등이 정답이다.』

문장 한 개에는 동사가 하나 있어야 한다. (A)는 동사 2개이므로 탈락, (C)는 주절을 파괴시켜 부사절을 만든다. (D)는 동사가 3개나 되므로, 역시 결격이다.

해석 ┃ 재정적인 문제가 물품 부족을 완화시킨다는 것이 최근 상황이다.

어구 ┃ **financial** 재정적인 **relieve** 경감시키다, 완화시키다 **scarcities** (물품, 식량) 부족

3. 접속사 찾기 [정답] (B)

전략 비법 ┃『첫 문장이 완전한 문장일 때 접속사 that 등이 정답이다.』

나머지 (A), (C), (D)는 모두 주절을 파괴시켜 부사절을 만들고 만다.

해석 ┃ Susan이 우리 대학에 나타난 것은 여전히 미스터리로 남아 있다.

어구 ┃ **appear** 나타나다, 등장하다 **remain a mystery** 신비로 남아 있다

▶간접의문문 어순

⇒ 의문사(wh-word)가 등장할 경우, 정답은 곧 "주어 + 동사" 어순이 된다.

경향 분석 ❶ 토익 문법에서는 의문문이 출제되지 않으므로 wh-word(who, which, what, how, when, whether…)
는 접속사나 관계사로만 출제된다.

그러므로 어순 문제에 해당하며 ["의문사 + (조)동사 + 주어?"]는 의문문이 된다. 의문사는 토익 청취
에만 등장하므로 의문문에만 출제되며 토익 문법 영역에서는 절대 의문사가 출제되지 않고 있다.
고로, 의문문(의문사 + 동사 + 주어?) 이 등장할 경우, 결국, Part 5에서는 항상 오답이 된다. 이는『의
문사 + 주어 + 동사』의 어순이 되어야하며 전체 문장의 한 성분으로 사용되므로 간접의문문이 되는
것이다.

❷ 접속사, 관계사, 및 의문사를 구분하는 문제이다.

출제 의도 정답으로서 평서문 어순인『접속사 + 주어 + 동사』 구분하기

출제 빈도 연간 1~2회 이상

출제 유형 아래 유형 1~4.

[1] 토익 문법[Part 5, 6]에서는 간접 의문문을 이끄는 접속사나 관계사는 정상 적인 평서문인『주어 + 동사』의 어
순을 정답으로 갖는다.

[2] [의문사 + 조동사 + 주어 + 본동사?] 어순은 청취 어순이므로 비문이 된다.(Part 5)

[3] 접속사 [주어 + 동사]는 간접 의문문으로서 정상적인 어순이므로 정문이 된다.(Part 5)

[4] 관계사 [(주어) + 동사]은 정상적인 문법 어순으로 정문이 된다.(Part 5, 6)

출제 유형별 기출 예문

유형 [1]	Will Muslims want to visit the Abu Dhabi Louvre? 이슬람교도들이 아부다비의 루브르를 관람하기를 원할가?)
유형 [2]	I can't help wondering how many Muslims will want to visit the Abu Dhabi Louvre. 얼마나 많은 이슬람교도들이 아부다비의 루브르를 관람하기를 원할 것인가 하는 의문이 생긴다.
유형 [3]	This is the picture of a girl whom we are going to see. 이것이 이제 우리가 만나려는 소녀의 사진이다.)

1. How often (filters must / must filters) be replaced ?

얼마나 자주 필터를 교체하는가?

2. I wonder how often (must filters / filters must) be replaced.

얼마나 자주 필터를 교체하는지 궁금하다.

3. The secretary whom (did the president believe / the president believed) to be sincere made up her mind to resign from the corporation.

사장이 성실하다고 믿었던 비서가 회사에서 퇴직할 결심을 했다.

정답 ▶ 1. must filters 2. filters must 3. the president believed

CHECK-UP TEST

1. It is little known _____ the last immigrants got there at that time.

(A) how   (B) how did
(C) which   (D) how does

2. The new manager of this company wonders how much _____ .

(A) cost local phone calls   (B) local phone calls cost
(C) does local phone calls cost (D) do local phone calls cost

3. Some scientists have no idea _____ .

(A) what does this reaction mean (B) what this reaction means
(C) what the meaning of this reaction (D) what sort of mean is

기출 유형 전략 비법

1. 〈주어 + 동사〉 어순으로 고치기   [정답] (A)

전략 비법 | 『"의문사 + 주어 + 동사"의 어순이 곧 정답이 된다.』

접속사 how는 평서문의 어순을 가지므로 〈주어 + 동사〉의 어순이 되어야 한다.

해석 | 마지막 이주민들이 그곳에 도착한 방법은 거의 알려지지 않고 있다.

어구 | **it is little known how**… ~한 방법은 거의 알려지지 않고 있다.

2. 〈주어 + 동사〉 찾기   [정답] (B)

전략 비법 ┃ 『"의문사(wh-word) + 주어 + 동사" 어순이면 곧 정답이다.』

　　　　(A), (B), (C), (D) 중에 〈접속사 + 주어 + 동사〉 어순이면 정답이다. 토익 문법에서는 의문문은 출제하지 않으므로 〈조동사 + 주어 …〉 어순이면 무조건 오답이다. 접속사 how는 〈주어 + 동사…〉 즉 평서문의 문장을 이끌어야 한다. (A)는 동사 cost가 주어 뒤로 가야 한다. (C)와 (D)는 의문문이므로 답이 될 수 없다. 고로 조동사를 각각 제거해야 된다.

해석 ┃ 이 회사의 새 매니저는 지방 통화 요금이 얼마인지 모르고 있다.

어구 ┃ **wonder** ~알고 싶다, 궁금하다 **local phone call** 지역 통화 cost 비용이 얼마이다.

3. 접속사 찾기   [정답] (B)

전략 비법 ┃ 『"의문사(wh-word) + 주어 + 동사" 어순이면 곧 정답이 된다.』

　　　　(A), (B), (C), (D) 보기만 보고도 〈의문사 + 주어 + 동사〉 어순이면 정답이다. 토익 문법에서는 의문문은 출제되지 않으므로 〈조동사 + 주어〉 어순이면 무조건 오답이 된다. 완전한 문장 뒤에 idea와 동격 표현을 찾는다. 즉, 〈접속사 + 주어 + 동사〉이다. (A)는 의문문이므로 탈락. (C)는 동사가 없어 탈락. (D)는 동사가 두 개 mean, is 이다. 모든 문장 속엔 동사는 한 개만 와야 한다.

해석 ┃ 일부 과학자들은 이 반응이 뭘 의미하는지 전혀 모르고 있다.

어구 ┃ **have no idea**… ~전혀 모르다 **reaction** 반응 **mean** 의미하다

▶관계사의 종류

⇒〈who+동사〉, 〈whose+명사〉, 〈which+동사〉, 〈동사/전치사+what〉 어순
일 때 곧 정답이다!

경향 분석 ❶ 관계대명사는 격월이상 출제하며 주격(who, which)을 1우선순위로 출제하며 2순위는 whose를 3순
위는 what을 정답으로 출제한다. 선행사가 사람 주격이면 who, 사물 주격이면 which를 출제하며 또
한 선행사 the thing을 포함하는 관계사 what(=the thing which)과 선행사 anyone을 포함한 복합 관
계사 whoever(= anyone who)도 출제된다. 관계대명사는 주격 위주(who, which)로 가장 많이 출제
되고 연 1~2회 정도는 목적격도 출제된다.

❷ all of whom/which 같은 전치사를 포함한 목적격이 출제되는 이유는, 목적격 관계사인
whom/which은 생략되므로 전치를 포함한 목적격을 매년 3~4회 정도는 정답으로 출제한다. all of
which과 all of whom를 서로 구분하는 유형의 문제이다.

출제 의도 who(ever), which, whose, what 구분하기.

출제 빈도 격월에서 매월

출제 유형 아래 유형 1~12.

1 사람 + who + 동사 [연간 5~6회 이상]

2 사람+「whom」+주어 +타동사. 「생략될수 있으므로 주로 오답유형」출제됨[연간 1~2회]

3 사람/사물 + whose + 명사 + (주어) + 동사 [연간 4~5회]

4 사물 + which/that + 동사 「주격으로만」 주로 출제됨. [연간 5~6회 이상]

5 동사/전치사 + what(=the thing which) + (주어) + 동사 [연간 3~4회]

6 anyone who + 동사 〈=〉 whoever + 동사 [연간 3~4회]

7 선행사와 관계절속 동사의 단/복수 일치 유형

who 뒤엔 동사가, whom 뒤엔 주어와 동사가, whose 뒤엔 명사가 정답! which나 that 뒤엔 동사가 나와
주로 주격을 답으로 출제하며 주어와 동사가 나오는 목적격으로도 연간 1~2회 정도 출제한다.

8 『who + (s)he + 동사』에서 대명사는 중복으로 오답이 된다.

『which(that) + it + 동사』에서 대명사는 중복으로 오답이 된다.

관계대명사 뒤에 중복의 대명사는 제거되어야 하므로 항상 오답으로 등장한다.

9 Those who + 동사 : ~하는 사람들(복수 - 관용적 표현)

He who + 동사 : ~하는 사람(단수)

10 시간 선행사 + [when](=in[at, on] + which) + 완전한 문장 / [TO+V]

장소 선행사 + [where](=in[at, on] + which) + 완전한 문장 / [TO+V]

🔟 장소 선행사 + in(on, at) + which + 완전한 문장 / [TO+V]

시간 선행사 + in(on, at) + which + 완전한 문장 / [TO+V]

🔢 명사 + (what / which) + 동사　　　　　　(◎which가 정답이다.)

유형 [1]	• Her husband, who is living in London, often writes to her. 그녀의 남편은 런던에 살고 있는데, 그녀에게 자주 편지를 쓴다.
유형 [2]	• You cannot depend upon friends whom money has brought to you. 돈 때문에 모인 친구는 믿을 수 없다.
유형 [3]	• My brother, whose major was economics, is a professor of university. 내 동생은 전공이 경제학인데 대학 교수이다.
유형 [4]	• This is the book (which) I have chosen. 이것이 내가 고른 책이다.
유형 [5]	• Tell me what he has done. 그가 무슨 일을 했는지 말해 다오.
유형 [6]	• Anyone who wants to help can send books to the center. 지원을 희망하는 사람은 누구나 센터로 책을 보내면 된다.
유형 [7]	• Our policy is not to do business with anyone who has bad credit. 신용이 좋지 않은 사람과는 거래를 하지 않는 게 우리의 방침이다.
유형 [8]	• It's actually an increase for the rate of children who are attending the schools. 실제로 유치원에 다니고 있는 아동의 비율은 증가했다.
유형 [9]	• The membership is composed of those who would prevent unfair elections. 회원은 부정 선거를 방지하고자 하는 사람들로 구성되어 있다.
유형 [10]	• This is the house where I was born. 이 집이 내가 태어난 집이다.
유형 [11]	• I had a dream in which I picked up a diamond. 다이아몬드를 줍는 꿈을 꾸었다.
유형 [12]	• I am not clear as to what you expect me to do. 당신이 나에게 기대하고 있는 바를 나는 알지 못하겠다.

Start - Up

1. The applicants (which / whom) you mentioned are all former employees.

언급하신 지원자들은 모두 전직 직원들이다.

2. They meet in an old house (who / whose) basement has been converted into a

chapel.
그들이 만나는 오랜 된 집의 지하실이 예배당으로 개조됐다.

3. Actors are usually people (whose / who) love to be the centre of attention.
배우들은 보통 관심의 중심이 되기를 원한다.

4. That bar , (who / which) is very nice and quite cheap, is owned by Mr. Tahn.
그 술집은 아주 쾌적하며 값이 저렴하며, 주인은 Tahn씨이다.

5. The information on (which / who) the conclusion was based is doubtful.
결론의 근거가 된 정보가 의심스럽다.

6. (Who / Whoever) uprooted that tree ought to be ashamed of themselves.
그 나무를 뿌리째 뽑은 사람은 누구든 부끄러워해야한다.

7. They speak to (whomever /whoever) is in charge of International Sales.
그들은 국제 영업을 담당하는 사람에겐 누구든 얘기를 한다.

8. The other residents who (lives / live) in the house are really friendly.
그 집에 거주하는 다른 사람들은 정말 친절하다.

9. They bought the boat (whom / which) they saw at the boat show.
그들은 보트 쇼에서 본 그 보트를 구입했다.

10. I think it was his manager (who he / who) phoned.
바로 그의 매니저가 전화를 받았다고 본다.

11. Those (which / who) would like to go on the trip should put their names on the list.
여행을 하고 싶어 하는 사람들은 명단에 성명을 기입해야 한다.

12. They lived in Rome, (which / where) they taught English.
그들은 로마에 살고 있으며 그곳에서 영어를 가르친다.

정답 ▶ 1. whom 2. whose 3. who 4. which 5. which 6. Whoever 7. whoever
8. live 9. which 10. who 11. who 12. where

---

13 관계대명사의 기능과 역할 : 관계대명사는 격월까지 출제되며 연간 1~2회 정도는 관계 부사 where가 출제되나 관계 형용사는 거의 출제되지 않는다.

1. 관계대명사 : 두 문장을 연결하는 대명사를 대신하는 형용사절이다.
2. 관계 형용사 : 두 문장을 연결하는 형용사를 대신하는 기능.
3. 관계부사 : 두 문장을 연결하는 부사를 대신하는 기능.

① This is the advisor. + She is a good typist.

　This is the advisor (whose / who) is a good typist.

　　○ the advisor와 She는 동일 인물이며, She가 주어이므로 주격 관계대명사 who를 사용하여 두 문장을 연결한다. (who가 정답)

[14] 관계대명사의 종류

선행사	1. 주격	2. 소유격	3. 목적격	4. 역할
사람	who	whose	whom	형용사 절(선행사 수식)
동물,사물	which	whose,of which	which	"
사람,동물,사물	that	-	that	"
사물(선행사 thing 포함)	what	-	what	명사절(주어, 목적어, 보어) 역할

② This is the director. + I wanted to see him.

　This is the director (who / whom) I wanted to see.

　　○ the director와 him은 같은 사람이며, him은 목적어이므로, 목적격 관계대명사 whom을 사용하여 두 문장을 연결한다. (whom이 정답)

③ I have a book. + It is very interesting.

　I have a book (who / which) is very interesting.

　　○ a book과 It는 같은 것이며, 선행사인 a book은 사물이므로 관계대명사 which로 받는다. (which가 정답)

④ A man and his pet (who / that) were passing by were injured.

　　○ 선행사가 A man and his pet이므로 that을 사용한다. (that이 정답)

⑤ 「(Which / What) is beautiful」 is not always good.

　　○ 관계대명사 what은 〈선행사 thing + 관계대명사 which〉를 포함하며, what는 문장 속에서 주어, 목적어, 보어로 출제된다. (What이 정답)

⑥ There are several economic and technical matters (what / which) have been described for ten months. (which가 정답)

■ 관계대명사 that의 출제용법 : 특별한 선행사만을 갖는다.

> 1. 선행사가 최상급이거나 서수의 수식을 받는 경우
> 2. 선행사가 the only, the very, the same 등 수식을 받는 경우
> 3. 선행사에 some, any, no, all, every, little 등이 있을 때

4. that는 한정 용법에만 사용하고, 계속적 용법은 불가하며 that 앞에는 전치사나 컴마(,)가 올 수 없다. 선행사와 that 은 긴밀한 관계이므로 그 사이에는 전치사, 컴마, 일반 어휘 등 아무것도 that 앞에는 들어갈 수가 없게 되어 있다. (한정적 용법)

출제 유형별 기출 예문

유형 [1]	• I know the very person that will do the job quickly. 나는 그 일을 신속하게 할 안성맞춤인 사람을 알고 있다.
유형 [2]	• He is the greatest novelist that has ever lived. 그는 전대미문의 대소설가다.

[15] 관계대명사 형태 : 주격인 who와 which가 가장 많은 정답으로 출제된다.

앞 문장	선행사	주격 관계대명사	동 사	
		소유격 관계대명사	명 사	
		목적격 관계대명사	관 사	명 사
			소 유 격	

출제 유형별 기출 예문

유형 [1]	• I dislike women who chatter incessantly. 나는 쉴 새 없이 수다를 떠는 여성은 질색이다.
유형 [2]	• Is there any student whose name hasn' t been called? 이름을 부르지 않은 학생은 없나?
유형 [3]	• She is a model figure whom many Korea's future scientists look up to. 그녀는 한국의 많은 과학 꿈나무들이 똑 같이 되기를 원하며 우러러보는 인물이다.

[16]. 유사 관계대명사 용법

원래는 관계대명사가 아닌 완전한 문장을 이끄는 접속사이면서 성분이 빠질 경우는 관계대명사 구실을 한다.

1) 유사 관계대명사 as의 용법

선행사 앞에 as, such, the same을 사용한다. 이 셋 중 하나가 답이다. 서로 구분하는 형태의 문제이다. as 나 than 둘 중 하나가 곧 정답이 된다.

앞 문장	as	선행사	as	주어	동사
	such				
	the same			동사	

2) 유사 관계대명사 but의 용법

선행사 앞에 no, not, never, scarcely, hardly 등의 부정어가 올 경우에 사용된다.

주어	부정어	선행사	but(~하지 않는)	동사
			that/which ~ not	

3) 유사 관계대명사 than의 용법

선행사 앞에 비교급이 있을 경우. as와 than 둘 중 하나가 정답으로 서로 구분하는 문제이다.

주어	동사	비교급	선행사	than	주어 + 동사 동사

출제 유형별 기출 예문

유형 [1]	• He is as honest a man as I've ever met. 그는 내가 만난 사람 중에서 가장 정직한 사람이다.
유형 [2]	• There is no one but knows it. 그것을 모르는 사람은 아무도 없다.
유형 [3]	• Her assistance was more valuable than had been supposed. 그녀의 도움은 생각되었던 것보다 귀중한 것이었다.

※ 상관 접속사 어구 as/such/the same ~ as 와 비교급(-er) ~ than 을 서로 일치시키는 문제로서 앞의 선행사 as는 as를 답으로, 비교급(-er)은 뒤의 접속사 than을 답으로 갖는다. 이 때 as와 than에 하나가 정답이 되는데(Part 5) as와 than은 한 쌍의 정답으로 서로 구분하는 유형이다. 연간 3~4회 정도 비중으로 출제된다.

4) as, such, the same ⇔ as

5) more, less, 비교급(-er) ⇔ than

6) not, no + 명사 ⇔ but(=which~not)

7) as와 as, 또는 비교급과 than 둘 중 하나가 없을 경우 오답이 되며, 좌우 대칭 구조로써 반드시 둘 다 동시에 나와야 정답이 된다.(Part 5)

8) 문제 중에 as, such, the same 등이 등장하면 as가 정답이다.
문제 중에 비교급(-er)이 등장하면 than이 정답이다.
문제 중에 부정어가 등장하면 but이 정답이다.

9) 문제 중에 딱히 답을 모를 때 as, than 중에 하나가 답이 되는 as와 than 을 서로 구분하는 유형의 문제이다.
(Part 5)

① The manager will soon be (the same / as) tall as his owner.
매니저는 곧 그의 사장만큼 클 것이다.

② Michael earns five times (more / as) much as she does.
마이클은 그녀의 5배를 번다.

③ They live in the (such / same) town as his directors.

그들은 이사들과 같은 도시에 산다.

④ **The time available is less (as / than) we had hoped for.**

쓸수 있는 시간은 기대보단 적다.

⑤ **Susan' s car is bigger (that / than) mine.**

수잔의 승용차는 내 것 보다 더 크다.

⑥ **We must not complain about the problem, (than / but) help to put it right.**

우리는 그 문제를 불평이 아니라 바로 잡도록해야 한다.

⑦ **She' d prefer us to arrive no later (as / than) seven o' clock.**

그녀는 우리가 7시 이전까지 도착하길 원한다.

[17]. 복합 관계대명사

관계대명사 뒤에 후행사 『-ever 를 붙여서 〈선행사 + 관계대명사〉 구실을 동시에 하며, 명사절 아니면 양보의 부사절을 이끈다.

1) 복합 관계대명사의 종류

주 격	소유격	목적격
whoever	whosever	whomever
whichever	-	whichever
whatever	-	whatever

출제 유형별 기출 예문

- Give it to whoever comes first.
  먼저 오는 사람에게 그것을 주어라.
- I' ll go along with whichever you decide.
  당신이 결정하는 대로 따를게요.
- You can take whatever you want.
  네가 원하는 것 모두 가져도 된다.

2) 명사절을 이끄는 경우

▶ 관계대명사 + ever

○ anyone + 관계대명사 : ~하는 사람은, 그 누구든

○ anything + 관계대명사 : ~하는 것은, 그 무엇이든

- **Anyone who wants to come is welcome.**
  오고자 원하는 사람은 누구라도 환영이다.

- **He will do anything that you ask him to.**

  그는 당신이 해 달라고 하는 일은 무엇이든지 할 것이다.

3) 양보 부사절을 이끄는 경우

  ▶ 의문사 + ever (~할지라도) (주어) + may + 동사,   주절

  ❍ No matter + 의문사 (주어) + may + 동사 ,   주절

  ❍ although   주어 + 동사 ,   주절

  - **Whoever may say so, you need not believe it.**

    누가 그렇게 말하더라도 그것을 믿을 필요는 없다.

  - **No matter who may say so, you need not believe it.**

    누가 그렇게 말하더라도 그것을 믿을 필요는 없다.

[18] 복합 관계대명사의 의미

선행사 역할과 관계대명사 역할을 동시에 하고 있다. 즉, 복합 관계대명사는『선행사 + 관계대명사』역할을 한다.

1) 명사절을 이끄는 경우 : 문장의 주어, 목적어, 보어로 출제된다.

  1. whoever = anyone who ❍ the man who = ~하는 사람은 누구든
  2. whosever = anyone whose ❍ the man whose = ~하는 사람의 누구든
  3. whomever = anyone whom❍ the man whom = ~하는 사람을 누구든
  4. whichever = anything that❍ the thing which = ~하는 것은 무엇이든[1~4개까지]
  5. whatever = anything that ❍ ~하는 것이 어느 것이든 [5 이상]

2) 양보 부사절을 이끄는 경우 조동사가 may가 나온다. : 주절과는 독립되어 주절 앞이나 뒤에 출제된다.

  1. whoever = no matter who = 누가 ~ 할지라도
  2. whosever = no matter whose = 누구의 ~라고 할지라도
  3. whomever = no matter whom = 누구를 ~라고 할지라도
  4. whichever = no matter which = 어느 것이 ~할지라도[1~4개]
  5. whatever = no matter what = 무엇이 ~할지라도[5이상]

1. This is the best poem (which / that / what) I have read in my life.

이것은 내 인생에서 읽은 것 중 최고의 시이다.

2. This is the advisor (whose / who / which) is a good typist.

이 사람은 조언자로서 타이핑을 아주 잘한다.

3. This is the director (who / whom / what) I wanted to see.

이 이사님이 내가 만나고 싶었던 분입니다.

4. I have a book (who / which / what) is very interesting.

내게 아주 재미있는 책이 한 권 있다.

5. (Which / What / Who) is beautiful is not always good.

아름다운 것이 항상 좋은 것은 아니다.

6. There are several economic and technical matters (what / which / who) have been described for ten months.

10개월 동안 설명되어 온 경제적이며 기술적인 문제가 일부 있다.

7. As many members (than / as / what) were present agreed to the plan.

참석자들과 같은 수의 회원들이 그 계획에 동의했다.

8. Avoid such men (who / as / than) will do you harm.

네게 해가 될 만한 사람들은 피해라.

9. There is no rule (as / but / than) has exceptions.

예외 없는 규칙은 없다.

10. Children should not have more money (as / than / which) is needed.

아이들은 필요한 것 이상의 돈을 지녀서는 안 된다.

11. (Who / Whoever / What) says so is a liar.

그렇게 말하는 사람은 누구든 거짓말하는 사람이다.

12. Give it to (whom / whomever / what) you like.

네가 좋아하는 사람은 누구에게든 그것을 주어라.

13. (Who / Whoever / What) wishes to come can come.

오고자하는 사람은 누구든 와도 좋다.

14. Anyone (which / who / what) wishes to come can come.

오고자하는 사람은 누구든 와도 좋다.

15. You may take (what / whatever / who) you need.

필요한 것은 무엇이든 가져도 좋다.

16. (Who / Whoever / What) may come, you must not admit him.

누가 오든, 그를 들어오게 해서는 안 된다.

17. (Who / Whoever / What) comes will be welcome.

오는 사람은 누구든지 환영한다.

18. Anyone (whom / who / what) wishes to come can come.

오고자 하는 사람은 누구든 와도 좋다.

19. (Who / Whoever / What) may break this law, he will be punished.

이 법을 어기는 사람은 누구든, 처벌 받게 될 것이다.

20. No matter (what / who / which) may break this law, he will be punished.

누가 이 법을 어기든, 처벌 받게 될 것이다.

정답 ▶ 1. that   2. who   3. whom   4. which   5. What   6. which   7. as
8. as   9. but   10. than   11. Whoever   12. whomever 13. Whoever   14. who
15. whatever 16. Whoever 17. Whoever 18. who   19. Whoever   20. who

CHECK-UP TEST

1. Garlic, a member of the lily family, _____ valued for its medicinal properties.

(A) which   (B) is
(C) to be   (D) being

2. Most reporters are the writers _____ for journalism.

(A) which work   (B) works
(C) those who work   (D) who work

3. This staff member is the man _____ I met on business the day before yesterday.

(A) that is   (B) which
(C) whose   (D) whom

기출 유형 전략 비법

1. 동사 고르기 [정답] B

전략 비법 | 『삽입어구 바로 뒤에는 정동사가 곧 정답이 된다』

전체 구조는 〈주어, 삽입어구, + 정동사…〉이므로 주어와 본동사 사이에 삽입어구가 보충 첨가된 전형적인 삽입 구조로서 토익 문법의 기본 단위인 완전한 한 문장이 되게 하려면 두 번째 comma 뒤에는 정동사가 나와야 하므로 관계사 which는 나올 수 없다. 수험생들의 주의력을 분산시키기 위해서 접속사나 삽입어구를 함정이자 하나의 연막장치로 이용해서, 결국 그 삽입어구 바로 뒤에 정동사를 답으로 한다.(Part 5)

해석 | 백합과의 일종인 마늘의 가치는 의약 효과까지 있다.

어구 | **garlic** 마늘 **lily** 백합 **be valued for** ~로 평가되다 **medicinal** 병을 고치는, 약효가 있는 **property** 재산, 속성, 특성

2. 주격 관계사 who [정답] D

전략 비법 | 『토익의 기본 단위인, 완전한 문장에는 동사가 하나 있어야 된다』

이미 동사 are가 있으므로 밑줄에는 또 동사가 나올 수는 없다. 동사가 중복된 (B)는 탈락, 선행사가 사람이라 관계사는 who가 필요하므로 (A)도 탈락된다. (C)는 선행사 those가 중복되어, 제거되어야 한다.

해석 | 대다수의 기자들은 언론을 위해서 글을 쓴다.

어구 | **reporter** 기자 **work for** ~에서 일하다 **journalism** 언론

3. whom 고르기 [정답] D

전략 비법 | 『토익의 기본 단위인 완전한 한 문장에는 동사가 하나다』

새로운 동사 나오려면 그 앞에는 접속사나 관계사가 있어야 하므로 동사(met) 앞에는 관계사(whom)가 필요하다. 목적격 관계사 "whom + 주어 + 동사" 이 답으로 나온다. (A)는 동사 중복이고, (B)는 사람이 선행사라서 whom이 나와야 되며, C는 whose + 명사가 나와야 된다.

해석 | 이 직원이 내가 그저께 용무상 만났던 사람이다.

어구 | **staff member** 직원 (한사람) **on business** 용무 상 **the day before yesterday** 그저께

UNIT 12

▶관계사 who와 whoever의 구분

⇒ 선행사 없는 who는 whoever가 되어야만 정답이다!
⇒선행사 없는 which는 what(ever) 또는 whichever가 정답이다.

경향 분석 ❶ who앞에 선행사가 없을 땐 관계사 바로 뒤에 후행사(-ever)가 접미사로 들러붙어서 관계사 + -ever 가 정답으로 나오게 되는 것이다. 관계대명사 who나 whom을 기준으로 그 앞에 선행사가 반드시 나 오거나 아니면 반드시 바로 뒤에 후행사(-ever)가 나와서 『관계사 + -ever』가 정답이 된다. 고로, 『선 행사 없는 who는 whoever가 되어야 정답!』이 되고 『선행사 없는 which는 what 또는 whichever가 정답이 된다.』

❷ 관계사 앞의 전치사는 그 관계사의 격변화에 전혀 영향을 주지 못한다. 관계사의 주격, 목적격, 소유 격을 결정하는 것은 관계사 바로 뒤에 있는 동사이다. 즉 관계절속의 동사가 주어가 없으면 주격 who(ever)이 답이고, 목적어가 없으면 목적격 whom(ever)가 정답이 된다.

❸ 접속사 and와 them(him, her, he, it…)등이 결합되어서 관계대명사 whom 이나 which가 된 것이다. 선행사가 사람이면 whom이고, 선행사가 사물이면 which가 정답이다. 매년 6, 7, 8, 9월쯤에 all of which나 all of whom을 서로 구분하는 유형의 문제로 난이도 높게 출제한다.

출제 의도 관계대명사 who와 whoever의 구분을 목적으로 한다.
출제 빈도 연간 2~3회 이상
출제 유형 아래 유형 1~7.

1 whoever + 동사 〈주격 복합 관계대명사 : 연 3~4회〉

- the person who + 동사
- anyone who + 동사
- he who + 동사

• **It is beyond the imagination of whoever has not experienced.**
그것은 당해보지 않은 사람은 모른다.〉

• **It is beyond the imagination of anyone who has not experienced.**
그것은 당해보지 않은 사람은 모른다.〉

who를 기준으로 앞에 선행사 person(man, anyone…)이 나오거나 아니면 바로 뒤에 후치사 -ever가 있 어야 정답이 된다.

2 whomever 주어 + 타동사 〈목적격 복합 관계사 : 연 1~2회, 생략되므로 오답으로만 출제됨〉

- the person whom 주어 + 타동사
- anyone whom 주어 + 타동사

• **I don't mind whomever you like.**
네가 누구를 좋아하거나 난 상관없다.

• I don't mind anyone whom you like.
　네가 누구를 좋아하거나 난 상관없다.〉

whom을 기준으로 앞에 선행사 person(man, anyone…)이 나오거나 아니면 바로 뒤에 후치사 -ever 가 있어야 정답이 된다.

3 전치사 + whoever + 동사 〈주격 복합 관계사 : 연 3~4회〉

Give it to whoever comes first.
　먼저 오는 사람에게 그것을 주어라.〉

전치사 + anyone + who + 동사…이므로 전치사가 선행사 anyone을 뛰어넘어 who에 영향을 주지 못하므로 주격관계사 who를 목적격 관계사 whom으로 바꾸는 일은 있을 수 없다. 관계절 속에 동사의 주어가 빠져 나와 who가 되고, 결국 선행사와 결합해서 whoever가 된 것이다.

4 전치사 + whomever + 주어 + 타동사 〈목적격 복합 관계사 : 연 1~2회〉

Give it to whomever you wrote the note to!
　메모를 남겨둘 사람이면 누구에게든 그것을 줘라.

〈전치사 + anyone + whom + 주어 + 타동사…〉이므로 전치사가 선행사 anyone을 뛰어넘어 whom에 영향을 주지 못해 관계사의 격을 바꾸지는 못한다. 관계절 속에 동사의 목적어가 빠져 나와 whom이 되고, 결국 선행사와 결합해서 whomever가 된 것이다.

5 사람,
```
┌ many(most, all, ) + of + whom ┐
│ [n]one, [n]either,            │
│ both, some, any,              │ + 동사
└ the first(second)            ┘
```

6 사물,
```
┌ many(most, all, ) + of + which ┐
│ [n]one, [n]either,             │ + 동사
└ some, any, both               ┘
```

7 『all(most, many, both…) + of + whom/which의 구분 문제를 출제한다』

유형 [1]	Deep divisions have surfaced again between young people, who are used to expressing themselves, and older people, many of whom see the online generation as emotional, radical and irrational. 자신을 표현하는 데 익숙한 젊은층과 온라인 세대를 감정적이고 급진적이며 비이성적 대상으로 보고 있는 구세대간 첨예한 대립 양상이 벌어지고 있다.
유형 [2]	The World Health Organization estimates that there are 5.5 million cases resulting in about 120,000 deaths every year, most of which occur in underdeveloped countries in Asia and Africa. 세계보건기구 (WHO)는 주로 아시아와 아프리카 저개발국에서 매년 550만건의 콜레라가 발생해 약 12만명이 사망하고 있는 것으로 추정하고 있다.
유형 [3]	The list of designers, photographers, editors, writers, models... all of whom were found by me, nurtured by me. 그 리스트에는 내가 발굴하고 키워온 디자이너, 사진작가, 편집자, 작가, 모델 모두의 명단이 들어 있었지.

Start - Up

1. (Who / Whoever / What) uprooted that tree ought to be ashamed of themselves.
그 나무를 뿌리째 뽑은 사람은 누구든 부끄러운지 알아야 한다.

2. They speak to (whomever / whoever / who) is in charge of International Sales.
그들은 국제 영업을 담당하는 사람에겐 누구든 얘기를 한다.

3. Give it to (whom / whomever / who) you please.
네가 좋아하는 사람들 그 누구에게든 그것을 주어라.

4. (Whoever / Anyone / Who) interested in organizing this year's awards banquet should contact Ms. Jane.
올해의 시상식 준비에 관심 있는 분은 누구든 Jane양에게 연락을 해야 합니다.

5. My family doctor suggests to (whomever / whoever / who) is in charge of the sales department that he take a walk every day.
우리 주치의는 매일 산책을 하라고 영업부 담당자에겐 누구에게나 매일 산책할 것을 권한다.

6. There may be a lot of information, most of which (have / has) us work on the problems.
많은 정보가 있으며 그 중 대다수는 우리로 하여금 그 문제를 계속 다루게 한다.

7. It's the third work, most of (whom / which) he really enjoyed.
그것은 세 번째 연구이며, 그 중 대부분을 그는 매우 즐겼다.

8. The Kenyans have ten runners, any of (which / whom) couldn't take the gold medals.

케냐 측에는 10명의 주자가 있으며, 그 중에 어느 누구도 금메달을 획득할 수 없었다.

CHECK-UP TEST

1. _____ writes the best novel will win a cash prize of $ 1.000.000.

(A) Whose   (B) Whomever
(C) Whoever   (D) Whatever

2. The manager may invite _____ wants to help you.

(A) Whose   (B) Whomever
(C) Whoever   (D) Whatever

3. The sales manager may invite _____ he wants to help.

(A) Whose   (B) Whomever
(C) Whoever   (D) Whatever

4. The teaching staff will back up _____ you like.

(A) Whose   (B) Whomever
(C) Whoever   (D) Whatever

5. I will give this card to _____ likes you.

(A) Whose   (B) Whomever
(C) Whoever   (D) Whatever

6. I will give this sports car to _____ you like.

(A) Whose   (B) Whomever
(C) Whoever   (D) Whatever

7. These free tickets will be sent to _____ gives us a call first.

(A) Whose   (B) Whomever
(C) Whoever   (D) Whatever

8. The place in this country is made up of eight major islands, _____ have fantastic features.

(A) all of whom   (B) all of which
(C) what   (D) that

9. Albert purchased a new sports car, the cost of _____ required him to get a loan.

(A) it   (B) which
(C) that   (D) those

10. Nancy has recently met all the kinds of people, most of _____ were engaged in education and business.

(A) them   (B) whom
(C) that   (D) those

기출 유형 전략 비법

1. 주어 찾기   [정답] C

전략 비법 ┃ 『주어가 없을 땐 the man who 또는 whoever가 정답이다』

완전한 문장을 그 기본 단위로 출제되고 있는 토익 문법 중에서 빠진 성분(주로 주어)이 있을 경우는 무조건 (주격) 관계대명사로 빠져나간 경우다. 단 이 경우는 문장 중에 동사가 반드시 거리를 두고 떨어진 채 2개 있어야 한다. 즉, 동사 write의 주어가 관계대명사 who로 빠져나가 선행사 the man과 결합한 결과 "the man who"가 되며 한 단어로 줄이면 복합 관계사 whoever가 된다. (A)는 〈whose + 명사〉이고, (B)는 〈whomever + 주어 + 동사〉, 이며 (C)는 〈whoever + 동사〉이다.

해석 ┃ 그 최고의 소설을 쓴 작자는 누구든 백만 불의 상금을 받는다.

2. 주어 찾기   [정답] C

전략 비법 ┃ 『주어가 없을 땐 the man who 또는 whoever가 정답이다』

완전한 문장이 되려면 빠진 성분인 주어를 답으로 고른다. 토익 문법 문제 중, 빠진 성분(주어)이 있을 경우는 무조건 (주격)관계대명사로 빠져나간 경우다. 단 이 경우는 문장 중에 동사가 반드시 2개 있어야 한다. 즉, 동사 want의 주어가 관계대명사 who로 빠져나가 선행사 the man과 결합, "the man who"가 되며 한 단어로 줄이면 복합 관계사 whoever가 된다. (A)는 〈whose + 명사〉이고, (B)는 〈whomever + 주어 + 동사〉, 이며 (C)는 〈whoever + 동사〉이다.

해석 ┃ 그 매니저는 너를 돕는 이면 누구든 초대할 것이다.

3. 목적어 찾기   [정답] B

전략 비법 ┃ 『목적어가 없을 땐 the man whom 또는 whomever가 정답이다』

완전한 문장이 되려면 빠진 성분인 목적어를 답으로 고른다. 토익 문법 문제 중, 빠진 성분(목적어)이 있을 경우는 무조건 (목적격) 관계대명사로 빠져나간 경우다. 단 이 경우는 문장 중에 동사가 반드시 2개 있어야 한다. 즉, 동사 help의 목적어가 관계대명사 whom으로 빠져나가 선행사 the man과 결합, "the man whom"이 되며 한 단어로 줄이면 복합 관계사 whomever가 된다. A는 whose + 명사이고, B는 whomever + 주어 + 동사, C는 whoever + 동사이다.

해석 ┃ 그 영업 과장은 그가 돕고자 하는 이는 누구든 부를 것이다.

어구 ┃ **sales manager** 영업 과장

4. 목적어 찾기 [정답] B

전략 비법 | 『목적어가 없을 땐 the man whom또는 whomever가 정답이다』

완전한 문장 중에서 빠진 성분을 답으로 고른다. 빠진 성분(목적어)이 있을 경우는 무조건 (목적격)관계대명사로 빠져나간 경우다. 단 이 경우는 문장 중에 동사가 반드시 2개 있어야 한다. 즉, 동사 like의 목적어가 관계대명사 whom으로 빠져나가 선행사 the man과 결합, "the man whom"이 되며 한 단어로 줄이면 복합 관계사 whomever가 된다. A는 whose + 명사이고, B는 whomever + 주어 + 동사, C는 whoever + 동사이다.

해석 | 교수진은 그들이 좋아하는 이는 누구든 지원해 줄 것이다.

어구 | **the teaching staff** 교수진 **back up** 돕다, 지원하다

5. 주격 관계사 whoever [정답] C

전략 비법 | 『주어가 없을 땐 〈전치사 + whoever + 동사〉가 정답이다』

완전한 문장 중에서 빠진 성분인 주어를 답으로 고른다. 빠진 성분(주어)이 있을 경우, 주격 관계대명사로 빠져나간 것이다. 단 이 경우 문장 중에 동사가 반드시 2개 있어야 한다. 동사 like의 주어 who가 선행사 the man과 결합해서 the man who…가 되었고 결국 한 단어로 줄면 whoever가 된다. 이 때 앞에 있는 전치사 to는 선행사 the man을 뛰어넘어 뒤의 관계사의 격에 영향을 못준다. 즉, who를 whom으로 바꾸지는 못한다.

해석 | 이 카드를 너를 좋아하는 사람이면 누구에게든 줄 것이다.

6. 목적격 관계사 whomever [정답] B

전략 비법 | 『목적어가 없을 땐 〈전치사 + whomever + 주어 + 동사〉가 정답』

완전한 문장 중에서 빠진 성분(목적어)이 있을 경우는 (목적격) 관계대명사로 빠져나간 것이며, 단 이 경우 문장 중에 동사는 반드시 2개 있어야 된다. 동사 like의 목적어 whom이 선행사 the man과 결합해서 the man whom …이 되고, 한 단어로 줄여 whomever가 된다. 앞에 있는 전치사 to는 선행사 the man을 뛰어넘어 뒤의 관계사의 격에 영향을 전혀 못준다.

해석 | 이 스포츠카를 네가 좋아하는 이면 누구에게든 줄 것이다.

7. 주격 관계사 whoever [정답] C

전략 비법 | 『주어가 없을 땐 전치사 + whoever + 동사가 정답』

완전한 문장 중에서 빠진 성분(주어)이 있을 경우, (주격) 관계대명사로 빠져나간 것이다. 단 이 경우 문장 중에 동사가 반드시 2개 있어야 한다. 동사 gives의 주어 who가 선행사 the man과 결합해서 the man who…가 되었고 결국 한 단어로 줄여 whoever가 된다. 이 때 앞에 있는 전치사 to는 선행사 the man을 뛰어넘어 뒤의 관계사의 격에 영향을 못준다. 즉, who를 whom으로 바꾸지는 못한다.

해석 | 이 무료 티켓을 우리에게 먼저 전화하는 사람이면 누구든지 받게 될 것이다.

어구 | **free ticket** 무료 티켓 **be sent** 받다 give + 사람 + a call ~전화하다

8. all of which [정답] B

전략 비법 | 『선행사가 사람일 땐 all of whom, 사물일 땐 all of which가 답』

선행사는 바로 앞의 islands이고, 원래 문장은 ,and all of them(= islands) have 이다. 접속사 and와 them을 하나로 결합하면, all of which have 이 된다.

해석 | 이 나라의 이곳은 8개의 주요 섬으로 이뤄졌으며, 모두 각기 환상적인 특징을 지니고 있다.

어구 | **be made up of** ~로 구성되다 **island** 섬 **fantastic** 환상적인 **feature** 특징, ~를 특징으로 하다

9. of which [정답] B

전략 비법 | 『선행사가 사물 일 경우는 of which 가 정답이다』

두 문장 사이에는 접속사 and 등이 필요하다. 한 문장에는 동사가 하나며 새로운 동사가 나와 새 문장을 연결할 경우는 그 앞에 접속사나 관계사가 둘 중 하나는 있어야 된다. 두 번째 동사 required 앞 어딘가에 접속사나 관계사가 필요하다. 선행사는 sports car이므로 두 문장 사이에 있었을 접속사 and와 뒷 문장 the cost of it의 대명사 it을 결합시

킨 관계사 which가 온다. 고로 the cost of which로 고친다.

해석 ㅣ ALBERT는 스포츠카 한 대를 구입했는데, 그 가격 때문에 대출을 받아야 했다.

어구 ㅣ **purchase** 구입하다 **sports car** 스포츠카 **require A to V** ~할 필요가 있다 **get a loan** 대출을 받다

10. most of whom [정답] B

전략 비법 ㅣ 『선행사가 사람 일 경우, all(most, many…) of whom이 정답』

두 문장 사이에는 접속사 and가 필요하다. 새로운 동사 were가 나오려면 접속사나 관계사가 있어야 하므로, and most of them…이나 아니면 선행사가 사람이므로 and와 them을 결합시킨, most of whom으로 고친다.

해석 ㅣ NANCY는 최근 각계각층의 사람을 만났는데, 대부분이 교육계나 재계에 종사하는 이들 이였다.

어구 ㅣ **all kinds of people** 각계각층의 사람들 **recently** 최근에 **be engaged in** ~에 종사하다, 관계하다

▶삽입 구조와 관계사 who(ever)

⇒ 두개의 동사가 연속적으로 나올 경우, 앞의 동사는 삽입 구조로서 제거되며 정답은 who(ever)가 된다!

경향 분석 ❶ 두 개의 동사가 연달아 동시에 나올 경우, 앞의 동사는 삽입 구조가 되므로 생략가능하다. 이를 생략하고 나면 두 번째 동사의 주어가 필요함으로 관계대명사 주격 whoever만이 정답으로 남게 된다.

❷ 관계사 who 뒤엔 동사가 답이며, 목적격 관계사 whom 뒤엔 주어와 동사가 답이며, 소유격 관계사 whose 뒤엔 명사가 답이다. 타동사 think, believe, guess… 등의 목적어가 관계대명사 whom으로서 변해서 앞으로 나가고, 목적보어인 to부정사, 명사, 형용사만이 그대로 뒤에 남게 된다. 만약 이때 동사 think, believe, guess, 뒤에 다른 동사가 바로 뒤따라 나올 경우는 앞의 동사 think, believe, guess… 등은 삽입 구조가 되므로 생략이 되며 결국, 주격 관계대명사 who(ever)만이 동사 앞에 정답으로 남게 된다.

출제 의도 whoever와 whomever 구분하기
출제 빈도 연 1~2회
출제 유형 아래 유형 1~4.

1 who(ever) 주어 + ┌ say, think, hope
　　　　　　　　　│ feel, claim, guess │ + 동사
　　　　　　　　　└ believe, imagine, be sure ┘

관계사 who와 동사와의 사이에 다른 동사(say, think…) 등이 삽입된 구조이다. 삽입된 동사를 원래대로 제거하면 관계사 〈who(ever) + 동사〉가 그대로 남게 된다.

출제 유형별 기출 예문

Sonia is the one who , I am sure, does their utmost in the given situations concerning financial crisis or bankruptcy.
Sonia는 확신컨대, 파산이나 재정 위기 같은 상황에서도 최선을 다하는 그런 사람이다.〉

2 삽입어구들은 일반적으로 new information을 담고 있는 부분이므로 주의력을 분산시켜 그 뒤를 답으로 출제하는 하나의 연막 장치이자 함정으로 이용된다. 즉, 삽입 뒤에는 정동사가 정답이 된다.

고로 이를 이용해서 삽입어구 바로 뒤에 정답을 주는 것이 출제자들뿐 아니라 ETS의 성인 언어를 담당 출제하는 대다수 출제자들의 전형적인 기법인 것이다. 주로 주어와 동사 사이에 2~3어휘만 첨가되도, 이는 의도적인 삽입어구로서 그 뒤에 정답을 갖게 된다.

❸ 긍정과 확신(생각, 희망, 느낌, 신념, 상상 : say, think, hope, feel, be sure, guess…)의 표현들만이 삽입 가능하다. (=긍정적인 생각을 갖고 있는 성격 좋은 사람)

동사 say, think, hope, feel, be sure, guess… 등은 모두 긍정과 확신의 의미를 지니고 있어 삽입이 가능하지만 wonder, doubt. ask, inquire, impossible 등은 의심과 불확실성 내지는 불가능성을 나타내므로 삽입이 불가능하다.

```
                    ┌ 주어 + think   ┐                           〈목적보어〉
                    │ 주어 + believe │  (목적격:생략가능)         ┌ to부정사 ┐
❹ whom(ever) +      │ 주어 + consider│                     +     │ 명사     │
                    │ 주어 + guess   │                           └ 형용사   ┘
                    └ 주어 + feel    ┘
```

타동사 think, believe, guess… 등의 목적어가 관계대명사 whom으로서 변해서 앞으로 나가고, 목적보어인 to부정사, 명사, 형용사만이 그대로 뒤에 남게 된다.

The president may hire the man whom all the staff guess to be innocent.
사장은 전체 직원이 잘못이 없다고 여기고 있는 사람을 채용할지도 모른다.

Start - Up

1. The company was looking for the candidate (whom / who / which) we thought was very intelligent.
그 회사는 우리 생각에 아주 지적인 후보를 찾고 있었다.

2. The belief that humans can live after death (are / is / have) widespread.
사람이 사후에도 살수 있다는 믿음이 만연되어 있다.)

3. Michael is the one who he (wonders / says / doubts) will be promoted to a sales manager.
마이클은 그의 말대로 영업 부장으로 승진할 사람이다.

4. The manager took out a photo of his staff member (who / whom) he thought to go overseas.
매니저는 그의 생각에 해외에 갈 직원의 사진을 찍었다.

정답 ▶	1. who	2. is	3. says	4. whom

1. The man _____ she thinks did that has been promoted to a sales department manager.

   (A) whom
   (B) who
   (C) which
   (D) what

2. Susan met a man _____ they thought was a newspaper reporter.

   (A) who
   (B) whom
   (C) whose
   (D) which

3. Boss seems to hire the new applicant _____ his friend thinks is an outstanding multilingual.

   (A) who
   (B) whom
   (C) whose
   (D) which

4. The secretary _____ the CEO believed to be honest and sincere played a joke on her colleague despite an emergency.

   (A) who
   (B) whom
   (C) whose
   (D) which

5. The manager in charge met the employee _____ she considers faithful.

   (A) who
   (B) whom
   (C) whose
   (D) which

기출 유형 전략 비법

1. 삽입어구   [정답] B

전략 비법 │ 『주의력을 분산시키는 삽입어구 그 바로 뒤엔 동사가 정답이다.』

일반적으로는 주의력을 분산시키는 연막 장치로 이용되는 삽입어구 바로 뒤를 출제하지만 간혹은 삽입어구 바로 앞도 답의 위치로 출제한다. 동사 think와 did가 서로 충돌하므로 앞의 "she think"은 삽입어구이다. 고로 she think 을 생략하면 관계사 whom은 동사 did의 주어가 되어야 하므로 주격 관계대명사 who가 되어야 한다.

해석 │ 그녀 생각에 그 짓을 한 그 자가 승진을 해서 영업부 과장이 되었다.

어구 │ **be promoted to** 승진해서 ~가 되다 **sales department manager** 영업부 과장

2. 관계사 찾기   [정답] A

전략 비법 │ 『두 동사가 연달아 나올 경우, 삽입 구조로 답은 who(ever)이다.』

동사 thought와 was가 충돌하므로 앞의 they thought는 삽입어구로서 생략된다. 관계사는 동사 was의 주어인 who

가 필요하다. (A)의 who뒤엔 동사가 답이고 (B)의 whom뒤엔 주어와 동사가 답이며, (C)의 whose 뒤엔 명사가 답이다. (D)의 which 는 선행사가 사물일 때 답으로 출제된다.

해석 ┃ Susan은 그들 생각에 어떤 신문 기자라고 하는 사람을 만났다.

어구 ┃ **newspaper reporter** 신문 기자

3. 관계사 찾기   [정답] A

전략 비법 ┃ 『두 동사가 연달아 나올 경우, 삽입 구조로 답은 who(ever)이다.』

동사 think과 is가 충돌하므로 앞의 his friend think은 삽입어구로서 생략된다. 고로 동사 is의 주어인 주격 관계대명사 who가 필요하다. (A)의 who 뒤엔 동사가 답이고 (B)의 whom 뒤엔 주어와 동사가 답이며, (C)의 whose 뒤엔 명사가 답으로 와야 한다. (D)의 which 는 선행사가 사물일 때 답으로 출제된다.

해석 ┃ 사장은 그의 친구 생각에 뛰어난 다 개 국어 사용자인 그 새 지원자를 채용할 것 같다.

어구 ┃ **boss** 사장 **seem to** ~인 것 같다 **hire** 고용하다 **applicant** 지원자 **outstanding** 뛰어난, 미지불된 **multilingual** 다 개 국어 사용자

4. 관계사 찾기   [정답] B

전략 비법 ┃ 『주어와 동사 앞엔 목적격 관계대명사 whom이 정답이다.』

한 문장 속에는 동사가 한 개다. 새로운 동사 앞에는 반드시 관계사나 접속사가 있어야 하며, 관계사 who다음엔 동사가 답이며, whom뒤엔 주어와 동사가 오며, whose뒤엔 명사가 답으로 온다. 동사 believe A to부정사에서 목적어 (A)가 and와 결합해서 whom으로 나가고 그 뒤엔 목적보어 to부정사만 남게 된 구조이다.

해석 ┃ 사장이 정직하고 성실하다고 믿고 있는 그 비서는 긴급 상황인데도 불구하고 동료들에게 장난을 치고 말았다.

어구 ┃ **sincere** 성실한 **believe A to**부정사 A가 ~하다고 믿다 **CEO** 최고 경영자, 회장 **secretary** 비서 **play a trick on** 장난치다 **colleague** 동료 **despite** ~임에도 불구하고 **emergency** 비상사태

5. 관계사 찾기   [정답] B

전략 비법 ┃ 『주어와 동사 앞엔 목적격 관계대명사 whom이 정답이다.』

한 문장 속에는 동사가 한 개 온다. 새로운 동사가 올 경우는 그 앞에 반드시 관계사나 접속사가 있어야 한다. 관계사 whom 뒤엔 주어와 동사가 답이다. 동사 consider A B에서 목적어(A)가 목적격 관계대명사 whom으로 빠져 나와 목적보어 faithful만 남게 된 것이다. (A)의 관계사 who뒤엔 동사가 답이며, (C)의 whose 뒤엔 명사가 답으로 온다. (D)의 which는 선행사가 사물이 와야 정답이 된다.

해석 ┃ 그 담당 과장은 그녀가 충성심이 있다고 여기는 직원을 만났다.

어구 ┃ **in charge** (of) ~를 담당하다 **employee** 직원 **faithful** 성실한, 충성심 있는 **consider A B** A가 ~하다고 여기다

▶자동사와 타동사 구조

⇒ 완전 타동사 뒤엔 목적어를, 자동사 뒤엔 부사를 정답으로 출제한다.

accompany[동반하다] attend[참석하다] comply with[따르다] discuss[논의하다] be expected to[기대되다] describe[기술하다] approve[승인하다] exceed[초과하다] contact[접촉하다] access[접근하다] visit[방문하다] 등 정답으로 출제되는 동사구들!

경향 분석 ❶ 자동사와 타동사의 구분 문제가 매월 출제된다. 완전 타동사 뒤에는 목적어를 정답으로 출제하며 타동사 뒤에 전치사를 연결시켜 오답으로 유도한다. 반면 완전 자동사 뒤에는 부사를 정답으로 출제하며 형용사를 연결시켜 오답으로 유도하므로 조심하도록 하자.

❷ 타동사는 목적어를 갖으나 수동태를 매월 출제한다. 그러므로 [be + p.p. + by]의 구조를 정답으로 매월 출제하며 반면 자동사는 수동태가 불가능하므로 능동태를 정답으로 출제한다.

❸ 타동사로 이뤄진 3형식 동사를 매월 정답의 제1순위로 출제한다. 5형식 동사를 제2순위로 4형식 동사를 제3순위로 출제하며 1, 2형식 동사들은 매월 10여개 정도가 출제되며 매월 가장 많이 출제되는 동사는 3형식과 5형식 타동사들이다.

출제 의도 토익에서만 매월 출제되는 자동사와 타동사를 구분하기
출제 빈도 매월
출제 유형 아래 유형 1~11.이며 3형식의 완전 타동사와 5형식의 불완전타동사는 매월 출제된다.

1 〈동사 종류와 문장 형식〉

〈자동사〉: 수동태 불가능, 주어 혼자 동작을 종료시킴. 자동사 뒤에는 전치사와 부사가 출제됨.
  (1) 1형식 문장 구조 ➡ 『주어 + 완전 자동사(=arrive)』+부사/전치사
  (2) 2형식 문장 구조 ➡ 『주어 + 불완전 자동사(=be동사) + 주격보어(형용사 / 명사)』

〈타동사〉: 수동태 가능. 타동사 뒤에는 타인으로서 반드시 목적어가 출제됨.
  (3) 3형식 문장 구조 ➡ 『주어 + 완전 타동사(=approve) + 목적어(타인)』 + 부사/전치사
  (4) 4형식 문장 구조 ➡ 『주어 + 수여타동사(=give) +간접목적어(사람)+직접목적어(사물)』
  (5) 5형식 문장 구조 ➡ 『주어 + 불완전 타동사(=make) +목적어+목적보어(형용사 / 명사)』

유형 [1]	• Please tell her I will arrive at 10 p.m. 10시에 도착한다고 전해 주십시오.
유형 [2]	• I am sorry for the trouble I have caused you. 수고를 끼쳐 미안합니다.
유형 [3]	• The committee voted to approve the report. 위원회는 그 보고서를 승인하기로 가결했다.
유형 [4]	• In addition, the change will give them ample time to prepare answers to the questions. 그와 더불어 그러한 변화는 질문에 대한 답변을 마련할 충분한 시간을 제공하게 될 것이다.
유형 [5]	• He goes a step further and cracks clever jokes that actually make them laugh as well. 그는 한 발 더 나아가 관객들이 웃지 않고는 못 배길 재치 있는 유머까지 선사한다.

Start - Up

1. No one knows exactly what (was happened / happened) but several people have been hurt.

아무도 일어난 일을 정확히 모르지만 일부가 상처를 입었다.

2. A great many things (are remained / remain) to be done.

해야 할 일이 상당히 많이 남아있다.

3. They should (discuss about / discuss) applying for some kind of government help.

그들은 일종의 정부 보조 지원에 대해 토론해야 한다.

4. The manager gave (to her / her) the contract.

매니저가 그녀에게 계약서를 줬다.

5. The tax incentive has encouraged many motorists (starting / to start) using train.

세금 장려책은 많은 자가용 운전자들이 열차를 이용하도록 고무시켰다.

정답 ▶ 1. happened 2. remain 3. discuss 4. her 5. to start

2 **1형식 기출 완전 자동사** : 수동태가 불가능하므로 항상 능동형이 정답이다.

> 정답의 기출 완전 자동사들
>
> 『take place, arrive, disappear, function, happen, look, rise, last, occur, behave…』

ex.) Several publishing-related exhibitions will take place in addition to the main fair.

몇몇 출판 관련 전시회가 도서전과 더불어 열린다.

Please plan to arrive at the airport at least one hour before departure.

늦어도 출발 1시간 전에 공항에 도착하도록 해 주십시오.

I suggest you disappear as well.

당신도 자취를 감췄으면 하네.

Many investors believe that will happen next year.

많은 투자자들은 내년에 그 같이 일이 발생할 것으로 보고 있다.

Dividend payments usually occur between March and April.

배당금 지급은 항상 3월에서 4월 사이에 실시된다.

Start - Up

1. Some CDs still haven't (been arrived / arrived).

일부 CD가 아직 도착하지 않았다.

2. Bad weather means the rescue mission won't be (happened / happening) until the weekend.

악천후는 구조 임무가 주말까지는 없을 것이라는 것을 의미한다.

3. The lungs (are functioned / function) to supply the body with oxygen.

폐는 신체에 산소 공급을 목적으로 기능한다.

4. Our chances of winning of the competition have virtually (been disappeared / disappeared).

우리가 시합에서 이길 가망성은 사실상 사라졌다.

정답 ▶ 1. arrived 2. happening 3. function 4. disappeared

3 정답의 기출 타동사구(=자동사 + 전치사)

> **반드시 암기해야 할 정답의 기출 타동사구(=자동사+전치사+목적어)**
>
> 『account for[설명하다] agree with[동의하다] add to[~에 더하다] arrive at[도착하다]
> apologize to+사람 for+내용[사과하다] beware of[조심하다] consist of[구성되다] comment on[논평
> 하다] cope with[다루다] deal with[다루다] depend on[의지하다] dispose of[처리하다, 없애다] rely on
> [의존하다] count on[의지하다] succeed in[성공하다] fail in[실패하다] differ from+대상 in+내용[다르
> 다] participate in[참여하다] proceed with [계속 ~하다] wait for[기다리다] wait on[시중들다] graduate
> from [졸업하다] interfere with[참견하다] sympathize with[~동정하다] listen to [경청하다] laugh at[비
> 웃다] look at [보다] look for[찾다] look into[조사하다] object to[반대하다] reply to[응답하다] return to
> [~로 돌아가다] refer to[참조하다] comply with[따르다] react to 대응하다』 comply with[따르다,준수하
> 다]

ex.) He could not account for the missing funds.
   그는 없어진 자금에 대해 설명하지 못했다.
   The political party still wants to set up an ad hoc parliamentary
   committee to deal with relevant laws.
   그 정당은 관련법을 다룰 국회 내 특별위원회 설치를 여전히 바라고 있다.
   Our state consists of thirty counties.
   우리 주(州)는 30개의 군으로 구성되어 있다.
   Retailers still say they rely on Christmas to spur consumption, as some
   people will exchange presents.
   그래도 소매상인들은 사람들이 선물을 교환하는 크리스마스가 소비를 진작하기를 기대한다고 말한
   다.
   Some people living with HIV/AIDS will also participate in the race.
   일부 HIV/에이즈 환자도 이번 대회에 참가한다.
   He has never interfered with our party affairs.
   그가 우리 당의 문제에 관여한 적은 결코 없다.
   Opposition parties are pushing for the appointment of an independent
   counsel to look into the case, or a parliamentary investigation.
   야당은 수사를 위한 특별검사 임명이나 국회 진상조사단 구성을 추진하고 있다.
   She replied to my letter with one of her own.
   그녀는 내 편지에 자필로 답장을 보내주었다.
   Company towns refer to new towns to be created in mostly
   underdeveloped areas of the nation.
   기업도시란 대부분 미개발지역에 건설될 예정인 신도시를 가리킨다.
   They complied with the order under protest.
   그들은 마지못해 명령에 따랐다.

1. The new evidence (consisted / consisted of) a lot of lies.

새로운 증거는 많은 거짓으로 구성되어 있었다.

2. A low level of noise (interferes / interferes with) his concentration.

낮은 정도의 소음은 그가 집중하는 것을 방해한다.

3. All the staff will (look / look into) the reasons for the decision.

전 직원들이 그 결정 이유를 조사할 것이다.

4. The manager (replied / replied to) the threats by going to the police.

매니저는 경찰에 출두함으로써 그 협박에 대응했다.

5. The new service (returned / returned to) normal for the evening rush orders.

새로운 서비스는 오후 급한 주문에 맞게 정상으로 돌아왔다.

6. His colleagues' laughter only (added / added to) his embarrassment.

그의 동료들의 웃음소리는 그의 당혹감을 더해줄 뿐이었다.

> 정답 ▶ 1. consisted of 2. interferes with 3. look into 4. replied to 5. returned to 6. added to

4 **2형식 기출 불완전 자동사** : 불완전 자동사는 그 뒤에 보어로서 형용사가 정답으로 출제된다.

(=be 동사). 자동사 이므로 수동태가 불가능하다,

(1) 상태 동사 :『remain, stay, continue, keep, prove, turn out, seem, lie, appear + 형용사』가 정답이 된다.

(2) 감각 동사 :『look, sound, smell, taste, feel + 형용사』가 정답이다.

(3) 변성 동사 :『become, grow, turn, go, come, fall + 형용사』가 정답이다.

(4) 이런 2형식 동사 뒤에 부사가 나올 경우 오답이 되며, 형용사가 정답이 된다.(Part 5-6)

출제 유형별 기출 예문

- Downstream product prices will remain strong until the first half of next year.

  하류제품 가격이 내년 상반기까지는 강세를 유지할 것이다.

- Afterwards she said she did not want me to appear nervous.

  나중에 그녀는 내가 긴장된 것처럼 보이길 원치 않았다고 말했다.

- It may sound ridiculous, but it's in a different place every time.

  터무니없이 들리겠지만 매번 연주하는 곳이 바뀌니까 말이지.

- I feel comfortable[uncomfortable] on[in] this chair.

  이 의자는 앉으면 기분이 좋다[나쁘다]

- Some countries work through their pasts and become stronger for it.
  일부 국가는 과거를 헤치고 나아감으로써 더욱 강한 나라가 된다.
- Our strike will fall short of a general strike.
  이번 파업은 총파업 수준에는 미치지 않을 거다.

Start - Up

1. The safety procedures have (been proved / proved) [to be] satisfactory.
안전 수칙은 결국 흡족한 것으로 드러났다.

2. A great many things (are remained / remain) to be done.
해야 할 일이 상당히 많이 남아있다.

3. The manager still stay single and (healthily / healthy).
매니저는 여전히 혼자이며 건강한 상태이다.

4. The director was becoming increasingly (suspiciously / suspicious) of her motives.
이사는 계속해서 그녀의 동기를 의심하고 있었다.

5. Never in his life had he felt so (happily / happy).
일생 동안 그는 그렇게 행복한 적이 없었다.

6. The patient's been able to smell (well / better) since he gave up smoking.
환자는 금연 이후에 냄새를 더 잘 맡을 수 있었다.

7. The candidate looks (sadly / sad) and tired.
후보자는 슬픔에 잠겨 피곤해 보인다.

8. It looks (unlike / unlikely) that he should have submitted such a resume.
설마 그가 이런 이력서를 제출했으랴.

9. All the usual city noises sounded (strangely / strange) in the fog.
모든 일상의 도시 소음은 안개 속에서는 이상하게 들린다.

정답 ▶ 1. proved 2. remain 3. healthy 4. suspicious 5. happy 6. better 7. sad 8. unlikely 9. strange

5 **3형식 기출 타동사** : 타동사 바로 뒤에는 목적어 한 개를 정답으로 갖는다.

아래 타동사 뒤에 전치사가 나올 경우 비문법적이므로 곧 오답이 되고 이들 타동사 뒤에 전치사가 나올 경우 오답이 되고 전치사는 나올 수 없다. 거의 매월 출제되는 적중률 높은 타동사들이다.

정답의 기출 완전 타동사 + 목적어

『accompany[동반하다] approach[접근하다] attack[공격하다] attend[참석하다, 다니다] arrange [정렬하다, 결정하다] avoid[회피하다] await [기다리다] access [접근하다] accomodate[숙박시키다] adopt[고르다] approve [승인하다, 인가하다] contact[접촉하다] cover[덮다,지불하다,보험들다] call[부르다] check[점검하다] facilitate[용이하게하다] implement[이행하다, 충족시키다] describe[기술하다] discuss[논의하다] disclose[폭로하다] enter[들어가다] enhance[높이다] exceed[넘다, 능가하다] excel[능가하다, 잘하다] face[직면하다] gain[얻다] interview[면접하다] provide [제공하다] leave[떠나다] address[연설하다, 말걸다] overcome[극복하다] question[질문하다] resemble [닮다] reach[도착하다] regret [후회하다] visit[방문하다]』damage [손상시키다] contract [계약하다] marry [결혼하다]

---

ex.) **A number of illustrations accompany entries to help clarify definitions.**

이해를 돕기 위해 다양한 삽화도 함께 나와 있다.

He can no longer attend National Assembly sessions and express his opinions in parliament.

그는 국회 회의에 참석해 자신의 의견을 표명할 수도 없다.

The company said about 16,000 households in six areas nationwide will have access to the service.

회사 측은 전국 6개 지역 1만6천 가구를 대상으로 서비스를 시작한다고 밝혔다.

The Finance Minister hinted that the economy is not yet ready to accomodate an interest rate increase.

재정경제부 장관은 우리 경제가 금리 인상을 수용할 준비가 덜되었다는 시사를 했다.〉

The committee voted to approve the report.

위원회는 그 보고서를 승인하기로 가결했다.

Their help will facilitate our finishing the job on time.

그들의 도움이 우리가 일을 제 시간에 끝내는 걸 용이하게 해줄 것이다.

They wonder how honest Chinese commitments to implement them are.

그들은 중국의 제재조치 이행 약속이 얼마나 성실 한가 의아해한다.

Words cannot describe the scene.

말로는 그 광경을 설명할 수 없다.

The extent of the rate cut didn't exceed the anticipated levels.

요금인하 범위가 예상수준을 넘지 않았다.

This is part of an effort to provide better public defense.

이 제도는 국선변호의 수준을 높이기 위한 노력의 일환이다.

Please address her mail to this postoffice box.

그녀의 편지를 이 사서함으로 보내주세요.

Currently, companies are allowed to use temporary or contract workers for up to two years.

현재는 기업이 임시직 또는 계약직 근로자를 2년까지 고용할 수 있도록 되어 있다.

Start - Up

1. The court (approved for / approved) the sale of the property.
법정은 그 자산의 매각을 승인했다.

2. They should (discuss about / discuss) applying for the government help.
그들은 정부 지원 신청을 토론해야 한다.

3. The city (resembled like / resembled) a battlefield.
도시는 마치 전쟁터 같았다.

4. They really (regret for / regret) leaving the party so early.
그들은 그렇게나 빨리 파티를 떠난 것을 유감스러워한다.

5. The success of our campaign has (exceeded at / exceeded) our expectations.
선거 유세의 성공은 우리의 기대를 넘어섰다.

6. Several companies have (disclosed about /disclosed) profits of over approximately $ 100 million.
일부 회사들은 약 1억 달러 이상의 수익을 발표했다.

7. Ms. Ruth (accompanied with / accompanied) Mr. Joseph.
Ruth양은 Joseph과 동행했다.

8. The police (entered to / entered) the building by the side door.
경찰은 옆문을 통해서 건물로 들어갔다.

9. The company will (implement of / implement) the change in the personnel .
그 회사는 인사이동을 실행할 것이다.

10. The CEO will (reach at / reach) a consensus on the proposal.
〈회장은 그 제안에 대한 의견 합의에 도달할 것이다.〉

11. To (access for / access) a computer file is to open it in order to look at some information in it.
컴퓨터 파일에 접근방법은 정보를 보기위해 파일을 여는 것이다.

12. A large number of new employees (attended at / **attended**) the meeting.

상당히 많은 직원들이 회의에 참석했다.

13. The manager (questioned about / **questioned**) whether it is practicable.

매니저는 그것이 실행 가능한지 어떤지 의문스러워 한다.

---

⑥ 3형식의 기출 완전 타동사 : 목적어는 하나만 갖으며 뒤에 고유 전치사를 출제한다. 뒤에 목적어(A)가 생략됐을 경우
수동태(be+p.p.)가 되며 그렇지 않을 경우는 오답이 된다. (A : 사람, B : 사물)

정답의 기출 완전 타동사들이다: 1개의 목적어 + 나머지는 선택적인 전치사구

1. provide + A + (with + B) : A에게 B를 제공하다(=provide B for/to A)

2. supply + A + with + B : A에게 B를 제공하다

3. furnish + A + with + B : A에게 B를 제공하다

4. inform + A + of + B[that/when] : A에게 B를 알리다 (=A be informed of B)

5. notify + A + of + B[that절] : A에게 B를 말하다, 전하다(=A be notified of B)

6. remind + A + of + B[to부정사/that절] : A에게 B를 생각나게 하다

   (= A be reminded that절 / to부정사 / of B)

7. explain + A + to + B : A를 B에게 설명하다(=detail+A+on[about]+B)

8. introduce + A + to + B : A를 B에게 소개하다, 도입하다

---

ex.) To make a favorable business environment for foreign companies, the
government will provide them with support for land use and manpower
supply and give tax benefits.

외국 기업에게 사업하기 좋은 환경을 조성하기 위해 정부는 토지 사용, 인력 공급 등을 지원하고 세제
혜택을 부여하기로 했다.

Without money supply pickup and loan growth, economic growth pick is
impossible in the short term.

통화량과 대출 증가 없이 경제 성장세 회복은 단기적으로 불가능하다.

The delay furnished me with the time I needed.

그 연기 덕분에 시간의 여유가 생겼다.

We regret to inform you that your position has been eliminated.

유감스럽게도 당신이 해고 되었음을 통보합니다.

She notified us that she would accept the position.

그녀는 그 직위를 받아들이겠다고 우리에게 알려왔다.

Thank you for reminding me to remind my readers that March is National

Colorectal Cancer Awareness month.

저희 독자들에게 3월이 전국 대장암 예방의 달이란 사실을 상기시켜줘야 한다는걸 저에게 상기시켜줘 고맙습니다.

I need to explain something to you first.

일단 설명드릴 게 있어요.

A lot of businesses will introduce six new models to the market this year and seven models next year.

많은 기업체들은 올해 6개와 내년 7개의 신 모델을 출시할 계획이다.

Start - Up

1. More police in charge doesn't (provide with / provide) a real solution to the problem of increasing violence.
보다 많은 담당 경찰들은 증가하는 폭력 문제의 실제 해결책을 제시하지 않고 있다.

2. The staff was not properly (informed / informed of) the reasons for his resignation.
직원들은 그의 사임 이유를 제대로 듣지 못했다.

3. Everyone has been (notified / notified of) the decision.
모두들 그 결정에 대해 들어서 알고 있다.

4. He must be reminded (of / that) he's on duty tonight.
그는 오늘 저녁 당직임을 잊지 말아야 한다.

정답 ▶ 1. provide 2. informed of 3. notified of 4. that

☑ that절을 갖는 기출 3형식 동사 : 목적어는 that절만을 가지며 [to + 사람]은 선택적으로 취할 수도 있고 갖지 않을 수도 있어 생략 가능하다.

1. announce + [to + 사람] + that절	6. mention + [to + 사람] + that절
2. confess + [to + 사람] + that절	7. propose + [to + 사람] + that절
3. describe + [to + 사람] + that절	8. suggest + [to + 사람] + that절
4. explain + [to + 사람] + that절	9. prove + [to + 사람] + that절
5. introduce + [to + 사람] + that절	10. say + [to + 사람] + that절

1. With sincere regret we announce that he passed away last night.
   정말 유감스럽게도, 그분이 지난밤 운명하셨음을 알려드리는 바입니다.

2. He confessed (to me) that he had broken the vase.?
   그는 꽃병을 깼음을 (나에게) 고백했다.

3. He described (to us) how we should proceed.
   그는 우리가 어떻게 나아가야 하는 지를 설명해 주었다.

4. Explain to his father that his comments are hurtful and why.
   그의 아버지께 그의 말이 마음을 아프게 하고 있다고 말씀 드리고 그 이유를 말하세요.

5. If its plan works out, Honda will be the first to introduce a hybrid car in the Korean market as Korean-made hybrids won`t be around until late 2007.
   국산 하이브리드카가 2007년말 출시될 예정인 관계로 계획대로 될 경우 혼다는 국내 시장에 하이브리드카를 최초로 도입한 회사가 된다.

6. He mentioned (to me) that he would go fishing.?
   그는 낚시하러 갈 것이라고 (내게) 말했다.

7. I proposed that the loan (should) be reduced.?
   나는 대부금을 감액할 것을 제의했다.

8. My family doctor suggests(to me) that I (should) take a walk every day.?
   우리집 주치의는 나에게 매일 산책을 하라고 권한다.

9. There is sufficient evidence to prove that the North indeed enriched uranium.
   북한이 실제로 농축 우라늄을 보유하고 있음을 증명할 수 있는 충분한 증거가 있다.

10. Experts say that his comments do not warrant arrest.
    전문가들은 그의 발언은 구속할 사안이 아니라고 말한다.

Start - Up

1. The CEO explained (the staff / to the staff) that the proposal had been rejected.
사장은 직원들에게 그 제안 건은 거절 됐다고 설명했다.

2. The manager suggested (us / to us) that the CEO make any firm decision.
매니저는 그에게 시장이 확고한 결정을 내릴 것을 제안했다.

3. The director casually mentioned (for / to) me that he was leaving his job.
이사가 문득 내게 언급한 것은 자신이 일자리를 떠날 것이라는 것이다.

정답 ▶ 1. to the staff 2. to us 3. to

8 **4형식 기출 동사(=수여동사)** : 간접 목적어(사람)와 직접 목적어(사물)를 동시에 둘 다 갖고 출제된다. 둘 중 하나만 빠져도 비문이 되며, 전치사가 나와서 오답이 된다. 전치사는 나올 수 없으므로 제거된다. (Part 5, 6)

정답의 4형식 기출 동사(=수여동사) +간접 목적어(사람) + 직접 목적어(사물)

=> 수여동사 +직접 목적어(사물) + ... to + 간접 목적어(사람)

『give, grant, send, offer, do, hand, pass, pay, render, sell, show, tell, teach, throw, wish, write, leave, play, award…』

---

ex.) I have a question and thought you could give me some advice.

이제 저도 질문이 생겼고, 조언을 받았으면 좋겠어요.

It was the first time for the Chinese regulator to grant such an approval to a foreign insurer.

중국의 규제당국이 외국 보험사에게 그러한 승인을 해준 것은 이번이 처음이었다.

Didn't my children send you the flowers?

우리 애들이 너한테 꽃 안 보냈어?

He offered me a cigarette.(=He offered a cigarette to me.)

그는 나에게 담배를 권했다.

Please pass me the salt.

소금 좀 집어 주십시오.

Please hand the book to me.(=Please hand me the book.)?

그 책 좀 집어 주십시오.

The deal paid him 10,000 dollars.?

그 거래로 그는 1만 달러의 이익을 봤다.

Start - Up

1. The manager gave (to her / her) the contract.
매니저는 그녀에게 계약서를 주었다.

2. The manager gave the contract (her / to her)
매니저는 계약서를 그녀에게 주었다.

3. The staff (was sent / sent) him to Coventry two weeks ago.
직원들은 그를 2주 전에 Coventry로 보냈다.

4. Many examples (are shown / show) how words are actually used.
많은 예문은 어휘가 실제로 사용되는 방법을 보여준다.

5. The manager (told to / told) me the way to the station.

매니저는 내게 역으로 가는 길을 얘기해 줬다.

6. You told (to him / him) that you were coming to see me.

넌 그에게 나를 보러 오겠다고 했다.

⑨ 5형식 기출 동사 : 목적보어로 to부정사, 동사원형, 현재분사(-ing), 과거분사(-ed), 형용사, 명사구 등이 답으로 출제되고 있다. 이중 to부정사와 동사원형이 가장 많이 정답으로 몰리고 있다. 특히, 5형식 동사가 등장하면 정답의 위치는, 항상 목적보어가 거의 매월 출제된다.(Part 5)

(9-1) 주어 + 동사 + 목적어 + to부정사 : 매월 반드시 출제되므로 꼭 암기하도록 한다.

> 『expect, enable, encourage, entitle, invite, allow, authorize, advise, ask, cause, require, request, permit, persuade, prepare, motivate, consider, design, instruct, convince, urge, tell, schedule, predict, remind, want, intend, compel, oblige, force, forbid, get, help…』

출제 유형별 기출 예문

1. Korean companies are generating a lot of cash and we expect them to do a lot of M&As outside Korea.
   한국 기업들은 엄청난 현금을 창출하고 있기 때문에 이들이 해외에서 다수의 인수합병을 시도할 것으로 전망된다.

2. The law enables us to receive an annuity.그 법으로 우리들은 연금을 받을 수가 있다.〉

3. Retirement programs encourage less-productive employees to resign by offering severance packages, helping cut long-term labor costs.
   퇴직 프로그램은 퇴직 위로금을 지불하는 방식으로 실적이 저조한 직원의 퇴사를 조장하는 것으로 장기적으로 인건비를 절감하는 데 도움이 되고 있다.〉

4. Your years of service entitle you to a pension.
   오랜 세월 동안의 근무로 당신은 연금을 받을 자격이 있습니다.

5. We invited her to have dinner with us.   우리는 그녀에게 만찬을 함께 하자고 초대했다.

6. I can't allow you to behave like that.네가 그렇게 행동하는 것을 내버려둘 수는 없다.

7. The Minister authorized him to do it.장관은 그에게 그것을 행할 권한을 부여했다.

8. He advised me not to go there.그는 나에게 거기에 가지 않는 것이 좋겠다고 말했다.

9. The manager require an agent to account for money spent.
   대리인에게 돈의 사용 용도의 설명을 요구하다.

10. Parents should prepare children to cope with life.
    부모는 아이들이 인생을 잘 헤쳐나갈 수 있도록 준비시켜야만 한다.

1. Computerization enables us (cutting / to cut) production costs by half.
   전산화를 통해 우리는 생산비를 절반으로 줄일 수 있다.

2. The tax incentive has encouraged many motorists (starting / to start) using train.
   세금 장려책은 많은 자가용 운전자들이 열차를 이용하도록 고무시켰다.

3. The fund managers persuaded foreign businesses (investing / to invest) in the project.
   펀드매니저들은 외국 기업들을 설득해서 그 계획에 투자하게 했다.

4. A membership card entitles you (taking / to take) a guest with you free.
   회원카드는 귀하에게 무료 손님을 동반할 자격을 준다.

5. The manager told me not (trusting / to trust) what she said.
   매니저는 내게 그녀의 말을 믿지 말라고 했다.

6. We'll be able to motivate all the staff (working / to work) hard.
   모든 직원들에게 열심히 일하도록 동기를 줄 수이다.

7. The mechanic can't get my computer (working / to work) well.
   기계공도 컴퓨터가 잘 작동될 수 있게 할 수 없다.

8. They must not allow these problems (affecting / to affect) the long-term plan.
   그들은 이런 문제가 장기 계획에 영향을 주게 해서는 안 된다.

9. Flexible working hours permit parents (spending / to spend) much time with their children.
   유연성 있는 근무 시간은 부모들로 하여금 자녀들과 보다 많은 시간을 보내게 해준다.

10. Half of the employees were expecting you not (coming / to come) back.
    직원들 절반은 네가 돌아오지 안 을 것이라고 예상하고 있었다.

11. Working here requires you (having / to have) a sense of humor.
    이곳에서 근무하는 데에는 유머 감각이 필요하다.

12. He hopes this will convince you (changing / to change) your mind.
    그의 바람은 네가 이것으로 확신을 얻어 마음을 바꾸는 것이다.

13. Lawyers will urge the parents (taking / to take) further legal action.
    변호사들은 부모들을 재촉해서 추후 법률 조치를 취하게 할 것이다.

(9-2) 주어 + 사역/지각동사 + 목적어(사람) + 동사원형 : 연간 3~4회 이상 출제된다.

『have, make, let, hear, watch, see…』

ex.) Have him come here at five.

그를 5시에 여기로 오게 하시오.

He goes a step further and cracks clever jokes that actually make them laugh as well.

그는 한 발 더 나아가 관객들이 웃지 않고는 못 배길 재치 있는 유머까지 선사한다.〉

I hear you have something of ours.

우리 환자를 데리고 있다고 들었는데요.

I let them talk away.

그들로 하여금 멋대로 지껄이게 했다.

It is disconcerting to watch them make one mistake after the other.

그들이 연달아 실수하는 것을 지켜보자니 당혹스럽다.

Start - Up

1. The firm will have the task force (to collect / collect) materials.

회사가 특별 전담팀에게 자료 수집을 하게 할 것이다.

2. The performer decided to let his hair (to grow / grow) long.

연주자는 머리를 장발로 기르기로 마음먹었다.

3. An audience gathered to hear him (to speak / speak) clearly.

청중은 그가 연주하는 것을 듣기위해 모여들었다.

4. The photograph makes him (to look / look) about 50.

사진은 그를 약 50처럼 보이게 한다.

5. The manager saw the van (to part / part) from her house.

매니저는 화물 자동차가 그녀의 집에서 떠나는 것을 봤다.

(9-3) 주어 + 동사 + 목적어(사물) + 과거분사 : 연간 4~5회 이상 출제된다.

『have, make, let, get, find, want, keep, see…』

ex.) He had his watch stolen.
그는 손목시계를 도둑맞았다.
We will make cash payments for the services and products provided by our partners.
협력업체들이 공급하는 서비스와 상품에 대해 현금으로 지불하겠다.
They always get their toes hacked off.
그들은 항상 발가락을 자른다.
Let bygones be bygones.
과거는 묻지 맙시다.
He found his purse gone.
그는 지갑이 없어진 것을 알았다.

Start - Up

1. All his mangers saw him (awarding / awarded) the winner's medal.
모든 그의 매니저들은 그가 우승 메달 수상하는 것을 봤다.

2. They're having the office (painting / painted)
그들은 다음 주에 사무실에 페인트칠을 하도록 할 것이다.

3. To let something (to know / be known) is to make certain that people are aware of it.
뭔가를 알게 하는 것은 사람들에게 그것의 인식을 확실히 하는 것이다.

정답 ▶ 1. awarded 2. painted 3. be known

(9-4) 주어 + 동사 + 목적어(사람) + 현재분사 : 생생한 현장감 표현해서 연간 2~3회 이상 출제된다.

『hear, see, watch, keep, catch, find, visualize, 』

ex.) I could hear voices crying for help.도와달라고 외치는 목소리를 들을 수 있었어요.
I saw her knitting wool stockings.

나는 그녀가 털실로 스타킹을 짜고 있는 것을 보았다.

I watched the sun setting.나는 해가 지는 것을 바라보았다.

Keep the light burning.등불을 계속 켜 놓아라.

I found him dozing.그가 졸고 있는 것을 발견했다.

Start - Up

1. The audience heard the orchestra (to play / playing) at Carnegie.
청중은 오케스트라가 카네기에서 연주하는 것을 들었다.

2. The customers could see all the staff (to work / working) hard at the office.
고객들은 전 직원들이 사무실에서 열심히 근무하는 것을 볼 수 있었다.

3. The president kept us (to talk / talking) on the phone for half an hour.
사장은 우리로 하여금 30분 동안이나 계속해서 통화하게 했다.

정답 ▶ 1. playing 2. working 3. talking

⑩ 『to부정사』만 목적어로 갖는 타동사 : to부정사만을 목적어로 직접 취하는 타동사가 정답으로 출제된다. 모두 미래 지
향적인 동사들이다.

> 정답의 to부정사만 목적어로 갖는 타동사들
> 『agree, ask, afford, decide, expect, fail, hope, learn, manage, plan, prefer, refuse, tend,
> want, intend, wish, promise, hesitate…』

ex.) **We agreed to start at once.?**〈즉시 출발하기로 합의했다.〉

I must ask to be excused.?〈용서를 빌어야 하겠습니다.〉

He has decided to become a doctor.〈그는 의사가 되려고 결심했다.〉

Well, I didn' t expect to hear from you.〈네가 전화할 줄은 몰랐네.〉

I hope to see you soon.?〈곧 뵙고 싶습니다.〉

I' m planning to go to Europe.〈유럽으로 갈 작정이다.〉

Fruits tend to decay.?〈과일은 썩기 쉽다.〉

I did not intend to insult you at all.?〈당신을 모욕할 생각은 추호도 없었다.〉

1. They decided (going / to go) to the theater.
   그들은 극장에 가기로 마음먹었다.

2. We may expect (seeing / to see) the new instructor next month.
   다음 달에 새로운 강사 만나는 것이 기대되고 있다.

3. The two sides have failed (coming / to come) to an agreement.
   양측은 합의에 이르지 못했다.

4. They hope (visiting / to visit) the new CEO next month.
   그들은 다음 달에 새로운 사장을 방문하기를 바란다.

5. Most of the tourists are not planning (staying / to stay) here much longer.
   대부분 관광객들이 이곳에서 더 오래 머무를 계획은 없다.

6. All of the new employees will have to learn (using / to use) this machine.
   모든 신입 직원들은 이 기계의 사용방법을 익혀야만 할 것이다.

7. Education (tends to / tends for) improve human relations.
   교육은 인간관계를 개선하는 경향이 있다.

8. I did not want (to insult / insulting) you at all.
   당신을 모욕할 생각은 전혀 없었소.

9. They intend (going / to go) to Australia next month.
   그들은 다음 달에 호주를 갈 생각이다.

정답 ▶ 1. to go 2. to see 3. to come 4. to visit 5. to stay 6. to use 7. tends to 8. to insult 9. to go

▶정답으로 출제되는 to부정사 기출 숙어 ◀

『be able to[할 수 있다] be bound to[반드시 ~하다] be certain to[반드시 ~하다] be designed to[~하도록 구성되다] be eager to[갈망하다] be free/welcome to[마음껏 ~하다] be likely to[~할 것 같다] be ready to[준비되다] be sure to[반드시 ~하다] be willing to[기꺼이 ~하다] be anxious to[열망하다] be reluctant to[꺼리다] be subject to+명사 [종속되다, 영향 받다]』

1. As of today, we may not be able to deliver as promised.
오늘 현재 상황으로는, 우리가 약속한대로 배달할 수 없을 것 같아.〉

2. Some experts say the talks are likely to be overshadowed by the U.S. troop reduction plan.
일부 전문가들은 이번 회담에서는 미군 감축계획 문제가 주로 다루어질 것이라고 말하고 있다.〉

3. The site was designed to provide information for foreigners living in Korea.
이 사이트는 한국에 거주하는 외국인들에게 정보를 제공하는 사이트다.〉

4. Korea is eager to attract foreign direct investment to sustain economic growth.
한국은 지속적인 경제성장을 위해 외국인투자 유치에 적극적이다.〉

5. It`s a reasonable compromise, and Hubby should be willing to go along.
그것은 아주 합리적인 타협책이므로 남편분도 응하리라고 봅니다.〉

Start - Up

1. The sales department will be able (coping / to cope) with the work.
영업부에서는 그 일을 처리할 것이다.

2. The secretary is likely (forgetting / to forget) to call the customer up, so just remind her.
비서가 그 고객에게 전화하는 것을 잊을 것 같으니, 생각나게 해주어라.

3. The company was not ready (lending / to lend) us the money.
회사 측은 우리에게 대출 해줄 준비가 되어있지 않았다.

4. They were willing (to undertake / undertaking) the job.
그들은 기꺼이 그 일을 떠맡았다.

정답 ▶ 1. to cope 2. to forget 3. to lend 4. to undertake

⑪ 동명사만 목적어로 갖는 타동사 : 완전 타동사 중 동명사를 목적어로 직접 갖고 출제되는 동사들이다. 모두 과거 지향적인 특징을 지닌다. 과거의 앞선 경험을 바탕으로 하는 과거 상황의 동사들이다.

정답으로 출제되는 동명사만 목적어로 갖는 타동사들

『admit, allow, anticipate, avoid, advocate, consider, discontinue, discuss, enjoy, finish, get through with, quit, stop, mind, miss, keep, suggest, escape, give up, resist, postpone, practice, abandon, …』

1. We anticipate spending two weeks here.
   우리가 여기서 2주 정도 보내게 될 것으로 예상한다.

2. It can help some companies avoid breaking down and make a fresh start.
   일부 기업이 파산을 피하고 새로운 출발을 도모하는 데 도움이 될 수 있다.

3. Police will consider expanding the operation after a six-month trial period.
   경찰은 6개월간의 시범기간을 거친 후 확대를 검토하기로 했다.

4. She discontinued paying rent.
   그녀는 집세 지불을 중지했다.

5. We discussed joining the club.
   우리는 그 클럽에 가입하는 문제에 대해 논의했다.

6. He said if I needed to finish raising Tara, I could move out, and when she finally left, I could move back.
   그는 제가 만약 타라를 끝까지 키우겠다면 제가 따라 나갔다가 그 애가 최종적으로 떠난 후에는 다시 돌아올 수 있다고 말했습니다.

7. Father suggested going on a picnic.
   아버지는 피크닉을 가면 어떻겠느냐고 말씀하셨다.

8. Would[Should] you mind shutting the door?
   미안하지만 문 좀 닫아 주시겠습니까?

9. We determined to postpone deciding the winner of the contract until May of next year.
   낙찰자 결정을 내년 5월까지 연기하기로 했다.

10. We have enjoyed talking over our school days.
    우리는 학생 시절의 이야기를 하며 즐겁게 지냈다.

Start - Up

1. The manager doesn't mind (to have / having) a new computer in the office.
매니저는 사무실에 새 컴퓨터 놓는 것을 반대하지 않는다.

2. All of the staff members advocate (abolishing / abolish) racial discrimination
모든 직원들은 인종 차별의 폐지를 옹호하다.

3. We should discuss (to apply / applying) for a raise.
월급 인상 신청에 대해 논해야 한다.

4. The staff discontinued (to practice / practicing) working overnight.
직원들은 밤 잔업 진행하는 것을 그만두었다.

5. They're still considering (to sell / selling) the house.
그들은 여전히 주택 매각을 고려중이다.

6. He tries to avoids (to go / going) shopping on Sundays.

그는 일요일마다 쇼핑하는 것을 피하려 한다.

7. The new musician always enjoys (to meet / meeting) people and seeing new places.

새 음악가는 항상 사람들을 만나서 새로운 장소를 보러 가는 것을 좋아한다.

8. Let a new employee finish (to have / having) an affair with another manager.

새 직원이 다른 매니저와의 관계를 그만 갖게 해라.

정답 ▶ 1. having 2. abolishing 3. applying 4. practicing 5. selling 6. going 7. meeting 8. having

---

▶ 정답의 동명사 기출 숙어 ◀

『feel like -ing[~하고 싶어하다] fall to -ing[빠져들기 시작하다] have difficulty -ing[어려움을 겪다] have trouble -ing[어려움을 겪다] have a hard time -ing[어려움을 겪다] have fun -ing[즐겁게 보내다] have a good time -ing[즐겁게 보내다] can't help -ing[~하지 않을 수 없다] be afraid of -ing[두려워하다] be busy (in) -ing[바쁘다] be good at -ing[~을 잘 하다] be aware of -ing[알고 있다] be accustomed to -ing[~에 익숙하다], be cognizant of[~에 대해 알다, 인식하다] keep (on) -ing[계속 ~하다] instead of -ing[대신에, rather than] be used to -ing[~에 익숙하다] be devoted to -ing[전념하다] look forward to -ing[~을 고대하다. anticipate] be subject to -ing[~을 받다, 당하기 쉽다] succeed in -ing[성공하다] be good at[잘하다] be opposed to -ing[반대하다. object to] be tired of -ing[싫증내다] be fond of -ing[~을 좋아하다] insist on -ing[주장하다], object to -ing[반대하다] make a point of -ing[반드시 ~하다] go -ing[~하러 가다] when it comes to -ing[~관하여, ~에 대해 얘기하면] the fact of -ing[~라는 사실] the idea of -ing[~라는 생각] the possibility of -ing[~의 가능성]』

1. I have difficulty in remembering names.
   남의 이름을 좀처럼 기억할 수가 없다.

2. No one around here seems to be aware of that.
   이 주변에서는 그 사실을 인지하고 있는 사람이 아무도 없나봐.

3. We know this is frightening, but we've grown accustomed to it.
   이게 위협적이고 무서운 건 알지만 우린 이미 익숙해졌어.

4. Instead of asking customers to stand in line at a checkout, they will simply pick up the products and leave the store.
   고객들은 대금을 치르기 위해 기다릴 필요 없이 그냥 제품을 선택한 뒤 상점을 나가기만 하면 된다.

5. The Democratic Labor Party that is devoted to equality and laborers`physical rights.
   민주노동당은 평등과 노동자의 권리를 옹호한다.

6. I look forward to the Bush administration being effective in their plans to assist the North Korean refugees.
   부시 행정부가 탈북자 지원 계획을 효과적으로 시행하기를 기대한다.

7. Companies with less than 2 trillion won in assets will be subject to the law from 2007.
   자산규모가 2조원 미만인 기업은 2007년부터 법의 적용을 받는다.

8. Many people are opposed to developing rain forests without thought for the environment.
   열대우림의 난개발을 반대하는 사람이 많다.

9. The subway workers insist on having their own way.
   지하철 노조는 자기 식을 주장하고 있다.

10. I object to John being appointed my successor.
    존이 내 후임으로 임명되는 것에 반대한다.

Start - Up

1. The new director's acutely aware (for / of) the problems caused by this new road.
새 이사는 이 새 도로에서 발생한 문제들을 예리하게 의식하고 있다.

2. The staff was not (cognizant / cognizant of) the facts.
직원들은 그 사실에 대해 알지 못했다.

3. People with asthma have difficulty (to breathe / breathing).
천식을 앓고 있는 사람들은 호흡하기가 곤란하다.

4. The candidate's looking forward (to hear / to hearing) from the shipping department.
후보자는 선적부로부터 소식 듣기를 학수고대하고 있다.

5. The marketing team is not accustomed (to be / to being) treated like this.

마케팅팀은 이처럼 취급당하는 것에 익숙하지 않다.

6. Lucy is absolutely devoted (to work / to working) for a good cause.

Lucy는 철저히 대의를 위해 일하는 것에 전념한다.

7. Any such settlement is (subjecting / subject) to the court's permission.

모든 소송의 화해는 법정의 허가를 받지 않으면 안 된다.

8. Instead (of throw / of throwing) away the household rubbish, please recycle it.

가정용 쓰레기는 버리는 대신 재활용해주시기 바랍니다.

9. Jane had the idea (starting / of starting) her own business.

Jane은 자신의 사업을 시작할 생각을 했었다.

10. Jack believed the fact (having / of having) his own farmhouse.

Jack은 자신의 농가를 갖는다는 사실을 믿었었다.

정답 ▶ 1. of   2. cognizant of 3. breathing   4. to hearing   5. to being
6. to working 7. subject   8. of throwing 9. of starting 10. of having

UNIT 15 ▶사역 동사와 지각 동사

⇒ 지각/사역 동사 등 모든 5형식 동사들은 목적보어를 그 정답의 위치로 출제한다!

경향 분석 ① "주어 + 지각/사역 동사 + 목적어 + 목적보어"의 구조를 갖는 5형식의 동사들은 목적어(사람(+ human}, 사물(-human})에 따라 뒤따르는 목적보어가 "명사, 형용사, to부정사, 원형 부정사, 현재분사, 과거분사" 등이 다양하게 출제된다. 주로 동사원형과 to부정사가 정답으로 많이 출제된다.

② 정답의 3대 사역 동사와 지각 동사 : let, make, have / hear, see, watch 의 목적보어를 구분하는 유형의 문제가 연간 3~4회 이상 출제되며 [help + 동사원형]과 [help + 목적어 + (to)-동사원형]의 구조도 자주 출제된다. 특히 [help + 동사원형]의 구조를 익혀 두도록 하자.

출제 의도 목적보어(형용사, to부정사, 원형부정사, 현재분사, 과거분사" 등) 구분하기
출제 빈도 연간 3~4회 이상
출제 유형 아래 유형 1~13.

【주어 + 지각/사역 동사 + 목적어 + 목적보어(동사원형/-ed/-ing)】

1 have + 사람 + 동사원형/현재분사(-ing)

ex.) The detectives in charge will have him release the report.

〈담당 형사는 그에게 보고서를 발표하게 할 것이다.〉

2 have + 사물 + 과거분사(-ed)/형용사

ex.) The detectives will have the report released by him.

〈형사들은 보고서를 그에게 발표하게 할 것이다.〉

3 get + 사람 + to부정사

ex.) The guests got the waiter to set [up] the table.

〈손님들은 웨이터에게 테이블을 차리게 했다.〉

4 get + 사물 + 과거분사(-ed)/형용사

ex.) The guests got the table set by the waiter.

〈손님들은 테이블을 웨이터에게 차리게 했다.〉

5 make + 사람 + 동사원형/형용사

ex.) The president made him fix the photocopier.

〈사장은 그에게 복사기를 고치게 했다.〉

⑥ make + 사물 + 과거분사(-ed)/형용사

　ex.) The president made the photocopier fixed by him.

　　　〈사장은 복사기를 그에게 고치게 했다.〉

⑦ help + 사람 + (to) 부정사/ 동사원형

　ex.) The manager helped him [to] pay his debts.

　　　〈매니저는 그가 빚 갚는 것을 도왔다.〉

⑧ help + 사람 + with + 사물

　ex.) All the staff helped him with his work. 〈전 직원들은 그의 일을 도왔다.〉

⑨ let + 사람 + 동사원형

　ex.) The staff will let him use the equipment.

　　　〈직원들은 그가 장비를 사용하게 할 것이다.〉

⑩ let + 사물 + be p.p.(과거분사)

　ex.) The staff will let the equipment be used by him.

　　　〈직원들은 장비를 그에게 사용하게 할 것이다.〉

⑪ 지각 동사(see, hear, watch…) + 목적어 + 동사원형/-ing/-ed

　ex.) I could hear voices cry[ing] for help.

　　　〈도와달라고 외치는 목소리를 들을 수 있었어요.〉

　　 I saw her knit[ting] wool stockings.

　　　〈나는 그녀가 털실로 스타킹을 짜고 있는 것을 보았다.〉

　　 I watched the sun set[ting]. 〈나는 해가 지는 것을 바라보았다.〉

⑫ 모든 5형식 동사가 등장하면 뒤에 목적보어가 정답의 위치로 출제된다.

⑬ 사물 목적어 뒤엔 주로 과거분사(p.p.)가 정답이다.

Start - Up

1. A large audience heard the orchestra (to play / play[ing]) at Carnegie Hall last summer.

많은 청중들은 지난여름 오케스트라가 카네기 홀에서 연주하는 것을 들었다.

2. I saw her (knitting / to knit) wool into stockings.

그녀가 털실로 양말을 뜨고 있는 걸 보았다.

정답 ▶ 1. play[ing] 2. knitting

1. All the staff will not let any employee not connected with the project _____ the papers.

(A) touch   (B) touched
(C) be touched   (D) to touch

2. The new manager seldom had his secretary _____ his temperature.

(A) take   (B) took
(C) taken   (D) to take

3. The sales directors got their employees _____ the conference room.

(A) clean   (B) cleaned
(C) to clean   (D) be cleaned

4. The CEO made all the staff _____ what he ordered.

(A) understand   (B) understood
(C) to understand   (D) be understood

5. The only aim of the office is to help a person _____ on his own feet.

(A) to stand   (B) stood
(C) be stood   (D) to be stood

기출 유형 전략 비법

1. 목적보어 찾기   [정답] A

전략 비법 ┃ 『사역 동사 "let + 사람 + 동사원형" 이므로 동사원형이 정답이다.』

"주어 + 사역 동사 + 목적어 + 목적보어" 의 구조를 갖는 5형식의 동사들은 목적어(사람(+ human), 사물(-human))에 따라 목적보어도 "to부정사, 원형 부정사, 현재분사, 과거분사" 를 다양하게 갖으며, 이 중에 사역 동사 let은 "주어 + let + 사람 + 동사원형" 을 갖는다.

해석 ┃ 전 직원들 모두 그 프로젝트와 관계가 없는 직원은 그 누구든 서류에 손 못되게 할 것이다.

어구 ┃ **all the staff** (집합)직원 **let** ~을 시키다 **employee** 직원 **be connected with** ~와 관계가 있다 **papers** 서류

2. 목적보어 고치기   [정답] A

전략 비법 ┃ 『5형식의 (사역)동사가 등장하면 목적보어가 정답 위치가 된다.』

일반적으로 "주어 + 지각/사역 동사 + 목적어 + 목적보어" 의 구조를 갖는 5형식의 동사들은 목적어(사람(+ human), 사물(-human))에 따라 목적보어도 "명사, 형용사, to부정사, 원형 부정사, 현재분사, 과거분사" 등 다양하게 출제된다. 고로 결국, 5형식의 (사역) 동사가 등장하면 목적보어가 정답의 위치가 된다. take이 된다.

해석 ┃ 새 매니저는 자신의 비서에게 체온 재는 일은 거의 시키질 않았다.

어구 ㅣ **manager** 과장 **seldom** 좀처럼 ~않다 **secretary** 비서 **have** + 사람 + 동사원형 …에게 ~을 시키다 **take one' s temperature** 체온을 재 다

3. 목적보어 찾기 [정답] C

전략 비법 ㅣ 『동사 "get + 사람 + to부정사" 이므로 보어는 to부정사가 정답이다』

일반적으로 "주어 + 불완전 타동사(지각/사역 동사) + 목적어 + 목적보어" 의 구조를 갖는 5형식의 동사들은 목적어 (사람(+ human), 사물(-human))에 따라 목적보어도 "명사, 형용사, to부정사, 원형 부정사, 현재분사, 과거분사" 등 다양하게 출제되고 있다. 보통은 "사역 동사 + 목적어(사람) + 목적보어(동사원형)" 이지만 동사 get은 "get + 사람 + to부정사" 이므로 정답은 to clean이 된다.

해석 ㅣ 영업 부장은 직원들에게 회의실을 청소하게 시켰다.

어구 ㅣ **sales director** 영업 부장(이사) **get A to** + 동사 …에게 ~을 시키다 **clean** 청소하다 **conference room** 회장실

4. 목적보어 찾기 [정답] A

전략 비법 ㅣ 『동사 "make + 사람 + 동사원형" 이므로 보어는 동사원형이 정답』

일반적으로 "주어 + 지각/사역 동사 + 목적어 + 목적보어" 의 구조를 갖는 5형식의 동사들은 목적어(사람(+ human), 사물(-human))에 따라 목적보어도 "명사, 형용사, to부정사, 원형 부정사, 현재분사, 과거분사" 등 다양하게 출제된 다. 고로 사역 동사 "make + 사람 + 동사원형" 이므로 보어는 동사원형이 정답이다.

해석 ㅣ 회장은 전 직원들에게 자신의 지시 사항을 이해하도록 했다.

어구 ㅣ **CEO (chief executive officer)**회장, 최고 경영자 **all the staff** 전 직원들 **order** 명령하다, 주문하다 **understand** 이해하다

5. 목적보어 찾기 [정답] A

전략 비법 ㅣ 『동사 "help + 사람 + (to)부정사" 이므로 보어는 to부정사가 정답』

일반적으로 "주어 + 사역 동사 + 목적어 + 목적보어" 의 구조를 갖는 5형식의 동사들은 목적어(사람/사물)에 따라 목 적보어도 "명사, 형용사, to부정사, 원형 부정사, 현재분사, 과거분사" 등 다양하게 출제된다. 사역 동사 help는 "help + 사람 + (to)부정사" 의 구조를 가지므로 보어는 (to)부정사가 답이다.

해석 ㅣ 본 사무실의 유일한 목적은 개인 스스로 자활할 수 있도록 돕는 것이다.

어구 ㅣ **only aim** 유일한 목적 **stand on his own feet** 자활하다, 스스로 일어나다

▶regard + 목적어(A) + as + 보어(B)

⇒ 타동사 regard는 목적보어 앞에 전치사 as를 정답으로 갖는다!

경향 분석 ❶ 다음 타동사들은 목적어와 목적보어 사이에 전치사 as를 정답으로 출제한다. 연간 2~3회 정도 출제되고 있다. 이 중에서 [regard + 목적어 + as + 목적보어]가 가장 많이 출제된다.

❷ 수동태로 바뀔 경우 [be + regarded(referred to, thought of, looked upon, recognized) + as]처럼 전치사가 이 중으로 겹쳐도 전혀 상관없다.

출제 의도 전치사 as의 유무를 확인한다.

출제 빈도 연간 2~3회

출제 유형 아래 기출 유형

■ 유형 =〉 refer to + 목적어(A) + as + 목적보어(B) :『A를 B로 여기다』

『consider, refer to, recognize, regard, think of, treat, describe, look upon, define, use, acknowledge, take, characterize, accept, interpret, class, know, count, see, choose…』

출제 유형별 기출 예문

1. The federal courthouse recognized him as the lawful heir.?
   연방 법원은 그를 법정 상속인으로 인정했다.

2. He describes himself as a great statesman.
   그는 자신을 위대한 정치가라고 말한다.

3. Korea was defined as an aging society in 1999 as people aged 65 and over exceeded 7 percent of its total population.
   한국은 65세 이상 연령층이 전체 인구의 7퍼센트를 넘은 1999년부터 "고령화 사회"로 분류되었다.

4. We will acknowledge the police as a main body which can begin investigations.
   경찰을 수사를 시작할 수 있는 주체로 인정하겠다.

5. It must be characterized as a success.?
   그것은 공으로 간주하지 않으면 안 된다.

1. The manager considers Ms. Tony (for / as) a most trustworthy employee.

매니저는 Tony양을 아주 믿을만한 직원이라고 여긴다.

2. Most of the directors always refers (for / to) their CEO as an outstanding expert.

대 부분의 중역들은 사장을 항상 뛰어난 전문가라 여긴다.

3. Most of the employees always regard the director (to / as) a adroit person.

대 부분 직원들은 항상 이사를 일에 있어 빈틈없는 사람이라고 여긴다.

정답 ▶ 1. as 2. to 3. as

CHECK-UP TEST

1. Alex is _____ one of the most outstanding directors in our firm.

(A) referred
(B) referring
(C) referred to
(D) referred to as

2. The supervisor wonders if he _____ the new addition to the sales department.

(A) choose
(B) is chosen as
(C) is chosen
(D) is chosen by

3. Most of the new managers regard him _____ fit for the task.

(A) as
(B) being
(C) to be
(D) for

기출 유형 전략 비법

1. 보어 찾기 [정답] D

전략 비법 | 『"refer to + 목적어 + as + 보어" 이므로 as가 나온 것이 답이다.』

다음 동사들은 목적보어 앞에 전치사 as를 답으로 갖는다.

『consider, refer to, recognize, regard, think of, treat, describe, characterize, choose… 』등.

해석 | Alex는 우리 회사 내에서 가장 뛰어난 부장 중 하나로 여겨지고 있다.

어구 | **be referred to as** ~로 여겨지다 **outstanding** 뛰어난 **director** 부장, 이사 **firm** 회사

2. 동사 찾기 [정답] B

전략 비법 | 『"choose + 목적어 + as + 보어" 이므로 as가 나온 것이 정답이다.』

다음 동사들은 목적보어 앞에 전치사 as를 답으로 갖는다.

해석 | 그 상사는 그가 영업부에 충원될 새 직원으로 내정될지 궁금해 한다.

어구 | **supervisor** 상사, 감독자 **wonder** 궁금해 하다, 알고 싶어 하다 **be chosen as** ~로 뽑히다 **addition to** 새로 충원된 직원, 보충 **sales department** 영업부

3. 전치사 찾기 [정답] A

전략 비법 | 『"regard + 목적어 + as + 보어" 이므로 as가 정답으로 나온다.』

다음 동사들은 목적보어 앞에 전치사 as를 정답으로 갖는다.

해석 | 대부분의 새 매니저들은 그가 그 업무에 적임자라고 여기고 있다.

어구 | **manager** 과장 **regard A as B** A가 B하다고 여기다 **fit for** ~에 적합하다 **task** 일, 업무

▶가목적어 it의 유무

⇒ "make(find) + it + possible .... to부정사" 어순이 곧 정답이 된다.

경향 분석 ❶ 타동사 make뒤에, 가목적어 it과 진목적어 to부정사는 동시에 나오거나, 동시에 **빠진다!** it to부정사의 분신이고 it의 본래의 모습은 to부정사이므로 고로 it과 to부정사가 둘 중에 하나만 나올 경우 무조건 비문을 형성함으로 오답이 된다.(Part 5, 6). 연간 3~4회 비중으로 출제된다.
❷ make과 함께 find, believe, consider, think 등이 같은 5형식 구조로 출제된다.

출제 의도 가목적어 it의 유무 관계를 확인하기.
출제 빈도 연간 1~2회
출제 유형 아래 유형 1~4.

❶ make + it +(im)possible/difficult/hard/easy ⟨————⟩ to부정사
중요 정보를 지니고 있는 것(= to부정사)은 항상 문장 뒤에 온다.[문미 초점 이론] 고로 진목적어인 to부정사가 뒤로 가면서 자신의 흔적(it)을 이용해 자신이 있던 목적어 자리에 영역 표시를 함으로서 다른 성분이 함부로 목적어 자리에 들어 갈 수 없게 자신의 목적어 자리를 지키는 것이다. 결국, it과 to부정사는 각각 따로 나올 수 없으며 항상 같이 나오거나 같이 빠지게 된다.

출제 유형별 기출 예문

ex.) So you make it easy to lie to your wife? 그래서 아내에게 쉽게 거짓말 하시는 겁니까?

Some find it difficult to make a living however hard they may work.
힘껏 일을 해도 생계를 유지 못하는 자가 있다.

On the other hand, the rate change could make it easier for businesses to borrow money from local lenders. ⟨반면, 금리변화가 기업들이 지방 금융기관 차입을 용이하게 할 수 있었다.⟩

Record-low interest rates may make it tougher for banks to defend their net interest margins. ⟨사상최저의 금리로 은행들이 순이자 수익률을 지켜내기가 더 어려워질 수 있다.⟩

The measures will also make it easier for the market to monitor these companies.
⟨이 조치는 또 이들 기업에 대한 시장의 감시를 더욱 용이하게 할 것이다.⟩

It will make it difficult for the justices to adjudicate the cases sent before them with nothing but the pure logic of law.
⟨그것은 재판관들이 헌재에 회부된 사안을 오직 순수한 법리에 따라 심리하기 어렵게 만들 것이다.⟩

I make it a rule to take an hour's walk before breakfast. ⟨식전에 규칙적으로 한 시간씩 산책한다.⟩

The bright side of high fuel costs and a weak dollar is that they make it more difficult for foreign imports to displace American products.
높은 연료 가격과 약한 달러의 밝은 측면은 양자가 미국 제품을 대체하는 외국 상품의 수입을 더욱 어렵게 만든다는 사실이다.

2 make + sure/certain/clear/easy .... 〈———〉 목적어(명사구/that절)

「타동사 + 목적어 + 목적보어(형용사)」의 어순 구조에서 목적어와 목적보어(형용사)의 위치를 도치시킨 구조이다. 명사구나 that절이 make의 목적일 경우는 구조상 너무 길므로 make 바로 뒤에 나오지 못하고 문장의 맨 뒤로 나가는 대신에 문장 맨 뒤에 있던 목적보어(형용사)는 구조상 짧고 쉬워서 make 바로 뒤에 먼저 나오게 된다.

ex.) He calls every day to make sure they are safe, but he gets no answer.
〈안부를 묻기 위해 그는 매일같이 전화를 하고 있지만 통화 연결이 되지 않고 있다.〉

I will make sure I will keep tomorrow morning free. 내일 아침 비워 놓도록 하지.

We just wanted to make sure that these were experiments and that there was nothing more than experiments.
이런 것들이 실험이었으며 실험 이상의 것은 아무 것도 없었다는 것을 확인하고자한다.〉

All families should also make sure they have working smoke alarms.
〈모든 가정은 집에 제대로 작동하는 화재경보기가 있는지 확인해야 합니다.〉

It is important that, in a kind and caring manner, you make clear that you and his dad have a special type of love that includes making love, and that when he is older he, too, will have that kind of relationship with someone wonderful.
당신과 애 아빠는 "사랑행위"가 포함된 특별한 사랑을 나누며 애도 나이가 들면 누군가 멋진 사람과 그런 관계를 가지게 될 것이라는 걸 아이에게 상냥하고 애정에 찬 태도로 분명히 알리는 게 중요합니다.

You need to discuss this with your attorney, and make sure the judge knows what your concerns are.
변호사와 이야기해서 판사가 당신이 우려하는 바가 무엇인지를 알게 해야 합니다.

3 보기 중에 make it(또는 find it)이 등장하면 곧, to부정사를 확인한다! (Part 5, 6)

4 보기 중에 make possible(difficult)이 등장하면 곧, 명사구를 확인한다! (Part 5, 6)

Start - Up

1. The Internet service (makes / makes it) possible to transmit and store a lot of information.
인터넷 서비스는 많은 정보의 전송과 저장을 가능케 해준다.

2. We (found / found it) difficult to express ourselves in English.
영어로 우리 자신의 생각을 표현하는 것이 어렵다는 것을 알았다.

3. The manager (made it / made) interesting the new sales plan to facilitate all the processing.

매니저는 모든 업무 과정을 용이하게 해주는 새로운 영업 기획을 흥미롭게 했다.)

정답 ▶   1. makes it   2. found it   3. made

CHECK-UP TEST

1. The use of radar _____ to intercept most speeders.

    (A) make it possible   (B) makes it possible
    (C) makes possible   (D) make it a possibility

2. Today' s up-date computers _____ to store data rapidly and accurately.

    (A) make easier   B) make easier than
    (C) make it easier   (D) make it easier than

3. Internet users actually found _____ possible to telephone around the world at almost no cost thanks to the internet service.

    (A) it   (B) one
    (C) that   (D) those

기출 유형 전략 비법

1. 동사 찾기   [정답] B

전략 비법 ┃ 『make이 뒤에 to부정사를 가지면 동시에 it을 답으로 한다!』

보기 중에 동사 make이 등장해서 가목적어인 it을 가지려면 뒤에 to부정사가 반드시 와야 한다. to intercept이 있으므로 it이 없는 (C)는 무조건 탈락이 되며 it이 있는 (B)가 답이다. (D)는 목적보어로서 상태를 나타내므로 형용사 impossible이 되어야 한다.

해석 ┃ 레이더의 사용으로 대부분의 고속 비행기를 차단하는 것이 가능해졌다.

어구 ┃ **radar** 레이더 **speeder** 고속 비행기 **intercept** 가로막다

2. 동사 찾기   [정답] C

전략 비법 ┃ 『to부정사가 있으므로 make뒤엔 가목적어 it이 답으로 나온다!』

it이 없는 A와 B는 일단 오답이고 it이 있는 C가 답이다. make 뒤에 가목적어 it과 진목적어인 to부정사는 동시에 나오거나 동시에 빠지게 되어있기 때문에 둘 중에 하나만 나올 경우는 비문을 형성하므로 오답이 되고 만다.

해석 ┃ 요새 최신의 컴퓨터는 신속하고도 정확한 정보 저장이 더 수월해졌다.

어구 ┃ **up-date** 최신의, 시대에 뒤지지 않는 **save** 저장하다 **rapidly** 신속히 **accurately** 정확히

3. 가목적어 it

전략 비법 ┃ 『뒤에 to부정사가 있어 find는 가목적어 it을 정답으로 갖는다.』

고로 found it이어야 한다. 동사 make, find, think…등은 가목적어 it과 진목적어 to부정사를 동시에 갖는다. 둘 중에 하나만 나올 경우, 비문을 만들어서 곧 오답이 된다.

해석 ┃ internet 사용자들은 internet 덕택에 거의 무료로 전 세계에 전화하는 것이 가능케 된 것을 알았다.

어구 ┃ **at almost no cost** 거의 무료로 **thanks to** ~덕택에 **actually** 사실상, 실제로

▶ 수동태와 능동태 구분하기

⇒ 매월, 목적어 없는 수동태(be + p.p.)가 정답으로 출제되고 있다!

경향 분석 ❶ 토익 문법의 기본 단위는 완전한 문장을 기본 단위로 출제하므로 문제 중의 동사의 목적어의 유무에 따른 자동사와 타동사 구별 문제가 매월 출제되고 있다.(Part 5, 6)
❷ 타동사의 목적어가 없을 경우 정동사는 수동태(be + p.p.)가 정답으로 매월 출제되고 또한 자동사 앞이나 뒤에는 부사나 전치사가 정답으로 출제되고 있다.(Part 5, 6) 매월 타동사 뒤에 목적어가 빠진 수동태 문장(be + p.p. + by)을 정답으로 출제한다. 고로 경향상 일부 자동사를 제외하고는 거의 모든 동사들은 타동사로 판단하며, 바로 뒤에 목적어가 있는지 아니면 전치사 by나 부사가 있는지를 재빨리 확인하고 목적어가 없을 경우 무조건 수동태를 정답으로 한다.(Part 5, 6)

출제 의도 목적어 없는 타동사의 수동태 [be + p.p.] 익히기.
출제 빈도 매월
출제 유형 아래 유형 1~3.

1 수동태(be + p.p.) 뒤에는 『전치사 by 이거나 부사/전치사』가 정답이다.
능동태(be + -ing) 뒤에는 목적어가 정답이다!
• p.p.뒤에는 by/전치사/부사가 정답이다!
• -ing 뒤에는 목적어가 정답이다!
• 목적어 앞에는 -ing가 정답이다!
• by/전치사/부사 앞에는 p.p.가 정답이다!

ex.) As might have been expected, he was disgusted by the news.
〈아니나 다를까 그 소식에 언짢아하였다.〉

Most of those arriving to take the test were accompanied by one or more parents.
시험을 치기 위해 도착하는 학생들의 대부분은 부모와 함께였다.〉

Those locomotives are driven by electricity.〈그 기관차들은 전기로 움직인다.〉

The booklet was issued by the government.
이 소책자는 정부에 의해 발간되었다.

He was planning to travel abroad alone, but he chickened out.
그는 혼자 외국 여행할 계획이었으나 겁먹고 그만두었다.〉

He was employed in the company for twenty years.
그는 20년 간 그 회사에서 일했다.〉

She was disappointed to learn that she had failed the course.
그녀는 그 과목에 낙제했다는 것을 알고 실망했다.〉

He was lost in deep thought leaning back in his chair.〈의자에 기대어 깊은 생각에 잠겨 있었다.〉

After questions and answers the bill was put to the vote.
질의응답 후에 의안이 표결에 부쳐졌다.〉

The traffic was held up[tied up, cut off] by the storm.
폭풍으로 교통이 두절되었다.〉

She was delivered of a baby boy. 〈그녀는 사내아이를 분만했다.〉

The contract for building the library was given to our company.
〈도서관 건설 공사는 우리 회사에 낙찰되었다.〉

I was touched that I was singled out for such an honor.
〈내가 그런 영예로운 것에 선발되었다니 감동했다.〉

② 전치사 by나 부사 앞은 『be + p.p.이거나 자동사(vi)가 정답!』

ex.) Do (to others) as you would be done by.
〈남이 나에게 해 주었으면 하고 원하는 바를 남에게 해 주어라.〉

He has been sat upon by his brothers and sisters all his life.
〈그는 일평생 형제자매에게 억눌려 왔다.〉

A child was run over by a car and killed on the spot. 〈어린애가 자동차에 치어 즉사했다.〉

③ 타동사 뒤에 목적어가 없을 때는 무조건 수동태(be + p.p.)가 정답이 된다.

ex.) He was out of uniform when he was picked up by the military police.
〈헌병대에 검거되었을 때 그는 사복 차림이었다.〉

The process is expected to be completed by autumn next year.
〈진행 작업은 내년 가을까지 끝날 것으로 보인다.〉

My son was hit by his teacher at school. 〈내 아들이 학교에서 선생님한테 맞았어.〉

India is now replacing their old power plants and huge demand will be created by
this action.
〈인도는 현재 기존의 원자력 발전소를 대체하고 있어 이것으로 엄청난 수요가 창출될 것이다.〉

I am easily affected by hot weather. 〈나는 더위에 약하다.〉

A man is known by the company he keeps. 〈어울리는 친구를 보면 어떤 사람인가를 안다.〉

The meeting shall be called by the president twice a year.
〈회의는 회장에 의하여 연 2회 소집 된다.〉

④ 전치사 by 이외의 다른 전치사가 정답으로 출제되는 기출 수동태이다.

거의 매월 출제되므로 반드시 암기 해 두도록 하자. 특히 전치사 to를 갖는 수동태는

가장 많이 출제되는 비중 높은 유형이므로 반드시 암기한다.

최근 900점대 이상 만점까지 기출 유형들을 통째 암기 하도록 하자!

■【be + p.p. + to+사람/장소/회사/소속단체】

be sent to	be submitted to
be shipped to	be forwarded to

be delivered to	be transferred to
be directed to	be attracted to
be distributed to	be introduced to
be returned to	be given to
be attached to	be offered to
be committed to	be granted to
be devoted to	be donated to
be dedicated to	be attributed to

ex.) The new bill will be sent to the Supreme Court for review next month and will be submitted to the National Assembly within this year.
〈새 법안은 다음 달에 대법원으로 보내져 검토된 후 올해 안에 국회에 제출될 예정이다.〉

A basket of fruit was delivered to our door courtesy of the management.
〈과일 한 바구니가 우리 집으로 배달되었는데, 그것은 경영진에서 선물로 보낸 것이었다.〉

The draft will be forwarded to the National Assembly for approval during the September parliamentary session.
〈9월 정기국회 때 예산안 초안이 승인을 받기 위해 국회로 제출될 예정이다〉.

Camp Page will be returned to the Seoul government by this year and the other six camps by 2006.
〈캠프 페이지는 올해 안에 우리 정부에 반환되며 나머지 캠프 6곳은 2006년까지 반환된다.〉

Most people are attracted to certain 'types'.
〈대부분의 사람들은 자기만의 정해진 타입에 끌린다.〉

He was committed to the cause of world peace. 〈그는 세계 평화를 위해 전념했다.〉

A reward of 10,000 won is offered to the finder. 〈발견한 사람에게 1만원의 보수를 드립니다.〉

This magazine is devoted to science. 〈이것은 과학 잡지이다.〉

The award has been granted to 10 outstanding art patrons worldwide annually since 1992.
〈이 상은 1992년 이래로 매년 전 세계에서 뛰어난 예술 후원자 10명에게 수여되어 왔다.〉

Other businessman-minded university presidents have also been dedicated to drawing funds to their schools.
〈경영 마인드를 가진 다른 대학의 총장들도 학교에 자금을 유치하는 데 전념해 왔다.〉

Part of the proceeds will be donated to help artistically talented children in need.
〈수익금의 일부는 예술적 재능이 있지만 형편이 어려운 어린이들에게 기부된다.〉

The sinking has been attributed to drastic changes in the weather and operational malfunctions. 〈조난 원인은 급격한 기상 악화와 기관 고장 때문인 것으로 보인다.〉

1. be attached to	~에 첨부되다, 애착을 갖다	15. be delivered to	~에 인도(배달)되다
2. be applied to	~에 적용되다	16. be directed to	~에 안내 받다, 명령받다
3. be associated with	~와 관련되다	17. be delighted with	~에 기뻐하다
4. be addicted to	~에 푹 빠지다	18. be engaged in	~에 종사하다
5. be addressed to	~에게 편지 보내다	19. be involved in	~에 포함되다
6. be accompanied with + 사물	~동반하다	20. be interested in	~에 흥미를 갖다
7. be accompanied by + 생물	~동반하다	21. be known for + 사물/내용	~로 알려지다
8. be contented with	~에 만족하다	22. be known to + 사람	~에 알려지다
9. be concerned with	~와 관련되다	23. be known as + 사람	~로서 유명하다
10. be concerned in	~에 관심이 있다	24. be returned to	반납되다, 되돌려 놓다
11. be concerned about	~을 걱정하다	25. be satisfied with	~에 만족하다
12. be committed to	~에 전념하다	26. be sent to	~에 보내지다
13. be devoted to	~에 헌신하다	27. be married to	~와 결혼하다
14. be dedicated to	~바치다, 봉헌하다	28. be worried about	~을 걱정하다

Start - Up

1. The new employee (directed / was directed) to the main office.
새 직원은 본사로 안내됐다.

2. The computers are regularly (checked / checked for) disk errors.
컴퓨터는 정기적으로 디스크 오류를 검사 받는다.

3. The company was (finance / financed) by charitable donations from the wealthy.
그 회사는 부자들의 자선 기부금으로 자금이 조달됐다.

4. The paintings (will show / will be shown) in the National Gallery.
그림은 국립 미술관에 전시될 것이다.

5. The storms (predicted / are predicted) to reach North of the country.
폭풍은 북부 지역에 다다를 거라고 예보되다.

6. A lot of information should be (writing / written) carefully.
많은 정보는 조심해서 기록되어야 한다.

7. The entire project has been (complete / completed) in the last ten years.
전체 계획은 지난 10년 동안에 완성됐다.

8. The announcement of the fall in profits (was sent / sent) the company's share price plummeting.

이윤 감소 발표문은 회사 주식 가격의 급락으로 이어졌다.

9. A variety of tax forms must be filled out and (return / returned) to his office.

다양한 세금 양식은 전부 작성해서 그의 사무실로 반납해야 한다.

10. Bookings must (accompanied / be accompanied) by payment for the full fare.

예약 뒤에는 전체 운임을 지불해야 한다.

정답 ▶ 1. was directed 2. checked for   3. financed 4. will be shown 5. are predicted 6. written
7. completed 8. sent 9. returned 10. be accompanied

CHECK-UP TEST

1. A zoological garden is a site living animals are kept and _____ .

(A) exhibited
(B) exhibit
(C) to exhibit
(D) exhibiting

2. The girl's mental advance _____ by the terrible experiences.

(A) has retarded
(B) retarded
(C) being retarded
(D) was retarded

3. KAL discovered that the plane for California had been delayed because of bad weather and was _____ to be an hour late.

(A) expecting
(B) to expect
(C) expected
(D) expect

기출 유형 전략 비법

1. 접속사 찾기   [정답] A

전략 비법 | 『A and/or B 에서 A, B 둘 다 같은 준동사 모습이 정답이다.』
주의력을 분산시키는 접속사 뒤엔 같은 준동사를 정답으로 한다! 타동사(exhibit) 뒤에 목적어가 없으므로 수동태의 모습이 되어야 한다. 접속사 (and, or, but,) 에 의해 그 앞과 뒤의 시제나 태는 일치해야 한다. 고로 be kept and exhibited가 되어야 한다.

해석 | 동물원은 동물들을 보호하고 전시하는 곳이다.

어구 | **zoological** 동물의 **exhibit**(= **show, manifest, demonstrate, feature, present, display, expose**) 전시하다

2. 동사 찾기 [정답] (D)

전략 비법 | 『전치사 by나 부사 앞은 be + p.p.가 정답』

항상 결정적인 힌트는 밑줄 바로 뒷부분이며, 전치사 by 앞에는 be + p.p. 수동태가 나와야 한다. 타동사 retard는 목적어가 없으므로 수동문장을 정답으로 한다. (C)의 being은 정동사가 아니므로 문장을 이끌 수 없어 무조건 탈락. (A)는 has been retarded로 고쳐야 되며, (B)도 was retarded가 되어야 된다.

해석 | 그 소녀의 정신 발달 상태는 끔찍한 경험 때문에 지체되고 말았다.

어구 | **retard** 늦추다, 지연시키다(= **delay, impede, set back, hinder, hamper, slow down**)

3. 접속사 찾기 [정답] C

전략 비법 | 『be 동사 뒤에는 p.p.이거나 -ing 형태가 정답이 된다.』

일반적으로 주의력을 분산시키는 접속사 뒤엔 같은 준동사 모습이 정답이 된다! and 바로 뒤에 있는 타동사 expect는 expect to부정사이거나 〈expect + A + to부정사〉 모두 가능하다. 목적어 A가 앞으로 나가면, 수동의 경우에는 "A be expected to부정사"가 된다. 타동사는 be 동사 뒤에서는 -ed이나 -ing 형태가 된다.

해석 | 대한항공에서는 악천우 때문에 California행 항공기편이 지연됐으며 한 시간 연착되리란 것을 알게 됐다.

어구 | **delay**(= **detain, retard, slow, stall, dally, dawdle, linger, loiter, postpone, procrastinate, suspend, put off, defer, hold up**) 미루다, 지연하다 be **expected to** ~하리라 기대되다

▶5형식의 수동태

경향 분석 일반 타동사들처럼 다음 동사들은 목적어를 반드시 갖는 타동사들이며 목적어가 없을 경우는 수동태 (be + p.p.)가 정답이 된다. 일반적으로는 수동태 뒤에는 전치사 by가 정답으로 연결되지만 이 동사들의 경우만은 "to + 동사원형"이 정답으로 출제된다. 연간 5~6회 이상의 비중으로 출제되나 [2]의 경우는 매월 출제된다.

출제 의도 5형식의 목적보어로서 [to + 동사원형]을 구분하기

출제 빈도 격월에서 매월

출제 유형 아래 1~2 유형.

1 수동태(be + p.p.) ⟨—⟩ to + 동사원형

> 『persuade, suppose, expect, require, request, ask, enable, encourage, entitle, consider, design, use, utilize, invite, instruct, prepare, motivate, urge, compel, force, forbid, oblige, allow, remind, permit, authorize, advise, intend, schedule, believe, feel, report…』

ex.) I have been persuaded by Mr. Kim to join the tennis club.
⟨나는 김 군의 권유로 테니스부에 들었다.⟩

You are supposed to be here at eight every day.
⟨너는 매일 8시에 출근하기로 되어 있다.⟩

The final sale contract is expected to be signed in February or March next year.
⟨최종 매각계약 은 내년 2월이나 3월에 체결될 것으로 보인다.⟩

Operators of meat shops will be required to hold a special meat handling license.
정육점 운영자는 특별 육류취급 허가를 받아야 하게끔 된다.⟩

I was asked to ante up $100 for the church.
교회에 100달러를 기부하도록 부탁을 받았다.⟩

An atomic force microscope is a device that people are enabled to watch the nano-aligning process.
원자힘 현미경(AFM)이란 나노의 배열 과정을 볼 수 있게 해 주는 도구다⟩.

More of the elderly, among others, will be encouraged to work.
그리고 무엇보다도 더 많은 노인이 일을 하도록 장려될 것이다.⟩

Those with delays of up to two hours would be entitled to a 50 percent refund.
도착예정 시간보다 최대 2시간 늦을 경우 고객은 요금의 50%를 환불받게 된다.

☑ 수동태(be + p.p.) 〈←〉 by + 행위자

ex.) He was out of uniform when he was picked up by the military police.
〈헌병대에 검거되었을 때 그는 사복 차림이었다.〉

The meeting shall be called by the president twice a year.
〈회는 회장에 의하여 연 2회 소집된다.〉

I tremble to think that I may be scolded by my mother.
〈어머니한테 꾸지람 들을지 모른다고 생각하니 몹시 걱정이 된다.〉

They were supported by family members, friends, and fellow students, some of whom turned the event into a social occasion.
〈그들은 가족, 친구, 같은 학교 후배들의 격려를 받았는데 후배들 중에서는 이 행사를 사회적 행사로 변모시키기도 했다.〉

Start - Up

1. The students are expected (to be / being) present at the lecture.
학생들은 그 강의에 출석하지 않으면 안 된다.

2. The cool water of the lake invited us (to swim / swimming.)
호수의 물이 시원해서 우린 헤엄치고 싶어졌다.

3. My father won't allow me (to ride / riding) a motorcycle.
아버지는 내가 오토바이 타는 것을 허락지 않는다.

4. They require me (to work / working) harder.
나에게 더욱 열심히 하라고 한다.

5. The settlement enabled the work (to be / being) resumed.
협정이 이루어져 일의 재개가 가능케 됐다.

6. Please encourage a new employee (to write / writing) essays.
신입지원에게 수필을 쓰도록 권해라.

7. Really the go-between (said / is said) to be an expert in economics.
실제로 그 브로커는 경제학의 전문가라고 한다.

8. The associate judge (believed / is believed) to have been much delighted with that idea.
배석 판사는 그 생각에 기뻐할 것으로 여겨진다.

9. The distance can be (measure / measured) by most geologists.
대부분의 지질학자들은 그 원거리를 측정할 수 있다.

10. The structure of society was (threaten / threatened) by a terrorist organization.

사회 조직은 테러 조직에게 협박을 받았다.

CHECK-UP TEST

1. Every witness is expected _____ be asked to give testimony.

(A) being   (B) to
(C) having   (D) to have

2. The construction of main office _____ this month.

(A) believe to be completed   (B) is believed to be completed
(C) believe to complete   (D) is believed to complete

3. The president of the company _____ to be as excellent as the others.

(A) is considered   (B) considers
(C) considering   (D) to consider

기출 유형 전략 비법

1. 수동태 고치기   [정답] B

전략 비법 | 『수동태 "be expected" 뒤에는 "to + 동사원형"이 정답이다.』

다음 동사들은 목적어가 없을 경우는 수동태(be + p.p.)가 정답이다. 수동태 뒤에는 일반적으로 행위자를 나타내는 전치사 by가 정답으로 연결되나 이 경우는 "to + 동사원형"이 정답으로 나온다.

☞ 『expect, require, enable, encourage, consider, motivate, urge, design, compel, force, forbid, oblige, allow, permit, ask…』이들 동사의 수동태 뒤에는 to + 동사원형이 정답이다. 고로 "be expected to + 동사원형"이 되어야 한다. (C)를 전치사 to로 바꾼다.

해석 | 모든 증인들은 증거를 제시하도록 요청받게 될 것으로 기대되고 있다.

어구 | **witness** 증인 **be expected to** ~할 것으로 기대되다 **be asked to** ~할 것을 요청받다 **give testimony** 증거를 제시하다

2. 동사 찾기   [정답] B

전략 비법 | 『수동태 "be believed" 뒤에는 "to + 동사원형"이 정답이다.』

타동사가 목적어가 없을 경우는 수동태(be + p.p.)가 정답이며, 뒤에는 행위자를 나타내는 전치사 by가 정답으로 나오거나 또는 "to + 동사원형"이 정답으로 나온다. 수동태 뒤에 by 대신에 "to + 동사원형"을 갖는 동사는 다음이 출제

되고 있다. 『believe, compel, consider, encourage, force, forbid, oblige, allow, permit, expect, require, enable…』고로 (A)나 (C)는 "be believed to + 동사원형"이 나와야 한다. (D)는 목적어가 없으므로 "to be completed"이 되어야 한다.

해석 ㅣ 본사 건물의 건축은 이 달에 끝날 것으로 사람들은 믿고 있다.

어구 ㅣ **construction** 건축 **main office** 본사 **complete** 끝내다, 마무리하다 **be believed to** + 동사원형 ~할 것으로 여겨지다

3. 동사 고치기 [정답] A

전략 비법 ㅣ 『**수동태** "be considered" 뒤에는 "to + 동사원형"이 정답이다.』

동사의 경우는, 매월 출제되고 있는 주어와 동사의 단/복수 일치 문제이거나 아니면 능/수동태 문제이므로 동사 바로 뒤의 목적어가 있는지를 확인한다. 타동사 consider가 목적어가 없는 상태이므로 역시 수동태 문제이다. 목적보어로서 "consider + 목적어 + (as) + 형용사/명사" 또는 "consider + 목적어 + to be + 보어"의 구조를 갖으며 수동태가 될 경우만 "be considered to be/명사/형용사"가 된다. 고로 consider가 바로 뒤에 to + 동사원형을 가지려면 수동태가 되어야 한다.

해석 ㅣ 그 회사의 사장은 타 회사의 사장들만큼이나 능력이 있는 것으로 여겨지고 있다.

어구 ㅣ **president** 사장 **be considered to be** ~로 여겨지다 **as excellent as** ~만큼이나 뛰어난

▶『사물 주어 + be used / to + 동사원형』의 유형

⇒『사람 주어 + used to + 동사원형(~하곤 했다)』가 정답으로 출제된다!

경향 분석 일반적으로 동사 "use" 의 여러 가지 변화 형태 중에서 『사람 주어 + be used to -ing(~에 익숙한)』이 정답(5%)으로 거의 출제되지 않으며 한국의 입시 문법에서만 주로 등장하고 있으며 대신 실제 TOEIC시험에서는 『사람 주어 + used to + 동사(~하곤 했다)』표현과 『사물 주어 + be used to + 동사원형』의 구조가 가장 많이 출제된다.

출제 의도 『be used to + 동사원형』과 『be used to -ing』 구분하기
출제 빈도 연간 2~3회
출제 유형 아래 유형 1~4.

1 사람이 주어일 때

• 사람 + be used to + 명사/-ing :『~에 익숙하다』

ex.) He is used to driving a car. 그는 차 운전에 익숙해져 있다.

　　For decades, he had been used to receiving the royal treatment from European leaders.
　　그는 지난 수십 년 동안 유럽 지도자들에게서 극진한 대접을 받는 데 길들어 있었다.〉

• 다음은 "be used to + 명사/-ing" 이외에 더 많이 출제되는 동의어들이다.

┌───┐
│ 『be accustomed to, be acquainted with, be familiar with, be acclimatized to, be skilled │
│ in, be well versed in, be experienced in, be good(hand) at, be proficient in/at… 등』 │
└───┘

ex.) One reason is we've become so accustomed to prosperity that we take it for granted.
　　〈우리들이 번영에 너무 익숙해져 당연시하는 것이 그 한 가지 이유다.
　　He is well acquainted with Korean affairs.
　　〈그는 한국의 사정에 정통하다.〉
　　Only merchants who are familiar with the man really give him a hand.
　　〈그분을 잘 알고 있는 상인들만이 그에게 도움을 준다.〉

2 사람이 주어일 때

 • 사람 + use + 목적어(사물) + TO부정사 :『~을 이용하다』

ex.) One option discussed was that Seoul military officials visit Pyongyang by air and use a land route to reach the mountain.
〈논의된 한 가지 방안은 한국 대표단이 항공편으로 평양을 간 다음 육로를 이용해서 산까지 가는 방법이었다.〉

3 사람이 주어일 때

 • 사람 + used to부정사 :『(과거의 규칙적인 습관/상태)~하곤 했다』

ex.) When young, he used to be a frequenter[frequent visitor] of the place.
〈젊었을 때에는 그곳에 잘 다녔다.〉

Some private universities used to consider the scholastic achievements of high schools to screen the best students.
〈일부 사립대학은 우수한 학생을 고르기 위해 고등학교의 학업 성취도를 감안해 왔다.〉

4 사물이 주어일 때

 • 사물 + be used / to + 동사원형 :『주어를 이용해서 to이하를 하다』

ex.) Data collected from the tests will be used to further improve the car.
〈시험 기간 중 수집된 데이터는 차량의 추가 개선에 사용될 계획이다.〉

The funds will be used to pay debt and grant fresh loans, said Shin.
이를 통해 조달한 자금은 부채 상환과 신규 대출에 사용될 것이다.〉

 • There + used to be :『(=was, 과거 상태) ~이었다』

ex.) There used to be a storehouse. 〈원래는 여기에 창고가 있었다.〉

Start - Up

1. The pencil has been used (writing / to write) to a letter.
연필은 편지 쓰는데 이용된다.

2. The manager is not used to (make / making) speeches in public.
매니저는 사람들 앞에서 연설하는 것에 익숙하지 않다.

3. There used (being / to be) many tall trees in front of the house.
집 앞에는 키 큰 나무가 많이 있었다.

4. The CEO became used (for / to) the request for the raise.

사장은 임금 인상 요구에 익숙해졌다.

5. The employees used to (making / make) a complaint to the CEO.

직원들은 사장에게 불평을 하곤 했다.

정답 ▶ 1. to write 2. making 3. to be 4. to 5. make

CHECK-UP TEST

1. The new employees didn't get used to _____ at that restaurant.

(A) eat brunch
(C) have the brunch

(B) the cooking brunch
(D) brunch

2. The director is accustomed to _____ over a cup of tea for a long time.

(A) sit

(B) sat

(C) sitting

(D) be sitting

3. Johnson _____ pain because of sickness for a long time.

(A) is used
(C) is used to

(B) used to
(D) is use to

기출 유형 전략 비법

1. (동)명사 찾기   [정답] D

전략 비법 | 『사람 주어 + "be used to + 명사/-ing" (~에 익숙한)이 정답이다.』

사람이 주어(90%이상)일 때 "be used to -ing/명사" (~에 익숙한)가 정답으로 가장 많이 출제되고 있으며, 반대로 사물이 주어일 때는 be used to부정사가 정답이 된다! (A)와 (C)는 주어가 사물 일 때 be used to부정사가 된다. (B)는 cooked가 되어야 한다. 고로 정답은 (D)이다.

해석 | 새 직원들은 그 식당에서 아점 식사를 하는 것 자체가 익숙하지 않았다.

어구 | **employee** 직원, 종업원 **get used to** ~에 익숙하다 **brunch**(= breakfast + lunch) 아침 겸 점심 식사

2. 부정사 고치기   [정답] C

전략 비법 | 『사람 주어 + "be accustomed to + 명사/-ing" 이 정답이다.』

사람이 주어(90%이상)일 때 "be used to -ing/명사" (~에 익숙한)가 정답으로 가장 많이 출제되고 있으며, 반대로 사물이 주어일 때는 be used to부정사가 정답이 된다! 이것과 동의어로 같이 출제되는 것은 다음과 같다. 『be accustomed

to, be familiar with, be acquainted with, be well versed in, be goodhand at, be acclimatized to, be proficient in/at 등』
고로 to sitting이 된다.

해석 ㅣ 그 부장은 장시간 차를 한 잔 마시며 앉아 있는 것에 익숙하질 않다.

어구 ㅣ **director** 부장, 이사 **be accustomed to** ~에 익숙하다 **over a cup of tea** 차 한 잔 마시며 **for a long time** 장시간 동안

3. 동사 찾기 [정답] C

전략 비법 ㅣ 『**사람 주어 + "be used to -ing/명사"** (~에 익숙한)가 정답이다!』

사람이 주어(90%이상) 일 때 "be used to -ing/명사" (~에 익숙한)가 정답으로 가장 많이 출제되고 있으며, 반대로 사물이 주어일 때는 be used to부정사가 정답이 된다! 고로 정답은 C가 된다.

해석 ㅣ Johnson은 오랜 기간 병으로 인해서 통증에는 아주 익숙해 있다.

어구 ㅣ **be used to** ~에 익숙하다 **pain** 통증 **because of**(= on account of, due to, owing to, thanks to⋯) ~ 때문에 **sickness** 질병

UNIT 21 ▶수동형 부정사

⇒『사물 주어 + need + to be watered/repaired/painted』나오면 곧 수동형의 부정사로서 정답이 된다!

경향 분석 주어가 사물일 때, 각종 요구형 동사(need, require, request.)들은 동명사를 정답으로 갖거나 수동형 부정사(to be p.p.)를 정답으로 출제하는데 이 가운데 수동형 부정사가 연간 2~3회 이상으로 가장 많이 출제된다.

출제 의도 능동형 부정사(to + 동사원형)와 수동형 부정사의 구분하기.
출제 빈도 연 2~3회
출제 유형 아래 유형 1~2.

1 사물 주어 need, require, request, deserve, want, be worth + to be p.p.(=동명사 V-ing)
2 사물 주어 need, require, request, deserve, want, be worth + 동명사(-ing)

출제 유형별 기출 예문

유형 [1]	• My portable notebook computer needs to be mended.? 내 휴대용 노트북 컴퓨터를 수선해야 한다. • The problem deserves to be solved. 그 문제는 풀어볼 만한 가치가 있다. • His conduct deserves to be praised. 그의 행위는 칭찬받을 만하다.
유형 [2]	• My portable notebook computer needs mending.? 내 휴대용 노트북 컴퓨터를 수선해야 한다. • The problem deserves solving. 그 문제는 풀어볼 만한 가치가 있다. • His conduct deserves praising. 그의 행위는 칭찬받을 만하다.

1. The plants need (to water / to be watered).
식물에 물을 주어야 한다.

2. These shoes want (to repair / to be repaired).
이 신발은 수선이 필요하다.

3. The Bible is worth (read / reading) and keeping in mind.
성경은 읽고 맘속에 간직할만한 가치가 있다.

정답 ▶ 1. to be watered 2. to be repaired 3. reading

CHECK-UP TEST

1. The branch office building standing over there needs _____.

   (A) to paint   (B) to painting
   (C) painting   (D) painted

2. The lawn-mower which we bought last year needs _____ as soon as possible.

   (A) be repaired   (B) repairs
   (C) to be repaired   (D) repaired

3. Mark's excellent performance deserves _____.

   (A) to praise   (B) praised
   (C) praising   (D) being praised

기출 유형 전략 비법

1. 목적어 찾기   [정답] C

전략 비법 | 『사물 주어 + need(require) 는 동명사(-ing)가 정답이다.』

주어가 사물 일 때, 각종 요구형 동사(need, require, request…)들은 동명사(-ing)를 정답으로 가지거나 아니면 수동형
부정사(to + be + p.p.)를 답으로 가진다. 고로 동사 need는 목적어로 painting이나 to be painted를 가져야 한다.

해석 | 저기 서 있는 지사 건물은 페인트칠을 해야 할 필요가 있다.

어구 | **branch office** 지사 **need** ~할 필요가 있다 **paint** 페인트칠하다

2. 목적어 고치기

[정답] C

전략 비법 | 『**주어와 동사 사이에 삽입 문장(어구)이 오면 삽입 뒤가 정답의 위치이다.**』

주어와 동사 사이에 관계대명사 절이 삽입되어 있으므로 그 삽입 뒤가 repairing이나 to be repaired로 변해야 한다.
주어가 사물 일 때, 요구 동사(need, require, request.)들은 동명사(-ing)를 정답으로 가지거나 아니면 수동형 부정사
(to + be + p.p.)를 답으로 가진다.

해석 | 작년에 우리가 산 잔디 깎는 기계는 빠른 시일 내에 수리해야 할 것 같다.

어구 | lawn-mower 잔디 깎는 기계 **last year** 작년 **repair** 수리하다 **as soon as possible** 가능하면 빨리

3. 목적어 찾기

[정답] C

전략 비법 | 『**사물 주어 + need(deserve) 등은 동명사(-ing)가 정답!**』

주어가 사물일 때, 각종 요구 동사(need, require, request, deserve…)들은 동명사(-ing)를 정답으로 가지거나 아니면
수동형 부정사(to + be + p.p.)를 답으로 가진다. 고로 동사 deserve는 praising이나 to be praised를 답으로 가진다.

해석 | Mark의 뛰어난 공연은 찬사를 받을 만하다.

어구 | excellent 뛰어난 **performance** 공연, 연기, 행위 **deserve** ~받을 만하다 **praise** 칭찬하다, 찬사하다

▶본동사 형태

⇒ 모든 서법 조동사(will, may, must) 뒤에는 동사원형을 정답으로 출제한다!

경향 분석 ❶ 모든 서법 조동사 『may, must, will, can, would, should, could, might…』등은 바로 뒤에 동사원형을 매월 정답으로 출제하기 위해 등장시키고 있다. 또한 추측의 표현도 현재와 과거로 다음의 6가지 경우로 출제한다. 현재일 때는 「must/cannot/may be」, 과거일 때는 「must/cannot/may +have+p.p.」이 출제된다. 모든 조동사는 "동사원형"을 정답으로 출제하며 과거를 나타낼 때는 "조동사 + have + p.p."를 정답으로 출제한다.

출제 의도 조동사 뒤의 본동사 형태 파악하기
출제 빈도 매월S
출제 유형 아래 유형 1~17.

1 『서법 조동사(may, must, will, can, would… 등) + 동사원형』이 정답이 된다!

ex.) The back seat of this car will hold three people.
　　　이 차 뒷좌석은 세 사람이 앉을 수 있다.〉

2 must be : 『~임에 틀림없다』〈현재 긍정 확신〉

ex.) Flu fearmongers must be quite depressed these days.
　　　독감 공포심을 조장하는 사람들은 요즈음 상당히 풀이 죽었다.〉

must + have + p.p. : 『~임에 틀림없다』〈과거 긍정 확신〉

ex.) You must have caught the train if you had hurried.
　　　서둘렀더라면 분명 기차를 탔을 텐데.

3 may be : 『~일지 모른다』〈현재 불확실한 추측〉

ex.) He may be rich but he is not refined. 그는 부자인지는 몰라도 세련되지는 못하다.

may + have + p.p. : 『~했을지 모른다』〈과거 불확실성〉

ex.) That person may have been lying down all day.
　　　이 사람은 하루 종일 누워있을 수 있습니다.

4 can't be : 『~일 리가 없다』〈현재 부정 확신〉

ex.) That can't be a coincidence. 이건 우연이라고 볼 수 없어.

can't + have + p.p. : 『~였을 리가 없다』〈과거 부정 확신〉

ex.) I know it can't have been easy. 쉽지 않았을 거란 거 알아.

⑤ 사람 주어 + should(ought to, need) + have + p.p. : 『~할 걸, ~했어야 했는데…』〈과거의 후회나 아쉬움〉
   ex.) In fact, we should have left an hour ago. 사실 우리는 한 시간 전에 출발했어야 했다.
   You should have been more careful! 좀 더 조심했어야 했을 터인데.

⑥ 모든 (서법) 조동사 『may, must… 등』 뒤에는 동사원형이 정답이 된다!

▶부사(=adverb)의 위치

⇒ 부사의 위치는 거의 대부분 조동사와 본동사 사이에 위치한다.

경향 분석 매월 출제되는 부사의 위치는 『조동사 + 부사 + 본동사』의 어순이 가장 많은 정답 어순을 차지한다. 또 다른 부사의 정답 중 하나는 보기 중에서 "부사 + 형용사 + 명사" 어순이 등장하는 경우로서 주종 수식 관계의 어순 문제인데, 형용사가 명사를 수식하고 계속해서 부사가 형용사 앞에 와서 그 형용사를 다시 수식하게 된다. 부사의 정답 위치와 변형된 실제 문제들을 익혀 두자.

■ 부사의 모든 정답 위치와 어순 공식을 암기해 두자.

1 『조동사 + _____ + 본동사』 ◐ 부사가 정답이다.
2 『be + _____ + p.p./-ing』 ◐ 부사가 정답이다.
3 『have + _____ + p.p』 ◐ 부사가 정답이다.
4 『a(n) + _____ + 명사』 ◐ 형용사가 정답이다.
5 『a(n) + _____ + 형용사 + 명사』 ◐ 부사가 정답이다.
6 『_____ , 주어 + 동사 + 목적어』 ◐ 부사가 정답이다.
7 『주어 + 동사 + 목적어 + _____ (3형식)』 ◐ 부사가 정답이다.

출제 유형별 기출 예문

유형 [1]	He will often sit up all night. 〈그는 곧잘 밤을 새우곤 한다.〉
유형 [2]	The manager was loudly dressed to attend the meeting. 〈매니저는 회의 참석키 위해 옷을 화려하게 입고 있다.〉
유형 [3]	I have just written it.? 〈방금 그것을 다(써버렸다).〉
유형 [4]	Jack received an attractive offer from the R&B Corporation. 〈Jack 은 R&B Corporation에서 매력적인 제안을 받았다.〉
유형 [5]	Australia, with a highly motivated business sense, views Korea as an attractive market. 〈호주는 고도의 사업감각으로 한국을 매력적인 시장으로 보고 있다.〉
유형 [6]	Just last month, he won a gold medal in the final at the Fencing World Cup in Havana, Cuba. 〈그는 지난 달 쿠바 국제 월드컵 결승전에서 금메달을 거머쥐었다.〉
유형 [7]	The two experiment cases are not closed completely. 〈두 번에 걸친 이 실험은 완전히 해결된 것은 아니다.〉

8 would rather(sooner)「차라리 ~하겠다, ~하는 게 낫다」+ 동사원형(A) than + 동사원형(B)

had better(rather, sooner)「차라리 ~하겠다, ~하는 게 낫다」+ 동사원형(A) than + 동사원형(B)

9 would as soon「차라리 ~하겠다, ~하는 게 낫다」+ 동사원형(A) as + 동사원형(B)

may as well「차라리 ~하겠다, ~하는 게 낫다」+ 동사원형(A) as + 동사원형(B)

10 should

ought to   ⎤ + have + p.p.「~할 걸, ~했어야 했다」

need   ⎦

11 need not

should not   ⎤ + have + p.p.「~말 걸, ~하지 말았어야 했다」

ought not to   ⎦

유형 [8]	I would rather be poor than get money by dishonest means. 〈부정한 수단으로 돈을 버는 것보다는 도리어 가난한 게 낫다.〉
유형 [9]	I would just as soon stay at home as go. 〈나는 가느니보다는 차라리 집에 있고 싶다.〉
유형 [10]	Since he left at noon, he should have arrived there. 〈그는 정오에 출발했으니까 그곳에 도착해 있을 것이다.〉
유형 [11]	How strange that you should not have heard it! 당신이 그것을 듣지 못했다니 기괴한 일이다!〉

Start - Up

1. The new employees should (has / have) taken the manager's advice.

새 직원들은 매니저의 충고를 들었어야 한다.

2. No alcoholic liquors may (to be / be) required to be sold.

그 어떤 알콜성 주류도 판매되어서는 안 된다.

3. The marketing department must (to pay / pay) the handling charge.

마케팅 부서에서 처리 비용을 부담해야 한다.

4. All disputes must (to be / be) referred to an impartial tribunal.

모든 분쟁은 공정한 법정에 회부되어야 한다.

5. All of the applicants must (has / have) signed up the contract.

모든 지원자들은 계약서에 서명했음에 틀림없다.

6. The cause of his resignation (may / may be) bad working condition.
그가 사직한 이유는 열악한 근무 조건 때문일 수 있다.

7. The news from all the branch offices (can' t / can' t be) true.
모든 지사에서 나온 소식들이 사실일 리 없다.

8. All of the applicants can' t (has / have) signed up the contract.
모든 지원자들이 계약서에 서명했을 리가 없다.

9. The Office of Planning and Coordination had (immediately / immediate) access to the main server.
기획조정실에서 매인서버에 직접 접속했다.

10. James' (recently / recent) visit to the advertising company encouraged the staff to make committment to work for the company.
James가 최근에 광고 회사를 방문한 것을 계기로 직원들이 회사를 위해 헌신할 수 있게 고무시켰다.

11. The new treatment could (dramatical / dramatically) alter the life of a variety of patients.
새 치료법은 다양한 환자들의 생활을 극적으로 바꿔놓을 수 있었다.

12. The director is (primary / primarily) concerned with keeping expenditure down.
이사는 주로 지출을 감소시키는 일에 계속 관여하고 있다.

13. A physician spoke very (persuasive / persuasively) in favour of a woman' s right to abortion.
내과의사는 여성의 낙태권을 설득력 있게 찬성하는 발언을 했다.

14. They' ll find the (permanently / permanent) sports complex.
그들은 상설 스포츠 단지를 찾게 될 것이다.

15. The new government has not been (international / internationally) recognized.
새 정부는 국제적으로 인정받지 못했다.

16. The disease is (direct / directly) linked to poor drainage systems.
그 질병은 빈약한 하수도 시설과 직접적인 관계가 있다.

17. Their argument became (increasing / increasingly) bitter.
그들의 토론은 점점 신랄해졌다.

18. The stage managers must leave (immediate / immediately)
무대 감독들은 즉시 떠나야했다.

19. The building is (convenient / conveniently) situated near the railway station.
건물은 철도역근처에 편리하게 위치하고 있다.

20. The economic committee made an attempt to account for the (steady / steadily) rising price of oil.
재정 위원회는 끊임없이 오르는 유가에 대해 설명하려 했다.

CHECK-UP TEST

1. The president _____ have missed the last train, for he hasn' t come here yet.

(A) should
(C) may

(B) had to
(D) need

2. The director _____ have been so sad at the sight of the old man.

(A) can' t
(C) would

(B) need
(D) will

3. Well-known TV program "E. R." is considered _____ drama in the USA.

(A) the longest continuously running
(C) the longest ran continuously

(B) ran continuously the longest
(D) continuously the longest ran

4. Working women in the society also play roles _____ different from those played by men.

(A) entirety
(C) entirely

(B) entire
(D) entireness

5. To cram for the final exam, the college students would rather _____ at the library.

(A) study
(C) to have studied

(B) studying
(D) to study

6. The president may as well take a rest as _____ into the contract.

(A) to enter
(C) enter

(B) entering
(D) to have entered

7. The manager said that she had better _____ for the States.

    (A) leave   (B) to leave
    (C) left   (D) leaving

8. The marketing director _____ have taken your advice, or else he would have succeeded in the project.

    (A) should   (B) must
    (C) would   (D) may

9. The staff _____ not to have shown pity for him because of his promotion to the assistant manager last week.

    (A) ought   (B) must
    (C) would   (D) should

10. The sales department manager _____ not have done so as though he had been the president of our firm even in the worst case.

    (A) need   (B) must
    (C) would   (D) may

기출 유형 전략 비법

1. 조동사 찾기   [정답] C

전략 비법 ㅣ 『불확실한 추측은 may + have + p.p.(~했을지 모른다)이 정답』

먼저 과거의 불확실한 추측은 「may + have + p.p.(~했을지도 모른다)」이다. 하지만 "should + have + p.p." (~할 걸, 했어야 했는데)는 과거의 후회나 아쉬움을 나타내는 표현으로서 사람 주어가 정답으로 출제된다.

해석 ㅣ 아직 여기 오지 못하는 것을 보면 사장이 막차를 놓쳤을 지도 모른다.

어구 ㅣ **president** 사장 may + have + p.p. ~했을지도 모른다 **miss ~**을 놓치다, 그리워하다 for(상황 설명) ~때문에 **not come here yet** 아직 여기 오지 못하다

2. 조동사 찾기   [정답] A

전략 비법 ㅣ 『과거의 부정 확신은 can't + have + p.p.(~일 리가 없다)이 정답이다』

과거의 강한 부정 확신 표현은 「can't + have + p.p (~였을 리가 없다)」이므로 정답은 A가 된다. 과거의 강한 긍정 확신 표현은 「must + have + p.p.(~였음에 틀림없다)」이, 과거의 불확실한 추측은 「may + have + p.p.(~했을지 모른다)」가 출제된다.

해석 ㅣ 그 부장이 그 노인을 보고 그렇게도 슬퍼했을 리는 도저히 없다.

어구 ㅣ **director** 부장, 이사 **can't + have + p.p.** ~였을 리 없다 **at the sight of** ~의 모습을 보고

3. 형용사 찾기   [정답] A

전략 비법 ㅣ 『〈부사 + 형용사 + 명사〉의 어순이 등장하면 곧 정답이 된다』

먼저 보기 중에 "부사 + 형용사 + 명사"의 이순이 등장할 땐, 종속 수식 관계의 어순 문제로서 가장 흔한 정답이 된

다. 형용사가 명사를 수식하고 계속해서 부사가 형용사 앞에 와서 그 형용사를 또 수식하게 된다. B, C, D는 동사 ran
이 중복되어서 탈락된다. 고로 정답은 A이다.

해석 | 인기 TV 프로그램 "E. R." 은 미국에선 최장 연속 방영 드라마로 여겨지고 있다.

어구 | **well-known** 유명한, 인기 있는 **is considered** (as) ~로 여겨지다 **continuously** 연속적으로 **running** 실황 방송되는, 연재되는

4. 형용사 고치기   [정답] C

전략 비법 | 『두 개의 형용사가 등장할 땐 그 중 첫 번째 형용사는 부사가 되어야 한다.』

형용사 different앞에는 부사가 와야 한다. 고로, entire를 부사 entirely로 고친다. 명사 role뒤에는 관계대명사 which
are가 생략되어서, "형용사1 + 형용사2" 일 땐 형용사1을 부사로 바꾼다.

해석 | 사회의 직업여성들은 남성들과는 전혀 틀린 역할을 할 수도 있다.

어구 | **play role** (in) 역할 하다 **different from** ~과 상이하다

5. 동사 찾기   [정답] A

전략 비법 | 『보기 중, 동일한 동사 4개가 등장할 땐, 동사원형이 정답』

「차라리 ~하는 편이 좋겠다」의 다음 준조동사들은 뒤에 동사원형이 정답이다. 『would rather(sooner) / had
better(rather, sooner) + 동사원형』이므로 정답은 A가 된다.

해석 | 기말 시험 공부를 벼락치기라도 하기 위해서 대학생들은 도서관에서 공부하는 것이 차라리 좋겠다.

어구 | **cram for** ~을 쑤셔 넣다, 벼락치기 공부하다 **final examination** 기말 시험 **college student** 대학생 **would rather** 차라리 ~하겠다
library 도서관

6. 동사 찾기   [정답] C

전략 비법 | 『보기 중에 동일한 동사 4개가 등장할 땐, 동사원형이 정답으로 출제된다!』

"may as well + 동사원형 + as + 동사원형" 의 어순 구조를 가지므로 as뒤엔 동사원형이 정답이 된다.

해석 | 그 사장은 계약을 체결하는 것보다는 잠시 휴식을 취하는 것이 더 좋겠다.

어구 | **president** 사장 **take a rest** 휴식을 취하다 **may as well A as B** B보다 A하는 것이 더 좋겠다 **enter into contract** 계약을 체결하다

7. 동사 찾기   [정답] A

전략 비법 | 『"had better(rather…) + 동사원형" 의 어순이 등장하면 동사원형이 정답으로 출제된다』

「차라리 ~하겠다」의 다음 준조동사들은 뒤에 동사원형이 정답으로 나온다. 『would rather(sooner) / had
better(rather, sooner) + 동사원형』이므로 정답은 A가 된다.

해석 | 과장은 그녀가 미국으로 떠나는 것이 좋겠다고 얘기했다.

어구 | **manager** 과장 **had better** + 동사원형 ~하는 것이 더 좋다 **leave for** ~로 떠나다 the States 미국

8. 조동사 찾기   [정답] A

전략 비법 | 『과거의 후회 표현은 "should + have + p.p.(~할 걸)" 이 정답이다.』

과거의 후회나 아쉬움을 나타내는 "should + have + p.p.(~할 걸, ~했어야 했는데)" 는 사람을 주어로 하여 출제된다.
동일한 표현으로 "ought to/ need + have + p.p." 도 출제되고 있다.

해석 | 그 마케팅 담당 부장은 너의 충고를 받아들였어야 했는데 못했다. 만약, 받아들였다면 그는 그 프로젝트에 성
공했을 것이다.

어구 | **marketing director** 마케팅 담당 부장 **should + have + p.p.** ~할 걸, ~했어야 했는데 **advice** 충고, 조언 **or else**(= or, otherwise) 만약
그렇지 않다면 **would + have + p.p.** ~할 텐데, ~하지 못했다

9. 조동사 찾기   [정답] A

전략 비법 | 『과거의 후회는 "ought (not) to + have + p.p." 이 정답이다.』

과거의 후회나 아쉬움을 나타내는 "should + have + p.p.(~할 걸, ~했어야 했는데)" 의 부정은 should/need + not +
have + p.p. 또는 ought not to + have + p.p.가 된다. to부정사를 갖는 것은 ought (not) to + have + p.p.밖에는 없으므

로 정답은 A이다.

해석 | 직원들은 그를 동정할 필요는 없었다. 왜냐하면 그가 지난주에 대리로 승진을 했기 때문이다.

어구 | **The staff** (집합) 직원 **show pity for** ~을 동정하다 **because of**(= on account of, owing to, due to…) ~때문에 **promotion to** ~로 승진하기 **assistant manager** 대리 **last week** 지난주

10. 조동사 찾기   [정답] A

전략 비법 | 『**과거의 후회 표현**은 "need + (not) + have + p.p." 이 정답이다』

과거의 후회나 아쉬움을 나타내는 "need + have + p.p." (~할 걸, ~했어야 했는데)의 부정은 need + not + have + p.p. 또는 should/ought not to + have + p.p.가 된다. 과거의 강한 긍정 확신은 "must + have + p.p.(~했음에 틀림없다)" 이며 과거 사실과 반대는 "would + have + p.p. (~했을 텐데, ~하지 못했다)" 이다.

해석 | 그 영업부 과장은 최악의 경우라도 마치 우리 회사의 사장처럼 그럴 필요는 없었다.

어구 | **sales department manager** 영업부 과장 **need not have done so** 그럴 필요는 없었는데 **as though/if** + 가정법 과거/과거완료 마치 ~처럼 **firm** 회사 **even in the worst case** 최악의 경우라도

UNIT 24 ▶가정법 과거완료

⇒ 『Had +주어+ p.p.』가 등장하면, 〈주어+would + have + p.p.〉가 정답 유형이다!

경향 분석 ❶ 가정법 문제는 격월까지 빈번히 출제되며 가장 많이 출제되는 것은 가정법 과거완료이며 그 나머지
는 가정법 과거, 미래, 현재 등이다. 이 중 가정법 현재는 최근 2~3년 동안 거의 출제되지 않고 있다.
중요 공식은 아래와 같으며 if절과 주절이 나란히 등장할 때, 주절에는 반드시 조동사(will, would)가
등장한다. 거의, 주절과 if절속의 동사의 시제를 서로 일치시키는 문제이다.

❷ 첫 성분으로 『Had + 주어 + p.p.가 등장하면, 주절의 동사는 would(might) + have + p.p.이 답이다.』

출제 의도 주절의 조동사를 구분하기
출제 빈도 연간 3~4회 이상
출제 유형 아래 유형 1~11.

1 가정법 과거완료 (실시간은 과거) : 과거 반대 사실

종속절(부사절)	주 절
① if 주어 + had + p.p. 　◐ Had + 주어 + p.p. 　ex.) If I had had any money, 　　[=Had I] had any money 　　I would have lent him some. 　　〈돈이 있었더라면 빌려 주었을 텐데(없었 　　다).〉 ② if it had not been for 　◐ Had it not been for 　◐ But for/without/Barring 　ex.) If it had not been for your help, 　　[=But for, Had it not been for] 　　I should have failed. 　　〈당신의 도움이 없었던들 나는 실패했을 　　것이다.〉	, 주어+would/could/should +have+p.p.』 　◐ 실제로는 못했다, 안했다

2 가정법 과거 (실시간은 현재) : 현재 반대 사실

종속절(부사절)	주 절
① if 주어 + 과거 동사/were ○ Did + 주어 + 동사원형 ○ Were + 주어 **ex.) If I were in your place, I would not do that.** 〈내가 네 처지라면 그렇게 하지 않을 것 이다.〉 ② if it were not for ~ ○ Were it not for ~ ○ But for/without/Barring **ex.)Were it not for air, we could not live even a single day.** 〈공기 없이는 하루도 살아갈 수가 없다.〉	, 주어 + would/could/should + 동사』

3 가정법 현재 (=WHEN 현재 조건부사절) : 현재의 불확실한 상황

종속절(부사절)	주 절
if(=when) 주어 + 현재 동사 **ex.) I shall tell him if he comes.** 〈그가 오면 그에게 말하겠습니다.〉	, 주어 + will/shall/can/may + 동사원형

4 가정법 미래 : 미래의 불확실한 상황

종속절(부사절)	주 절
① if 주어 + should(50%)/were to+동사 ○ Should(Were to) + 주어 + 동사 **ex.) If anyone should come to see me, please tell him I will be back soon.** 〈만일 누가 나를 찾아오거든 곧 돌아올 것 이라고 말해 주시오.〉	, 주어 + will/shall/would/could + 동사

5 주어 + wish (that) : 가정법 과거 / 과거완료
- wish절 속 동사는 가정법이 출제된다.
  ex.) I wish you would do so.〈그렇게 해 주시기를 바랍니다.〉

6 as if / as though(-마치 ~인 양, 처럼) : 가정법 과거 / 과거완료
- as if절 속 동사는 가정법이 출제된다.
  ex.) He talks as if he were an old man.〈그는 마치 노인처럼 말을 한다.〉

7 It is high time that : 주어 + 과거 동사

주어 + should + 동사원형

- It is high time that절속의 동사는 가정법이 출제된다.

ex.) It' s high time that she returned. 〈이제 그녀가 집에 돌아가야 할 시간이다.〉

8 ① 첫 단어가 『Had + 주어 + p.p.』가 나오면, 주절은 『would + have + p.p』이 정답이다!

ex.) Had I had any money, I would have lent him some.

〈돈이 있었더라면 빌려 주었을 텐데(없었다).〉

② 첫 단어가 『Did(Were) + 주어』가 나오면, 주절은 『would + 동사』가 정답이다!

ex.) Were I a little more discreet, I would not do like that. 〈나라면 그런 짓은 안 할거다.〉

③ 첫 단어가 『Should + 주어』가 나오면, 주절은 『will/would + 동사』가 정답이다!

ex.) Should he refuse the proposal, what would happen? 〈그가 이 제안을 거절하면 어떻게 될까?〉

④ if절속의 동사나, 주절 속의 동사는 시제가 서로 일치해야 정답이 된다.

ex.) Had I had any money, I would have lent him some.

〈돈이 있었더라면 빌려 주었을 텐데(없었다).〉

9 ① 첫 단어가 Have/Has일 땐 오답이지만, 〈Had + 주어 + p.p.〉일 땐 정답이 된다.

ex.) Had I any money, I would lend you some. 〈돈이 있으면 빌려 주겠는데 (없다).〉

② 첫 단어가 Was/Do(es)일 땐 오답이지만, 〈Were/Did + 주어〉일 땐 정답이 된다.

ex.) Were you to forget your promise, I should be upset.

〈당신이 약속을 잊어버린다면 나는 큰일 납니다.〉

③ 첫 단어가 Shall일 땐 오답이지만, 〈Should + 주어 + 동사〉일 땐 정답이 된다.

ex.) Should he refuse the proposal, what would happen?

〈그가 이 제안을 거절하면 어떻게 될까?〉

10 if 주어 + had + p.p. , 주어 +would + 동사원형 … now(this time, today)가 출제된다.

▷ 혼합 가정법 : 과거의 상상이나 가정이 지금 이 순간까지 영향을 주는 시제로서, 과거의 실제 동작이 지금까지 영향을 주는 현재완료와는 정반대 개념이다.

ex.) If he had gone to college then, he would be a senior now.

〈그가 그때에 대학에 갔었더라면 지금 4학년일 텐데.〉

11 주절 속에 부사 now, today, this time 등이 등장하면, 주어+would+동사원형이 정답이다!

ex.) If I had taken your advice, I should be happier now.

〈그때 너의 충고를 들었더라면 지금 나는 행복할걸.〉

Start - Up

1. If he (had / had had) any information, the associate would have helped you.
정보가 있었더라면 동료도 너를 도왔을 것이다.

2. (Have / Had) he had any information, the coworker would have helped you.
정보가 있었더라면 동료도 너를 도왔을 것이다.

3. If he (has / had) any information, the coworker would help you.
정보가 있다면 동료도 너를 도울 텐데.

4. Did he have any information, the coworker (helps / would help) you.
정보가 있다면 동료도 너를 도울 텐데.

5. (Was / Were) it not for any information, he would fail in the test.
정보가 없었더라면 그는 시험에 실패할 텐데.

6. If he (will need / needs) it, she will give him the fund.
그가 필요하면 그녀는 그에게 자금을 대줄 것이다.

7. (Shall / Should) he know it, the CEO will be astonished.
그것을 안다면, 사장은 깜짝 놀랄 것이다.

8. He wishes he (was / were) more qualified for the position.
그가 그 자리에 더 자격이 있다면 좋을 텐데.

9. The manager talks as if he (becomes / became) the CEO of our company.
매니저는 자신이 회사의 사장이 된 것처럼 말한다.

10. It is high time that the director (retires / retired) from the company.
이사가 퇴사할 때가 임박했다.

> 정답 ▶ 1. had had 2. Had 3. had 4. would help 5. Were 6. needs 7. Should 8. were 9. became
> 10. retired

CHECK-UP TEST

1. If he _____ the detective honestly, he would not have been arrested.

   (A) would have answered
   (B) answered
   (C) should answer
   (D) had answered

2. Had the author _____ that his novel would cause such a commotion, he would not have written it.

   (A) foreseen
   (B) had foreseen
   (C) foresaw
   (D) foreseeing

3. If the director _____ tried harder to reach the shore, we would have picked him up in the boat.

   (A) had
   (B) have
   (C) would
   (D) could

기출 유형 전략 비법

1. 동사 찾기
[정답] D

전략 비법 | 『would + have + p.p.가 등장하면 if절 속은 had + .p.p가 정답!』
과거의 사실과 반대인 가정법 과거완료의 공식은 다음과 같다. 『if 주어 + had + p.p., 주어 + would/could/should + have + p.p.』
해석 | 그는 형사에게 정직히 얘기했더라면 체포되지 않았을 텐데.

2. 동사 찾기
[정답] A

전략 비법 | 『첫 단어가 Had + 주어 + p.p.이면 주절은 would + have + p.p.이 정답』
토익 문법 전체 통 털어 첫 단어가 Had + 주어 + p.p.일 경우, 주절의 공식은 『주어 + would + have + p.p.』이 정답이 된다. 이는 if 주어 + had + p.p.에서 접속사 if가 생략되고 조동사 had가 주어 앞으로 나온 결과이다
해석 | 그 작가는 자신의 작품이 혼란을 야기시킬 것을 예상했다면 안 썼을 것이다.

3. 동사 고치기
[정답] A

전략 비법 | 『if절의 동사나 주절의 동사, 둘 중 하나에 밑줄 짝! 정답이다.』
가정법 과거완료 문제로서 그 공식은 다음과 같다. 『if 주어 + had + p.p., 주어 + would/could/should + have + p.p.』
이므로 if절의 동사와 주절의 동사 시제가 일치해야 하므로 항상 if절속의 동사는 주절 속 동사와 시제가 일치해야 한다.
해석 | 그 부장이 해안에 도달하기 위해 더 노력했다면 우리는 그를 태웠을 텐데.

UNIT 25

▶소망, 주장, 요구, 제안 동사

⇒『suggest, insist, request, require, recommend』등이 나오면 동사원형이 정답이다!

경향 분석 ❶ 다음의 소망, 주장, 요구, 제안 등의 의미를 갖는 동사, 형용사, 명사들은 뒤에 that절을 가지며 그 주어가 동작을 행할지 행하지 않을지가 불확실한 이유로 가정법 현재의 조동사 should를 that절속에 등장시킨다.

이 때 실제적인 의미가 없는 should는 생략될 수 있으므로, 결국 동사원형만이 that절속에 정답으로 남게 된다. 연간 3~4회 정도의 비중으로 출제되고 있다.

❷ 소망, 주장, 요구, 제안 등의 의미를 갖는 타동사가 등장하면 동사원형이 정답으로 출제된다.

❸ 보기 중에 동일한 동사 4개가 등장할 때 주로 동사원형이나 수동태를 정답으로 한다. 보기 A, B, C, D가 동사일 경우는 서로 다른 동사들이 등장하는 것이 일반적이지만[예: gain, get, earn, obtain] 동일한 동사가 시제나 어형만 바뀐 채, 4개의 같은 동사가 등장하는 경우가 격월까지 출제된다.[예: gave, give, will give, gives] 이 경우는 동사원형을 정답으로 출제할 때이거나 수동태를 정답으로 출제할 때 만 보기의 모습이 이와 같이 제시된다. 물론, 특별한 동사의 경우에는 to부정사나 ing/-ed가 답이 되기도 하지만 대다수는 동일 동사 4개의 경우는 동사원형이나 수동태를 정답으로 한다.

결국, 보기 중에 동일한 동사 4개가 등장한 경우 답을 잘 모를 때 동사원형이나 수동태의 모습을 정답으로 고른다. 미심쩍다면 문제를 확인해보는데 불과 1~2초면 충분하므로 여유가 된다면 그렇게 하도록 한다.

❹ 『suggest + (to + 사람) + that 주어 + (should) + 동사원형』이처럼 4형식이나 1형식으로 착각하기 쉬운 타동사들은 목적어를 하나만을 갖으며『to + 사람』을 선택적으로 갖는 전형적인 3형식 동사들이다.

이때 "전치사 to + 사람"은 생략될 수 있으며 특히 that절속에는 조동사 should가 생략되면 동사원형이 정답으로 출제된다. 정기 시험에서 연간 3~4회 비중으로 출제되고 있다.

출제 의도 보기에 동일한 동사 4개가 등장할 땐 [be + p.p.] 또는 동사원형을 정답으로 출제한다.

출제 빈도 연간 3~4회

출제 유형 아래 유형 1~12.

『소망, 주장, 요구, 제안 동사』⇔ (that) 주어 + (should) + 동사원형

---

1 동사

『ask, advise, insist, suggest, propose, command, demand, decide, require, recommend, request, urge, decree, persist, persuade, second, order, permit, move』

ex.) He insisted that she (should) start at once.
〈그는 그녀가 즉시 출발해야 한다고 강력히 주장했다.〉

2 형용사

『**imperative, necessary, essential, vital, mandatory, desirable, important, proper, advisable, obligatory, urgent, compulsory, strange, wonderful, wrong**』

ex.) It is necessary that he (should) follow the directions.
〈그는 그 지시를 따르는 것이 필요하다.〉

3 명사

『**order, command, instruction, suggestion, request, requirement, recommendation**』

ex.) She made a suggestion that each worker (should) contribute one day's pay.
〈그녀는 노동자 각자가 하루 분의 임금을 기부하자고 제안했다.〉

4 동사 **ask, insist, suggest, require, request, recommend**… 등이 등장하면 동사원형이 정답이다!

5 동사 **ask, insist, suggest, require, request, recommend** 등이 나오면 that절속의 동사가 정답으로 출제된다.

6 보기 중에서 동일한 동사 4개가 등장할 때 동사원형 또는 수동태(be + p.p)를 포함하면 정답은 동사원형이나 수동태(be + p.p)가 된다.

7 insist, suggest, propose, require, request, recommend, ask + that절속엔 동사원형이 정답이 되며, (should) + 동사원형이 된다.

ex.) I recommend that the work (should) be done at once.
〈그 일을 즉시 하도록 권합니다.〉

8 suggest + [**to** + 사람] + **that** 주어 + (should) + 동사원형

9 suggest + [**to** + 사람] + 사물(that절)

『**say, announce, complain, suggest, explain, introduce, propose, confess, confide, describe**…』

ex.) My family doctor suggests(to me) that my mother (should) take a walk every day.
〈우리집 주치의는 나에게 어머니가 매일 산책을 해야 한다고 권한다.〉

10 inform + 사람 + **of(about)** + 사물 : ~을 말하다, 알리다(특별 정보)

ex.) I informed him of her success.
〈나는 그에게 그녀의 성공을 알렸다.〉

inform + 사람 + that절

ex.) I informed him that she had been successful.
〈나는 그에게 그녀의 성공을 알렸다.〉

⓫ notify + 사람 + **of(about)** + 사물 : ~을 알리다, 말하다(공식적)

　　ex.) We plan to notify the wrongfulness of the bill to Japan.
　　　〈법안이 잘못됐음을 일본에 알릴계획이다.〉

notify(apprise, warn) + 사람 + **that**절

　　ex.) They notified the students that they should meet at the hall.
　　　〈학생들은 회관으로 집합하라는 통지를 받았다. 〉

⓬ tell + 사람 + 사물 : 말하다, 전달하다

　　ex.) He told me a story.?〈그는 내게 이야기를 들려주었다〉.

tell + 사람 + **that**절 / 의문사 + to+동사원형

　　ex.) She told me that she had been to Amesrica.
　　　〈그녀는 미국에 본 적이 있다고 내게 말했다.〉

tell + 사람 + to부정사

say + [**to** + 사람] + that절

talk + **to**(**with**/**about**/전치사)+목적어

talk + 부사/**freely**

speak + **to**(**with**/**about**/전치사)+목적어

speak + 부사/**clearly**

　　ex.) They say (that) he will run for President.?
　　　　〈그가 대통령에 출마한다는 소문이 있다.〉

　　　We don't have to talk about it all the time.〈그 얘기 항상 할 필요는 없지.〉

　　　Actions speak louder than words.?〈행동은 말보다 더 분명히 의미를 전달한다.〉

1. The manager insists that the company (is / be) not to blame.
매니저는 회사가 책임을 질 필요는 없다고 주장한다.

2. The manager suggested that his secretary (resigns / resign).
매니저는 자신의 비서가 사임할 것을 제안했다.

3. Most scholars requested that children not (watches / watch) television night after night.
대부분의 학자들이 아이들은 밤마다 TV 시청을 해서는 안 된다고 했다.

4. It's imperative that the staff (completes / complete) the project.
직원들은 그 프로젝트를 반드시 끝내야만 한다.

5. The president assented to the suggestion that the employees (released / release) the report on the trend of electronics industry.
사장은 직원들이 전자 산업계의 경향 보고의 발표 제안을 찬성했다.

정답 ▶ 1. be 2.resign 3. watch 4. complete 5. release

CHECK-UP TEST

1. The assistant manager recommended that all the staff _____ a three-month training.

(A) were given
(B) are given
(C) be given
(D) are to be given

2. His supervisor insists that the director _____ in that hotel after all the projects.

(A) not stay
(B) not staying
(C) not to stay
(D) staying not

3. It seems imperative that the new supervisor _____ there in time.

(A) should
(B) be
(C) are
(D) will be

4. It seems necessary that William _____ part in the conference meeting considered as a motivation.

(A) took
(B) will take
(C) take
(D) takes

5. The survey recommended that some justices _____ special training.

(A) had given
(B) to give
(C) be given
(D) have been giving

6. Sonia insisted that they _____ kind to their managers and co-workers.

(A) was
(B) be
(C) to be
(D) would

7. The Mayor of New York explained _____ that they should have complete training yearly.

(A) them
(B) at them
(C) to them
(D) for them

8. The professor in charge suggested _____ her that she apply for the job.

(A) to
(B) for
(C) with
(D) of

기출 유형 전략 비법

1. 동사 찾기   [정답] C

전략 비법 | 『동사 suggest, insist, request등이 나오면 동사원형이 정답』

다음 소망, 주장, 요구, 제안 등의 의미를 갖는 동사, 형용사, 명사들은 뒤에 that절을 가지며 그 주어의 반응이 불확실한 이유로 조동사 should가 등장한다. 이 때 should가 생략되면 동사원형만이 답이 된다. 고로 "(should) be given"에서 should가 생략되면 동사원형(be given)이 정답이 된다.

『ask, advise, command, demand, decide, decree, insist, suggest, persist, require, urge, persuade, second, order, permit, propose, say, move, recommend, request…』

해석 | 담당 대리가 권하길 전 직원이 3개월간의 훈련을 받아야 한다고 했다.

어구 | assistant manager 대리 recommend 추천하다, 권하다 be given 받다 three-month training 3개월간의 훈련

2. 동사 찾기   [정답] A

전략 비법 | 『동사 suggest, insist, require,등이 나오면 동사원형이 정답』

다음 소망, 주장, 요구, 제안 등의 의미를 갖는 동사, 형용사, 명사들은 뒤에 that절을 가지며 그 주어의 반응이 불확실한 이유로 조동사 should가 등장한다. 이 때 should가 생략되면 동사원형만이 답이 된다. 고로 "(should) not stay"에서 should가 생략되면 동사원형(not stay)이 정답이 된다.

해석 | 상사는 부장이 모든 프로젝트가 끝나도 호텔에서 묵지 말아야 한다고 한다.

어구 | supervisor 상사 insist 주장하다 director 부장, 이사 stay 묵다, 지내다

3. 동사 찾기 [정답] B

전략 비법 | 『형용사 imperative, necessary, mandatory 등이 나오면 동사원형이 정답』

다음의 "~해야 한다"는 명령내지 의무를 나타내는 형용사들은 뒤에 that절을 갖으며 이 that절 속의 주어의 반응이 불확실한 이유로 가정법 현재의 조동사 should가 등장한다. 이 때 should가 생략되면 동사원형만이 답이 된다. 고로 "(should) be there"이 된다. 『imperative, necessary, essential, important, urgent, obligatory, mandatory… 』등

해석 | 그 새로운 상사는 제 시간 안에 도착해야 한다.

어구 | **imperative** 꼭 필요한, 긴급한 **supervisor** 상사, 감독자 **be there in time** 제 때 도착하다

4. 동사 찾기 [정답] C

전략 비법 | 『형용사 imperative, important, necessary, essential, mandatory 등이 나오면 정답은 동사원형』 이때, that절속에는 조동사 should 가 나오며, 생략될 경우, 동사원형만을 남기고 사라진다. 1년에 4~5회 정도 출제되는 가정법 현재에 속하는 내용이다.

해석 | William은 동기 유발의 기회로 여겨지는 회의에 참여할 필요가 있어 보인다.

어구 | **necessary** 필요한 **take part in** ~에 참여하다 **considered** (as) ~로 여겨지다 **motivation** 동기 유발

5. 동사 찾기 [정답] C

전략 비법 | 『보기 중, 동일한 동사 4개가 등장할 때 답은 동사원형』

보기 A, B, C, D의 모습이 똑같은 동사 4개가 등장할 때, 그 각각의 시제나 어형만 바뀐 채, 4개의 똑같은 동사가 등장하는 경우가 있다.[예: gave, give, will give, gives] 이 경우는 주로 동사원형을 정답으로 출제할 때의 모습이다. 즉, 각종 조동사가 그 뒤에 동사원형을 정답으로 요구할 때의 모습인 것이다. 결국 그 보기의 모습만으로도 정답을 알아 낼 수 있는 것이다.

해석 | 그 조사를 통해서 재판관들은 특별 교육을 받아야 된다고 권고받고 있다.

어구 | **survey** 조사 **justice** 재판관 **training** 교육 **recommend** 추천하다

6. 동사원형 찾기 [정답] B

전략 비법 | 『보기 중, 동일한 동사 4개 등장할 때 정답은 동사원형』

보기 A, B, C, D에 모습이 같은 동사 4개가 등장할 때, 각각 시제나 어형만 바뀐 채, 똑같은 동사가 등장하는 경우는 주로 조동사(should)가 생략되고 남은 동사원형을 정답으로 출제할 때의 모습이다.

해석 | Sonia가 주장하길 그들이 매니저와 동료들에게 친절해야 한다고 했다.

어구 | **insist** 주장하다 **kind to** 친절한 **co-worker** 동료 **would rather** ~하는 게 더 좋다

7. 전치사 고르기 [정답] C

전략 비법 | 『"explain + (to + 사람) + that… 동사원형" 어순 구조가 정답이다』

다음은 목적어(that절이나 사물)를 하나만 갖으며 "to + 사람"을 갖는 전형적인 3형식 동사들이다.

『complain, suggest, explain, introduce, say, propose, confess, confide, describe…』

해석 | New York 시장은 그들에게 매년 완벽한 훈련을 받는다고 설명하였다

어구 | **mayor** 시장 **explain** 설명하다 **complete** 완벽한, (동)끝내다, 완성하다 **training** 훈련 **yearly** 해마다

8. 동사 고치기 [정답] A

전략 비법 | 『타동사 suggest 뒤에는 전치사 to가 정답이다』

"동사 suggest + [to + 사람] + that 주어 + [should] + 동사원형"의 구조를 형성함으로 suggest뒤의 that절 속에는 동사원형을 정답으로 출제하고 있다. 고로 동사원형인 apply가 되며 suggest뒤에는 전치사 to가 정답이다.

해석 | 담당 교수가 제안한 것은 그 일에 그녀가 지원해 보는 것이다.

어구 | **The professor in charge** 담당 교수 **suggest** 제안하다 **apply for** 지원하다

UNIT 26

▶단수 형용사

⇒ 첫 단어로 『every(each, either, neither, this, that)』가 등장하면 단수가 정답이다!

경향 분석 ❶ 첫 단어로 다음의 단수 형용사들이 나올 땐 단수 명사가 정답이다!

❷ 첫 단어로 every, each, either, neither, this, that. 등이 나오면 정답은 단수동사이다. 문장 전체의 주어와 동사의 단/복수 일치 문제로 격월 내지 매월 출제되고 있어 반드시 익히도록 한다.

출제 의도 명사의 단/복수와 형용사를 일치시킨다.

출제 빈도 격월에서 매월

출제 유형 아래 유형 1~3.

1 every / each / either / neither / one/a(n) / any other / another / this/ that + 단수 명사+ 단수 동사(has, is, was, does)

출제 유형별 기출 예문

Marriage includes a promise to make every effort to get through the rough times.
〈결혼서약에는 어려움을 이겨내기 위해 모든 노력을 기울이겠다는 것도 포함되어 있습니다.〉

Neither statement is true.
〈어느 쪽 주장도 사실이 아니다.〉

Another problem is that those who came back home remain behind all alone.
귀국한 학생들이 혼자 뒤쳐지는 것도 또 다른 문제점이다.〉

2 위의 단수 형용사와 뒤의 명사 둘 중 하나를 정답으로 출제한다.

3 위의 단수 형용사들이 첫 단어일 때 단수 명사와 단수 동사가 정답이다.

1. Every effort (are / is) being made to minimize civilian casualties.
민간인 사상자를 최소로 하기 위한 모든 노력이 진행 중이다.

2. The prospective customers have every (opportunities / opportunity) to make a complaint.
고객이 될 사람들이 불평을 할 수 있는 모든 기회를 가지고 있다.

3. Each of the flowers (have / has) its own colour and smell.
각 꽃은 그 색깔과 향을 지니고 있다.

4. Neither one of us (are / is) particularly interested in gardening.
우리 중 어느 누구도 원예에는 특히 관심이 없다.

5. Every candidate (have / has) to take an written and oral examination.
모든 지원자들은 필기와 면접시험을 처러야 한다.

정답 ▶   1. is   2.opportunity   3. has   4. is   5. has

CHECK-UP TEST

1. Everything the manager understands and performs _____ learned through his own direct participation in policy issue.

   (A) were   (B) was
   (C) have   (D) have been

2. _____ information received in certain quarters includes the rate of interest, loan principal sum, and mortgage.

   (A) A   (B) Each
   (C) whole   (D) both

3. Neither of the two candidates who wanted to assume the presidency of a corporation _____ permitted to embezzle a large sum of the public fund from the company.

   (A) were   (B) was
   (C) have   (D) have been

1. 주어와 동사의 단/복수 일치   [정답] B

전략 비법 | 『첫 단어 every(each, {n}either)나오면 단수동사가 정답이다.』

단수인 everything이 첫 성분으로 나와서 동사는 단수 was이다.

해석 | 그 매니저가 이해하고 수행한 모든 일은 그만이 직접적으로 정책 문제에 참여해서 얻게 된 것이다.

어구 | **understand** 이해하다 **perform** 수행하다(= carry out, execute) direct participation in 직접적인 참여 **policy issue** 정책 문제

2. 단수 형용사 찾기   [정답] B

전략 비법 | 『동사(includes)가 단수면 주어도 단수가 정답이다.』

every, each, (n)either, (n)one 등이 와야 단수가 답이 된다. 불가산명사 information은 셀 수 없으므로 관사 a(n)는 올 수 없고, whole과 both는 복수 명사를 갖는다. 단수 동사 includes와 일치될 수 있는 정답은 B의 each만 가능하다.

해석 | 각처에서 얻은 정보는 이율과 대출 원금 그리고 담보 내용까지 담고 있다.

어구 | **in certain quarters** 각처에서 **rate of interest** 이율 **loan principal sum** 대출 원금 총액 **mortgage** 담보 **include** 포함하다

3. 주어와 동사의 단/복수 일치   [정답] B

전략 비법 | 『첫 단어 every(each, {n}either)이면 단수동사가 정답이다.』

주어인 첫 단어가 단수 (n)either가 나왔으므로 동사도 단수가 되어야 한다. 고로 답은 단수 동사 was permitted로 고친다.

해석 | 사장직을 맡고 싶어 했던 그 두 후보 어느 누구도 회사로부터 거액의 공급을 횡령해도 된다고 허락받은 자는 없었다.

어구 | **neither** (둘 중) 누구도 ~않다 **candidate for** 후보자 **assume the presidency of** ~의 사장직을 맡다 **be permitted to** ~허락 받다 embezzle ~ **from** …에서 ~을 횡령하다 **a large sum of public fund** 거액의 공급

▶상관 접속사와 단/복수 일치

⇒『상관 접속사가 문장 전체의 주어일 때 동사의 단/복수를 정답으로 출제한다.』

경향 분석 ❶ 상관 접속사는 격월 정도로 출제되므로 반드시 익히자!

최근 4~5년간 가장 많이 정답으로 출제되는 것은 both A and B와 [n]either A [n]or B이다. 그러나 양자 부정인 "neither A nor B"와 양자 긍정인 "not only A but also B"는 동사에서 가까운 B가 주어(근자일치법 : 동사에서 가까이 위치한 것이 주어)이므로 B에 동사의 단/복수를 일치시킨다.

그러나 주어와 동사 사이에 삽입된 "as well as B" 등은 생략될 수 있으므로 맨 앞의 진짜 주어인 A가 동사와 단/복수가 일치 되게 된다. 이들 상관 접속사들은 모두 주어와 단수의 단/복수 일치를 목적으로 출제되고 있는 것이다. 이중 전통적으로 가장 많이 답으로 출제되는 것은 either ~ or였으나 최근 both ~ and와 nether ~ nor가 정답으로 가장 많아 출제되고 있다.

❷ 앞의 상관 단어와 뒤에 접속사의 일치 문제가 출제된다.

주어자리 이외의 위치에 등장할 때도 각기 앞의 상관 단어(either, both, neither, not only, as well)와 뒤에 접속사(or, and, nor, but also, as…)와의 일치 문제가 가장 많이 출제된다.

❸ 모든 상관 접속사들이 문장 전체의 주어로 등장하면, 동사의 단/복수가 정답으로 출제된다.

주어와 동사의 단/복수 일치 문제이다. 이 중에 both ~ and만이 항상 복수 취급되므로 동사도 무조건 복수가 정답이다.

출제 의도 본동사와 주어의 단/복수 일치 확인 및 상관 접속사의 구분

출제 빈도 격월에서 매월

출제 유형 아래의 유형 1~8.

Start - Up

1 neither	단수	nor	단[복]수 〈주어〉	+ 단[복]수 동사

She is neither witty (nor / or / and) brilliant.
〈그녀는 재치가 있지도 머리가 좋지도 않다.〉

I have (neither / either / both) money nor job. 〈돈도 직업도 없다〉

Neither she (nor / or / and) I am happy. 〈그녀나 나나 행복하지 않다.〉

I (neither / either / both) read nor write. 〈읽을지도 쓸지도 모른다.〉

(Either / Neither) his gloves nor my hat goes with that suit.
〈그의 장갑과 모자는 정장과 어울리지 않는다.〉

2 either	단수	or	단[복]수〈주어〉	+ 단[복]수 동사

Either you (or / nor / and) I must go.
〈자네든 나든 어느 한 명은 가야(만) 하네.〉

(Either / Neither / Both) you are lying, or I am dreaming.
〈〈네가 거짓말을 하고 있거나, 그렇지 않으면 내가 꿈을 꾸고 있거나 둘 중(의) 하나다.〉

You must either sing (or / nor / and) dance.
〈너는 노래를 부르든가, 춤을 추든가 해야 한다.〉

You can do it (either / neither / and) here or at home.
〈여기서 하던 집에서 하든 상관없다.〉

He cannot either read (or / nor / and) write. 〈그는 읽지도 쓰지도 못한다.〉

(= He can neither read nor write.)

I could not find my watch (either / neither / and) at his house or on the road.
〈내 시계는 그의 집에서도 길에서도 찾을 수가 없었다.〉

3 not [only]	단수	but [also]	복수〈주어〉	+ 복수 동사

(Not only / Both) he and I are to blame. 〈그뿐 아니라 나도 잘못이 있다.〉

Not only he but also I (is / am) to blame. 〈그뿐 아니라 나도 잘못이 있다.〉

Not he but I (is / am) to blame. 〈그가 아니라 내게 잘못이 있다.〉

4 복[단]수〈주어〉,	together(along) with〈삽입 구조〉 accompanied(followed) by	복수	, 복[단]수 동사

School children, followed by college students, (tops / top) the list of the participants.
〈초등학생들이 참가자 수의 제1위를 차지하며, 다음 순위는 대학생들이다.〉

5 단수〈주어〉	as well as 〈삽입 구조〉	복수	+ 단수 동사

He [as well as I] (am / is/ were) to blame. 〈나뿐아니라 그에게도 잘못이 있다.〉

6 (both)	A	and	B	+ 복수 동사(are, have)

Both Mike (or / and) Jim have red hair.
〈마이크와 짐 둘 다 머리 색깔이 빨간색이다.〉

Both Mike and Jim I met the other day (has / have) red hair.
〈요전 날에 내가 본 마이크와 짐은 머리가 빨간 색이다.〉

Both of them (was / were) given a contract.
〈그 들 둘 다 계약서를 받았다.〉

7 The number of : "~의 숫자"	+ 복수 명사	+ 단수 동사(is, has)

The number of the residents (are / is) increasing greatly.
〈주민들의 수가 크게 증가하고 있다.〉

8 A number of(=many)	+ 복수 명사	+ 복수 동사(are, have)

A number of the directors (has / have) controlled all the staff.
〈많은 중역들이 전 직원들을 통제한다.〉

상관 접속사 어구 유형 1~5.만이 전체 주어로 출제되면 주어 동사의 단/복수 일치문제로 동사를 정답으로 출제한다. 각각의 주어는 동사 바로 앞 위치인 "주어"라고 직접 표시된 부분이며, as well as 부분은 원래는 주어와 동사 사이에 삽입된 어구로서 생략시키면 본래의 진짜 주어는 당연히 맨 앞의 위치가 되고 마는 것이다.(근자 일치법 : 동사에서 가까운 성분이 주어이다.)

CHECK-UP TEST

1. A new addition to the staff as well as the assistant manager of sales department seldom _____ a word during the staff meeting.

   (A) have   (B) has
   (C) have been   (D) are

2. Neither her glasses nor her hair style _____ with her pants.

   (A) goes   (B) go
   (C) become   (D) to become

3. Either of the tubes _____ to the Seoul Sports Complex near a general trading company.

   (A) may go   (B) going
   (C) go   (D) goes

4. The number of most enterprisers who seek balanced development between enterprises _____ fallen greatly.

 (A) have   (B) has
 (C) is being   (D) will

5. Not only both of the divisions but also each director in charge _____ to blame for the financial crisis because of not cutting down on unjust heavy expenses.

 (A) is   (B) are
 (C) have   (D) have been

기출 유형 전략 비법

1. 주어와 동사의 단/복수 일치   [정답] B

전략 비법 Ⅰ 『주어와 동사의 단/복수 일치문제는 동사를 정답으로 출제한다.』
     주어와 동사 사이에 "as well as"가 복잡하게 삽입된 구조로서, 삽입 구조는 처음엔 없던 것으로 생략하고 본다. 주어와 동사 둘 중 하나에 밑줄이 있는 경우는 서로 단/복수를 일치시키는 문제이다. 고로 주어에 밑줄이 있으면 재빨리 동사를 봐야 하고, 반대로 동사에 밑줄이 있을 경우는 주어를 확인한다. 주어가 a new addition으로 단수이므로 동사 have를 has로 고쳐야 한다.
해석 Ⅰ 영업부의 대리뿐 아니라 신입 사원도 직원회의 중에는 거의 말이 없다.
어구 Ⅰ **addition** 보충된 직원, 첨가 **assistant manager** 대리 **sales department** 영업부 **seldom** 거의 ~않다 **during the staff meeting** 직원회의 중에

2. 동사 찾기   [정답] A

전략 비법 Ⅰ 『양자 부정 "neither A nor B"는, 주어 B에 동사의 단/복수를 일치시킨다.』
     일반적으로 동사에서 가까운 것이 그 동사의 진짜 주어가 된다(근자 일치법). 고로, 단수 주어 hair style과 일치하는 단수 동사는 goes이다. become(어울리다)은 타동사로 전치사 with를 가질 수가 없다.
해석 Ⅰ 그녀의 안경과 헤어스타일은 그녀의 바지와는 전혀 안 어울린다.
어구 Ⅰ **glasses** 안경 **go with**(= become, match, fit, suit) 어울리다 **pants** 바지

3. 동사 찾기   [정답] D

전략 비법 Ⅰ 『첫 단어가 every, each, (n)either…이면 단수 동사가 정답.』
     단수 주어 either가 나와서 동사 역시 단수가 답이 되므로 정답은 D이다.
해석 Ⅰ 그 지하철 둘 중 하나는 한 종합 무역 상사 근처에 있는 종합 운동장을 가게 된다.
어구 Ⅰ **the tube** 지하철(= the subway) **sports complex** 종합 운동장 **near** 근처에, 옆에 **general trading company** 종합 무역 상사

4. 동사 찾기   [정답] B

전략 비법 Ⅰ 『단수 주어(the number of)가 나오면 단수 동사가 답이다.』
     주어가 단수인 "the number of(~의 숫자)"이므로 동사도 단수가 답이 된다. 하지만, 복수인 "a number of(= many)"가 나올 경우는 동사도 복수가 답이 된다.
해석 Ⅰ 기업 간에 균형 발전을 모색하려는 기업인들의 수가 크게 줄고 있다.
어구 Ⅰ **enterpriser** 기업인 **seek** 찾다, 모색하다 **balanced development** 균형 발전 **enterprise** 기업 **fall greatly** 크게 줄다

5. 동사 찾기   [정답] A

전략 비법 | 『주어가 not only A but also B일 때, 주어 B에 동사의 단/복수를 일치시킨다.』

상관 접속사(not only ~ but also/neither ~ nor/as well as/either ~ or…)가 전체 주어로 출제되면 일반적으로 주어와 동사의 단/복수 일치 문제이므로 정답은 바로 앞 주어에 일치시킨다. 동사에서 가까운 것이 주어(the director)이므로 동사도 단수인 is가 된다.

해석 | 두 부서와 각각의 담당 부장은 부당한 과다 지출을 막지 못한 것에 대한 재정 위기의 책임이 있다.

어구 | **division** 부서, -과 **director in charge** 담당 부장 **be to blame for** ~에 책임이 있다 **cut down on** 줄이다, 삭감하다(= curtail, reduce) **unjust** 부당한 **financial crisis** 재정 위기 **because of** ~때문에(= owing to, on account of, due to, thanks to…) **heavy expenses** 과다 지출

▶전체 중의 부분 대명사

⇒『Most(Many, Several, All, Both) +of+ the+복수명사』가 정답 어순이
다.』

경향 분석 ❶ 전체 중에 일부를 나타내며 of 뒤에는 전체를, of 앞에는 그 일부분을 나타낸다. 전치사 of 뒤에는
the + 복수 명사가 정답이 된다. 이때 the는 반드시 나와야 한다. 그러나 전치사 of는 단독으로 생략
될 수 있으며 그럴 경우 most, many, several, all, both, half…는 전치 한정사가 되며, of 뒤에 the + 복
수 명사가 나올 경우는 정해진 특별한 명사를 출제한 경우이고, 주로 매월에서 격월 정도의 비중으
로 출제되고, of만 생략된 경우는 뒤의 명사가 막연한 일반적인 명사를 출제한 경우로서 연간 1~2회
정도로 출제된다.

❷ no는 한정사인 형용사이므로 뒤에는 명사가 답이 된다. 이 때 형용사 no는 다시 not ~
a(n)/any/all/every… 등으로 출제된다. 최종적으로는 no + 명사를 줄이면 대명사 none으로 다시 바
꿔 연간 2~3회 비중으로 출제되기도 한다.

❸ 부정 부사 not은 형용사 an, any, all, every 등을 수식하고 또한 이들 형용사는 다시 명사를 수식하게
된다. "not이 any/all/an/every"와 결합하면 다시 형용사 no가 된다. 결국에는 "no + 명사"도 대명사
none으로 출제된다.

출제 의도 전체 표현으로 『the + 복수 명사』와 no, not, none, nor, neither 구분하기

출제 빈도 연 5~6회

출제 유형 아래 유형 1~2.

1 대명사 역할

all(many, most, several) of + the + 복수 명사 + 복수 동사[연 5-6회]

ex.) Several of the managers are learning computer languages.
〈몇 분의 매니저들은 컴퓨터 언어를 배우고 있다.〉

2 형용사 역할

all (both, half) + the(his,this) + 복수 명사 + 복수 동사[연1-2회]

ex.) The vice-president had to use all his powers of persuasion to get a few customers
to agree.
부 사장은 자신의 설득력을 최대한 이용해서 몇 명의 고객을 동의하게 했다.〉

3 형용사 어순은 다음과 같다. (아래 ①, ② 전치[한정사]는 매월 출제됨)

전 한 서 기 + 대 형 성 + 신 새 + 분 기 재 동 + 명사(= 핵심어)

ex.) All the outstanding Japanese subordinates are required to do assignments.
많은 뛰어난 일본출신의 부하 직원들은 연구 과제를 수행해야 한다.〉

① 전(전치 한정사) : all, both, half, double, twice…
② 한(한정사) : the, a(n), my, this, that, his, some, any, no…
③ 서(서수)　④ 기(기수)　⑤ 대(대소)　⑥ 형(형태)　⑦ 성(특징, 성질)
⑧ 신(신구)　⑨ 새(색상)　⑩ 분(분사) : -ing, -ed　⑪ 기(기원, 출처, 소속)
⑫ 재(재료)　⑬ 동(동명사) 이 중에서 전치 한정사, 한정사, 기수, 분사 등은 매월 출제된다.

4 No + (성질/상태 형용사) + 명사(-es) 〈=〉 대명사 None
　　ex.) No man is without his faults.?(누구나) 결점이 없는 사람은 없다.

5 Not + a(n)/any/all/every/both + (형용사) + 명사(es)
　　ex.) Not a single person would help us. 〈단 한 사람도 우리를 돕지 않으려 했다.〉

6 부정 단어 no, not, none, neither, nor의 어순 구조를 출제한다.
　　형용사 nor, neither, no가 가장 많이 정답으로 출제된다.(Part 5)

7 None(most, many, several, all, one,[n]either, each) + of + the/소유격+복수 명사
　　ex.) Most of the directors are from the Chinese community.
　　　　〈대 부분의 이사들이 중국계이다.〉

8 Not + an(any /all/every/both + 명사 ⇔ No + 명사(es)
　　ex.) There's no butter left. 〈남은 버터가 전혀 없다.〉

9 『no + 명사(es)』 ⇔ 대명사 none
　　ex.) None of my children have blonde hair. 〈우리 애들 중 누구도 금발이 아니다.〉

10 부정 단어 『no, not, none』의 어순 구조를 정답으로 출제한다!(Part 5, 6)
　　주로 형용사 no가 정답으로 가장 많이 출제되며 형용사이자 한정사인 『any, all, an, every』 앞엔 부사
　　not이 정답으로 출제된다!
　　ex.) There was not a car on the street.?〈거리에는 한 대의 차도 없었다.〉

CHECK-UP TEST

1. _____ in this class invited me to go to the movie yesterday.

　　(A) Both of the students　　　(B) Both student
　　(C) The students both　　　　(D) The both students

2. They received _____ given by their parents.

(A) all money   (B) the all money
(C) all the money   (D) the money all

3. _____ the directors finally came to the conclusion left unsettled for half a year because of the financial crisis.

(A) Half of   (B) The half
(C) Half the   (D) Half all

기출 유형 전략 비법

1. 주어 찾기   [정답] A

전략 비법 ┃ 『both + of + the + 복수 명사가 등장이면 곧 답이다.』

    B는 of 만을 생략하고 student 앞에 the 는 그대로 남는다. C와 D는 각각 both를 맨 앞으로 끌어낸다.

해석 ┃ 이 학급의 두 학생이 내게 어제 영화 보러 가자고 권해 왔다.

어구 ┃ **go to the movie** 영화 보러 가다 **invite A to**부정사 A에게 ~를 권하다, 초대하다

2. 목적어 찾기   [정답] C

전략 비법 ┃ 『all + of + the + 복수 명사가 등장하면 곧 답이다.』

    형용사 수식 어순은 "전치 한정사 + 한정사 + 서수 + 기수 + 명사" 이므로 전치사 of가 생략되면 한정사 all(both, half) 등이 형용사로서 가장 먼저 나오게 된다. 고로 C만이 정답이며 나머지 A, B, D는 모두 전치 한정사 all이 가장 먼저 앞으로 나와야 한다.

해석 ┃ 그 과장들은 재무 위원회에서 주는 모든 자금을 다 받았다.

어구 ┃ **manager** 과장, 매니저 **financial committee** 재무 위원회

3. 주어 찾기   [정답] A

전략 비법 ┃ 『half + of + the + 복수 명사가 등장하면 곧 답이다.』

    전치 한정사 half가 가장 먼저 나오고 of + the + 복수 명사가 그 뒤를 따른다. A만이 정답이다. B, C, D모두 전치 한정사 half가 앞으로 나와야 한다.

해석 ┃ 그 부장들의 과반수는 재정 위기로 반 년 이상 끌어오던 것을 합의에 이르게 되었다.

어구 ┃ **director** 부장, 이사 **come to the conclusion** 합의에 이르다 **be left unsettled** 미해결의 **for half a year** 반 년 이상 **financial crisis** 재정 문제

▶부분 대명사

⇒『대명사 all(most, many, several…)』등이 주어일 때 동사를 정답으로 출제한다.』

경향 분석 ❶ 주어와 동사의 단/복수 일치 문제는 토익 문법 전체 중 가장 많이 출제된다.
가장 중요하고 가장 쉽기 때문에 매월 출제되고 있으며 전치사 of 뒤에 복수 명사가 등장하면 동사도 복수가 정답이 되고, of 뒤에 단수 명사가 등장하면 동사도 단수가 정답이다. 다음의 부분 표현들은 형용사인 한정사와 함께 거의 매월 출제되고 있다.
❷ 정답의 3대 동사 : Part 5에서 주어와 동사의 단/복수 일치 문제는 매월 출제되므로 매월 주어와 동사 둘 중 하나를 출제한다. 이 때 주어와 동사의 단/복수의 기능으로만 사용되는 정답의 동사는 이른바 정답의 3대 동사로는 have/has, is/are, was/were, do/does밖에는 없으므로 매월 이들 동사를 정답으로 출제한다.

출제 의도 주어인 부분 대명사와 동사의 단/복수 일치시키기
출제 빈도 격월에서 매월
출제 유형 아래 유형 1~6.

> 『part, all, 분수, -%, enough, more, some, none, half, most, any, the rest, bulk, majority…』

1 of, -% of, most of, some of, any of, more of, none of, enough of, the rest of, all of, a half of, + the + 불가산명사 + 단수 동사
   ex.) Most of the information was classified as highly confidential.
      〈대부분의 정보는 높은 수준의 군사기밀사항이었다.〉

   + the +복수 가산명사 + 복수 동사
   ex.) All of their attempts have been ineffectual.
      〈그들의 모든 시도는 효력이 없었다.〉
   - 전치사 of 이하에 따라 단/복수가 결정된다.

2 several of, (a) few of, many of, all of, both of the + 복수 명사 + 복수 동사
   - 복수 가산명사와 결합되므로 복수 동사가 답으로 출제된다.
   ex.) Many of the initial advisers, technologists and engineers have passed away.
      〈초창기의 보좌관들과 기술자들 및 공학자들도 타계했다.〉

❸ much of, (a) little of, an amount of, a deal of, a quantity of the + 불가산명사 + 단수 동사

- 불가산명사와 결합되므로 단수 동사가 답으로 출제된다.

ex.) Much of the money the companies have spent has steadily been going to China.
〈기업이 지출한 돈의 많은 부분은 꾸준히 중국으로 옮겨가고 있다.〉

❹ one of, (n)either of, the number of, each of, every+단수명사 of, the + 복수 명사 + 단수 동사

ex.) One of the measures being considered in this regardis to punish discriminating employers with a fine of up to 100 million won.
〈이와 관련해 근로자를 차별하는 사업주에 대해 최고 1억 원의 벌금을 부과하는 방안이 고려중에 있다.〉

❺ 위의 ❶,❷,❸,❹ 표현들이 주어일 때 정답으로 항상 동사를 출제한다.

❻ 동사 have/has, is/are, was/were, do/does를 구분하는 문제가 격월이상 출제된다.

Start - Up

1. All of my managers (has / have) approved of what their CEO said
모든 매니저들은 사장의 말에 동의했다.

2. 30% of the population (don't / doesn't) want a policy to disperse the population.
인구의 30%는 인구 분산 정책을 원치 않는다.

3. Half of the equipment (are / is) open to all the staff.
장비의 절반은 전 직원들도 사용할 수 있다.

4. Most of the retail stores in the United States (is / are) chain stores.
미국의 대 부분의 소매상점들은 체인점 형태이다.

5. Several of the managers (was / were) interested in new marketing strategy.
일부 매니저들은 새로운 마케팅 전략에 관심을 보이고 있다.

6. Many of the directors (has / have) made perfect presentation.
많은 중역들은 완벽한 발표를 했다.

7. Several(Many, All) of the applicants (comes / come) from Canada.
일부(많은, 모든) 지원자들은 캐나다 출신이다.

8. Much of the information (seem / seems) [to be] false.
많은 정보가 사실이 아닌 것 같다.

9. Much of the homework (were / was) done last week.
많은 사전 준비 과제가 지난주에 이뤄졌다.

정답 ▶ 1. have 2. doesn't 3. is 4. are 5. were 6. have 7. come 8. seems 9. was

CHECK-UP TEST

1. Eighty percent of the staff talking over tea _____ the new marketing strategy team.

(A) are
(B) is
(C) have being
(D) were

2. Most of the marketing information stored by the managers in charge of the division still _____ to be a false tip.

(A) remain
(B) remains
(C) to remain
(D) remaining

3. Two-thirds of the work _____ completed last week as soon as the CEO of our company got here from business trip.

(A) are
(B) was
(C) being
(D) to be

기출 유형 전략 비법

1. 동사 찾기   [정답] B

전략 비법 │ 『all(분수, %, none, most) of + 단수 명사이면 단수 동사가 정답!』
다음의 부분 표현들은 전치사 of 뒤에 명사에 따라 그 단/복수가 결정된다.
전치사 of 뒤에 복수 명사가 나오면 동사도 are가 정답이 되고, of 뒤에 단수 명사가 나오면 동사는 is가 정답이다.
『part, all, 분수, -%, enough, more, some, none, half, most, any, the rest, bulk, majority…』등. the staff 이 불가산명사이
므로, eighty percent도 단수가 되므로 정답도 단수 동사 B가 된다. percent은 단/복수 공용의 명사.
해석 │ 차를 마시며 얘기하고 있는 저 직원들의 80%은 새 마케팅 전략 팀이다.
어구 │ **talking over tea** 차를 마시며 얘기하는 **the staff** (집합) 직원들 **marketing** 마케팅, 시장조사 **strategy team** 전략팀

2. 동사 찾기   [정답] B

전략 비법 │ 『most(분수, %, none, all,) of이 등장하면 동사를 정답으로 출제한다.』
다음의 부분 표현들은 전치사 of 뒤에 명사에 따라서 그 단/복수가 결정된다.

전치사 of 뒤에 복수 명사가 나오면 동사도 are가 정답이 되고, of 뒤에 단수 명사가 나오면 동사는 is가 정답이다. 『part, all, 분수, -%, enough, more, some, none, half, most, any, the rest, bulk, majority…』information은 불가산명사이므로 most of 는 단수 동사가 정답으로 온다.

해석 ㅣ 그 부서의 담당 과장들이 저장 중인 마케팅 정보의 대다수는 여전히 잘못된 것이다.

어구 ㅣ **marketing information** 마케팅 정보 **store** 저장하다 **in charge of** ~를 담당하다 **division** 부서, -과 **remain to be** ~상태로 남다 **false tip** 잘못된 정보

3. 동사 찾기 [정답] B

전략 비법 ㅣ 『**분수(%, most, none,) of + 단수 명사이면 단수 동사가 정답이다.**』

다음의 부분 표현들은 전치사 of 뒤에 명사에 따라서 그 단/복수가 결정된다. 전치사 of 뒤에 복수 명사면 복수동사 정답이고, of 뒤에 단수 명사면 단수 동사가 정답이다. 『part, all, 분수, -%, enough, more, some, none, half, most, any…』work이 불가산명사이므로 two-thirds(3분의 2)도 단수이며 동사도 단수 동사가 정답이 된다.

해석 ㅣ 우리 회사의 회장님이 출장에서 돌아오자 업무의 3분의 2가 지난주에 완료됐다.

어구 ㅣ **two-thirds** 3분의 2 **be completed** 완성되다, 끝나다 **last week** 지난주 **as soon as** ~하자마자 **business trip** 출장 **get here** 여기 도착하다

▶단수 형용사

⇒ 『every/each, all/both, much/many, (a) little/(a) few…』 네 쌍은 정답의 수량 한정사로 출제된다!

경향 분석 문장 전체의 주어와 동사의 단/복수 일치, 형용사와 명사의 단/복수 일치 유형을 매월내지 격월 정도로 출제하며 연간 2~3 정도는 선행사와 관계절 속의 동사의 단/복수 일치도 출제되고 있다.

❶ 다음 단수 형용사들은 뒤에 단수 명사가 정답으로 출제된다.(Part 5, 6)

❷ 다음 단수 형용사들이 주어와 결합할 때, 단수 동사가 정답이다.(Part 5, 6)

❸ 다음 단수 형용사들이 주어 앞에 나올 때, 단수 동사가 정답이다!(Part 5, 6)

❹ every / each, all / both, much / many, (a) little / (a) few의 구분 문제가 출제된다.(Part 5, 6)

❺ 정답의 3대 동사 : Part 5에서 주어와 동사의 단/복수 일치 문제는 매월 출제되므로 매월 주어와 동사 둘 중 하나가 답이 된다. 이 때 주어와 동사의 단/복수의 기능으로만 사용되며 정답으로 제시되는 이른 바 정답의 3대 동사로는 have/has, is/are, was/were, do/does밖에는 없으므로 매월 이들 동사를 구분하는 유형의 문제를 명심하자!

❻ 수와 양을 나타내는 형용사로 가산명사일 경우는 many, (a) few, a number of를 출제하며, 셀 수 없는 불가산명사의 경우는 much, (a) little, an amount/deal of를, 긍정문 일 때 some을 부정문과 조건문인 if절에서는 any를 정답 유형으로 출제한다.

출제 의도 단수 형용사와 복수 형용사 구분하기

출제 빈도 격월에서 매월

출제 유형 아래 유형 1-2.

> ### 단수 주어 + 단수 동사(has, is, was, does)

1	any other	less, a single	
	every other	something, somebody	
	another	someone, anything	+단수 [명사] + 단수 동사(has, is, was)
	every	anyone, anybody	
	each	nothing, nobody, none	
	either	a volume of	
	neither	little, much	
	many a[n]	this, that	

Another aim of German World is to open another window to Germany.
〈저먼 월드 2005의 또 다른 목적은 독일에 관해 알리는 것이다.〉

Marriage includes a promise to make every effort to get through the rough times.
〈결혼서약에는 어려움을 이겨내기 위해 모든 노력을 기울이겠다는 것도 포함된다.〉

This is a black spot for traffic accidents.
〈이곳은 교통사고 다발 지점이다.〉

Tom is taller than any other boy in his class.
〈톰은 반에서 누구보다도 키가 크다.〉

Each student had a different solution to the problem.
〈학생들은 제각기 그 문제에 대한 해답이 달랐다.〉

The houses on either side of the street were for the most part built of stone.
〈길 양쪽의 집들은 주로 석조 건물이었다.〉

Many a prominent man was purged from public office.
〈많은 저명한 사람들이 공직에서 추방되었다.〉

② 동사 have/has, is/are, was/were, do/does의 구분 문제가 출제된다.

③ 『many/much, few/little, number/amount(deal), some/any』의 구분 문제가 출제된다.
ex.) Many of them are hesitant to implement intra-database systems due to high costs and the fear of exposing too much information to the tax authorities.
〈많은 수의 중소기업들은 많은 비용이 들고 과도한 정보가 조세당국에 노출되는 것을 꺼려 사내 데이터베이스 시스템 실시를 망설이고 있다.〉

④ as many as + 숫자 + 복수 명사
ex.) As many as fifty students gathered to hear his lecture.
〈50명이나 되는 학생이 그의 강의를 들으려고 모였다.〉
It could be as many as 5, 000.〈5천 명 정도 될 것 같습니다.〉

⑤ as many + 복수 명사 + as
ex.) There were ten accidents in as many days.
〈같은 날 동안 10건의 사고가 일어났었다.〉

⑥ as much + 불가산명사 + as
ex.) Return as much money as you borrowed.〈빌렸던 돈과 같은 액수로 돌려다오.〉

⑦ (a) little + 불가산명사
ex.) I'm urging a little digression as all.〈작은 여담을 만드는 것뿐이네.〉

8 (a) few + 복수 명사

ex.) They will come back home in a few days. 〈그들은 며칠 있으면 집에 돌아올 것이다.〉

9 a number of(=numerous, many) + 복수 명사

ex.) The two dramas were selected for a number of reasons.
〈이 두 편의 드라마가 선택된 데는 여러 가지 이유가 있다.〉

10 an amount / deal of + 불가산명사

ex.) That machine consumes an enormous amount of power.
〈그 기계는 대단히 많은 전력을 소모한다.〉

11 as와 as는 동시에 나오거나 동시에 둘 다 빠진다. 만약, 둘 중에 하나만 나올 경우, 비문을 만들어 오답이 되고 만다.(Part 5, 6)

Start - Up

1. There is (many / much) to be gained by catching an earlier train.
더 이른 열차를 타게 되면 얻는 것이 많다.

2. (Few / Little) did I dream of ever seeing you here.
여기에서 만나볼 줄은 꿈에도 생각 못했네.

3. The (few / much) money he has will hardly keep him in food.
그가 갖고 있는 돈은 거의 없고 그것으론 우선 먹고 살아가기가 어려울 게다.

4. There were (many / much) houses along the road.
길 가에는 많은 집이 있었다.

5. His (much / many) friends came to see him off at the airport.
그의 많은 친구들이 공항에 전송 나왔다.

6. The lecture room generally occupies more than three times as (many / much) space as average office.
그 강의실은 일반적으로 보통 사무실보다 세배의 공간을 차지한다.

7. It took her _____ hours as an average man on the test despite the special two-week training for high score.
그녀는 고득점을 위해 2주간의 특별 훈련을 받았음에도 불구하고 시험에서 일반 남성들만큼이나 시간이 걸렸다.

(A) as many   (B) as much   (C) such as   (D) much as

정답 ▶ 1. much 2. Little 3. much 4. many 5. many 6. much 7. A

CHECK-UP TEST

1. The staff was deeply suspicious of _____ sales representatives.

   (A) another   (B) other
   (C) each other   (D) every other

2. The director was stopped _____ ten yards by strange sound annoying him.

   (A) each   (B) every
   (C) all   (D) both

3. Each of the applicants trying to get a job _____ an oral test.

   (A) undergoing   (B) to undergo
   (C) undergoes   (D) underwent

기출 유형 전략 비법

1. 형용사 찾기   [정답] B

전략 비법 | 『other, many, various, several…는 복수 명사가 답이다!』

다음 형용사들은 바로 뒤에 복수 명사를 정답으로 갖고 출제되고 있다.

『other, many, several, (a) few, numerous, a number of, a variety of, a total of, a series of…』등등. 고로 정답은 B가 된다. 그러나 『another, every, each, (n)either, much, little…』형용사들은 바로 뒤에 단수 명사를 답으로 갖게 된다.

해석 | 직원들은 다른 판매 사원들을 깊이 의심했었다.

어구 | **the staff** (집합) 직원 **be suspicious of** ~을 의심하다 **other** 다른 **sales representative** 판매 직원

2. 형용사 고치기   [정답] B

전략 비법 | 『another, every, each, (n)either, much…는 단수를 정답으로 출제한다!』

형용사 every는 셋 이상일 때 사용하며, each는 둘일 때 사용함으로 뒤에 ten이 나와 every가 되어야 한다.

해석 | 그 부장은 매 10야드 당 그를 귀찮게 하는 낯선 소리에 발길을 멈추어 섰다.

어구 | **director** 부장, 이사 **every 10 yards** 매 10 야드 당 **strange** 낯선, 이상한 **annoy**(= trouble, irritate, bother) 귀찮게 하다, 괴롭히다

3. 동사 찾기   [정답] C

전략 비법 | 『every, each, (n)either, much 등이 주어일 때 단수 동사가 답!』

단수 형용사인 『another, every, each, [n]either, much, little…』등이 문장 전체의 주어로 올 때 단수 동사가 정답으로 나온다. 고로 정답은 C가 된다.

해석 | 일자리를 얻으려는 각각의 지원자들은 구술시험을 거친다.

어구 | **applicant** 지원자, 응시자 **try to** ~하려 노력하다 **oral test** 구술시험 **undergo** 경험하다, 겪다

▶복수 형용사

⇒『other(various, several, numerous, many, [a] few)』+복수명사
를 정답 유형으로 출제한다!』

경향 분석 매월 가장 많이 출제되고 있는 단/복수 일치 문제의 유형에는, 문장 전체의 주어와 동사의 단/복수 일
치, 형용사와 명사의 단/복수 일치 유형을 매월 내지 격월 정도로 출제하며 연간 2~3회 정도는 선행사
와 관계절속의 동사의 단/복수 일치도 출제되고 있다.

❶ 다음 복수 형용사들은 뒤에 복수 명사가 정답으로 출제된다.(Part 5, 6)

❷ 다음 복수 형용사들이 주어와 결합할 때, 복수 동사가 정답이다.(Part 5, 6)

❸ 다음 복수 형용사들이 주어일 때, 복수 동사를 정답으로 출제한다!(Part 5, 6)

❹ every / each, all / both, much / many, (a) little / (a) few의 구분 문제가 정답으로 출제되며 바로 뒤의
명사의 단/복수에 따라 이들 형용사도 복수 명사 앞에서는 many, (a) few, both, all, various, other,
numerous, several, these, those… 등이 출제되며 단수 명사 앞에서는 every, each, [n]either, another,
any other, this, that 등이 출제된다.(Part 5, 6)

❺ 정답의 3대 동사 : Part 5에서 주어와 동사의 단/복수 일치 문제는 매월 출제되므로 매월 주어와 동사
둘 중 하나를 답으로 출제한다. 이 때 주어와 동사의 단/복수의 기능으로만 사용되며 정답으로 제시
되는 이른바 정답의 3대 동사로는 have/has, is/are, was/were, do/does밖에는 없으므로 이들 동사가
정답이 됨을 명심 또 명심하자!

출제 의도 단수 형용사와 복수 형용사 구분하기

출제 빈도 격월에서 매월

출제 유형 아래 유형 1~4

복수 주어 + 복수 동사(have, are, were, do)

1	other	a variety of	
	many (of)	a number of	
	numerous	a series of	
	various	a total of	+ 복수 명사 + 복수 동사
	several (of)	a couple of	+ (have/are/were)
	these, those	a majority of	
	all (of)	a list of	
	a few, both	a catalog of	

2 동사 have/has, is/are, was/were, do/does의 구분 문제가 출제된다.

    ex.) Other government ministers plan to travel to Middle Eastern nations for similar purposes.
        〈다른 부처의 장관들도 비슷한 목적으로 중동 국가들을 방문할 계획이다.〉

    With their cadres spread in numerous countries, they operate globally.
        〈단체 요원들이 다수의 국가에 퍼져 있고 전 세계적으로 활동을 벌인다.〉

    Also included is an exhibition of various themes produced by smaller enterprises.
        〈또한 다양한 주제 하에 중소기업이 생산한 제품에 대한 전시회도 포함되어 있다.〉

    Many local governments did not go through inspection for several years.
        〈다수의 지자체들이 수년간 감사를 받지 않았다.〉

    In most cases, these programs have not only helped to make that choice, but to make it a popular one.
        〈대부분의 경우 이러한 프로그램들은 그런 선택을 하도록 도울 뿐만 아니라 인기 있는 선택으로 만든다.〉

    The hotel can accommodate all the students of this school.
        〈그 호텔은 이 학교의 모든 학생을 수용할 수 있다.〉

    Both countries are in a position to learn from each other.
        〈양국은 서로를 배워야 할 입장이다.〉

3 A number of (= many, numerous) + 복수 명사 + 복수 동사(have, are, were, do)

4 The number of + 복수 명사 + 단수 동사(has, is, was, does)

    ex.) The number of applicants was more than management expected.
        〈신청자 수는 경영진이 예상한 이상이었다.〉

    The school is facing a number of important issues.
        〈학교는 다수의 중요한 문제에 직면해 있다.〉

Start - Up

1. The personnel manager is facing various (trouble / troubles)
인사 담당 이사는 다양한 문제에 직면하고 있다.

2. Emerson always has numerous (thing / things) to do.
에머슨은 해야 할 수많은 일이 있다.

3. There is a saying "several men, several (mind / minds)".
"각인각색" 이라는 속담이 있다.

4. The number of the residents (are / is) increasing greatly.
거주민의 수가 크게 증가하고 있다.

5. A number of the directors (has / have) controlled all the personnel staff.

많은 중역들이 인사 부 전 직원들을 통제한다.

CHECK-UP TEST

1. Almost all of that new waste _____ recycled as soon as possible.

(A) are
(B) is
(C) have
(D) are being

2. A number of the custom-made automobiles _____ all excellent.

(A) are
(B) is
(C) has been
(D) being

3. The supervisor censured him for being behind time for a variety of _____.

(A) reason
(B) reasonable
(C) reasons
(D) to reason

기출 유형 전략 비법

1. 동사 고치기 [정답] B

전략 비법 Ⅰ 『every, (n)either, all, much, many 등이 주어 일 때, 동사가 정답이다.』
다음의 모든 단/복수를 나타내는 형용사가 문장의 주어일 경우 답은 동사가 된다. 『every, each, all, both, much, many, (a) little, (a) few, several, numerous, a number of, a series of, a variety of, a total of···』 등이 문장의 주어로 등장할 때 매월 출제되고 있는 주어와 동사의 단/복수 일치 문제로서 답은 동사기 된다. 고로 is가 된다.
해석 Ⅰ 거의 모든 그 새 폐기물은 가능한 한 빠른 시일 내에 재활용된다.
어구 Ⅰ **almost** 거의, 대략(= nearly) **waste** 폐기물, 쓰레기 **be recycled** 재활용되다 **as soon as possible** 가능한 한 빨리

2. 동사 찾기 [정답] A

전략 비법 Ⅰ 『other, various, several, a number of···등은 복수명사를 정답으로 출제한다.』
다음의 복수 형용사들이 주어와 결합해서 주어 자리에 올 때 복수 동사가 정답으로 출제된다. 『other, various, several, many, numerous, a total of, a variety of, a few a number of, a series of, both, a couple of, these, those, a majority of, all···』
해석 Ⅰ 많은 주문자 생산 방식으로 생산된 자동차들은 모두 뛰어나다.

어구 | **a number of** 다수의, 많은 **custom-made** 주문(자) 생산 방식의(= customized) **automobile** 자동차 **excellent** 뛰어난, 훌륭한

3. 명사 고치기   [정답] C

전략 비법 | 『other, several, various, a number of…는 복수명사를 정답으로 출제한다!
다음의 복수 형용사들이 주어로 올 때 복수 동사가 정답으로 온다.
『other, various, several, many, numerous, a variety of, a few, a number of, a series of, both, a couple of, these, those, all…』

해석 | 그 상사는 그가 여러 가지 이유로 해서 시간보다 늦는다고 책망했다.

어구 | **supervisor** 상사, 감독관 **censure A for B**(= blame, condemn) B 때문에 A를 비난하다, 책망하다, 견책하다 **behind time** 시간보다 늦는 **a variety of** 다양한, 많은 **reason** 이유, 이성

▶대명사 most of, 최상급 the most, 부사 almost

⇒ 한정사 『most의 어순 구조』가 정답 유형으로 출제된다.

경향 분석 ❶ 형용사의 일종인 한정사(determiner : [a]n, the, this, that, some, any, no, [n]either, most,)는 매월 출제된다. 연간 5~6회 이상 출제되며 한정사 중에서 most는 형용사, 대명사, 부사 등의 품사로 사용되므로 다른 한정사에 비해 상대적으로 가장 많이 출제된다. 고로 일단 most 류가 등장하면, most는 한정사 중에서 반드시 출제되고 가장 많은 정답으로 출제되므로 정답 유형이 된다는 것을 명심하자.(Part 5)

출제 의도 (the) most, almost, most of… 구분하기
출제 빈도 연간 5~6회
출제 유형 아래 유형 1~6.

1 most + of + the + 복수 명사("~중에 대부분은" : 대명사)
2 most + 복수 명사 / 불가산명사 ("대부분의 ~" : 형용사)
3 the/소유격 + most + 형용사 + 명사("가장 ~한" : 형용사의 최상급)
4 a + most + 형용사 + 명사 ("매우 ~한[= very]" : 부사)
5 the + most + 명사 ("가장 많은" : 형용사)
6 almost + 숫자/all/every/both/some/any/no + 명사("거의, 대략[= nearly]" : 부사)

출제 유형별 기출 예문

유형 [1]	Most of the readers of this book are students. 〈이 책의 독자는 주로 학생들이다.〉
유형 [2]	Most readers of this book are students. 〈이 책의 독자는 주로 학생들이다.〉
유형 [3]	The rights of the individual are the most important rights in a free society. 〈개인의 권리는 자유 사회에서 가장 중요한 권리이다.〉
유형 [4]	In these civilized days, the cell phone is a most necessary apparatus. 〈문명화한 오늘날 휴대 전화는 아주 필수적인 도구이다.〉
유형 [5]	Americans adopted the most Korean children - a total of 6,280, including 2,202 who are disabled. 〈국내 아동을 가장 많이 입양한 나라는 미국으로 6,280명 (장애인 2,202명)을 입양했다.〉
유형 [6]	Those who were present were almost all college students. 〈참석자는 거의 대학생이었다.〉

Start - Up

1. Most (of / of the) prospective customers are all from the Chinese community.
앞으로 고객이 될 대부분의 사람들은 모두 중국계 이다.

2. (Almost / Most) managers made up their minds to resign.
대부분 매니저는 사임할 결심을 했다.

3. The client was (most / the most) intelligent we know.
그 고객은 우리가 알고 있는 가장 지적인 사람이었다.

4. It was (most / a most) beautiful morning.
아주 아름다운 아침이었다.

5. Most managers made (a most / the most) mistakes.
대 다수의 매니저들이 가장 많은 실수를 했다.

6. (Most / Almost) all the managers are going to resign from the trading corporation.
거의 모든 매니저들이 무역 회사를 사임할 것이다.

정답 ▶ 1. of the 2. Most 3. the most 4. a most 5. the most 6. Almost

CHECK-UP TEST

1. They came to be aware of _____ the staff members.

(A) most of
(B) almost
(C) the most
(D) mostly

2. _____ Sarah's books cope with the financial problems made by the staff disintegration.

(A) Most
(B) The most
(C) Most of
(D) Most of the

3. Internet service now enables users to telephone around the world at _____ no cost.

(A) most
(B) almost
(C) the most
(D) most of

4. _____ eat vegetable rather than meat.

(A) Most of residents   (B) The most residents

(C) The most of residents   (D) Most of the residents

기출 유형 전략 비법

1. 목적어 찾기   [정답] A

전략 비법 ┃ 『"the + 복수 명사" 앞에는 대명사 most of가 답이다.』

B의 부사 almost 뒤에는 every, all, some… 등이 답이다. C의 the most 다음엔 형용사 최상급 답이다. D의 mostly는 조동사나 be 동사 뒤에 온다.

해석 ┃ 그들은 대부분의 직원들을 알게 되었다.

어구 ┃ **come to** ~하게 되다 **be aware of**/that절 ~을 알다 **the staff** (member) 직원

2. most of   [정답] C

전략 비법 ┃ 『대명사 most 뒤엔 "of the/소유격 + 복수 명사"가 답이다.』

대명사 most of 뒤엔 the/소유격 + 복수 명사가 정답으로 나온다. 이 중 of the(소유격)를 동시에 생략하면 "most + 복수 명사"가 정답이 된다.

해석 ┃ 대다수의 sarah의 책은 직원들의 분열에 의한 재정 문제에 관한 것들이다

어구 ┃ **cope with** ~를 다루다 **financial** 재정적인 **disintegration** 분열, 붕괴

3. almost   [정답] B

전략 비법 ┃ 『no, some, any, all, every… 앞에는 부사 almost가 답이다.』

해석 ┃ 인터넷은 사용자들로 하여금 아무런 비용도 들이지 않고 전 세계 통화를 가능케 해준다.

어구 ┃ **enable** + 사람 + to ~를 가능케 하다 **at no cost** 아무런 비용 없이

4. 주어 찾기   [정답] D

전략 비법 ┃ 『대명사 "most of the + 복수 명사"를 정답으로 한다.』

A는 most of residents에서 of를 제거하거나 the를 residents 앞에 집어넣는다. B는 the를 제거한다. C는 the를 resident 앞으로 옮긴다.

해석 ┃ 대다수의 주민들은 육류보다는 채소를 즐겨 먹는다.

어구 ┃ **resident** 주민 **vegetable** 채소 **meat** 육류

UNIT 33

▶최상급과 복수 명사

⇒ 『One+of + the most+형용사 + 복수 명사』의 어순을 정답유형으로 출제한다!

경향 분석

❶ 토익 문법 중에서 첫 단어인 주어가 대명사 one로 시작할 경우, 단수 동사가 답이다!(Part 5, 6) 또한 첫 단어가 one로 시작할 때, 동사를 정답으로 한다.(Part 5) 최상급과 관련해서, one은 항상 대명사로서 전치사 of 앞에만 위치하며 of 뒤엔 the/소유격 + 복수 명사가 정답이 된다.

❷ 관사 "the + ___ + 명사" 유형은 여러 가지의 다양한 정답이 가능하지만 토익 시험에서는 실제로 최상급만을 그 정답으로 요구하고 있다.(Part 5, 6)

❸ 『of/among + 복수』가 토익 문법의 첫 단어로 등장했을 때, 최상급이 답이거나 또는 대명사 중엔 the other를 정답으로 한다. 역시 첫 단어가 of/among으로 시작할 경우, 정답은 형용사(부사)가 된다. 최상급을 갖는 것은 형용사나 부사뿐이다. 최상급은 사람이나 사물이 셋 이상 일 경우이므로 그 영역 표시로 "~중에서 ", 즉 of/among 이 꼭 필요하다. 고로 of/among은 바로 최상급을 목적으로 출제된다. most 시리즈가 almost, the most, most로 다양하게 출제되고 있는 이유는 한정사, 대명사, 부사 등으로 가장 많은 품사로 출제되기 때문인데 이중 가장 많은 정답의 모습은 최상급 the most + 형용사와 형용사 most + 복수 명사이다!

❹ 토익 문법 전체 중에 부정 주어인 경우는, "so + 형용사 + as 이거나 비교급 + than"이 정답이 된다.(Part 5)

출제 의도 최상급과 복수 명사 연결하기
출제 빈도 연간 3~4회
출제 유형 아래 유형 1~22.

1 one + of + (the most) + 복수 명사 : 가장 ~한 것 중 하나

ex.) The recently advanced digital camera was one of the most important inventions.
〈최근 개선된 디지털 카메라는 가장 중요한 발명품 중의 하나다.〉

2 The + most + 형용사 + of + all + 복수 명사(/... in + 장소/영역)

ex.) The new employee is the most qualified of all the teaching staff members.
〈그 신입 직원은 모든 교사진 중에서 가장 자격을 갖춘 직원이다.〉

3 The + ___ + 명사 =〉 최상급 형용사(또는 서수)가 정답이 된다!

ex.) That's the first chapter of his memoir.〈회고록의 첫 번째 챕터이다.〉

4 the most + 형용사 =〉 형용사 최상급

ex.) The part-time employee is the most diligent in the sales department.

〈시간제 직원이 영업부에서는 가장 근면한 직원이다.〉

5 most + 복수 명사 =〉 형용사

　ex.) Most readers of this book are students.〈이 책의 독자는 주로 학생들이다.〉

6 most of the(소유격) + 복수 명사 =〉 대명사

　ex.) Most of the readers of this book are students.〈이 책의 독자는 주로 학생들이다.〉

7 주어 + 동사 + 비교급(-er) + than + any other +

단수 명사
all the other + 복수 명사
anyone else
anything else

　ex.) That was more interesting than any other TV drama I have seen recently.
　　〈그 텔레비전 드라마는 내가 최근에 본 다른 어떤 것보다 재미있었다.〉

8 『other, the other, another, any other의 구분 문제가 정답으로 출제된다.』

　ex.) One is upward mobility for youth and the other is the emergence of a dual authority. 〈하나는 청년들의 상향 이동성이고, 다른 하나는 이중적인 권위의 등장이다.〉
　　Saying is one thing and doing is another. 〈말하는 것과 행동하는 것은 다른 것이다.〉
　　It is another way to do it. 〈그것도 한 가지 방법이다.〉

9 the + 최상급 +

of / among + 복수 명사〈셋 이상〉
in + 영역/장소〈셋 이상〉

　ex.) Samsung Electronics is the most desired company among job seekers, a local online job recruiter said yesterday.
　　〈최근 한 인터넷 취업포털이 조사한 바에 따르면 구직자들이 가장 취업하고 싶어 하는 기업은 삼성전자 인 것으로 나타났다.〉

10 문제 중 첫 단어로 of, among이 뜨면 최상급이 답이다.(Part 5)

　ex.) Among them all, Johnson is the brightest student.
　　〈그들 모두 중에서 Johnson이 가장 똑똑하다.〉

11 문제 중 첫 단어로 of, among이 뜨면 형용사/부사가 정답이다! (Part 5) 최상급 문제 유형이다.

　ex.) Of all the world's mountain ranges, Mt. Everest is the most famous.
　　〈전 세계 모든 산맥 중에서 Mt. Everest이 가장 유명하다.〉

12 정관사 the가 뜨면 그 뒤엔 최상급이 답이다.(Part 5, 6)

　ex.) It was the worst that hurricane ever recorded.
　　〈그것은 지금까지 기록된 태풍 중 최악의 것이었다.〉

⑬ 보기 중 최상급은 가장 많은 정답으로 출제된다.(Part 5, 6)

⑭ no+(other)+주어 + so + 원급 + as + X

　　≪X만큼 ~한 주어는 없다 = X가 가장 ~하다≫

　　ex.) No other manager in the company is so sophisticated as Johnson.
　　　　〈회사의 어떤 매니저도 Johnson만큼 그렇게 세련된 이는 없다.〉

⑮ no, few, little(+주어) + 비교급 + than + X

　　≪X보다도 더 ~한 주어는 거의 없다 = X가 가장 ~하다 ≫

　　ex.) No manager in the company is more sophisticated than Johnson.
　　　　〈회사의 어떤 매니저도 Johnson보다 더 세련된 이는 없다.〉

⑯ as나 than 둘 중 하나가 서로 구분하는 정답이다.(Part 5) as는 than으로, than은 as로 서로 바꾼다.

⑰ as + many + as + 숫자 + 복수 명사

　　ex.) As many as 5000 people may have been infected with the disease.
　　　　〈5천 명이나 되는 사람들이 그 질병에 감염됐을 것이다.〉

⑱ as + many + 복수 명사 + as

　　ex.) He has as many books.〈그는 (내가 가지고 있는 것과) 같은 수의 책이 있다.〉

⑲ as + much + 불가산명사 + as

　　ex.) The reference book includes as much detail as possible.
　　　　〈참고 문헌에는 가능한 세부 사항까지 담고 있다.〉

⑳ the + 최상급(-est) ⇔ have + ever + -ed

　　ex.) This is the most interesting book I have ever read.
　　　　〈이것은 지금껏 읽은 책들 중에서 가장 재미있다.〉

㉑ the + 비교급(-er) ⇔ of the two/both/each/2

　　ex.) This is much the better of the two.〈둘 중에서 이쪽이 훨씬 낫다.〉

㉒ 문제 중에서 the two/both/each/2 등이 등장하면 the + 비교급을 정답으로 출제한다.

　　ex.) Of the two, China is probably the easier to deal with.
　　　　〈두 나라 가운데서는 아마도 중국이 다루기가 더 쉬울 것이다.〉

Start - Up

1. The manager is (much / more) diligent than any other employee here.

매니저는 이곳의 다른 어떤 직원보다도 더 부지런하다.

2. Because of its large size, America has had a (greatest / greater) impact on human history than   any other continent.

미국은 그 웅장한 크기로 인해서 다른 대륙보다 인간사에 더 큰 영향을 끼쳐왔다.

3. _____ of the candidates is so bright as the new assistant manager of marketing department.

(A) No one   (B) None
(C) Nothing   (D) No person

4. _____ quality is more important for a brain to acquire than to observe carefully.

(A) No other   (B) Nothing
(C) None   (D) No one

5. Of the two managers in our department, Ms. Ruth was the (better / best).

우리 부서의 두 매니저 중에서 Ruth양이 더 뛰어났다.

정답 ▶ 1. more 2. greater 3. B 4. A 5. better

CHECK-UP TEST

1. The Key West company has recently manufactured the _____ piece of machinery in the city.

(A) most complex   (B) the one complex
(C) complex   (D) one most complex

2. The Great Wall of China is regarded as _____ feats in history.

(A) the most great   (B) the greatest one
(C) one of the greatest   (D) one the most great

3. Education is _____ occupations since anyone tries to lead better life.

(A) one of most world's important

(B) one of most important world's

(C) the most world's important

(D) one of the world's most important

4. Iron is _____ of all metals that have been produced up to now.

(A) the most useful

(B) the useful

(C) one most useful

(D) one of the useful

5. Among the electronic companies in Japan, SONY is _____ known.

(A) the most wide

(B) the most widely

(C) one the most widely

(D) the one most widely

6. Of all the excellent managers of the year, the sales department one is _____ among ladies.

(A) the more popular

(B) the most popular

(C) as popular as

(D) more popular than

기출 유형 전략 비법

1. 형용사 찾기　　　　　　　　　　　　　　　　　　　　　　　　　　　　　[정답] A

전략 비법 ┃ 『정관사 the 다음에 밑줄 쫙! 최상급이 정답이다.』

보기 A, B, C, D 중에서 most가 눈에 띠면 최상급 문제로서 뒤에 전치사 "in + 장소" 또는 "of/among + 복수 명사"를 가지며 최상급을 답으로 출제한다. B와 D는 "one of the + 최상급"으로 고친다.

해석 ┃ KEY WEST 회사는 시내에서 가장 정교한 장치를 제작하였다.

어구 ┃ **manufacture** 제작하다 **complex** 정교한, 복잡한 **machinery** 기계류 **recently** 최근에

2. 형용사 찾기　　　　　　　　　　　　　　　　　　　　　　　　　　　　　[정답] C

전략 비법 ┃ 『보기 중에서 the most가 등장하면 최상급이 정답이다.』

뒤에 전치사 "in + 장소" 또는 "of/among + 복수 명사"를 가지며 최상급을 답으로 출제한다. B와 D는 "one of the + 최상급"으로 고친다.

해석 ┃ 중국의 만리장성은 인류 역사상 가장 위대한 업적 중에 하나로 여겨지고 있다.

어구 ┃ **The Great Wall of China** 만리장성 **is regarded as** ~로 여겨지고 있다 **feat** 업적

3. 형용사 찾기　　　　　　　　　　　　　　　　　　　　　　　　　　　　　[정답] D

전략 비법 ┃ 『보기 중에서 the most가 등장하면 최상급이 정답이다.』

A, B, C를 "one of the + 최상급 + 복수 명사"로 고친다.

해석 ┃ 교육은 세상에서 가장 중요한 일 중 하나다. 누구든 더 좋은 생활을 하려고 노력하기 때문이다.

어구 ┃ **occupation** 일, 직업 **lead a life** 생활하다 **try to** ~하려 노력하다.

4. 최상급 찾기   [정답] A

전략 비법 I 『of/among + 복수 명사가 등장할 땐 최상급이 정답이다.(Part 5)』

첫 단어가 of/among으로 시작할 경우, 정답은 형용사에 밑줄 짝!(Part 6). 보기 A, B, C, D 중에서 the most가 등장할 때, 최상급이 정답이다. C와 D는 "one of the + 최상급"으로 고친다. B는 the most useful로 고친다. A는 the most useful (metal)이 생략됨.

해석 I 지금까지 생산되어 온 모든 금속 중에서 철이 가장 유용하다.

어구 I iron 철 **the most useful** 가장 유용한 **metal** 금속 **up to now** 지금까지

5. 최상급 찾기   [정답] B

전략 비법 I 『of/among + 복수 명사가 등장할 땐 최상급이 정답이다.(Part 5)』

최상급을 갖는 것은 형용사나 부사뿐이다. 최상급은 사람이나 사물이 셋 이상일 경우에 쓴다. 셋 이상의 영역 표시는 "~중에서", 즉 of/among 으로 나타낸다. 고로 of/among은 최상급이 답일 때 출제된다. A는 wide뒤에 명사가 나와야 된다. C와 D는 "one of the + 최상급"으로 고친다.

해석 I 일본의 전자 회사 중에서 SONY가 가장 널리 알려져 있다.

어구 I among ~중에서 **electronics company** 전자 회사 **widely** 널리

6. 최상급 찾기   [정답] B

전략 비법 I 『of/among + 복수 명사가 등장할 땐 최상급이 정답이다.(Part 5)』

최상급을 갖는 것은 형용사나 부사뿐이고 사람이나 사물이 셋 이상일 경우에 쓴다. 셋 이상의 영역 표시는 "~중에서", 즉 of/among을 쓴다. 고로 of/among은 바로 최상급을 답으로 할 때 출제된다. C와 D는 as와 than 다음에는 비교 대상이 있어야 된다.

해석 I 올해의 모든 뛰어난 과장들 중에서 영업부 과장이 여직원들 사이에서 가장 인기다.

어구 I excellent 뛰어난 **manager** 과장 **sales manager** 영업부 과장 **be popular with/among** ~사이에서 인기다.

▶**과거 시제를 나타내는 부사**

⇒ 『last+시간, 시간+ago, just now』는 과거 시제를 정답으로 출제한다!』

경향 분석 ❶ 본동사를 정답으로 출제할 땐 재빨리 다음의 기출 사항을 확인한다. 매월 출제되고 있는 내용은 『① 본동사 형태 문제, ② 주어와 동사의 단/복수 일치 문제, ③ 수동태 문제, ④ 자/타동사 구분 문제, ⑤ 시제 문제』등이며 이 경우 모두 동사가 정답이 되고 있다!(Part 5, 6). 이중 시제 문제의 경우는 문장 맨 앞이나 문장 맨 뒤에 시간 부사나 전치사가 등장하고 이에 의해서 시제가 결정 되게 된다.

출제 의도 과거 시제에 일치하는 과거 시간 부사를 암기하기
출제 빈도 [격월]
출제 유형 아래 유형 1~3.

■ **문두/문미에 시간 부사(구)가 등장하면 동사 시제를 정답으로 출제한다.(Part 5, 6)**
평소에 실용 영어에서 가장 많이 쓰이는 현재완료, 과거, 미래 [완료]시제가 순서대로 많은 정답으로 몰리는 경향이며 전치사 by에 의한 미래 완료와 과거완료도 출제되고 있다.

■ **문두/문미에 아래의 과거 부사가 등장하면 과거 시제가 정답이 된다!(Part 5, 6)**

1 시간 + ago / last + 시간 / just now / the other day / that(those) + 시간 / in the past

2 this morning / yesterday / the day before yesterday / since 주어 + 과거 동사 / formerly, previously

3 at first meeting / this time + 과거 시간 / in + 과거 연도/월/계절 / once(upon a time) / in the beginning

출제 유형별 기출 예문

Exports grew 11 percent in the first half of this year, compared to 38.4 percent a year ago.
〈올 상반기 수출 증가율은 11%를 기록했는데 이는 전년 동기 38.4%에 크게 못 미치는 수치이다.〉

Investment from the United States nearly tripled to $4.7 billion last year, from $1.2 billion in 2003.
〈지난해에는 미국으로부터의 투자가 47억불로 2003년의 12억불보다 세 배 가까이 늘어났다.〉

He left here just now.
〈그는 조금 아까 출발했다.〉

I got into hot water the other day.
〈나는 일전에 곤경에 빠졌다.〉

The won gained 27 percent in the past three years, whereas the Taiwan dollar appreciated 10 percent.
〈원화는 지난 3년 동안 27퍼센트가 오른 반면에 대만 달러는 10퍼센트가 올랐다.〉

In late afternoon trading yesterday, the share lost 2.16 percent to 11,350 won.
〈어제 오후 장 현재 주가는 전일대비 2.16% 내린 1만1천350원을 기록했다.〉

His family have had a comfortable life since he started his job.
〈그가 직업을 갖자 그의 가족의 살림은 펴졌다.〉

The two rounds of talks previously held in Beijing failed to make a clear breakthrough.
〈이전에 베이징에서 열렸던 두 차례 회담에서는 확실한 돌파구를 마련하지 못 했다.〉

Sales were sluggish in the beginning because consumers were not acquainted with the unusualshape and the 7-Eleven chain.
〈처음에는 소비자들이 그 특이한 모양과 세븐 일레븐 체인에 익숙하지 못 해 판매는 부진했다.〉

Once upon a time, we took it for granted cars were destined to spend much of their lives in the shop.
〈옛날에는 자동차들이 수명을 다할 때까지 상당 기간을 수리공장에서 보낼 운명이란 걸 당연시했다.〉

Start - Up

1. Last night the corporation (has called / called) up each of the managers several times.
지난밤에 회사에서는 각 매니저들을 여러 번 전화했었다.

2. My wound has been aching ever since it (starts / started) to rain.
비가 오기 시작한 직후에 상처가 쑤셨다.

3. Peter says he (has had / had) a good vacation last week.
Peter는 지난주에 휴가를 잘 보냈다고 한다.

4. Ten years ago the company (has begun / began) its overseas program.
10년 전에 회사는 해외 프로그램을 시작했다.

5. Last month the increase in price (has gone / went) into effect.
지난달에 가격 인상이 시행됐다.

정답 ▶ 1. called 2. started 3. had 4. began 5. went

CHECK-UP TEST

1. They always wonder how long ago this company _____ .

   (A) has begun   (B) has started
   (C) began   (D) begins

2. The staff still remembers the matter of salary which _____ left open at our first meeting.

   (A) is   (B) was
   (C) has been   (D) are

3. Brian called his lawyer last week to tell him about his problem and _____ up his mind to resign.

   (A) has made   (B) to make
   (C) made   (D) makes

기출 유형 전략 비법

1. 동사 찾기   [정답] C

전략 비법 Ⅰ 『부사 ago, last + 시간, just now는 과거 시제를 정답으로 한다.』

　　　　"how long ago(얼마나 오래 전에)"은 과거 시제를 갖는다. 고로 정답은 C가 된다.

해석 Ⅰ 그들은 이 회사가 얼마나 오래 전에 설립 된 것인지 잘 모른다.

어구 Ⅰ **wonder** 잘 모르다, 알고 싶어 하다 **company** 회사, 동행, 일행

2. 시제 고치기   [정답] B

전략 비법 Ⅰ 『문미에 시간 부사가 시제를 결정한다.』

　　　　일반적으로 수험생들의 주의력을 분산시키기 위한 함정이자 연막 장치로 이용되는 접속사나 관계사는 보통 그 바로 뒤에 고쳐야 할 정답을 갖는다(Part 5). 고로 동사는 궁극적으로는 시제 문제와 관련됐으므로 문미나 문두의 부사, 전치사를 확인하고 답으로 고른다.

해석 Ⅰ 그 직원들이 여전히 기억하는 것은 처음 만났을 때 미정 상태였던 봉급 문제이다.

어구 Ⅰ **still** 여전히 **remember** 기억하다 **be left open** 미정 상태로 남다 **salary** 봉급 **at first meeting** 처음 봤을 때

3. 시제 고치기   [정답] C

전략 비법 Ⅰ 『함정으로 이용되는 접속사 and 앞과 뒤는 같은 시제를 정답으로 한다.』

　　　　대등 접속사 and, or 등은 그 앞뒤의 동사 시제가 일치해야 한다. 과거 부사 last week이 있으므로 앞에 과거 동사 called와 함께 접속사 and 뒤에도 과거 동사가 나와야 한다. 즉, 과거 동사 made가 정답이다.

해석 Ⅰ Brian은 지난주에 자신의 문제에 대해 듣고자 변호사에 전화를 했으며 그 후 사임할 결심을 했다.

어구 Ⅰ **call** 전화하다, 부르다 **make up one's mind to** ~할 결심을 하다 **resign** 사임하다

▶현재완료 시제 부사

⇒『전치사 since와 for가 등장하면, 주절은 현재완료를 정답으로 한다!』

경향 분석 ❶ 접속사 since 자체 문장은 『과거 동사, 과거 특정 시간 명사』가 정답으로 출제되며, 반면 주절은 현재완료를 정답으로 갖는다. 연간 4~5회 이상의 비중으로 출제되고 있다.

❷ for뒤에는 "숫자, many, several, some, a few…" 등이 시간 명사 앞에 출제되며, 역시 주절은 현재완료를 정답으로 한다. during 다음엔 "the, that, 소유격…" 등이 특정 시간 명사와 정답으로 나오며, 과거나 현재가 정답으로 출제되며 during은 숫자는 절대 갖지 못한다.

출제 의도 현재완료 시제에 일치하는 완료 시간 부사를 암기하기

출제 빈도 격월에서 매월

출제 유형 아래 유형 1~2.

1 『since + 특정 과거 연도/날짜/시간/계절/사건/요일』이 등장하면 현재완료가 정답이다![격월에서 매월]

ex.) His family have had a comfortable life since he started his job.
⟨그가 직업을 갖자 그의 가족의 살림은 펴졌다.⟩

I've been doing this work ever since I retired.
⟨은퇴하고 나서부터 내내 이 일을 계속해 오고 있다.⟩

He hasn't eaten anything since yesterday. ⟨그는 어제부터 아무것도 먹지 않았다.⟩

Since ancient times, there have been many examples of this kind.
⟨고래로 이런 일은 허다하다.⟩

I haven't grieved at all since her death a year ago, nor do I feel sad.
⟨어머니가 1년 전에 돌아가신 이후로부터 지금까지 전 전혀 마음 아파한 적도 없고 슬퍼한 적도 없었어요.⟩

Since last October, the industry has been hit hard by government policies to cool property prices.
⟨작년 10월 이래로 건설업은 정부의 부동산 안정대책으로 심한 타격을 입어 왔다.⟩

Consumer prices have been on the rise since December 2003, after dipping 0.2 percent in November.
⟨소비자 물가는 작년 11월 0.2% 하락한 이후 12월부터 지속 상승세를 보여 왔다.⟩

2 『for(over,in) + the+last(past) + 숫자+시간 』이 등장하면 현재완료가 정답이다!

ex.) A close family member has been a student for the last 30 years.
⟨가까운 친척이 지난 30년 동안 학생으로 지내왔습니다.⟩

Our sales have rapidly increased for the last several years.
⟨우리 회사의 매상은 지난 몇 년 동안에 비약적으로 증가했다.⟩

Indeed, over the last 10 quarters, the economy's annualized growth rate has exceeded 4 percent.

〈실제로 지난 10분기 동안 미국 경제의 연평균 성장률은 4%을 넘었다.〉

Oil prices have been on a record-breaking pace over the last three weeks and up some 30 percent for the year.

〈지난 3주간 국제 유가는 기록적인 증가세를 보이며 전년대비 약 30% 오름세를 기록했다.〉

The won has gained more than 15 percent against the U.S. dollar in the past year.

〈원화는 미국 달러화에 대해 지난 1년 동안 15퍼센트가 올랐다.〉

The company has contributed 2.1 trillion won in the past 10 years social welfare, environment protection and arts and sciences.

〈지난 10년간 회사 측에서는 사회 복지, 환경 보호, 예술 과학 분야에 2조1천억 원을 기부했다.〉

■ 시간 전치사 for, in, over, since가 등장하면 주절은 현재완료가 정답이다!

ex.) For the last four years, I have maintained a much healthier 125 pounds.

〈지난 4년 동안에는 훨씬 건강한 125파운드(57킬로그램)를 유지해 왔습니다.〉

In the past few years, Samsung has been the center of media attention several times for the value of stock options for some of its executives reaching as much as tens of billions of won.

〈지난 몇 년 동안 삼성그룹은 수차례에 걸쳐 자사 임직원에 대한 수백억 원대의 스톡옵션 부여로 언론의 집중 관심을 받은 바 있다.〉

Since then, it has been on the decrease due to the falling birth rate.

〈그 후 출산율 감소로 이수가 줄어들었다.〉

Since January 2006, Human Rights Watch has been condemning the use of child soldiers in the region.

〈휴먼 라이츠 워치는 이 지역에서 어린 병사들을 이용한다고 2006년 1월 이후 비난해왔다.〉

Over the past few years, companies have been straining to prepare for the new environmental protocol.

〈지난 몇 년에 걸쳐 국내 기업들은 교토의정서 발효에 대비하기 위한 노력을 경주해왔다.〉

Start - Up

1. For the past ten years, shareholders (will receive / have been receiving) cash dividends.

지난 10년 동안 주주들은 현금 배당금을 받았다.

2. (Since / For) the last five years, the popularity of jogging has decreased.

지난 5년 동안 조깅의 인기는 줄어들었다.

3. Industrial management (had / has been) the most prominent in the United Stated for the past eighty years.

산업 경영은 지난 80년 동안 미국에서 가장 두드러졌다.

4. Americans (are / have been) paying federal income taxes since 1913.

미국인들은 1913년 직후로 연방 소득세를 지불해왔다.

5. Since he went to San Diego, his father (had / has) not heard from him.

San Diego로 간 직후 그의 부친은 그로부터 편지를 받지 못했다.

CHECK-UP TEST

1. Jim Castle has visited plenty of people _____ the five years he has been in California.

   (A) for
   (C) during
   (B) since
   (D) within

2. The prize in science has been given every year _____ 1970 to many great scientists.

   (A) since
   (C) for
   (B) in
   (D) by

3. _____ the past eighty years, industrial management has been the most prominent in the United Stated of all the concern in business.

   (A) For
   (C) During
   (B) In
   (D) Within

4. _____ the twentieth century, there was much concern over the relationship between labor and management.

   (A) During
   (C) In
   (B) For
   (D) Within

기출 유형 전략 비법

1. 전치사 찾기   [정답] A

전략 비법 l 『"for + 기수 + 시간"으로써 완료 전치사는 for가 정답』

전치사 since뒤에는 특별한 과거 시간이 나오며, during뒤에는 숫자 없이 the, that 등이 온다. D의 within뒤에는 시한만이 온다. 고로 정답은 A이다.

해석 l Jim Castle은 California에 있는 5년 동안 많은 사람들을 만났다.

어구 l **plenty of**(= a lot of, lots of) 많은

2. 전치사 고치기   [정답] A

전략 비법 l 『완료 시제(have + p.p.)는 since와 for를 정답으로 출제한다』

본동사가 완료 시제(has been)이므로 정답은 since나 for가 된다. 과거 연도가 나오면 since가 되며 단순한 숫자가 나오면 for를 답으로 한다.

해석 l 과학상은 1970년 이후 매년 많은 과학자들에게 수여되고 있다.

어구 l **prize** 상, 상금 **since** ~이후로 **scientist** 과학자

3. 전치사 찾기   [정답] A

전략 비법 l 『완료 시제(have + p.p.)는 since와 for를 정답으로 출제한다』

완료 시제는 전치사 "for + 기수 + 시간"이나 "since + 과거 시간"이 답으로 출제되고 있다. 고로 the past eighty years 앞에는 전치사 for가 정답이 된다.

해석 l 지난 80년간 기업 경영은 미국 내 재계의 모든 관심사 중 단연 가장 두드러진 문제였다.

어구 l **for the past eighty years** 지난 80년간 **industrial management** 기업 경영 **the most prominent**(= striking, remarkable, salient, conspicuous, noticeable) 가장 두드러진 **concern** 관심, 근심

4. 전치사 찾기   [정답] A

전략 비법 l 『"___ + the(that, 소유격) + 특정 시간"이므로 during이 정답이다』

"during + the(that, 소유격…) + 특정 시간"의 어순 공식이므로 A의 during이 답이 된다. during은 주로 현재나 과거가 답이다. for뒤에는 기수가 나오며 in뒤에는 과거나 미래의 시간이 온다.

해석 l 20세기 동안에 노사 관계에 대한 관심이 많아 왔다.

어구 l **century** 세기, 100년 **concern over** ~의 관심 **relationship** 관계 la**bor and management** 노사

UNIT 36 ▶현재 시제 동사

⇒ 『resemble, smell, realize, prove, remain』 등은 현재 시제에서 정답으로 출제된다!』

경향 분석 현재 상태 자체가 이미 계속, 진행, 반복된다는 뜻을 지니는 다음 동사들은 현재 시제 자체만으로도 이미 진행이 되는 것과 같은 상태를 유지하기 때문에 늘 현재 시제가 답으로 나오며, 동시에 진행형은 따로 중복으로 쓸 필요가 없는 그런 상태 동사들이다. 즉, 본래 동작이 강조되는 동적 동사(dynamic verb)들만 진행형이 가능하며, 이미 상태가 진행 중인 정적 동사(static verb)들은 이중으로 진행형을 쓸 수가 없는 것이다.

출제 의도 현재시제와 현재 진행형을 구분하기
출제 빈도 연간 2~3회
출제 유형 아래 유형 1~3.

1 상태 동사들은 현재가 정답으로 출제되며, 진행형은 불가능하다. 상태를 나타내므로 미래와 과거도 가능하다.

1. 상태 (존재)동사 : resemble, need, be, exist, consist, want
2. 감정(感情)동사 : love, hate, like, respect, think, hope
3. 지각(감각)동사 : see, smell, taste, hear, feel, perceive
4. 지식(智識)동사 : know, understand, believe, remember, forget
5. 소유(所有)동사 : have, possess, own

　ex.) The committee consist[be made up] of five members.
　　　〈위원회는 5명의 위원으로 구성된다.〉

　The government and the central bank respect the market functions.
　　　〈정부와 중앙은행은 시장 기능을 존중하기로 합의했다.

　I feel guilty for losing my temper and for possibly causing the lawyer to lose this important case.
　　　〈저는 제가 화가 나서 이성을 잃었던 것과 그 변호사가 중요한 사건 재판에서 지게 될 수도 있게 만들었다는데 죄책감이 들어요.〉

　They urge farmers to understand that market liberalization is inevitable in the age of globalization.
　　　〈그들은 세계화 시대에 있어서 시장 자유화의 불가피성을 이해해 줄 것을 농민들에게 요구하고 있다.〉

　I don't exactly remember the specifics.
　　　〈전 자세한 건 기억이 잘 안나요.〉

　They possess a technological edge over their rivals.
　　　〈그들은 경쟁상대에 비해 기술적 우위를 가지고 있습니다.〉

❷ 동적 동사(dynamic verb) : 진행과 완료형이 가능하다(work, write, study, make…)

ex.) Pantech &Curitel is working with Japanese parts makers for joint CCD module development.

〈판텍앤큐리텔은 공동으로 CCD 모듈을 개발하기 위해 일본의 부품업체와 협력하고 있다.〉

He is writing a series of articles on literary criticism for a newspaper.

〈그는 신문에 문예 평론을 연재하고 있다.〉

He has been studying English since childhood.

〈그는 어렸을 때부터 영어를 배우고 있다.〉

❸ 정적 동사(static verb) : 상태를 나타내므로 진행형은 불가능하며 미래와 과거도 가능하다.

■ 동작 동사는 진행형이 가능이지만, 상태 동사는 진행형이 불가능함으로 현재 시제가 정답으로 출제되며,(Part 5, 6) 미래와 과거도 가능하다.

■ 『have, own, possess, coexist, cost, concern, resemble, take after, include, involve, consist, remain, stay, lie, prove, rest, continue, appear, seem, look, sound, smell, feel, taste, realize, recognize, understand…』등은 현재는 정답, 진행형은 오답이 된다.

ex.) The current property they own is valued at much more.

〈현재 소유 부동산 가치가 훨씬 올랐다.〉

Salient examples include education and medical service.

〈그런 업종 중 가장 두드러진 예로는 교육과 의료 서비스를 들 수 있다.〉

The two parties also remain apart on the scope of the investigation.

〈양당은 또 조사의 범위를 놓고도 의견이 엇갈리고 있다.〉

Company executives realize they need to invest to sustain its growth momentum.

〈회사 경영진은 성장의 여세를 지속하기 위해서는 투자가 필요하다는 사실을 인식했다.〉

Rapid urbanization will prove destructive to the fine customs of this district.

〈급속한 도시화는 이 지역의 미풍양속을 해칠 것이다.〉

❹ 시제 대원칙 (Sequence of Tense) : 두 문장의 동사는 일치되거나 선후 관계로 연결된다.

■ 원칙 1. 주절의 동사가 현재일 때, 종속절의 동사는 어떤 시제라도 출제될 수 있다.

■ 원칙 2. 주절의 동사가 과거나 과거완료일 때, 종속절의 동사는 현재는 과거로, 미래의 조동사는 과거형으로 출제된다.

① We are told that he (had gone / go) to America. 〈그가 미국에 가고 없다고 한다.〉

② We were told that he (has gone / had gone) to America. 〈그가 미국에 갔었다던데.〉

③ They study hard so that they (could / can) pass the exam.

〈그들은 시험에 합격하려고 열심히 공부한다.〉

정답 ▶ 1. had gone 2. had gone 3. can

5 시제 원칙의 예외

- 예외 1. 종속절의 동사가 상식, 진리, 습관, 성질, 습관 등을 나타낼 때.
    2. 역사적 사실의 경우는 무조건 과거(過去)시제를 쓴다.
    3. 비교 부사절(as, than)일 경우 시제 제한은 없다.
    4. 가정법(조건 부사절 if)의 동사는 주절의 동사에 영향을 안 받는다.

① He told me that he (took / takes) a short walk every morning. 〈습관〉
〈그는 아침마다 간단한 산책을 한다고 했다.〉
② We (are taught / were taught) that the Revolutionary War was over in 1783. 〈역사적 사실〉
〈혁명전쟁은 1783년에 끝났다고 배웠다.〉
③ He (is / was) then more generous than he is now. 〈비교 부사절〉
〈그는 지금보다도 그 당시에 더 너그러웠다.〉

정답 ▶ 1. takes 2. were taught 3. was

Start - Up

1. They are (look / looking) for a big business.
그들은 큰 사업거리를 찾고 있다.

2. They (are understanding / understand) the system of economics.
그들은 경제학의 계통을 이해하고 있다.

3. The secretary (is wanting / wants) to see a friend of hers.
비서는 그녀의 친구를 만나길 원한다.

정답 ▶ 1. looking 2. understand 3. wants

CHECK-UP TEST

1. Most of the faculty members of the university _____ that the new president is a liar.

(A) realize
(B) realizes
(C) realizing
(D) are realizing

2. The newly wedded couple thinks that the flower _____ sweet.

    (A) smells   (B) is smelling
    (C) are smelling   (D) smelling

3. The sales department doubts if the director _____ to retire on a pension under an age clause.

    (A) wanting   (B) is wanting
    (C) wants   (D) are wanting

기출 유형 전략 비법

1. 동사 고치기 [정답] A

전략 비법 I 『주어와 동사 사이에 삽입어구가 있을 경우, 정답은 동사가 된다』

주어와 동사 사이가 삽입어구에 의해 거리가 벌어진 경우는 의도적인 삽입 문제로서 수험생들의 주의력을 분산시키려는 함정이며 그 삽입어구 바로 뒤인 동사가 정답이 된다. 사유 동사 realize는 진행형을 쓸 수 없는 상태를 나타내는 정적인 동사이므로 현재 realize로 고친다.

해석 I 그 대학의 대다수 교수진들은 새 총장이 거짓말을 잘 한다는 사실을 깨닫고 있다.

어구 I **faculty member** 교수진 **realize** 깨닫다 **president** 총장, 사장

2. 동사 고치기 [정답] A

전략 비법 I 『주의력을 분산시키는 함정인 접속사는 그 바로 뒤가 정답의 위치로 출제된다』

이미 상태가 진행 중인 정적 동사(static verb)들은 이중으로 진행형을 쓸 수가 없다. 지각 동사 smell은 이미 현재 상태가 계속 진행되어서 현재 시제만으로도 진행형과 똑 같은 상태를 유지시키는 정적 동사이다. 고로 is smelling을 smells로 고친다.

해석 I 결혼한 지 얼마 안 되는 그 커플은 그 꽃의 향이 좋을 거라고 생각한다.

어구 I **newly wedded couple** 새로 결혼한 커플 **smell sweet** 향이 좋다

3. 동사 고치기 [정답] C

전략 비법 I 『주의력 분산시키는 함정으로 접속사는 그 바로 뒤가 정답의 위치이다』

이미 상태가 진행 중인 정적 동사(static verb)들은 이중으로 진행형을 쓸 수가 없다. 정서나 기호를 나타내는 동사 want는 이미 현재 상태가 계속 진행되는 상황으로 현재 시제만으로도 충분히 진행형과 똑 같은 상태를 유지시키는 정적 동사이다. 고로 wants가 정답이다.

해석 I 영업부에서는 그 부장이 연금을 받고 정년퇴직하길 원치 않는다고 본다.

어구 I **sales department** 영업부 **doubt** ~이 아니라고 보다 **director** 부장 **want to** ~을 원하다 retire 퇴직하다 **on a pension** 연금을 받고 **under an age clause** 정년으로, 나이가 많아서

▶미래완료 시제

⇒『by(the time)가 등장하면, 미래완료(will + have + p.p.)가 정답으로 출제된다!』

경향분석 ❶ 본래 종료나 완료의 의미를 지니는 by는 미래 완료(will + have + p.p.)나 과거완료(had + p.p.)를 정답으로 갖는다. 주로 미래 완료의 경우가 십중팔구의 비중으로 출제되며 그 정답으로 가장 많이 출제된 것은 will have served/taught/worked/stayed 등이며 보기 중에 등장하기만 해도 정답일 정도이다.

❷ 동작이나 상태의 종료, 완료의 의미를 갖는 전치사 by는 전체 시점이 미래 일 때, 미래완료(will + have + p.p.)를 정답으로 출제하고, 전체 시점이 과거 일 때는 드물지만 과거완료가 정답이다. 2000년 직후부터 미래의 계획, 예상, 일정 등을 물으며 자주 출제되고 있다. 토익 문법 통 털어 첫 단어가 by가 나오면 미래완료가 답이 된다. 또한 첫 단어가 by가 나오면 답은 동사가 정답이 된다.

출제 의도 단순미래 will과 미래 완료 will + have + -ed를 구분하기

출제 빈도 연간 2~3회

출제 유형 아래 유형 1~2.

1 『by(the time) + 시간, -times』는 주절을 미래나 미래완료(will + have + p.p.)를 정답으로 갖게 한다!』

ex.) I shall[He will] have finished it by the time she comes back.
〈그녀가 돌아올 때까지는 나[그]는 그것을 끝내 놓고 있을 것이다.〉

2 첫 단어가 by(till, for, since, during)일 때 정답은 동사가 된다!

Start - Up

1. By this time next year the manager (has served / will have served) on the committee for the last fifteen years.
매니저는 내년 이맘때면 15년간 위원회에서 봉사하게 된다.

2. Susan will (read / have read) that newsmagazine three times if she reads it again.
Susan은 그 시사 잡지를 한번만 더 읽는 다면 세 번째 읽는 셈이 된다.

3. (For / By) 2040, a lot of scientists will have discovered a cure for the common cold.

2040까지는 많은 과학자들은 일반 감기 치료제를 발견해 낼 것이다.

4. By the time Neil Armstrong walked on the moon, there (been / had been) many space expedition.

Neil Armstrong이 달에 유영할 때까지는 많은 우주 탐험이 있었다.

정답 ▶ 1. will have served 2. have read 3. By 4. had been

CHECK-UP TEST

1. By the year 2080, approximately ninety percent of the United States' population ____ near cities.

(A) will have lived   (B) will be
(C) have lived   (D) will be lived

2. By this time next week, Michael not only will have memorized the words of the new song, but he will also _____ the melody.

(A) learn   (B) will learn
(C) will have learned (D) learned

3. _____ the time he retires, Tomas will _____ for over twenty five years, but he still thinks that teaching is always difficult for him.

(A) be teaching   (B) have taught
(C) teach   (D) be taught

기출 유형 전략 비법

1. 동사 찾기   [정답] A

전략 비법 | 『첫 단어가 "by(the time) + 시간"이면 미래완료가 정답이다』

동작이나 상태의 종료, 완료의 의미를 갖는 전치사 by는 전체 시점이 미래일 때, 미래완료(will + have + p.p.)를 답으로 하며, 또한 전체 시점이 과거일 땐, 드물지만 과거완료(had + p.p.)가 답이 된다.

해석 | 앞으로 2080년 즈음에는 미국 국민의 약 90% 정도는 도심에서 살게 될 것이다.

어구 | **by the year** ~즈음에는 **approximately** 약, 거의 **population** 인구

2. 동사 고치기   [정답] C

전략 비법 | 『함정으로 이용되는 접속사나 관계사 뒤에가 정답이다』

"by(the time) + 시간"은 미래완료(will + have + p.p.)를 답으로 한다! 동작이나 상태의 종료, 완료의 의미를 갖는 전치사 by는 전체 시점이 미래일 때, 미래완료(will + have + p.p.)를 갖게 된다. 일반적으로 주의력을 분산시키는 함정으로 이용되는 접속사는 그 바로 뒤인 동사를 정답으로 한다.

해석 | 내주 이맘 때면 Michael은 그 신곡의 가사 말을 외울 뿐 아니라 멜로디도 익히게 될 것이다.

어구 | **this time next week** 다음 주 이맘 때 **memorize** 외우다, 암기하다 **learn** 배우다, 익히다 **not only** … **but also** …뿐 아니라 ~도 역시 **melody** 멜로디

3. 동사 고치기   [정답] B

전략 비법 | 『첫 단어가 "by(the time) + 시간"이면 정답은 동사가 된다』

토익 문법 전체 통틀어 첫 단어가 "by(the time) + 시간"일 때 정답은 동사가 된다.(Part 5) 전치사 by는 동작이나 상태의 종료나 완료의 의미를 갖기 때문에 전체 시점이 미래 일 때, 미래완료(will + have + p.p.)를 정답으로 갖는다.

해석 | Tomas는 자신이 은퇴할 즈음에는 한 25년 이상을 가르치게 되는 셈이지만, 그는 아직도 학생들을 가르치는 일은 자신에겐 어렵다고 본다.

어구 | **retire** 은퇴하다, 사직하다 **still** 여전히 **difficult** 어려운, 힘든

▶when 부사절

⇒ 부사절『when(=if) 주어+동사』절은 현재 시제를 정답으로 출제한다.

경향 분석 ❶ 전체 시점이 미래인 경우, 시간의 부사절에서는 현재 시제를 답으로 출제하지만, 명사절이나 형용사절(관계 부사절)일 때는 미래 조동사 will이 정답이 된다. 접속사 when절은 부사절, 명사절, 형용사 절로 모든 종속절로 출제됨으로 일단 when절 속 동사는 will이 없는 현재를 정답으로 출제한다.(Part 5, 6)

❷ 시간과 조건 부사절 속에는 현재나 현재완료가 정답이다. 시간과 조건의 접속사 when(…할 때 ~할 것이다= will, would…), if(…하면 ~할 것이다= will, would, could) 등은 자체에 이미 미래 조동사 will, would…(~할 것이다) 등의 의미가 이미 내포 되어있으므로 native들의 머릿속에서는 이미 if를 will로 치환해서 사용하게 된다.

출제 의도 조동사 will의 삽입 여부를 확인하기
출제 빈도 연간 2~3회
출제 유형 아래 유형 1~7.

1 주어 + will + 타동사 .... when 주어 + will + 동사[타동사의 목적절] 〈명사절〉

ex.) I' ll tell him when he will come home.
〈그가 언제 올지를 말 할거다.〉

Korea Express is not certain when the canal will be completed.
〈대한통운은 운하가 언제 완공될 것인지에 대해서는 확실히 모르고 있다.〉

Could you tell me when the bus will arrive at the city hall?
〈버스가 언제 시청에 도착하는지 알려주세요.〉

2 완전한 문장(주절[주어+will+동사]) .... when(=will) 주어+현재 동사 〈부사절〉

ex.) I' ll give it to you when you say 'please'.
〈「제발」이라고 말하면 그걸 주마.〉

When the children choose to like you, they will.
〈애들이 당신을 좋아하는 쪽을 택했다면 그렇게 할 것입니다.〉

When you happen to come in these parts, please drop in
당지에 오시거든 꼭 들러주십시오.〉

When it' s over, you and I will decide what to do next.
〈그 일이 끝나면 너하고 내가 다음에는 무엇을 할 것인지 결정해야 될 거야.〉

You' ll be even more upset when your faces are all lined.
〈얼굴이 다 주름지게 되면 더 열받게 될테니까.〉

He wants to be a pilot when he grows up.
〈그는 어른이 되면 비행사가 되고 싶어 한다.〉

❸ 주어+will+동사+ 선행사(시간)+when 주어+will+동사 〈형용사절: 관계 부사절〉

ex.) Now is the time when we have to make a decision.
〈지금이야말로 우리가 결단을 내려야할 때다.〉

Time was the time when you could buy a cigar for a nickel.
〈시가 한 개비에 5센트 하던 때도 있었다.〉

There are times when everyone needs to be alone.
〈누구나 혼자 있을 필요가 있을 때가 있다.〉

❹ 접속사 when절 속 동사가 정답으로 출제된다.(Part 5, 6)

- will을 제거하고 현재나 현재완료가 정답으로 출제된다.

UNIT 39

▶if 부사절

⇒ 『if(=when)절이 부사절일 경우엔, 현재 시제를 정답으로 출제한다.』

경향 분석 고로 이들 문장 속에는 단순히 현재 시제만 나와도, 곧 if, when이 will의 뜻을 지니므로 will을 또 쓰면 중복이 되고 만다. 결국 if나 when절속에서는 현재만으로도 곧, 미래가 되는 것이다. 결국 조동사 will, would 등은 주절에만 나오며 if(when)절은 현재 시제를 정답으로 출제한다.

1 if (= will) / when, while, until/till, once / as soon as, before + 주어 + 현재 동사, 주어 + will + 동사원형

ex.) If it's warm tomorrow, we'll drive in the country.
〈내일 날씨가 포근하면 시골로 드라이브 간다.〉

I'll be hanged[damned] if I obey him. 〈그놈에게 복종한다면 사람이 아니다.〉

You will come, if you like. 〈괜찮으시다면 오십시오.〉

I won't mind even if she doesn't come. 〈그녀가 오지 않더라도 나는 개의치 않겠다.〉

I shall tell him if he comes. 〈그가 오면 그에게 말하겠습니다.〉

If you do so, you will bring shame on your parents. 〈그런 일을 하면 부모에게 욕된다.〉

If our consultant comes tomorrow morning, she will see him.
〈상담 고문이 내일 오전에 온다면, 그녀는 그를 만날 것이다.〉

2 왕래, 발착, 개시 동사(come, go, start, return, arrive…) 등이 미래 부사와 함께 올 경우 현재 시제가 미래의 의미를 갖게 된다.

ex.) His supervisor returns home from Canada next month.
〈그의 상사는 내달 캐나다에서 돌아올 것이다.〉

3 부사 usually, generally, commonly 등은 현재 시제를 정답으로 출제한다!

ex.) They usually get home about 9 o'clock after work.
〈그들은 보통 퇴근 후 9시경이면 귀가한다.〉

Start - Up

1. The colleague will tell the team when the vice-president (gets / will get) here.
동료가 그 팀에게 부사장이 여기 도착할 시간을 알려줄 것이다.

2. Bacteria will cause it to decay when an organism (will die / dies).
한 생물이 죽게 되면 박테리아는 그것을 부패하게 할 거이다.

3. In two weeks many fans will know the exact time when the Korea team (plays / will play) in the semifinals of World Cup Championship.
두 달 후엔 많은 팬들은 한국 팀이 월드컵 선수권 대회 준결승전에 출전할 정확한 때를 알게 될 것이다.

4. When it (will be / is) fine, He will go for a drive.
날씨가 좋으면 그는 드라이브할 것이다.

5. He will go home for vacation as soon as he (will finish / finishes) his exam.
그는 시험이 끝나자마자 휴가차 집에 갈 것이다.

정답 ▶ 1. will get 2. dies 3. will play 4. is 5. finishes

CHECK-UP TEST

1. Finally Nobody will know when the president _____ .

(A) comes
(B) has come
(C) will come
(D) had came

2. The sales manager will tell the staff when the president in charge _____ because of pressing question.

(A) return
(B) will return
(C) returned
(D) to return

3. When his expenses _____ , the director will evacuate the office by the end of this month.

(A) will be paid
(B) are paid
(C) be paid
(D) to be paid

4. If the chief manager _____ with the problem carefully, there will be found a means of a strong solution to it.

(A) will cope

(B) coped

(C) copes

(D) cope

5. It will not be long before the CEO of our company _____ here again in order to negotiate a settlement of the problem.

(A) gets

(B) will get

(C) would get

(D) is got

기출 유형 전략 비법

1. 동사 찾기
[정답] C

전략 비법 | 『접속사 when이 명사절 일 때 will을 정답으로 갖는다』

전체 시점이 미래인 경우, 시간의 부사절인 when은 현재 시제가 답으로 출제되지만, 명사절이나 형용사절(관계 부사절) 일 때, when은 조동사 will을 답으로 갖는다. 타동사 know가 will을 가지므로 뒤에 목적어로서 쓰인 명사절 when절도 will을 가지다.

해석 | 결국 어느 누구도 사장이 언제 올지는 알 수가 없다.

어구 | **finally** 결국 **president** 사장, 대통령

2. 동사 고치기
[정답] B

전략 비법 | 『명사절 when절속은 will을 답으로 한다.(Part 5)』

일반적인 접속사들은 명사절, 부사절, 형용사 절 등 하나의 용법으로만 쓰이는 것이 보통이나 접속사 when의 경우만 유일하게, 부사절, 명사절, 형용사절 모두 이끌게 되며 늘 항상 조동사 will의 유무가 답이 된다. 고로 when절 속 동사 일단 답이 된다(Part 5). 타동사 tell이 will을 가지므로 뒤에 목적어로서 쓰인 명사절 when절도 will을 가진다. 게다가 접속사 뒤는 주의력을 분산시키므로 정답의 위치가 되곤 한다.

해석 | 영업 과장은 직원들에게 그 담당 사장이 긴급 문제로 돌아올 날을 얘기해줄 것이다.

어구 | **sales manager** 영업 과장 **the staff**(집합) 직원들 **in charge** (of) ~을 담당하는 **pressing**(= burning, urgent)긴급한, 다급한 **because of**(= on account of, owing to, due to, thanks to) ~때문에

3. 동사 고치기
[정답] B

전략 비법 | 『부사절 when절속은 현재가 정답이다.』

시점이 미래인 경우, 시간의 부사절 when절속에서는 현재 시제를 답으로 출제하지만, when이 명사절이나 형용사절(관계 부사절)일 때는 조동사 will이 정답으로 나온다. 고로 접속사 뒤가 답이 된다.

해석 | 그의 비용이 지불되면, 부장은 이달 말까지는 사무실을 비울 것이다.

어구 | **expense** 비용, 희생 **be paid** 지불되다 **director** 부장, 이사 **evacuate**(= clear out of, vacate, quit…) 비우다 **by the end of** ~끝날 무렵에

4. 조동사 고치기
[정답] C

전략 비법 | 『조건의 부사절인 if절속은 현재가 정답이다.』

시간과 조건의 접속사 자체에는 이미 미래 조동사 will, would…등의 의미가 있으므로 이들 문장 속에는 단순히 현재 시제만 나와도, 곧 if/when 자체가 will과 같으므로 will을 또 쓰면 중복이 되고 만다. 결국 if나 when절에서는 현재 만으로도 곧, 미래가 된다. 고로 조건의 부사절에서는 현재 시제가 답으로 출제된다. 이 경우 조동사는 주절에만 나

와 가정법 현재를 이룬다.

해석 | 그 수석 매니저가 그 문제를 조심해서 다룬다면 확실한 해결책을 찾게 될 것이다.

어구 | **chief manager** 수석 매니저 **cope with** 다루다, 취급하다 **a means of a solution to** ~의 해결 방안

5. 동사 찾기 [정답] A

전략 비법 | 『시간과 조건 부사절 속에서는 현재 시제가 정답이다!』

시간의 접속사 before 자체에는 이미 미래 조동사 will, would…등의 의미가 있으므로 이 문장 속에는 단순히 현재 시제만 나와도, 곧 before 자체가 will과 같으므로 will을 또 쓰면 중복이 된다. 결국 before절속에서는 현재만으로도 곧, 미래가 된다. 고로 시간의 부사절에서는 현재 시제가 답으로 출제된다.

해석 | 머지않아 회장이 곧 문제를 협상으로 해결하기 위해서 이곳에 다시 올 것이다.

어구 | **It will not be long before** 머지않아 ~할 것이다 CEO 최고 경영자 **in order to** ~하기 위해서 **negotiate a settlement of** 협상으로 해결하다

⇒『무생물은 현재분사 interesting을, 사람의 경우는 과거분사 interested를 정답으로 출제한다.』

경향 분석 ❶ 자극이나 감각을 나타내는 다음 동사들은 사람과 어울릴 때는 과거분사(p.p.)가 정답이 되고, 자극의 원인으로서 사람이 아닌 사물이나 외부 환경 요인과 어울릴 때는 현재분사(-ing)가 정답이 된다. 주로 과거분사가 격월 정도로 많이 출제된다. (Part 5, 6)

❷ 『분사 (구문) 자체나 주절의 주어 둘 중 하나가 정답으로 출제된다.』길고 복잡한 부사절을 줄여서 만든 분사 구문의 경우, 일반적으로 주절의 주어가 사람 일 때 현재분사(-ing)가 정답이고, 주절의 주어가 사물이면 과거분사 (p.p)가 정답이 된다(Part 5, 6). 연간 4~5회에서 격월까지 출제된다.

❸ 배수 공식은 -times(~몇 배)뒤에 as ~ as나 비교급(-er) than이 정답이다. as 앞에는 as가 than 앞에는 비교급(-er)이 항상 정답으로 함께 나오며 둘 중 하나만 빠져도 무조건 오답이 된다. 연간 2~3회 정도 출제되고 있다.

출제 의도 현재분사(-ing)와 과거분사(p.p.)를 구분하기

출제 빈도 격월에서 매월

출제 유형 아래 유형 1~11.

■ **말초 자극 동사** : 희노애락 등의 자극이나 감각을 나타내는 다음 자극 동사들은 주로 사람과 어울릴 수 있으므로 과거분사를 정답으로 많이 출제한다.

『enlighten[계몽하다], bore, confuse, challenge, disappoint, excite, embarrass, exhaust, interest, experience[경험케 하다], dedicate[헌신하게 하다], motivate[동기를 주다], involve, overwhelm, qualify[자격을 주다], fascinate, surprise, terrify, perplex, frighten, amuse, bewilder, please, reward[보답 하다], satisfy, accomplish[성취하다].』

1 사람(생물)이 나올 경우는 과거분사(p.p.)를 정답으로 출제한다.

ex.) The women working at these clubs are not romantically interested in the patrons.
〈그런 클럽에서 일하는 여자들은 손님들에게 연애감정을 느끼지 않습니다.〉

The position calls for an experienced engineer.
〈그 자리는 경력 있는 기술자를 필요로 한다.〉

Other businessman-minded university presidents have also been dedicated to drawing funds to their schools.
〈경영 마인드를 가진 다른 대학의 총장들도 학교에 자금을 유치하는 데 전념해 왔다.〉

I was surprised at the fluency with which he spoke English.

〈그의 영어가 유창한 데 놀랐다.〉

We are disappointed that you will not be able to attend.
〈당신이 참석하지 못하신다니 실망스럽습니다.〉

2 사물(무생물)이 나올 경우는 현재분사(-ing)를 정답으로 출제한다.

ex.) No book is more interesting than this one.〈이만큼 재미있는 책은 없다.〉

I have some great, exciting, wonderful news.〈엄청난, 흥분되는, 정말 끝내주는 뉴스가 있다.〉

They also hope for surprising results in other events.
〈이들은 또 다른 시합에서도 예기치 못 한 결과가 있기를 기대하고 있다.〉

That is a rewarding book.〈일독의 가치가 있다.〉

Data released yesterday confirmed the disappointing performance.
〈어제 발표된 데이터는 실망스런 성과를 확인시켜 주었다.〉

3 일반적인 동작 동사(work, serve…)의 경우, 사람은 -ing가 사물은 -ed가 정답이 된다.

ex.) We are working with the other parties to have the talks resume as soon as possible.
〈가능한 빨리 회담 재개를 위해 다른 당사자들과 함께 노력하고 있다.〉

There are some details that need to be worked out before a final decision is made.
〈최종안이 확정되기 전까지 조율해야 할 세부 사항이 남아 있다.〉

4 현재분사[-ing] + 목적어

분사 뒤에 목적어가 있을 경우 -ing가 된다.   , 주어[사람] + 동사…

5 과거분사[-p.p] + 부사/전치사

분사 뒤에 목적어가 없을 경우 -ed가 된다.   , 주어[사물] + 동사…

ex.) Completing a debt-workout program in 2001, the company has emerged as one of the more successful former affiliates.
〈2001년에 워크아웃을 마친 후에, 회사는 과거 계열사 중에서 가장 성공적인 회사의 하나로 부상했다.〉

Completed by 2008, the new development projects will generate 21,000 new jobs.
〈2008년 완료 된, 새 개발계획은 21,000개의 새 일자리를 창출하게 된다.〉

6 분사나 주절의 주어, 둘 중 하나를 정답으로 출제한다.(Part 5, 6)

7 주어가 사람인 경우가 주로 출제되므로 현재분사(-ing)가 답으로 많이 몰린다.

8 동시 상황을 나타낼 때는 "with + 명사 + 분사(-ing/-ed)"를 정답유형으로 출제한다.

ex.) With night coming on, we started home.〈어둠이 다가오자 우리는 귀로에 올랐다.〉

She sat there, with her eyes closed.〈그녀는 눈을 감고 거기에 앉아 있었다.〉

The program will apply to all companies with five or more employees beginning this month.
〈이 제도는 이달부터 직원 5인 이상인 모든 기업에 적용된다.〉

The vote had been delayed for two months with the nation split on the issue.
〈국회 결의는 이 계획에 대한 국민의 의견이 양분됨에 따라 2개월을 끌어 왔다.〉

⑨ 『명사 + [which/who is] + ___ + by(전치사)』일 때 p.p.가 정답이다
　⇨ 명사 + 과거분사(p.p.) + by(전치사) (매월 출제되므로 반드시 암기한다.)

　ex.) Danish soprano, Anne Margrethe Dahl will sing songs written by Andersen.
　〈덴마크 소프라노앤 마가렛 달은 안데르센이 쓴 노래를 부른다.〉

　The handmade, custom vehicle used by the British royal household weighs 2.5
　tons but requires only 5.9 seconds to hit 100 km/h.
　〈영국 왕실이 이용하는 수작업으로 주문 생산되는 이 자동차는 무게가 2.5톤이지만 시속 100킬로미터에 이
　르는 데 5.9초 밖에 걸리지 않는다.〉

⑩ 배수 공식 표현
　-times / twice + thrice (~의 몇 배)
　[1] as + 형용사 원급 + as
　[2] 비교급(-er) + than
　[3] the /소유격 + 명사 + of

ex.) This is three times as large as that. 〈이것은 저것의 3배의 크기이다.〉

Developed market funds are 25 times bigger than emerging market funds.
〈선진시장 펀드는 신규 마켓 펀드보다 25배나 크다.〉

⑪ ① 보기 중 as + 원급 + as가 나오거나 비교급 + than이 나올 경우 정답이 된다.
　② 보기 중 as와 as 둘 중 하나만 빠져도 오답이 된다.
　③ 보기 중 비교급과 than 둘 중 하나만 빠져도 오답이다.
　④ 보기 중 as/so 와 than이 등장할 때, 둘 중 하나가 정답유형으로 출제된다.(Part 5, 6)

Start - Up

1. Most travellers were (exhausting / exhausted) with the trip to Japan.
대 부분의 관광객들은 일본 여행으로 지쳐 있었다.

2. His use of technical terms left his audience (confusing / confused).
그는 전문 용어를 사용함으로써 청중들을 혼란스럽게 했다.

3. They found the (exhausting / exhausted) animal lying there sick.
그들이 발견한 것은 아파서 그곳에 누워있는 지친 동물이었다.

4. The (embarrassing / embarrassed) professor pleaded not guilty to the charge.
당혹해 하는 교수는 그 고발에 대해 죄가 없다고 주장했다.

5. Those potential buyers (interesting / interested) in new products are our competitor's managers.

새 상품에 관심을 보이는 앞으로 고객이 될 저 사람들은 우리 상대사의 매니저들이다.

6. Most travellers didn't think the trip to Japan was (exhausted / exhausting).

대 부분의 관광객들은 일본 여행이 심신을 지치게 했다고는 보지 않았다.

7. The composer (work / working) at the office plays the piano well.

그 사무실에서 일하는 작곡가는 피아노를 잘 친다.

8. A large audience heard him (to play / play[ing]) the violin.

다수의 청중은 그가 바이올린 연주하는 것을 들었다.

9. Before (signed / signing) any partnership agreement, please make sure to examine all the documents.

공동 협약에 서명하기 전에, 반드시 모든 서류를 점검하시오.

10. (Had / Having) heard of the conditions of the mergers, our CEO made an informed decision.

합병 조건을 듣고 난후 우리 사장님은 현명한 결정을 내렸다.

11. (Turned / Turning) to the right, you'll find the main office.

우측으로 가면, 본사를 찾게 될 것이다.

12. The mechanic was lying on the floor with his eyes (close / closed).

그 수리공은 눈을 감은 채 바닥에 누워있었다.

13. All the light went out, (left / leaving) us in darkness.

모든 불이 꺼졌고 우린 어둠 속에 남겨졌다.

14. Baroque has been the term (using / used) by art historians for a century.

바로크 건축 양식은 예술 사학자들이 1세기 동안 사용한 용어이다.

15. The pancreas is an organ (involving / involved) in the digestion of food.

췌장은 음식물 소화와 관련된 기관이다.

16. This piece of work is ten times (good / better) than the last piece.

이 부품은 마지막 것보다도 10배나 더 좋다.

17. He earns five times (so / as) much as she does.

그는 그녀보다도 5배나 더 많이 번다.

정답 ▶ 1.exhausted 2. confused 3. exhausted 4. embarrassed 5. interested 6. exhausting 7. working
8.play[ing] 9. signing 10. Having 11. Turning 12. closed 13. leaving 14.used
15. involved 16. better 17. as

1. All the staff finally found the CEO's lecture _____ .

   (A) much enlightening   (B) most enlightened
   (C) very enlightened   (D) most enlightening

2. Most economists know the new findings in business to be _____ .

   (A) exciting   (B) excited
   (C) excitingly   (D) with excitement

3. The superintendents in the company seem to be very _____ by the staff's jest and joke.

   (A) entertaining   (B) entertained
   (C) entertainment   (D) entertainingly

4. _____ he is still young, he almost always reads a lot of novels.

   (A) Considered   (B) Considering
   (C) Being considered   (D) His considering

5. After writing a lot of novels, _____ .

   (A) Albert got well known for his literary work.

   (B) His literary work made him famous

   (C) Well known for Albert's work of art

   (D) Work of art enabled him to be famous for that

6. American business men consume _____ milk per person as they did ten years ago.

   (A) twice more   (B) twice as much
   (C) twice as many   (D) twice so much

7. Tempered glass may be up to _____ .

   (A) three times as hard as ordinary one

   (B) as hard as ordinary one three times

   (C) hard as ordinary one times three

   (D) ordinary one as hard as three times

8. The new manager is _____ .

   (A) three times as my age   (B) as three times my age
   (C) three times my age   (D) as three times as my age

1. 목적보어 찾기 [정답] D

전략 비법 | 『자극 동사(enlighten, confuse…)는 사물과 어울릴 땐 -ing가 정답유형이다!』

자극이나 감정을 나타내는 동사(enlighten, bore, confuse, interest, perplex, amuse, surprise, terrify, bewilder, please, excite, embarrass, exhaust, satisfy…)들은 사람과 어울릴 때는 과거분사(p.p.)가 답이 되고, 자극의 원인으로서 사람이 아닌 외부 환경 요인과 어울릴 때는 현재분사(-ing)가 답이 된다. find A B구조는 "A가 B하다는 것을 알게 되다"로서 문장 형식으로는 5형식이 된다.

해석 | 결국 전 직원들은 회장의 강의가 아주 계몽적이란 것을 알게 되었다.

어구 | finally 계몽적인, 교화적인 **the staff** (집합)직원 **CEO** 최고 경영자, 회장 **enlightening** 교화적인, 계몽적인 **find A B** A가 B하다는 것을 발견하게 되다 **enlightened** 개화된, 계몽된, ~을 훤히 알고 있는

2. 보어 찾기 [정답] A

전략 비법 | 『자극 동사(excite, confuse…)는 사물과 어울릴 땐 -ing가 정답유형이다!』

자극이나 감정을 나타내는 동사(enlighten, bore, interest, perplex, amuse, confuse, surprise, terrify, bewilder, please, excite, embarrass, exhaust, satisfy)들은 사람과 어울릴 때는 과거분사(p.p.)가 답이 되고, 자극의 원인으로서 사람이 아닌 외부 환경 요인과 어울릴 때는 현재분사(-ing)가 답이 된다.

해석 | 대 다수의 경제학자들은 business에서 새롭게 발견된 것이 흥미진진하다는 것을 알고 있다.

어구 | economist 경제학자 **new findings** 새롭게 발견된 것들 **exciting** 재미있는, 흥분시키는(= stirring)

3. 보어 찾기 [정답] B

전략 비법 | 『자극 동사(entertain, excite,)는 사람과 어울릴 땐 p.p.가 정답유형이다!』

자극이나 감정을 나타내는 동사(enlighten, bore, interest, amuse, confuse, surprise, entertain, terrify, bewilder, excite, embarrass, exhaust, satisfy)들은 사람과 어울릴 때는 과거분사(p.p.)가 답이 되고, 자극의 원인으로서 사람이 아닌 외부 환경 요인과 어울릴 때는 현재분사(-ing)가 답이 된다.

해석 | 회사의 상사들이 그 직원들의 농담과 익살에 아주 즐거워하는 듯하다.

어구 | superintendent 상사, 감독자 **seem to** ~인 듯하다 **jest and joke** 익살과 농담

4. 접속사 찾기 [정답] B

전략 비법 | 『사람 주어인 경우, 주로 현재분사(-ing)가 정답이다!』

A는 considering으로 바꾼다. C는 consider의 목적어 that절이 이미 나와 있으므로 수동태[being considered]는 나올 수 없다. D는 소유격 + 동명사 (his considering) 이므로 분사 구문 자리에는 나올 수 없다.

해석 | 아직 어린 나이를 감안하면 그는 항상 꽤나 많은 소설을 읽는다.

어구 | still 아직도 **almost always** 언제나 늘 **a lot of** 많은(양, 수)

5. 완전한 문장 찾기. [정답] A

전략 비법 | 『현재분사가 나오면 주절의 주어는 사람이 정답이다!』

현재분사 writing이 나오면 주절의 주어는 사람이 정답으로 나온다. 고로 Albert가 주어로 나온 A만이 답이 된다. B, C, (D) 모두 사람이 주어로 나와야 한다.

해석 | 많은 소설 작품을 쓴 이후로 Albert는 자신의 문학 작품으로 인해서 유명세를 얻게 되었다.

어구 | get well known for ~로 유명해지다 **literary work** 문학 작품

6. 형용사 찾기 [정답] B

전략 비법 ┃ 『-times 뒤에 〈as + 원급 + as〉이거나 〈비교급 + than〉이 나오면 정답!』

보기 중, 『 -times 뒤에 as나오면 정답은 as, than나오면 비교급(-er)이 정답!』 배수 공식으로서 twice as ~ as 고르기다. much + 불가산명사(milk)이므로 B가 정답이다. A는 more를 as로 고치고 much나 little이 필요하다. C는 many를 much로 고친다. D는 so를 as로 바꾼다.

해석 ┃ 미국의 비즈니스맨들은 10년 전의 2배의 우유를 소비하고 있다.

어구 ┃ **consume** 소비하다 **per person** 한 명당 **twice as ~ as** ~만큼의 두 배

7. 보어 찾기 [정답] A

전략 비법 ┃ 『-times 뒤에 as + 원급 + as 이거나 비교급 + than 나오면 정답이다.』

A, B, C, D 보기를 보면, times.과 as ~ as가 등장한다. 즉 배수 공식인 times as ~ as가 정답이다. 좌측에 times가 오고, 우측엔 as ~ as가 배열된다. 고로 A, B, C, D 보기만 보고도 정답은 A가 된다.

A는 up to 뒤엔 숫자가 오므로 숫자가 나온 것은 A뿐이다. B는 -times가 as ~ as 앞으로 나가야 된다. C는 as ~ as 둘 중 하나가 없어 균형을 깨므로 앞의 as가 없어 탈락된다. D는 -times가 as ~ as앞으로 가야 된다.

해석 ┃ 담금질을 하면 유리는 일반 것 보다 3배나 단단해진다.

어구 ┃ **tempered glass** 담금질한 유리 **as hard as** ~만큼이나 단단한 **ordinary** 보통의, 일반적인

8. 보어 찾기 [정답] C

전략 비법 ┃ 『-times 뒤에 as + 원급 + as 이거나 비교급 + than 나오면 정답이다.』

A, B, C, D 보기를 먼저 보면, -times와 as또는 명사가 등장한다. 즉, 배수 공식 문제이다. -times 뒤에 as ~ as 이거나 비교급(-er) ~ than이나 또는 명사가 답이다!. A나 B, D에서 as를 제거한다.

해석 ┃ 그 새 매니저는 내 나이의 3배이다.

어구 ┃ **age** 나이, 연령 **three times** 3배, 3번째, 3곱하기

▶비례관계 공식

⇒『첫 단어가 〈the + 비교급〉일 때, 정답도 〈the + 비교급〉이 출제된다.』

경향 분석 ❶ 비례 관계 공식으로서「…하면 할수록 더/덜 ~하다」의 의미이다. 일반적으로 형용사 비교급과 원급 앞에는 a[n]이 나온다. 그러나 이 경우는 예외적으로 관사 the가 비교급 앞에 나와서 문장의 첫 단어로 등장하는 것이 특징이다.

❷ 이 때 컴마(,)뒤의 the + 비교급을 정답으로 출제하며 마찬가지로 컴마(,) 뒤가 주로 정답으로 출제된다(Part 5, 6). 동사1과 동사2가 각각 be 동사이고 뒤에 보어[형용사]가 없을 땐 be 동사마저도 탈락된다.

출제 의도 『the + 비교급』과 『the + 최상급』을 구분하기

출제 빈도 연간 3~4회 이상

출제 유형 아래 유형 1~3.

The + 비교급 + (주어+동사1) , The + 비교급 + (주어+동사2)

---

1 첫 단어가 『the + 비교급』이면, 정답도 『the + 비교급』이 된다.(Part 5, 6)

2 첫 단어가 『the + 비교급』이면, 정답도 컴마(,) 뒤에 『the + 비교급』이 출제된다.

3 앞의 관사 the(= if)는 접속 부사로 쓰인 것이고 뒤의 the(= as much/little as)는 지시 부사로 출제된다.

출제 유형별 기출 예문

The higher prices rose, the more money the workers asked for.
〈물가가 오르면 오를수록 노동자들의 임금 요구도 증대했다.〉

The more I hear, the more interested I become.
〈들으면 들을수록 흥미가 더해진다.〉

The more I think about it, the more confused I get.
〈생각하면 할수록 모르게 된다.〉

Start - Up

1. The harder they study, (the most / the more) ignorant they find themselves.
공부하면 할수록 자신이 무지하다는 것을 더 알게 된다.

2. The greater the demand (is), (the highest / the higher) the price (is).
수요가 많을수록 가격은 더 높다.

3. The more (sophisticating / sophisticated) networks become, the more difficult it is to manage the system.
조직이 더 정교할수록 관리는 더욱 어려워진다.

정답 ▶ 1. the more 2. the higher 3. sophisticated

CHECK-UP TEST

1. The scarcer the goods, _____ the prices.

(A) the higher than
(B) higher
(C) high as
(D) the higher

2. The closer the sun gets to the horizon, _____ it appears.

(A) larger than
(B) as large
(C) the larger
(D) the larger than

3. The more they try to consider it, _____ they find it difficult to cope with the current issue.

(A) the more
(B) the most
(C) the many
(D) the much

기출 유형 전략 비법

1. the + 비교급 찾기   [정답] D

전략 비법 ┃ 『토익 문법 중, 첫 단어가 "the + 비교급"이면, 정답도 the + 비교급』
비례 관계 공식으로 "…하면 할수록 더/덜 ~하다"의 뜻이다. goods와 prices뒤에는 동사 are가 각각 생략됐다.
해석 ┃ 재화가 희소성이 있으면 있을수록, 그 값은 비싸다.
어구 ┃ **scarce** 희귀한, 드문 **goods** 상품, 재화

2. the + 비교급 찾기 [정답] C

전략 비법 | 『토익 문법 중, 첫 단어가 "the + 비교급"이면, 정답도 the + 비교급』

비례 관계 공식으로 "…하면 할수록 더/덜 ~하다"의 뜻.

해석 | 해가 지평선에 가까울수록, 더 크게 보인다.

어구 | close to ~에 가까운 **horizon** 지(수)평선

3. the + 비교급 찾기 [정답] A

전략 비법 | 『첫 단어가 "the + 비교급"이면, 컴마(,) 뒤에도 the + 비교급이 정답이다.』

the + 비교급이 정답으로 나온다. 비례 관계 공식으로 "…하면 할수록 더/덜 ~하다"의 뜻.

해석 | 생각하면 할수록 당면 문제의 해결이 더 어려워진다.

어구 | consider 고려하다, 생각하다 **cope with** 처리하다, 다루다 **current issue** 당면 문제

▶비교급과 최상급

⇒ 『보기 중에 the most, the best, prior to, further 등을 정답으로 출제한다!』

경향 분석 ❶ 원급, 비교급, 최상급의 형용사와 부사의 형태를 연간 4~5회 이상 출제한다.
❷ 원급, 비교급, 최상급의 공식을 연간 4~5회 이상 출제한다.

출제 의도 최상급과 비교급 the most, more, the best, better, prior to, further등을 구분하기
출제 빈도 연간 4~5회 이상
출제 유형 아래 유형 1~3.

1. 비교급(Comparative Degree)

■ 불규칙 변화하는 형용사와 부사

원급	비교급	최상급
1. good (좋은) 2. well (건강한)	better (더 좋은)	best (가장 좋은)
3. bad (나쁜) 4. evil (사악한) 5. ill (병든)	worse (더 나쁜)	worst (가장 나쁜)
6. many (수) 7. much (양)	more (더 많은)	most (가장 많은)
8. little(적은 양)	less (더 적은)	least (가장 적은)
9. old(나이 먹은)	older (더 늙은) elder (연상의)	oldest (가장 늙은)<신구, 노약 관계> eldest (제일 연상의)<손위 관계>
10. far (먼)	farther (더 먼) further (더한층) until further notice. (추후에 통지 할 때까지)	farthest(가장 먼) <거리> furthest (가장) <정도>
11. late(늦은, 나중에)	later (더 나중의) latter(후자, 후반부)	latest(최근의) <시간> last (최후의) <순서>

ex.) He says it must be left as it is until further notice.
〈그가 추후 통지 때까지 그대로 두라고 한다.〉
I find the best way to keep my word is never to give it.
〈약속을 지키는 가장 좋은 방법은 절대 약속하지 않는 거예요.〉

Finding the background is one of the most important steps to understand something.
〈무언가를 이해하기 위해 그 배경을 살피는 것은 가장 중요한 단계의 하나라고 그는 말했다.〉

2. 비교 구문 공식

1) 원급에 의한 비교 공식

1. as + 원급 + as = …만큼 ~한 (동등 비교)
2. not so + 원급 + as = …만큼 ~하지 못한 (열등 비교)

① The box is as (larger / large) as that one.
② She is not so (careful / careful as) her mother.

정답 ▶ 1. large 2. careful as

- as + 원급 + as any + 명사 = 그 어떤 ~에도 못지않게
- as + 원급 + as ever + 동사 = 일찍이 …했던 ~에도 못지않게

① He was as (braver / brave) as any man in the world.
② He is as (greater / great) a statesman as ever lived.

정답 ▶ 1. brave 2. great

- as + 원급 + as possible = 가능한 ~하게 ○ as + 원급 + as + 주어 + can

① He walked as (faster / fast) as possible.
② He walked as (fast / fast as) he could.

정답 ▶ 1. fast 2. fast as

- not so much (A) as (B) =〉 not (A) so much as (B) ○ rather (B) than (A) = (B)라기 보다 (A)이다

① He is not so much a scholar (than / as) a statesman.
② He is rather a statesman (as / than) a scholar.

정답 ▶ 1. as 2. than

- 부정어 + so(as) + 원급 + as = 가장 ~한 (최상급)

① His organization is not (reliable / as reliable) as it looks.

▶ 라틴어(Latin)계 비교급 : 연간 3~4회 이상 출제되므로 반드시 암기한다.

• 어미가 -ior, -or인 라틴어 계통과 동사 prefer는 비교급 일 때 than을 안 쓰고, 전치사 to를 사용하며 more, most도 붙일 수 없다.

• 라틴어계 : inferior to 열등한 superior to 더 우수한 senior to손위의 junior to 손아래의 exterior to 더 밖의 interior to 더 안의 anterior to 더 앞의 posterior to 더 뒤의 prior to 이전에 major to, minor to, prefer A to B 등.

① He prefers working (than / to) doing nothing.
② This event was posterior (than / to) the Korean War.
③ The manufacturing company is superior (than / to) any other company in Asia.

2) 비교급에 의한 비교 구문

• 비교급 + than = ~보다 더 ···한(우등 비교)
• less + 원급 + than = ~만큼 ···하지 못한(열등 비교)
• 비교급과 than 둘 중 하나가 빠질 경우 오답이 된다.

① He works (as / more) diligently than his brother.
② He is less clever (as / than) my bother.

• more + 원급 + than = ~보다 더 ···한(특정 성질 비교)

He is more clever (as / than) honest.

• 비교급 + and + 비교급 = 점점 더 ~ 한

It is getting hotter and (hot / hotter) every day.

- the + 비교급, the + 비교급 = ···하면 할수록 더 ~하다
- 첫 단어가 the + 비교급이면 정답은 컴마(,) 바로 뒤가 정답으로 출제된다.
- 첫 단어가 the + 비교급이면, 정답도 〈the + 비교급〉이 출제된다.(Part 5, 6)

   ① The harder we study, the (most / more) ignorant we find ourselves.

정답 ▶ 1. more

▶ 비교급의 강조 부사(구)들

- 비교급 강조 부사 : much, still, even, far, by far, a little, a lot, slightly, considerably, greatly (훨씬 더 ~한)
- 최상급 강조 부사 : much, far, by far

   ① This is much (big / bigger) than that.
   ② Gold is far (heavy / heavier) than water.
   ③ His satisfaction was even (great / greater) than mine.

정답 ▶ 1. bigger 2. heavier 3. heavier

3) 최상급에 의한 비교 구문

- the + 최상급 + of all the + 복수 명사
- ◐ 비교급 + than any other + 단수 명사
- ◐ 부정어 + 비교급 + than + 주어 + 동사
- ◐ 부정어 + so + 원급 + as + 주어 + 동사
- the 뒤에는 최상급이 정답, 최상급 앞에는 the가 정답으로 출제된다.

   ① A giraffe is the (taller / tallest) of all animals.
   ② She is (the / the most) beautiful of all the girls.
   ③ Tom is taller than (other / any other) boy in his class.
   ④ No boy in his class is taller (as / than) Tom.
   ⑤ No boy in his class is so tall (than / as) Tom.

정답 ▶ 1. tallest 2. the most 3. any other 4. than 5. as

3. 비교 구문의 관용 어구

• no more than = only = nothing but = 단지, 겨우

  cf. no later than + 날짜/시간 : -이전까지.

• not more than = at most = 기껏해야

---

    ① I have no more (as / than) five books.

    ② I have not (as / more) than two hundred books.

정답 ▶ 1. than 2. more

• no less than = as much as = ~ 만큼이나

• not less than = at least = 적어도

---

    ① He paid no less (as / than) a pound.

    ② I have not less (as / than) two hundred books.

정답 ▶ 1. than 2. than

• no less ~ than = as - as = ···만큼 ~한

• not less ~ than = ···못지않게 ~한

---

    ① Action is no (little / less) necessary to us than thought is.

    ② She is not less beautiful (as / than) her sister.

정답 ▶ 1. less 2. than

• a most = a very = 매우, 대단히

• the most = 가장 ~한

• at most = at best = 기껏해야

• for the most part = 대개

• most 시리즈 중 하나가 곧 정답으로 서로 구분하는 문제가 출제된다.

---

    ① This is (most / a most) useful book.

    ② She is (the / the most) beautiful of all the girls.

    ③ He is twenty (most / at most).

정답 ▶ 1. a most 2. the most 3. at most

- at least = 적어도 (연간 2~3회 이상 출제된다)
- more or less = somewhat = about = 대체로, 대강은
- not in the least = not at all = not a bit = 조금도 ~않는
- to say the least of it = 줄잡아 말하면

① You will have to be in bed for (at less / at least) a week.

② I am not in the (less / least) afraid of it.

③ A man is more or (least / less) what he looks.

정답 ▶ 1. at least 2. least 3. less

- 부정어 + 비교급 + than
❍ 비교급 + than any other + 단수 명사(= ⋯보다 더 ~한 것은 없다)

① She had better marks than (other / any other) student in her class.

② Nothing is more precious (as / than) time.

③ Time is (as / more) precious than anything else.

정답 ▶ 1. any other 2. than 3. more

- No sooner + had + 주어 + p.p. ~ than 주어 + 과거 동사
❍ Hardly + had + 주어 + p.p. ~ before(when) + 주어 + 과거 동사
❍ Scarcely + had + 주어 + p.p. ~ before(when) + 주어 + 과거 동사
❍ As soon as + 주어 + 과거 동사 ~, 주어 + 동사
❍ On(Upon) + 동명사 ~, 주어 + 동사(= ⋯하자마자 ~하다)

① No sooner (he / had he) received the letter than he turned pale.

② (Hard / Hardly) had he received the letter before he turned pale.

③ As soon as he (receives / received) the letter, he turned pale.

④ On (receive / receiving) the letter, he turned pale.

정답 ▶ 1. had he 2. Hardly 3. received 4. receiving

- know better than to = be not so foolish as to
❍ be not such a fool as to(= ~할 만큼 어리석지 않다)

① She knows better than (quarrel / to quarrel) with them.

② She is not quite so foolish (than / as) to quarrel with them.

정답 ▶ 1. to quarrel 2. as

- [1] more + (불) 가산명사 + than

  [2] less + 불가산명사 + than

  [3] fewer + 복수 가산명사 + than

원급 many, much의 비교급은 more, little의 비교급은 less, few의 비교급은 fewer 이므로 비교급 more, fewer, less뒤에는 정답으로 than이 온다. 비교급과 than 은 각각 좌우 대칭 구조처럼 둘 다 동시에 나올 때만 정답이 된다.

① We spent (much / more) time on the last job than usual.

② Getting out of bed in summer is (little / less) difficult than in winter.

③ (Few / Fewer) people smoke these days than used to.

정답 ▶ 1. more 2. less 3. Fewer

▶전치사 to를 갖는 형용사

⇒ 『형용사 subject, related, close, devoted뒤엔 to + 명사가 정답이다!』

경향 분석 ❶ 전치사 to와 to + 동사원형의 to부정사를 구분하는 전치사 to뒤에 명사를 정답으로 출제하는 기출 형용사들로써 연간 4~5회 이상 관용 표현으로 출제되고 있다.

출제 의도 전치사 to와 to + 부정사 구분하기
출제 빈도 연간 4~5회 이상
출제 유형 아래 유형 1.

다음 형용사들은 "전치사 to"를 정답으로 가지며 to 뒤에는 명사나 동명사가 정답으로 출제된다.

> ## be + 형용사 + to+명사/동명사(-ing)

전치사 to를 갖고 정답으로 출제되는 있는 형용사

> close(인접한=adjacent, proximate), subject(당할 수밖에 없는, 받을 수밖에 없는), similar(흡사한 =alike, akin), superior, common, open, sensitive, native, strange, indifferent(무관심한), inferior, equal(감당할 수 있는), devoted(헌신적인, 열중하는), equivalent(동일한), relative, related(관련된), sympathetic, identical, allergic, prior to, junior to, senior to, major to, minor to 등

출제 유형별 기출 예문

The schedule is subject to change according to weather conditions.
〈일정은 기후상황에 따라 변경될 수 있다고 관리들은 말했다.〉

The students are devoted to their principal.
〈학생들은 교장 선생님에게 충실하다.〉

Medical and traffic services are closely related to public conveniences.
〈의료 및 교통 서비스는 대중의 편의와 밀접한 관련이 있다.〉

The symptoms develop rapidly and are similar to the flu.
〈증세는 빠르게 퍼지며 독감과 비슷하다.〉

This practice will end if questions are submitted prior to the session.
〈회의 전에 질문 내용을 제출한다면 이러한 관행은 종식되게 될 것이다.〉

Start - Up

1. In recent years, the firm has been (subjecting / subject) to attacks of depression.

최근에 회사는 불황에 영향을 받아왔다.

2. A large number of cancer cases in the area are closely (relate / related) to the new nuclear power station.

이 지역의 많은 암 발병 증세는 새 핵발전소와 직접적인 관계가 있다.

정답 ▶ 1. subject 2. related

CHECK-UP TEST

1. The virus causing some illness is similar _____ one that gives birth to a flu as well.

(A) on   (B) in
(C) to   (D) with

2. The main camp situated at the foot of a slope is close _____ the south of river.

(A) to   (B) on
(C) in   (D) with

3. All the staff always say that his ability proved unequal ___ the project.

(A) to   (B) as
(C) with   (D) at

기출 유형 전략 비법

1. 전치사 고치기   [정답] C

전략 비법 l 『주어와 동사 사이에 삽입어구 있을 땐 삽입 뒤가 정답이 된다』

주어와 동사와의 사이에 분사 어구 "causing some illness"이 삽입된 구조이다. 이런 삽입어구들은 주의력을 분산시키는 하나의 함정으로 이용되기 때문에 그 바로 뒤가 일반적인 정답의 위치가 되며 드물지만 삽입어구 앞인 주어 자리가 정답으로 출제 될 때도 있다.

해석 l 일부 질병을 일으키는 그 바이러스는 독감도 일으킬 수 있는 독감 바이러스와도 흡사하다.

어구 l **virus** (병을 일으키는) 바이러스 **cause** 일으키다, 초래시키다 **illness** 질병 **similar to** ~와 흡사한 **give birth to** ~을 초래시키다(= result in, lead to, bring on[about], effect) **a flu** 독감 **as well** ~또한

2. 전치사 고치기

[정답] A

전략 비법 | 『주어와 동사 사이에 삽입어구 있을 땐 삽입 뒤가 정답이 된다』

주어와 동사와의 사이에 분사 어구 "situated at the hill base"이 삽입된 구조이다. 이 삽입어구들은 주의력을 분산시키는 함정으로 이용되기 때문에 그 바로 뒤가 일반적인 정답이 되며 때론 삽입어구 앞인 주어 자리가 정답으로 출제될 때도 있다. A는 "명사 + [which is] + P.P. + 전치사"이므로 "주격 관계사 + be동사" 구조가 생략되고 남은 구조인 "명사 + 과거분사(p.p.) + 전치사"로서 문법적으로 좋기 때문에 정문을 만들고 과거분사(p.p.)가 항상 정답으로 출제된다.(Part 5, 6). 전치사 to가 된다.

해석 | 언덕의 아래에 위치한 본부는 강의 남쪽에 인접해 있다.

어구 | **main camp** 본부, 베이스캠프 **be situated at**(= be located at/in) ~에 위치하다 **at the foot of a slope** 언덕 아래에 **be close to** ~에 인접한, 가까운

3. 전치사 고르기

[정답] A

전략 비법 | 『형용사 (un)equal은 전치사 to를 정답으로 갖는다』

다음 형용사들은 전치사 to를 정답으로 갖는다.

☞ close, adjacent, proximate, similar, alike, akin, superior, common, open, sensitive, strange, indifferent, inferior, equal, equivalent, native, relative, related, sympathetic, identical, devoted, allergic, perpendicular, junior, senior 등

해석 | 전 직원들이 늘 예기하길 그의 능력은 그 프로젝트에는 못 미친다고들 한다.

어구 | **all the staff** (집합) 직원 **prove** (to be) 알고 보니 ~로 드러나다 **be unequal to**(= inadequate to) 감당 못하는, 부적당한

UNIT 44 ▶형용사 어순

⇒『두 개의 형용사중에서, 첫 번째 형용사를 주로 정답으로 출제한다.』

경향 분석 ❶ 두 개의 형용사가 등장할 경우 첫 번째 형용사는 부사가 정답이다. 난이도 900점대 이상인 품사의 어순 문제로서 『부사 + 형용사 + (명사)』를 공식으로 출제한다.

❷ 최상급, all, every 등이 수식하는 명사는 그 뒤에 -able, -ible 등의 어미를 지닌 형용사가 정답으로 출제된다!

출제 의도 『부사 + 형용사 + (명사)』의 어순을 구분하기

출제 빈도 격월에서 매월

출제 유형 아래 유형 1~8.

１ 두 개의 형용사 중에서 첫 번째 형용사는 부사가 된다. ⊙ 품사의 어순 문제

▶『형용사1 + 형용사2』 ⊙『부사 + 형용사2』어순이 정답이 된다!

이 때 정답으로 출제되는 부사들이다. considerably, slightly, highly, extremely, excessively, recently, thoroughly, completely, successfully 등이다.

ex.) The price is (slight / slightly) higher than the old one.

정답 ▶ 1. slightly

２ 두 형용사의 경우 ⊙ 형용사의 어순 문제로서 순서 바로 잡기

▶『형용사1 + 형용사2』⊙『형용사2 + 형용사1』이 정답이다!

ex.) all the (three first / first three) managers

정답 ▶ 1. first three

３ 숫자 + 크기 + 나이 + 모양 + 색상 + 기원 + 재료 + 목적 ⊙ 명사[= head]

▶ 일반 형용사는 순서상 항상 숫자가 제일 먼저 정답으로 출제된다.

ex.) a small rubber ball / a young spanish woman
a large round hat / white leather running shoes
the (large five / five large) blue products

정답 ▶ 1. five large

4 전＋한＋서＋기 대＋형＋성 신＋새 분＋기＋재＋동 〈-〉 명사[= head]

▶ 아래 (전치)한정사는 매월 출제되는 적중 높은 형용사이다.

① 전 한 서 기 [= 전치 한정사 + 한정사 + 서수 + 기수]
◐ all the first four

② 대 형 성 [= 대/소 + 형상 + 성질 형용사]
◐ small cute typical

③ 신 새 [= 신/구{new/old} + 색깔 형용사]
◐ old brown

④ 분 기 재 동 [= 분사 + 기원/국가 + 재료 + 동명사]
◐ made wooden smoking

　1. All the (four first / first four) small cute typical old brown customized wooden smoking
　　 PIPES.

정답 ▶　1. first four

5 the + 서수 + 명사 〈=〉 명사 + 기수

　　　ex.)the first chapter = chapter one

6 형용사의 후치 수식

• 두 개 이상의 대칭이 되는 형용사 어구

---

　　　ex.)　I know a woman both beautiful (or / and) talented.

정답 ▶　1. and

• something(every-, any-, no-), someone(every-, any-, no-), 및 somebody(every-, any-, no-) 에는 형용
　사가 뒤에서 수식한다.

---

　　　ex.)　① He seems to be (important somebody / somebody important).
　　　　　　② There is (uncommon something / something uncertain) about him.

정답 ▶　1. somebody important 2. something uncertain

- 고유명사에 형용사가 붙는 경우에는 뒤에 위치한다.

    ① (proper England / England proper)
    ② (Almighty God / God Almighty)

- 최상급 형용사나 all, every가 수식하는 명사에 -able, -ible 어미의 형용사가 나올 경우에는 그 뒤에서 수식해야 정답이 된다.

    ① We tried all (imaginable means / means imaginable)
    ② You must take every (conceivable measure / measure conceivable)

- one, those, all 등 대명사를 수식하는 형용사는 그 뒤에 나와야 정답이 된다.

    She made up her mind to help (miserable those / those miserable)

- 형용사구, 형용사절이 앞의 명사를 수식하는 경우 그 뒤에 나와야 정답이다

    This is (which I bought yesterday the watch / the watch which I bought yesterday)

7 사람을 주어로 할 수 없는 형용사들

- possible, impossible, necessary, difficult, hard, easy, convenient, natural, pleasant, dangerous, accidental, true, remarkable etc.

    ① It is (possibly / possible) that you should study with us.
    ② It is (difficult / difficulty) for her to do the work.

8 목적어를 성분으로서 갖는 형용사

- like, unlike, worth, certain, sorry, glad
- certain, sorry, glad는 주로 절을 목적어로 갖는다.

---

① He is (alike / like) his father.
② The game is not (worthy / worth) the candle.
③ I am (gladly / glad) that he has succeeded.

CHECK-UP TEST

1. The executive director in charge looks for the hotel which can accommodate _____.

   (A) more several guests
   (C) more guests several

   (B) guests several more
   (D) several more guests

2. The _____ beautiful Japanese children got here to meet the supervisor last week.

   (A) those
   (C) three tall

   (B) tall three
   (D) a tall

3. There are _____ on the desk.

   (A) blue large five pens
   (C) five large blue pens

   (B) five blue large pens
   (D) large five blue pens

기출 유형 전략 비법

1. 목적어 찾기   정답은 (D)

전략 비법 ┃ 『형용사는 「숫자 + 크기 + 모양 + …」의 어순이 정답이 된다!』

명사의 배열 어순은 『한정사(a[n], the, his, her) + 형용사 + 명사』순서 이며, 다음으로 일반 형용사의 어순은 『숫자 + 크기 + 나이 + 모양 + 색상 + 기원 + 재료 + 목적 + 명사(= head)』이다. 고로 일반 형용사의 어순은 숫자가 먼저 답으로 나오게 되어있다. accomodate + 사람 「~를 수용하다, 받다」로서 뒤의 목적어는 사람이 온다.

해석 ┃ 담당 기획 이사는 일부 손님들을 더 수용할 수 있는 호텔을 찾고 있다.

어구 ┃ **executive director** 기획 이사, 부장 **in charge** (of) ~을 담당하다 **look for** ~을 찾다 **accomodate** (손님을) 수용하다 **several** 얼마의, 일부의, 5~6 정도의 **guest** 손님

2. 어순 고치기   [정답] C

전략 비법 ┃ 『두 형용사의 경우 정답으로 숫자가 먼저 등장한다.』

『형용사1 + 형용사2』은 『형용사2 + 형용사1』의 어순이 되어야 한다. 일반적인 형용사 어순은 『형용사(숫자 + 크기 + 나이 + 모양 + 색상 + 기원 + 재료 + 목적) + 명사(= head)』이므로 숫자가 먼저 나오게 되어있다. 고로 A를 three tall로 고친다.

해석 ┃ 그 세 명의 크고 예쁜 일본 아이들이 담당 감독관을 만나려고 지난주에 이곳에 도착했다.

어구 ┃ **beautiful** 예쁜, 아름다운 **Japanese** 일본(인)의, 일어의 **supervisor** 감독관, 상사 **get here** 여기 도착하다 **last week** 지난주

3. (대)명사 찾기   [정답] C

전략 비법 ┃ 일반 형용사는 순서 배열 상 『숫자 + 크기 + 모양 + 색상』순서가 답!

일반 형용사의 어순은 『숫자 + 크기 + 나이 + 모양 + 색상 + 기원 + 재료 + 목적 + 명사』이다. 고로 숫자가 먼저 나온 C가 정답이다.

해석 ┃ 5개의 큰 푸른 펜이 책상 위에 있다.

▶양보의 부사절

⇒ 『동사원형(형용사, 명사) 뒤엔 양보의 접속사 As가 정답으로 출제된다!』

경향 분석 ❶ 부사절의 첫 단어가 『동사원형, 형용사, 부사, 관사나 소유격 없는 명사』등으로 시작될 때는 양보의 접속사 as가 정답으로 출제된다. 이 때 as는 주로 접속사 although의 뜻이 되며, 드물게는 because의 뜻으로 출제된다.

❷ 양보절은 『no matter + 의문사』또는『의문사 + ever』가 출제된다. 가장 많이 출제되는 양보의 접속사 는 although이지만 그 밖의 의문사를 이용한 공식들도 연간 2~3회에서 3~4회 정도 출제되고 있다. 의문사 앞의 "양보의 선행사 no matter"를 의문사 뒤로 보내면 후치사 -ever를 지니므로 "의문사 + -ever"가 된다. 고로 양보의 의미를 가지려면 의문사를 기준으로 그 바로 앞에 no matter가 나오거나 아니면 의문사 바로 뒤에 -ever가 나와야 한다.

❸ 양보의 접속사 〈의문사 + ever〉나 〈no + matter + 의문사〉는 조동사 may를 답으로 가지며, 의문사 앞에 "no matter"나, 의문사 뒤에 -ever, 둘 중, 하나만 나와야 되며, 둘 다 나오거나 둘 다 빠질 경우 는 비문법적이므로 양보의 뜻을 가질 수 없다. 연간 2~3회 이상 출제되고 있다.

출제 의도 『동사원형(형용사, 부사, 관사나 소유격 없는 명사) + as + 주어 + 동사』의 어순 익히기
출제 빈도 연간 1~6회
출제 유형 아래 유형

1 | 동사원형/형용사/부사/명사 | + As (=although) + 주어 + 동사, 주절

ex.) Woman as she was, she was brave. 〈그녀는 여자이건만 용감했다.〉
   Pretty as the flower is, it has many thorns. 〈그 꽃은 예쁘지만 가시가 너무 많다.〉
   Try as she would, she could not remember his phone number.
   〈아무리 애써 봐도 그녀는 그의 전화번호가 기억나지 않았다.〉

〈양보의 접속사〉 　　　　　　〈완전한 문장〉
2 No matter + 의문사 　　　+ 주어 + (may) + 동사
3 의문사 + ever 　　　　　　+ 주어 + (may) + 동사

ex.) No matter what the state of the economy, people must eat and drink.
   〈경기 상황에 관계없이 사람은 먹고 마셔야 한다.〉
   However much he earns, I cannot make ends meet.
   〈그가 아무리 많이 벌어도 나는 수지를 맞출 수 없다.〉
   However humble it may be, there is no place like home.
   〈아무리 누추하다 할지라도 가정만한 곳은 없다.〉

No matter what difficulties we face, we will never stop this.
〈어떠한 어려움에 직면하더라도 방송을 중단할 수 없다.〉

4 의문사 + ever   + 주어 + (may) + 동사
5 no matter + 의문사   + 주어 + (may) + 동사
6 although(even if/though) + 주어 + 동사

〈양보의 전치사구〉
7 despite / in spite of / regardless of / irrespective of + 명사(구)/동명사

ex.) Although the government believes this is sufficient, it says that it needs to look into the possible effects on the supply and demand of power.
〈정부는 이 정도로 충분할 것으로 보고 있지만 서울 수도권 내 전력 수급상황에 미칠 수 있는 영향을 조사할 필요가 있다고 말하고 있다.〉

Even if the report should be true, nothing will stop us.
〈만일 그 기사가 사실일지라도 아무도 우리를 막지 못할 것이다.〉

Despite slowing economic growth, federal tax receipts continue to climb.
〈경제성장 둔화에도 불구하고 연방정부의 세수는 계속 증가하고 있다.〉

In spite of the project`s magnitude, the company did not want to ask a professional marketing or design team to come up with the logo.
〈프로젝트의 엄청난 규모에도 불구하고, 이 회사는 로고를 제작할 전문 마케팅이나 디자인 팀을 요청하지 않았다.〉

Start - Up

1. In order to carry out the order at any case, never (speaking / speak) in an authoritative tone.
명령을 실행토록 하려면 절대 명령조로 말하지 마라!

2. Poverty-stricken (although / as) he is, he would not ask a favor of her.
그가 아무리 가난으로 힘에 겨워도 그녀에겐 청을 안 한다

3. No matter (that / how) much the new product costs.
신상품이 아무리 비싸다고 해도

4. (What / Whatever) may be said of him, Johnson is not scared of a fight.
그를 뭐라 얘기해도 Johnson은 싸움을 무서워하지 않는다.

5. No matter (than / what) the reason may be, ~
그 이유가 뭐든 간에

정답 ▶ 1. speak 2. as 3. how 4. Whatever 5. what

1. Laugh _____ the director likes, I will stick to my guns without fail before the terms expires.

   (A) for
   (C) though

   (B) if
   (D) as

2. _____ as it was, the secretary made up her mind to complete the task in order to meet the deadline.

   (A) lately
   (C) latest

   (B) later
   (D) late

3. _____ hero as the president was, he finally turned pale in case of emergency.

   (A) A great
   (C) Great

   (B) The great
   (D) His great

4. _____ who may be opposed to it, he will have the work completed by the end of next month.

   (A) Not matter
   (C) No doubt

   (B) No wonder
   (D) No matter

5. No matter _____ hard it may be, try your utmost anytime.

   (A) where
   (C) how

   (B) when
   (D) however

6. _____ matter what she may listen to, it' s too late anyway to change her mind to walk out on a 24-hour strike for higher wages.

   (A) No
   (C) None

   (B) Not
   (D) Neither

7. _____ hard it may be, do your utmost to get promoted to a higher position in the near future.

   (A) How
   (C) What

   (B) However
   (D) Whatever

8. _____ may object, the CEO of the company will make further questioning on reinforcing her team by means of good teamwork.

(A) Who　　　　　　　　　　(B) Whose
(C) Whom　　　　　　　　　(D) Whoever

기출 유형 전략 비법

1. 접속사 찾기　　　　　　　　　　　　　　　　　　　　　　　　　　　　[정답] D

전략 비법 Ⅰ 『동사원형, 형용사, 명사 뒤에는 양보의 접속사 as가 정답』
　　　　　양보의 부사절이 "명사/동사/형용사 + as + 주어 + 동사" 어순이 등장하면 이 때 접속사 as는 although의 뜻이 되며, C
　　　　　의 (al)though의 경우는 "although + 주어 + 동사 + 목적어/보어"의 어순이 되어야 한다. 모든 문장의 성분은 그 앞의
　　　　　접속사를 뛰어넘어 밖으로 나올 수 없고 모든 접속사 뒤에 위치하게 된다. 고로 정답은 D가 된다.
해석 Ⅰ 부장이 아무리 웃음에 약하다고 해도 기간 만료가 되기 전에 반드시 의견을 관철시킬 것이다.
어구 Ⅰ **stick to one's guns** 의견을 관철시키다 **without fail** 반드시, 기필코 **term** 기간, 조건, 관계 **expire** (기간)만료되다

2. 보어 찾기　　　　　　　　　　　　　　　　　　　　　　　　　　　　[정답] D

전략 비법 Ⅰ 『동사, 형용사, 부사 뒤엔 양보의 접속사 as가 답이다』
　　　　　양보의 부사절 어순은 "형용사/부사 + as + 주어 + 동사"가 되어야 한다. 부사 lately(최근에)는 현재완료를 답으로 하
　　　　　고, later(~후에)는 앞에 시간 명사가 온다. 최상급인 latest(최신의)는 관사 the를 가져야 하며 "the + latest + 명사"가
　　　　　된다. 고로 정답은 D가 된다.
해석 Ⅰ 아무리 늦었어도 그 비서는 시한을 맞추기 위해서 그 작업을 완성시키려는 마음을 먹었다.
어구 Ⅰ **late** 늦은 **secretary** 비서 **make up one's mind to** 결심하다 **in order to** ~하기 위해서 **complete** 완성하다, 끝내다 **meet the**
　　　　deadline 시한까지 마치다

3. 관사 생략　　　　　　　　　　　　　　　　　　　　　　　　　　　　[정답] C

전략 비법 Ⅰ 『양보의 접속사 as앞의 명사는 무관사/소유격이 답이다』
　　　　　일반적인 명사의 어순은 "a(n) + 형용사 + 명사"이지만, 양보의 접속사 as 앞의 명사는 상태 강조를 목적으로 도치된
　　　　　것이므로 형용사를 앞세워야 상태를 강조할 수 있게 되며, 고로 앞의 관사나 소유격은 생략된다.
해석 Ⅰ 사장도 위대한 영웅일진대 비상시라서 어쩔 수 없이 그의 얼굴색도 결국엔 창백히 변하고 말았다.
어구 Ⅰ **president** 사장 **great hero** 위대한 영웅 **turn pale** 창백해지다 **in case of emergency** 비상사태 시에

4. 부사 찾기　　　　　　　　　　　　　　　　　　　　　　　　　　　　[정답] D

전략 비법 Ⅰ 『양보의 부사절은 의문사 앞에 "no + matter"가 정답으로 나온다』
　　　　　양보의 부사절은 "no + matter + 의문사"이거나 "의문사 + ever"으로서 조동사 may와 함께 출제된다. 양보의 접속사
　　　　　although가 격월 정도의 비중으로 가장 많이 출제되며, 양보의 표현 중 가장 빈번히 실제 시험에 등장한다.
　　　　　A는 "it does not matter who … may는 가능하다. 정답은 D이다 no matter who는 whoever와 같다.
해석 Ⅰ 누가 그것에 반대한다 해도, 그는 그 일을 내달 말까지 마무리 짓게 할 것이다.
어구 Ⅰ **be opposed to** ~에 반대하다 **complete** 완성하다 **by the end of** ~말까지

5. 접속사 찾기　　　　　　　　　　　　　　　　　　　　　　　　　　　[정답] C

전략 비법 Ⅰ 『양보의 부사절은 "no + matter" 뒤에 의문사가 정답으로 나온다』
　　　　　양보의 접속사 "no + matter + 의문사"는 "의문사 + ever"와 같다. 문장의 성분 중에 형용사 hard를 끌어 낼 수 있는
　　　　　것은 접속사 how만 가능하다. 고로 "no matter how hard"이 되며 이는 "however hard"와 같다. 정답은 (C)

해석 ㅣ 아무리 힘들다 하더라도, 늘 최선을 다해라.
어구 ㅣ **hard** 힘든, 어려운, 딱딱한 **try one' s utmost** 최선을 다하다

6. 부정어 고치기
[정답] A

전략 비법 ㅣ 『양보절은 "no + matter + 의문사" 이거나 "의문사 + ever" 가 정답이다.』

부정 표현 "no, not, none…" 은 서로 맞바꾸는 답으로 출제된다. 양보의 접속사는 "no + matter + 의문사" 이거나 "의문사 + ever" 가 답이 된다. no matter what은 whatever와 같은 양보의 부사절을 만들고 있다. 고로 정답은 A를 no로 바꾼다.

해석 ㅣ 그녀가 무슨 말을 듣는다 해도, 임금 인상을 요구해 24시간 파업하려는 그녀의 마음을 돌리기에는 이미 늦었다.

어구 ㅣ **too late to** 너무 늦어 ~못하다 **change one' s mind to** 마음을 돌리다 **walk out on a strike for** ~ 을 위해 파업하다

7. 접속사 찾기
[정답] B

전략 비법 ㅣ 『"no + matter + 의문사" 나 "의문사 + ever" 는 may를 답으로 한다.』

형용사 hard를 문장 앞으로 이끌어 낼 수 있는 것은 how(ever)만이 가능하다. 양보의 조동사 may가 나오면, 의문사 (how) 앞에 "no matter" 가 나오던지 아님 의문사 뒤에 "-ever" 가 나와야 만이 양보의 뜻으로 출제된다. 고로 정답은 B이다.

해석 ㅣ 아무리 힘들어도 가까운 장래에 지금 보다 더 좋은 자리로 승진하기 위해서는 최선을 다해라.

어구 ㅣ **do one' s utmost** 최선을 다하다 **get promoted to** 승진하다 **higher position** 고위직 **in the near future** 가까운 장래에

8. 접속사 찾기
[정답] D

전략 비법 ㅣ 『양보의 may는 "no + matter + 의문사" 나 "의문사 + ever" 의 정답을 갖는다.』

양보의 조동사 may가 나오면 양보의 접속사는 "no + matter + 의문사" 나 "의문사 + ever" 가 답이 된다. 고로 의문사 앞에 no matter나 의문사 뒤에 -ever, 둘 중 하나는 반드시 나와야 된다. 정답은 D다. A는 의문문이 되며, B의 whose 뒤에는 명사가 와야 한다.

해석 ㅣ 그 누가 반대한다 해도 회장은 팀웍을 통한 팀의 강화에 대해서 또 다른 질문을 할 것이다.

어구 ㅣ **object** (to) 반대 한다 **CEO** 회장, 최고 경영자 **make further questioning on** ~에 대한 다른 질문을 하다 **reinforce** 강화하다 **by means of** ~에 의해서

▶부정의 부사절

⇒ 첫 단어가 부정 부사구일 때 정답은 "조동사+주어+본동사"가 출제된다.

경향 분석 토익 문법 전체 통 털어 첫 단어가 부정 부사어가 등장할 경우, "조동사 + 주어 + 본동사" 어순이 정답이 되며(Part 5-6), 첫 단어가 부정 부사어 일 때, 정답은 동사의 어순이 출제된다.
부정 단어가 주어 앞으로 강조 도치되어 나올 경우 조동사를 끌고 나오므로 의문문어순을 정답으로 갖게 된다. 연 3~4회 이상 출제된다.

출제 의도 "조동사 + 주어 + 본동사" 어순을 구분하기.

출제 빈도 연 3~4회 이상

출제 유형 아래 유형 1~6.

■ 『…하자마자 ~했다』의 정답의 어순 공식은 다음과 같이 출제된다.

1 No sooner had + 주어 + p.p.   than 주어 + 과거 동사

2 Scarcely had + 주어 + p.p.   when / before 주어 + 과거 동사

3 Hardly had + 주어 + p.p.   when / before 주어 + 과거 동사

4 As soon as 주어 + 동사,   주어 + 동사
   On / upon + 동명사(-ing)   , 주어 + 동사

5 첫 단어가 부정 부사구일 때 정답은 동사가 된다.

6 첫 단어가 부정 부사구일 때 정답은 『조동사 + 주어 + 본동사』어순이 출제된다!

출제 유형별 기출 예문

유형 [1]	No sooner had we sat down than the curtain rose. 〈우리가 착석하자마자 막이 올랐다.〉
유형 [2]	Scarcely had he begun his speech when the door was opened. 〈그가 연설을 시작하자마자문이 열렸다.〉
유형 [3]	Hardly had ties been sealed when Korean businesses sprouted up all over mainland China. 〈한국 기업들이 중국 본토 전역에 퍼지자마자 양국 관계는 보다 밀접해졌다.〉
유형 [4]	Creaks began to show as soon as the parties set out to negotiate the formation of the Assembly`s new committees. 〈양당이 국회의 상임위를 새로 구성하는 협상에 들어가자 마자 균열이 생기기 시작했다.〉
유형 [5]	Goods will be delivered on[upon] receipt of payment. 〈돈이 수령되는 대로 물건을 배달해 드리겠습니다.〉

1. As (soon / soon as) he received the mail, the coworker turned pale.
우편물을 받자마자 동료 직원은 창백해졌다.

2. No (soon / sooner) had he received the mail than the coworker turned pale.
우편물을 받자마자 동료 직원은 창백해졌다.

3. Hardly (he had / had he) received the mail before the coworker turned pale.
우편물을 받자마자 동료 직원은 창백해졌다.

정답 ▶ 1. soon as 2. sooner 3. had he

CHECK-UP TEST

1. _____ the CEO made a solemn promise, he fulfilled it without delay.

(A) As soon as   (B) As if
(C) So that   (D) Not sooner

2. No sooner _____ made a promise, than he carried it out without delay.

(A) have the manager   (B) had the manager
(C) has the manager   (D) does the manager

3. Hardly _____ made a promise, when he kept it without delay.

(A) he had   (B) had he
(C) has he   (D) he has

기출 유형 전략 비법

1. 접속사 찾기   [정답] A

전략 비법 | 『주절과 부사절의 시제가 일치하면 시간의 as soon as가 정답이다.』

　　　　　두 문장의 주어와 동사의 시제가 과거로서 서로 일치하므로 시간의 부사절을 이끄는 접속사 as soon as, when, once…등이 답이 되어야 한다. B의 가정법을 이끄는 as if/though(마치 ~인 것처럼)는 동사 시제가 과거나 과거완료가 나오며 주절에는 반드시 조동사(would, could, should…)가 나온다. C의 so that(~하기 위하여)절은 목적을 나타내며 주절 뒤에만 나와야 한다. 고로 정답은 A가 된다.

해석 | 회장이 일단 굳게 약속을 하자마자, 지체 없이 이행했다.

어구 | CEO 회장, 최고 경영자 **make a promise** 약속하다 **solemn**(= grave, serious, austere)굳은, 엄숙한 **fulfill**(= carry out, perform, execute)이행하다 **without delay** 지체 없이

2. 조동사 도치   [정답] B

전략 비법 | 『"No sooner had + 주어 + p.p. ~ than"어순 나오면 정답이다.』

　　　　　"…하자마자 ~했다"의 어순 공식은 "No sooner had + 주어 + p.p.이거나 Hardly had + 주어 + p.p." 이다. 고로 B가 된다.

해석 | 매니저는 약속을 하자마자 바로 이행했다.

어구 | **manager** 과장, 매니저 **carry out**(= fulfill, perform, execute) 이행하다

3. 조동사 도치   [정답] B

전략 비법 | 『첫 단어가 부정 부사구 일 때, 정답은 동사가 된다.』

　　　　　토익 문법 전체 통 털어 첫 단어가 부정 단어일 경우 "조동사 + 주어 + 본동사" 어순이 답이 된다(Part 5). 부정어가 강조를 목적으로 문두로 도치될 때 조동사를 끌고 나온다. 고로 첫 단어가 부정 단어 일 때, 정답은 동사나 주어가 된다. 조동사를 문두로 끌어내라는 주문인 것이다. 고로 B가 된다.

해석 | 그는 약속을 하자마자 곧 바로 그것을 지켰다.

어구 | **keep** 지키다, 보관하다

▶결과의 부사절

⇒ so뒤엔 형용사가, such뒤엔 a(n)+형용사+단수명사가 정답으로 출제된다!

경향 분석 ❶ 부사 so는 형용사를, such는 명사를 꾸미며 각각 원인을 나타내고 that절은 결과를 나타내게 된다. so that이 붙어 있는 경우는 목적을 나타내므로 조동사 can/may등이 나온다. 해마다 연말 연초에 출제되고 있는 단골 메뉴로서 such와 so, as의 서로 구분 문제가 출제되고 있어 고르기만 해도 답이 될 정도이다.

❷ so와 such를 바꾸는 어순 유형 문제도 출제된다. so[such]에 밑줄 짝, such[so]로 서로 맞바꾸는 문제 유형이다. 또는 too[very]를 so[such]로 바꾸는 문제 유형이다. 연간 3~4회에서 4~5회까지 출제되고 있다.

출제 의도 부사 so와 형용사 such의 어순 구분하기
출제 빈도 연간 3~4회
출제 유형 아래 유형 1~7.

1 결과 용법 : 『너무 …해서 그 결과 ~하다』
- so + 형용사 [+ an + 명사] .... + that 주어 + may/can/will + 동사
  (= to such a degree)
- such + a(n) + 형용사 + 명사 .... that 주어 + 동사
  (= so great)

2 A such as B (= such A as B) : 『B와 같은 그런 A』
이 때 B는 열거 형태가 된다. A가 전체 이고 B는 그 일부분을 나타냄.

3 목적 용법 : 『~하기 위해서』
- so that + 주어 + can/may + 동사 (= in order that + 주어 + can/may + 동사)
- in order to + 부정사(= so as to + 부정사) 『~하기 위해서』의 부정사 표현

4 목적의 부정사 : in order(so as) to부정사("~하기 위해서")
- (in order) to부정사… 주어 +must(=need to, should, have to, be required to)+동사

5 부정의 목적절 : 『"~하지 않기 위해서"』
- lest(= for fear that) + 주어 + (should) + 동사원형
- so(in order) that절의 반대표현

⑥ too + 형용사 + a(n) + 명사 : (『너무 …해서 ~할 수 없다』)

　⇔ to + 동사원형

　⇔ for + 명사 / 사람

⑦ what(rather, quite)　+ a(n) + 형용사 + 가산명사 + 주어 + 동사

유형 [1]	The meeting became so disorderly that the speaker had to shout into the microphone. 〈회의는 매우 무질서해져서 연설자는 마이크를 향해 큰 소리를 내야 했다.〉
유형 [2]	Only investment in direct financing, such as bonds and stocks, are tax-free. 〈채권과 주식 등과 같은 직접 금융상품에 대한 투자만 세금이 면제되고 있다.〉
유형 [3]	Handle things so that there will be no trouble later on. 〈후탈 없게 잘 처리하다.〉
유형 [4]	The investor is asked to put up earnest money beforehand in order to get in on the deal. 〈투자자는 그 거래에 끼기 위해서는 개설 보증금을 예치해야 한다.〉
유형 [5]	He is in constant fear lest the scandal (should) come to light. 〈스캔들이 폭로되지 않을까 하고 그는 전전긍긍하고 있다.〉
유형 [6]	This opportunity is too good for me to miss. 〈이번 기회는 나에게 너무나 좋은 것이어서 놓칠 수가 없다.〉
유형 [7]	What a lot of nice food you have fixed for us! 〈무슨 음식을 이렇게 많이 만들었습니까?〉

Start - Up

1. The supervisor was (such / so) rude to her that she wouldn't come back.
감독자가 그녀에게겐 너무 무례해서 돌아오지 않으려 했다.

2. The designer put on (so / such) a lot of weight that he couldn't get into his trousers.
디자이너는 너무 살이 쪄서 바지가 맞지 않았다.

3. That sum of money is to cover costs (such / such as) travel and accommodation.
그 정도 액수의 돈이면 관광비와 숙박비는 충분히 충당할 수 있다.

4. The chef always keeps fruit (such / so) that the insects can keep off it.
요리사는 항상 벌레 먹지 않도록 과일을 잘 보관해 둔다.

5. (For maintain / To maintain) close links, the two families had to live in their country.

유대 관계를 유지하기 위해서 그 두 가족은 고국에서 살아야 했다.

6. In order for us (access / to access) a main server, the staff has to keep a diary of what they do for the month.

메인 서버에 접근하기 위해 직원들은 그달의 업무를 다시 기록해야 한다.

7. (For review / To review) all the documents, the planning department has to make the most of the working condition.

모든 서류를 검토하기 위해서 기획부에서는 근무 조건을 최대한 활용해야 한다.

8. The tenants were afraid to complain about the noise (for / lest) they should annoy the people next door.

세입자들은 옆집사람들을 괴롭히지 않으려고 소음에 대해 불평하길 꺼려했다.

9. It was (so / too) good an opportunity to miss.

놓치긴 정말 아까운 좋은 기회이다.

10. Most of the travellers suspect (what / how) a lovely view it is.

대부분 관광객들은 참 아름다운 경치라고 생각한다.

정답 ▶ 1. so 2. such 3. such as 4. so 5. To maintain 6. to access 7. To review 8. lest
9. too 10. what

CHECK-UP TEST

1. His influence over all the staff was _____ that it was known to solve the problem which anybody couldn't deal with in the department.

(A) such great   (B) as great
(C) so great   (D) too great

2. The operating manual enables her to put the fish in the freezer so that it _____ even at the height of summer.

(A) doesn't spoil   (B) can spoil
(C) won't spoil   (D) spoils

3. The manager made up his mind to hire the new employee _____ the staff can solve all the troubles.

(A) such that   (B) in case
(C) if   (D) so that

4. It was _____ that some dozens of people were lost in it.

(A) so large a room   (B) so a large room
(C) such large a room   (D) a such large room

5. In order to know how to drive, _____ .

(A) You must read the traffic signal.
(B) It is understanding the traffic signal
(C) Understanding the traffic signal is necessary
(D) The traffic signal must be understood necessarily

6. For a country to survive for ever, _____ .

(A) It has the effort of the citizens
(B) It will have the effort of the citizens
(C) The citizens must make every effort for their future.
(D) It can have the effort of the citizens

7. _____ , they need to eat and breathe.

(A) After staying alive   (B) For staying alive
(C) In order to stay alive   (D) Staying alive

8. Observe closely lest the staff _____ give rise to great trouble again.

(A) may   (B) should
(C) would   (D) could

9. They are always faithful to their duties in order that they _____ not overstep their authority.

(A) may   (B) would
(C) shall   (D) could

10. The new employee almost always made every effort _____ the company could expand exports. That' s why he got promotion to assistant manager last month.

(A) for   (B) because
(C) if   (D) so that

11. The assistant manager thought the task couldn' t be finished in _____ .

(A) such short time   (B) so short a time
(C) a so short time   (D) a such short time

12. Internet service now plays _____ in the world.

    (A) such major part   (B) so major a part
    (C) such the major part   (D) a so major part

13. Computer education is _____ as anything to know the world.

    (A) as good a way   (B) so good a way
    (C) as a good way   (D) such good a way

14. The financial committee wonders how the work could be finished in _____.

    (A) such a short time   (B) such short time
    (C) so a short time   (D) so short time

15. The personnel department director wanted to make sure Johnson was _____ man.

    (A) rather an unadaptable   (B) rather unadaptable an
    (C) the rather unadaptable   (D) rather unadaptable

16. Jackson suspects _____ the president is.

    (A) what a fantastic joker   (B) what fantastic a joker
    (C) what joker a fantastic   (D) what a joker fantastic

기출 유형 전략 비법

1. 보어 찾기   [정답] C

전략 비법 | 『결과의 that절 앞에는 so + 형용사나 such + 명사가 답이다.』

        보기 중이 "so + 형용사, such + 명사" 등이 오면 결과 용법의 답이 된다. as + 형용사는 뒤에 as가 왔을 경우 답이 되고, 형용사 such는 뒤에 명사가 답으로 출제되며, too + 형용사는 to부정사이나 for + 사람을 답으로 출제된다. 정답은 C가 된다.

해석 | 전 직원에게 그의 영향력은 막강하므로 그 부서에서 아무도 해결 못한 것도 해결한다고들 한다.

어구 | **influence over/on** ~에 대한 영향력 **all the staff** 전 직원 주어 + be known to + 동사 주어가 ~한다고들 알려지다 **deal with** 다루다, 취급하다 **solve the problem** 문제를 해결하다

2. 동사 찾기   [정답]C

전략 비법 | 『목적 so that절에는 조동사 may/can/will + 동사 답으로 나온다.』

        목적의 부사절은 so that절과 in order that절이 출제되며, will, can… 등의 조동사가 같이 나온다. A와 D는 조동사가 없어서 탈락되며, 주어가 사람이 아니므로 단순 미래를 나타내는 조동사는 will이 나온다.

해석 | 설명서를 통해 그녀는 한 여름에도 생선이 쉬지 않도록 하기 위해서 냉장고에 보관할 수 있게 되었다.

어구 | **operating manual** 설명서 **enable** + 사람 + to… ~할 수 있게 하다 **freezer** 냉장고 **spoil**(= go bad) (음식이)상하다 **at the height** of **summer** 한 여름

3. 접속사 찾기　　　　　　　　　　　　　　　　　　　　　　　　　　　　　　　　[정답] D

전략 비법 ｜ 『목적의 so that절에는 can, will…등이 답으로 나온다』

A는 such + a + 형용사 + 명사가 나와야 하며 B와 C는 동의어로서 둘 다 동시에 탈락된다. 문장 하나엔 동사도 한 개이다. 새 동사가 올 경우는 그 앞에는 접속사나 관계사가 반드시 나와야 한다. 목적의 부사절이므로 so that절이나 in order that절이 나와야 한다.

해석 ｜ 그 과장은 직원들이 그 모든 문제를 해결하도록 하기 위해서 새 직원을 채용하기로 결심했다.

어구 ｜ **make up one's mind** 결심하다 **hire** 채용하다(= employ) **employee** 직원

4. 보어 찾기　　　　　　　　　　　　　　　　　　　　　　　　　　　　　　　　[정답] A

전략 비법 ｜ 『A, B, C, D 보기 중, so + 형용사이나 such + (an + 형용사) + 명사 어순이 등장하면 곧 답이다』

토익 문법은 결국 모두 어순과 어형에 지나지 않는다. so(such) ~ that 구문이 일 년에 4~5회 비중으로 출제되고 있다. 항상 a, b, c, d 보기를 먼저 보고 관련 문법이 뭔지, 그럴 경우 답과 오답이 뭔지를 감 잡을 수 있어야 한다. C와 D도 such a large room이면 답이 된다.

해석 ｜ 방이 너무 커서 10여명의 모두 헤매고 말았다.

어구 ｜ **be lost in** ~에서 길을 잃다, ~에 몰입되다 **some dozens of people** 수십 명의 사람들

5. 주어 + 동사 찾기　　　　　　　　　　　　　　　　　　　　　　　　　　　　[정답] A

전략 비법 ｜ 『목적의 to부정사가 나오면 must, have to, need… 등이 답이다』

목적을 지니는 주어는 사람이 되어야 되며 동시에 must…등이 나온 A가 정답이다.

해석 ｜ 운전하는 것을 배우려면 교통 신호를 읽을 줄 알아야 한다.

어구 ｜ **how to** + 동사 ~하는 방법 **traffic signal** 교통 신호

6. 주어 + 동사 찾기　　　　　　　　　　　　　　　　　　　　　　　　　　　　[정답] C

전략 비법 ｜ 『목적의 to부정사가 등장하면 must, have to 등이 답이다』

의미상의 주어 for a country를 가진 채 to부정사가 등장했으므로 must, need, have to, 이 나온 C가 답이다

해석 ｜ 한 국가가 영속하려면 그 시민들이 국가의 미래를 위해서 모든 노력을 해야 한다.

어구 ｜ **survive** 살아남다 **for ever** 영원히 **citizen** 시민 **make every effort to** ~모든 노력을 기울이다

7. 부사구 찾기　　　　　　　　　　　　　　　　　　　　　　　　　　　　　　　[정답] C

전략 비법 ｜ 『동사 need to가 나오면 부사구는 목적의 to부정사가 답이다』

주절의 동사 자리에 need, must, have to 등이 오면 주절 앞의 부사구는 목적의 뜻을 지니는 to부정사가 답이 된다!

해석 ｜ 살아남기 위해서는 그들은 음식도 먹어야 하고 호흡도 해야만 한다.

어구 ｜ **stay alive** 살아남다 **breathe** 호흡하다

8. 조동사 찾기　　　　　　　　　　　　　　　　　　　　　　　　　　　　　　　[정답] B

전략 비법 ｜ 『접속사 lest(= for fear that)는 should + 동사원형이 정답이다』

부정 목적의 부사절을 이끄는 접속사 lest나 for fear that은 조동사 should를 가져 "~하지 않기 위해서" 라는 뜻을 지닌다.

해석 ｜ 직원들이 또 다시 큰 문제를 일으키지 않도록 주시해라.

어구 ｜ **observe closely** 주시하다 **the staff** 직원(집합) **give rise to** (결과)일으키다, 초래시키다 **trouble** 문제

9. 조동사 찾기　　　　　　　　　　　　　　　　　　　　　　　　　　　　　　　[정답] A

전략 비법 ｜ 『목적의 so(in order) that은 may/can/will + 동사원형이 정답』

목적의 접속사 so that 과 in order that 은 "~하기 위해서" 의 의미를 지니며 조동사는 may/can/will을 답으로 가진다.

해석 ｜ 그들은 직무에서 벗어나지 않기 위해서 늘 맡은 바 일에 충실하고 있다.

어구 ｜ **be faithful to** ~에 충실하다 **duty** 맡은 바 일, 의무 **overstep** 벗어나다 **authority** 위신

10. 접속사 찾기 [정답] D

전략 비법 | 『목적의 so that은 조동사 can/may/will + 동사원형이 정답이다』

이유의 접속사 because와 for는 동시에 탈락되고, 조건의 if절속에는 조동사를 쓸 수 없고 주절 속에만 쓸 수 있다. 고로 정답은 (D) 목적의 so that절만이 가능하다.

해석 | 그 새 직원은 회사의 수출 신장을 위해서 항상 모든 노력을 기울여 왔다. 그래서 결국 지난달에는 대리로 승진까지 하게 됐다.

어구 | employee 직원 make every effort (to + 동사원형) 모든 노력을 하다 so that … may/can ~하기 위해서 expand 늘리다, 증가시키다 export 수출 that's why 그래서 get promotion to ~로 승진하다 assistant manager 대리

11. 전치사의 목적어 찾기 [정답] B

전략 비법 | 『보기 중 "so + 형용사 + a(n) + 명사" 이나 "such + a(n) + 형용사 + 명사" 등장하면 답이다』

A는 such 다음에 a[n]이 필요하다. 고로 정답은 (B) C는 so short a time이 되어야 하고, D는 such a short time이 되어야 한다.

해석 | 담당 대리 생각에는 그 일이 그렇게 빨리 끝나리라고는 보지 않았다.

어구 | assistant manager 대리 task 일, 업무

12. 목적어 찾기 [정답] B

전략 비법 | 『보기 중 "so + 형용사 + a(n) + 명사" 이나 "such + a(n) + 형용사 + 명사" 등장하면 답이다』 A는 such + a + 형용사 + 명사가 되어야 하고, C는 the를 a로 바꾼다. D는 so + 형용사 + a[n] + 명사가 되어야 하며, 고로 정답은 B이다.

해석 | internet 서비스는 전 세계에 아주 중요한 역할을 하고 있다

어구 | play a major part 중요 역할을 하다

13. 보어 찾기 [정답] A

전략 비법 | 『보기 중 "as + 형용사 + a(n) + 명사 + as" 등장하면 곧 답이다』

밑줄 바로 뒤에 as 가 있으므로 B, C, D 모두 "as + 형용사 + a[n] + 명사"가 되어야 한다. 고로 정답은 A가 된다.

해석 | 컴퓨터 교육은 전 세계를 알기 위한 그 어떤 것만큼이나 좋은 방법이다.

14. 전치사의 목적격 찾기 [정답] A

전략 비법 | 『보기 중 "so + 형용사 + a[n] + 명사" 나 "such + a[n] + 형용사 + 명사" 등장하면 답이다』

A가 정답이며, B는 such a short time이 되어야 한다. C와 D는 각각 so short a time 이 되어야 답이 된다.

어구 | financial committee 재무 위원회 finish 마무리하다, 끝내다(= get through with) wonder 알고 싶어하다, 의심하다, 의아해 하다, ~가 아니라고 보다

15. 형용사 찾기 [정답] A

전략 비법 | 『보기 중 "such(rather) + a(n) + 형용사 + 명사" 등장하면 곧 답이다』

A, B, C, D 모두 "rather an unadaptable man" 이 되어야 정답이다.

해석 | 인사부 부장은 Johnson이 꽤나 융통성이 없다는 것을 확실히 하고 싶었다.

어구 | the personnel department director 인사부 부장 make sure 확실히 하다 unadaptable 융통성 없는

16. 목적어 찾기 [정답] A

전략 비법 | 『보기 중 "what(such) + a(n) + 형용사 + 명사" 등장하면 곧 답이다』

B, C, D 모두 what 다음에 관사 a(n) 이 먼저 나오고 형용사와 명사가 그 뒤에 나오게 된다. 정답은 A이다.

해석 | Jackson은 그 사장이 농담을 아주 잘한다고 생각하고 있다.

어구 | suspect ~라고 본다, 생각하다 president 사장, 대통령 joker 농담을 잘하는 사람, 익살꾼

▶전치사와 (대)명사 어순

⇒ 관사 the(a[n]) 바로 뒤에는 명사를 정답으로 출제하지만 전치사(of, by, in, on, for) 뒤에는 (동)명사를 정답으로 출제한다!

경향 분석 ❶ TOEIC시험에 가장 많이 출제되는 것은 매월 품사 문제로서 그 중에서도 전치사 구는 단연 1순위라고 할 수 있겠다.

❷ 전치사 뒤에는 명사, 대명사, 동명사를 그 정답유형으로 출제한다.

❸ 구형 전치사(because of, due to)를 비롯해서 시간 전치사, 장소 전치사, 관여 전치사, 자격 전치사, 비교 전치사, 제외 전치사, 목적 전치사, 수단 전치사, 재료 전치사, 원인 전치사, 관용 전치사 등이 매월 800~900점대 고득점으로 진입하는 향방을 제시할 정도이다.

출제 의도 전치사와 명사구를 접속사와 문장을 구분하기
출제 빈도 매월
출제 유형 아래 유형 1~3.

1 전치사의 앞에나 뒤에는 보통, (대)명사가 정답으로 출제된다.

이 때 전치사 앞과 뒤는 (대)명사가 정답으로 출제되며 동명사는 의도적인 오답으로 출제된다.

출제 유형별 기출 예문

① The (flying / flight) from Minneapolis arrived about a half hour earlier than scheduled.
〈〈Minneapolis 발 항공기가 일정보다 30분 늦게 도착했다.〉

② We have come to the (conclusion / concluding) that our research must focus on immediate results rather than on long-range benefits.
〈우리 연구는 장기적인 이익보다는 직접적인 결과에 집중되어야 한다는 결론에 이르렀다.〉

③ Thanks to the (purchasing / purchase) of a new computer, our sales department has become the most strong force for change in the firm.
〈새 컴퓨터 구입 덕택에 우리 영업부가 회사 변화에 가장 큰 힘이 되어왔다.〉

정답 ▶ 1. flight 2. conclusion 3. purchase

2 전치사의 종류

전치사는 아래처럼 복합 전치사, 분사형 전치사, 구형 전치사 등 다양하게 출제되며 구형 전치사 in spite of, because of, due to, thanks to, owing to, on account of, regardless of, instead of 등이 격월에서 매월 출제되고 있다.

- 복합 전치사 : between, among, before, into, above, against,
- 분사형 전치사 : concerning, regarding, considering, during
- 구형 전치사 : because of, due to, in spite of, according to, instead of

출제 유형별 기출 예문

① A bigger concern is that unemployment among young adults between the ages of 15 and 29 is much higher, at 8.6 percent.
〈더 큰 우려는 15세에서 29세 사이의 청년 실업률이 전체 실업률보다 훨씬 높은 8.6%를 기록했다는 데 있다.〉

② Middle East experts remain pessimistic regarding the region' s immediate future.
〈중동 전문가들은 가까운 장래의 중동의 전망을 비관적으로 보고 있다.〉

③ Existing programs are proven failures due to political and corrupting factors.
〈기존의 통제 계획들은 정치적 요인들과 부패 요인들로 인해 실패했다는 것이 입증되었다.〉

❸ 전치사의 용법

■ 정답으로 출제되고 있는 장소 전치사이므로 반드시 외우도록 한다.

> at, in, into, out of, along, across, through, throughout, on, over, above, beneath, under, below, behind, by, beside, near, to, for, towards, between, among, around, round, about 등

- 1. **at** : 정확한 번지, 번호, 수를 표시할 때 사용된다.
  at a hotel, at the company
- 2. **on** : 거리를 표시할 때 사용된다.
  on the street
- 3. **beneath** : 접촉 밑 부분(on의 정반대)
  beneath the cover, down the stairs
- 4. **in** : 위치의 내부에 있을 때를 표시한다.
  in New York, in taxi, in a workplace, in a conference room
- 5. **around** : 둘레에, 주위에
  around (all over, throughout) the world
- 6. **on** : 서로 인접한 위치를 표시한다.
  on the ceiling, on the lake, go on a bicycle
- 7. **under** : ~하에, ~아래, ~의 영향 하에, ~상태 하에
  under way, under the new management of, under pressure/stress, under construction, under contract, under the Act, under condition/stipulation, under warranty, under 16 years of age,

under discussion[examination, consideration, investigation] 토론[시험, 고려, 수사]중에 under repair, under control, under the authority of the law 법의 권위 아래, under the impression of [that] ?이라는 인상을 받아, under the influence of alcohol 술기운으로, under age 미성년인, under the law 법에 따라서, under torture 고문을 당하여, under sentence of death 사형 선고를 받고, under arrest 구속되어, under one's signature 서명 하에, under oath 선서 하에, under (an) obligation to keep the rules 규칙을 지킬 의무가 있다, under pretense of ignorance 무지를 가장하여, under the mask of friendship 우정의 탈을 쓰고

- 8. **to** : ~을 향해서(약간 떨어진 방향과 목적지를 나타냄)

  addict A to B, attribute A to B, send A to B, submit A to B, deliver A to B, ship A to B, return A to B, allocate A to B, transfer A to B, forward A to B, apply A to B, attach A to B, bring A to B, direct A to B, retire to, return A to B, relocate from A to B, distribute A to B, hurry to, come to, way to, road to, trip to

- 9. **for** : ~향해서(목적지)

  be bound for, sail for, depart for, head for, start for, leave for, make for, look for, stand for, wait for, dash for, care for, hope for,

- 10. **by** : ~바로 옆에 near 보다 더 근접함을 표시한다.

  Many were standing by at the time. 그 때 많은 사람이 곁에 서 있었다.

- 11. **besides** ~게다가, ~외에도(전치사, 부사)

  We know no one besides him. 그 외에는 아무도 모른다.

- 12. **through** : 관통, 통과, 경과, 수단, 매개

  through the exam, through the use of, through the practice

- 13. **between A and B** : ~사이에(둘일 때)

  the difference between the two 둘 사이의 차이,

  a treaty between three powers 3국간의 조약

- 14. **among** : ~사이에(셋 이상)

  among themselves [ourselves, yourselves] 저희들[우리들, 당신들]끼리,

  among the crowd 군중 속에

- 15. **from A to B** : (장소, 시간) …부터 ~까지

  Draw the line from A, through B, to C

- 16. **towards** : 막연한 방향

  Move towards the door. Slowly.

유형 [1]	Officials at the company`s Seoul headquarters declined to comment. 〈이 회사의 서울 본사에 있는 간부들은 언급을 회피했다.〉
유형 [2]	There is heavy traffic on the street day and night. 〈그 도로는 주야로 교통량이 많다.〉
유형 [3]	They brought the sofa down the stairs. 〈그들은 소파를 아래층으로 가지고 내려왔다.〉
유형 [4]	The government will install the devices for free in taxis upon request. 〈서울시는 올해 말부터 설치를 원하는 택시에는 무료로 단말기를 설치해 줄 예정이다.〉
유형 [5]	That reporter has been in many trouble spots throughout the world. 〈그 기자는 세계의 여러 분쟁 지역에서 활약해 왔다.〉
유형 [6]	Water sports available on the lake include canoeing, kayaking, sailing and boating. 〈호수에서 가능한 수상 스포츠로는 카누, 카약, 항해, 보우트 놀이 등이 있다.〉
유형 [7]	The new skyscraper is currently under construction. 〈새 마천루가 현재 건설되고 있다.〉
유형 [8]	The limousine delivers you to your door. 〈리무진이 집 앞까지 모셔다 드릴 것입니다.〉
유형 [9]	The Foreign Minister will leave for Laos next Tuesday to attend ministerial-level meetings of the Association of South East Asian Nations. 〈외교부 장관은 동남아시아국가연합 장관급 회의에 참석하기 위해 다음 주 화요일에 라오스로 출발할 예정이다.〉
유형 [10]	They were standing by with additional supplies. 〈그들은 추가 보급품을 가지고 대기하고 있었다.〉
유형 [11]	Besides the mayor, many other notables were present. 〈시장 외에도 많은 명사들이 참석했다.〉
유형 [12]	Severe beatings through the use of sticks, fists (punching), and feet (kicking) were standard practice. 〈곤봉, 주먹, 발 등을 사용한 심한 구타는 일상적인 일이었다.〉
유형 [13]	The range of valuations between financiers and the commercial sector is expected to be wide. 〈금융계와 산업계간 진로산업 기업가치 평가치는 큰 차이를 보이고 있다.〉
유형 [14]	They fought a battle among themselves for domination of the market. 〈그들은 시장의 우위를 점하기 위해 서로 싸웠다.〉
유형 [15]	The instructor marked her down from A to B. 〈강사는 그녀의 학점을 A에서 B로 내렸다.〉
유형 [16]	This would ensure more intensive negotiations towards seeing a substantial outcome. 〈이러한 방식은 실질적인 결과를 얻기 위한 보다 집중적인 협상이 되게 만들 거다.〉

■ 정답으로 출제되고 있는 시간 전치사이므로 반드시 외운다.

---

at, on, in, from, since, within, after, for, through, before, past, to, till, by, towards 등

- 1. **at** : 시간상의 특정한 한 시점을 나타낼 때에 쓴다.

  at noon, at dawn(새벽녘에), at sunset(해질녘에), at night, at seven, at the beginning of, at the month(월초에)

- 2. **at** : 정도, 비율

  at a speed of, at a rate of, at a fast pace of, at the price of

- 3. **in** : (시간상의 어떤 기간) 년, 월, 계절, 오전, 오후

  in taxi, in 2003, in september, in summer, in the morning, in the afternoon, in time(제 시간에, 알맞게) in a month or two(한두 달 후에) in the 21st century, in her absence, in my youth

- 4. **on** : 주로 날짜, 요일을 나타낼 때 많이 쓴다.

  on Jun. 5. 2003, on Sunday, on time (정각에), on his birthday, on such a fine day

- 5. **by** : 동작의 종료, 완료를 나타냄

  by tomorrow, by six o' clock, by the end of then

- 6. **until** : 동작이나 상태의 계속

  until 8 (A)m. until further notice(추후 통고할 때까지)

- 7. **beyond** : ~를 넘다, 초과하다(수량, 정도, 능력)

  beyond the expectation, beyond doubt, beyond the income, beyond the production, stay beyond a person' s welcome 오래 머물러 남에게 미움을 사다, beyond me. 나로선 알 수 없다[할 수 없다], beyond one' s power 힘이 미치지 않는, beyond number 무수한, 이루 헤아릴 수 없는, beyond belief 도저히 믿을 수 없는, beyond expectation 의외로, beyond endurance 참을 수 없는, live beyond one' s income 수입 이상의 생활을 하다

- 8. **within** : 일정 기간 이내나 시한, 영역을 나타낼 때 쓴다. (~이내에)

  within the guidelines, within the company, within the organization, keep within doors 옥내에서 지내다, within two hours 2시간 이내에, within a few miles of London 런던에서 수마일 이내에, live within one' s income 수입의 테두리 안에서 살아가다, within one' s power 자기의 힘이 미치는 범위 안에서, within reach (of the hand) 손닿는 곳에, within my reach 나의 손[힘]이 미치는 곳에, within sight of land

- 9. **for** : for + 숫자 + 시간(일정 기간 동안) ~동안

  for (in, over) the last ten years for several years

- 10. **during** + 특별시간/기간

  during the meeting / negotiation / the week / the vacation

- 11. **since** + 과거 특별 시점

  since he was elected since 2009

- 12. **throughout** 중간 과정, ~동안 (시종일관)

  throughout the day throughout the night 밤새. throughout the winter 겨우내, throughout the country 전국 방방곡곡에, 전국에

• 13. **since** : 과거의 특정하고 정확한 시점부터 현재까지를 나타내므로, 현재완료에서 계속의 의미를 나타낸다.

since he left, since June 3. 2009, since he was elected

출제 유형별 기출 예문

유형 [1]	At the beginning of the year, the company said 1,140 won to be the ceiling of the won's value against the greenback. 〈올 초, 사측은 미 달러화 대비 원화 가치의 최고 한도를 1,140원으로 전망했다.〉
유형 [2]	Beef is sold at the rate of 8,000 won a geun. 〈쇠고기는 한 근에 8천원 꼴로 판매된다.〉
유형 [3]	We arrived in time for the concert. 〈우리는 콘서트에 늦지 않게 도착했다.〉
유형 [4]	It's a sin to stay indoors on such a fine day. 〈이 좋은 날에 집안에 있다니 될 말이냐.〉
유형 [5]	It is supposed to finish buying the land by the end of this year. 〈올 말까지 땅 구입이 끝난다.〉
유형 [6]	He says it must be left as it is until further notice. 〈그가 통지할 때까지 그냥 두라고 한다.〉
유형 [7]	His essay was beyond doubt the best of all. 〈두말할 나위도 없이 그의 수필이 최고였다.〉
유형 [8]	Qualified applicants will be placed within the organization. 〈자격 갖춘 지원자들은 이 기구내에서 배치될 것이다.〉
유형 [9]	Our sales have rapidly increased for the last several years. 〈우리 회사의 매상은 지난 몇년 동안에 비약적으로 증가했다.〉
유형 [10]	During the meeting, both sides also discussed the need to increase fiscal spending next year. 〈이 회의에서 양측은 또 내년에 예산지출 증대의 필요성을 논의했다.〉
유형 [11]	I've been doing this work ever since I retired. 〈은퇴 후 줄곧 이 일을 계속해 오고 있다.〉
유형 [12]	His influence was overwhelming throughout the country. 〈그의 세력은 전국을 압도했다.〉
유형 [13]	Nothing has been heard from him since he left. 〈한 번 간 뒤로 그 사람한테서 소식이 감감하다.〉

■ 정답의 관여, 관계의 전치사

• **about** : ~에 관하여 (관여, 관계)

on, concerning, regarding, as regards, with regard to, with respect to, with reference to, in regard to, in reference to, in respect to

---

1. The company is being questioned (regard / regarding) its employment policy.
   〈회사는 고용 정책에 대해서 질의를 받는 중이다.〉
2. There was an air of mystery (to / about) her.
   〈그녀에겐 신비한 분위기가 있었다.〉

정답 ▶   1. regarding 2. about

■ 원인, 이유, 동기, 자격의 전치사

• 1. **as** (~의 자격으로서) : 자격
• 2. **from** (~때문에, ~로) : 직접적인 원인, 출처, 출신, 태생
• 3. **with** (~로 인하여) : 거동, 신체에 미치는 영향
• 4. **of**(~때문에) : 여러 동사에 동반한 원인과 동기를 표시
• 5. **at** ~을 보고 : 감정의 원인을 표시
• 6. **in** (~때문에) : 희열과 자부심의 동기와 원인을 표시
• 7. **over** (~에 대하여) : 감정의 원인이 되는 사실

---

1. She was praised (for / as) an actress, but less so as a director.
   〈그녀는 배우로서는 칭찬 받았으나 감독으로서는 그에 못 미쳤다.〉
2. He was taken ill (of / from) fatigue. 〈그는 피로 때문에 병이 났다.〉
3. He died (at / of) cholera. 〈그는 콜레라로 사망했다.〉
4. I was surprised (with / at) the news of his death. 〈그의 사망 소식에 몹시 놀랐다.〉
5. He was shivering (over / with) cold. 〈그는 감기로 오한이 들어서 떨고 있었다.〉
6. The driver was punished (from / for) the accident. 〈운전자는 사고의 책임으로 처벌받았다.〉

정답 ▶   1. as 2. from 3. of 4. at 5. with 6. for

■ 목적, 결과를 나타내는 전치사

• 1. **for**(~을 위하여) : 목적, 추구를 나타낸다.
• 2. **after**(~을 추구하여) : 목적, 추구를 표시
• 3. **to** (~로 되다) : 발생되는 결과를 표시
• 4. **into**(~로 되다) : 변화된 결과, 산물을 표시 cf. convert(change) A into B: 전환하다, 바꾸다

---

1. We all work (to / for) our own bread.
   〈우리 모두는 생계를 위해 일한다.〉
2. He who runs (to / after) two hares at once will catch neither.
   〈두 마리 토끼를 동시에 쫓는 이는 누구나 둘 다 놓친다.〉
3. Some seventy people were burnt (into / to) death.
   〈약 70명 정도가 불에 타죽었다.〉

정답 ▶ 1. for 2. after 3. to

■ 수단, 행위를 나타내는 전치사

- 1. **by [means of]** (~에 의해서) : 행위자나 수단을 표시
- 2. **with** (~로) : 도구, 수단을 나타냄
- 3. **through** (~을 통하여, ~에 의하여) : 중개, 수단을 나타냄

1. He was killed (through / with) a pistol. 〈그는 권총으로 죽었다.〉
2. The city was destroyed (for / by) the enemy. 〈도시가 적에 의해 멸망됐다.〉
3. He spoke (by / through) an interpreter. 〈그는 통역을 통해서 말했다.〉

정답 ▶ 1. with 2. by 3. through

■ 재료, 원료를 나타내는 전치사

- 1. **of**(~로) : 재료의 성질이 변하지 않고 물리적 변화
- 2. **from**(~로) : 재료의 성질이 변화되는 화학적 변화
- 3. **from** (~에서, ~로부터) : 기원, 출처, 소속

  borrow A from B, collect A from B, obtain A from B, receive A from B,

  purchase A from B, derive A from B, retire from, benefit from, recover from,

  come from, stem from, differ from, get A from B, result from,

- 4. **in**(~로) : 표현, 재료를 나타냄

1. My gloves are made (from / of) wood. 〈내 장갑의 재료는 나무이다.〉
2. Beer is made (of / from) barley.   〈맥주는 보리로 만들어진다.〉
3. This picture is painted (of / in) oils. 〈이 그림은 유화이다.〉

정답 ▶ 1. of 2. from 3. in

■ 비교 전치사

- 1. **for**(~에 비해) : 나이 비교
- 2. **to**(~보다) : 라틴(Latin)어 비교 superior to, prior to, inferior to, senior to, prefer A to B

---

1. The sports coach is very tall (in / for) his age.〈운동 코치가 나이에 비해 아주 키가 크다.〉
2. The new employee is superior in English (for / to) me.〈새 직원은 영어가 나보다 더 낫다.〉
3. The latest product has been released prior (to / on) my arrival.
   〈가장 최신 상품은 내가 도착도 전에 출시됐다.〉

정답 ▶ 1. for 2. to 3. to

■ 제외 전치사

- 1. **but** ~외에는, ~을 포함하지 않고(사실)
- 2. **except(-ing)** ~을 제외하고(사실)
- 3. **except for** 단지 ~만을 제외하고(포함한 채)
- 4. **barring** ~아니라면, ~없다면 (가정) : 주절에 조동사가 온다.

---

1. I have no friend (without / but) you. 〈너 외에는 친구가 없다.〉
2. I know nothing (from / except) this name. 〈이 이름밖엔 모른다.〉
3. We should arrive at ten o' clock, (bar / barring) any unexpected delays.
   〈뜻밖의 연착만 아니라면 10시에 도착해야한다.〉

정답 ▶ 1. but 2. except 3. barring

▶ 4대 품사(명사,부사,형용사,동사) + 전치사

⇒ 『명사+전치사』 구조로 많이 출제되는 전치사는 to, on, in, for 등이다.

■ 정답으로 출제되고 있는 명사 + in

"명사 + 전치사" 구조로 많이 출제되는 전치사는 "to, on, in, for, to부정사…"의 순서이며 전치사 in을 정답으로 출제하는 명사들로 난이도 800점대로써 전치사 in은 "증가, 감소, 변화, 발전"의 의미를 지닌다.

> advance in[발전], decrease in, decline in[감소], drop in, experience in, increase in, interest in, rise in, hike in[급증], jump in[급상승], reduction in[감소], change in[변화], cut in, fall in, improvement in[향상], progress in, boost in, skyrocket in, growth in, surge in, soar in

ex.) It was the index's biggest percentage advance in two weeks.
〈지표가 2주 만에 가장 큰 오름세였다.〉

On the news of likely reduction in stock transaction commission fees, shares of major brokerages climbed significantly.
〈증권거래 수수료 인하 가능성 소식에 주요 증권사 주식이 큰 폭 올랐다.〉

Exports have remained brisk, which will help sustain growth in the economy.
〈지속되는 수출 호황 세는 경제의 지속 성장을 돕는다.〉

1. There'll be a change (by / in) the daily routine. 일상 일과의 변화가 생길 것이다.
2. A sharp decline (for / in) prices has an effect on the rate of exchange.
   물가의 급격한 하락은 환율에 영향을 준다.
3. His greatest interest (on / in) life is music. 그의 인생 최대의 즐거움은 음악이다.
4. Every member is interested (on / in) this regulation. 모든 회원은 이 규정의 적용을 받는다.

정답 ▶ 1. in 2. in 3. in 4. in

■ 정답으로 출제되고 있는 명사 + on

"명사 + 전치사" 구조로 많이 출제되는 전치사는 "to, on, in, for, to부정사…"의 순위이고 이 중 전치사 on을 정답으로 출제하는 명사들이다. 난이도 800~900점대 수준으로 완벽한 훈련을 해두기 바란다.

> thesis on, tax on, effect on[영향], impact on[영향], influence on[영향], tariff on[관세], report on, information on, question on(about), interest on[이자], concentration[집중] on, center on[집중], emphasis on[강조], impression on, restriction on[제한], regulation on[규제],

monopoly on[독점], spending on[지출], discount on, seminar on[연구 집회], detail on, update on, issue on, presentation on

ex.) She has a huge amount of influence on the group.
〈그녀는 그 그룹에 막대한 영향력을 행사하고 있다.〉

Auto &Technology Co., the third-largest player here, says its concentration is on designing special features for women.
〈국내 3위의 자동차업체인 GM대우차는 여성 취향의 디자인에 전념하고 있다고 말한다.〉

Details on the planned plant construction, including its venue and costs, were not immediately unveiled.
〈건설 장소와 비용 등 원전 건설과 관련된 구체적인 내용은 아직 알려지지 않고 있다.〉

1. The customs office imposed[put] a tax (to / on) a fat income.
   세관은 고소득에 과세했다.
2. The corporation has had an effect (by / on) domestic industry.
   그 유한회사는 국내 산업에 영향을 주었다.
3. The marketing department is collecting a lot of information (at / on) creative strategy.
   마케팅 부서에서는 독창적인 전략 정보를 수집 중이다.

정답 ▶ 1. on 2. on 3. on

■정답으로 출제되고 있는 명사 + to ◀

"명사 + 전치사" 구조로 많이 출제되는 전치사는 "to, on, in, for, to부정사…"의 순위로서 이 중 전치사 to를 정답으로 가장 많이 출제하는 명사들이다. 난이도 800~900점대 수준으로 철저한 훈련을 해두기 바란다.

reaction to[반응], reply to[대답], response to[반응], access to[접속], contribution to[기여, 공헌], way to, road to, trip to, right to, in an effort to, in an attempt to, advisor to, complaint to, objection to, sign to, committment to[헌신], dedication to[헌신], devotion to[전념], damage to, airfare to, exposure to[노출], solution to, visit to, answer to, introduction to[소개], donation to[기부], subscription to[구독], flight to, time to, mandate to[명령], guide to, secret to, key to,

ex.) She made an outstanding contribution to science.〈그녀는 과학 분야에 많은 공헌을 했다.〉

I have no objection to his reappointment.〈그의 중임을 반대하지 않는다.〉

The news channel made an additional donation to the event.
〈뉴스가 이 행사에 별도의 기부금을 내기로 했다.〉

1. Most patients used to pay [make, give] a weekly visit (to / for) a dentist.

대부분의 환자들은 주마 다 치과에 치료 받으러 가곤했다.

2. Was there any reaction (for / to) your proposal?
당신의 제안에 대한 어떤 반응이라도 있었습니까?

3. They have[gain] access (of / to) his library and main office.
그들은 그의 도서실과 본사 출입을 허락받고 있다.

4. He made a clear commitment (to / for) reopening disarmament talks.
그는 군축 회담을 재개하는 것에 전념하였다.

정답 ▶ 1. to 2. to 3. to 4. to

■ 정답으로 출제되고 있는 명사 + for ◀

"명사 + 전치사" 구조로 많이 출제되는 전치사는 "to, on, in, for, to부정사…"의 순위이며 이 중에 전치사 for 를 정답으로 출제하는 명사들은 연간 4~5회 이상으로서 난이도 800~900점대 수준으로 훈련을 해두기 바란다.

---

demand for, request for, need for, call for, applicant for, advocate for, responsibility for, strategy for, affection for[애정], charge for[비용], candidate for[후보자], compensation for[배상, 보상], fondness for[애정], negotiation for[협상], liability for[책임], replacement for[대체], sign up sheet for[서면 등록지], preference for, craving for, liking for, love for, yearning for, fancy for, weakness for

cf) be in need of(= in want of) ~을 필요로 하다, there is no need to+v, need to+v

---

ex.) All need for us to interact has been removed. 〈서로 대화해야 할 이유는 이제 없어졌다.〉
There will be no charge for installation. 〈설치비는 무료입니다.〉
She showed a decided preference for classical music. 〈그녀는 고전 음악 쪽을 단연 선호했다.〉

1. The management met the labor union's demand (to / for) higher wages.
경영진은 노조 측의 임금 인상안을 받아들였다.

2. An new executive director takes[assumes] the responsibility (to / for) the public relations department.
새 전무님이 홍보부서의 책임을 맡는다.

3. He promised the compensation (with / for) my loss. 그는 손해보상을 약속했다.

정답 ▶ 1. for 2. for(of) 3. for(against)

■ 정답으로 출제되고 있는 명사 + to부정사

"명사 + 전치사" 구조로 많이 출제되는 전치사는 "to, on, in, for, to부정사…"의 순위이며 이 중 to부정사를 정답 으로 출제하는 명사들은 연간 3~4회 이상으로서 난이도 800~900점대 수준으로 훈련을 해두기 바란다.

[in]ability to, [un]willingness to, failure to, way to, time to, plan to, intention to(of -ing)[의향], mandate to[명령], in an effort to[노력], in an attempt to[시도], authority to[권력], decision to, proposal to[제안], chance to(of -ing), opportunity to(of -ing)

ex.) I expressed my willingness to support the cause. 〈그 운동을 지지한다는 의향을 표명했다.〉
We made an attempt to get in touch with them. 〈그들과 연락을 취해보려고 했었다.〉
It's a chance to build trust with Korean consumers. 〈이는 한국 소비자와 신뢰를 쌓 기회다.〉

1. The government has the authority (for / to) grant permission.
정부가 허가권을 갖는다.

2. The performance revealed his ability (for / to) make decisions.
실적을 통해 그의 결정 능력을 보였다.

3. This is not the way (with / to) win your people' s love.
이런 방법으로는 친구들의 사랑을 받을 수 없다.

정답 ▶ 1. to 2. to 3. to

■ 정답으로 출제되고 있는 기출 숙어 ❶ (700-800점대 기출 숙어)
TOEIC 점수에서 난이도 700~800점대 이상이므로 반드시 집중적인 훈련과 암기를 하도록 하자.

1) according to ~에 의하면 because of ~때문에 during ~동안에 by way of ~경유하여
for the purpose of ~위해서 in place of ~대신해서 in front of ~앞에 in spite of ~임에도 불구하고
despite ~불구하고 with(for, after) all ~불구하고 notwithstanding ~불구하고
in honour of ~에 경의를 표하며 on account of ~때문에 by means of ~에 의하여
by dint of ~에 의하여 with(in) respect to ~관해서 for want of ~의 결핍 때문에
for the sake of ~을 위하여 in case of ~의 경우에 besides ~이외에도 in addition to 게다가, 더욱이
apart(= aside) from ~별도로 하고 on top of ~뿐만 아니라 keep tract of ~정보를 꾸준히 알다
be distributed to 나누어주다 focus on 집중하다 concentrate on 집중하다

2) on the phone 전화상으로 succeed in 성공하다 due to 때문에 prior to 이전에
be directed to ~로 안내되다 deal with 다루다 cope with 다루다 lag behind ~에 뒤지다
benefit from 이익을 얻다 stop by 들르다 help with 돕다 assist with 거들다
capable of -ing ~할 수 있다 contribute to 기여하다 comply with ~에 따르다
be consistent with ~ 와 일치하다 with very few exception 거의 예외 없이
be involved in ~에 관련되다 be comparable to (with) ~에 비교할 만한 upon request 신청하는 대로
around the world 전 세계에 under construction 공사 중이다 advocate of 지지자
be ideal for ~이상적인 an interview with ~와의 인터뷰 have access to 접근(사용) 허가를 갖다
be concerned with ~와의 관계되다 be concerned about ~대해 근심하다 up to now 지금까지
from now on 지금 부터 request for ~대한 요구 demand for(=request for, need for) ~대한 요구

decide on ~를 결정하다 dispute over ~대한 분쟁 be subject to ~당하기(받기) 쉽다
aim at ~를 목적으로 하다 come(= go) into effect 실시되다(= take effect, be put into effect)

---

1. Thoughts are expressed by means (for / of) words.
생각은 말로 표현된다.

2. Let me work in place (for / of) my sister.
누이 대신 일하게 해주세요.

3. They went out in spite (to / of) the heavy rain.
그들은 폭우에도 불구하고 나갔다.

4. I went to London by way (on / of) Paris.
파리를 경유해서 런던으로 갔다.

5. The plants died for lack (with / of) water.
나무는 수분 부족으로 죽었다.

정답 ▶ 1. of 2. of 3. of 4. of 5. of

■ 정답으로 출제되는 기출 전치사구 ❷(800-900점대 이상 기출 숙어)

TOEIC 점수에서 난이도 800~900점대 이상이므로 집중적인 훈련과 암기를 하도록 하자.

---

1) in breach of ~을 위반하여 in pursuit of ~을 얻고자 in view of ~을 고려하여
   be contented(= satisfied) with ~에 만족하다 inch down 조금 하락하다
   on(in) behalf of ~을 대신하여 specialize in(= major in) 전문으로 하다 confide in 신뢰하다
   indulge in 탐닉하다 take over 인수하다 scheduled for ~로 예정된 lay off 해고하다
   mail in 우편으로 보내다 hammer out an agreement 합의 조건을 도출해 내다
   spin off 부수적으로 생산하다 by the end of ~끝날 때까지 no later than ~이전까지
   be enrolled in 등록되다 file a charge against 고발하다
   meet the needs(requirements, demand) 요구조건을 충족시키다

2) at all times 항상 adapt to 적응하다 support for 지지 opposition to 반대
   abstain(= refrain) from 삼가 하다 participate in 참여하다
   turn in(= send in, hand in, submit) 제출하다 stand in for 대신하다 place an order 주문하다
   meet the deadline 마감시간을 맞추다 make an attempt to V 시도하다
   maintain relationships with 관계를 유지하다 as a result of ~의 결과로서
   in the foreseeable(= near) future 가까운 미래에 result in 결과를 초래하다
   be acquainted with ~에 익숙해지다 run short of 부족하다 run out of 바닥나다
   show up(= turn up) 나타나다 be located(= situated) in ~위치하다
   follow up on 계속 추구하다, 이행하다 be directly related to 직접적인 관계가 있다
   be made up of(= consist of) 구성되다 put forward 주창하다, 제안하다
   be interested in 흥미를 갖다 sign up for 신청하다 advance(= improvement) in 발전, 진보

contribute to 기여하다

3) out of the office 출장 중 in one's absence 부재 중 free admission to 무료입장 as of ~날짜로부터
present + 사람 + with + 사물 제공하다 make claims about 주장하다 based on ~에 바탕을 둔
based in ~에 본부를 둔 reach a consensus on 합의에 도달하다 plane ride to ~행 비행기 여행
earn reputation for 명성을 얻다 meet the expectation 기대를 충족시키다
get optimistic about 낙관적이다 be of great concern to ~에게 큰 염려거리이다
under a contract with ~와 계약 중인 in sufficient quantity 충분한 양으로 point out 지적하다
to a certain extent 어느 정도 까지는 make all inquiries about 모든 문의를 하다
get reimbursement for 상환 받다 have distinctive advantages over 뚜렷한 장점을 지니다
a range of 다양한 범위의 take on 떠맡다 live up to one's expectation 기대에 미치다
shut down 전원이 꺼지다 plug out 전원을 뽑다

4) play a role in 역할을 하다 on a permanent basis 상임 직으로 in need(= want) of ~를 필요로 하는
make checks payable to 수표를 ~앞으로 발행하다 on the rise 증가하다
vacancies most closely matched to ~에 가장 잘 맞는 빈 일자리 carry out 이행하다
have permission to V 허가를 지니고 있다 worry about 염려하다 take measure 조치를 치하다
be scheduled to V 예정이다 have a potential appeal to V 잠재적인 매력을 지니다
aside from 제외하고 let alone ~는 말할 것도 없이 receive funding for 자금을 제공받다
conditions for ~맞는 환경 be equipped with ~를 갖추고 있다 connected to 연결되어있는
particulary attractive to 특히 매력적인 summarize + A + into + B 요약하다 recruitment for 모집
learn from ~에서 배우다 announce the early retirement 조기 퇴진을 알리다
hold a conference 회의를 열다 have the authority to V 권한이 있다
take into account(consideration) 고려하다, 배려하다 land the deal 협상을 성사시키다
step down 자리에서 물러나다 under mounting pressure 높아지는 압력을 받고
meet the quotas 할당량을 충족시키다 reach one's full potential 잠재력을 충분히 발휘하다
be open to ~에게 개방되다

1. Gambling contributed (at / to) his ruin.
도박도 그의 파산의 원인이 되었다.

2. The performer got an exclusive contract (to / with) company.
가수가 그 회사와 독점 계약을 맺었다.

3. The damage and failure resulted (in / from) the fire.
손실과 실패는 화재로 인한 것이었다.

4. This treaty is subject (for / to) ratification.
이 조약은 비준을 받아야 한다.

5. The legal advisor submitted a case (to / by) a court.
법률 고문은 그 소송을 법원에 제소했다.

정답 ▶ 1. to 2. with 3. from 4. to 5. to

TOEIC 점수에서 난이도 970점대 이상이므로 집중적인 훈련과 암기를 하도록 하자.

---

1) without retirement packages 퇴직혜택도 없이 after disappointing news on 실망스런 소식이 나간 후에

   become comfortable -ing ~에 편안해지다 be consistent with ~와 일치하다

   in preparation for ~에 대한 준비로 refrain from 자제하다 access code for 사용코드

   endless devotion to 끊임없는 헌신 come up with 생각해 내다

   promptly respond to 신속히 반응을 보이다 instead of ~하는 대신에 a wide range of 다양한

   the request for ~에 대한 요청 a transfer to ~로 전근, 이동 make copies of 복사하다

   catch up with 따라 잡다 be held up in traffic 길이 막히다 get through 통과하다

   barring(= except for) any unforeseen changes 예상 못한 변화만 없다면

   do business with ~거래하다 in comparison with ~와 비교해 볼 때 be made from ~로 만들어지다

   endorsement letter attached to ~에 첨부된 승인 장 in chronological order 연대순으로

   place weight on ~에 비중을 두다 well aware that절 ~잘 알다 resign from 공식적으로 사임하다

2) a progressive approach to 진보적인 접근방식 come to a close(an end) 끝나다 bid for 입찰하다

   come across(encounter) 우연히 만나다 hesitate to 망설이다 be pessimistic about 비관적인

   at your earliest convenience 가장 편리한 때에 prohibit A from -ing 못하게 하다, 금하다

   have access to 접근하다, 이용하다 succeed in -ing 성공하다 relocate to ~로 이주하다

   restriction on ~대한 제한규정 reach a conclusion that 결론에 도달하다 do one's best 최선을 다하다

   push for 노력하다 in conjunction with ~와 함께 economic growth 경제성장

   take steps 조치를 치하다 reach an understanding that 이해하게 되다

   in case of emergency 긴급 상황 시에는 result in 결과를 초래하다 a decrease in ~의 감소

   take action 조치를 취하다 be responsible for 책임을 맡다 be proud to V ~자랑으로 여기다

   be devoted to 헌신하다 for a nominal fee 적은 수수료로 do without ~없이 해 나가다

   fit one's needs 욕구를 충족시키다 seek feedback from 의견을 구하다 keep up with 뒤쳐지지 않다

   get reviews from ~로부터 평을 받다 engage in 관여하다

3) be connected with ~와 관련되다 refer to A as B 간주하다

   increase tremendously(markedly, dramatically, sharply,) 크게 증가하다

   make exceptions to 예외로 취급하다 as a whole 대체적으로 improvement in ~로 인한 향상

   have an beneficial effect on 이로운 영향을 끼치다 worries(anxieties, concerns) about ~의 걱정

   be aimed at 목표로 삼다 be designed for ~위해 고안되다 in operation 영업 중인, 활동 중인

   be involved in ~연루되다, 관련되다 make changes to 수정하다, 변경하다

   accompanying enclosure 함께 실린 동봉 물 take precaution for 주의를 기울이다

   be divided over 의견이 분분하다 put A on hold 통화 대기시키다 file for bankruptcy 파산 신청하다

   end in ~로 끝나다 make concessions over 양보하다 be used for -ing 사용되다

   draw attention to 주의를 끌다 compensations for ~에 대한 보상 raise funds for 자금을 마련하다

come to the conclusion that ~라는 결론에 도달하다

1. His views are consistent (with / by) his action.

그의 견해와 행동은 일치하고 있다.

2. I was aware (of / that) something was wrong.

어딘가 잘못되어 있음을 알아차리고 있었다.

3. That remark was aimed (at / by) him.

그 말은 그를 겨냥한 것이었다.

4. The pilot of the plane is responsible (for / on) the passengers' safety.

비행기 조종사는 여객의 안전에 대하여 책임이 있다.

5. Students are prevented (from / about) smoking inside school.

학생은 교내 흡연이 금지되어 있다.

정답 ▶ 1. with 2. that 3. at 4. for 5. from

▶부사의 위치와 종류별 형태

⇒ 『Be(have) +부사 + p.p』의 어순 구조를 주로 정답유형으로 출제한다.

경향 분석
❶ 8품사 중에서 출제 비중이 가장 높은 품사이므로 매월 출제되는 (대)명사, 부사, 형용사, 동사는 매년 매월 정답의 직간접적인 영역으로써 철저한 훈련과 주의를 기울이도록 하자.

❷ 매월 부사의 기능, 위치, 형태, 종류, 용법이 정답의 영역으로 출제된다.

❸ ①『부사 + 명사』(=) 형용사+명사)의 어순, ②『형용사 + 동사』(=) 부사+동사)의 어순을 매월 출제한다.

출제 의도 종류별 부사와 형용사 구분하기
출제 빈도 매월
출제 유형 아래 유형 1~5.

1 부사의 기능

매월, 부사는 명사와 함께 품사 문제 중 가장 많은 정답으로 출제되고 있으며, 문장 중에서는 동사, 형용사, 다른 부사(구) 또는 문장 전체, 대명사까지 수식한다.

① He (frank / frankly) admitted his error. 〈그는 솔직히 실수를 인정했다. : 동사 수식〉
② I feel (such / rather) sleepy. 〈좀 졸린다. : 형용사 수식〉
③ The ball went (justly / just) over the fence. 〈공이 울타리 바로 위로 날아갔다 : 부사구 수식〉
④ (Happy / Happily), the surviver did not die. 〈다행히 그 생존자는 죽지 않았다. : 문장 전체 수식〉

정답 ▶ 1. frankly 2. rather(so) 3. just 4. Happily

2 부사의 형태

▶ 부사의 일반적 형태 : 매월 양태 부사, ②『형용사 + ly』의 형태가 가장 많은 정답으로 출제된다.
아래의 1-5번은 명사 앞에선 형용사로 쓰이지만 문미나 문두에서는 부사로 출제 된다.

① 명사 + ly = 형용사 ⇔ A timely ads : 적시 광고

| 1. cowardly 비겁한 | manly 사나이다운 | orderly 질서 잡힌 |
| 2. motherly 모성의 | lovely 사랑스런 | worldly 세속적인 |

3. hourly 시간마다   daily 날마다   weekly 주간의

4. monthly 월간의   quarterly 계간의   leisurely 느긋한

5. timely 제때의, 적시의

ex.) It was a timely decision.〈시기적절한 조치였다.〉   (형용사)

His only monthly expenses are $146 for his car, $100 for insurance

〈매월 드는 돈이라고는 자동차에 쓰는 146불에 보험료 100불이 전붐니다.〉

The quarterly earnings were up 462.3 billion won compared to the same period a year earlier.

〈4분기 수익은 전년 같은 기간에 비해 4,623억 원이 증가했다.〉

Weekly pan-government meetings on countermeasures will continue.

〈매주 범정부 대책회의가 지속될 예정이다.〉

We had a lovely time together.〈함께 즐거운 때를 보냈다.〉

---

② 형용사 + ly = 부사   ⇔   considerably : 적지 않게, 상당히

ex.) Europe has weakened considerably.〈유럽이 현저하게 약화되었다.〉   (부사)

I work as a customer service representative and deal with a lot of the same people daily.

〈저는 고객 서비스 담당직원으로 일하며 매일같이 똑 같은 사람들을 무수히 대하고 있습니다.〉

He is worldly wise. <그는 처세에 능하다.>

• -ly 가 붙는 부사와 -ly 가 붙지 않는 부사가 뜻이 다른 경우.   ex.) high / highly

• 다음 각 쌍의 부사들 중 하나를 정답으로 거의 매월 출제한다.   ex.) near / nearly

---

ex.) He's been almost unrecognizable lately.〈최근 하는 짓을 종잡을 수가 없다.〉

It took nearly two hours to get here.〈여기까지 오는 데 거의 두 시간이 걸렸다.〉

There is hardly any time left.〈시간은 거의 남아 있지 않다.〉

The readers of this book are mostly students.〈이 책의 독자는 주로 학생들이다.〉

Almost all the people came out.〈거의 모든 사람들이 밖으로 나왔다.〉

He has been justly rewarded.〈그는 정당한 보수를 받았다.〉

We Germans also dearly wish to celebrate Korea's reunification soon.

〈우리 독일인들도 곧 한국의 통일을 축하할 수 있기를 진심으로 바란다.〉

Most of the information was classified as highly confidential.

〈대부분의 정보는 높은 수준의 군사기밀사항이었다.〉

1. late 늦게   2. near 가까이   9. good (형용사)좋은, 훌륭한

   lately 최근에   nearly 거의   well (부사)잘, 훌륭히 (형)건강한

3. hard 열심히   4. most 가장   10. almost(부)거의, 대부분의

   hardly거의 ~않다   mostly 대부분   most(부사)가장, (형)대부분의

5. just 꼭, 정각
   justly 당연하게

6. dear 비싸게
   dearly 몹시, 매우

7. high 높이
   highly 매우

8. deep 깊이
   deeply 매우

① The change in the exchange rate provided a (time / timely) boost to the company' sfalling profits.
〈환율변화로 회사의 떨어지는 이윤을 적절한때에 올려줬다.〉

② He arrived too (lately / late) for the train. 〈그는 기차 시각에 너무 늦게 도착했다.〉

③ I haven' t seen her (late / lately). 〈최근에 그녀를 만나지 못했다.〉

④ They buy cheap and sell (dearly / dear). 〈그들은 싸게 사서 비싸게 판다.〉

⑤ He loved his wife (dear / dearly). 〈그는 아내를 진정 사랑한다.〉

⑥ They organizes that kind of event very (good / well). 〈그들은 그런 행사를 아주 잘 조직한다.〉

⑦ Japanese cars are (high / highly) regarded by American motorists.
〈일본 승용차들이 미국의 운전자들에게 아주 인기가 있다.〉

⑧ The play had (hard / hardly) started when there was a power cut.
〈연극이 시작되자마자 정전 사고가 있었다.〉

⑨ She has (just / justly) been called one of the greatest singers of her time.
〈그녀가 당대에 최고 가수 중 한 사람으로 불리는 것도 당연하다.〉

⑩ The story seemed to be (most / mostly) true. 〈이야기가 대부분 진실인 것 같았다.〉

⑪ (Most / Almost) all the passengers on the ferry were our promising customers.
〈연락선을 타고 있는 거의 모든 승객들은 우리의 잠정적인 고객들이다.〉

정답 ▶ 1. timely 2. late 3. lately 4. dear 5. dearly 6. well 7. highly 8. hardly
9. justly 10. mostly 11. Almost

2) 접두사 『a-』로 시작하는 부사들이다.

---

aboard, abroad, around, away 등도 출제되고 있다.

---

① He is (away from / away) his office. 〈그는 사무실에 없다.〉
② Most wage earners always want to travel (around / on) the world.
〈대다수 봉급생활자들은 항상 세계 여행을 하고 싶어 한다.〉

정답 ▶ 1. away from 2. around

❸ 부사의 용법

• 접속부사 : otherwise(= if ~ not 그렇지 않다면), nevertheless(~임에도 불구하고), however(하지만) 등은 두 문장 사이에서 문장과 문장을 연결하는 접속사 역할과 부사 역할을 동시에 하는 접속 부사이다. 연간 3~4회 이상 출제되며 이 셋 중 하나가 정답으로 출제되며 서로 비교하는 형태이다.
PART 5에서는 주로 오답으로 출제되며 Part 6에서는 독해 지문 중에 등장하므로 주로 정답으로 출제된다.

1. 양보 접속 부사 : however 그러나 nevertheless ~임에도 불구하고 still 그럼에도 yet 그럼에도
   ex.) We have not yet won. However, we shall keep trying.
      〈우리가 아직 이긴 적은 없지만, 그래도 계속 노력하자.〉

2. 부가 접속 부사 : besides 게다가 also, moreover 더욱이 likewise 마찬가지로 in addition 게다가
   ex.) The day was cold, and moreover it was raining.
      〈그날은 추웠으며 게다가 비까지 오고 있었다.〉

3. 결과 접속 부사 : consequently 그 결과 therefore 그러므로 accordingly 그래서 accordingly 따라서
   thus, so(연 4~5회 출제), hence 이와 같이
   ex.) This play has no main character. Consequently, it lacks a traditional plot.
      〈이 극은 주인공이 없다 그런즉 전통적인 구성이 없다.〉

4. 조건 접속 부사 : otherwise 그렇지 않다면(= else, or else) then 그 다음에
   ex.) He skinned his shins, but otherwise he was not injured.
      〈그는 정강이가 까졌을 뿐 다른 데는 다치지 않았다.〉

5. 기타 : directly(= instantly, immediately) 즉시, 곧 namely(= that is) 즉 in other words 다시 말하면 for
   instance 예를 들면
   ex.) In other words, changes should be made within the present system.
      〈달리 말하면, 변화는 현 시스템 내에서 이루어져야 한다.〉

① I like dogs; (till / still) I don' t care to keep one.
〈개를 좋와는 하지만 그래도 한 마리도 키우고 싶진 않다.〉

② He overslept himself this morning; (otherwise / however) he was in time for school.
〈그는 오늘 아침에 늦잠을 잤다. 그러나 하교에 제 시간에 도착했다.〉

③ I am tired; (beside / besides) I am sleepy. 〈난 피곤하고 게다가 졸리기도 하다.〉

④ (Direct / Directly) the dog saw me, it wagged its tail. 〈개가 날 보자마자 꼬리를 흔들었다.〉

⑤ He was uncertain whether they would receive him warmly. (Despite / Nevertheless) he rang the door bell.
〈자신이 따뜻한 환영을 받을지 어떨지 몰랐으나 그럼에도 불구하고 벨을 울렸다.〉

정답 ▶ 1. still 2. however 3. besides 4. Directly 5. Nevertheless

4 주의해야 할 부사

- very, much 의 용법 : very는 연 1~2회 출제되며, much 연 4~5회 출제되고 있으며, 이 둘이 함께 등장하면 much가 주로 정답으로 출제된다.

1. 【very의 용법】
   ① 형용사 수식, 형용사가 된 분사를 수식

   (amusing, promising, tiring, delighted, pleased, pleasing, tired, puzzling, worried, worrying)

   ② 부사를 수식
   ③ 현재분사를 수식
   ④ 원급 수식

2. 【much의 용법】
   ① 동사를 수식, 서술적인 형용사
   ② much+too+형용사(small, heavy, light, dark, low, big)
   ③ much + 전치사구: ~하게도
   ④ 과거분사를 수식
   ⑤ 비교급, 최상급 수식

① The staff really wants very (amused / amusing) situation.
〈직원들은 실제로 아주 재밌는 상황을 원한다.〉

② He's always very (pleasing / pleased) to get off an airplane.
〈그는 항상 비행기에서 내리는 것을 즐거워한다.〉

③ (Very / Much) to his surprise, they accepted his offer.
〈그가 매우 놀랍게도, 그들이 제안을 수락했다.〉

④ This picture was (very / much) too heavy to put on that wall.
〈이 그림은 너무 무거워서 저 벽에 걸 수 없다.〉

⑤ He who works much will advance (very / much)   〈동사 수식〉
〈많이 일하는 사람은 많이 발전할 것이다.〉

⑥ This is a (much / very) puzzling question.   〈현재분사 수식〉
〈이건 매우 당혹스런 문제이다.〉

⑦ I am (much / very) glad to see you.　　　　　　　　　〈원급 수식〉
　〈만나게 되어 매우 반갑다.〉
⑧ I like coffee (very / much) better than tea.　　　　〈비교급 수식〉
　〈차보다는 커피를 더 좋아한다.〉

> 정답 ▶　1. amusing 2. pleased 3. Much 4. much 5. much 6. very 7. very 8. much

- 빈도 부정 부사 : 동작과 사건의 빈번한 횟수, 행위의 부정을 나타내는 부사이며, 일반 동사 앞, be동사나 조동사 뒤, 조동사와 본동사 사이에 정답으로 출제된다.

① (He has always / He always has) breakfast in bed on a Sunday.
　〈그는 일요일엔 항상 침대에서 아침식사를 한다.〉
② They (always have / have always) wanted to buy our own house.
　〈그들은 항상 우리 집을 구입하고 싶어 했다.〉
③ Seldom (we / do we) receive any apology when mistakes are made.
　〈실수가 있을 땐 우리는 그 어떤 사과도 받질 않는다.〉
④ The buses run less (frequent / frequently) on Sundays.
　〈버스는 일요일마다 그리 자주 운행되지는 않는다.〉

> 정답 ▶　1. He always has 2. have always 3. do we 4. frequently

① **부정 부사** : seldom, barely, hardly, scarcely, never, rarely
　▶ 정답 어순 공식 : 【부정 부사 ⇔ 조동사 + 주어 + 본동사의 어순】
　ex.) This kind seldom happens, if any.〈이것은 이례적인 일이다.〉
　　　such united resolve is rarely seen in Latin America.
　　　〈단결된 결의는 라틴 아메리카에서 보기 어렵다.〉
　　　Labor is not only expensive but hardly obtainable in the locality.
　　　〈그 지방에서는 노동력이 비쌀 뿐만 아니라 구하기도 힘들다.〉

② **빈도 부사의 빈도순서** : always(100%) ◑ usually ◑ often ◑ sometimes ◑ seldom ◑ rarely ◑ never(0%) 순서이며 이 밖에 frequently, regularly, once, ever, scarcely 등이다.
　ex.) When it comes to the point, she always changes her mind.
　　　〈요는 그녀의 마음이 항상 변한다는 것이다.〉
　　　The questioning session usually takes all day and can sometimes last several days.
　　　〈질의는 보통 하루 종일 걸리는데 간혹 며칠씩 계속되는 경우도 있다.〉
　　　Englishmen rarely talk to strangers in trains.?
　　　〈영국인들은 기차에서 낯선 사람에게 좀처럼 말을 걸지 않는다.〉

• **정도 부사의 용법** : 동작의 행위, 상태, 수나 양의 정도를 나타내는 부사로서 격월에서 매월 출제 빈도를 보이고 있다.

---

a lot, badly(몹시), deeply, greatly, even, much, more, quite, so, very, well, by far, fully, really, rather, completely, entirely

---

ex.) It seemed much larger than I had expected.〈그것은 내가 예상했던 것보다 훨씬 큰 것 같았다.〉

This book is even better than that.〈이 책은 저 책보다 한결 좋다.〉

He is more frightened than hurt.〈그는 놀랐으나 상처는 없대적다.〉

① Nobody is (very / quite) sure how many bikes there are in Cambridge.
〈캠브리지에 얼마나 많은 자전거가 있는지는 아무도 모른다.〉

② His daughter looks (lot / a lot) like him.〈딸이 그를 많이 닮았다.〉

③ None of the passengers had been (bad / badly) injured in the accident.
〈승객 중 아무도 사고로 심하게 다치진 않았다.〉

정답 ▶ 1. quite 2. a lot 3. badly

• **초점 부사의 용법** : 피수식어 하나에만 초점을 맞추어 8품사 모든 어휘를 다 수식한다. 고로 (전치) 초점 부사가 어디 나오든 문법적으로 항상 좋으므로 정문을 만든다.(Part 5, 6) 정답으로 가장 많이 출제되는 것은 just, even, only 순서이다.

---

① 전치 초점 부사 : only, even, also, just, merely, simply, exactly, solely, exclusively, precisely (피수식어 앞에서 수식)

② 후치 초점 부사 : alone, as well, too, in particular, either (피수식어 뒤에서 수식)

---

ex.) She has only one dollar.〈그녀는 1달러 밖에 가지고 있지 않다.〉

The committee seats were exclusively occupied by Republicans.
〈위원회는 공화당 일색이었다.〉

I came just because you asked me to come.〈네가 오라고 하니까 왔을 따름이다.〉

① I'm not badly injured - it's (alone / only) a scratch.〈심하게 다치건 아니고 할퀴었을 뿐이다.〉

② He is not (mere / merely) a good artist, but a great one.
〈그는 좋은 예술가일 뿐 아니라 위대하기 까지 하다.〉

③ After the accident, he couldn't (too / even) feed himself without help.
〈사고 후에, 그는 도움 없이는 혼자 식사도 못했다.〉

정답 ▶ 1. only 2. merely 3. even

• **enough, too, so 의 용법** : so, such, enough, too 들 중 so, such가 정답으로 출제되며 too는 항상 오답으로 출제된다. 그 어순 구조를 비교하는 유형이 출제된다.

① 형용사(부사) + enough + to + 동사원형

② so + 형용사(부사) + as to + 동사원형

③ too + 형용사(부사) + to + 동사원형 = 너무 …해서 ~할 수 없는

④ too + 형용사(부사) + for + 의미상 주어 + to + 동사원형

ex.) People our age aren't mature enough to experience those emotions.
〈우리 또래들은 그런 감정을 경험할 만큼 아직 성숙하진 못해.〉

He was so kind as to help me. 〈그는 친절하게도 나를 도와주었다.〉

The news is too good to be true. 〈사실이라고 믿어지지 않을 정도로 좋은 소식이다.〉

This opportunity is too good for me to miss.

〈이번 기회는 나에게 너무나 좋은 것이어서 놓칠 수가 없다.〉

① He is (enough old / old enough) to support himself. 〈그는 자립할 정도로 나이 먹었다.〉

② You are (such / so) old that you can do it. 〈넌 그것을 할 수 있을 정도로 컸다.〉

③ You are (so / too) old to do it. 〈넌 너무 늙어서 그것을 할 수 없다.〉

④ He walked too fast (me / for me) to keep up with him.

〈그는 너무 빨리 걸어서 내가 보조를 맞출 수가 없다.〉

정답 ▶ 1. old enough 2. so 3. too 4. for me

• **enough, too** 의 관용구 : 일반적인 부사들은 "부사+형용사"의 어순을 가지지만 긍정적인 의미를 지니는 부사 enough은 뒤에 동작을 나타내는 to부정사를 항상 의미상 본질적으로 가지므로 "enough + to부정사" 전체가 마치 한 단어이자 한 그룹처럼 그 앞에 있는 형용사를 뒤에서 후치 수식하게 된다.

① cannot ~ enough : 아무리 ~해도 부족하다.

② cannot too + 형용사(부사) : 아무리 ~해도 부족하다.

③ too + 형용사(부사) + not to : so ~ that … cannot but : ~하지 못할 만큼, ~하지는 않는

④ none too = not at all : 조금도 ~아닌

⑤ only too = but too = all too : (유감스럽게도) 대단히 ~한

ex.) I cannot thank them enough. 〈그들이 얼마나 고마운지 몰라.〉

I cannot praise him too much. 〈그는 아무리 칭찬해도 지나치지 않다.〉

The place was none too clean. 〈그곳은 조금도 청결하지 않았다.〉

It is only too true. 〈그것은 유감이지만 사실이다.〉

⑥ 『형용사 + enough + to부정사』의 어순을 정답유형으로 출제한다. (Part 5, 6)

⑦ 『enough + 형용사』는 항상 오답유형으로 출제된다. (Part 5)

① I (can / cannot) apologize to you enough.〈아무리 사과해도 부족하다.〉

② You cannot be (so / too) careful of your heath.〈건강은 아무리 강조해도 지나치지 않다.〉

③ He is (so / too) wise not to know it.〈그가 그걸 모를 만큼 현명하지는 않다.〉

④ He is (such / so) wise that he cannot but know it.〈그가 그걸 모를 만큼 현명하지는 않다.〉

⑤ The book was (none / none too) interesting.〈그 책은 전혀 재미가 없다.〉

정답 ▶ 1. cannot 2. too 3. too 4. so 5. none too

- hardly ever, scarcely, barely, seldom, rarely 등은 준 부정어로 부정 부사(『거의 ~않다』)이다. 문두에 등장하면 『hardly + 조동사 + 주어』어순이 항상 정답으로 출제된다!

---

① hardly, scarcely, barely : 「거의 ~않다」의 정도, 양 표현으로 출제된다.

② seldom, rarely : 「드물게, 좀처럼 ~않다」의 동작의 횟수 표현으로 출제된다.

③ 『준 부정 부사(hardly…) + 조동사 + 주어』의 어순을 정답으로 출제한다.

---

① Never (I have / have I) been so maddeningly thirsty.
〈일찍이 그렇게 미칠 듯이 목마른 적은 없었다.〉

② (Scarce / Scarcely) had he entered the room when she broke into tears.
〈그가 방에 들어오자마자 그녀는 눈물을 흘렸다.〉

③ Seldom (do / does) he write to his father.
〈그는 거의 아버지에게 편지 한 장 안 보낸다.〉

정답 ▶ 1. have I 2. Scarcely 3. does

- ago, before, since의 용법 : 셋 중에 since와 ago를 정답으로 연간 4~5회 출제하며 before는 연간 1~2회 정도 출제된다.

---

① ago : 현재를 기준으로「지금부터 ~전」으로 과거 시제를 정답으로 출제한다.

② before : 과거의 시점을 기준으로「그때보다 ~전」으로 과거완료 시제, 현재완료를 정답으로 한다.

③ since : 과거의 시제를 정답으로 출제하며, 앞뒤의 주절은 현재완료를 정답으로 출제한다.

---

① The express (starts / started) half an hour ago.〈급행열차는 30분 전에 출발했다.〉

② When I got to the station, I found that the express (started / had started) half an hour before.
〈역에 도착했을 때 급행열차가 30분 전에 출발했다는 것을 알았다.〉

정답 ▶ 1. started 2. had started

• once, ever의 용법

① once :「한때, 언젠가」의 뜻으로 과거 시제를 정답으로 출제한다. (긍정문)
② ever : 의문문, 부정문, 조건문에서 정답으로 출제한다.
③ ever :「항상, 언제나」always의 뜻으로 출제한다. (긍정문)

① She once (lives / lived) in Paris.〈그녀는 한 때 파리에 살았다.〉
② She repeated (once / ever) the same words.〈그녀는 같은 말을 항상 반복했다.〉

정답 ▶ 1. lived 2. ever

• **still, yet, already의 용법** : 이 셋 중 정답으로 가장 많이 몰리는 것은 긍정문의 already이며 그 다음은 yet의 순서로 많이 출제된다.

▷ 1. already :「이미, 벌써, 기왕에」의 뜻으로 동작의 완료를 나타내며 긍정문에 정답으로 출제된다.
  ◐ ① have(be) + already + p.p.   ② already + 동사
  ex.) Chilean lawmakers have already ratified the deal.〈칠레 의회는 이미 이 법안을 비준처리했다.〉
▷ 2. yet :「벌써, 이미, 아직」뜻으로 동작의 완료의 의미로 의문문, 부정문에 정답으로 출제된다. 긍정문에서는 still「아직도 더」의 뜻이다.
  ◐ ① have + not yet + p.p.   ② have + yet + to동사원형
  ex.) We have not yet determined what to do.〈우리는 무엇을 할 것인가를 아직 정하지 않았다.〉
    The size and other details for the town have yet to be finalized.
    〈행정도시의 규모와 기타 세부 사안은 아직 확정되지 않았다.〉
▷ 3. still :「지금도, 여전히, 그럼에도 불구하고, 더욱더」뜻이며, 동작, 상태의 계속을 의미하며 의문문, 긍정문에서 정답으로 출제된다.
  ◐ ① (Be동사 +) still + 조동사(don't)//일반 동사   ② be + still + -ing
  ex.) He's still not taking his meds.〈그는 아직 진통제를 먹질 않는다.〉

① I have not failed (still / yet).〈아직 실패하지는 않았다.〉
② He is (already / still) working here.〈그는 여전히 이곳에서 일한다.〉
③ He has (yet / already) recovered.〈그는 벌써 회복했다.〉
④ Has the train arrived (already / yet)? 〈열차가 벌써 도착 했냐?〉
⑤ I have (yet / already) to find out what she wants.〈아직 그녀가 원하는 것을 알아봐야 한다.〉

정답 ▶ 1. yet 2. still 3. already 4. yet 5. yet

- **now, just, just now의 용법** : 셋 중 하나를 정답으로 출제되며 특히 부사 just, much, almost… 등이 as나 the same 앞에 올 때, 정답으로 출제되며 same은 특히 관사 the를 반드시 가져야 한다. the same이나 as가 등장하면 그 뒤에도 반드시 as가 나와야 하며, as가 등장하면 그 앞에는 the same이나 as 반드시 나와야 된다. 즉, 둘 중 하나만 나올 경우엔 비문이 되므로 오답이 된다.

---

① now :「지금, 바로」뜻. 현재 시제를 정답으로 한다.

② just now :「방금, 지금, 곧」뜻으로, 과거 시제를 정답으로 한다.

③ just :「바로, 꼭」의 의미로 현재나 현재완료가 정답이다. 동사, 명사, 부사구, 부사절 등을 수식한다.

④ just like, just as ~ as, just then, just there, just the + 명사

⑤ just, all, much, exactly, almost + the same(as, such) A as B

⑥ 보기 중에 the same ~ as, such ~ as 또는 as ~ as처럼 둘 다 등장하면 정답이 된다!

⑦ the same ~ as, such ~ as, 또는 as ~ as중에서 둘 중 하나만 빠져도 오답이 된다!

⑧ the same, such, 또는 as중 하나를 정답으로 출제한다. (Part 5, 6)

---

① We have (justly / now) reached the summit. 〈우리는 막 정상에 도착했다.〉

② The train is (justly / just) starting. 〈열차가 막 출발 한다.〉

③ My father went out (just / just now). 〈아버지가 막 나가셨다.〉

④ They say he looks just the (such / same) as his manager. 〈그는 매니저와 꼭 닮았다고들 한다.〉

⑤ He'd like the (as / same) item as his director. 〈그는 부장님과 같은 품목을 원한다.〉

정답 ▶ 1. now 2. just 3. just now 4. same 5. same

- **too, either, also의 용법** : 셋 중 하나를 정답으로 출제하며 also가 가장 많이 출제된다.

---

① too :「또한, 역시」뜻으로 긍정문의 문미에서 정답으로 출제된다.

② either : 「또한, 역시」의 의미로 부정문의 문미에 정답으로 출제된다.

③ also : be동사, 조동사 뒤나 문중에 정답으로 출제된다.

---

① If you go there, I'll go, (either / too) 〈네가 가면, 나도 간다.〉

② If you don't go there, I'll not go (too / either). 〈네가 안가면 나도 안가.〉

정답 ▶ 1. too 2. either

- **fast, soon, early의 용법** : 셋 중 하나를 정답으로 출제하며 soon이 가장 많이 출제된다.

---

① fast : 빨리 (속도)

② soon : 곧, 이윽고 (시간 경과)

③ early : 이른, 일찍이 (시간 전에)

① The ambulance will be here (early / soon).〈구급차가 이곳에 곧 도착 할 것이다.〉
② He scuttled back into the house as (soon / fast) as his legs would carry him.
〈그는 황급히 집안으로 허둥지둥 도망쳐 들어갔다.〉
③ If you finish (fast / early) you can go home.〈일찍 끝내면 집에 가도 좋다.〉
④ It's rather (soon / early) to be sowing carrot seeds, isn't it?
〈당근 씨를 뿌리는 것은 좀 이르지 않니?〉

정답 ▶ 1. soon 2. fast 3. early 4. early

5 부사의 위치 : 매월 출제되므로 확실히 익혀두도록 하자. 출제 유형은 아래 1~5와 같다.

---

① 빈도, 정도 부사의 위치는, 보통 일반 동사 앞이 정답이 된다.
② 『be + 빈도 부사 + p.p.』의 어순이 매월 정답유형으로 출제된다.
③ 『have + 빈도 부사 + p.p.』의 어순이 매월 정답유형으로 출제된다.
④ 형용사, 부사(구, 절)를 수식하는 경우 바로 앞이 정답이 된다.
⑤ 일정 시점을 나타내는 부사는 주로 문두에서 정답으로 출제된다.

---

① I (usual / usually) pay my bills by check. 〈보통 수표로 지불을 한다.〉
② He (often is / is often) late for school. 〈그는 가끔 학교에 지각한다.〉
③ Bears are (rare / rarely) seen in these mountains.〈이 산에서는 곰은 거의 볼 수가 없다.〉

정답 ▶ 1. usually 2. is often 3. rarely

• **유도 부사 구문**

There(유도 부사) + be동사 + 명사(=실제 주어)

『숫자나 수량사가 나오면 There is/are가 정답으로 출제된다!』

다음과 같은 숫자나 수량 형용사가 나올 경우, 주어로서 there is/are 구문이 출제되며 『there is/are + 명사』구문
은 동사와 뒤의 명사의 단/복수가 일치해야하므로 둘 중 하나를 정답으로 출제한다.

[1] there are	숫자, many, [a]few, + some, any, no	a number of + 복수 명사
[2] there is	+ much, [a]little,	a deal/amount of + 불가산명사

① There (are / is) someone on the phone for you.〈너를 찾는 전화가 와 있다.〉
② There are a (deal / number) of hours to pack tomorrow.〈내일은 짐을 쌀 시간이 많다.〉
③. _____ not two principles common to any specific fields.
〈그 어떤 특별한 분야에도 공통적으로 적용되는 두 개의 원칙은 없다.〉
    A. It is   B. That is   C. There are   D. Although it is

④. _____ plenty of firms in this city whose only purpose is to help some retarded children.

〈이곳의 많은 회사의 유일한 목표는 일주 지진아들을 돕는 것이다.〉

    A. When they are   B. That are   C. It is   D. There are

⑤. (These / There) are twenty kinds of wild flowers in North America.

〈20종의 야생화가 북미에 자생한다.〉

정답 ▶   1. is   2. number   3. C   4. D   5. There

- 여러 가지 부사가 겹칠 때의 어순 공식

---

① 〈장소〉, 〈방법〉, 〈시간〉 부사의 어순 공식을 정답으로 출제한다.

    ex.) We have had much rain here this summer. 〈이번 여름 이곳은 비가 많이 왔다.〉

② 〈작은 단위〉 + 〈큰 단위〉의 어순 공식을 정답으로 출제한다.

    ex.) the traffic congestion won't be cleared up until late in the afternoon.

        〈교통체증 현상은 오후 늦게야 해결될 것이다.〉

---

① Last year he came to Korea (ship / by ship). 〈작년에 그는 배로 한국에 왔다.〉

② I'll call on you at seven o'clock (on next / next) Sunday. 〈내주 일요일 7시에 방문하겠습니다.〉

정답 ▶   1. by ship   2. next

---

with + 명사 + 수식어구(-ing, -ed, 형용사)는 동시 상황을 나타낸다.

---

① He is always speaking with his mouth (fulling / full).

    〈그는 항상 입안 가득히 음식을 물고 말한다.〉

② She sits reading with his back (the wall / against the wall).

    〈그녀는 벽에 등을 기댄 채 책을 읽고 앉았다.〉

③ With night (come on / coming on), we started for home.

    〈밤이 다가와서 우리는 집으로 향했다.〉

정답 ▶   1. full   2. against the wall   3. coming on

UNIT 51 ▶부정 부사와 어순구조

⇒ 첫 단어가 부정 부사이면, 『조동사+주어+본동사』 어순이 정답이 된다!

경향 분석 ❶ 첫 단어로서 부정 부사 (N)either, nor, only 등이 나오면 의문문 어순을 정답으로 출제한다.

❷ 부정 부사(구)나 전치사구가 강조를 목적으로 문두로 도치될 때 각종 조동사를 끌고 나온다. 즉, "조동사 + 주어 + 본동사"의 어순을 정답으로 갖는다. 토익 문법의 정답은 일반적으로 "주어 + 동사"의 어순인 문장이 정답이 되지만, 이 경우는 "조동사 + 주어 + 본동사"가 정답으로 출제된다.

출제 의도 평서문 어순과 『조동사 + 주어 + 본동사』 어순 구분하기

출제 빈도 연간 3~4회 이상

출제 유형 아래 유형 1~3.

1 첫 단어가 부정 부사 일 때, 동사를 정답으로 출제한다.(Part 5, 6)

2 첫 단어가 부정 부사 일 때, 『조동사 + 주어 + 본동사』가 정답이 된다.(Part 5, 6)

ex.) Only by his hand work is he able to complete that job.
〈수작업으로만 일을 끝낼 수 있다.〉

In neither case can I agree. 〈어느 경우건 찬성할 수 없다.〉

The tale is long, nor have I heard it out. 〈그 이야기는 길어서 끝까지 다 들은 적이 없다.〉

Scarcely had he gone out when it began to snow.
〈그가 외출 하자마자 눈이 내리기 시작했다.〉

Hardly had he come home than she started complaining.
〈그가 귀가하자마자 그녀는 바가지를 긁기 시작했다.〉

3 부정 부사(구)

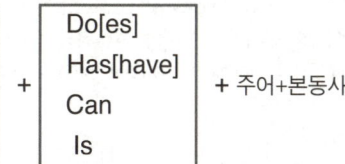

only, hardly, scarcely, not only, not until, neither, nor, rarely, seldom, barely, not, no sooner, little, never 등	+	Do[es] Has[have] Can Is	+ 주어+본동사

ex.) Little did I dream a letter would come from him.
〈그로부터 편지가 오리라고는 꿈에도 생각지 못했다.〉

Only a few people came here.
〈불과 소수의 사람만이 여기 왔다.〉

1. Only when the corporation honor a bill right away _____ forward the new products.

   (A) can we   (B) can only
   (C) can   (D) there we

2. Not until the bill fell due last month _____ the manager redeem and negotiate the bills.

   (A) then   (B) and will
   (C) did   (D) does

3. Rarely _____ unless they are cornered or provoked.

   (A) snakes that attack a man   (B) do attack snakes to a man
   (C) snakes attack a man   (D) do snakes attack a man

기출 유형 전략 비법

1. 주어 + 동사 찾기   [정답] A

전략 비법 Ⅰ 『첫 단어가 부정 부사 only일 때, 조동사 + 주어 + 본동사가 정답이다.』

첫 단어가 부정 부사(구)일 때, 동사위치에 밑줄 짝! 정답의 위치로 출제한다. 첫 단어가 부정 부사 only이므로, 밑줄 속엔 조동사 + 주어가 정답이다.

해석 Ⅰ 그 회사가 즉시 어음을 결제하기만 하면, 우리는 신상품을 보낼 것이다.

어구 Ⅰ **corporation** 회사, 기업 **honor a bill** 어음을 결제하다 **right away** 즉시, 당장 **forward** 보내다, 발송하다

2. 조동사 찾기   [정답] C

전략 비법 Ⅰ 『첫 단어가 부정 not until 이므로 조동사 + 주어 + 본동사가 답이 된다.』

고로 동사 redeem, 과 negotiate이므로 조동사는 did가 와야 한다.

해석 Ⅰ 지난달 어음이 만기가 되어서야, 매니저는 어음을 상환하고 매매했다

어구 Ⅰ **not until** …하고서야 ~하다 **bill** 어음 **fall due** 만기가 되다 **negotiate** 매매하다, 협상하다 **redeem** 상환하다

3. 조동사 + 주어 찾기   [정답] D

전략 비법 Ⅰ 『첫 단어가 부정 부사 rarely이므로 "조동사 + 주어 + 본동사"가 답이 된다.』

A, C는 주어부터 시작되므로 탈락되고, B는 동사 + 주어가 되므로 역시 탈락된다. D가 조동사+주어+본동사이므로 정답이다.

해석 Ⅰ 뱀은 궁지에 몰리거나 화가 나지 않는 한, 좀처럼 사람을 공격하지 않는다.

어구 Ⅰ **rarely** 좀처럼 ~않다. **attack** 공격하다 **corner** 궁지에 몰다 **provoke** 화나게 하다 **unless** ~하지 않는다면

▶정도 부사

⇒ 『정도 부사 even(much, far…) +비교급』의 어순을 정답으로 출제한다!

경향 분석 비교급을 수식하는 다음의 부사들은 평소 실용 영어에서도 실제로 가장 많이 쓰이며, TOEIC 시험에서도 가장 많은 정답으로 출제된다. 정도 부사 『even, much, far…』등이 그것이며 이 중 부사 어미 -ly를 갖는 것은 [2]뿐이다.

출제 의도 비교급의 정도를 나타내는 부사들을 암기 숙달한다.

출제 빈도 연간 3~4회 이상

출제 유형 아래 유형 1~4.

1 much, even, far, still, rather, by far, a lot, a bit, a little + 비교급(-er/more/less) + than

2 slightly, considerably + 비교급(-er/more/less) + than

3 2~3음절 이상 긴 형용사는 much more, much less를 정답으로 출제한다.

4 비교급(-er/more/less-) 뒤에는 than이, than앞에는 비교급이 정답이 된다.

출제 유형별 기출 예문

유형 [1]	The increase is far less than what the transportation industry has demanded. 〈인상폭은 운송업계의 요구에는 크게 못 미치는 수준이다.〉
유형 [2]	Another civic group member gave a slightly more positive outlook. 〈다른 시민단체 회원은 보다 낙관적인 전망을 제시했다.〉
유형 [3]	The poor tend to prosper much more here than in Europe. 〈여기로 오는 가난한 이민들이 유럽에서보다 더 잘사는 경향이 있다.〉

Start - Up

1. She is (even much / even more) qualified than her elder sister.
그녀는 언니보다도 훨씬 더 자격을 갖췄다.

2. The director was (few / far) quicker about his work than his supervisor.
그 이사는 상사보다도 업무 처리가 훨씬 빨랐다.

3. Some staff seems to be in (fewer / less) competition with others for a prize.

일부 직원들은 경품을 놓고 다른 직원들과 덜 경쟁하는 듯하다.

정답 ▶ 1. even more 2. far 3. less

CHECK-UP TEST

1. Many satellite photographs are _____ than others.

    (A) much clearer   (B) the clearer
    (C) more clearer   (D) many clearer

2. Most of the economists say that social science is _____ complex than economics.

    (A) a little   (B) a little less
    (C) a few less   (D) little

3. The off-the-press book is _____ expensive than the old one.

    (A) more much   (B) much less
    (C) a little   (D) little

기출 유형 전략 비법

1. 보어 찾기   [정답] A

전략 비법 | 『비교급 수식 부사는 even, much, far… 등이 답이다.』

비교급을 수식하는 다음의 부사들 중 실제로 가장 많이 쓰이며 또한 정답으로 가장 많이 출제되고 있는 것은 『even, much, far…』 등이 있으며, 다른 비교급 수식 부사에는 다음이 있다. 『still, rather, a little, slightly, considerably…』 등이 있다. 접속사 than 이 있으므로 그 앞에는 비교급(-er)이 정답이 된다. B의 비교급 앞에는 a(n)가 나오며 the는 최상급 앞에만 나온다. C의 more는 비교급이 중복된 상황이므로 much로 고친다.

해석 | 대 다수의 인공위성 사진들은 다른 사진들보다도 훨씬 더 선명하다.

어구 | **satellite photograph** 위성사진 **clear** 선명한, 깨끗한 **much** 더 ~한, 훨씬 ~한

2. 부사 찾기   [정답] B

전략 비법 | 『비교급 수식 부사는 even, much, a little…등이 답이다.』

2~3음절 이상의 길은 형용사들의 비교급은 "more(less) + 형용사"가 되므로 more complex이나 less complex가 되며 이를 수식하면 "much(even, a little,) + more/ less complex"가 된다. 고로 정답은 B가 된다.

해석 | 대다수의 경제학자들 왈 사회 과학이 경제학보다는 훨씬 덜 복잡하다고들 한다.

어구 | **economist** 경제학자 **social science** 사회과학 **a little less complex** 훨씬 덜 복잡한 **economics** 경제학

3. 부사 찾기

전략 비법 | 『2~3음절 이상 긴 형용사는 much more, much less가 정답이다』

2~3음절 이상 긴 형용사들은 "much more + 형용사", "much less + 형용사"가 답이 된다. 고로 정답은 B가 된다.

해석 | 그 갓 출판된 그 도서는 전 것보다는 훨씬 덜 비싸다.

어구 | **off the press** 출판된 **expensive**(= costly, dear) 비싼 **much less** 훨씬 덜 ~한

UNIT 53 ▶대명사의 격과 단/복수 일치

⇒ 대명사 that(those)는 수식어구 of 등과 함께 정답이 된다!

경향 분석 ❶ 명사와 함께 대명사는 매월 출제 빈도가 가장 높은 품사로서 대명사의 종류별 격, 단/복수 일치, 부정 대명사 등이 출제된다.

❷ 대명사 중에서 매월 출제되는 제1순위 대명사는 인칭 대명사, 관계대명사이며 격월 이상 매월 출제되는 것은 재귀대명사와 부정 대명사이다. 인칭 대명사의 소유격과 목적격은 매월 출제된다.

출제 의도 인칭 대명사의 격과 단/복수 일치 및 관계대명사의 종류를 구분하기

출제 빈도 매월

출제 유형 아래 유형 1~4.

1 인칭대명사 :

① we(you, they, he, she) + 본동사   : 〈주격 + 본동사〉

② my(your, his, her, their) + (own) + 명사 :   〈소유격 + (own) + 명사〉

③ 타동사 + me(him, them, us, her)   :   〈타동사 + 목적격〉

매월 정기 시험에서 소유격, 목적격, 주격 등의 순서로 가장 많은 정답유형으로 출제되고 있다.

① (Our / We) have had much rain here this summer.〈이번 여름 이곳은 비가 많이 왔다.〉

② (Your / You) should be kind to the old.〈노인들을 공경해야 된다.〉

③ In tropical countries, (it / they) generally marry in their teens.
〈열대 나라에서는 일반적으로 10대에 결혼한다.〉

④ (Them / They) say the traffic congestion won't be cleared up until late in the afternoon.
〈교통체증 현상은 오후 늦게야 해결될 것이라고들 한다.〉

정답 ▶ 1. We 2. You 3. they 4. They

(1) it의 용법 : 앞에 나온 명사, 구, 절을 받는다.

① Where is the book? (One / It) is on the desk. 〈앞 명사를 받음〉
〈그 책은 어디 있니? 그건 책상위에 있다.〉

② I tried to rise, but found (that / it) impossible. 〈앞의 구를 받음〉
〈일어나려했지만, 불가능하다는 것을 알았다.〉

③ She is beautiful, I know (this / it) quite well. 〈앞의 절을 받음〉
〈그녀가 아름답다는 것을 난 잘 알고 있다.〉

※『a(n) + 명사』는 일반적인 상황에서 사용되므로 one으로 받으며 『the(소유격) + 명사』는 특별한 사람과 사물을 지칭하므로 정답은 it으로 받는다.

정답 ▶ 1. It 2. it 3. it

(2) 가주어 it (It is + 보어[명사, 형용사] ◐ to부정사/that절)
- 문장의 주어가 to + 부정사나 that절일 때 이들의 분신이자 흔적인 형식 주어(= 허사) it을 주어 자리에 남기고 to + 부정사나 that절을 문미로 돌린다.[문미 초점 이론]
- it과 that을 생략할 수 없으므로 그것은 가주어와 진 주어 it, that이기 때문이다.
- 뒤에 to + 부정사나 that절이 있을 땐, 주어는 허사로 쓰이는, 주어 it 또는 there가 정답이다. 뜻은 없어도 형식상의 성분인 가주어로서, 좌측에 It, 우측에 to + 부정사나 that절이 반드시 온다!

---

[1] It is + 보어(형용사, 명사) ◐ to + 부정사
[2] It is 보어(형용사, 명사) ◐ that 주어 + 동사 + 성분

---

① (That / It) is not easy to determine if a candidate is morally and ethically upright.
〈후보의 도덕성이나 윤리성을 파악하기란 쉬운 일이 아니다.〉
② (This / It) is very important that students (should) read good books.
〈학생이 양서를 읽는 것은 매우 중요하다.〉
③ (They / It) was a mistake to appoint her. 〈그녀를 임명한 것은 실수였다.〉
④ (That / It) will be almost impossible for you to grant my request.
〈이런 일을 자네에게 부탁하는 것은 무리일는지 모르겠네.〉
⑤ The prisoner attempted to escape, but (found / found it) impossible.
〈죄수가 탈옥하려했으나, 불가능하다는 것을 알았다.〉

정답 ▶ 1. It 2. It 3. It 4. It 5. found it

(3) 가목적어 it : 명사구 to + 부정사나, 명사절 that절을 받는다.

① I (make / make it) a rule to get up early. 〈아침에 일찍 일어나는 것을 규칙으로 한다.〉
② I (believe / believe it) true that he canceled the contract.
〈그가 계약 파기한 것을 사실이라 믿는다.〉

정답 ▶ 1. make it 2. believe it

(4) 강조 구문의 it ~ that
- 정상적인 문장 성분 중에서 동사를 제외한 강조 부분[주어, 목적어, 보어, 부사구/절]을 It is와 that절 사이에 삽입 강조한다.
- 이 때 it is와 that 은 생략해도 문장의 모습은 그대로 남게 된다.
- It is … 강조X [주어/목적어/보어/부사] … that절 [it is와 that은 생략 가능 : 강조 용법]

- 긍정문에서 주어가 it is일 때 뒤에 나오는 공통의 접속사는 that만이 정답으로 나온다.

① It was John (whom / that) came here in September. 〈바로 잔이 이곳에 9월에 왔다.〉

② It was in September (which / that) John came here. 〈바로 9월에 잔이 이곳에 왔다.〉

③ It was I (which / that) sent my brother to her office yesterday.
〈바로 내가 동생을 그녀의 사무실로 어제 보냈다.〉

④ (It / It was) my brother that I sent to her office yesterday.
〈바로 동생을 내가 그녀의 사무실로 어제 보냈다.〉

⑤ It was during World War II (which / that) the first jet plane was made.
〈바로 제2차 세계 대전 동안에 최초의 제트 비행기가 제작됐다.〉

⑥ It is a phenomenon EL NINO (what / that) causes the worst effect on the world's climate.
〈바로 엘리뇨 현상이 세계 기후에 최악의 영향을 끼친다.〉

⑦ It is using knife and fork (how / that) causes people many problems.
〈바로 나이프와 포크를 사용하는 것이 많은 문제를 야기 시킨다.〉

정답 ▶ 1. that 2. that 3. that 4. It was 5. that 6. that 7. that

▶재귀대명사, 지시대명사, 부정대명사

⇒ 대명사 『that(those)+of』 둘 중에 하나가 나오면 정답으로 출제된다!

1. 재귀대명사

■ 재귀적 용법

재귀대명사는 타동사나 전치사의 목적어로 출제되며, 주어의 행위나 결과가 다시 주어에게 영향을 미치는 경우로서 재귀대명사의 정답의 위치는 문장 끝이나 주어 바로 뒤가 된다. 연간 4~5회 이상 출제된다.

■ 정답으로 출제되는 기출 표현 『전치사 + 재귀대명사』

for oneself(= without other help), by oneself(= alone), of oneself(저절로), to oneself(자기에게만), besides oneself(제 정신이 없는), in itself(본래), between ourselves(우리끼리 얘긴데), overdrink oneself(폭주하다), overwork oneself(과로하다), overeat oneself(과식하다), exert oneself(노력하다)

ex.) It is admirable that he did such a great work by himself. 〈혼자서 그 일을 다 했다니 정말 용한 걸.〉

To exchange few words with him is in itself a privilege.
〈그와 몇 마디 이야기를 하는 것만도 영광이다.〉

He has made quite a name for himself. 〈그는 크게 이름을 날렸다.〉

address oneself to(~에게 말을 걸다) avail oneself of(~에 전념하다) bear oneself(~처신하다) devote oneself to(~에 전념하다) give oneself to(~에 열중하다) help oneself to(~을 마음대로 사용하다, 즐기다) indulge oneself in(~에 빠지다) lose oneself in(~에 열중하다) occupy oneself with(~에 몰두하다) pride oneself on(~자랑하다)

ex.) They must devote themselves to their lawful duties before it is too late.
〈그들은 너무 늦기 전에 합법적인 임무에만 전념해야 할 것이다.〉

She inwardly prides herself on her good looks.
〈그녀는 자기의 용모를 은근히 자만하고 있다.〉

She gave herself over to frustration. 〈그녀는 욕구 불만에 빠졌다.〉

① He says so (himself / his). 〈그 자신이 그렇게 말한다.〉
② We have done it (us / ourselves). 〈우리가 직접 그것을 해왔다.〉
③ They have made mistake (them / themselves). 〈그들이 직접 실수를 했다.〉

정답 ▶ 1. himself 2. ourselves 3. themselves

2. 지시대명사

(1) this, that : 수식어구가 없을 때는 it, they가 되지만 of, in, -ing, -ed 등의 수식어구가 뒤따를 땐 that(those) + of…등의 수식어구가 있는 것이 정답이다. A, B, C, D 보기 중에 that of, those of가 등장하면 정답으로 출제된다.(Part 5, 6)

this, these, it, they, that, those 중에 하나를 정답으로 출제한다. that of, those of 등의 어순이 정답이다.(Part 5, 6) 비교 대상을 나타내는 as와 than 뒤에 중복을 피하기 위해서 앞부분의 주어/목적어/보어를 받는 대명사『that(those) + of』가 또한 정답으로 출제된다!

① as + 원급 + as + that / those + of(in, for, -ing/-ed)
② -er + than + that / those + of(in, for, -ing/-ed)
③『as나 than 뒤에 that / those of의 어순을 정답으로 출제한다!』

ex.) The property bubble in Korea is not as serious as that of Japan in the early 1990s.
〈국내 부동산 가격 거품은 90년대 초 일본만큼 심각하지 않다.〉

I hope this response will be better than that of Katrina.
〈나는 이번 사태의 대응이 카트리나 때의 대응보다 낫기를 희망한다.〉

④ 보기 A, B, C, D중 as와 as가, 비교급과 than이 둘 다 나올 경우 정답이 된다.

■ 문장의 주어의 중복을 피하기 위해 that(those)를 사용한다.

전 자	후 자
that (those)	this (these)
the one	the other
the former	the later

① The climate of Korea is milder than (this / that) of England.
〈한국의 기후는 영국의 기후보다 더 온화하다.〉
② The temperature here is higher than (this / that) of Seoul.
〈이 곳의 기후는 서울의 기후보다 더 높다.〉
③ Victim's own blood was of a different blood group from (this / that) found on the floor.
〈피해자의 혈액은 바닥에서 발견된 것과는 다르다.〉
④ Alcohol and tobacco are both injurious ; this, however, less than (it / that).
〈알콜과 담배는 둘 다 해롭다. 그러나 후자가 전자보다는 덜 하다.〉
⑤ Unlike the budget of some countries, (this / that) of the United States concentrates on expenditure.
〈일부 국가의 예산과는 달리, 미국의 예산은 소비에 집중돼있다.〉

정답 ▶ 1. that 2. that 3. that 4. that 5. that

⑵ such, the same, so 중 하나를 정답으로 출제한다. 부사 so와 형용사 the same, such의 어순 구조를 출제한다. 특히 such 뒤에 관사 a(n)의 유무를 확인한다.

- such (A) as (B) = (A) such as (B) = (B)와 같은 그런 (A)

  ex.) Such poets as Shakespeare are rare. (=Poets such as Shakespeare are rare.)
  〈셰익스피어와 같은 시인은 드물다.〉
- so + 형용사 〈-〉 that절 = 너무 …해서 ~하다(결과 부사절)

  ex.) She gave so witty an answer that everyone burst out laughing.
  〈그녀는 아주 재치있는 대답을 했기 때문에 모두 웃음을 터뜨렸다.〉
- such + a(n) + 형용사 + 명사 〈-〉 that절 = 너무 …해서 ~하다

  ex.) He was such a good runner that I couldn't catch him.
  〈그가 너무 빨리 달려 나는 따라잡을 수가 없었다.〉
- the same = 언제나 정관사(the)를 동반한다.

---

① Poets (such / such as) Milton are rare. 〈밀튼 같은 시인은 보기 드물다.〉
② Her astonishment was (such / so) great that she nearly tainted.
〈그녀는 너무 놀라서 거의 타락했다.〉
③ He called for (same / the same) again. 〈그는 또 다시 똑같은 것을 요구했다.〉

정답 ▶ 1. such as 2. so 3. the same

3. 부정대명사 : one, another, the other, others 중 하나를 정답으로 출제하며 이중 가장 많이 정답으로 출제되고 있는 대명사는 another와 other(s)이다.

⑴ one의 용법

- a(n) + 단수 명사 ◐ one으로 받는다.
- the, this, that + 단수 명사 ◐ it으로 받는다.
- 셀 수 없는 불가산명사(물질 또는 추상명사)는 one을 생략한다.

---

① If you need a book, I will lend you (it / one). 〈a + 단수 명사〉
② I bought the book, but I lost (one / it). 〈the + 단수 명사〉
③ I like red wine better than (white one / white). 〈물질 명사〉

정답 ▶ 1. one 2. it 3. white

⑵ one과 the other : 하나는, 나머지는(둘의 경우)
ex.) The cars arrived one after the other. 〈자동차는 차례로 (연이어) 도착하였다.〉

(3) one, another : 하나는, 또 다른 하나는(셋 이상의 경우)

　another : 단수 대명사, another + 단수 명사

　　ex.) There are three rooms. One is mine, another is my sister's and the other (one) is myparents'. 〈방이 셋 있다. 하나는 내 방이고 또 하나는 누이동생 방이고 나머지 방은 부모님 것이다.〉

(4) some, (the) others : 일부는, 나머지 일부는(전체와 그 일부)

　other + 복수 명사(= others), the others : 정해진 복수

　　ex.) Some are good, and some are bad, and others are indifferent.
　　　　〈좋은 것도 있고 나쁜 것도 있으며 또 이도저도 아닌 것도 있다.〉

(5) each other : 서로 서로 (둘 사이)

　one another : 서로 서로 (셋 이상 사이)

　one after another 차례차례로 (셋 이상)

　　ex.) We all gazed at each other in blank dismay. 〈어이없어서 서로 얼굴만 쳐다볼 뿐이었다.〉
　　　　The people jostled with one another into the train. 〈사람들은 밀치락달치락하며 열차에 탔다.〉
　　　　Follow-up reports on the accident are featured one after another.
　　　　〈그 사건에 대한 속보가 연이어 나오고 있다.〉

(6) both : 양쪽 둘 다 (대명사, 형용사)

　　ex.) Both countries are in a position to learn from each other.
　　　　〈양국은 서로를 배워야 할 입장이라고 그는 말했다.〉

(7) either : 둘 중 하나, 한쪽 (대명사, 형용사)

　　ex.) There are trees on either side of the street. 〈그 거리의 양쪽에 가로수가 서 있다.〉

(8) neither : 둘 중 ~어느 쪽도 아니다 (대명사, 형용사)

　　ex.) We were neither of us content with the result. 〈우리는 어느 쪽이나 그 결과에 만족하지 않았다.〉

(9) something, someone, some(+ 명사) : 긍정문에서만 정답으로 출제된다.

　　ex.) Now this is something we should definitely focus our attention on.
　　　　〈이게 바로 우리가 우리의 관심을 명확히 집중해야 할 부분입니다.〉

(10) anything, anyone, any(+ 명사) : 부정문, 조건문, 의문문에서 정답이다.

　　ex.) We are not allowed to mention anything about this accident.
　　　　〈이번 사고에 대해 발언이 금지됐다.〉

① Hold the racquet in one hand and the ball in the (another / other).
　　〈한 손에는 라켓을 다른 손에는 공을 잡아라.〉

② To know a language is one thing, to teach it is (other / another).

⟨한 언어를 알고 있다는 것과 그것을 가르치는 일은 별개의 문제이다.⟩

③ Some people prefer a vegetarian diet, while (other / others) prefer a meat-based diet.

⟨일부는 채식주의 식단을 선호하는 반면, 다른 나머지는 육유 식단을 선호한다.⟩

④ The old sailor reeled off one story after (other / another).

⟨늙은 선원은 잇따라서 술술 이야기했다.⟩

⑤ They gave each (another / other) presents when they meet at the airport.

⟨그들은 공항에서 만났을 때, 각자에게 다른 선물을 주었다.⟩

⑥ The problem with (both / both of) these proposals is that they are hopelessly impractical.

⟨이 제안의 문제점은 절망적으로 비실현적이라는 것이다.⟩

⑦ He was sitting at the table with smokers on (either of / either) side of him.

⟨그는 테이블에 앉았고 그의 옆에는 담배피우는 사람들이 있었다.⟩

⑧ (Neither / Neither of) them knew what to do.

⟨그들 중 누구도 뭘 해야 할지 몰랐다.⟩

⑨ He didn't know (something / anything) about computers till he started this job.

⟨그가 컴퓨터를 좀 알게 된 것은 이 일을 시작하고 난 다음이었다.⟩

정답 ▶ 1. other 2. another 3. others 4. another 5. other 6. both of 7. either 8. Neither of 9. anything

UNIT 55

▶집합 명사의 단/복수 일치

⇒집합 명사『committee, audience, staff』등이 주어일 때 동사를 정답으로 출제한다.

경향 분석 ❶ 『family, class, crew, party, committee, audience, crowd, staff, team, majority』등의 집합 명사는 상황에 따라 단수 취급할 때도 있고 또는 복수 취급할 때도 있다. 주로 단수를 정답으로 출제하고 있다.

출제 의도 집합 명사가 주어일 경우 동사와의 단/복수 일치 구분하기
출제 빈도 연간 3~4회 이상
출제 유형 아래 유형 1~3.

◪ 단수가 정답일 경우

문장 중에 it(s), itself, enormous, large, small 등이 출제된다.

ex.) There was a large[small] audience.〈청중이 많았다[적었다.]〉
He is a spellbinder who captivates a large audience.〈그는 많은 청중을 녹이는 연사이다.〉
He could have been speaking to a large audience.
〈그는 많은 청중에게 이야기하고 있는 것 같았다.〉

◪ 복수가 정답일 경우

문장 중에 진행형(are + -ing), all, most, themselves, their, them, opinion, health, character, emotion, moved, asleep, affected… 등이 출제된다.

ex.) The audience were deeply moved by his eloquence.〈회중은 그의 웅변에 깊이 감동했다.〉
Most of audience were asleep.〈청중은 대부분 졸고 있었다.〉
The audience were mostly women.〈청중은 대개가 여자들이었다.〉

◪ 집합 명사는 복수형(-s)을 제거한 단수형이 정답으로 출제된다.

committees, audiences, staffs… 등은 비문법적이므로 오답으로 출제된다.(Part 5, 6)

1. the large audience (meet / meets) at three.
    많은 청중은 3시에 만난다.

2. the committee (is / are) all against the project.
    위원들 전원이 그 연구 계획에 반대한다.

정답 ▶ 1. meets 2. are

CHECK-UP TEST

1. The new economic committee _____ to its decision to slash the budget.

    (A) stick   (B) adheres
    (C) have sticked   (D) have been adhered

2. The audience _____ greatly moved by his speech.

    (A) is   (B) are
    (C) was   (D) were

3. The chief manager thinks there _____ .

    (A) were plenty of audiences   (B) were many audiences
    (C) was a large audience   (D) was much audiences

기출 유형 전략 비법

1. 동사 찾기
[정답] B

전략 비법 I 『문장 중 it(s), itself, large, small 등이 나오면 단수 동사를 정답으로 출제한다』

집합 명사 『committee, audience, staff, class, crew, party, crowd, staff, team…』등은 문장 중에 it(s), itself, enormous, large, small 등이 나오면 단수 취급되므로 동사도 단수 동사가 정답이 된다.

해석 I 새 재정 위원회는 예산 삭감 결정을 고수하고 있다.

어구 I **economic committee** 재정 위원회 **decision to** ~하려는 결정 **slash the budget** 예산을 삭감하다 **adhere to**(= stick to, cling to)고수 하다, 매달리다

2. 동사 찾기
[정답] D

전략 비법 I 『문장 중에 all, their, them, emotion, moved,등이 나오면 복수 동사가 정답』

집합 명사 『committee, audience, staff, class, crew, party, crowd, staff, team…』등은 문장 중에 all, their, them, opinion, health, character, emotion, moved, affected… 등이 나오면 복수 동사가 정답이 된다.

해석 I 청중들은 그의 연설에 크게 감명 받았다.

어구 I **the audience** (집합)청중 **be greatly moved** 크게 감명 받다 **speech** 연설

3. 보어 찾기
[정답] C

전략 비법 I 『집합 명사 committees, audiences, staffs…은 오답이 된다』

집합 명사들은 이미 자체가 복수이므로 -s를 붙일 수 없으므로 -s를 제거해야 한다. committees, audiences, staffs…등은 문법적인 오류를 만들어 결국 오답이 되고 만다.(Part 5). 보기 A, B, D모두 audiences에서 복수 어미 -s를 제거한다.

해석 I 그 수석 매니저는 청중이 많던 것으로 생각한다.

어구 I **chief manager** 수석 매니저 **large audience** 많은 청중

UNIT
56

▶가산명사와 불가산명사

⇒ 불가산명사『information, clothing, seating』 등이 출제된다!

경향 분석 ❶ TOEIC 문법 전체 중 다음의 셀 수 없는 불가산명사들은 그 앞에 부정관사 a(n)을 붙이지도 못할 뿐만 아니라 복수 어미-es도 못 붙이므로 다음과 같이 출제되고 있다.

❷ 동사 have(has), is(are), 또는 was(were)의 구분 문제가 정답으로 출제된다.(Part 5, 6)

❸ 『수량 형용사 many/much, a number of/an amount of, (a) few/(a) little, some/any의 구분 문제가 출제된다.』일반적으로는「a(n) + 형용사 + 명사」의 어순 구조를 갖는 가산명사가 매월 출제되고 있으나 난이도 있는 문제들의 경우는 궁극적으로 불가산명사를 출제하고 있으며「much, a deal of, an amount of, a quantity of, a little…」등이 정답으로 출제된다.

출제 의도 가산명사와 불가산명사 구분하기
출제 빈도 연간 4~5회 이상
출제 유형 아래 유형 1~13.

1 다음 불가산명사가 주어로 등장하면 항상 단수 동사를 정답으로 출제한다.(Part 5, 6)

2 다음 불가산명사가 주어로 등장할 땐 단수 동사를 정답으로 출제한다.
  ◉ 셀 수 없으므로 단수 취급되기 때문에 동사 단수가 정답으로 출제된다.

3 an informations(managements, equipments, mails, clothings, staffs, furnitures, merchandises, machineries, ticketings, processings, seatings…) 등은 오답으로 출제된다. (Part 5, 6)
  ◉ 복수 어미 -s를 제거하고 관사 a(n)도 제거된 단수 형태가 정답이 된다.

ex.) For further information, call the number below.
  〈더 많은 정보를 원하시면 아래의 번호로 전화하세요.〉

  The company will manage purchasing and developing military equipment.
  〈군수물자의 구매와 개발을 관리하게 된다.〉

  Wearing clothing made of ramie or hemp also helps one stay cool.
  〈모시나 삼으로 만든 옷을 입는 것도 시원한 여름을 나는 데 도움이 된다.〉

  We will forward the merchandise to you.〈그 상품을 발송하겠습니다.〉

4 난이도 있는 명사 문제들은 거의 불가산명사들을 정답으로 출제한다.
  ◉ 형용사는 much, (a) little, a deal of, an amount of등이 정답으로 함께 출제된다.

ex.) There was too little information on personal records.
〈개인 신상기록에 관한 정보가 너무 부족했다.〉

5 정답으로 출제되고 있는 불가산명사는 다음과 같다.

『access(접근, 이용), assembly(조립), advertising, clothing, hiking(도보여행), processing(업무 처리), seating(좌석배치), ticketing(표 끊기), traveling, information, intelligence(지성, 정보), management, population, equipment(설비), merchandise(상품), machinery, damage(손해), mail, advice, money, cash, traffic, personnel, staff, progress, news, confusion(혼란), furniture, legroom(비행기, 열차, 승용차의 다리 뻗는 공간), time, resistance(저항), evidence(증거), attention, change(거스름돈), company, waste(낭비, 폐기물), baggage, harm, jewelry, weather, research, luggage, luck, fun, room(여유, 기회), percentage, music, homework, scenery, knowledge, rubbish(쓰레기), postage(우편요금) 등』

6 가산명사는『a(n)/the + 형용사 + 명사』또는『형용사 + 복수 명사』를 정답으로 출제한다!

　❍ 가산명사는 앞에 한정사 a(n)이 있거나 아니면 복수 어미 -s를 가져야 한다.

1. (a higher / higher) price
2. in (attempt / an attempt) to
3. in (effort / an effort) to
4. high safety (standard / standards)
5. as (surprise / a surprise)
6. more creative (way / ways)
7. savings (bank / banks)

> 정답 ▶ 1. a higher 2. an attempt 3. an effort 4. standards 5. a surprise 6. ways 7. banks

7 가산명사인지 불가산명사인지 판단이 어려울 경우, much, a little, an amount of… 등을 정답으로 갖는 불가산명사를 주로 출제한다는 사실을 명심하자!

8 보기 중에 양과 수의 공통 수량사가 등장할 경우, 곧 오답으로 출제된다!

　❍『a lot of, lots of, plenty of, more, most,』등의 수량사는 의도적인 오답이다.

ex.) Recently, there has been a lot of talk about investing in our nation's infrastructure.
〈최근 들어 우리나라의 기반시설 부문에 대한 투자가 많이 거론되고 있다.〉
Guests should be able to find plenty of food to accommodate their eating preferences. 〈손님들은 자신의 음식 취향에 맞는 다양한 메뉴를 찾을 수 있을 것이다.〉

9 셀 수 없는 불가산명사 앞에는『much, a deal/amount of, (a) little, a quantity of, some, any』등이 정답으로 출제되며, 그 앞에 a(n)이나 그 뒤에 복수 어미 -s는 나올 수 없다.

ex.) In general, he is unaware of how much money we have and how much we owe.
〈보통, 그는 우리가 지금 얼마를 가지고 있고 또 얼마를 빚지고 있는지 전혀 알지 못하고 있다.〉

1. some protective (equipments / equipment) 2. (a protective / protective) clothing
3. office (furnitures / furniture) 4. some (informations / information)
5. some (luggages / luggage) 6. a safe (seating / seat)
7. instructive (advices / advice)

🔟 셀 수 있는 가산명사 앞에는 『 many, a number of, several, (a) few, numerous, various, a variety of…
』 등이 정답으로 매월 출제된다.

ex.) It was a question I' d discussed so many times with friends.
〈그건 내가 친구들과 수도 없이 상의했던 문제였어.〉

Many local governments did not go through inspection for several years.
〈다수의 지자체들이 수년간 감사를 받지 않았다.〉

Having secured quite a few contracts with major corporations here, he expects the
Korean office to sign on more.
〈소수의 국내 주요 기업과 계약을 성사시킨 그는 더 많은 계약이 성사될 것으로 기대하고 있다.〉

A number of illustrations accompany entries to help clarify definitions.
〈이해를 돕기 위해 다양한 삽화도 함께 나와 있다.〉

⓫ 아래의 수량사 중 하나를 서로 맞 바뀌는 정답으로 출제한다.(Part 5)

⓬ 아래의 수량사가 문장의 주어로 등장할 경우 동사를 정답으로 출제한다.

⓭ 『수량 형용사(quantifier)』

양 표시	수량 공통 표현	수 표시
a piece of	a lot of	an
much	lots of	many (a)
a deal of	plenty of	several, various
an amount of	some, any	numerous
a quantity of	enough	a number of
(a) little	no	(a) few

Start - Up

1. They' ve just bought some new (furnitures / furniture).
그들은 새 가구를 막 드려왔다.

2. The supervisor read interesting (informations / information) in the journal.
감독관은 잡지에서 흥미로운 정보를 읽었다.

3. They received a price estimate for new electrical (equipments / equipment).
그들은 새로운 전기 설비의 견적 가격을 받았다.

4. In spite of the hurricane, little damage (were / was) done.
허리케인에도 불구하고 손실은 거의 없었다.

5. All the head (staffs / staff) should attend the conference to make an urgent motion even on Wednesday.
모든 매니저들은 긴급 제안을 수요일이라도 하기 위해서 회의에 참석해야 한다.

6. The new supervisor has done (few / little) traveling.
새 감독관은 여행을 거의 못해봤다.

7. Much of the information on new project (seem / seems) to be false.
새 프로젝트에 관한 많은 정보가 잘못된 듯싶다.

8. Several(Many, A few) of the applicants (comes / come) from Canad(A)
일부(많은, 몇 몇의) 지원자들은 캐나다 출신이다.

9. There are a lot of (manager / managers) in the conference room.
회의실에 많은 매니저들이 모여 있다.

10. A number of the directors (has / have) controlled all the staff.
많은 이사들이 모든 직원들을 통제하고 있다.

11. The number of the residents (are / is) increasing greatly.
주민들의 숫자가 크게 증가하고 있다.

정답 ▶ 1. furniture 2. information 3. equipment 4. was 5. staff 6. little 7. seems
8. come 9. managers 10. have 11. is

1. The assistant manager will need _____ on the Asian economy before going ahead with a plan.

   (A) a few information   (B) a little information
   (C) a few informations   (D) a little informations

2. The news of the general trend of thoughts _____ worse than expected compared withthe previous year.

   (A) were   (B) was
   (C) are   (D) do

3. A deal of money goes on research and _____ .

   (A) equip   (B) equipping
   (C) equipment   (D) equipments

4. The editorial staff has so _____ equipment for catching up with other co-workers : hence they must make the most of all the good opportunities.

   (A) many   (B) many a
   (C) much   (D) few

5. Michael will have to get _____ information also, seeing that he got promotion to the general director of our company.

   (A) many   (B) a few
   (C) a lot of   (D) many a

6. Gorge always spends a rather _____ of hours a month studying his major and economics.

   (A) much large   (B) many
   (C) large number   (D) large amount

기출 유형 전략 비법

1. 목적어 찾기 [정답] B

전략 비법 Ⅰ『보기 중 an informations(equipments, seatings 등)나오면 오답이 된다』

다음의 셀 수 없는 불가산명사들은 그 앞에 부정관사 a(n)가 못나올 뿐만 아니라 복수 어미 -s도 못 갖는다. 형용사는 much, (a) little, a deal of, an amount of…등이 정답으로 출제된다. 고로 A와 C는 a little로 C와 D는 복수 어미 -s를 제거한다.

☞ 『information, intelligence, management, seating, advertising, ticketing, population, equipment, merchandise, machinery, damage, mail, advice, money, cash, traffic, traveling, personnel, staff 등』

해석 Ⅰ 그 담당 대리는 업무를 추진하기에 앞서서 아시아의 경제 상황에 대한 일부 정보를 필요로 할 것이다.

어구 Ⅰ **assistant manager** 대리 **information on** ~에 대한 정보 **economy** 경제 상황 **go ahead with** ~을 추진하다, 진행해 나가다

2. 동사 고치기 [정답] B

전략 비법 Ⅰ『불가산명사가 주어로 올 때 단수 동사가 정답이다』

불가산명사(news…)가 주어로 올 때, 일반적으로 단수 동사가 정답이다. 주어와 동사의 단/복수 일치 문제로서 삽입 어구(of the general trend of thoughts)가 주어와 동사 사이의 거리를 멀게 하며 삽입 뒤(= 동사)를 답으로 하고 있다. 다음의 셀 수 없는 불가산명사들은 그 앞에 부정관사 a(n)가 못나오고 복수 어미 -s도 못 갖는다. 형용사는 much, (a) little, a deal of, an amount of…등이 답으로 출제된다. ☞『information, intelligence, management, population, equipment, merchandise, machinery, damage, mail, advice, furniture, baggage, money, cash, traffic, harm, clothing, traveling, personnel 등』

해석 Ⅰ 사조의 일반적인 경향에 관한 소식은 전년도에 비해 예상보다는 더 나쁜 것 같았다.

어구 Ⅰ news 소식 **general trend** 일반적인 경향 **thought** 사조, 사고 **worse** 보다 나쁜 **compared with the previous year** 전년도에 비해

3. 불가산명사 고치기 [정답] C

전략 비법 Ⅰ『불가산명사는 셀 수 없으므로 단수 형태가 정답이다』

주의력을 분산시키는 함정으로 이용되는 접속사나 관계사는 보통 그 바로 뒤를 답으로 한다. 다음의 셀 수 없는 불가산명사들은 부정관사 a(n)도 못나오고 복수 어미 -s도 못 갖는다. 형용사는 much, (a) little, a deal of, an amount of… 등이 답으로 출제된다. equipment가 정답이다. ☞『information, intelligence, management, population, equipment, clothing, harm, jewelry, furniture, baggage, merchandise, news, machinery, damage, mail, advice, money, cash, traffic, traveling, personnel, staff, progress, confusion, resistance, evidence, attention, change, company, waste 등』

해석 Ⅰ 많은 자금이 연구와 시설에 들어가고 있다.

어구 Ⅰ **a deal of** 많은(양) go on ~을 계속하다, ~투자되다, ~흘러 들어가다 **equipment** 시설, 장비 **research** 연구

4. 형용사 찾기 [정답] C

전략 비법 Ⅰ『equipment앞에는 much, a deal(amount) of등이 정답이다』

셀 수 없는 불가산명사 「advice, money, clothing, furniture, population, luggage, time, information, equipment, management, damage, news, mail, travelling, personnel, staff…등」 앞에 올 수 있는 수량 사로는 「a piece of, much, a deal of, an amount of, a little…」등이 답으로 출제된다.

해석 Ⅰ 편집 직원들은 동료 직원들을 따라잡기 위해서 많은 시설을 확보했기 때문에 그들은 모든 좋은 기회를 최대한 이용해야 한다.

어구 Ⅰ **editorial staff** (집합)편집부 직원 **equipment** 시설, 장비 **catch up with** 따라 잡다 **co-worker** 동료 **make the most of** ~을 최대한 이용하다 **opportunity** (to) 기회

5. 형용사 찾기 [정답] C

전략 비법 Ⅰ『보기 중, 양과 수의 공동 수량사가 나올 경우 정답이 된다』

셀 수 없는 불가산명사 information은 그 앞에 an이 나올 수도 없고 그 뒤에 복수 어미 -s를 붙일 수도 없으며 이를 수식하는 그 앞의 수량 사는 「much, a deal of, an amount of, a little」등이 온다. 고로 수를 나타내는 A, B, D 모두 탈락되고 정답은 양과 수의 공통 표현인 a lot of(lots of, plenty of)이다.

해석 ㅣ Michael이 우리 회사의 총괄 이사에 승진했으므로 많은 정보를 얻어야만 할 것이다.

어구 ㅣ **a lot of information** 많은 정보 **seeing that**(= in that, now that, as, because…) ~때문에 **general director** 총괄 이사 **get promotion to** ~승진하다

6. 명사 찾기   [정답] C

전략 비법 ㅣ 『전치사 of바로 앞에는 명사를 정답으로 출제한다.』

가산명사 앞에 나올 수 있는 수량 사는 「many, a number of, several, a few, numerous, various」등이 있으며 hour 역시 a number of를 답으로 가진다. 전치사 of 앞에는 명사만이 정답으로 나오며 고로 정답은 C가 된다.

해석 ㅣ George는 늘 한 달 중에 많은 시간을 자신의 전공과 경제학 공부를 하며 시간을 보낸다.

어구 ㅣ **spend** + 시간 + (in) -ing ~하느라 시간을 보내다 **a large number of** ~많은(수의) **major** 전공 **economics** 경제학

▶소유격 + 명사

→일상 표현인 『시간, 거리, 가격, 무게』 등은 소유격을 정답으로 출제한다!

경향 분석 일상 표현들 중에서 흔히 자주 쓰이기 때문에 우리 사람과 매우 친숙하고 가까운 표현들은 모두 사람과 동일시하여 의인화(personification)시킨다. 이들 표현이 다른 명사 앞에서 수식할 경우는 마치 사람과 마찬가지 이므로 소유격을 정답으로 갖는다!

출제 의도 소유격과 일반 형용사 구분하기
출제 빈도 연간 3~4회
출제 유형 아래 유형 1~3.

☞ 아래의 **1**, **2**는 『의인화 (personification) + 소유격(' s) + 명사』

1 사람 (시간 / 거리 / 가격 / 무게 / 지명) + 소유격 (s) + 명사

ex.) Key blue-chip stocks led the day`s advance.
〈주요 블루칩 주식이 이날의 상승세를 이끌었다.〉

Amid the dollar`s global weakness, the won appreciated 14 percent against the greenback this year.
〈달러화가 세계적으로 약세인 가운데 원화는 올해 달러에 대해 14퍼센트가 절상됐다.〉

① a (day / day' s) work   ② a (mile / mile' s) walk
③ one (dollar / dollar' s) product   ④ (sun' s / sun) ray
⑤ two (pounds / pounds') weight   ⑥ Jesus' character
⑦ for (goodness' / goodness) sake

정답 ▶ 1. day' s 2. mile' s 3. dollar' s 4. sun' s 5. pounds' 6. Jesus' 7. goodness'

2 group, organization, company, school, government, state, world, society, the United Nations··· + 소유격 (s) + 명사

ex.) Tangjeong is the world`s first seventh-generation LCD plant.
〈탕정은 세계 최초의 7세대 LCD 공장이다.〉

Hired school headmasters or presidents will also gain an authority to review the school's budget.
〈학교장이나 총장도 학교 예산을 심의할 권한을 갖게 된다.〉

Revenue from the company`s telecommunications business rose 64.3 percent to 1.1 trillion won.
〈회사의 통신사업부 매출액은 64.3% 증가한 1조1,000억원을 달성했다.〉

① (school / school' s) history   ② (organization' s / organization) future
③ the (world / world' s) economy   ④ the (United Nations' / United Nations) power

ⓒ 무생물(사물)은 전치사 of로 소유격을 출제한다.

ex.) The gold standard level of scientific certainty is the 95 percent confidence level.
〈과학적 확실성의 황금기준 수준은 95%의 신뢰도다.〉
They are in the ratio of 3:2. 〈3대 2의 비율로 되어 있다.〉
He erred on the side of mercy[severity]. 〈그는 지나치게 관대[엄격]하다.〉
It cannot be discussed here for lack of space. 〈그것은 지면이 없어서 여기서는 논할 수가 없다.〉

① They thought the (level / level of) discussion was rather low.
② the contents (the / of the) contract

CHECK-UP TEST

1. The marketing manager over there wants only _____ .

   (A) a dime' s worth of products   (B) a dime-worth products
   (C) a worth of dime products   (D) a dime worth of products

2. The Tube station recently renovated by a construction company is within _____ from here.

   (A) ten miles' distance   (B) a ten-miles distance
   (C) ten miles of distance   (D) ten mile distance

3. The employer lay down on the sofa and tried to get several _____ sleep.

   (A) hour   (B) hours ´
   (C) hours   (D) hour

4. The woman on a diet doesn't want to gain two or three _____ weight

(A) pounds

(B) pounds

(C) pounds'

(D) pound

기출 유형 전략 비법

1. 목적어 찾기　[정답] A

전략 비법 | 『일상 표현인 "사람/시간/거리/가격/무게/지명"은 소유격이 정답』

일상 표현들 중에서 흔히 쓰여 우리 사람과 매우 친숙하고 가까운 것(시간/거리/가격/무게 표현)들은 모두 사람과 동일시하여 의인화시킨다. 이들이 다른 명사를 가질 때는 마치 사람처럼 소유격을 정답으로 한다!

해석 | 저 쪽에 있는 마케팅 담당 과장은 10센트 어치만 상품을 원하고 있다.

어구 | **dime** 10센트, 소액의 **marketing manager** 마케팅 담당 과장 **worth of** ~값의, ~원 어치의

2. 전치사의 목적격 찾기　[정답] A

전략 비법 | 『일상 표현인 "사람/시간/거리/가격/무게/지명"은 소유격이 정답』

일상 표현들 중에서 흔히 쓰여 우리 사람과 매우 친숙하고 가까운 것(시간/거리/가격/무게 표현)들은 모두 사람과 동일시하여 의인화시킨다. 이들이 다른 명사를 가질 때는 마치 사람처럼 소유격을 정답으로 한다.

해석 | 최근의 한 건설 업체가 보수 공사를 마친 근처의 지하철역은 여기서 10마일 떨어진 곳 안에 있다.

어구 | **the Tube station**(= the Subway station) 지하철 역 **renovate**(= redecorate, restore, repair, remodel, do over, do up) 보수공사하다, 수리하다 **construction company** 건설 회사

3. 소유격 고치기　[정답] B

전략 비법 | 『시간 표현은 소유격을 정답으로 출제한다』

주의력을 분산시키는 의도적인 함정으로 이용되는 접속사나 관계사는 그 바로 뒤(명사, 대명사, 동사, 형용사, 부사…)를 정답으로 출제한다. 사람과 매우 친숙하고 가까운 것(시간/거리/가격/무게 표현)들은 모두 사람과 동일시하여 의인화시킨다. 이들이 다른 명사를 가질 때는 마치 사람처럼 소유격을 정답으로 한다. 고로 시간 표현이므로 hours'이 정답이다.

해석 | 그 사장은 소파에 누워 몇 시간이고 자려고 했다.

어구 | **employer** 사장, 경영자 **lie down** 눕다 try to ~하려고 애쓰다 **get several hours' sleep** 몇 시간을 자다

4. 소유격 고치기　[정답] C

전략 비법 | 『무게 표현은 소유격을 그 정답으로 출제한다』

주의력을 분산시키는 의도적인 함정으로 쓰이는 접속사나 관계사는 그 바로 뒤(명사, 대명사, 동사, 형용사, 부사…)를 정답으로 갖는다. 사람과 매우 친숙하고 가까운 것(시간/거리/가격/무게 표현)들은 모두 사람과 동일시하여 의인화시킨다. 이들이 다른 명사를 뒤에 가질 때는 마치 사람처럼 소유격을 정답으로 한다. 고로 무게 표현이므로 pounds' 가 정답이 된다.

해석 | 체중 조절 중인 그녀는 2~3 파운드의 체중도 느는 것을 원치 않는다.

어구 | **on a diet** 체중 조절 중인 **want to** ~을 원하다 **gain weight** 체중이 늘다

UNIT 58 ▶이중 소유격

⇒ 이중 소유 전치사 of 뒤에는『소유 대명사나 소유격』을 정답으로 출제한다!

경향 분석 전체 중에 그 일 부분을 나타낼 때 전체와 부분 사이에는 "전치사 of"를 출제한다. 부분 명사 앞에는 한 정사(a[n], the, no, some, any, this, that, every, (n)either, other, my, two, many, what···)가 나오며 전치 사 of 뒤에는 전체 집합의 복수 명사로써 "소유격 + 복수 명사"로 출제되거나 또는 이를 줄인 소유 대 명사를 정답으로 출제한다.

출제 의도 소유격, 소유 대명사 및 이중 소유격 구분하기
출제 빈도 연간 3~4회 이상
출제 유형 아래 유형 1~5.

1 이중 소유격 (double genitive) : 「···중에서 ~이다」

ex.) A friend of mine in the United States called me yesterday.
〈미국에 있는 친구 하나가 어제 내게 전화를 했다.〉
Absolutely, and I'm a big fan of hers. 〈물론이죠, 저도 굉장한 팬 중의 하나였습니다.〉
I borrowed a tie of his. 〈그의 넥타이 중 하나를 빌렸다.〉
We feel that Korea is a close friend of ours. 〈우리는 한국이 우리의 친한 친구로 느끼고 있다.〉
It is no concern of yours. 〈자네가 관여할 바가 아니다.〉
The descending ship was not one of Juke's. 〈남하 선박은 쥬크네 선박이 아니었다.〉

부분 집합		전체 집합
〈 한정사 〉 a(n), the, no, some, any, this, that, every (n)either, other, my, two, many, what	+ 명사 + **of**	+ 이름' s(+복수 명사) + 소유 대명사

2 전치사 of 뒤에는 "소유격 + 복수 명사" 또는 "소유 대명사"가 정답으로 출제된다!
3 명사 앞에는 반드시 한정사가 나온다. 한정사 없는 명사는 오답이 된다.(Part 5, 6)
4 한정사는 필수 형용사로써 명사 앞에 반드시 나와야 정답이 된다.(Part 5, 6)
5 전치가 of 앞뒤엔 명사만을 정답으로 출제하며 동명사는 오답으로 출제한다.

① a friend of (her / hers)　　　② a book of (him / his)
③ a picture of the (manager / manager' s)　　　④ a document of the (director / director' s)
⑤ a customer of (our / ours)　　　⑥ an old acquaintance of (me / mine)

정답 ▶　1. hers　2. his　3. manager' s　4. director' s　5. ours　6. mine

CHECK-UP TEST

1. Paul met _____ at the library the day before yesterday.

(A) my brother' s a friend　　　(B) friend of my brother
(C) my brother friend　　　(D) a friend of my brother' s

2. They thought that the work was a picture of _____ , for he is an out-and-out curioso.

(A) Dick　　　(B) Dicks
(C) a Dick　　　(D) Dick' s

3. The price of some pictures of _____ doctor' s is too high for the expert.

(A) the　　　(B) a
(C) his　　　(D) an

기출 유형 전략 비법

1. 목적어 찾기　　　　　　　　　　　　　　　　　　　　　　　　　　　　　[정답] D

전략 비법 | 『전치사 of 뒤는 "소유격 + 복수 명사" 또는 "소유 대명사"가 답이다.』

전치사 of 앞에 나오는 명사에는 한정사(a[n], the, no, some, any, that, every, my, (n)either, other, two, many, what…)가 나오며 전치사 of 뒤에 전체 집합의 복수 명사는 소유격 + (복수 명사) 이거나 또는 소유 대명사가 답으로 출제된다. 명사 앞의 한 정사 자리는 하나이므로 A는 소유격(brother' s)과 관사 a가 같은 한 정사이므로 동시에 같이 나올 수 없고 둘 중 하나만 나오게 된다. 이 경우는 두 한정사 사이에 of를 넣되 그 앞은 『한정사 + 명사』가 되며 그 뒤는 『소유격 + 복수 명사나 소유 대명사』가 되어야 한다. 고로 정답은 D가 된다.

해석 | Paul 은 도서관에서 그저께 내 동생 친구를 만났다.

어구 | **library** 도서관 **the day before yesterday** 그저께 **a friend of my brother' s** 내 동생 친구 중 하나

2. 명사 고치기   [정답] D

전략 비법 Ⅰ『전치사 of 앞뒤에는 소유격이나 소유 대명사가 정답이다.』

전치사 of 앞에 나오는 명사에는 한 정사 (a[n], the, no, some, any, that, every, my, (n)either, other, two, many, what…)가 나오며 전치사 of 뒤에는 전체 집합의 복수 명사로서 "소유격 + (복수 명사)" 또는 "소유 대명사"가 답으로 출제된다. 고로 Dick's가 된다. a picture of Dick's (pictures) "Dick이 소장하고 있는 그림 중 하나", a picture of Dick "Dick을 그린(찍은) 그림(사진)"이라는 의미가 되고 만다.

해석 Ⅰ 그들은 그 작품이 Dick이 소장하고 있는 것 중 하나라고 보는데, 이유인즉슨, Dick은 영락없는 골동품 애호가이기 때문이다.

어구 Ⅰ **work** 작품, 일 **out-and-out** 철저한, 완벽한 **curioso** 골동품 애호가, 수집가 **for** (간접적인 상황설명) ~이기 때문에

3. 관사 고치기   [정답] A

전략 비법 Ⅰ『전치사 of 앞뒤 명사에는 소유격이나 소유 대명사가 답』

전치사 of 앞에 나오는 명사에는 한 정사 (a[n], the, no, some, any, that, every, my, (n)either, other, two, many, what…)가 나오며 전치사 of 뒤에는 전체 집합의 복수 명사로서 "소유격/the + (복수 명사)" 또는 "소유 대명사"가 답으로 출제된다. 고로 the가 된다. some pictures of the doctor's (pictures) "그 의사가 소장하고 있는 일부 그림들"

해석 Ⅰ 그 의사가 소장하고 있는 그림 중 일부의 가격은 전문가에게도 너무 고액이다

어구 Ⅰ **price** 가격 **picture** 그림, 사진 **high** (값) 높은, 비싼 **expert**(= an authority, specialist) 전문가

▶단/복수의 부정의 수량 형용사

⇒『many/much, few/little, some/any, a number/deal of, large/small, high/low, several/such』 등의 구분 문제를 정답으로 출제한다!

경향 분석 ❶ many/much, (a) few/(a) little, some/any, a number/deal of, large/small, high/low, several/such 등을 서로 구분하는 문제를 정답으로 출제한다!

❷ 첫 단어로 단수 형용사 every(each, either, neither) 등이 나올 경우 단수 명사와 단수 동사가 정답이 된다. (Part 5) Part 6에서는 이들 단수 형용사(every(each, either, neither))가 첫 단어로 등장할 때 동사는 단수 동사가 출제된다. 이때 매월 출제되는 주어와 동사의 단/복수 일치 문제는 동사 has/have와 is/are/was/were/do(es)이 출제된다.

출제 의도 부정 수량 형용사 many/much, (a) few/(a) little, some/any, a number/deal of, large/small, high/low, several/such, 구분하기

출제 빈도 격월에서 매월

출제 유형 아래 유형 1~6.

1 정답의 부정 수량 형용사

• 1. 수 표현 : many, (a) few, fewer, fewest, several, a number of 등은 항상 복수 가산명사를 정답으로 갖는다.

　ex.) We share many things in common, and our children are great playmates.
　〈저희 둘은 공통점이 많고 아이들도 같이 잘 놀아요.〉

　The report highlighted several issues that could be a cause for concern.
　〈보고서는 걱정거리가 될 수 있는 몇 가지 점을 부각시켰다.〉

• 2. 양과 정도 표현 : much, (a) little, less, least, a deal of, an amount of, a quantity of 은 항상 불가산명사를 정답으로 갖는다.

　ex.) Drink as much tea as you like. 〈차를 드시고 싶은 만큼 드십시오.〉

• 3. 수, 양 공통 표현 : some, any, all, enough, no, more, most 등

　ex.) You'll die if you don't take some food soon. 〈곧 음식을 먹지 않으면 너는 죽게 될 것이다.〉

　Most prices are set by supply and demand, not by the government.
　〈오늘날 대다수 상품 가격은 정부가 아니라 공급과 수요에 의해 결정된다.〉

• 4. every + 서수(기수, other, few…) : 『매 ~마다』every(each, either, neither) + 단수 명사 + 단수 동사

　ex.) Marriage includes a promise to make every effort to get through the rough times.

〈결혼서약에는 어려움을 이겨내기 위해 모든 노력을 기울이겠다는 것도 포함되어 있다.〉

Each student had a different solution to the problem.
〈학생들은 제각기 그 문제에 대한 해답이 달랐다.〉

❷ Many와 Much의 용법 : 둘 중 하나의 구분 문제를 정답으로 출제한다.

• 1. Many는 수를 나타내며, 항상 복수 가산명사를 정답으로 갖는다.

ex.) Many individuals fail to report overseas investments to the local tax authorities.
〈국세청에 해외투자 사실을 신고하지 않는 개인들이 많다.〉

• 2. Much는 양, 정도를 나타내며, 항상 불가산명사를 정답으로 갖는다.

ex.) Drink as much tea as you like. 〈차를 드시고 싶은 만큼 드십시오.〉

• 3. many + a(n) + 단수 명사 + 단수 동사 = 매우 많은

ex.) Many a prominent man was purged from public office.
〈많은 저명한 사람들이 공직에서 추방되었다.〉

• 4. a great many = 대단히 많은, a good many = 상당히 많은

ex.) They began to argue over a great many things.
〈그들은 정말 많은 문제에 대해서 서로 논쟁하기 시작했다.〉

• 5. as many = 동수의, as much = 동량의

ex.) There were ten accidents in as many days. 〈10일 동안에 10건의 사고가 일어났었다.〉

• 6. so many = 그만한 수의, so much = 그만한 양의

ex.) So many people fail at getting in shape because they set a rigid plan that doesn't work with their lifestyle.
〈그만한 많은 사람이 건강한 몸만들기를 실패하는 건 자신의 생활패턴에 맞지 않는 힘든 계획을 세워서 그렇다.〉

• 7. ▷ as many + 복수 가산명사 + as = ~만큼 많은(수)
  ▷ as much + 불가산명사 + as = ~만큼 많은(양)

ex.) Take as many candies as you want. 〈먹고 싶은 대로 사탕을 가져라.〉
  Drink as much tea as you like. 〈차를 드시고 싶은 만큼 드십시오.〉

• 8. ▷ many를 대신한 정답들 : a lot of, a large(great, good, significant) number of, plenty of, lots of, a great many

ex.) A large number of cars were parked outside the school. 〈학교 밖에 많은 차들이 주차되 있었다.〉
  There are a lot of people there, but there this person stands out.
〈그곳에 사람들이 많지만 이 사람이 특히 눈에 띄었다.〉

▷ much를 대신한 정답들 : a lot of, lots of, plenty of, a good deal of, a great quantity of, a great deal of, a large amount of

ex.) I think I could make a lot of money in this field. 〈이 분야에서 돈을 많이 벌 수 있을 것 같다.〉

The nature of my calling requires a good deal of traveling.
〈직업상 자주 여행을 해야 한다.〉

• 9. not so much A as B = not A so much as B(=A라기 보다는 오히려 B이다)

ex.) He is not so much a scholar as a writer. = He is not a scholar so much as a writer.
= He is rather a writer than a scholar. 〈그는 학자라기보다 오히려 작가다〉

• 10. not so much as = not even = ~조차도 못한

ex.) He didn't so much as greet us. 〈그는 우리에게 인사조차 하지 않았다.〉

• 11. ▷ as much as to say = ~라고 말하기도   ▷ so much for = ~도 그 정도 해두고
  ▷ not much of = 대수롭지 않은   ▷ make much of = 중히 여기다
  ▷ too much for = 너무 벅찬   ▷ one too many = 너무 심한

ex.) I cannot make much of his argument. 〈그의 논의는 이해가 잘 안 된다.〉

The task seems too much for a young and fragile woman.
〈그 일은 젊고 연약한 여자에게는 힘에 겨운 것 같다.〉

Isn't that as much as to say, 'Forget me'? 〈그것은 결국 「나를 잊어줘」라는 뜻인가?〉

---

1. Too (much / many) cooks spoil the broth. 〈사공이 너무 많으면 배가 산으로 간다.〉
2. Many a boy (have / has) been drowned in this river. 〈많은 아이가 이 강에서 익사했다.〉
3. A great (much / many) articles are imported from abroad.
   〈대단히 많은 상품이 해외에서 수입됐다.〉
4. I found six mistakes in as (much / many) lines. 〈여섯 줄에서 6개의 실수를 찾았다.〉
5. The lights shone so (much / many) stars. 〈불빛이 너무 많은 별을 비췄다.〉
6. Apples are sold at so (many / much) a piece. 〈사과가 개당 그만한 값에 팔렸다.〉
7. You may pick as (much / many) flowers as you like. 〈원하는 만큼의 꽃을 따도 좋다.〉
8. He has had to spend a good (number / deal) of money on medicines.
   〈그는 많은 돈을 약에 써야만했다.〉
9. I read a good (deal / number) of books during the summer vacation.
   〈여름휴가 때 아주 많은 책을 읽었다.〉
10. He is not so (many / much) a scholar as a writer.
    〈그는 학자라기보다 오히려 작가다〉
11. He can not so (many / much) as read his own name.
    〈그는 자신의 이름조차도 읽지 못한다.〉
12. She gave a look at me as (much / much as) to say, "Leave me alone."
    〈그녀는 "내버려둬" 라는 의미로 날 쳐다봤다.〉
13. The children were too (many / much) for us. 〈애들은 우리에겐 너무 벅차다.〉

❸ Few 와 Little 의 용법 : 둘 중 하나를 정답으로 출제한다.

• 1. ▷ few는 수를 나타내며, 복수형과 가산명사를 정답으로 갖는다.

• 2. ▷ little는 양, 정도를 나타내며, 불가산명사가 정답이다.

ex.) AIDS treatments have improved greatly over the past few years.
〈에이즈 치료는 지난 몇 년 동안 큰 진전을 이루었다.〉

I gave him the little money that I had. 〈적지만 가진 돈을 모두 그에게 주었다.〉

1. He is a man of (little / few) words. 〈그는 말이 거의 없다.〉
2. We have had (few / little) rain since last month. 〈지난달 이후로 비가 거의 내리지 않는다.〉

• 3. ▷ few, little = 조금밖에 없는, 소수의, 소량의 (부정)

• 4. ▷ a few, a little = 소수의, 소량의 , 약간 있는 (긍정)

ex.) He has a few friends. 〈그에게는 친구가 더러[몇]이 있다.〉

Things got a little tense at the hotel. 〈호텔에서 분위기가 안 좋았거든요.〉

1. I have (few / a few) friends here. 〈이곳에 친구가 몇 있다.〉
2. (Little / A little) learning is a dangerous thing. 〈선무당이 사람 잡는다.〉

• 5. ▷ only a few, only a little = 약간의, 조금밖에(부정)

ex.) Electricity in Baghdad is on for only a few hours a day.
〈바그다드에서는 전기가 하루에 불과 몇 시간밖에 공급되지 않는다.〉

1. I have (only few / only a few) books to read. 〈읽을 책이 조금밖에 없다.〉
2. I have (only little / only a little) time to spare. 〈시간 여유가 조금밖에 없다.〉

- 6. ▷ not a few, not a little = 많은, 적지 않은
- 7. ▷ quite a few, quite a little = 상당히 많은

ex.) Not a few of the members were present. 〈꽤 많은 회원이 참석했다.〉

I'm not a little kid. 〈전 꼬마가 아니에요.〉

1. Quite (a little / few) student played truant from school.
〈상당히 많은 학생들이 결석하고 놀았다.〉

2. It has caused me not a (few little) anxiety. 〈그것으로 적지 않은 근심을 했다.〉

정답 ▶ 1. few 2. little

4 several과 such의 용법

- 1. ▷ several + 복수 명사 : 몇몇의, 대여섯 정도 (수) 〈형용사〉
- 2. ▷ several of the + 복수 명사 : ~중의 몇 〈대명사〉
- 3. ▷ such + a(n) + 형용사 + 명사 + that

ex.) I told him not to do so several times, but he wouldn't listen to me.
〈그렇게 하지 말라고 여러 번 말했지만, 그는 내 말을 들으려고 하지 않아.〉

The human rights watchdog also voiced its opinions on several of the controversial issues.
〈인권위는 몇 가지 쟁점에 관한 자신의 목소리를 높였다.〉

1. Several of (directors / the directors) have helped us gather a lot of information.
이사들 중 일부가 우리가 많은 정보 수집하는 것을 도왔다.

2. It was (so / such) nice weather that we were able to have lunch in the garden.
날씨가 너무 좋아서 우리는 정원에서 점심 식사를 할 수 있었다.

3. He'd put on (too / such) a lot of weight that he couldn't get into his trousers.
그는 살이 너무 많이 쪄서 바지를 입을 수가 없다.

정답 ▶ 1. the directors 2. such 3. such

5 high와 low의 용법

- 1. ▷ 정도, 수준, 기준, 상태, 질을 나타내는 명사 앞에 high, low가 정답으로 출제된다.
- 2. ▷ price, cost, level, standard, speed, wage, quality, productivity, temperature, rate, heat, demand

ex.) The company has benefited from the high demand for computer memory chips that began last year.

〈회사는 지난해부터 시작된 컴퓨터 반도체 수요 증가의 혜택을 받고 있다.〉

Over competition and high labor cost were a distant second and third, respectively, at 24.2 percent and 7.7 percent.

〈과당 경쟁 (24.2%), 인건비 부담 (7.7%) 등도 애로 사항에 포함되었다.〉

1. Temperatures are very (small / low) at this time of the year.

해마다 이맘때면, 기온이 아주 낮다.

2. The government is committed to keeping the inflation rate as (small / low) as possible.

정부는 인플레이션 비율을 가능한 낮게 유지하려고 전념하고 있다.

3. Turn the oven to a (slow / low) heat. 오븐을 저온으로 돌려라.

정답 ▶ 1. low 2. low 3. low

⑥ large와 small의 용법

• 1. ▷ 수나 양을 나타내는 명사 앞에 large, small이 정답으로 출제되고 있다.

• 2. ▷ amount, change, income, family, profit, salary, sale, number

ex.) She goes through large amounts of money with nothing to show for it and no explanation of where it all went.

〈그녀는 거액의 돈을 써버리는데 저걸 샀구나 할만한 물건도 없고 어디에 썼는지 설명도 없습니다.〉

Even a small amount adds up. 〈티끌 모아 태산이지요.〉

1. We didn't expect such a (high / large) number of people to attend the concert.

그리도 많은 이들이 음악회에 오리라는 것을 기대하지 못했다.

2. If you can help us in a (low / small) way, it would be greatly appreciated.

우리를 조금이라도 도와주면, 아주 고마워할 것이다.

정답 ▶ 1. large 2. small

▶단위 명사의 단/복수 일치

⇒ 『tens, hundreds, thousands, millions』의 단/복수를 정답으로 출제한다!

경향 분석 ❶ 모든 형용사가 복수 어미 -s를 갖는다 해도 -s를 제거할 때와 별 다른 의미의 차이 가 없을 땐 복수 어미 -s를 제거하고 고로 형용사는 단수를 정답으로 출제한다! 각종 십의 단위 명사들인 tens, hundreds, millions, thousands 등은 주로 -s를 제거한 단수를 정답으로 출제한다.

❷ 단/복수가 동일한 means, series, species등이 주어 일 때 정답은 동사가 된다. 복수와 단수 형태들이 동일한 경우, 그 단/복수를 결정할 경우 앞의 동사의 단/복수 여부, 형용사의 단/복수 여부, 관련 명사들의 단/복수 여부를 재빨리 파악한다. 연간 3~4회 비중으로 출제되고 있으며 주로 단수형태가 정답으로 많이 출제되고 있다.

출제 의도 단위 명사 tens, hundreds, thousands, millions등의 단/복수 구분하기.
출제 빈도 연 2~3회 이상
출제 유형 아래 유형 1~5.

1 숫자 +dozen/score + hundred / thousand / million + 복수 명사
〈정확한 수〉 앞에 정확한 숫자가 있을 경우는 hundred등의 단수가 정답이 된다.

① five (hundreds / hundred) copies   ② four (five-dollars / five-dollar) bills
③ five (inches / inch) thick walls   ④ 50-(miles / mile)-away main office

정답 ▶ 1. hundred 2. five-dollar 3. inch 4. mile

2 dozens of / scores of / hundreds of / thousands of / millions of + 복수 명사
〈막연한 수〉 정확한 숫자가 없을 경우는 hundreds 등의 복수가 정답이 된다.

① More than (hundred / hundreds of) employees are needed. 〈수백 명 이상이 필요하다.〉
② There are (thousand / thousands of) people looking for well-paid job.
   〈수천 명이 임금이 잘나오는 좋은 직장을 찾고 있다.〉

정답 ▶ 1. hundreds of 2. thousands of

❸ be + 숫자 + 복수 명사 + 형용사/부사

① The building is ten (mile / miles) away.〈빌딩은 10마일이나 떨어져 있다.〉
② The curio is three hundred (year / years) old.〈그 골동품은 3백년이나 됐다.〉

정답 ▶ 1. miles 2. years

❹ 단수 형태와 복수 형태가 동일한 명사

『means, series, species, swiss, staff, percent, Japanese, offspring, aircraft, carp, trout,   salmon, fish, corps, Chinese, deer, crosswords, yen, headquarters… 등』

ex.) They conducted a series of tests on me at the health center.
〈보건소에서 내게 일련의 검사를 실시했다.〉

The end does not justify the means.〈목적이 수단을 정당화하지는 않는다.〉

Like all species, humans, must exploit the environment in order to live.
〈다른 모든 동물종과 마찬가지로 인류는 생존을 위해 환경을 이용하지 않으면 안 된다.〉

What's more, 90 percent of international trade is carried by sea.
〈뿐만 아니라 세계 무역 상품의 90%가 해상으로 운반된다.〉

① There is no (mean / means) of hiring the outstanding manager.
〈뛰어난 매니저를 고용하는 방법은 없다.〉
② The marketing team use every (mean / means) to an end.
〈마케팅팀은 목적을 위한 모든 수단을 사용한다.〉
③ Her (mean / means) are limited. 〈그녀의 재산도 한계가 있다.〉
④ All the staff (have / has) to attend the conference next Monday.
〈전 직원들은 오는 월요일에 회의에 참석해야 한다.〉

정답 ▶ 1. means 2. means 3. means 4. has

❺ 위의 명사가 주어로 등장할 때는 동사가 정답으로 출제된다.

CHECK-UP TEST

1. The publishing company sold more than 10 _____ copies.

(A) millions
(B) million
(C) a million
(D) millionnaire

2. Nearly two _____ Germans had settled in America by the eighteenth century.

(A) hundreds
(B) hundred
(C) a hundreds
(D) hundredfold

3. The visitors happened to see a three-thousand-_____-old pine tree in front of a five-story building.

(A) year
(B) years
(C) a year
(D) the year

기출 유형 전략 비법

1. 명사 고치기
[정답] B

전략 비법 | 『〈명사s + 명사〉일 때, 앞 명사는 단수를 정답으로 출제한다.』

모든 형용사가 복수 어미 -s를 갖는다 해도 -s를 제거할 때와 별 의미의 차이가 없을 땐 복수 어미 -s를 제거하고 단수를 정답으로 갖는다! 위의 앞 명사는 뒤의 명사를 수식하는 형용사로 쓰인 것이므로 의미의 차이가 없을 땐 그 복수 어미 -s를 제거하고 단수 형태가 되어야 한다. 고로 million이 된다.

해석 | 그 출판사는 천 만부 이상을 팔았다.

어구 | **publishing company** 출판사 **copy** 사본, 모방, 한권, 부수 **million** 백만(의) **millionnaire** 백만장자

2. 명사 고치기
[정답] B

전략 비법 | 『〈명사s + 명사〉일 때, 앞 명사는 단수를 정답으로 출제한다.』

모든 형용사가 복수 어미 -s를 갖는다 해도 -s를 제거할 때와 별 의미의 차이가 없을 땐 복수 어미 -s를 제거하고 단수를 정답으로 갖는다! 위의 앞 명사는 뒤의 명사를 수식하는 형용사로 쓰인 것이므로 의미의 차이가 없을 땐 그 복수 어미 -s를 제거하고 단수 형태가 되어야 한다. 고로 hundred가 된다.

해석 | 거의 2백 명의 독일인들이 18세기까지 미국에 정착했다.

어구 | **nearly** 거의, 대략, 얼추 **German** 독일인, 독일어 settle 정착하다 **by the eighteenth century** 18 세기까지 **hundredfold** 100배의

3. 명사 고치기
[정답] A

전략 비법 | 『〈명사s + 명사〉일 때, 앞 명사는 단수를 정답으로 출제한다.』

모든 형용사가 복수 어미 -s를 갖는다 해도 -s를 제거할 때와 별 의미의 차이가 없을 땐 복수 어미 -s를 제거하고 단수를 정답으로 갖는다! 위의 앞 명사는 뒤의 명사를 수식하는 형용사로 쓰인 것이므로 의미의 차이가 없을 땐 그 복수 어미 -s를 제거하고 단수 형태가 되어야 한다. 고로 year old가 된다.

해석 | 관광객들은 3천년 된 노송을 5층짜리 건물 앞에서 우연히 봤다.

어구 | **visitors** 관광객들 **happen to**(= chance to) 우연히 ~하다 **old pine tree** 노송, 오래된 소나무 **in front of** ~의 앞에 **five-story building** 5층짜리 건물

UNIT
61

▶종류 명사의 단/복수 일치

⇒ 종류 명사 『kind of』… 앞뒤 명사를 정답으로 출제한다!

경향 분석 전치사 of 앞 뒤 명사는 동일하게 단수면 단수, 복수면 복수로, 일치시키는 단/복수 일치 문제가 출제된다. 이 때 전치사 of는 동격 관계를 나타내므로 자연스럽게 그 앞과 뒤의 명사들의 수일치를 확인할 수 있게 된다. 종류나 그룹을 나타내는 종류 명사 kind, sort, type, species 등이 이에 해당되는 종류 명사로 출제된다.

출제 의도 종류 명사의 단/복수 일치시키기
출제 빈도 연간 2~3회
출제 유형 아래 유형 1~4.

1 kind + x sort / type / species + -es + of + 단수 명사 + 복수 명사 ⇔ is ⇔ are

2 전치사 of 앞과 뒤의 명사는 그 단/복수가 일치함으로 둘 중 하나가 정답이 된다.

 ex.) This kind of treatment of the issue only exacerbates the pain of the survivors.
   〈이런 유형의 현안 처리방식은 오직 생존자들의 고통을 더욱 심화시킬 뿐이다.〉
   Diamond is nothing but a kind of coal. 〈금강석은 별것 아니라 석탄의 일종이다.〉

3 종류 명사가 전체 주어로 등장할 때 정답은 동사가 된다.

4 『there is/are + 명사/es』구조의 경우, 동사나 명사 둘 중 하나가 정답이 된다. 그 단/복수가 항상 일치되어야 하기 때문이다.

 ex.) There is an air of modernity about it. 〈어딘지 근대적인 데가 있다.〉
   There are complicated circumstances behind the matter. 〈문제의 이면에는 복잡한 사정이 있다.〉

Start - Up

1. We need a different (kind / kinds) of test.
다른 종류의 검사가 필요하다.

2. That's the (sort / sorts) of thing I want.
그러한 것이 필요하다.

3. There (was / were) a helpful doctor in the vicinity.
근처에 도움이 될 의사가 있었습니다.

정답 ▶ 1. kinds 2. sorts 3. was

CHECK-UP TEST

1. The scholars considered as outstanding specialists made inquiries into all _____ of papers last year : hence they proved useless.

(A) type (B) types
(C) typing (D) typed

2. Those sorts of the products, sold out there, _____ really expensive for us.

(A) are (B) is
(C) has (D) has been

3. There are many kinds of _____ which fascinate a lot of women.

(A) flower (B) flowers
(C) a flower (D) the flower

기출 유형 전략 비법

1. 명사 고치기   [정답] B

전략 비법 ┃ 『종류 명사 kind of앞뒤의 명사 둘 중 하나를 정답으로 출제한다.』

종류 명사 kind(sort, type) of는 그 앞과 뒤는 명사가 단/복수가 일치해야 하므로 둘 중 하나를 정답으로 출제한다. 고로 types가 된다.

해석 ┃ 뛰어난 전문가로 인정받고 있는 그 학자들이 작년에 모든 종류의 서류를 조사했다. 그래서 그 서류들이 다 무용지물이라는 것이 드러났다.

어구 ┃ scholar 학자 be considered as ~로 여겨지다 outstanding 뛰어난, 훌륭한, 미납의 specialist 전문가 make inquiries into ~를 조사하다 type of ~어떤 종류의 prove [to be] ~임이 드러나다 useless 쓸모 없는, 무용지물의

2. 동사 고치기   [정답] A

전략 비법 ┃ 『종류 명사(kind, sort)가 주어일 때 정답은 동사가 된다.』

종류 명사 kind, sort, type of 이 전체 주어로 등장할 때 전치사 of 앞뒤의 명사는 그 단/복수가 일치함으로 뒤의 동사 역시 단/복수가 일치 되게 된다. 결국은 주어와 동사의 단/복수 일치 형태의 문제가 되고 만다. 이 경우 답은 동사가 되므로 are가 된다.

해석 ┃ 그런 류의 상품들은 그 곳에서는 다 매진 됐고 우리에겐 정말 비싸다.

어구 ┃ those sorts of ~그런 류의 product 상품 sold out 매진된 expensive 비싼

3. 명사 고치기   [정답] B

전략 비법 ┃ 『there is/are + 명사는 동사나 명사 둘 중 하나를 정답으로 출제한다.』

동사나 뒤의 명사가 단/복수가 일치해야 함으로 flowers가 된다.

해석 ┃ 다양한 종류의 꽃이 있어 많은 여성들을 매혹시키고 있다.

어구 ┃ there are + 복수 명사 ~가 있다 many kinds of ~많은 종류의 fascinate 매혹하다(= attract)

▶복합 명사구

⇒『telecommunication, economic, sport, saving 등은 -s가 붙은 복수가 정답으로 출제된다!』

경향 분석 명사의 각기 고유한 의미 때문에 복수 어미 -s가 반드시 있어야 하며 -s를 제거할 경우 단어의 뜻이 완전히 바뀌므로 복수 어미 -s가 반드시 있어야 하는 복합 명사구들이다. 아래의 [1]의 복합명사구들은 -s가 있어야 정상적인 의미를 지닌다.

출제 의도 복합 명사구와 일반 명사어구 구분하기
출제 빈도 연간 3~4회 이상
출제 유형 아래 유형 1~2.

1 『명사1 + s + 명사2』: 복수 어미 -s를 제거할 수 없는 복합 명사구들

1. economics[경제학] ⇒ test[경제학 시험], major[경제학 전공], prof.[경제과 교수], perspective.

   ex.) From an economics perspective, this is just plain dumb.
   〈경제적 관점에서 이는 명백히 어리석은 조치다.〉

2. sales[영업, 매상(매출)]⇒ tax[물품 세], potential[판매 가능성], Dept.[영업부], tendency[판매경향], manager, figures[판매 계산], growth

   ex.) The addition of new models also spurred sales growth.
   〈신형 모델 출시도 매출 증가에 박차를 가했다.〉

3. sports[운동, 스포츠] ⇒ broadcasting[스포츠 방송], wear, program, complex[종합 운동장], car market.

   ex.) The Korean sports car market is expected to grow even further.
   〈한국의 스포츠카 시장은 성장속도가 더 빨라질 것으로 예상 된다.〉

4. savings[저축]⇒ bank[저축 은행], account[저금 계좌], stamps[저축 인지], bond [저축 채권]

   ex.) Financial regulator suspended the operations of a mutual savings bank.
   〈금융 규제 당국은 한 상호저축은행의 영업을 6개월간 정지시켰다.〉

5. goods[상품, 화물]⇒ train[화물열차], wagon, prices.

   ex.) Manufactured-goods prices rose 0.5 percent from July.
   〈제조업 제품 가격은 7월에 비해 0.5% 상승했다.〉

6. honors[우등] ⇒ graduate[우등 졸업생], student, course[우등 대학 과정], degree[우등 코스 졸업 학위]

   ex.) It' s an Honors program.
   〈우등생 프로그램이다.〉

7. customs[세관] ⇒ house, clearance[통관], official, duties[관세], union[관세동맹]

   ex.) The customs office is expected to decide in the next three weeks.
   〈일본 세관은 3주 이내에 결정을 내릴 전망이다.〉

8. telecommunications[통신] ⇒ satellite[통신위성], zone, corporation[회사]

ex.) The firm nationalized electrical and telecommunications companies.
〈회사는 전기회사와 장거리통신회사를 국유화했다.〉

9. careers[진학, 진로] ⇒ teacher, master.

ex.) All careers ways are open to talent. 〈재능만 있으면 출세한다.〉

10. clothes[옷] ⇒ brush[양복 솔], pole, wringer[빨래 짜는 기계]

ex.) The clothes manufacturer recently branched out into
children´s wear. 〈의류 제조업체는 최근 아동복에 진출했다.〉

아래의 **2**는 -s가 빠진 단순한 "형용사 + 명사"로서 전혀 다른 의미의 어휘들이다.

1 [2] 『명사1 + 명사2』: 복수 어미 -s를 제거할 경우 다음처럼 그 의미가 완전히 바뀌게 된다.

1. economic 경제의, 경제상의

ex.) we live in the real world, not the world of economic theory.
〈우리는 경제이론의 세계에 사는 것이 아니라 현실 세계에 살고 있다.〉

2. sale 염가 판매, 경매

ex.) The final sale contract is expected to be signed around February next year.
〈최종 매각계약은 내년 2월경에 체결될 것으로 보인다.〉

3. sport 오락, 웃음거리, 농담

ex.) Any employee can't wager on sporting events.
〈직원들은 내기 할 수 없어요.〉

4. saving 보류하는, 구출하는, 절약하는

ex.) These life-saving steps are critical.
〈이런 인명을 구조할 수 있는 조치는 매우 중요하다.〉

5. good [단수 명사: 소용, 목적, 이익, 미덕[형용사: 좋은

ex.) I still don't know if it's a good idea.
〈아직도 그게 좋은 아이디어인지 몰라.〉

6. honor 명예, 신의

ex.) He is an honor to the school.
〈그는 학교의 명예이다.〉

7. custom 습관, 관례, 단골손님, 주문하여 만든

ex.) Custom is a second nature.
〈습관은 제2의 천성이다.〉

8. communication 의사소통

ex.) She has been in communication with her family.
〈그녀는 가족과 연락을 취하고 있다.〉

9. career 출세, 경력, 이력

ex.) It was a career choice. 〈직업적 선택이었다.〉

CHECK-UP TEST

1. The manager assembling the conference thought those invited to session were _____ professors.

   (A) economic
   (B) economics
   (C) economy
   (D) economical

2. Today there are a lot of _____ banks in the Wall Street, controlling the world's economy.

   (A) saving
   (B) savings
   (C) saved
   (D) save

3. The government has introduced a new 10 % tax _____ on the things consumers buy in shops.

   (A) sale
   (B) sales
   (C) salable
   (D) salary

기출 유형 전략 비법

1. 명사 고치기   [정답] B

전략 비법 l 『〈economics(savings, sales, sports…) + 명사〉로서 -s가 있어야 정답이다.』

아래 명사들은 각기 고유한 의미 때문에 복수 어미 -s를 반드시 써야 하며 -s를 제거할 경우 단어의 뜻이 완전히 바뀌므로 무조건 복수 어미 -s를 써야 한다. 『economics, sales, savings, goods, honors, customs, communications…』 고로 economics professor가 된다. those (who are) invited to session 회의에 초대받은 사람들」 복수 어미 -s를 제거할 때의 각각 단어의 의미는 다음과 같다.

『1. economic[경제의, 경제상의] 2. sale[염가 판매, 경매] 3. sport[오락, 웃음거리, 농담] 4. saving[보류하는, 구조하는, 절약하는] 5. good[명사: 소용, 목적, 이익, 미덕] 6. honor[명예, 경의, 신의] 7. custom[습관, 관례, 단골손님, 주문하여 만든] 8. communication[의사소통]』

해석 l 회의를 소집하는 담당 과장은 회의에 초대받은 사람들이 경제과 교수들이라고 여겼다.

어구 l call the conference 회의를 소집하다 manager 과장 those (who are) invited to ~에 초대받은 사람들 session 회의 economics professor 경제과 교수 economical 절약하는 economy 경제, 재정

2. 명사 고치기   [정답] B

전략 비법 l 『economics(savings, sales, sports…) + 명사』로서 -s가 있어야 정답이다.

아래 명사들은 각기 고유한 의미 때문에 복수 어미 -s를 반드시 써야 하며 -s를 제거할 경우 단어의 뜻이 완전히 바뀌므로 무조건 복수 어미 -s를 써야 한다. 『economics, sales, savings, goods, honors, customs, communications…』 고로 savings가 된다.

해석 l 오늘날 Wall Street에는 많은 저축 은행들이 있어 세계 경제를 좌지우지하고 있다.

어구 l a lot of 많은, 다수의 savings banks 저축 은행 the Wall Street (미국 금융의 심장부인) 월가 economy 경제 save 절약하다, 구하다

3. 명사 고치기

전략 비법 | 『〈economics(savings, sales, sports…) + 명사〉로서 -s가 있어야 정답이다.』

다음 명사들은 각기 고유한 의미 때문에 복수 어미 -s를 반드시 써야 하며 -s를 제거할 경우 단어의 뜻이 완전히 바뀌므로 무조건 복수 어미 -s를 써야 한다. 『economics, sales, savings, goods, honors, customs, communications…』고로 sales가 된다.

해석 | 정부는 상점에서 고객들이 구입하는 상품의 10%의 판매세를 도입해 왔다.

어구 | **government** 정부 **introduce** 도입하다, 소개하다 **sales tax on** ~의 판매 세금 **consumer** 소비자 **shop** 상점 **salable** 값이 적당한, 접합한 **salary** 봉급

▶복수 명사어구

⇒ 복수 명사 『earnings, wages, riches, belongings』가 주어일 때, 복수 동사가 정답으로 출제된다.

경향 분석 다음 복수 명사들은 그 의미 때문에 형태 상 복수 어미 -s를 항상 가지므로 뒤 따르는 동사도 항상 복수 동사가 정답으로 출제된다.

출제 의도 형태 상, 복수 어미 -s를 항상 갖는 복수 명사 익히기
출제 빈도 연간 3~4회 이상
출제 유형 아래 유형 1~3.

1 다음 복수 명사들은 동사도 항상 복수가 정답으로 출제된다.
2 다음 복수 명사들이 주어로 등장할 때 답은 항상 복수 동사가 출제된다.
3 복수 주어 〈-〉 복수 동사 (are)

> 『assets(자산, 재산, 이점) savings(저축) funds(자원, 재원, 국채, 공채) earnings(소득, 임금) remains(나머지 것, 유해, 유족) riches(부, 재물, 풍부함) wages(임금) arms(무기) goods(상품) customs(세관) damages(손해 배상금, 비용) glasses(안경) sports(운동) shorts(반바지, 공매, 부족) pants(바지) scissors(가위) trousers(바지) sweets(단 과자, 쾌락) belongings(소지품, 재산, 가족) siblings(형제, 자매) thanks(감사, 사의)』

ex.) The company's assets consist of cash, investments, and machinery.
〈회사의 자산은 현금, 투자, 기계류로 구성된다.〉

My savings in the bank now count up to $10,000.
〈나의 은행 예금은 지금 1만 달러에 달한다.〉

The quarterly earnings were up 462.3 billion won compared to the same period a year earlier.
〈4분기 수익은 전년 같은 기간에 비해 4,623억 원이 증가했다.〉

Wages for those below level are very low. 〈지위가 낮은 사람들의 임금은 낮다.〉

As the value of the U.S. dollar falls, imported goods become more expensive, and domestic industries, long thought dead, spring to life again.
〈미국 달러의 가치가 내려갈 때 수입 상품의 값은 더욱 비싸지고 오래전에 죽은 것으로 여겨졌던 국내 기업들이 다시 되살아난다.〉

CHECK-UP TEST

1. The three new employee's wages _____ one hundred dollars a week.

    (A) are
    (B) is
    (C) been
    (D) has been

2. Our team wondered where the personal belongings _____ put for the last time.

    (A) was
    (B) were
    (C) has
    (D) has been

3. The riches of knowledge of the field _____ been made through daily practice and every effort to become the best.

    (A) has
    (B) have
    (C) is
    (D) does

기출 유형 전략 비법

1. 동사 찾기 [정답] A

전략 비법 | 『assets, belongings, wages, earnings…는 복수 동사가 답이다!』

다음 복수 명사들이 주어로 등장할 때, 동사도 복수가 정답이며(Part 5), 역시 답은 동사에 밑줄 짝! 쳐진다. (Part 6) 『assets(자산, 재산, 이점), savings(저축), funds(자원, 재원, 국채, 공채),belongings(소지품, 재산, 가족), earnings(소득, 임금), remains(나머지 것, 유해, 유족), riches(부, 재물, 풍부함), wages(임금), arms(무기), goods(상품), customs(세관), damages (손해 배상금, 비용-), glasses(안경), sports(운동), shorts(반바지, 공매, 부족), pants(바지), scissors(가위), trousers(바지), sweets(단 과자, 쾌락), siblings(형제, 자매), thanks(감사, 사의)…』

해석 | 그 새로 들어온 세 직원들은 임금이 주당 100불이다.

어구 | **employee** 직원 **wages** 임금 a(= per, every) **week** 매주, 주마다

2. 동사 찾기 [정답] B

전략 비법 | 『assets, belongings, wages, earnings…는 복수 동사가 답이다!』

다음 복수 명사들이 주어로 등장할 때, 동사도 복수가 정답이며(Part 5), 역시 답은 동사에 밑줄 짝! 쳐진다. (Part 6)

해석 | 우리 팀은 그 개인 소지품들을 마지막으로 어디 두었는지를 몰랐다.

어구 | **team** 팀, 조, 한쪽 패 **wonder** ~을 알고 싶어 하다 **personal belongings** 개인 소지품 be put 놓이다 **for the last time** 마지막으로

3. 동사 고치기 [정답] B

전략 비법 | 『assets, belongings, riches…이 주어 일 때 답은 동사가 된다.』

다음 복수 명사들이 주어로 등장할 때, 역시 답은 동사에 밑줄 짝! 쳐진다. (Part 6) 고로 have가 된다.

해석 | 그 분야를 풍부히 아는 것은 매일의 연습과 최고가 되려는 모든 노력에서 이뤄진다.

어구 | **the rich knowledge of** ~를 풍부히 아는 것 **field** 분야, 현장 **daily practice** 일상의 노력 **every effort to** ~하려는 모든 노력

▶단수 명사어구

⇒ 단수 명사 『news, economics, electronics, statistics 』등이 주어
일 때, 단수 동사가 정답으로 출제된다.

경향 분석 비록 형태상 복수 어미(-s)는 가지고 있지만 개념상 하나의 개체로 간주되어 모두 단수로 취급되는 단수 명사구이다. 고로 뒤따르는 동사들도 단수 동사가 정답으로 출제된다(Part 5).

출제 의도 형태 상, 복수 어미 -s를 갖으나 항상 단수인 단수 명사 익히기
출제 빈도 연간 3~4회 이상
출제 유형 아래 유형 1~3.

1 학문(전공), 게임, 국가, 질병은 복수 어미 -s가 있어도 항상 단수 동사가 정답이다!

┌economics, news, politics, physics, statistics, mechanics, mathematics, electronics,┐
│ ethics, linguistics, the United States, United Nations, measles, Netherlands, │ ⇔ is
└Philippines, 각종 회사 및 단체명 ┘

ex.) Economics is not my cup of tea. 〈난 경제에는 관심 없다.〉

The bad news is that the regime continues to suppress freedoms of speech and religion.
〈현 정권이 언론과 종교의 자유를 계속 억압하는 것은 나쁜 소식이다.〉

Partisan Washington politics is playing a devilish role.
〈당파적인 워싱턴의 정치가 나쁜 역할을 하고 있다.〉

These statistics are troubling, but also misleading.
〈이 통계수치는 우려스럽지만 또한 판단을 오도할 수 있다.〉

Samsung Electronics expects consumer demand of digital televisions to grow more than
30 percent in the latter half of the year compared with the first half.
〈삼성전자는 디지털 텔레비전에 대한 소비 수요가 하반기에는 상반기에 비해 30퍼센트 이상 늘어날 것으로 전망하고 있다.〉

2 위[1]의 명사들이 주어로 등장할 때 정답의 위치는 동사이다!
3 단수 개념의 생활 표현인 시간, 거리, 가격, 무게 등은 단수 동사가 정답이다.(Part 5). 또한 이들이 주어로 등장하면 답은 항상 동사에 있다.

Start - Up

1. They suppose no news (are / is) good news.
그들은 무소식이 희소식이라고 여긴다.

2. Economics (are / is) the scientific study of the System.
경제학은 지배 체제의 과학적인 연구이다.

3. Student politics (are / is) also influenced by the social issue.
학생 정치는 항상 사회 문제에 영향을 받는다.

4. Ten dollars in the financial market (rise / rises) as the pound falls.
금융 시장에서 10달러는 파운드 값이 떨어질 때 올라간다.

5. Ten miles (are / is) a long distance.
10마일은 긴 거리다.

정답 ▶ 1. is 2. is 3. is 4. rises 5. is

CHECK-UP TEST

1. The economics as well as electronics in science _____ his major field of great interest.

(A) is
(B) are
(C) have been
(D) have being

2. The news of Italy's unemployment rate _____ much worse than expected.

(A) were
(B) was
(C) have
(D) do

3. It is estimated that the United Nations _____ some million pounds of rubbish every year.

(A) generate
(B) generates
(C) are generated
(D) is generated

기출 유형 전략 비법

1. 동사 찾기   [정답] A

전략 비법 | 『economics, news, politics, statistics…등은 단수 동사가 정답이 된다.』

다음 명사들은 복수 어미 -s가 나와도 한 개의 개체로 취급하므로 단수로 취급해서 뒤따르는 동사도 단수 동사가 답이 된다. 『economics, news, politics, physics, statistics, mechanics, mathematics, electronics, ethics, linguistics, the United States, United Nations, Netherlands, Philippines, measles』고로 답은 A가 된다.

해석 | 과학의 전자 공학 뿐 아니라 경제학 은 그의 최대 관심 분야이다.

어구 | **economics** 경제학 **electronics** 전자 공학 **science** 과학 **field of great interest** 최대 관심 분야

2. 동사 고치기   [정답] B

전략 비법 | 『economics, news…등이 주어일 때 단수 동사가 정답으로 출제된다.』

다음 명사들은 복수 어미 -s가 나와도 단수로 취급해서 뒤따르는 동사도 단수 동사가 답으로 나온다. 고로 was가 된다.

해석 | Italy의 실업률 소식은 기대보다 훨씬 더 악화되어 있었다.

어구 | **news** 소식 unemployment rate 실업률 **much worse** 훨씬 더 나쁜

3. 동사 고치기   [정답] B

전략 비법 | 『economics, United Nations가 주어일 때 답은 동사에 밑줄 짝!』

다음 명사들은 복수 어미 -s가 나와도 단수로 취급해서 동사도 단수 동사가 답으로 온다. 고로 B를 단수 동사 generates로 고친다.

해석 | UN(국제 연합)이 매년 수백만 파운드의 쓰레기를 만든다고 평가되고 있다.

어구 | **estimate** 어림잡다, 견적하다, 평가하다 **the United Nations** 국제 연합 **generate** 낳다, 발생시키다, 초래하다 **pound** 무게 단위, 영국의 화폐 단위 **rubbish** 쓰레기, 잡동사니, 폐물

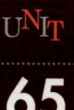

▶부정관사와 정관사의 관용표현

⇒ 『in an effort to + 부정사, as a result of』등은 부정 관사를 항상 정답으로 갖는다!

경향 분석 ❶ 『as a result of, as a rule, at a higher price, by the end of, at the beginning of, all of a sudden, into the region, in an effort to + 부정사, in an attempt to + 부정사, on an average, keep track of』등은 연간 4~5회 이상 정답으로 출제되므로 각 표현에서 관사의 유무를 확실히 암기 훈련해야 한다. 고로 보기 중에 등장 만해도 정답으로 출제할 정도이다.

❷ 부정 관사 a(n)와 정관사 the를 갖는 기출 관용 표현들을 훈련해두자.

출제 의도 부정 관사 a(n)과 정관사 the의 유무 관계를 암기 훈련한다.
출제 빈도 매월
출제 유형 아래 유형 1~2.

■ 정관사 the : 특별히 정해진 대상에 the를 쓰며, 명사 뒤의 of 수식어구나 동격의 that절, 관계사 등이 나올 때 명사 앞에는 the가 정답으로 나온다. 최근 매월 1~2문항 정도가 출제된다.

① (The / An) president of the Unites States〈미국 대통령〉
② (The / An) language of this country 〈이 나라 언어〉
③ (The / An) events of the last five months〈지난 5개월간의 행사들〉
④ (The / An) destruction of the tropical rain forest〈열대 우림 지역의 파괴〉
⑤ There's little older in history than (the / an) idea that some should give orders and others obey.
〈일부 사람들이 명령을 내리고 다른 사람들은 복종해야 한다는 발상은 인류 역사상 가장 오래된 개념 가운데 하나다.〉

정답 ▶ 1. The 2. The 3. The 4. The 5. the

1. 최상급 앞에는 정관사 the가 정답으로 나온다.
  ➡ the only, the most, the best

  ① (best / the best) condition 〈최상의 컨디션〉
  ② One of (greatest / the greatest) achievements in the history of ballet.
  〈발레 역사상 가장 위대한 업적중 하나〉

정답 ▶ 1. the best 2. the greatest

2. 계량 단위에서 정관사 the를 정답으로 출제한다.
  ◐ the hour, the yard, the pound

  ① Sugar is sold (by pound / by the pound). ⟨설탕은 파운드당 판매된다.⟩

정답 ▶ 1. by the pound

3. of the two, both, either, 2 등이 나올 때 the + 비교급을 정답으로 출제한다.
  ◐ the + 비교급 + of the two 구문

  ① He is (taller / the taller) of the two. ⟨그가 둘 중에서 더 크다.⟩
  ② Of the two students, Michael is (better / the better). ⟨두 학생 중에서 마이클이 더 좋다.⟩

정답 ▶ 1. the taller 2. the better

4. most(many, several, all, [n]one, [n]either) + of + the + 복수 명사

① Most of (directors / the directors) at the company were overcharged.
  ⟨회사의 이사들 중 대다수가 바가지를 썼다.⟩
② All of (staff members / the staff members) insisted that the new ten employees be given three month training.
  ⟨모든 직원들의 주장은 10명의 신입직원들이 3개월간 연수를 받아야 한다는 것이다.⟩
③ Most of (information / the information) at the firm helps them affect the management.
  ⟨회사의 대다수 정보는 그들이 경영에 영향을 주는 것을 도와준다.⟩
④ One of (advantages / the advantages) of travelling by train is being able to read.
  ⟨열차 여행의 장점 중 하나는 계속 책을 읽을 수 있다는 것이다.⟩

정답 ▶ 1. the directors 2. the staff members 3. the information 4. the advantages

5. 정답으로 출제되는 관용적인 기출 표현들

in the morning, in the afternoon, in the night, in the light, in the rain, in the country,
in the dark, to the point(요령 있는), on the rise(오를 경향이 있는)

❷ 부정관사 a(n) : 일반적인 상황에서 『관사(a[n]) + 형용사 + 명사』어순 공식을 출제한다.

1. 부정관사 a, an 의 의미
  ① some(조금), certain(어떤)의 뜻 : Wait a minutes. ⟨잠깐만⟩, An unusual sound bell on our ears.

〈어떤 진귀한 소리가 우리 귀에 들린다.〉

② one(하나)의 뜻 : There is an apple on the table. 〈테이블위에 사과가 하나있다.〉

③ any의 뜻 : A mushroom is a plant. 〈버섯은 식물이다.〉

④ a kind of(종류)의 뜻 : a good wine, a new moon

⑤ the same(같은)의 뜻 : We are both of an age. 〈우리는 동갑이다.〉

⑥ per(마다)의 뜻 : He writes home twice a month. 〈그는 매월 두 번 집에 편지를 쓴다.〉

⑦ like(~와 같은)의 뜻 : He is an Edison in korea. 〈그는 한국의 에디슨 같은 인물이다.〉

⑧ such(이와 같은)의 뜻 : He is a man that must he treated kindly. 〈그는 친절히 대접해야하는 그런 이다.〉

⑨ very(매우)의 뜻 : She is a most beautiful woman. 〈그녀는 매우 아름다운 여인이다.〉

2. 정답으로 출제되는 관용적인 기출 표현 : 800점대 이상의 난이도로서 연간 4~5회 이상 출제되므로 필수로 무조건 암기 훈련해야 한다.

---

as a result of, as a rule, at a distance, at the company, at a higher price, at the beginning of, by(at) the end of, all of a sudden, in the workplace, into the region, during the next 20 years, in an effort to + 부정사, in an attempt to + 부정사, on an average, take a walk, make a mistake, make a promise, make a noise, have a headache, make a decision, in error

---

ex.) Suicides can be regarded as a result of extreme depression and extreme stress.
〈자살은 극단적인 우울증과 극단적인 스트레스의 결과로 볼 수 있다.〉

Multiple homeowners have lost opportunities to sell their houses at a higher price and enjoy tax benefits of holding them for long.
〈다주택자 소유자의 경우 좀 더 높은 가격에 팔 수 있는 기회와 장기 보유에 따른 세금 공제 혜택을 놓쳤다.〉

That's a phrase from Thoreau that we'd invoke at the beginning of each meeting.
〈쏘로우 시에서 따온 표현인데 모임을 시작할 때 기원하곤 했단다.〉

It is supposed to finish buying the land in Pyeongtaek by the end of this year.
〈올 연말까지 평택에서 땅 구입을 끝낼 예정이다.〉

In an attempt to seek social consensus on the issue, the National Human Rights Commission of Korea held a public hearing on the issue on Wednesday.
〈국가인권위원회는 이 문제에 대해 사회적 합의를 도출하기 위해 수요일에 공청회를 열었다.〉

She was in error. 〈그녀가 잘못이었다.〉

▶관사의 위치와 생략

⇒『관사는 명사 앞』에서 정답으로 출제된다.

■ 관사의 위치

1. 일반적인 형태 : 『관사(a[n]) + (형용사) + 명사』 어순 공식이 정답으로 출제된다.

① Seoul is (very / a very) big city. 〈서울은 아주 큰 도시다.〉
② He had enough money to buy (new / a new) car. 〈그는 새 차를 살 정도로 충분한 돈이 있었다.〉
③ There was (sudden / a sudden) loud noise. 〈갑자기 큰 소리가 났다.〉

정답 ▶ 1. a very 2. a new 3. a sudden

• 예외적인 관사의 위치

$$\left.\begin{array}{c} \text{such} \\ \text{all} \\ \text{half} \\ \text{many} \\ \text{what} \end{array}\right\} + \text{a(n)} + \text{형용사} + \text{명사}$$

① (What / What a) fine day it is! 〈참 화창한 날이다.〉
② I advised her (many / many a) time. 〈그녀에게 여러 번 충고했다.〉
③ I like (such / such a) boy. 〈그런 아이를 좋아한다.〉

정답 ▶ 1. What a 2. many a 3. such a

$$\left.\begin{array}{c} \text{so} \\ \text{as} \\ \text{too} \\ \text{how} \end{array}\right\} + \text{형용사} + \text{a(n)} + \text{명사}$$

① We have had so good (a time / time). 〈우리는 아주 즐거운 시간을 보냈다.〉
② She is as kind (a girl / girl) as you. 〈그녀는 너처럼 아주 친절한 소녀이다.〉
③ Don' t write too long (a letter / letter). 〈너무 긴 편지는 쓰지 마라.〉

❷ 관사의 생략

1. 관직, 가족, 일원, 호칭, 대칭을 이룰 때 무관사가 정답이다!

president, Lincoln, King George,
① (The Father / Father) is out, but mother is in.
〈아버지는 외출 중이지만 어머니는 계신다.〉
② (The Cook / Cook) is at home. 〈요리사는 집에 있다.〉

2. 장소나 건물의 본래 내용을 뜻하는 경우 무관사이다.

┌ to school(수업 받으러 가다)　　┌ go to church(예배 보러 가다)
└ at school (수업 중)　　　　　　└ at church(예배 중)
┌ go to sea(선원이 되다)　　　　┌ send to hospital (입원시키다)
└ at sea (항해 중)　　　　　　　└ in hospital (입원 중)
　 go to bed (잠자다)　　　　　　　after school (방과 후)

3. 관사를 대신하는 한정사 : 명사 앞의 한정사 자리는 하나이기 때문에 아래의 한정사들과 그 한정사 중에 하나인 관사는 하나만 나오게 되어 있어서 동시에 둘 다 나올 수는 없다.

this(these), that(those), every, each, some, any, no, which, what, either, neither, my, her, the, a(n) ...... 소유격 등의 앞뒤에서 관사를 쓰지 못한다.

this book, every man, some book, which book,
① (Every that / Every) man cannot be an Edison. 〈모든 이가 다 에디슨과 같은 발명가가 될 수는 없다.〉

4. a kind(sort, variety) of 다음에 오는 명사는 무관사가 정답이다!

① An oak is a kind (of a / of) tree. 〈떡갈나무는 일종의 나무이다.〉

5. 교통, 통신 등의 수단이나 방법 등의 부사구에서도 무관사가 정답이다!
　●by mail, by telegram(전보로), by letter, by plane, on foot(도보로), by water, by bus, by taxi

① He goes to school by (the train. / train). 〈그는 열차로 등교한다.〉

정답 ▶ 1. train

6. as 뒤에 오는 명사가 자격을 나타낼 때도 무관사가 정답이다!

① He followed the army as (an interpreter / interpreter). 〈그는 통역으로 군과 함께했다.〉

정답 ▶ 1. interpreter

7. 식사명, 병명, 계절명, 학과명, 운동경기명도 무관사가 정답이다!

① Have you had (a dinner / dinner) yet? 〈저녁 벌써 먹었니?〉
② I had an early (a lunch / lunch). 〈아침을 일찍 먹었다.〉
③ He died of (a consumption / consumption). 〈그는 폐결핵으로 사망했다.〉
④ (A Spring / Spring) has come. 〈봄이 왔다.〉

정답 ▶ 1. dinner 2. lunch 3. consumption 4. Spring

8. more ~ than -비교 구문에서도 무관사가 정답으로 출제된다.

① He was more artist (than a / than) businessman.
〈그는 사업가라기보다는 예술가다.〉

정답 ▶ 1. than

9. 관사가 생략된 관용구와 대구를 이루는 기출 표현들이다 : 800점대 이상의 난이도로서 연간 4~5회 이상 출제되므로 무조건 암기 훈련해 두도록 한다.

---

keep face with(보조를 맞추다), lose track of(의 소식이 끊어지다, ~을 놓치다, 의 계산을 잊다, ~를 잊어버리다) keep track of(의 진로를 쫓다, ~을 놓치지 않고 따라가다, ~의[와의] 소식[접촉]을 끊어지지 않도록 하다, ~의 계산을 해 두다, ~을 기억하고 있다.) face and face(얼굴을 맞대고), side by side, year after year, day in and day out(날이면 날마다), out of question(의심할 여지없이), law and order(법과 질서), at the first hand(직접으로), at the second hand(간접으로)

---

ex.) You completely lose track of time when you play video games.
〈너는 비디오 게임을 할 때는 완전히 시간을 잊어버린다.〉
I' ll keep track of your dosage. 〈내가 복용량을 계속 확인할 거야.〉
He complains day in and day out. 〈그는 사철 불평만 한다.〉

▶삽입, 병렬, 중복, 도치 구조

⇒ 다음 어순 구조는 매월 출제되는 정답의 어순 구조들이다!
1. 삽입 구조 =〉 『the + 주어 + (삽입 구조) + 동사』
2. 병렬 구조 =〉 Both A and B / Neither A nor B / Either A or B
3. 중복 구조 =〉 『주어 + it/they + 동사』

경향 분석 정상적인 평서문에 다양함과 난이도를 주기 위해서 주어 동사 사이에 이용되는 삽입 구조, 주어를 중복하는 대명사, 부정 부사의 도치, 상관 접속사에 의한 병렬구조 등이 거의 매월 출제된다.

출제 의도 평서문과 삽입, 중복, 도치, 병렬구조의 어순 구분하기
출제 빈도 격월에서 매월
출제 유형 아래 유형 1~4.

1 삽입 구조

(1) 주어와 동사 사이의 삽입 구조

삽입 구조의 정답과 유형은 다음과 같다.

정답의 위치는 함정 역할을 하는 삽입 구조 바로 뒤인 동사를 정답으로 하는 문제로서 아래의 [1]은 거의 매월 출제된다. 주어 바로 뒤에 전치사 of…등 수식어구가 삽입될 때 답은 동사가 된다. [6]의 경우는 동격의 명사구가 삽입됨으로 두 번째 컴마 바로 뒤에 동사가 정답으로 출제된다.

① the + 주어	+ of	+ 동사
② 주어	+ 분사(-ed/-ing)	+ 동사
③ 주어	+ 관계사(who/which/that) ...	+ 동사
④ 주어	+ 접속사 + ...	+ 동사
⑤ 주어	+ 전치사구 + ...	+ 동사
⑥ 주어,	+ 동격의 명사 어구	, 동사

① Some scholars from Canada and Australia (is / are) going to retire from the organization. 〈캐나다와 호주 출신의 학자들이 조직에서 퇴직할 예정이다.〉

② The overall effort of the financial committee (are / is) likely to be the result of an attempt to produce a variety of products.
〈재정 위원회의 종합적인 노력은 다양한 상품을 생산하려는 시도의 결과인 듯하다.〉

③ The location of the main office (have / has) been shown by the map.
〈본사의 위치는 지도에 나타나 있다.〉

(2) 관계사 who(ever)와 동사 사이의 삽입 구조

『두개의 동사가 딱 붙어 연속으로 나올 때, 앞의 동사는 삽입 구조로서 제거되며 정답은 who(ever)가 된다.』두 개의 동사가 연달아 동시에 나올 경우는 앞의 동사는 삽입 구조가 되므로 생략 가능하며 이를 생략하고 나면 관계사 주격만(who, whoever)이 정답으로 남게 된다.

① who(ever) │ say, think, hope + feel, claim, guess, believe, imagine, be sure │ + 동사

관계사 who와 동사와의 사이에 다른 동사(say, think…) 등이 삽입된 구조이다. 삽입된 동사를 원래대로 제거하면 관계사「who(ever) + 동사」만 남게 된다.

② 삽입어구들은 일반적으로 new information을 담고 있는 부분이므로 주의력을 분산시켜 그 뒤를 정답으로 출제하는 하나의 연막인 함정 장치로 이용된다. 고로 이를 이용해서 삽입어구 바로 뒤에 정답을 주는 것이 보통이다. 주로 주어와 동사 사이에 2~3개의 어휘만 첨가 되도 이는 의도적인 삽입어구로서 그 뒤에 답을 출제한다.

③ 긍정과 확신의 (생각, 희망, 느낌, 신념, 상상) 표현만이 삽입 가능하다.

동사 say, think, hope, feel, be sure, guess…등은 모두 긍정과 확신의 의미를 지니고 있어 삽입이 가능하지만 wonder, doubt. ask, inquire, impossible 등은 의심과 불확실성 내지는 불가능성을 나타내므로 삽입이 불가능하다.

① He saw the one (whom / who) we thought was very intelligent.
〈우리 생각에 아주 지적인 사람을 그가 봤다.〉

② The belief that humans can live after death (are / is) widespread.
〈인간이 사후이도 살수 있다는 믿음이 만연되어 있다.〉

③ Michael is the one who (he asks / he say) will be promoted to the manager.
〈마이클은 그의 말대로 영업 부장으로 승진할 사람이다.〉

▶중복 구조

(1) 주어의 중복 : 『주어 + it/they/he/she + 동사』의 구조로 중복 주어인 대명사 it, they, he, she를 생략해야 한다. 또는 두 번째 컴마 뒤에는 동사만 올 수 있으므로 중복 주어인 대명사 it, he, they등을 생략한다.

① Some scholars from Canada and Australia (they are / are) going to retire from the organization. 〈캐나다와 호주 출신의 학자들이 조직에서 퇴직할 예정이다.〉

② The overall effort of the financial committee (it is / is) likely to be the result of an attempt to produce a variety of products.
〈재정 위원회의 종합적인 노력은 다양한 상품을 생산하려는 시도의 결과인 듯하다.〉

③ The location of the main office (it has / has) been shown by the map.
〈본사의 위치는 지도에 나타나 있다.〉

정답 ▶ 1. are 2. is 3. has

(2) 동사의 중복 : 한 문장 속에는 정동사가 1개 있어야 한다. 만약 두 번째 동사가 나올 경우 준동사(-ing, -ed, to부정사, 명사, 형용사)로 고쳐져야 한다. 고로 두 번째 동사가 정답으로 출제된다.

① With the start of the penny papers in the 1900's the number of people regularly (read / reading) a newspaper rose considerably.
〈1900년대에 1센트짜리 싼 신문을 시작으로 정기적으로 신문을 구독하는 사람들의 수가 상당히 증가했다.〉

② Baroque has been the term (use / used) by art historians for almost a century to designate the dominant style of the period 1600~1750.
〈바로크란 말은 1600-1750년 기간의 지배적인 양식을 나타내기 위해서 예술 역사가들이 거의 1세기 동안 사용했던 용어이다.〉

③ The average age of the American olive trees (grow / growing) today is nearly two hundred years. 〈오늘날 자라고 있는 미국의 올리브나무의 평균 수명은 거의 2백년 이다.〉

정답 ▶ 1. reading 2. used 3. growing

(3) 목적어의 중복 : 완전 타동사 뒤에는 목적어가 한 개만 온다. 그러나 중복의 목적어로 it, one, that 등이 나올 경우 제거되어야 한다.

① The court (approved it / approved) the sale of the property.
〈법원에서는 그 부동산 매각을 승인했다.〉

② They should (discuss one / discuss) applying for some kind of government help.
〈그들은 일종의 정부 지원 신청을 논의해야 한다.〉

③ The success of our campaign has (exceeded them / exceeded) our expectations.
〈선거 유세의 성공은 우리의 기대를 넘어섰다.〉

정답 ▶ 1. approved 2. discuss 3. exceeded

(4) 어휘의 중복 : 의미가 같은 동의어(예, first= original)나 한 어휘가 다른 어휘의 뜻을 포함하는 경우(예, refund 〉 back)
는 그 의미가 중복되므로 같이 쓸 수 없기 때문에 동시에 나올 경우 하나는 제거된다. 중복 표현만을 제거하게 된다.

1. main(ly) = chief(ly)	15. come back = come home
2. all = entire	16. down = below
3. original = first = initial	17. greatly = hard
4. sufficient = enough	18. seldom = never = hardly
5. important = significant	19. entirely = almost = nearly
6. the same = identical = unchanged	20. single = only = unique
7. such as = for example	21. local = regional = district
8. new < innovation	22. join(= connect) > together
9. without > no	23. advance(= progress= proceed) > forward
10. the most < greatest	24. once more = once again
11. repeat > again	25. last = final
12. recall > back	26. refund > back
13. although > but	27. return > back
14. because > so	28. submit > in

중복 표현이나 동의어는 둘 중 하나가 제거된다. [A 〉 B : A가 B의 의미를 포함하므로 B를 제거한다.]

① The travel agency (refunded back / refunded) everybody the price of the tickets.
〈관광사측은 모든 이들에게 티켓 비용을 환불해줬다.〉

② The fire (advanced forward / advanced) steadily through the forest.
〈화재는 숲을 지나서 끊임없이 퍼져갔다.〉

③ This is an offer never to be (repeated again / repeated).
〈이것은 두 번 다시 있을 수 있는 제안이 아니다.〉

정답 ▶ 1. refunded 2. advanced 3. repeated

UNIT 69 ▶도치 구조

(1) 준 부정어 only 등의 도치

『첫 단어가 부정 부사어구 일 때, 조동사 + 주어 + 본동사 어순이 정답이 된다.』

TOEIC 문법 문제 중, 첫 성분이자 첫 단어가 부정 부사 일 때 정답은 의문문 어순이 되며(Part 5). 마찬가지로 첫 단어가 부정 부사(구) 일 때 동사나 주어가 정답의 위치로 출제된다. 일반적으로 부정 부사(구)가 문장 속에서 문장 앞으로 강조 도치될 때 각각의 조동사를 끌고 나가게 되어있다.

▶ 부정 부사(구) + 조동사 + 주어 + 본동사

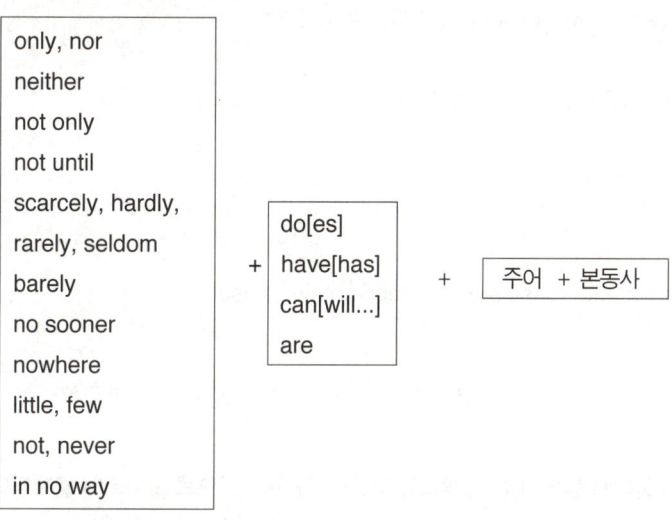

| only, nor |
| neither |
| not only |
| not until |
| scarcely, hardly, |
| rarely, seldom |
| barely |
| no sooner |
| nowhere |
| little, few |
| not, never |
| in no way |

+ do[es] / have[has] / can[will...] / are + 주어 + 본동사

• No sooner + had + 주어 + p.p. ~ than 주어 + 동사 (: ···하자마자 ~하다)

= Hardly + had + 주어 + p.p. ~ before(when) + 주어 + 동사

= Scarcely + had + 주어 + p.p. ~ before(when) + 주어 + 동사

---

① No sooner (he / had he) received the letter, than he turned pale.
〈그는 편지를 받자마자 얼굴이 창백해졌다.〉

② (Hard / Hardly) had he received the letter, before he turned pale.
〈그는 편지를 받자마자 얼굴이 창백해졌다.〉

③ They have never been dishonest, nor (they / do they) want to be so.
〈그들은 결코 부정직하지 않으며, 또한 그러고 싶어하지도 않는다.〉

(2) 장소 전치사의 도치

『동사 lie/stand + 주어』어순이 등장하면 곧 정답의 어순이 된다.

① A, B, C, D 보기 중에 『lie(stand, exist) + 주어』어순이 나오면 곧 정답의 어순이 된다.

② 위치 / 장소 전치사 ⇔ stand + 주어

(위 항목에 lie, is 병기)

첫 단어가 위치나 장소 부사 일 때 동사가 직접 이끌려나간 구조이므로 토익 문법의 정답인 문장들은 주어 + 동사 어순이지만, 첫 단어가 위치나 장소 부사인 경우에만 예외적으로 동사가 주어 앞으로 끌려 나오게 되므로 『동사(lie, stand, exist, appear, seem…) + 주어』가 정답의 어순이 된다.

① In the southeast part (lies / lies the city of New York) 〈남동부 지역에는 뉴욕시가 있다.〉

② Between the Pacific Ocean and the Andes (Chile lies / lies Chile)
〈태평양과 안데스산맥 사이에는 칠레가 있다.〉

③ On the head of a slope (an old house stood / stood an old house)
〈언덕 위에는, 낡은 집이 한 채 서있다.〉

(3) if가 생략된 도치 : 가정법의 if절에서 접속사 if가 생략되면 조동사가 주어 앞으로 도치되어 출제된다.

1. 첫 단어가 『Had + 주어』나오면 『would + have + p.p.』이 정답으로 출제된다!
2. 첫 단어가 『Did(Were) + 주어』나오면 『would + 동사』가 정답으로 출제된다!
3. 첫 단어가 『Should + 주어』나오면 『will/would + 동사』가 정답으로 출제된다!
4. if절 속의 동사나 주절 속의 동사가 둘 중 하나가 정답이다.

① 가정법 과거완료 : 과거와 반대 사실을 의미한다.

『 if 주어 + had + p.p.
❍ Had + 주어 + p.p.   , 주어 + would/could/should + have + p.p. 』
❍ if it had not been for ~
❍ Had it not been for ~

① If he (had / had had) any information, he would have helped you.
그가 정보를 갖고 있었다면, 너를 도왔을 텐데.

② (Have / Had) he had any information, he would have helped you.
그가 정보를 갖고 있었다면, 너를 도왔을 텐데.

③ (Have / Had) I had the opportunity, I might have told them why.
기회가 있었다면, 그들에게 이유를 말했을 텐데.

정답 ▶ 1. had had 2. Had 3. Had

② 가정법 과거 : 현재와 반대 사실을 의미한다.

> if 주어 + 과거 동사/were
> ○ Did + 주어 + 동사원형
> ○ Were + 주어   , 주어 + would/could/should + 동사
> ○ If it were not for ~
> ○ Were it not been for ~

① If he (has / had) any information, he would help you.
그가 정보를 갖고 있다면, 너를 도울 텐데.

② Did he have any information, he (would help / helps) you.
그가 정보를 갖고 있다면, 너를 도울 텐데.

③ (Was / Were) it not for any information, he would fail in the test.
정보가 없다면, 그는 시험에 떨어질 텐데.

정답 ▶ 1. had 2. would help 3. Were

(4) 동의문의 도치

『so/neither(nor) + 조동사 + 주어』의 어순이 정답으로 출제된다!
앞의 문장이 긍정문일 때, 긍정 동의는 "so + 조동사 + 주어"의 어순이 정답이며 앞의 문장이 부정문일 때, 부정 동의는 "neither(nor) + 조동사 + 주어"의 어순이 정답으로 출제된다. (Part 5)

① 긍정문
  ○ So + 조동사 + 주어 : 『또한 역시 ~이다.』
    (= and 주어 … too)
② 부정문
  ○ Neither/nor + 조동사 + 주어 : 『또한 ~아니다』

(= and 주어 ··· not ··· either)

③ 보기 중에 "so/ neither(nor) + 주어 + (조)동사"의 어순이 등장하면 오답이 된다!

　『so/ neither(nor) + 조동사 + 주어』의 어순이 등장하면 정답이 된다!

④ 긍정문 끝에는 too가, 부정문 끝에는 either가 정답으로 출제되고 있다.

① She is against the plan. (Nor / So) is he.〈그녀는 계획에 반대하며 그 역시 그렇다.〉

② If the manager goes there, So (he will / will he).〈매니저가 그곳에 간다면 그도 갈 것이다.〉

③ The staff didn' t like the plan, nor (he did / did he)〈직원들은 그 계획을 싫어했으며 그도 그랬다.〉

▶병치 구조

(1) 대등 접속사 : A and B, A or B, A but B

A와 B는 문법적으로 동일한 구조와 형태를 정답으로 갖는다. 고로 A, B 둘 중 하나가 정답이 되며 정답의 순서를 보면, 가장 많이 답으로 몰리는 것은 접속사 뒤인 C, 다음이 B, 마지막으로 A 순서로 나타나고 있다.

① A, B, and / or C ★

[병렬 문제의 정답 분포 순서이다 : C ➡ B ➡ A 순 이다]. A, B, C 셋 중 하나가 정답으로 출제된다.

- 청취 Part 4와 독해 Part 7에서도 힌트나 정답의 위치는 주로 접속사 뒤가 된다.

① Children need to learn how to treat people, deal with things, and (respecting / respect) the aged.

〈아이들은 사람을 대하는 방법, 사물을 다루는 방법, 노인들을 존중하는 방법을 배워야 한다.〉

② The managers expect accuracy, efficiency, and (dedicate / dedication) from them.

〈매니저들은 그들한테 정확함, 유능함, 헌신정신을 기대한다.〉

③ Most fellowships are usually given by governments, foundations, and (corporates / corporations).

〈대부분의 동료 의식은 보통은 정부, 기금, 법인에 의해서 주어진다.〉

정답 ▶ 1. respect 2. dedication 3. corporations

② A and / or B

[병렬 문제의 정답 분포 순서이다 : B -〉 A 순 이다.] A, B 둘 중 하나가 정답으로 출제된다.

① The staff asked him to go and (finding / find) my reports.

〈직원들은 그에게 가서 내 보고서를 찾으라고 요구했다.〉

② Styles and fads in music may come and (gone / go).

〈음악 양식과 그 유행은 잠시 왔다 사라 질수 있다.〉

③ Banks are differentiated from other institutions by their functions of accepting deposits and (make / making) loans.

〈은행은 예금을 받고 대출도 해주는 즉, 여신과 수신기능으로 다른 금융기관과는 구별된다.〉

(2) 상관 접속사 : 아래의 A와 B는 단어와 구로서 그 형태와 문법 구조는 모두 동일해야 한다. 즉, A와 B는 각각 동명사면 동명사, to + 부정사면 to + 부정사, 과거완료면 과거완료, 현재분사면 현재분사, 명사면 명사, 명사구나 절이면 명사구나 절로서 모두 그 모습이 동일해야 한다.

> Both A and B(양자 긍정) : "A, B 둘 다" 매월 가장 많은 정답으로 출제된다.

① neither A nor B(양자 부정) : "A, B 둘 다 ~아니다" 격월 정도로 출제된다.
② either A or B(양자택일) : "A, B 둘 중 하나" 격월 정도로 출제된다.
③ not (only) A but (also) B : "A뿐 아니라 B도 역시" 연간 4~5회 이상 출제된다.
④ A as well as B : "B뿐 아니라 A도 역시" 연간 2~3회 이상 출제된다.
⑤ A together/along with(accompanied by) B : "B와 더불어 (A)" 연간 2~3회 이상

① Both Mike (or / and) Jim have red hair.〈마이크와 짐 둘 다 머리가 붉은 색이다.〉

② (Either / Neither) his gloves nor my hat goes with that suit.
〈그의 장갑과 모자가 양복과는 어울리지 않는다.〉

③ (Not only / Both) he and I are to blame.〈그와 나의 잘못이다.〉

(3) 비교 구문 : as ~ as / 비교급(-er) than / the + 비교급 , the + 비교급

① I don't like Bill. She doesn't like Bill, (neither / either).
〈난 빌을 싫어한다. 그녀도 역시 빌을 싫어한다.〉

② The office manager insists that his staff use all of its vacation time, but he hardly (never / ever) takes a vacation himself.
〈사무실 매니저는 직원들이 모든 휴가를 갖으라고 주장하지만 그는 거의 휴가를 가져본 적이 없다.〉

③ It seemed as if I (hadn't / had) scarcely done anything worth while, for I failed three courses.
〈마치 가치 있는 어떤 일도 거의 못 한듯 보였던 것은 내가 3과정이나 실패했기 때문이었다.〉

1. Only by his hand work _____ able to complete this job.

(A) he is   (B) she is
(C) is he   (D) we are

2. Never _____ been unemployed as today compared with past.

(A) so many people have   (B) have so many people
(C) has so many people   (D) so many people has

3. Under no circumstances _____ unlocked.

(A) must the window be left   (B) the window must be left
(C) must be left the window   (D) the window be left

기출 유형 전략 비법

1. 주어와 동사 찾기   [정답] C

전략 비법 | 『첫 단어가 부정 단어 일 때, 의문문 어순이 정답이 된다.』
100여 가지 TOEIC 문법 문제 전체 통 털어, 첫 성분이자 첫 단어가 부정 단어일 때 의문문 어순이 정답이 되며(Part 5). 마찬가지로 Part 6 에서도 첫 단어가 부정 부사(구)일 때 답은 동사에 밑줄 쫙! 쳐진다. 이는 부정 부사(구)가 문장 속에서 문두로 강조 도치되어 나올 때 각각의 조동사를 끌고 나오게 되어있기 때문이며 조동사를 끌어낸다. 문제 중에 준 부정 부사 only가 첫 단어로 등장 정답은 "is he able to"가 되어야 한다.
해석 | 그는 단지 수작업만으로도 그 일을 끝낼 수 있다.
어구 | hand work 수작업 **only** 단지, ~만 **complete** 끝내다, 마치다

2. 조동사 고치기   [정답] B

전략 비법 | 『첫 단어가 부정 부사(구)일 때, 조동사 + 주어 + 본동사 어순이 된다.』
일반적으로 부정 부사가 문장 속에서 문두로 강조를 목적으로 도치되어 나올 때 각각의 조동사를 끌고 나오게 되어 있다. 결국 "조동사 + 주어 + 본동사" 이므로 의문문 어순이 된다. 고로 첫 단어가 부정 부사 "never" 이므로 정답은 B 이며 동사 have를 주어 so many people 앞으로 끌어낸다.
해석 | 결코 그렇게 많은 사람들이 과거에 비해 요새처럼 직업을 잃은 적은 없었다.
어구 | so many people 그렇게 많은 이들 **unemployed** 직업을 잃은 **compared with past** 과거와 비교하면

3. 주어와 동사 찾기   [정답] A

전략 비법 | 『첫 단어가 부정 부사구일 때, 정답은 의문문 어순이 된다.(Part 5)』
100여 가지 TOEIC 문법 문제 전체를 통틀어, 첫 성분이자 첫 단어가 부정 부사구일 때 의문문 어순이 정답이다.(Part 5) 첫 성분이 부정 부사구 "Under no circumstances" 이므로 답은 A의 "must the window be left"가 되어야 한다.
해석 | 그 어떤 경우라 하더라도 창문을 열어 나서는 안 된다.
어구 | under no circumstances 어떤 경우라도 ~하지 않는다 **unlocked** 열린 상태의

PART II

PART 6.
장문 완성형
(=CLOZE)

Part 6 독해 지문 속 빈칸 채우기 ＊장문장 완성형(Cloze)

시대적인 요구에 따른 것으로 유학 시험 TOEFL이 CBT(Computer-Based Test)에서 iBT(Internet-Based Test)로 바뀐 배경처럼 문법이 없어지고 Speaking & Writing Proficiency를 측정하고자하는 것처럼 TOEIC 시험도 다국적인 영어의 현상을 있는 그대로 보다 더 실용적인 현장 영어의 모습을 담고자하는 노력에서 기인한 것이다. 이미 대중 매체를 통해서 알려진 바대로 이런 변화는 부분적인 변화일 뿐이 며 근본적인 변화로 보기는 역시 어렵다는 것이 본 저자의 견해이다.

TOEIC R/C 영역의 경우 Part 5는 문법과 어휘문제 40문항이 출제되며 새로운 유형의 Part 6는 현재 12 문항으로 출제된다. 이는 실용적인 편지, e-mail, 팩스, 광고 문등의 장문의 문맥 속에서 주로 의미와 어법에 맞는 어휘와 표현을 고르는 장문 공란 메우기가 새롭게 출제된다. 각각 3문항짜리 장문이 4개 가 등장하므로 모두 12문항이 출제되며 전체 문맥보다는 문장 속의 부분적인 문제 자체의 단순한 어 휘와 표현, 문법 등을 고려해서 올바른 정답을 쉽게 고를 수 있게 출제된다.

역시 관건은 어휘와 기초 문법! 그놈의 어휘와 문법에 있다고 볼 수 있다. 독해 지문 속에서의 어휘와 표현을 묻는 문제이므로 기존의 어휘력 보다는 좀 더 다양하고 폭 넓으며 적재적소에 가장 적합한 어 휘력을 갖춰야 된다는 것이 요구되고 있으며 이에 그 출제 유형의 문제를 소개한다.

1. Part 6의 구성과 전략 해법 5계명
Part 6(Cloze)는 글 중의 결어(缺語)를 보충하는, 독해력 테스트로서 형태나 그 모습은 Part 5이지만 그 내용에 있어서는 지문 독해 Part 7의 실용문을 그 주제로 하고 있으며 실질적으로는 독해 지문의 전조 이며 독해 지문을 위한 훈련에 지나지 않다.
Part 6의 문제 유형은 어휘 문제(50%), 품사(40~45%), 접속사, 전치사, 수동태, 시제, 동사 형태 등 문법 문제(10~5%)로 구성되므로 문법 문제는 대폭 줄어들은 반면, 독해력 증진을 위한 어휘 문제가 대거 출 제되는 만큼 어휘와 품사를 병행한 복합 적인 문제가 전반적으로 출제된다.
그러므로 문법이 줄고 어휘가 늘어난 만큼 오히려 모든 수험생들 입장에서는 해 볼만 한 좋은 기회가 아닌 가싶다. Part 6에서 가장 큰 변화는 독해를 위한 어휘를 대대적으로 출제한다는 새 경향이다.
초중급자는 물론이고 기존의 고득점자들 또한 그 어느 때 보다도 어휘력 보강에 전력을 쏟아야 할 것 이다.

NEW TOEIC 구성

구성	Old TOEIC			New TOEIC			시간	배점
		내용	문항수		내용	문항수		
Listening Comprehension	Part 1	사진묘사	20	Part 1	사진 묘사	10	45분	495점
	Part 2	질의응답	30	Part 2	질의 응답	30		
	Part 3	짧은대화	30	Part 3	짧은 대화	30		
	Part 4	설명문	20	Part 4	설명문	30		
Reading Comprehension	Part 5	문법/어휘	40	Part 5	단문 공란 메우기 (문법/어휘주절완성)	40	75분	495점
	Part 6	틀린문장 고치기	20	Part 6	장문 공란 메우기 (형태는 PART 5 내용은 PART 7)	12		
	Part 7	독해	40	Part 7	독해 단일 지문 복수 지문	28 20		
TOTAL	7 Parts		200문항	7 Parts		200문항	120분	990점

2. Part 6 속성 풀이 전략 해법 5계명

① 계명 1 : 문장 속의 정동사가 1개 있는지 확인해라!

② 계명 2 : 품사 문제의 경우, 밑줄 바로 앞뒤의 문장 성분과 품사만 확인해라!

③ 계명 3 : 난이도 있는 어휘 문제의 경우, 앞뒤 문장 속의 핵심 어휘만 비교해라!

④ 계명 4 : 쉬운 어휘 문제의 경우에는 밑줄 바로 앞뒤의 관련 어휘만 확인해라!

⑤ 계명 5 : 문법 문제의 경우에는 밑줄 앞뒤의 어법과 어순을 확인해라!

독해 지문 전체를 다 읽고 해결하는 문제는 절대 출제되지 않으며 만약 그럴 경우엔 그것은 독해 Part 7에서 출제되고 있는 만큼, 현행 TOEIC Part 5를 푼다는 전략으로 빈칸을 포함한 기본 문장만을 참고 하면 된다.

특히, 밑줄 바로 앞뒤의 성분과 품사를 집중적으로 확인할 때 거의 모든 문제는 해결 된다. 이 중 난이 도 높은 어휘문제의 경우는 빈칸을 포함한 문장의 바로 앞, 뒤 문장의 비교 관련된 품사만을 모두 비교 하면 된다.

즉 빈칸의 정답이 형용사일 경우, 앞뒤 문장속의 형용사를 모두 비교해라! 정답이 명사 일 경우는 앞뒤 문장 속의 모든 명사를 비교해라! 모든 것은 빈 칸 앞뒤의 성분과 품사가 90%이상 좌우하게 된다는 사 실을 명심 또 명심 하도록 하자!

Questions 141-143 refer to the following advertisement.

Clover Credit Card
You have options when it comes to credit cards. At Clover Bank there is a card for every need.

All Clover credit cards offer :
- A low, variable Annual Percentage Rate
- Worldwide ATM network access
- Same rate for purchases, cash advances, and balance transfers

A credit card is a great _____ when used responsibly. You' ll have peace of mind
141. (A) delay
    (B) product
    (C) replacement
    (D) tool

knowing that you have the means to cover books, supplies, and _____
142. (A) unqualified
    (B) uninformed
    (C) unexpected
    (D) unattached

emergencies while paying for these purchases over time. Students can apply for a Visa with
a $1,000.00 credit limit. If you' re trying _____
143. (A) accept
    (B) change
    (C) manage
    (D) supervise

credit wisely, a MasterCard secured by your savings account is a good choice. Clover' s
secured MasterCard has all the benefits you expect, and it is easier to qualify for. If you' re
under 18 years of age, you will need a qualified adult as co-signer or joint cardholder.

〈전문 해석 및 해설〉 141-143 다음 광고를 참조하시오.

클로버 신용 카드
신용카드에 관한 한 다양한 옵션들이 존재합니다. 저희 클로버 은행에서는 고객들의 어떤 요구에도 부합되는 카드를 제공해 드릴 수 있습니다.

모든 클로버 크레디트 카드는 아래의 서비스를 제공 드립니다.
- 낮은 그리고 다양한 연 이자율
- 세계 어디서든 현금인출기의 사용이 가능함
- 구매, 현금 서비스, 자금 이체 등에 동일한 수수료율 적용

신용 카드는 책임감 있게 사용될 경우 매우 유용한 도구입니다. 책을 사든, 일용품을 구매하든, 혹은 예기치 않게 돈을 써야 될 상황이 벌어졌을 경우, 여러분은 시간을 두고 결제하는 구매수단을 갖고 있다는 것을 알고 있기 때문에 안심하실 수 있습니다. 학생들은 1000불의 신용 한도로 비자카드를 신청하실 수 있습니다. 만약 신용 관리를 현명하게 하고자 하신다면, 저축 예금의 예치 금액 한도 내에서 지불이 가능한 마스터 카드를 선택하시는 것이 좋습니다. 클로버 마스터 카드는 여러분이 원하시는 모든 카드 혜택을 제공하고, 신청 또한 용이 합니다. 만약 여러분이 18세 이하의 미성년이라면 자격이 되는 성인을 보증인 혹은 가족 카드소지자로 내세워야 합니다.

141. 정답 (D)

l해설l 기존 Part 6에서는 거의 출제되지 않았던 어휘 문제이다. 같은 품사(여기서는 명사)이지만 다른 뜻을 가진 단어들 중에서 문맥상 자연스러운 단어를 고르는 문제이다. '책임감 있게 사용된다면 신용카드는 매우 훌륭한 도구이다' 라는 말이 되어야 하므로 정답은 tool이 된다. '방향' 이라는 의미의 direction은 문맥상 말이 되지 않고 product 또한 '물건' 이라는 뜻으로 tool과 혼동하기 쉬우나 신용카드는 product가 될 수 없으므로 오답이 된다. replacement의 경우 대체할 다른 대상이 있어야 하므로 이 문제에서는 쓰일 수 없다.

142. 정답 (C)

l해설l '비상사태' 라는 의미의 명사 'emergencies' 를 수식하며 자연스러운 의미를 만들어 낼 수 있는 단어는 '예상치 못했던' 이라는 의미의 'unexpected' 이다.

143. 정답 (C)

l해설l 이 문장에서는 '현명하게 신용 카드를 관리하고자 한다면' 의 의미가 되어야 하므로 '~을 관리하다' 라는 뜻의 manage가 적절한 답이 된다. supervise 는 사람을 '관리하다' 의 의미를 지니므로 신용카드를 관리할 때는 쓸 수 없는 표현이므로 오답이 된다.

Part 6

▶ Single Passage 1 (가족 의료 혜택) ◀

최근 정부 규정의 개정으로 드디어 가족 의료 혜택을 제공할 수 있게 된 것을 공지하는 내용이다. 모든 정규 직원은 일인당 50달러의 비용으로 가족을 등록 할 수 있게 된다.

Questions 1-3. refer to the following memo.

Date: 17 September 1994
To: All Branch managers
From: General Manager
RE: Health Benefits for family members

As all of you are _____ , Acme Imports has in the past had no provision in our health-care

1. (A) aware
   (B) awake
   (C) available
   (D) awful

package for spouses and children. This is something that President Johnson has always regretted, but which, _____ financial constraints, has never been possible.

2. (A) due
   (B) due to
   (C) because
   (D) because to

It is my _____ to announce that as of 1 February, owing to a change in government regulations,

3. (A) regret
   (B) contribution
   (C) process
   (D) pleasure

we will finally be able to provide this service. All full-time employees will be eligible to enroll
their family members at the rate of $50 per person. Employees themselves will continue to pay the $75 charge. Please see Ms. Crosswaite in personnel for details.

Regards,

John Smith

[전문해석]

날짜: 1994. 9. 17
수신: 전 지점장
발신: 부장
주제: 가족에 대한 의료 혜택

모두 아시는 바와 같이, 지금까지 애크미 임포츠에서는 배우자와 자녀들에 대해 의료 혜택을 제공하지 못했습니다. 존슨 대통령은 이 사실을 항상 안타까워했지만 재정적인 한계 때문에 실시할 수가 없었습니다. 하지만 정부 규정의 개정으로 2월 1일부터 드디어 이런 혜택을 제공할 수 있게 된 것을 알려드립니다. 모든 정규 직원은 일인당 50달러의 비용으로 가족을 등록 할 수 있게 됩니다. 직원은 계속 75달러씩 내시면 됩니다.
자세한 문의는 인사과 크로스 웨이트 씨에게 연락하세요.

존 스미스

|어휘| **aware** 알고 있는 **provision** 제공 **health-care package** 보건혜택 **spouse** 배우자 **constraint** 제약 as of ~일자로 **be eligible for**(acceptable, fit, qualified, suitable) 적격의, 적임의, 자격이 있는 **enroll** 등록하다 **at the rate of** ~의 가격으로

|어구해설|

1. (A) aware 알고 있는(cognizant, conscious, advised, apprised, enlightened, informed, notified)
(B) awake 깨어있는, 정신 차리고(to)(alert, attentive, aware, vigilant, watchful) (C) avail(advantage, benefit, purpose, service)+able 손에 넣을 수 있는, 입수[이용] 가능한 (D) awful(unpleasant, dreadful, horrible, terrible, appalling, fearful, frightful, ghastly) 두려운, 무시무시한

2. (A) due(outstanding, owing, unpaid, anticipated, expected, scheduled, appropriate, becoming, fitting, proper, suitable, deserved, just, merited, adequate, ample, enough, sufficient) 마땅한, 적당한, 당

연한, 합당한 (B) due to - 때문에(=because of, thanks to) (C) because+문장이 나와야한다 (D) because to는 because of이 돼야한다.

3. (A) regret(contrition, grief, remorse, sorrow) 유감, 후회(for, about) (B) contribution(benefaction, bestowal, donation, endowment, subsidy, alms, charity offering) 기여, 공헌(to, toward) (C) process(manner, means, procedure, rule, mechanism, operation) 과정, 공정, 순서 (D) it is my pleasure to .. - 하는 것은 기쁜 일입니다.

[문제분석 및 출제의도]

1. As all of you are aware, Acme Imports has in the past had no provision in our health-care package. 여러분 모두 아시는 바와 같이, 지금까지 Acme Imports사는 의료 혜택을 전혀 제공하지 못했습니다.

※ 핵심 전략 ➡ 어휘문제로서 바로 앞뒤의 힌트와 관련 문장을 이끄는 접속사 등을 확인한다.
접속사를 통해서 두 문장의 논리 관계(인과관계, 역접관계, 순접관계, 대등 관계, 양보 관계, 시간 관계)를 파악하게 되며 앞 뒤 문장 속에서 어떤 의미의 어휘나 표현이 의미적 또는 구조적으로 나올 것인지를 고르게 된다.

[be+___]의 구조로서 형용사를 정답으로 의도한 문제이다. 접속사 as는 주절과 인과 관계를 나타내므로 결정적인 힌트가 되고 있다. (A) aware는 주어를 사람으로 하므로 정답이 된다. (B) awake 전치사 to를 지녀야 하며 항상 깨어 있다는 의미로 어색함. (C) available이 사람과 함께 사용될 경우의 의미는 "일에 전심할 수 있는, 여가가 있는, 면회[일할 틈이 있는"이므로 어색함. (D) awful "두려운, 무시무시한" 의미로 역시 어색하다.

2. This is something that President Johnson has always regretted, but which, due to financial constraints, has never been possible. 존슨 대통령은 이 사실을 항상 안타까워했지만 재정적인 한계 때문에 실시할 수 가 없었습니다.

※ 핵심 전략 ➡ 품사 중 전치사 문제로서 앞뒤의 관련 문장을 이끄는 접속사 등을 반드시 확인한다.

[___+형용사+명사]의 구조로서 전치사를 정답으로 의도한 문제이다. (A) due 마땅한, 적당한, 당연한, 합당한의 의미의 형용사로 부적합하다. (B) due to -때문에(=because of, thanks to)의 의미로 접속사 but, never possible과 인과 관계를 이루므로 정답이 된다. (C) 접속사 because뒤에는 [주어+동사+성분]의 완전한 문장이 나와야하므로 탈락된다. (D) because to는 because of가 돼야 정답이 될 수 있다.

3. It is my pleasure to announce that as of 1 February, owing to a change in government regulations, we will finally be able to provide this service. 정부 규정의 개정으로 2월 1일부터 드디어 이런 혜택을 제공할 수 있게 된 것을 알려드려 기쁘다.

※ **핵심 전략** ◐ 어휘 문제로서 바로 앞뒤의 힌트와 관련 접속사(전치사) 등을 반드시 확인한다.

[소유격+___+to+부정사]의 구조로서 명사를 정답으로 의도한 문제이다. 바로 뒤의 to+동사 원형을 지니는 명사를 정답으로 고른다. 고로 pleasure to+동사 원형이 답이다. (A) regret은 전치사 for(about)를 갖는다. (B) contribution은 전치사 to+(동)명사를 갖는다. (C) process는 전치사 of를 갖는다. (D) it is my pleasure to -하는 것은 기쁜 일입니다.

정답 ▶ 1. (A) 2. (B) 3. (D)

Part 6

▶ Single Passage 2 (사무실 직원의 근무 이탈) ◀
직원이 사무실에 없는 걸 보고 화를 내는 매니저 에게 급한 일이 생겨서 병원에 갔다고 얘기하는 내용이다.
내일 6시까지 혼자 사무실을 지키면서 전화를 받으라는 메시지를 전달한다.

Questions 4-6. refer to the following message.

Mary,

Mr. Hall stopped in just a few minutes after you left. He was quite angry that you weren't here, but I explained that you'd had a family emergency and had to go to the hospital.
He asked me _____ you that you'll be the only one in the office tomorrow, and that you should

4. (A) to suggest
   (B) to explain
   (C) to tell
   (D) to introduce

stay until at least six to make _____ that we get all our calls, I know I'm _____ to stay late

---

5. (A) assure
   (B) assured
   (C) assuring
   (D) sure

6. (A) required
   (B) encouraged
   (C) exceeded
   (D) supposed

on Saturdays, but my son is appearing in a school play and Mr. Hall sail I could have the day off. I'll see you on Monday.

-Kimberly

[전문해석]

메리에게

네가 나간 직후에 Hall 씨가 들렀어. 네가 없는 걸 보고 화를 내 길래 집안에 급한 일이 생겨서 병원에 갔다고 얘기했어. 내일 6시까지 혼자 사무실을 지키면서 전화를 받으라고 전해달래. 토요일에는 내가 늦게까지 일해야 하지만 아들이 학교 연극에 출연하거든. 그래서 Hall 씨가 하루 쉬어도 된다고 했어. 월요일에 보자.

킴벌리

[어휘] **stop in** 잠깐 들르다 **make sure that**(절) 반드시 ~하다 **be supposed to**+동사원형 ~하기로 되어 있다 **off** (일을)쉬는 **emergency**(accident, contingency, crisis, exigency, strait, urgency) 위급한 일, 사태

[어구해설]
4. allow+A+to-부정사 : 허락하다, 허가하다(=permit, authorize, grant, let, permit, yield, allot, bestow, give, admit) (A) "suggest+(to+사람)+that절" 제안하다, 권하다.(hint, imply, insinuate, intimate, advise, counsel, exhort, propose, recommend, submit) (B) "explain+(to+사람)+that절" 설명하다(demonstrate, illustrate, interpret, resolve, decipher, illuminate, reveal) (C) "tell+사람+that절" 들려주다, 고하다, 알리다 (D) "introduce+A+(in)to+B 소개하다(to), 수입하다 (into). A를 B에게 (수입)소개하다

5. (A) assure(guarantee, pledge, promise, vow, confirm, insure, secure, comfort, console, reassure) 보증하다 (B) assured(confident, poised, secure, self-possessed, certain, definite, guaranteed) 확실한, 보증된 (C) assuring 확신을[용기를, 자신을] 주는 (D) make sure(certain) that 확인하다, 확실히 하다

6. (A) require+A+to-부정사 요구하다, 필요로 하다(need, want, command, compel, constrain, demand, dictate, order) (B) encourage+A+to-부정사 격려하다, 고무하다(animate, cheer, hearten, inspire,

stimulate, influence, persuade, sway) (C) exceed+목적어 넘다, 초과하다(better, excel, outshine, outstrip, predominate, surpass, overshoot, overstep) (D) be supposed to .. -하기로 기대되다, -하기로 되어 있다

[문제분석 및 출제의도]

4. He asked me to tell you that you'll be the only one in the office tomorrow.
혼자 사무실을 지키면서 전화를 받으라고 전해달래.

※ **핵심 전략** ◐ 어휘 문제로서 바로 앞뒤의 구조적인 힌트와 관련 동사들의 의미를 반드시 확인한다.

[___+사람+that절]의 구조로서 목적어(사람)를 갖는 타동사를 정답으로 의도한 문제이다. allow+A+to+동사 원형을 갖는 동사로서 (A) "suggest+(to+사람)+that절"와 (B) "explain+(to+사람)+that절"의 구조로 사람 목적어 앞에는 전치사 to가 있어야 한다. (C) "tell+사람+that절"에서 타동사 tell은 전치사 없이 사람 목적어를 바로 갖는다. (D) "introduce+A+(in)to+B"의 경우 타동사 introduce도 바로 목적어를 갖는다.

5. and (He asked me to tell you) that you should stay until at least six to make sure that we get all our calls. 내일 6시까지 있으면서 전화를 받으라고 전해달래.

※ **핵심 전략** ◐ 품사와 어휘 문제를 복합적으로 묻는 유형으로서 바로 앞뒤의 구조적인 힌트와 관련 동사들의 구조를 반드시 확인한다.

[불완전 타동사(make)+___+접속사]의 구조로서 보어인 형용사를 정답으로 의도한 문제이다. (A) assure+목적어+that절의 구조이므로 탈락된다. (B) be assured that절 확신하다 (C) assuring+명사를 지녀야 한다. (D) make sure(certain) that 확인하다, 확실히 하다로서 정답이 된다.

6. I know I'm supposed to stay late on Saturdays, but my son is appearing in a school play.
토요일에는 내가 늦게까지 일해야 하지만 아들이 학교 연극에 출연할 것이다.

※ **핵심 전략** ◐ 어휘 문제로서 바로 앞뒤의 구조적인 힌트와 관련 동사들의 의미를 반드시 확인한다.

[be+___+to+동사원형]의 구조로서 과거 분사(p.p.)를 정답으로 의도한 문제이다. 바로 뒤에 시간 표현이 있으므로 마찬가지로 시간의 의미와 구조를 갖는 것을 정답으로 고른다. (A) be required to동사 원형 해야 한다는 의무를 나타내므로 오답. (B) be encouraged to+동사원형 격려 받다, 고무 되다 의미

로 탈락. (C) be exceeded뒤엔 by가 나와야 한다. (D) be supposed to+동사원형으로서 -할 예정이다. -하기로 되어 있다 로
서 시간의 의미를 지니는 정답이다.

정답 ▶ 4. (C) 5. (D) 6. (D)

Part 6

▶ Single Passage 3 (승진발령) ◀

인사부에서 승진 발령으로 인해서 현재 전무이사가, 부사장 직이 공석이 되는 대로 동 직위의 업무를
수행하게 될 것임을 공지하는 내용이다.

Questions 7-9. are based on the following memo.

To: All Staff
From: Personnel Department
Date: 20 June

This is to _____ you that John Daley, our current Managing Director, will be assuming
the Vice
7. (A) perform
    (B) enforce
    (C) form
    (D) inform

Presidency as soon as that position is _____ . VP Smith will be retiring at the end of the
day
8. (A) vacate
    (B) vacancy
    (C) vacated
    (D) vacation

 on the first of next month. Mr. Daley will, accordingly, move up one floor on the
following day, and will work closely with President Colson and Chairman Hughes. We are
hoping that this move will allow him to get away from the day to day running of affairs, at
which he has _____ , and

9. (A) expected
   (B) excelled
   (C) expanded
   (D) extended

to focus more on development and long-term strategies, We will have a combined farewell/ congratulations party on 30 June in Mr. Colson' s office on the seventh floor.

[전문해석]

수신: 모든 직원들에게
발신: 인사과에서
날짜: 6월 20일

현재 전무이사이신 존 델리 씨가 부사장 직이 공석이 되는 대로 동 직위의 업무를 수행하게 될 것임을 알려 드립니다. 현재 부사장이신 스미스 씨는 다음달 1일 부로 퇴직하실 것입니다. 이에 따라 델리 씨가 그 다음날로 한 단계 승진하여, 콜슨 사장님 및 휴스 회장님과 긴밀한 협조 하에 업무를 처리하게 될 것입니다. 이번 승진 발령으로 인해 델리 이사님이 탁월한 수완을 발휘하셨던 일상 업무 관리에서 벗어나 장기적인 발전 전략 수립에 전념하실 수 있기를 기대해 봅니다. 6월 30일에 콜슨 사장님의 7층 사무실에서 송별 및 취임 축하 파티를 함께 열 예정입니다.

[어휘] **managing director** 전무이사 **vice presidency** 부사장직 **vacate** 비우다, 공석이 되다 **combined** 합쳐진 **farewell** 송별 **focus on** 집중하다, 강조하다(center, converge, aim, concentrate)

[어구해설]

7. (A) perform(accomplish, achieve, effect, execute, finish, fulfill, realize) 실행하다 (B) enforce (administer, execute, implement) 시행하다 (C) form 구성하다 (D) inform(advise, apprise, familiarize, notify, instruct, teach, tell) 알리다, 통지하다

8. (A) vacate(abandon, desert, evacuate, leave, withdraw) 비우다 (B) vacancy 공석, 결원, 공백 (C) vacated 공석인, 빈 (D) vacation (furlough, holiday, leave, respite, sabbatical)휴가, 사직

9. (A) expect (anticipate, await, envision, foresee)기대하다 (B) excel (at) (surpass, dominate, eclipse, prevail, transcend)출중하다, 뛰어나다 (C) expand (augment, dilate, enlarge, increase, swell, develop,)

확장[확대]하다 (D) extend (elongate, enlarge, lengthen, prolong, stretch, advance, offer, augment, broaden)연기하다

[문제분석 및 출제의도]

7. This is to inform you that John Daley, our current Managing Director, will be assuming the Vice Presidency. 현재 전무이사이신 존 델리 씨가 부사장 직을 수행하게 될 것임을 알려 드립니다.

※ **핵심 전략** ➡ 어휘 문제로서 바로 앞뒤의 구조적인 힌트와 관련 동사들의 의미를 반드시 확인한다.

[___+사람+that절]의 구조로서 타동사를 정답으로 의도한 문제이다. (A) perform은 업무나 연기를 목적어로 갖는다. (B) enforce 법, 규율들을 목적어로 갖는다. (C) form는 무생물, 추상 명사(능력, 교제, 사상, 의견)를 목적어로 갖는다. (D) inform(=notify)+사람+that절의 구조를 가지므로 정답이다.

8. as soon as that position is vacated. 부사장 직이 공석이 되는 대로

※ **핵심 전략** ➡ 품사와 어휘 문제를 복합적으로 묻는 유형으로서 바로 앞뒤의 구조적인 힌트와 관련 어휘들의 의미를 반드시 확인한다.

[be+___]의 구조이므로 형용사를 정답으로 의도한 문제이다. be 동사 바로 뒤에는 과거 분사(p.p.)이거나 현재 분사(-ing)형을 정답으로 출제한다. (A) vacate는 동사이므로 오답. (B) vacancy 공석, 결원의 의미인 명사 자체이므로 역시 오답. (C) vacated 빈자리의, 공석의 의미로 정답이다. (D) vacation 휴가, 사직의 의미로 오답.

9. We are hoping that this move will allow him to get away from the day to day running of affairs, at which he has excelled. 이번 승진 발령으로 인해 탁월한 수완을 발휘하셨던 일상 업무 관리에서 벗어날 수 있기를 기대해 봅니다.

※ **핵심 전략** ➡ 어휘 문제로서 바로 앞뒤의 문법적인 힌트와 관련 어휘들의 의미를 반드시 확인한다.

[has+___+at which]의 구조로서 전치사 at을 갖는 동사를 정답으로 의도한 어휘 문제이다. 고로 at을 갖는 동사 excel at이 정답이다. (A) expect는 to+부정사나 that절을 갖는다. (B) excel at(뛰어나다)이 정답이다. (C) expand 규모나 크기, 인원 등을 확장[확대]하다이므로 오답. (D) extend 시간, 기한들을 연기하다이므로 역시 오답이다.

정답 ▶ 7. (D) 8. (C) 9. (B)

Part 6

▶ Single Passage 4 (중식 제공 제의에 대한 수락) ◀

중식 뷔페의 제공에 대한 제의를 수락함을 알리는 내용우로서 기업체들의 연회용 요리를 제공해 온 제 경험이 행사에서 진가를 발휘할 것이라는 긍정적인 반응의 내용이다.

Questions 10-12. refer to the following fax.

Nathan's Catering Service

To: Adam Shapiro, Program Coordinator   July 28, 1995
From: Nathaniel Winters
Re: Acceptance of assignment

I wanted to inform you that I have _____ your offer to cater a buffet lunch on August 26.

         10. (A) accepted
              (B) digested
              (C) discarded
              (D) purchased

I am _____ my past experiences in catering to businesses will reflect well at your function.

       11. (A) confide
            (B) confidence
            (C) confident
            (D) confidently

Eighty people should be no problem. As stated earlier, my fee is $1000. We need to meet as soon as possible to plan a menu, seating _____, location and payment plan.

         12. (A) process
              (B) arrangements
              (C) exchange
              (D) adjustment

You can contact me by phone at 783-9382 or by fax at 783-9890, or you can page me at 782-3876.

Sincerely,
Nathaniel Winters

나단의 연회용 요리 제공 서비스

수신: 프로그램 진행자 아담 샤피로 1995년 7월 28일
발신: 나다니엘 윈터스

용건: 제의 수락

8월 26일 중식 뷔페의 제공에 대한 귀하의 제의를 수락함을 알려드리고자 합니다. 그간 기업체들에 연회용 요리를 제공해 온 제 경험이 귀하의 행사에서 진가를 발휘할 것이라고 확신합니다. 80명은 전혀 문제가 되지 않습니다.

앞서 언급했던 바와 같이, 제가 받을 요금은 1,000달러입니다. 메뉴, 좌석 배치, 장소, 대금 지불 등의 계획 관계로 가능한 한 빨리 만났으면 합니다.

전화 783-9382 또는 팩스 783-9890으로 연락하시거나 무선 호출기 782-3876으로 연락 주십시오.

나다니엘 윈터스

[어휘] **catering** 연회용 **function** 행사 의식 **state** 언급하다 **cater** (furnish, provide, purvey, supply, cater to, coddle)음식물을 조달[장만]하다(for)

[어구해설]
10. (A) accept 수락하다(receive, welcome, admit, adopt, allow, assume, accede to, acquiesce to, agree to, concede to) (B) digest (absorb, assimilate, comprehend, fathom, grasp, realize, understand) 소화하다, 요약하다 (C) discard (abandon, dispose of, eliminate, jettison, scrap, throw away, dismiss, reject, repudiate) 버리다 (D) purchase (buy, obtain, procure, secure)구입하다

11. (A) confide (believe, depend on, trust) 신용하다, 신뢰하다(in) (B) confidence (belief, faith, reliance, trust, assurance, self-possession, certainty, conviction, surety)신용, 신뢰 (C) confident (assured, poised, sanguine, secure, certain, positive, sure)확신하는(of, that) (D) confidently 대담하게, 자신만만하게

12. (A) process 과정, 순서 (B) arrangements (array, grouping, order, categorization, classification, organization)배열, 배치 (C) exchange 교환, 환전 (D) adjustment (alignment, correction, justification, modification, acclimation, adaptation)조정, 정리

10. I wanted to inform you that I have accepted your offer. 귀하의 제의를 수락함을 알려드립니다.

※ **핵심 전략** ◐ 어휘 문제로서 바로 앞뒤의 문법적인 힌트와 관련 어휘들의 의미를 확인한다.

[have+____+목적어(your offer)]의 구조로 offer를 목적어로 갖는 과거 분사(p.p.)를 정답으로 의도한 어휘문제이다. (A) accept 수락하다는 제안, 제의를 목적어로 가지므로 정답이다. (B) digest 소화하다, 요약하다는 음식을 목적어로 한다. (C) discard 버리다 는 사물과 무생물을 목적어로 한다. (D) purchase 구입하다는 사물을 목적어로 가지므로 오답이다.

11. I am confident my past experiences in catering to businesses will reflect well at your function. 그간 기업체들에 연회용 요리를 제공해 온 제 경험이 귀하의 행사에서 진가를 발휘할 것이라고 확신합니다.

※ **핵심 전략** ◐ 품사 문제로서 앞뒤의 문법과 어형을 확인하고 관련 어휘도 반드시 확인한다.

[be+___+(that절)]의 구조로서 that절을 갖는 형용사를 정답으로 의도한 품사 문제이다. (A) confide 신용하다, 신뢰하다(in) (B) confidence 신용, 신뢰 (C) confident 확신하는(of, that) (D) confidently 대담하게, 자신만만하게. 고로 정답은 형용사 confident이다.

12. We need to meet as soon as possible to plan a menu, seating arrangements, location and payment plan. 메뉴, 좌석 배치, 장소, 대금 지불 등의 계획 관계로 가능한 한 빨리 만났으면 합니다.

※ **핵심 전략** ◐ 어휘 문제로서 바로 앞뒤의 문법적인 힌트와 관련 어휘들의 의미를 확인한다.

[명사(seating)+____]의 구조로 복합 명사구를 형성함으로 명사를 정답으로 의도한 어휘 문제이다. (A) process 과정, 순서 (B) arrangements 배열, 배치 (C) exchange 교환, 환전 (D) adjustment 조정, 정비는 기계류에 해당됨.

정답 ▶ 10. A 11. C 12. B

Part 6

고객의 불편 사항에 대한 팩스에 대해서 해당사의 소속 악단 리킹 파시트에 불편을 끼쳐 유감스럽게 생각한다는 고객 서비스부의 사과내용의 서신이다. 비상 대여 품들을 통해서 고객의 불평과 만족을 해결하려는 대안과 동시에 창고 관리자가 포장물품을 검사하여 고객의 의문 사항들을 확인, 포장 손상 등의 문제는 회사 시설물에서 발생한 것이기 때문에 추가 요금을 지불하지 않겠다는 내용이다.

Questions 13-15. refer to the following letter.

Music Instruments Unlimited
2897 Washington Avenue
Los Angeles, CA 90098
March 15, 1995
Mr. Thomas Compton
4545 West Hollywood Drive
Laguna Hills, CA 98392

Dear Mr. Compton:

We received your fax dated March 8. We regret the _____ that we caused your band,

13. (A) inconvenience
    (B) confidence
    (C) consideration
    (D) convenience

The Leaking Faucets. We hope the emergency rentals were _____ .

14. (A) subsequent
    (B) sufficient
    (C) subject
    (D) subjective

Our warehouse manager checked the packages and confirmed your suspicions:
improper packaging caused the _____ to the guitars. Since the packing occurred at our facility,

15. (A) detachment
    (B) demand
    (C) damage
    (D) delight

---

you will not be charged an additional fee. Our sales representative will personally deliver the seven JKZ electric guitars to your studio on March 23. She will also pick up the emergency rentals. Once again, we apologize for the inconvenience.

Sincerely,
Christopher Lambe
Director of Customer Service

[전문해석]

뮤직 인스트루먼트사
워싱턴가 2897번지
캘리포니아주 로스엔젤레스 90098

1995년 3월 15일

토마스 캄톤
서부 헐리우드가 4545번지
캘리포니아주 라구나 힐스 98392

캄톤 씨에게:
귀하의 3월8일자 팩스를 받았습니다. 귀사 소속 악단 리킹 파시트에 불편을 끼쳐 유감스럽게 생각합니다. 비상 대여 품들이 흡족했기를 바랍니다.

우리 회사 창고 관리자가 포장물품을 검사하여 귀하의 의문 사항들을 확인한 바, 포장이 적절히 되지 않아 기타가 손상되었습니다. 포장 문제는 우리 회사 시설물에서 발생한 것이기 때문에 귀하는 추가 요금을 지불하지 않으셔도 됩니다.

우리 회사 영업사원이 3월 23일에 직접 7대의 JKZ 전기 기타를 귀하의 스튜디오로 가지고 갈 것이며, 그때 직원이 빌려 드렸던 비상 대여 품들을 찾아올 것입니다.

불편을 끼쳐드린 점 다시 한 번 사과드립니다.

고객 서비스 담당자
크리스토퍼 램

[어휘] **emergency rental** 비상 대여품 **warehouse** 창고 **suspicion** 의혹 **improper** 적절치 못한 **personally** (privately, individually, particularly, specially, corporeally, physically) 개인으로서

[어구설명]

13. (A) inconvenience (annoyance, burden, disturbance, nuisance, trouble)불편, 폐 (B) confidence (belief, faith, reliance, trust, assurance, poise, self-possession, certainty, conviction) 확신, 신용-(in) (C) consideration (attention, meditation, reflection, regard, thought, courtesy, respect)참작, 헤아림(for) (D) convenience 편의, 개인적인 편리한 형편(handiness, utility, ease, freedom, leisure, conveniences, accommodations, amenities, comforts, facilities)

14. (A) subsequent (following, next, resulting, succeeding)차후의, 다음의 (B) sufficient (satisfactory, suitable, abundant, ample, enough, plenty) 충분한 (C) subject (contingent, dependent, open, prone, susceptible, vulnerable) 지배를 받는, 복종하는 (D) subjective 주관적인(arbitrary, individual, personal, biased, partial, partisan, prejudiced)

15. (A) detachment (preoccupation, disengagement, separation, severing)분리, 이탈(from) (B) demand (exigency, necessity, requirement requisition) 요구(for) (C) damage (destruction, harm, injury)(to) 손해 (D) delight 즐거움(in)(enjoyment, happiness, joy, pleasure, relish)

[문제분석 및 출제의도]

13. We regret the inconvenience that we caused your band.
귀사 소속 악단에 불편을 끼쳐 유감스럽게 생각합니다.

※ **핵심 전략 ◐** 어휘 문제로서 바로 앞뒤의 문법적인 힌트와 관련 어휘들의 의미를 확인한다.

[관사+___+that절]의 구조로 동격의 that절을 갖는 명사를 정답으로 의도한 어휘문제이다.
(A) inconvenience 불편, 폐 (B) confidence 확신, 신용-(in) (C) consideration 참작, 헤아림(for) (D) convenience 편의, 개인적인 편리한 형편

14. We hope the emergency rentals were sufficient. 비상 대여 품들이 흡족했기를 바랍니다.

※ **핵심 전략 ◐** 어휘 문제로서 바로 앞뒤의 문법적인 힌트와 관련 어휘들의 의미를 확인한다.

[be+___]의 구조로 보어인 형용사를 정답으로 의도한 어휘 문제이다. (A) subsequent (to)차후의, 다음의 의 경우는 시간과 순서를 나타낸다. (B) sufficient 충분한은 수량을 나타내므로 정답이 된다. (C) subject 지배를 받는, 복종하는(to) (D) subjective 주관적인은 추상명사와 함께 어울린다.

15. improper packaging caused the damage to the guitars. 포장이 적절히 되지 않아 기타가 손상되었다.

※ **핵심 전략 ◎** 어휘 문제로서 바로 앞뒤의 문법적인 힌트와 관련 어휘들의 의미를 확인한다.

[관사+___+to]의 구조로 to를 갖는 명사를 정답으로 의도한 어휘 문제이다. 고로 damage가 정답이다.
(A) detachment 분리, 이탈(from) (B) demand 요구(for) (C) damage (to) 손해 (D) delight 즐거움(in)

정답 ▶ 13. A 14. B 15. C

Part 6

▶ Single Passage 6 (은행의 미불 잔액에 대한 이자부과) ◀

은행 계좌 지불 기한을 넘긴 상태이므로 이러한 미불 잔액에 대해 이자를 부과한다는 내용의 서신이다. 징수 절차 변경과 이율은 1.5%가 되며 매월 잔액에 대한 금융 부과 조치를 피하려면 잔액을 지불해야한다는 내용이다.

Questions 16-18. refer to the following letter.

Random Collections, Inc.
P.O. Box 340
Westphalia, VA 23875

23 January

Christopher Wilkins
8790 Arbour Street
Camden, VA 23876

Dear Mr. Wilknis:

We received your _____ of $100 on 2 December. Since your account has been _____

16. (A) placement
    (B) replacement
    (C) displacement
    (D) payment

17. (A) during
    (B) endue
    (C) overdue
    (D) undue

for 120days, we will have to charge interest on the outstanding balance.

This change in our collection procedures went into _____ on 1 January. Our monthly interest

charge

18. (A) effect
    (B) affect
    (C) efficiency
    (D) performance

is 1.5%. To avoid having a finance charge on your monthly balance, please pay your balance of $550 by 15 February.

Sincerely,
Random Collections, Inc.

[전문해석]

렌덤 콜렉션 주식회사
사서함 340
버지니아주 웨스트 팔리아시 23875

1월 23일

크리스토퍼 윌킨스
아버가 8790번지
버지니아주 캠덴시 23876

윌킨스 씨에게:

12월 2일에 지불금 100달러를 받았습니다. 귀하의 은행 계좌 지불 기한이 120일을 넘긴 상태이므로, 당사에서는 미불 잔액에 대해 이자를 부과하게 됩니다.

징수 절차상의 이러한 변경은 1월 1일을 기해서 발효됩니다. 매월 이율은 1.5%입니다. 매월 잔액에 대한 금융상의 부과 조치를 피하시려면, 2월 15일 까지 해당 잔액 550달러를 지불해 주시기 바랍니다.

랜덤 컬렉션 주식회사

[어휘] **overdue** 지불 기한을 넘긴 **outstanding** 밀린, 미납의 **outstanding balance** 미지불 잔액 **collection procedure** 징수 절차 **go into effect** 발효되다 **interest** 이율(on), 흥미(in)

[어구해설]
16. (A) placement 배치, 직업 소개, 채용, 일자리(position, locality, vicinity, rank, standing) (B) replace(displace, succeed, supplant, reinstate, restore return)+ment 대치, 복직, 대신, 후임자 (C) displace(dislodge, move, uproot, replace, supersede, supplant)+ment 환치, 전위, 치환 (D) payment (compensation, premium, recompense, reimbursement, disbursement, expenditure, expense) 지불액

17. (A) during -하는 동안 (B) endue 부여하다, 주다(with), 옷을 입다 (C) overdue (delinquent, outstanding, past due, unsettled, behind, delayed, late, tardy)기한 지난 (D) undue (excessive, extreme, inordinate, improper, unjustified, unreasonable, unsuitable)부당한

18. (A) effect (aftermath, conclusion, consequence, outcome, result, force, impact, impression)효과, 효능 come(go) into effect(=take effect, be put into effect) 실시되다, 발효하다 (B) affect (alter, change, influence, modify, impress, inspire, move, touch)영향을 주다 (C) efficiency 능력, 능률 (D) performance (accomplishment, achievement, completion, discharge, effectiveness, efficiency) 성적, 성과

[문제분석 및 출제의도]
16. We received your payment of $100 on 2 December. 12월 2일에 지불금 100달러를 받았습니다.

※ 핵심 전략 ◐ 어휘 문제로서 바로 앞뒤의 문법적인 힌트와 관련 어휘들의 의미를 확인한다.

[소유격+___+of+가격]의 구조로 동격의 전치사 of 갖는 명사를 정답으로 의도한 어휘문제이다. 동격으로 값을 나타내는 것은 payment 지불액뿐이다. (A) placement 배치, 직업 소개, 채용, 일자리 (B) replacement 대치, 복직, 대신, 후임자 (C) displacement 환치, 전위, 치환 (D) payment 지불액

17. Since your account has been overdue for 120days, we will have to charge interest on the outstanding balance. 귀하의 은행 계좌 지불 기한이 120일을 넘긴 상태이므로, 당사에서는 미불 잔액

에 대해 이자를 부과하게 됩니다.

※ **핵심 전략** ◯ 어휘 문제로서 바로 앞뒤의 문법적인 힌트와 관련 어휘들의 의미를 확인한다.

[has been+___]의 구조로 형용사를 정답으로 의도한 어휘문제이다. 접속사 since 인과 관계를 나타내므로 charge interest 이자를 지불하다와 어울리는 것은 overdue이다. (A) during -하는 동안 (B) endue 부여하다, 주다(with), 옷을 입다 (C) overdue 기한 지난 (D) undue 부당한

18. This change in our collection procedures went into effect on 1 January. 징수 절차상의 이러한 변경은 1월 1일을 기해서 발효됩니다.

※ **핵심 전략** ◯ 어휘 문제로서 바로 앞뒤의 문법적인 힌트와 관련 어휘들의 의미를 확인한다.

[동사+전치사(into)+___]의 구조로 명사를 정답으로 의도한 관용표현 문제이다. come(go) into effect (=take effect, be put into effect) 실시되다, 발효하다. 고로 effect이 정답이다. (A) effect 효과, 효능 (B) affect 영향을 주다 (C) efficiency 능력, 능률 (D) performance 성적, 성과

정답 ▶ 16. D   17. C   18. A

Part 6

다가오는 해당사와 미국 교통부 법정 분쟁에 있어, 해당 회사를 대변하도록 선임하여 준 것을 감사해 하는 서신이며, 권익을 보호 수임료 내역은 소송의 성격과 배정되는 변호인의 등급에 따라 달러지게 된다. 소송 기간과 연구 보조원의 보수 등과 같은 요인도 적용된다.

Questions 19-21. refer to the following letter.

Magnum, Pius and Opus
Attorneys at Law
New York City
15 June 1999

Ms. Andrea Delsarto
Tri-Star Import/Export
3890 Tintoretto Boulevard
Lotto, Italy

Dear Ms. Delsarto,

 Thank you for selecting our firm to represent you in the _____ litigation Tri-Star vs.

19. (A) upcoming
 (B) updated
 (C) upgraded
 (D) upset

the US Department of Transportation. We trust that our years of _____ in this field will come quickly to play in your favor.

20. (A) specialize
 (B) specialization
 (C) especial
 (D) specialty

As you must know, commercial cases, especially international ones, require a high degree of acumen, and an ordinary law firm is often _____ in the details of the case.

21. (A) engaged
 (B) interested
 (C) entitled
 (D) swamped

While I cannot personally attend to your case, I will be sending one of my most trusted deputies. He has worked directly with our firm's founder, John Truner, for seven years: his handling of this kind of case is flawless. I will be introducing you to Mr. Wm. Wilson when your arrive in New York.

Our fee structure varies by the case and the seniority level of the partner assigned to it.

Also, factors such as duration of trial and the fees of research assistants will come into play. With the importance that you surely attach to a favorable outcome, I am sure our fees will seem rather modest. Please do not hesitate to contact my personal secretary, Rebecca Rosmer, at the usual number, if you need any further information.

Best regards,
Nathaniel West
Nathaniel West

[전문해석]

매그넘, 피어스 앤드 오퍼스
뉴욕 변호사 사무소

1999년 6월 15일

안드레아 델사토 귀하
트리스타 수출입 회사
틴토레토가 3890번지
로토, 이탈리아

델사토 귀하

다가오는 트리스타 회사 대 미국 교통부 법정 분쟁에 있어, 귀사를 대변하도록 저희를 선임하여 주신 것을 감사드립니다. 저희는 이 분야에서 다년간 쌓아온 경력을 즉각 살리어 귀하의 권익을 보호할 수 있게 되기를 희망합니다. 물론 아시겠지만, 상거래 소송 특히 국제적인 소송에는 고도의 통찰력이 요구되며, 일반적인 변호사 사무실의 경우 소송의 세부적인 사항들에 발이 묶여버리는 경우가 잦습니다.

제가 직접 귀하의 소송을 담당치 못하기에, 제가 가장 신임하는 보좌역 중 한 사람을 보내도록 하겠습니다. 그는 7년 동안이나 저희 회사 설립자은 존 터너 씨와 직접 일하여 왔기 때문에 이 같은 성격의 소송을 다루는 솜씨는 나무랄 데 없습니다. 그의 이름은 윌리엄 윌슨이며, 귀하께서 뉴욕에 도착하시는 대로 소개시켜 드리도록 하겠습니다.

　저희 수임료 내역은 소송의 성격과 배정되는 변호인의 등급에 따라 달라집니다. 또한 소송 기간과 연구 보조원의 보수 등과 같은 요인도 적용되기 시작할 것입니다. 귀하께서는 소송에서 유리한 결과를 얻어내는 일을 틀림없이 매우 중요하게 여기실 것이므로, 저희들이 요구하는 수임료가 합당할 것이라고 믿습니다. 더 상세한 내용을 알고자 하신다면, 저의 비서 레베카 로스머 양에게 평소 전화 번호로 언제라도 연락주시기 바랍니다.

나타니엘 웨스트

[어휘] **upcoming** 다가오는 **litigation** 소송 **acumen** 통찰력 **swamp** 수렁에 빠지다 **deputy** 대리(보좌)역 **founder** 창립(설립)자 **flawless** 흠 없는, 완벽한 **seniority** 선임자 **modest** (요구 등이)절도 있는, 합당한 **varies** (alter, change, modify, transform) 다르다, 바뀌다, 변경하다, 수정하다

[어구해설]
19. (A) upcoming (approaching, forthcoming, imminent, impending) 다가오는 (B) update(modernize, emend, renew, revise, upgrade)+ed 최신의 (C) upgraded 향상된 (D) upset (disconcerted, disturbed, troubled) 전복된, 실패한

20. (A) special(uncommon, unique, unusual, distinctive, exceptional, extraordinary, distinct)+ize 전문으로 다루다[하다], 전공하다(in) (B) specialization 전문화 (C) especial 특별한 (D) specialty (career, metier, profession, discipline, focus, major, forte, talent, distinction, feature, trademark)전공, 특제품, 명물

21. (A) be engaged in 종사 한다(absorbed, busy, employed, engrossed, occupied) (B) be interest(absorb, concern, engage, engross)+ed in 흥미를 갖는 (C) be entitle(allow, authorize, enable, permit, qualify)+ed (to)권리가[자격이] 있다 (D) be swamp(besiege, deluge, engulf, flood, overwhelm)+ed in 궁지에 몰리다, 압도 되다, 발이 묶이다(in)

[문제분석 및 출제의도]
19. Thank you for selecting our firm to represent you in the upcoming litigation. 다가오는 법정 분쟁에 있어, 귀사를 대변하도록 저희를 선임하여 주신 것을 감사드립니다.

※ **핵심 전략** ◐ 어휘 문제로서 바로 앞뒤의 문법적인 힌트와 관련 어휘들의 의미를 확인한다.

[관사+____+명사]의 구조로 형용사를 정답으로 의도한 어휘 문제이다. to represent은 미래에 대변한다는 의미로 (A) upcoming 다가오는 이 정답이다. (B) updated 최신의 (C) upgraded 향상된 (D) upset

전복된, 실패한

20. We trust that our years of specialization in this field will come quickly to play in your favor.
저희는 이 분야에서 다년간 쌓아온 경력을 즉각 살리어 귀하의 권익을 보호할 수 있게 되기를 희망합니다.

※ **핵심 전략** ◑ 어휘 문제로서 바로 앞뒤의 문법적인 힌트와 관련 어휘들의 의미를 확인한다.

[전치사+___+in]의 구조로 전치사 in을 갖는 명사를 정답으로 의도한 어휘문제이다. 고로 정답은 specialization이 된다. (A) specialize 전문으로 다루다[하다], 전공하다(in) (B) specialization 전문화 (C) especial 특별한 (D) specialty (of) 전공, 특제품, 명물

21. an ordinary law firm is often swamped in the details of the case. 일반적인 변호사 사무실의 경우 소송의 세부적인 사항들에 발이 묶여버리는 경우가 잦습니다.

※ **핵심 전략** ◑ 어휘 문제로서 바로 앞뒤의 문법적인 힌트와 관련 어휘들의 의미를 확인한다.

[be+___+in]의 구조로 전치사 in을 갖는 과거 분사(p.p.)를 정답으로 의도한 어휘문제이다. often으로 보아서 정답은 be swamped in이 된다. (A) be engaged in 종사 한다 (B) be interested in 흥미를 갖는 (C) be entitled (to)권리가[자격이] 있다 (D) be swamped in 궁지에 몰리다, 압도 되다, 발이 묶이다(in)

정답 ▶ 19. A 20. B 21. D

Part 6

Single Passage 8 (결함 상품의 리콜)

서신을 통해서 결함 있는 노트북 컴퓨터를 보내며 리콜 통지에 응한다는 내용으로서 문제를 빨리 수리를 하여 다시 보내주기를 바라는 고객의 편지이다. 우편료와 수선료는 회사 부담으로 해야 하며 모든 문제도 전적으로 회사가 책임을 져야 한다는 고객의 입장을 나타내는 상황이다.

Questions 22-24. refer to the following letter.

22 Fairview Terrace
Grandville, NH

20 February 1995

Repair Division
Crabtree Computers
Denver, CO

To whom it may concern:

I have _____ my Crabtree 350 notebook computer with this letter. Although this is an

   22. (A) encouraged
       (B) enclosed
       (C) enabled
       (D) entitled

extremely inconvenient time for such a recall _____ , and my computer seems to be running

                             23. (A) note
                                (B) notion
                                (C) notableness
                                (D) notice

well enough, I of course do not want to run the risk of electrocution. Please fix whatever problems there are and _____ the unit to me as soon as possible. By the way-while you

                24. (A) return
                    (B) remake
                    (C) renovate
                    (D) renew

are at it, could you please have a look at the voltage converter? I was in London last month and I had a few problems. While there was no problem charging and using the battery, I couldn't get the CD-ROM drive to work while plugged in.

I'm not going to pay for postage and handling for this one, gentlemen. I would say that a problem such as this is entirely the fault of the company. However, I will not expect any compensation for time lost in all of this, and will enclose $250 and ask that if you are able to, please attach a modem hook-up to the computer for me. Thank you.

 Sincerely yours,
J.J.J. Schmidt
J.J.J. Schmidt

[전문해석]

발신: 페어뷰 테라스 22번지
　　　그랜드빌, 뉴햄프셔 주
　　　1995년 2월 20일

수신: 정비부서
　　　크랩트리 컴퓨터 회사
　　　덴버, 콜로라도 주

관계자 제위:
　이 편지와 함께 제 크랩트리 350노트북 컴퓨터를 함께 보내드립니다. 지금은 이러한 리콜 통지에 응하기에는 정말 적절치 못한 시기이며 컴퓨터의 작동 또한 그런대로 양호하지만, 감전이 될지도 모르는 위험을 무릅쓰고 싶지는 않습니다. 문제가 무엇이든 간에 하루 빨리 수리를 하여 제게 다시 보내주시기 바랍니다. 그리고 수선을 하시면서 전압 변환기를 점검해 주시겠습니까? 지난달 제가 런던에 있을 때 문제가 좀 있었습니다. 배터리를 충전하고 사용하는 데에는 이상이 없었지만, 플러그를 꽂아서 쓰는 동안 CD-ROM 드라이브가 작동이 되지 않았습니다.
　이에 대한 우편료와 수선료는 제가 부담하지 않겠습니다. 이러한 문제는 전적으로 회사가 책임을 져야 한다고 보기 때문입니다. 하지만, 이 모든 일과 관련하여 발생한 시간적 손실에 대한 보상은 받지 않겠으며, 250달러를 여기 동봉하니 가능하다면 컴퓨터에 모뎀 장치를 부착하여 주시기 바랍니다. 감사합니다.

J.J.J. 슈미트

[어휘] **To whom it may concern** (편지 서두에서)관계자 앞 **enclose** 동봉하다 **run a risk** 위험을 무릅 쓰다 **converter** 변류기 **compensation** 배상 **hook-up** 기기의 설치, 접속 **attach** (bind, connect, couple, join, add, affix, annex, append) 붙이다, 달다, 바르다(to)

22. (A) encourage (animate, cheer, hearten, inspire, stimulate, influence, persuade, sway, advocate, favor)격려하다, 고무하다 (B) enclose (contain, envelop, surround) 동봉하다 (C) enable (authorize, commission, empower, license, permit, capacitate) 가능[용이]하게 하다 (D) entitle (allow, authorize, enable, permit, qualify,) 권리를[자격을] 주다.

23. (A) note 메모, 주의 (B) notion (idea, opinion, thought, view) 생각, 의향 (C) notable(celebrated, distinguished, famous, renowned, reputable)+ness 저명함 (D) notice (announcement, information, knowledge, notification, caution,) 공고, 통고

24. (A) return (repay, yield, backtrack, reverse, revert, reciprocate, refund, repay, requite) 반환하다, 돌려주다(to) (B) remake 개조하다 (C) renovate (fix up, refurbish, remake, renew, repair restore) 수선하다 (D) renew (recondition, refurbish, rejuvenate, renovate, restore,) 재개하다, 반복하다

[문제분석 및 출제의도]

22. I have enclosed my Crabtree 350 notebook computer with this letter.
이 편지와 함께 제 크랩트리 350노트북 컴퓨터를 함께 보내드립니다.

※ **핵심 전략 ⊙** 어휘 문제로서 바로 앞뒤의 문법적인 힌트와 관련 어휘들의 의미를 꼭 확인한다.

[have+___+목적어]의 구조로서 have+p.p.의 완료 시제를 정답으로 의도한 어휘 문제이다. enclose+A+with+B 로서 전치사 with를 갖는 것은 enclose뿐이다. (A) encourage 격려하다, 고무하다 (B) enclose 동봉하다 (C) enable 가능[용이]하게 하다 (D) entitle 권리를[자격을] 주다.

23. this is an extremely inconvenient time for such a recall notice.
지금은 이러한 리콜 통지에 응하기에는 정말 적절치 못한 시기이다.

※ **핵심 전략 ⊙** 어휘 문제로서 바로 앞뒤의 문법적인 힌트와 관련 어휘들의 의미를 꼭 확인한다.

[관사+명사+___]의 구조로서 복합 명사어구를 형성하므로 명사를 정답으로 의도한 어휘 문제이다. 결함 상품의 회수 통지이므로 notice가 정답이다. (A) note 메모, 주의 (B) notion 생각, 의향 (C) notableness 저명함 (D) notice 공고, 통고

24. return the unit to me as soon as possible. 가능한 빨리 제게 다시 보내주시기 바랍니다.

※ **핵심 전략 ⊙** 어휘 문제로서 바로 앞뒤의 문법적인 힌트와 관련 어휘들의 의미를 꼭 확인한다.

[___+목적어+to+사람]의 구조로서 전치사 to를 갖는 타동사를 정답으로 의도한 어휘 문제이다. "타동사+목적어+to+사람"의 구조를 갖는 타동사는 return뿐이다. (A) return 반환하다, 돌려주다(to) (B) remake 개조하다 (C) renovate 수선하다 (D) renew 재개하다, 반복하다

정답 ▶ 22. B 23. D 24. A

Part 6

Single Passage 9 (비행기 티켓의 정산 처리)

몇 일 간의 출장여행으로 비행기 표의 정산 처리를 회사 신용카드 계좌로 지불 교체할 것이라는 내용의 메모로서 개인 신용카드로 계산한 티켓을 회계 부서에 출장으로 정정 처리해주길 부탁하는 내용이다.

Questions 25-27. refer to the following memo.

22 June

Steve,

I will be out of the office for a few days-probably not longer than a week but I can't be
_____

25. (A) sure
 (B) attentive
 (C) affordable
 (D) notable

 You know our clients when their computers are down, they have a million and one questions and it's no picnic trying to work with that kind of pressure. I'm sorry I couldn't talk to you before I took off, but they only gave me a few hours notice and you had left for the weekend.
 However, I'll need you to _____ payment for this plane ticket. I put it on my personal charge card

26. (A) persuade
 (B) divide
 (C) appeal
 (D) authorize

but if you could let accounting switch to the company credit card at that time. I left _____

27. (A) detailed
    (B) applied
    (C) stressed
    (D) qualified

    instructions on my desk for all current projects. I asked Cliff Sjogren to take them over for me but he was unable to. He suggested Rick Barney. I talked to Barney as well, and he's busy but he can keep an eye on things. There shouldn't be many problems as none of the projects is due before the thirtieth, and I'll be back way before then.

    Mike

[전문해석]

6월 22일

스티브에게,

    며칠간 사무실을 비울 예정입니다. 일주일은 넘기지 않겠지만 장담은 못하겠습니다. 컴퓨터가 다운되었을 경우 고객들이 수많은 질문 공세를 퍼붓는다는 것을 아시겠지만, 그런 압력을 받으면서 일한다는 것은 결코 쉬운 일이 아닙니다. 떠나기 전에 미리 말씀을 드리지 못해 죄송하지만 제게는 불과 몇 시간 밖에 여유가 없었고 당신은 주말 동안 여기 없었기 때문에 어쩔 수가 없었습니다.

    그런데, 이 비행기 표의 정산 처리를 좀 부탁합니다. 저는 표를 개인 신용카드로 계산했지만 회계부서에 이것이 정당한 출장이라는 것을 알려주시면 고맙겠습니다. 그때 가서 지불을 회사 신용카드 계좌로 교체할 생각입니다. 제 책상 위에 현재 진행 중인 프로젝트에 대한 자세한 지침을 놓아두었습니다. 클리프 조그렌에게 제 대신 그 일들을 좀 맡아달라고 부탁했지만 그는 그럴 수가 없었습니다. 그는 릭 바디를 추천했습니다. 바디에게도 마찬가지로 이야기를 했더니 그도 바쁘기는 하지만 신경을 써서 돌봐 준다고 했습니다. 30일 이전까지 시한이 잡혀 있는 프로젝트는 하나도 없으니 많은 문제는 없을 겁니다. 그전까지는 돌아오도록 하겠습니다.

    마이크

[어휘] **be out of** ~에서 떠나 있다 **a million and one** 대단히 많은 **it's no picnic** 쉬운 일이 아니다 **legitimate** 정당한, 합법적인 **keep an eye on** ~에 마을을 쓰다(주시하다) **eye** 주의, 주시(on), 자세

히 보다, 주시하다

[어구해설]

25. (A) be sure(assured, confident, convinced, certain, definite, positive) (of, that) 확신하고 있는, 확실한 (B) attentive (alert, earnest, intent, interested, observant, accommodating, considerate, courteous, kind, thoughtful) 주의 깊은, 세심한(to) (C) afford(buy, pay for, chance, manage)+able 입수 가능한, 값이 저렴한 (D) notable (celebrated, distinguished, famous, renowned, reputable) 저명한, 유명한

26. (A) persuade (allure, coax, entice, tempt, wheedle, convert, convince) 설득하다 (B) divide (break, cleave, detach, split, sunder, arrange, classify, separate, sort) 분할하다 (C) appeal (adjure, beseech, entreat, implore, attract, entice) 간청하다, 호소하다(to) (D) authorize (commission, empower, enable, entitle, license, allow) 권한을 주다, 위임하다(empower)

27. (A) detail(delineate, enumerate, itemize, specify, describe)+ed 상세한 (B) applied 적용된 (C) stress(emphasize, feature, repeat, underscore)+ed 강조된 (D) qualified (capable, competent, experienced, prepared, skillful, trained) 자격 있는

[문제분석 및 출제의도]

25. probably not longer than a week but I can' t be sure. 일주일은 넘기지 않겠지만 장담은 못하겠다.

※ **핵심 전략** ◯ 어휘 문제로서 바로 앞뒤의 문법적인 힌트와 관련 어휘들의 의미를 꼭 확인한다.

[be+___]의 구조로서 보어인 형용사를 정답으로 의도한 어휘 문제이다. probably, but not sure의 의미에서 접속사 but 때문에 정답은 sure가 된다. (A) sure (of, that) 확신하고 있는, 확실한 (B) attentive 주의 깊은, 세심한(to) (C) affordable 입수 가능한, 값이 저렴한 (D) notable 저명한, 유명한

26. I' ll need you to authorize payment for this plane ticket. 이 비행기 표의 정산 처리를 좀 부탁합니다.

※ **핵심 전략** ◯ 어휘 문제로서 바로 앞뒤의 문법적인 힌트와 관련 어휘들의 의미를 꼭 확인한다.

[to+___+목적어]의 구조로 목적어를 갖는 타동사를 정답으로 의도한 어휘 문제이다. 동사 need와 어울릴 수 있는 타동사는 authorize이다. (A) persuade 설득하다 (B) divide 분할하다 (C) appeal 간청하다, 호소하다(to) (D) authorize 권한을 주다, 위임하다(empower)

27. I left detailed instructions on my desk for all current projects. 제 책상 위에 현재 진행 중인 모든 프로젝트에 대한 자세한 지침을 놓아두었습니다.

※ **핵심 전략** ◐ 어휘 문제로서 바로 앞뒤의 문법적인 힌트와 관련 어휘들의 의미를 꼭 확인한다.

[___+명사]의 구조로 명사 앞에 형용사를 정답으로 의도한 어휘 문제이다. 전치사 on을 통해서 상세한 내용에 관한 것임을 알 수 있다. 고로 detailed가 정답이다. (A) detailed 상세한 (B) applied 적용된 (C) stressed 강조된 (D) qualified 자격 있는

정답 ▶ 25. A   26. D   27. A

Part 6

Single Passage 10 (주문 물품의 회수 요구)

주문한 물품을 신속히 배달해 준 것에 대해서 감사하는 서신으로서 주문서에 명시한 물품 개수와 달리 더 많이 배달되었음을 지적하고 있다. 필요한 개수는 충족되어서 여분의 물품은 이용할 수가 없어서 물품들을 창고에 보관해야 하는데, 이에도 상당한 비용이 필요하다는 것을 설명해주고 있다.

Questions 28-30. refer to the following letter.

---

17 May 1995
Dear Mr. Thornhill,

Thank you for your quick _____ in delivering the chairs we ordered on 20 April. However,

28. (A) respondent
    (B) responsiveness
    (C) responsibility
    (D) response

 I wanted to point out that four hundred chairs were delivered this morning instead of the three hundred stated in our order.

   Unfortunately, our present needs are completely covered and we cannot make use of the extra chairs. These chairs will have to be held in our warehouse, at _____ expense to us. If you would

29. (A) frequent
    (B) considerable
    (C) creative
    (D) necessary

---

be so kind as to _____ an immediate indication of what should be done with these chairs,
I would

30. (A) forward
    (B) submit
    (C) wrap
    (D) determine

greatly appreciate it. I hope we can come to a quick solution on this.

Sincerely yours,
David Seagull

[전문번역]

1995년 5월 17일
쏜힐 씨께,

  우리가 4월 20일에 주문한 의자를 빨리 배달해 주셔서 감사합니다. 그러나 우리가 주문서에 명시
한 의자 3백 개가 아닌 4백 개가 오늘 아침에 배달되었음을 지적하고 싶습니다.
  유감스럽게도, 우리가 현재 필요로 하는 개수는 완전히 충족되어서 여분의 의자는 이용할 수가 없
습니다. 이 의자들을 우리 창고에 보관해야 하는데, 상당한 비용이 듭니다. 이 의자들을 어떻게 해
야 할지 즉시 알려 주시면 대단히 고맙겠습니다. 이 문제를 빨리 해결할 수 있게 되길 바랍니다.

안녕히 계십시오.

데이비드 시걸

어휘 | **point out** 지적하다 **cover** (필요한 것을) 메우다 **warehouse** 창고 **instead of** ~대신에
    forward 전송하다, 발송하다 **indication** 지시 **instead of** -하지 않고, -대신에

[어구해설]
28. (A) respond(answer, react, rebut, rejoin, reply, return)+ent 응답자 (B) responsive(compassionate,
sensitive, sympathetic, understanding)+ness 감동하기 쉬움(to) (C) responsibility (charge, custody, duty,
obligation, trust, accountability) 책임(for) (D) response (answer, reaction, rebuttal, rejoinder, reply,
riposte) 응답, 대답

29. (A) frequent (constant, continual, numerous, recurrent, customary, habitual, regular, usual) 빈번한 (B) considerable (abundant, ample, bountiful, substantial) 수량이 꽤 많은, 상당한 (C) creative 독창적인 (originative, imaginative, ingenious, inventive) (D) necessary (essential, imperative, indispensable, obligatory) 필요한(for, to)

30. (A) forward (further, promote, deliver, post, reroute, send)회송하다, 전송하다(to), 발송하다(to) (B) submit (yield, introduce, present, propose, suggest) 제출하다 (C) wrap (cover, encase, package, sheathe, cloak, enshroud, envelop, swaddle, veil) 포장하다 (D) determine (resolve, conclude, decide, judge, rule, settle) 결심하다

[문제분석 및 출제의도]

28. Thank you for your quick response in delivering the chairs. 의자를 빨리 배달해 주셔서 감사합니다.

※ **핵심 전략** ◑ 어휘 문제로서 바로 앞뒤의 문법적인 힌트와 관련 어휘들의 의미를 꼭 확인한다.

[소유격+형용사+___]의 구조로 명사를 정답으로 의도한 어휘 문제이다. 앞의 quick, 뒤의 deliver등을 통해서 response가 정답이 된다. (A) respondent 응답자(to) (B) responsiveness 민감함(to) (C) responsibility 책임(for) (D) response 응답, 대답(to)

29. These chairs will have to be held in our warehouse, at considerable expense to us.
이 의자들을 상당한 비용으로 우리 창고에 보관해야 할 것이다.

※ **핵심 전략** ◑ 어휘 문제로서 바로 앞뒤의 문법적인 힌트와 관련 어휘들의 의미를 꼭 확인한다.

[at+___+expense]의 구조로 명사 앞의 비용관련 형용사를 정답으로 의도한 어휘 문제이다. 고로 considerable이 정답이다. (A) frequent 빈번한 (B) considerable 수량이 꽤 많은, 상당한 (C) creative 독창적인(originative) (D) necessary 필요한(for, to)

30. If you would be so kind as to forward an immediate indication of what should be done with these chairs, I would greatly appreciate it. 이 의자들을 어찌 해야 할지 즉시 알려 주면 매우 고맙겠습니다.

※ **핵심 전략** ◑ 어휘 문제로서 바로 앞뒤의 문법적인 힌트와 관련 어휘들의 의미를 꼭 확인한다.

[to+___+목적어(an immediate indication)]의 구조로 목적어를 갖는 타동사를 정답으로 의도한 어휘 문제이다. an immediate indication of.. "즉시 알려 주다" 의미로 forward를 정답으로 갖는다. (A) forward 회송하다, 전송하다(to), 발송하다(to) (B) submit 제출하다 (C) wrap 포장하다 (D) determine 결심하다

정답 ▶ 28. D   29. B   30. A

PART III

PART 7.
단일 및
복수 지문 독해형

Part 7 출제 유형 맛보기

Part 7 (단일 및 복수 지문 유형 Single/Double Passage)

2006년 5월부터 출제되는 New TOEIC의 2개의 지문(double passage)유형은, 기존의 Part 7 독해 문제들이 주어진 지문을 기준으로 출제하는 보다 일반적인 정보(general information)를 요구하거나 육하원칙에 따른 특정 정보(specific information)를 묻는 형태인데 반해서 현행 New TOEIC의 Part 7의 2개 지문(double passage) 유형은 육하원칙에 따른 보다 자세하고 특정한 정보(specific information)는 물론이고 상호 지문간의 추론 유형(inference), 단순 추론 유형(corollary argument), 귀납적인 추론(induction) 유형, 연역적인 추론(deduction)유형 등도 4문항에서 8문항까지 출제된다.

이는 사실 기존의 긴 장문의 독해 지문을 구성, 내용 및 분량 면에서 2개 지문으로 나눠놓은 것에 지나지 않은 유형으로서 기존의 Part 7 독해와 근본적인 변화는 없는 것으로 상호 연관성 있는 좀 더 긴 실용적인 지문이라 볼 수 있다. 결국 실제적으로는 새로운 2개의 지문(double passage)유형이 20개의 문항으로 출제되므로 이에 따른 기본 필수 어휘나 표현도 증가됐으며, 특히 동의어(synonym)와 다의어(ambiguous words)훈련에 각별한 주의를 기울이도록 한다.

역시, 관건은 바로, 문제 풀이 속도에 있으므로 항상 제목과 아래 문제를 먼저보고 지문 내용은 나중에 보되 아래 문제에서 자세한 정보를 정답 또는 힌트로 요구하는 부분만을 우선순위로 취사선택해야 하며 나머지 부분은 다음 지문과 문제를 위해서 과감하게 버린다. 지문이 2개로 늘어남에 따른 시간 안배 문제(Timing)가 기존과 마찬가지로 가장 큰 숙제이므로 철저하게 위의 지문보다는 아래 문제를 항상 먼저 보고 관련된 부분을 지문 중에서 재빨리 파악해서 정답과 힌트를 찾아낸다.

현행 TOEIC과의 비교표

구성	Old TOEIC			New TOEIC			시간	배점
		내용	문항수		내용	문항수		
Listening Comprehension	Part 1	사진묘사	20	Part 1	사진 묘사	10	45분	495점
	Part 2	질의응답	30	Part 2	질의 응답	30		
	Part 3	짧은대화	30	Part 3	짧은 대화	30		
	Part 4	설명문	20	Part 4	설명문	30		
Reading Comprehension	Part 5	문법/어휘	40	Part 5	단문 공란 메우기 (문법/어휘)	40	75분	495점
	Part 6	틀린문장 고치기	20	Part 6	장문 공란 메우기 (141번-152번))	12		
	Part 7	독해	40	Part 7	독해 단일 지문(153번-180번) 복수 지문(181번-200번)	28 20		
TOTAL	7 Parts		200문항		7 Parts	200문항	120분	990점

New TOEIC에서 Part 7은 기존의 1개의 지문(single passage) 유형이 그대로 28개 문항으로 출제되며 2개의 지문(double passage) 유형이 새롭게 20문항 출제되므로 총 48문항이 출제된다. 고로 전체 문항 수와 지문의 길이가 늘어난 형태이다. 이는 두 개의 관련된 지문간의 상호 연계성을 토대로 한 기본적인 정보 검색의 독해 문제들로서 2개의 각 지문마다 5개 문항이 출제되므로 모두 2개짜리 지문이 전체 4개 이므로 2개의 지문(double passage) 유형 문제는 모두 20문항이 새롭게 출제되게 된다. 난이도나 길이는 기존과 별 차이 없이 출제된다.

Part 7. 속성 풀이식 독해의 3대 전술! & 독해 해법 10계명!

길고 긴 장문의 독해 지문을 두 개로 분리한 것에 지나지 않다. 고로 정답은 의외로 쉽고 단순한 정보 검색에 지나지 않으므로 다음의 속성 독해의 3대 전술과 독해 해법 10계명을 통해서 정답 쉽고 빠르게 고르는 순서를 익히도록 하자!

[독해 3대 전술]
▷ 전술 1. Skimming : **질문에서 요구하는 정보만을 전체적으로 훑어보라!**
  육하원칙(5W 1H)에 해당하는 세세한 정보의 정답은 바로 의문사가 결정한다.
  즉, "who(●수신자, 발신자 등의 사람이 정답), why(●편지 목적, 의도 등의 to부정사, for + 명사, because, so that, 문장, because of, due to 등이 답), what(●동봉된 물품, 사항 등으로 사물 정답, to 부정사, 동사, that절), how + 형용사(●숫자, 수량사), where(●장소가 정답), when(●숫자, 시간이 정답), how(●from, by -ing, through…), what kind of (●명사가 정답)

  What is the purpose of this letter? ● To provide a reference
  How did Mr. Smith learn? ● From a business associate
  What kind of business ? ● Legal services
  What does Mr. Hill require? ● That Mr. Johnson pay an export tax
  Why has this letter been written? ● To comment on the excellence
  When was the tax system created? ● In 1790
  How many patents have been issued? ● 55,000
  Where is the main office? ● Ontario
  Why were losses not greater? ● Because of actions by union

▷ 전술 2. Skipping : **모르는 어휘의 경우는 문맥으로 간파하고 넘어가라!**
  독해 중에 잘 모르는 어휘를 만날 경우 앞뒤 문맥을 통해 의미나 분위기만을 파악한 채 재빨리 넘어간다.

▷ 전술 3. Scanning : **고유 명사나 숫자를 취사선택해라!**
  해당 문제가 의문사 how +형용사, who, where, what 등으로 시작할 경우는 그 정답의 모습으로 고유 명사나 숫자가 됨으로 해당 지문의 정답의 위치인 전반부나 후반부 중에서 고유 명사나 숫자만을 재빨리 찾는다.

보통의 경우, 정답을 빨리 차기위해서는 위의 언급한 skimming, scanning, skipping등의 3대 독해 기법 등이 요구된다.

먼저, 질문에서 요구하는 정보만을 전체적으로 훑어보는 식의 독해를 해야 한다. 즉, skimming을 통해서 6하 원칙에 해당하는 요구되는 정보의 정답을 결정하는 의문사를 결정적인 힌트로 재빨리 정답을 검색해야 된다.

다음으로 모르는 어휘의 경우는 문맥으로 간파하고 넘어가는 기법 즉, skipping을 통해서 독해 중에 잘 모르거나 낯선 어휘를 만날 경우 문맥을 통해 의미나 분위기를 파악한 채 재빨리 넘어간다.

결국 결정적인 특정 정보만을 직접적으로 바로 검색하되 주로 고유 명사나 숫자가 이에 해당되므로 이를 주시하는 독해 즉, scanning을 통해서 쉽게 해당 문제가 의문사 how+형용사, who, where, what 등으로 시작할 경우는 그 정답으로 고유 명사나 숫자를 해당 지문 중에서 재빨리 검색해 내는 것이다.

토익 독해는 한마디로 "철자 바뀐 숨은 동의어 표현 찾기"라고 할 수 있을 정도로 영어 실력보다는 시간안배(timing)와 동의어가 대단히 중요하다. 영어를 제 아무리 잘 한다하더라도 주어진 시간 안에 풀어내지 못한다면 어김없는 찍어야 되므로 감점이 되는 것이지만 비록 짧은 시간 안에 벼락치기 (cramming)로 암기해서 공부하더라도 출제 영역과 시험 범위가 있어서 이 안에서만 제대로 공부한다면 비록 영어는 서툴다 하더라도 고득점 내지는 만점까지도 득점이 가능한 시험이 바로 토익인 것이며 이렇듯 영어 자체 이외의 문제 운영의 측면인 시간 안배, 출제 경향, 출제 범위, 풀이 요령, 정답의 위치, 정답의 원리, 영어 문화권에 대한 이해 등의 영어 실력이외의 것들이 상당히 요구되고 있다.

[독해 해법 10계명 ⇔ part 3/4]

① 계명 1 : 맨 위의 각 지문별 장르를 파악해라!

② 계명 2 : 각 지문의 (부)제목 먼저 읽어라!

③ 계명 3 : 아래 2-5개 문제를 먼저 재빨리 2~5번 반복해서 읽어라!

④ 계명 4 : 의문사에 일치하는 핵심어(key word)를 재빨리 검색해라!

⑤ 계명 5 : 정답이 되는 육하원칙(5W 1H)의 세부 정보는 종속절에 분포된다!

⑥ 계명 6 : 보통, 첫 문제는 첫 1~3 문장에 정답과 힌트가 분포된다!(두괄식 구성)

　　　　　보통, 마지막 문제는 마지막 1~3문장에 정답과 힌트가 분포된다!(미괄식 구성)

　　　　　첫 1~2(3) 문항은, 첫 문제의 정답과 힌트가 되며, 마지막 문단에 출제되기도 한다. 역으로,

　　　　　마지막 문제의 정답과 힌트가, 첫 문단에서 출제되기도 한다!

⑦ 계명 7 : 각 지문별 정답은 평균 2-3개! 그 정답을 검색해라!

⑧ 계명 8 : 정답인 종속절은 to부정사, -ing/-ed, 부사, 전치사류로 변형 출제된다!

⑨ 계명 9 : 정답인 종속절은 :(콜론), ;(세미콜론), A or B(동격의 or), S, 삽입어구, V(주어와 동사 사이의 삽입 컴마), A, B, and/or C(열거의 컴마), A - B(동격의 데쉬), A, B(동격의 컴마), (A)(동격의 괄호) 등으로 변형 출제된다!

⑩ 계명 10 : 정답은 철자 바뀐 숨은 동의어를 찾아라!(=paraphrasing) 지문 속의 철자와 같은

어휘가 나올 때, 규칙적인 리듬과 박자가 파생되므로 음악성을 지니게 되어서, 의도적인 오답으로 출제된다!

〈Part 7의 지문 종류〉

1 단일 지문(single passage) : 광고나 지시사항, 그리고 송장 (invoice)과 같은 기존의 주제에서 크게 벗어나지 않으나, 다음 지문의 종류가 추가 되었다.

2 서평(Book Review) : 영어권 생활에서 자주 접할 수 있는 실제적인 지문이다. 서평가의 의견이나 책의 내용을 묻는 문제 등이 출제된다.

3 복수 지문(double passage) : 안건과 이메일 같은 연관이 있는 두 개의 독해 지문이 나란히 제시되고, 그 두 지문에 관한 문제가 5개 출제된다. 두 지문을 종합적으로 이해하고 푸는 문제는 지문 당 1개 정도 출제되나 전혀 출제되지 않는 경우도 있다.

4 복수 지문의 내용 :
　① 서신 교환(exchange of letters)
　② 광고와 통지(advertisement and notice)
　③ 안건과 이메일(agenda and e-mail)
　④ 광고와 편지(advertisement and letter)
　⑤ 기사와 편지(article and letter)
　⑥ 초청장과 양식(invitation and form)

〈Part 7의 새 문제 유형인 본문 중에서 동의어 찾기 문제〉

1. What is the meaning of the word "authentic" in line 2 of paragraph 3?
　(A) real　　　(B) proper　　　(C) pure　　　(D) close

특정 단어의 정의를 묻는 문제로, TOEFL에서는 전형적으로 등장하는 어휘 문제이다. 하지만, TOEIC에서는 새로이 다루어지는 문제 형태로, 단일 지문, 복수 지문 모두에 출제된다.

2. What was Mr. Chang's response to Ms. Lee's request?
　(A) He set up a date for a meeting.　　　(B) He gave her a refund.
　(C) He met her in person.　　　(D) He had an interview with her

위의 문제 형태는 복수 지문에만 해당되어, 두 지문을 종합적으로 이해하여야만 풀 수 있는 문제로, 지문 당 1개 정도 출제될 수도 있다. 위의 문제를 잠깐 살펴보면, 첫 번째 지문에서 제시된 Ms. Lee의 요청(request)이 무엇이고 그에 따른 Mr. Chang의 응답은 무엇인지를 묻는 문제이므로, 두 지문을 모두 이해해야 풀 수 있는 문제가 된다.

Part 7 <SAMPLE : Single Passage>

Questions 153-154 refer to the following job advertisement.

Employees Wanted

Denny's is currently hiring waitresses for its newest restaurant in Irvine. Starting pay is $9.75 an hour but can be negotiable depending on past work experience. Applicants must be good at math and be able to work well under pressure. All shifts are currently available, but employees must be willing to work any shift when necessary. Please fax your resume to the number listed below.

Denny's Irvine
Fax No. 809-345-4294

153. What position is the job advertisement for?
   (A) Cook
   (B) Waitress
   (C) Manager
   (D) Factory workers

154. What is NOT stated as a requirement for this job?
   (A) Past work experience
   (B) Good math skills
   (C) Willingness to work day and evening shifts
   (D) Ability to work under stress

〈전문 해석 및 해설〉 153-154 다음 광고를 참조하시오.

직원 구함
Denny's 는 Irvine에 가장 최근에 오픈한 체인점에서 일할 (153) 여종업원을 현재 찾고 있습니다. 초봉은 시간당 $9.75이지만, 경력에 따라 조정 가능합니다. (154 b)지원자들은 수학에 능해야 하며 (154 d) 스트레스가 많은 상황에서도 무리 없이 일할 수 있어야 합니다. 모든 시간대에 지원할 수 있지만, 필요할 경우 (154 c) 어떤 시간대에도 기꺼이 일할 수 있어야 합니다. 아래에 나와 있는 번호로 팩스를 보내 이력서를 제출해 주십시오.
Denny's Irvine

Fax 번호 809-345-4294

어휘 | negotiable 협의할 수 있는 **shift** (교대) 근무 시간 **be willing to** 기꺼이 ~할 수 있는

153. 어떤 직위가 광고되고 있는가?
   (A) 요리사
   (B) 여종업원
   (C) 매니저
   (D) 공장 노동자

◐ 구직광고의 초반부에 waitress를 구한다고 분명하게 나와 있으므로 정답은 (B)가 된다.

154. 이 일의 요구 조건으로 언급되지 않은 것은 무엇인가?
   (A) 전 직장 경력
   (B) 훌륭한 수학 능력
   (C) 낮 또는 밤에 기꺼이 교대 근무할 수 있는 것
   (D) 스트레스 받는 상황에서 일할 수 있는 능력

◐ 전 직장 경력에 대한 언급은 없으므로 정답은 (A)이다.

Part 7 <SAMPLE : Double Passage>

▶ Double Passage 1 ◀

Questions 181-185 refer to the following business letter and the requested items

March 7, 2000
Gordon Tanner
2740 West Ponderosa St.
Pierre, SD
96743

Joe' s Plumbing & Heating, Ltd.
3500 King Road
Pierre, SD
96758

Attention: Mr. John Stafford, Sales Representative

Dear Mr. Stafford:

Could you please provide me with a quote for the following items? I am currently building a new home and am acquiring quotes from several plumbing and heating businesses for various components needed for my home.

Please include in the quote the retail price, taxes, and installation costs itemized separately.
 I would like this information by March 14 and will make my decision and place an order with the dealer of my choice on March 18.
Sincerely,
Gordon Tanner

The various items I need quoted are as follows:
    1. A residential air conditioner.
    2. Furnace
    3. Gas fireplace.
    4. Water softener.
    5. Water heater.

181. When does Mr. Tanner want the quote?
    (A) In seven days
    (B) In eight days
    (C) In nine days
    (D) In ten days

182. Which of the following was a quote not requested for?
    (A) Water heater
    (B) Furnace
    (C) Water softener
    (D) Heat pump

183. What does Mr. Tanner need these items for?

   (A) A house he has been contracted to build.

   (B) His own new home.

   (C) His construction company

   (D) His sister's new home.

184. Where does Mr. Tanner acquire the quotes for various components from?

   (A) several new houses

   (B) some Sales Representative

   (C) some residents

   (D) several plumbing and heating companies

185. According to the above letter, which is not included in the quote?

   (A) The retail price

   (B) Taxes

   (C) itemized furnace

   (D installation costs

[전문해석]

2000년 3월 7일

Gordon Tanner

2740 West Ponderosa St.

Pierre, SD

96743

Joe's Plumbing & Heating, Ltd.

3500 King Road

Pierre, SD

96758

참조: 존 스태포드, 판매 대리인

스태포드 씨에게:

다음 물품의 시가를 알려 주시겠습니까? 저는 현재 새로운 집을 짓고 새 집에 필요한 다양한 구성 물품을 구하기 위해 몇몇 배관 및 냉난방 사업체로부터 가격 정보를 얻고 있습니다.

위에 각각 명세한 품목의 소매가격과 세금, 설치비용 시가를 적어 주십시오. 이 정보를 3월 14일까지 알고 싶으며 3월 18일에 결정을 해서 제가 선택한 판매 회사에 주문을 할 예정입니다.

고든 태너

시가를 얻고 싶어 하는 품목들은 다음과 같습니다.
  1. 주거용 에어컨
  2. 난방 장치
  3. 가스용 벽난로
  4. 정수기
  5. 온수기

181. 태너 씨가 언제 시가를 원합니까?
     (A) 7일 후까지
     (B) 8일 후까지
     (C) 9일 후까지
     (D) 10일 후까지

182. 다음 중 시가를 요청한 품목이 아닌 것은?
     (A) 온수기
     (B) 난방장치
     (C) 정수기
     (D) 열펌프

183. 태너 씨는 어디에 이런 품목들을 필요로 하는가?
     (A) 그가 짓기로 한 집에
     (B) 자신의 새로운 집에
     (C) 그의 건설 중인 회사에
     (D) 그의 누나의 새로운 집에

184. 태너 씨는 어디에서 다양한 품목들의 시가를 얻는가?
     (A) 몇몇 새 집에서
     (B) 일부 영업 직원
     (C) 일부 주민
     (D) 몇몇 배관 및 냉난방 사업체

185. 위의 편지에 따르면 시가에 포함되지 않는 것은?

    (A) 소매가격

    (B) 세금

    (C) 항목별 난방로

    (D) 설치비용

정답 ▶ 181. (A) 182. (D) 183. (B) 184. (D) 185. (C)

[어휘]

quote 시가, 시세(를 얻다) **plumbing** 배관 **residential** 주거의 **retail price** 소매가격 **itemize** (arrange, group, list, rank,) 항목별로 적다, 명세를 밝히다 **place an order** 주문하다 **acquire** (gain, get, obtain, procure, capture, secure, seize, win) 획득하다 **component** (element, ingredient, member, module, segment) 구성 요소, 구성 물품 **furnace** 난방 장치 **water softener** 경수 연화제, 정수기 **water heater** 온수기

■ Part 7 독해 전략 비법 제1강

【 1-2 초안에 독해 정답 고르기 】
독해의 지문과 공통 어휘가 가장 적은 것이 정답이다!
반면, 지문과 공통 어휘가 가장 많은 것은 음악성 때문에 오답이 된다.

TOEIC 독해를 한 마디로 말한다면, "철자가 바뀐 숨은 동의어 찾기"라 할 수 있다. 독해 지문 속에 등장한 어휘가 해당 문제의 보기 속에 또 다시 그대로 등장할 경우, 계속되는 같거나 비슷한 자음(consonant)과 모음(vowel)의 반복으로 리듬과 박자, 리듬이 생겨서 결국 음악이 되므로 오답이 되고 마는 것이다. (오답 장치)

철자는 다르나 의미는 같은 표현의 단어를 대체하여 사용하는 paraphrasing에 불과하다. 이러한 언어적인 특징은 TOEIC의 청취, 독해, 문법에서 동일하게 적용되며, 영어 시험에서 동원되는 시험 출제의 전형적인 기법이다. 철자 같은 음악성을 피해서 철자를 변환시킨 정답들을 체득하라!

TOEIC 독해에서 같은 자음과 모음의 계속적인 반복은 박자와 리듬, 운율을 만들어 음악이 되게 하므로 철자를 바꿔 줌으로써 음악적인 요소를 피해서 정보 전달을 할 수 있도록 동의어로 바꾸거나 같은 의미의 어구로 바꿔서 의미를 제대로 전달할 뿐 아니라 특히 음악적인 박자와 리듬을 없애 주고 있는 독해의 변환된 정답들이다.

오히려 정답은, 독해 지문과 문제의 보기 중에 공통부분인 어휘가 가장 적거나 거의 없어 마치 답이 아닐 것 같은 생각마저 들게 만드는 것이 정답으로 출제된다.

1. vaccination ➲ immunization 예방 접종
2. crash ➲ fail (컴퓨터) 정지되다
3. since World War II ➲ in the last 50 years 2차 대전 직후로
4. poor quality ➲ inferior materials 재질이 나쁜
5. paperless trading ➲ electronic trading 전자 거래
6. competitive quotation ➲ good price 경쟁력 있는 가격
7. correct ➲ point out an error 실수를 정정하다
8. two times yearly ➲ twice yearly 연간 2회
9. Internet access ➲ access to the Internet 인터넷 접속
10. be related to ➲ a relative of ~과/~에 속하다, ~과 관련되다
11. hear from ➲ be informed of ~대해 들어서 알다

12. is down 5% ❂ fewer people 극소수이다

13. room charges ❂ room rates 숙박비용

14. near-record ❂ high 기록적으로 높은

15. continued growth in ❂ increase in ~의 증가(성장)

16. often start building new hotels ❂ an overabundance of hotels 호텔의 난립

17. fewer rooms ❂ increasing rooms at a slow rate 서서히 증가하는 객실

18. a machine ❂ a device 장치, 기계

19. limited to ten ❂ a maximum of ten 최대 10까지

20. during snow removal operations ❂ when snow is being cleared 제설 작업이 진행되는 동안

21. promote consolidation ❂ encourage mergers 합병을 장려하다

22. up to 50%❂as much as 50% 50%까지

23. construction ❂ building 공사

24. reduced ❂ lower 절감된

25. unpaid prior balance ❂ money not paid on a previous invoice, outstanding balance 이전 청구 금액의 미지불 된 돈

26. reduce expenses ❂ cut down spending 비용을 절감하다

27. need to rest ❂ want a lot of sleep 휴식이 필요하다

28. real estate ❂ office space in the area 부동산

29. weakened ❂ decreased 저하된

30. leave of absence ❂ vacation time 휴가

31. attached information ❂ attached documentation 첨부된 정보

32. designed footwear ❂ shoes 신발

33. submit order ❂ turn in order 주문서를 제출하다

34. every(any) time ❂ whenever ~할 때마다

35. before ❂ prior to ~이전에

36. power service ❂ electricity 전력

37. call ❂ dialing 전화하다

38. avoid ❂ eliminate 피하다

39. refund ❂ return product, reimburse 환불해 주다

40. 30% off ❂ 30% reduction 30% 할인

41. acquire ❂ buy, purchase 인수하다, 구입하다

42. insect ❂ bug 벌레

43. no fewer than ❂ at least 적어도

44. struggling economy ❂ depression 불황

45. incentive program ❂ incentive scheme 유인책

46. auto show ❂ automobile exhibition 자동차 전시회

47. get permission ❂ be given consent 허락을 얻다

48. forward ❂ send 보내다

49. inform ● notify, tell 전달하다, 통지하다, 말하다
50. automobile ● vehicle, car 자동차
51. physician ● a health professional, doctor 의사
52. various ● diverse 다양한
53. lactating ● breast feeding a baby 모유를 먹이는
54. check with ● consult 상의하다, 점검하다
55. accept ● approve 받아들이다
56. coordinate with ● adjust plans 조율하다
57. encompass ● include 포함하다
58. escort ● accompany 동행하다
59. special talk ● special presentation 특별 발표
60. free of charge ● no admission fee 무료로

고로, 고유 명사나 동의어가 없는 어휘를 제외하고 질문 속에 한번 등장한 어휘나 비슷한 어구가 보기 중에 그대로 등장하면 항상 오답이 되고 마는 것이다.

이러한 음악적인 요소를 없애기 위해서는 철자는 다르나 의미는 같은 동의어, 대명사, 관용 표현 등으로 쉽게 바꿔서 의미를 전달(=paraphrase 또는 rephrase)한다.
이런 언어적인 특징은 TOEIC의 청취, 독해, 문법에서 동일하게 적용되며 ETS가 주관하는 성인 어학 시험에도 일반적으로 활용되는 언어학적인 기법이자 특징들인 것이다.

그러나 TOEIC 독해의 경우는 전체 48문항 중에서 27문항에서 45문항 정도는 문제와 보기에 제시된 keyword와 밀접한 관련을 갖는 표현이나 어구가 그대로 나오는 듯하지만 결국의 경우로서 역시 paraphrasing되어 있음을 명심하도록 해야 한다.

단, 고유 명사(회사명, 상품명, 지명, 단체명, 제품명, 기계명, 프로젝트명, 교통 수단명, 도구명, 이벤트 명, 장소명…)등은 마치 사람 이름처럼 고유하게 상세한 정보로 제시된 것이므로 paraphrasing되지 않은 채 그대로 정답으로 출제 된다.

[기출 유형 체험하기]

1. 독해력을 키워주는 토익 어휘 따라잡기 -건강(질병)편-

주택, 각종 문화 행사, 예술 공연, 여가 활동, 각종 질병 명칭과 증상 및 치료법과 치료 예방 접종 일정, 자원 봉사 홍보, 캠페인, 치료 기관을 제시하는 건강, 쇼핑, 세금, 공과금, 자동차 등에 관한 내용을 출제한다.

1. 면역성을 주다 **immunize**
2. 면역을 주는 것, 예방 접종 **immunization**
3. 예방 접종을 하다 **vaccinate**
4. 예방 접종율 **vaccination rates**
5. 1주일간의 예방 접종 **a week-long immunization program**
6. 군 **county**
7. 시설 **facility**
8. 무료로 **free of charge**
9. 자원 봉사자 **volunteer**
10. 가구, 세대 **household**
11. ~에 관심 있는 사람들 **those interested in**
12. 기여하다 **contribute to**
13. 운동, 캠페인 **cause**
14. 질병 **disease, illness, ailment, sickness**
15. 건강한 **fit, healthy, well**
16. 영양 **nutrition, nourishment**
17. 장수 **longevity**
18. 평균 수명 **life expectancy**
19. 감기 **cold**
20. 독감 **influenza, flu**
21. 중독 **toxication**
22. 암 **cancer**
23. 당뇨 **diabetes**
24. 심장마비 **heart attack**
25. 두통 **headache**
26. 피로 **fatigue**
27. 운동하다 **work out, exercise**
28. 일일 섭취량 **daily allowance**
29. 열 **fever**
30. 전염성의 **contagious**

Questions 1-3 refer to the following announcement.

Low Vaccination Rates

Although 95% or more of children age 5 and over in the state are fully immunized, vaccination rates among preschool children under five years are as low as 51% in Dixon County, 53% in Slater County, and 61% in Corwin County. In a week-long immunization program from April 24 through May 1, 14 facilities throughout the tri-county area will be open to immunize children free of charge. Thousands of volunteers will go door to door on April 17 & 18 to talk to more than 200,000 households. Those interested in contributing to the cause should contact the Dixon Health Project by April 15. The project wants to assure that at least 27,000 children receive the necessary vaccines.

---

1. What is the problem faced by the three counties?

    (A) Lack of vaccination facilities
    (B) Less than half of the children have been vaccinated
    (C) Excessive vaccination fees
    (D) Low immunization rates among preschool children

2. When will the announced program end?

    (A) April 15
    (B) April 18
    (C) May 1
    (D) May 14

3. What is the number of children targeted for the immunization Program?

    (A) 61%
    (B) 95%
    (C) 27,000
    (D) 200,000

3. Part 7 공략법 따라잡기

[해석]

저조한 예방 접종율

주의 5세 이상의 어린이 중에서 95% 이상이 완전히 면역되어 있음에도 불구하고, 5세 미만의 미취학 연령 아이들의 예방 접종율은 Dixon군은 51%, Slater군은 53%, Corwin군은 61%으로 아주 낮다. 4월 24일부터 5월 1일 까지 1주일간의 예방 접종 일정에 따라 이 3개 군의 14개 시설에서 어린이에게 무료로 예방 접종을 실시한다. 수천 명의 자원 봉사자가 4월 17일과 18일에 20만 세대 이상을 방문한다.

이 운동에 참여하고자 하는 분은 4월 15일까지 Dixon 건강 프로젝트로 연락 바람.

본 프로젝트에서는 2만 7천 명의 어린이가 필수 예방 접종을 받기 바란다.

---

1. 이 3개 군이 직면하는 문제는 무엇인가?

   (A) 예방 접종 시설의 부족(제목과 동일한 철자가 반복되는 vaccination은 리듬과 박자가 발생하는 음악이 됨으로서 무조건 오답이 된다.)

   (B) 예방 접종을 받은 아이들이 전체의 절반 이하이다.(오답 장치는 less than이며, vaccinate은 제목과 동일한 철자의 반복이므로 음악적 리듬과 박자가 생겨 오답이 된다.)

   (C) 너무 비싼 예방 접종 비용(오답 장치는 excessive이며, vaccination은 제목과 동일한 철자의 계속된 반복이므로 전형적인 음악이 되므로 오답이다.)

   (D) 미취학 어린이들은 예방 접종율이 낮다.(vaccination을 철자를 바꾼 동의어인 immunization으로 paraphrase했으므로 정답이 된다.)

   |공략법| 양보의 접속사 although 뒤가 정답의 위치이며, 제목과 다른 철자의 동의어(vaccination ⇒ immunization)가 정답이 된다.

2. 본 프로그램은 언제 끝나는가?

   (A) 4월 15일

   (B) 4월 18일

   (C) 5월 1일

   (D) 5월 14일

   |공략법| 전치사구 in 뒤가 정답이다. *A through B

3. 예방 접종의 대상이 되는 아이들은 얼마나 되는가?

    (A) 61%

    (B) 95%

    (C) 2만 7천 명

    (D) 20만 명

    |공략법| 마지막 문제는 마지막 2~3 문장이 정답으로 what number에 해당하는 숫자는 27,000이 that절 뒤에 정답으로 등장한다.

|어구| although ~임에도 불구하고 state 주 immunize 면역성을 주다 immunization 면역을 주는 것, 예방 접종 vaccinate 예방 접종을 하다 vaccination rates 예방 접종율 a week-long immunization program 1주일간의 예방 접종 county 군 preschool children 미취학 아이들 as low as ~만큼이나 낮다 facility 시설 free of charge 무료로 throughout 도처에, 곳곳에 volunteer 자원 봉사자 go door to door 호별 방문하다 household 가구, 세대 those interested in ~에 관심 있는 사람들 contribute to 기여하다 cause 운동, 캠페인 at least 적어도 assure that …를 확신하다

【 1-2 초안에 독해 정답 고르기 】

맨 위에 지문 소개 부분에서 글의 유형과 성격을 재빨리 파악해라!

맨 윗부분에 문제의 문항 번호와 함께 나오는 글을 소개하는 글의 종류나 유형, 즉 메모 (memorandum), 편지 서식(formal & business letter), itinerary(여정), voucher(영수증), 일정(schedule), 전화 메모(telephone message), 평가서(evaluation), informal note(비공식 문서), invitation(초대장), 공고문(notification), 발표문(announcement), 광고(advertisement), 정보 안내(information), 기사(article), 팩스(facsimile), 전자 우편(e-mail), 도표(chart), 그래프(graph), 도표(table) 등의 글의 형태를 보고 전체 지문의 내용과 성격을 대략적으로 미리 파악할 수 있다.

일반적으로 한글과는 달리, 영어는 글의 대의(main idea)나 주제(subject)가 글의 전반부에 등장하는 〈두괄식 구성〉을 취하므로 TOEIC 독해에 있어서도 글의 종류를 소개하는 이러한 부분은 중요하며, 지문의 첫 2~3 문장은 보통 글의 주제와 그 맥이 통하게 되어 있는 것이다. 이와 같이 글의 주제, 목적, 의도, 대상 등을 포함해서 유추된 정보까지를 묻는 경우는 전체 48문항 중 10문항 정도가 출제되고 있다.

[기출 유형 체험하기]

1. 기출 어휘 체감하기 -제조편-

새로운 제품의 생산 시설과 공정 및 공장, 새 상품의 재료 및 생산품, 제품의 특징, 생산 직후 판매 제품 보관, 상품 요청 및 주문 변경과 취소, 대금 지불 방법, 제품 운송 서비스, 제품 판매 직후 애프터서비스, 배달 방식 표현 등이 전반적으로 출제된다.

1. 작품, 제품, 판 **version**
2. 소프트웨어 **software**
3. 자장 최신의 **the newest**
4. 시판하다, 출시하다 **release**
5. ~여부를 알려 주다 **let me know if**
6. 새롭게 하다 **update, upgrade, remake, reshape, remodel, renovate**
   * (기간) 새롭게 하다 **renew** (기분) 새롭게 하다 **refresh**
7. 무료로, 공짜로 **free of charge**
8. 충돌하다, 다운되다, 정지되다 **crash, fail**
9. 초래하다, 일으키다 **cause, cause, bring on(about), result in**

10. 감염된 임시 파일 **corrupted temp file**

11. 보고 **report**

12. 자주, 종종 **frequent**

13. 불량의 **defective**

14. 마음대로 ~하다 **feel free(welcome) to**

15. 제거하다 **remove**

16. 자동으로 **automatically**

17. 재생하다 **regenerate**

18. 해결하다 **solve**

19. 협조와 인내 **cooperation and patience**

20. 제품 출시하다 **launch, debut**

21. 제조하다 **produce, manufacture**

22. 도입하다 **introduce**

23. 가공 처리하다 **process, treat**

24. 생산 할당량 **production quota**

25. 생산성 **productivity**

26. 안전도 검사 **safety test**

27. 생산라인 **production line**

28. 조립 라인 **assembly line**

29. 생산 공장 **factory, plant, facility**

30. 품질 관리 **quality control**

2. Part 7 실전문제 체득하기

Questions 1-2 refer to the following business letter.

Dear Mr. Peter

Thank you for your fax of March 15.
Could you tell me which version of Station Earth software you are currently using on your computer? Our newest version of this software, version 3.09, was released on march 1. Please let me know if you need this version. We will be happy to update your version free of charge. I suspect that the crashing of the computer is caused by a corrupted temp file. We have received several reports of frequent crashes caused by defective temp files. Please feel free to remove the file from your hard disk - upon restarting the computer, the program will automatically regenerate a new temp file. This problem appears to be solved in our 3.09 software version.

Thank you for your cooperation and patience.

Best Regards,
Steve Woods

1. What type of the above reading is closely related?

    (A) Business letter
    (B) Notice to all the staff
    (C) Brand new advertising
    (D) Formal announcement

2. What problem is Steve Woods experiencing?

    (A) He doesn' t know the correct version at all.
    (B) His computer frequently "fails."
    (C) His Station Earth program is too old.
    (D) His program regenerates new files only.

3. Part 7 전략비법 완성하기

해석

3월 15일자 팩스 잘 받았습니다.

현재 귀하의 컴퓨터에 어느 버전의 스테이션 어스를 사용하시는지 알려주시기 바랍니다. 당사의 이 소프트 최신 버전 3.09가 3월 1일에 발매되었습니다. 이 버전이 필요하시면 알려주십시오. 당사로 서는 기꺼이 무상으로 최신 버전으로 바꿔 드리겠습니다. 컴퓨터의 기능 정지는 잘못된 임시 파일 에 의해 야기된 것이 아닌가 생각됩니다. 결함 있는 임시 파일에 의해 자주 기능 정지가 일어난다고 하는 보고가 몇 건 있었습니다. 주저 말고 하드디스크에서 그 파일을 삭제하십시오. 컴퓨터가 재 시 동될 때, 프로그램이 자동적으로 새로운 임시 파일을 다시 만듭니다. 이 문제는 버전 3.09에서는 해 결되어 있는 것 같습니다.

귀하의 협력과 인내에 감사드립니다.

1. 윗글의 형태와 관계있는 것은?

(A) 업무상의 편지   (B) 전 직원에게 알리는 공지 사항(오답 장치⇒all)

(C) 새 상표 광고   (D) 공식적인 발표

> 전략비법 위 부분에 문제의 문항 번호와 함께 나오는 글의 종류(Business letter)가 전체 지문의 내용과 성격을 파악할 수 있게 해주는 정답이다.

2. 스티브 우드에게 어떤 문제가 발생했는가?

(A) 정확한 버전을 전혀 모른다.(오답 장치⇒not at all)

(B) 컴퓨터가 가끔 정지된다.(crash를 동의어 fail로 paraphrase함으로써 철자를 바꿔서 자음과 모음 의 반복을 피해서 음악이 아닌 의미를 전달함으로 정답이 된다)

(C) 그의 스테이션 어스 프로그램이 너무 오래 되었다.(오답 장치⇒too old)

(D) 그의 프로그램이 새로운 파일만을 다시 만든다.(오답 장치⇒only)

> 전략비법 종속절(that절) 자체가 힌트 내지는 정답을 지닌다. 동사 crash를 fail로 철자를 바꾼 것(paraphrasing) 이 정답이다. 동일한 철자가 계속 반복되면 박자나 리듬이 생겨서 노래나 시처럼 음악성을 지니므로 오답이 된다.

어구 version 작품, 제품, 판 software 소프트웨어 currently 현재, 지금 newest 자장 최신의 release 시판하다, 출시하다 let me know if ~여부를 알려 주다 update 새롭게 하다 free of charge 무료로, 공짜로 suspect ~라고 여기다 crash 충돌하다, 다운되다 cause 초래하다, 일으키다 corrupted temp file 감염된 임시 파일 report 보고 frequent 자주, 종종 defective 불량의 feel free to 마음대로 ~하다 remove 제거하다 automatically 자동으로 regenerate 재생하다 appears to ~인 듯하다 solve 해결하다 thank you for 고맙게 여기다 cooperation and patience 협조와 인내 best regards 안부

정답 ▶ 1. A 2. B

1-2 초안에 독해 정답 고르기
글의 주제나 제목은 최초의 2~3 문장에 있다. (두괄식)

글의 앞부분에 대의(main idea)를 주는 두괄식 구성이 지배적이므로 출제되므로 TOEIC독해 지문의 70~80% 이상은 거의 두괄식 구성으로 등장한다. 그러므로 주제나 대의를 묻는 문제의 경우는, 항상 글의 제목이나 첫 2~3 문장에 그 정답이 있다. 전체 48문항 중 5~10문항 정도가 출제되고 있다.

글의 유형 중에 가장 많이 출제되고 있는 종류는 편지 서식과 광고문이다. 이는 그림 문제를 제외하곤 모든 종류의 글을 편지 서식에 다 담을 수 있기 때문이다.

정답의 모습을 결정해 주는 것은 바로 의문사 자체로써 who(사람), what / which(사물, 사람), how(방법), where(장소, 위치), when(시간), how+형용사(숫자나 수량사) 등이 출제되고 각각의 정답은 의문사에 해당되는 것만을 최소한의 시간에 최대한 고르면 된다.

편지 서식의 기출 문제 유형을 익혀라!

1. 첫 문제는 보통 주제나 편지를 받은 수취인(recipient)을 묻는 문제가 출제된다.

   ➲ 글의 수취인과 주소는 지문이 시작되기 전의 글의 윗부분에 쓰게 되어있으므로 정답이 된다.
      What was this letter sent to Mr. X ?

   ➲ 글의 주제(main ideas)를 묻는 문제 유형은 다음과 같으며 글의 주제는 그 정답이 항상 첫 2~3 문장에 몰리는 경우가 지배적이다.
      What is the main idea of the announcement?
      What is the purpose of this article?
      What is the main purpose of the notice?
      What does the memorandum regard?

2. 마지막 문제는 글의 후반부에 그 힌트나 정답이 등장하게 되어 있으며, 편지를 보낸 발신인(sender)을 묻는 문제나 글의 내용을 추론하거나 유추하는 문제도 출제된다.

● 정답은 주로 글의 마지막 2~3 문장 부분이 된다. 글의 마지막 부분에 상세한 정보가 힌트로 제시된다. 또한 발신인은 자신의 자취로서 신분, 출처, 이름 등을 남기게 되어 있다.

● 추론(inferences), 유추 문제의 출제 유형은 다음과 같다. 주로 의문사는 how, why, what 등이 출제된다.

How will an ad be placed?

What will be one result?

What should the staff perform?

What will the sales representative wants?

3. 중간 문제는 글의 목적 내지 진행 업무 사항, 구체적이고 자세한 특정 정보, 사건의 추이 과정을 묻는 문제 유형 등이 출제된다.

● 구체적인 사실(fact, truth)이나 특정 정보(details)를 묻는 유형은 다음과 같다. 전체 48문항 중에서 25~30문항 정도가 출제된다.

To whom is the letter addressed?

To whom will the successful candidate directly report?

What is not featured in the advertising?

What is true about the event?

What is not available at the moment?

Who issued this notice?

Who sent this mail?

What should the staff do?

Who is invited to the event?

[기출 유형 체험하기]

1. 독해력을 키워주는 토익 어휘 따라잡기 -경제편-

제조업, 서비스업 등 주요 산업 분야나 특정 산업이나 특정 기업의 동향이나 움직임 및 정보를 각종 산업별로 출제, 전반적인 경기 호황의 이유와 불황의 진행 과정에 관한 정보, 각종 신용 카드 및 화폐 등을 다루는 금융 기관, 재산 부동산, 돈, 상품과 서비스에 대한 이윤 활동과 관련 상거래, 각 기업의 경기 상황에 따른 기업 동향을 자세히 알게 된다. 특히 통계/수치상의 수와 양의 변화에 주목해야만 한다.

1. 경제 공황 **economic depression, recession, slump, slowdown, setback**
2. 최악의 불황 **at the depth of the depression**
3. 완전 고용 **full employment**
4. 도산하다, 파산하다 **fail, go bankrupt, go out of business**
5. 국민총생산 **Gross National Product**
6. 급락하다 **plummet**
7. (영역, 범위가) ~에서 …이다 **range**
8. 통계 **statistics**
9. 고통 **distress**
10. 결과를 초래하다 **result in, cause, bring on(about)**
11. 예치금 **deposit**
12. (경제) 안정된 **steady, balanced, stable, stabilized**
13. (경기) 활기 있는 **brisk, lively**
14. 번영하는 **booming, prosperous, flourishing**
15. (경제) 불안전한 **changeable, unstable, volatile**
16. (경제) 침체된 **sluggish, stagnant, depressed**
17. 실업 **unemployment**
18. (기업 규모) 줄이다, 축소하다 **downsize, scale down**
19. 갑자기 변하다 **fluctuate**
20. (경기) 부양시키다 **boost, encourage, lift up**

Questions 1-3 refer to the following news article.

The worst economy

The worldwide economic depression of the 1930s was of immense magnitude and consequences. At the depth of the depression, in 1933, one American worker in every four was out of a job, while unemployment ranged between 15 percent and 25 percent of the labor force in other countries. Statistics fail to convey the distress of the millions of Americans who lost their jobs, savings, and homes. Industrial stocks lost 80% of their value from 1930 to 1933, and approximately 11,000 U.S. banks failed (44% of the 1929 total) in the four years from 1929 to 1932, resulting in the loss of about $2 billion in deposits. The gross national product plummeted from an average annual rate of growth of 3.5% to an average annual decline of over 10% from 1929 to 1932. Agricultural distress was no less severe: from 1929 1932 farm prices fell by 53%.

---

1. According to the reading, during which year was the economy in the worst state?

    (A) 1929
    (B) 1930
    (C) 1932
    (D) 1933

2. What proportion of U.S. banks went out of business in the early years of the depression?

    (A) 11%
    (B) 25%
    (C) 44%
    (D) 80%

3. What was the average annual rate of growth of the GNP during the years preceding the depression?

    (A) 4%
    (B) 3.5%
    (C) 10%
    (D) 53%

3. Part 7 공략법 따라잡기

해석

1930년대의 세계적인 경제 불황은 그 규모와 결과가 엄청난 것이었다. 최악의 불황이었던 1993년에는 미국인 노동자 네 명중 한 명은 이 자리가 없었다. 다른 나라에서는 실직률이 노동자 총수의 15%에서 25% 사이였다. 직장과 저금과 집을 잃은 수백만 명의 미국인 노동자의 곤경을 통계로는 표현할 수 없었다. 주식은 1930년에서 1933년 사이에 그 가치를 80%나 잃었다. 1929년에서 1932년의 4년 간 거의 1만 1천개 미국 은행이 도산했다. (이것은 1929년의 전체 은행의 44%에 해당되었다.) 이것으로 약 20억불의 예금을 잃게 되었다. 국민 총생산은 연평균 3.5%의 증가율에서 급락하여 1929년부터 1932년까지 10%를 넘는 연평균 감소율이 되었다. 농업의 피해도 마찬가지로 심각했다. 1929년에서 1932년까지 농장의 가격은 53% 떨어졌다.

1. 이 글에 따르면 경제 상태가 최악이었던 해는?

   (A) 1929   (B) 1930
   (C) 1932   (D) 1933

   [공략법] 첫 문제는 첫 2~3 문장에 힌트가 있다. 동격의 A, B는 주로 B가 정답이다.

2. 불황의 초기 수년간 도산한 미국의 은행 비율은 얼마인가?

   (A) 11%   (B) 25%
   (C) 44%   (D) 80%

   [공략법] 괄호 속에 정답이나 힌트가 있다.

3. 불황 이전의 GNP 연평균 성장률은 얼마인가?

   (A) 4%   (B) 3.5%
   (C) 10%   (D) 53%

   [공략법] 마지막 문제는 마지막 2~3 문장 부분에 정답과 힌트가 있다.

어구 economic depression 경제 공황 at the depth of the depression 최악의 불황 approximately 거의, 대략 fail 도산하다(= go bankrupt, go out of business) Gross National Product 국민총생산 plummet 급락하다 range (영역, 범위가) ~에서 …이다 statistics 통계 distress 고통 result in 결과를 초래하다 deposit 예치금

정답 ▶ 1. D 2. C 3. B

1-2 초안에 독해 정답 고르기

반드시 아래의 해당 문제를 먼저 보고, 정확히 이해하고 해석한 뒤에 위의 본문은 나중에 읽는다.

독해의 지문의 분량이 길면 길수록 읽지 않아도 되는 부분을 읽느라고 헛수고 내지는 시간 낭비만 하게 되므로 어차피 독해 문제는 주로 2~3개 문항에 불과하므로 아래의 해당 문제에서 묻는 부분이 아니라면 괜히 읽을 필요는 없는 것이다.

예를 들어, 지문의 길이가 13줄이고 아래 해당 문제가 2~3문항일 경우라면 2~3문항의 정답 내지 힌트가 될 만한 문장도 어차피 2~3문항에 지나지 않으므로 나머지 10여 줄을 쓸데없이 읽고 시간 낭비만 할 필요는 없는 것이다.

아래의 해당 문제를 먼저 볼 때는 대충 읽어서는 안되며 내용을 확실히 이해하기 위해서 필요하면 2~3번씩이라도 반복해서 읽어야 한다. 이 경우에 문제에서 요구하는 바가 뭔지 정확히 모를 땐
위의 지문과 아래의 문제를 계속 왔다 갔다 하며 쓸데없이 시간만 낭비하게 된다.
물론 수험생의 개인적인 학습법에 따라 접근법은 달라질 수도 있겠지만 어차피 시간적인 제약이나 제한으로 인하여 나중에 문제를 풀지 못하는 경우가 종종 발생하기 때문에 어쩔 수 없이 이런 방법을 적용해야 대처할 수 있게 된다. Part 5, 6에서 그만큼 문제당 시간을 최소한 줄인 이유는 Part 7에 대처하기 위함이다.

고로 토익 독해는 문제에서 요구하는 부분만을 취사선택함으로써 최소한의 시간 안에 최대한 빨리 정답을 검색해야 한다.

실제 정답 검색 순서!

1 첫 문제의 정답, 내지 힌트는 두괄식 구성이므로 전체 글의 지문 중, 보통 첫 2~3 문장에 있다.

2 마지막 문제의 정답 내지 힌트는 보통 글의 후반부 마지막 2~3 문장에 있다.

3 정답을 고를 땐, 위의 지문에 어휘와는 철자가 바뀐 채 숨어 있는 동의어, 쉽게 풀이 설명된 표현 (paraphrasing, rephrasing)을 고른다. 즉, 위의 지문과 공통 단어가 가장 적은 것을 정답으로 고른다.

4 정답은 보통 각 문단별로 각각 1개정도 출제된다. 두 문단의 경우, 첫 문제는 첫 문단에 제시되며 마지막 문제는 보통 두 번째 문단에 제시된다. 정답이 한 문단에 모두 몰리는 경우는 거의 출제되지 않는다.

5 정답이 고유 명사(인명, 지명, 회사명, 조직 단체 명, 상품명 등)이거나 동의어가 없는 어휘의 경우는 같은 철자의 어휘를 그대로 정답으로 고른다.

6 의문사가 정답의 모습을 결정하므로, 의문사와 일치하는 표현이 정답이다. 급할 경우는 의문사만 보고 해당되는 종류의 모습을 지문 중에서 바로 고른다. 다음은 해당 문제의 의문사별로 출제되고 있는 정답의 모습들이다. 보통, 토익 청취의 경우도(Part 2, 3, 4) 지엽적인 문제를 제외하고는 다음과 같이 정답은 출제된다.

1. who(m) 또는 which{1~4까지 선택}	◯ 사람이 정답이다.
2. what / which	◯ 사물이나 추상 명사가 정답이다.
3. when	◯ 시간, 숫자가 정답이다.
4. where	◯ 장소, 지명이 정답이다.
5. why	◯ 이유, 원인의 because, since, as, to부정사, so that, in order that, due to + 명사, for + 명사 등이 정답.
6. how + 형용사	◯ 숫자 내지 수량 형용사가 정답
7. how	◯ ① 형용사 + ly (양태 부사, 정도 부사)가 정답이다. ② in a{n} + 형용사 + manner{way, fashion}이 답이다.

1. 독해력을 키워주는 토익 어휘 따라잡기 -공공편-

각종 단체의 행사 및 지역 사회와 공동체, 정부 기관 등의 공지 사항, 규칙과 새 법안, 처벌, 신문, 방송 등의 각종 대중 매체 및 신문, 잡지 등의 홍보 및 광고, 각종 통신 수단, 다양한 환경과 날씨 등을 다양하게 출제하고 있다.

1. 운영 **operation**
2. ~에서 자금을 충당하다 **be funded from**
3. ~의 판매 **the sale of**
4. 우표와 우편 요금 **stamps and postage**
5. 이례적인, 특별한 **exceptional**
6. 주목할 만한 **remarkable**
7. 배달하다 **deliver**
8. 주소 **address**
9. 연간 수입 **annual revenues**
10. 십억 **billion**
11. 다루다, 취급하다 **deal with, cope with, treat**
12. 우편물 **pieces of mail**
13. 첨단 장비 **high-tech equipment**
14. 제공하다 **offer**
15. 가장 저렴한 **the lowest-cost**
16. 제1종 우편요금 **first-class postage rates**
17. 산업국 **industrialized nation**
18. 자활하는 **self-sustaining, self supporting**
19. 관리 **official**
20. 가장 싼 것(물건, 서비스) **the best buy**
21. 행정 처리하다 **administer**
22. 허가하다 **authorize, give permission**
23. 관리하다 **manage, organize, govern**
24. 관계 당국 **authorities**
25. 행정 당국 **administration**
26. 정부 **government**
27. 지방의 **local, provincial, regional**
28. 연방의 **federal**
29. 시장 **mayor**
30. 공무원 **public servant**

2. Part 7 실전문제 따라잡기

Questions 1-3 refer to the following advertisement.

---

the United States Post Office

All of our operations are funded from the sale of stamps and postage. It's been that way since 1982 and it makes us an exceptional government service. This is pretty remarkable when you consider that just about every day, the Postal Service delivers to 125 million addresses from more than 40,000 post offices across the country, generating annual revenues of $54 billion. Or that we deal with 177 billion pieces of mail a year and deliver 40% of the world's mail. And that, thanks to high-tech equipment, the U.S. Postal Service continues to offer one of the lowest-cost first-class postage rates of any industrialized nation.

The U.S Postal Service has been since 1982 self-sustaining and the best buy in town.

---

1. From where does the U.S. Postal Service derive its operating revenue?

    (A) Taxes
    (B) Donations
    (C) Advertising fees
    (D) Stamps and postage

2. What percentage of the world's mail is delivered by the U.S. Post Office?

    (A) 19%
    (B) 25%
    (C) 40%
    (D) 54%

3. In what year did the Post Office become financially independent?

    (A) 1977
    (B) 1982
    (C) 1988
    (D) 1992

[해석]

> ## 미국 우편국
>
> 모든 운영은 우표 판매한 것과 우편 요금에서 충당한다. 1982년부터 이렇게 운영되고 있어서 이례적인 정부 부서가 되었다.
>
> 다음 같은 상황을 고려해 볼 때 아주 주목할 만한데, 매일 같이 우편국은 전국적으로 4만 개소 이상의 우체국을 통해서 1억 2천 5백 주소지에 배달함으로써 연간 5백 40억불의 이윤을 창출한다는 사실이다. 또는 연간 천7백7십억 불의 우편물을 취급해서 전세계 우편물의 40%을 다룬다는 사실도 그러하다. 뿐만 아니라 최첨단 장비로 인해서 미국의 우편국은 모든 산업국에 가장 저렴한 제 1종 우편요금을 지속적으로 제공할 것이다.
>
> 미 우편국은 1982년 이후로 자립 형태로 운영되어 왔으며 이 지역에서는 가장 저렴한 요금이다.

1. 미 우편국은 어디서 운영 자금을 충당하나?

  (A) 세금   (B) 기부금
  (C) 광고비   (D) 우표와 우편 요금

  [공략법] 첫 문제의 정답은 두괄식 구성으로 거의 첫 2~3 문장에 제시된다.

2. 전세계 몇 %의 우편물을 미 우편국에서 취급하는가?

  (A) 19%   (B) 25%
  (C) 40%   (D) 54%

  [공략법] 정답은 항상 종속절(that절) 자체이거나 또는 종속절 바로 뒤에 흘린다. %가 나온 것만 골라 바도 접속사 and 뒤에 40%밖엔 없다.

3. 몇 년도에 미 우체국은 경제적으로 자립했는가?

(A) 1977   (B) 1982
(C) 1988   (D) 1992

  [공략법] 마지막 문제는 언제나 그렇듯이 마지막 2~3 문장에서 찾되 의문사가 정답의 모습을 결정한다. 마지막 문장에서 in what year… 즉 구체적인 연도는 1982.

어구 I operation 운영 be funded from ~에서 자금을 충당하다 the sale of ~의 판매 stamps and postage 우표와 우편 요

정답 ▶ 1. D 2. C 3. B

금 exceptional 이례적인, 특별한 remarkable 주목할 만한 deliver 배달하다 address 주소 generate 만들다, 창출하다 annual revenues 연간 수입 billion 십억 deal with 다루다, 취급하다 pieces of mail 우편물 a year 매년 thanks to(= due to, because of, owing to, on account of) ~덕택에 high-tech equipment 첨단 장비 continue to 계속하다 offer 제공하다 the lowest-cost 가장 저렴한 first-class postage rates 제1종 우편요금 industrialized nation 산업국 self-sustaining(= self supporting) 자립하는, 자활하는 the best buy 가장 싼 것(물건, 서비스)

1-2 초안에 독해 정답 고르기
정답은 주로 종속절 속에 숨어 있으며, 주절은 일반적인 정보만을 제시해 준다.

주절은 일반적인 명제나 정보 내지는 결론만을 제시하며, 이런 주절 앞이나 뒤에 나와 주절의 내용을 자세히 부연 설명해 주는 종속절들이 6하 원칙에 해당되는 구체적이고도 상세한 정보를 나타내며 다양한 정보를 제시함으로서 해당 문제의 정답이나 힌트를 갖는다.

■ 40여 개 이상의 종속절 중에서 부사절(구)이 가장 많은 정답을 갖고 출제된다! 그 다음은 관계절과 명사절 순서로 정답을 지니게 된다.

■ 부사절을 이끄는 접속사와 어구(although, because, since 등 40종 이상), 관계사(who, which, that, where 등 5~6종), 명사절을 이끄는 접속사(that, whether, if, how 등 3~4종), 이들 모두 합하면 60여 종 이상 출제되지만, 이 중에서도 종류가 가장 많고 가장 자세하고도 명확한 세부 사항과 정보를 제시하는 부사절을 이끄는 접속사는 전치사구, 접속부사, 분사 (구문), to부정사, 각종 다양한 부사류 등으로 변형됨으로서 해당 문제들의 직접적인 정답이나 결정적인 힌트를 지니면서도 때로는 정답을 찾기 어렵게끔 문체(style)를 변형시켜 출제하므로 주위가 요구된다.

■ 부사절 중에서도 글의 전개 구성상 앞의 내용과 반전, 역접, 이유, 단서, 중요 시점, 장소 관계를 나타내는 양보, 역접, 부정, 목적, 조건, 이유, 시간, 장소의 부사절, 부사구, 부사류, 전치사류가 거의 모든 정답 내지 힌트를 갖는다. 특히 숫자, 장소, 인물, 업무등을 정답으로 출제한다.

■ 해당 문제의 정답 내지 힌트를 주는 접속사들을 익혀라!

아래의 접속사와 각종 부사들은 그 자체가 정답이나 힌트이며, 또는 이들 바로 근처인 뒷부분이 정답이나 힌트를 갖는다. 이는 토익 청취 Part 4에서도 마찬가지로 아래 접속사들 뒤에 정답과 힌트를 준다.

해당 문제의 정답 내지 힌트는 바로 접속사들이다. 그러나 의도적으로 접속 부사, 분사, 분사 구분, to부정사, 문장 부사 등으로 모습을 변화시킨다. 그러므로 전체 글(passage)속의 접속사는 보통 2~3개에서 4~5개 정도로 적게 등장하며 이들 접속사가 아래 해당문제들의 결정적인 정답 내지 힌트가 된다.

정답과 결정적인 힌트를 제시해 주는 접속사들이다.

although, even if(though), as if, as though, but, while(반면에), whereas(하지만), because, since, as, for(왜냐하면), now that(때문에), in that(~이므로), by the time(~쯤에는) seeing[considering] that(~이므로), if, unless, not ~ until, in case that(~할 경우에), so that(~하기 위해서), in order that(~하기 위해서), lest ~ should(~하지 않기 위해서), when(ever), where, as(~처럼, ~함에 따라서), while(~동안에), once(~하자마자), after, before, since(~이후로), [un]till(~까지), as soon as(~하자마자), no sooner ~ than(~하자마자),

▶ 해당 문제의 정답 내지 힌트를 주는 접속 부사들이다.

정답 내지 힌트를 주는 접속 부사, 설명 부사, 평가 부사, 서법 부사 등 문장 독립 부사들은 바로
뒤따르는 문장 전체를 수식하며 결정적인 정답 내지 힌트를 주게 돼있다.
토익 청취 part 4 에서도 마찬가지로 이들 부사들 뒤엔 정답 내지 힌트들이 있기 마련이다.

■ 접속 부사 : 문장이나 단어를 연결한다.

namely(즉), that is(즉), in other words(다시 말해), for instance(예를 들어), therefore(그러므로), thus, so, hence(이와 같이), consequently(결과적으로), accordingly(따라서), of course, besides(게다가), also, moreover(더욱이), likewise(마찬가지로), in addition(게다가), nevertheless(그럼에도 불구하고), however(그러나), still(그래도 아직), yet(그럼에도), though, otherwise(그렇지 않으면 = or, or else), then, first[ly], second[ly], last[ly], to conclude(마지막으로), to begin with(우선)

② 설명 부사 : 문장 전체를 수식하여 확실성, 사실 여부를 부연하여 설명한다.

personally, frankly, broadly(대체로 말하면), honestly, truly, generally, strictly, briefly, simply, candidly, actually

③ 평가 부사 : 문장 전체를 수식, 판단하는 부사이다.

fortunately, regretably, strangely, curiously, surprisingly, luckily, wisely, foolishly

④ 서법 부사 : 문장 전체를 수식, 사실 여부를 나타내는 부사이다.

certainly, probably, obviously, maybe

1. 독해력을 키워주는 토익 어휘 따라잡기 -회계 · 세무편-

각종 단체의 행사 및 지역 사회와 공동체, 정부 기관 등의 공지 사항, 규칙과 새 법안, 처벌, 신문, 방송 등의 각종 대중 매체 및 신문, 잡지 등의 홍보 및 광고, 각종 통신 수단, 다양한 환경과 날씨 등을 다양하게 출제하고 있다.

1. 국세청 **Internal Revenue Service**
2. 인정하다, 시인하다 **sanction**
3. 소득세를 부과하다 **tax incomes**
4. ~에 관한 **relating to, regarding, concerning, as to**
6. 사회 보장 **social security**
7. 세금 **revenue, tax**
8. 수입 총액 **revenues, income** *순수입 net profit
9. 행정 조직 **administrative organization**
10. 지구 **region**
11. 지역 **district**
12. 창구, 사무소 **field office**
13. 기능 **function**
14. 법인의 **corporate**
15. 소득세 **income tax**
16. 사회 보장세 **social security tax**
17. 소비세 **excise tax**
18. 상속세 **estate tax**
19. 증여세 **gift tax**
20. 회계하다 **audit**
21. 회계 연도 **accounting year, fiscal year**
22. 계산하다 **account, calculate**
23. 어림잡다, 산정하다 **estimate, assess**
24. 지출 **expense, expenditure**
25. 총매출 **turnover**
26. 경상비 **overhead expense, overheads**
27. 1/4분기 **quarter**
28. 감가상각비 **depreciation**
29. 기한 임박한 **impending**
30. 마감 시한 **deadline**

Questions 1-4 refer to the following news article.

AMERICAN REVENUE SERVICE

The Internal Revenue Service was created in 1862, but did not take its present from until the federal power to tax incomes was sanctioned in 1913. As a division of the Department of the Treasury, the IRS administers internal revenue laws except those relating to alcohol, tobacco, firearms, and explosives. Its chief function is the collection of personal and corporate income taxes, social security taxes, and excise, estate, and gift taxes. Taxation of income in particular has increased enormously since World War II. Most of the approximately 118,000 employees of the IRS work in field offices throughout the country. There are 7 regions, each headed by a regional commissioner, and 64 districts administered by district directors.

1. When did the IRS acquire the right to tax citizens' wages?

    (A) 1862

    (B) 1913
    (C) During the Second World War
    (D) Upon its institution

2. The IRS deals with all of the following EXCEPT

    (A) Taxes on estates   (B) Taxes on liquor
    (C) Taxes on an individual's income   (D) Collecting money for social security

3. According to the reading, when did collection of taxes based on wages become a much more significant source of revenue?

    (A) 1862   (B) When the IRS began taxing alcohol
    (C) 1913   (D) In the last 50 years

4. How many regional commissioners are included in the IRS administrative organization?

    (A) Only one   (B) Seven
    (C) 64   (D) 118,000

3. Part 7 공략법 따라잡기

[해석]

> **미 국세청**
>
> 국세청은 1862년에 창설되었으며, 현재의 모습을 갖춘 것은 1913년에 소득세를 부과하는 권한이 연방 정부에 인정되고 나서이다. 재무부의 한 국으로서 국세청은 주류, 담배, 소화기, 폭발물에 관한 세금을 제외한 내국세 법을 집행한다. 그 주요 역할은 개인과 법인의 소득세, 사회 보장세, 소비세, 상속세, 증여세를 징수하는 것이다. 2차 세계 대전 후 특히 소득세 수입은 현저하게 증가했다.
> 약 11만 8천명의 국세청 직원 대부분은 전미 각지의 지국에서 일하고 있다. 7개 지구가 있는데, 각 지구는 지역 행정관이 다스리고 있고, 그 밑의 64개 지역은 그 지역장이 다스리고 있다.

1. IRS가 국민의 임금에 세금을 부과하는 권한을 얻은 것은 언제인가?

   (A) 1862년
   (B) 1913년
   (C) 2차 대전 중에
   (D) 창설시

   [공략법] 역접의 but뒤에 정답이 있다. *not ~ until in 1913

2. 다음 가운데 IRS가 다루지 않는 것은?

   (A) 상속세
   (B) 주세
   (C) 개인 소득세
   (D) 사회 보장 제도를 위한 세금 징수

   [공략법] except뒤가 정답으로서 열거 형태를 이루고 있다.

3. 이 글에 의하면 소득세의 징수가 중요한 세입원이 된 것은 언제인가?

   (A) 1862년
   (B) IRS가 주류에 세금을 부과하기 시작했을 때
   (C) 1913년
   (D) 지난 50년간

   [공략법] since가 정답과 힌트이다. 2번 바로 다음에 3번의 힌트를 주며 정답은 철자를 바꿔서 제시한다.
   *since World War II ◐ in the last 50 years

4. IRS의 행정 조직에는 몇 명의 지역 행정관이 있는가?

   (A) 1명만(오답 장치⇒only)
   (B) 7명
   (C) 64명
   (D) 11만 8천명
   [공략법] 마지막 문제는 마지막 2~3 문장에서 힌트와 정답을 준다.

[어구] Internal Revenue Service 국세청 sanction 인정하다, 시인하다 tax incomes 소득세를 부과하다 relating to ~에 관한 firearms 소총 explosive 폭발물 social security 사회 보장 revenue 세금 revenues 수입 총액 administrative organization 행정 조직 region 지구 district 지역 field office 창구, 사무소 function 기능 **corporate** 법인의 income tax 소득세 social security tax 사회 보장세 excise tax 소비세 estate tax 상속세 gift tax 증여세

정답 ▶ 1. B 2. B 3. D 4. B

1-2 초안에 독해 정답 고르기
정답 내지 힌트는, 각종 true marks 바로 뒤에 등장한다.

일반적으로 첫 번째 문제의 정답은 첫 2~3 문장에 오며, 마지막 문제의 정답은 마지막 2~3 문장에 등장한다. 전/후반부에서 정답을 찾을 땐 직접적인 정답이나 결정적인 힌트가 되고 있는 부사절, 관계절, 명사절 등은 최종적으로는 다음과 같은 marks 들로 변형 발전해서 역시 독해 문제의 정답 내지 힌트를 쉽게 찾지 못하게 제시해 준다. 다음과 같은 marks들을 이용하면 신속 정확히 1~2초안에 정답의 위치를 찾아낼 수 있으며 최소한의 시간에 최대한의 정답을 확보할 수 있게 된다.

- 정답의 위치를 잘 활용해서 득점으로 연결시키도록 한다. 특히 컴마(,)가 (열거의 컴마, 주어와 동사 사이의 삽입의 컴마, 동격의 컴마…) 있는 영역은 항상 문제가 출제되며 거의 정답과 힌트도 함께 등장한다는 것을 명심하자.

1 콜론(:), 세미콜론(;), 컴마(,) 뒤가 정답과 힌트이다.

➡ 종속절(부사, 관계절, 명사절)을 줄이면 결국, 이들 true mark(콜론, 세미콜론, 컴마)들로 변형 축소되며, 정답 내지 힌트들은 주로 이들 true mark의 바로 뒷부분이 된다.

2 열거 형태【 A, B, and C (또는 A and B) 】에 답이 있다.

➡ 종속절을 줄이면 열거 형태로 변형 축소되며 이 곳에선 반드시 문제가 출제된다. 이 때 주로 정답은 A, B, C 셋 중 하나가 되며, 보통 접속사 뒤에 있는 C가 가장 많고, A는 적은 편이며 함정으로 오답일 때도 있다.

3 삽입 구조【 주어, 삽입 어구, 본동사 】가 정답이다.

➡ 부사절 등의 종속절을 축소 변형시키면 주어와 동사 사이에 위치하는 삽입 어구가 되며 이는 결정적인 정답의 위치로 출제된다.

4 동격의 or나 컴마【 A or(=) B내지는 A ,(=) B 】가 정답이다.

➡ 종속절을 축소시키면 동격의 접속사 OR(= 즉, that is to say, namely) 내지는 동격의 컴마(, = 즉)가 되며, 이 때 주

로 정답은 A나 B가 되며 주로 B가 정답으로 몰리는 경향을 보인다.

5 인용 부호(single/double quotation mark)【 "A" 】가 정답이다.

○ 종속절을 축소시키면 인용 부호로 변하게 되며 결정적인 정답 내지 힌트로 출제된다.

6 괄호, 동격의 데쉬, 밑줄【 (   ) , A - B , A 】등은 정답이다.

○ 종속절을 최소화시키면 괄호, 동격의 데쉬, 밑줄 등의 형태로 줄게 되며 역시 해당 문제의 정답 내지 힌트로 출제되고 있다.

7 볼드(Bold Face)체, 이탤릭(Italic)체 등은 변형된 정답이다.

○ 종속절을 줄이면 bold체나 Italic체 등의 글자체로 변형 · 축소되며, 해당 문제의 중요한 정답 내지 힌트로 출제된다.

1. 독해력을 키워주는 토익 어휘 따라잡기 -금융편-

각종 단체의 행사 및 지역 사회와 공동체, 정부 기관 등의 공지 사항, 규칙과 새 법안, 처벌 신문, 방송 홍보 및 광고, 각종 통신 수단 등을 출제한다.

1. 목표 **target for**
2. 위조 **forgery, counterfeit**
3. 중장기 채권 **medium-and long-term certificates**
4. 무기명 채권 **bearer securities**
5. 위조범 **counterfeiter**
6. 국채 **note**
7. 만기가 다가오다 **near maturity, fall due**
8. ~로 인쇄되다 **be printed with**
9. 질 나쁜 종이 **poor quality paper**
10. 화상 복사 기술 **scanning technology**
11. 비 물질화 **dematerialization**
12. 국채, 증서 **certificate**
13. 전산화하다 **computerize**
14. 국채권 **bond ownership**
15. 은행 **bank**
16. 금융기관 **financial institution**
17. 채권자 **creditor, payee, lender**   * 채무자 **payer, debtor**
18. 융자 **loan**
19. 저당 융자 **mortgage**
20. 은행 인출 **withdrawal**
21. 은행 입금 **deposit**
22. 이자율 **interest rate**
23. 예금하다 **save, deposit, reserve**
24. 잔고 **balance**
25. 계좌 **account**
26. (돈) 빌리다 **borrow, owe**
27. (돈) 빌려주다 **lend, loan, allow**
28. 부채 **debt**
29. 만기가 되다 **fall due, reach maturity**
30. (이자) 생겨나다, 붙다 **accrue**

2. Part 7 실전문제 따라잡기

Questions 1-3 refer to the following news article.

Forgery On The Rise

The favorite target for Italian forgers are medium-and long-term certificates (CCTs) - bearer securities, which do not carry their owners' names. Counterfeiters seem to prefer 10 million lire notes that are nearing maturity.
As the CCT design does not change from year to year, and they are printed with poor quality paper and inks, forgery is not difficult. Recent advances in printing and computers, especially scanning technology, have made the job even easier - and cheaper.
The main weapon used by the government against forgeries is "dematerialization," or paperless trading, where physical certificates are replaced by computerized records of bond ownership.

---

1. What are Italian forgers counterfeiting the most?

   (A) Bogus government securities
   (B) Stock certificates in blue chip companies
   (C) Small - and medium-denomination banknotes
   (D) Ten million lire medium - and long-term certificates

2. What is one factor contributing to the ease of counterfeiting in Italy?

   (A) High quality inks are readily available.
   (B) Penalties for counterfeiting are small.
   (C) CCTs are printed with inferior materials.
   (D) There are too few trained anti-forgery investigators.

3. How is the Italian government trying to combat the problem of forgery?

   (A) By shifting to electronic bonds
   (B) By re-designing all government issued securities
   (C) By putting magnetic strips in large-denomination currency
   (D) By controlling the sale of sophisticated scanning equipment

3. Part 7 공략법 따라잡기

[해석]

> **위조 건수 증가**
>
> 이태리 위조 범들이 주로 노리는 대상은 채권자의 성명이 기재되지 않은 중, 장기 무기명 국채로 만기일이 가까운 1,000만 리라 짜리 국채가 가장 성호 되고 있다. 국채의 디자인이 매년 바뀌지 않은 데다가 질 낮은 종이와 잉크로 인쇄하기 때문에 이를 위조하는 것은 어렵지 않다. 최근에는 인쇄술과 컴퓨터의 발달, 특히 화상 복사 기술의 발달로 위조를 더욱 용이하고 저렴하게 만들었다. 위조를 막기 위한 정부의 대책은 "종이를 없애는 작업," 즉 국채 없는 거래로 국채를 채권자에 대한 컴퓨터 기록으로 대체하는 것이다.

1. 이태리 위조 범들이 가장 많이 위조하는 것은?
   (A) 위조 국채   (B) 우량 기업 채권
   (C) 소액권   (D) 1,000만 리라짜리 중, 장기 국채

   [공략법] 첫 문제이므로 역시 첫 2~3 문장에 정답이 제시된다. 동격의 데쉬(A - B)가 나와서 정답을 쉽게 주고 있다.

2. 이태리에서 위조하기 쉬운 한 가지 이유는?
   (A) 질 좋은 잉크를 쉽게 구할 수 있어서
   (B) 위조 범에 대한 형벌이 가벼워서
   (C) 질이 나쁜 재료로 국채를 인쇄해서
   (D) 위조 단속반에 노련한 수사관이 적어서(오답 장치⇒too few)

   [공략법] 접속사 as가 정답의 이유를 제시해 준다. 보통 문단별로 1개의 정답을 출제한다. 철자 바뀐 동의어 (poor quality ⭘ inferior materials)가 정답이다.

3. 이태리 정부가 위조 문제에 대처하기 위해 모색하는 방법은?
   (A) 전자 채권으로 대체한다.   (B) 모든 국채의 디자인을 바꾼다(오답 장치⇒all)
   (C) 고액권에 마그네틱 선을 부착한다.   (D) 정교한 스캐너 판매를 통제한다.

   [공략법] 마지막 문제이므로 마지막 2~3 문장에 정답이 있다. 동격의 접속사 or와 따옴표(double quotation mark)가 정답을 준다. 본문과 철자를 바꿔("dematerialization" or paperless trading ⭘ electronic bonds) 정답을 제시하고 있다.

어구 | target for 목표 forgery 위조 on the rise 증가하는 medium-and long-term certificates (CCTs) 중장기 채권

bearer securities 무기명 채권   counterfeiter 위조범 seem to ~인 것 같다 prefer 더 좋아하다 lire 이태리 화폐 단위 note 국채 near maturity 만기가 다가오다 from year to year 해마다 be printed with ~로 인쇄되다 poor quality paper 질 나쁜 종이 scanning technology 화상 복사 기술 dematerialization 비물질화 trading 거래 physical 물 질적인 certificate 국채, 증서 replace 대체하다 computerize 전산화하다 record 기록 bond ownership 국채권

정답 ▶ 1. D 2. C 3. A

1-2 초안에 그림의 정답 고르기
가장 큰 숫자(구간)는 극대치의 정답이며,
가장 적은 숫자(구간)는 극소치의 정답이 된다.

① 차트(chart), 표(table), 그래프, 서식 등은 전체 중 1~2개의 비중으로 출제된다.

② 우선 그림의 제목을 파악한다. 곧! 대의나 주제(main idea)와 연결된다. 역시 문제를 먼저 보고 그림과 공통 단어가 가장 적은 쉽게 풀이된 것(paraphrasing)을 정답으로 고른다.

③ 그 출제 유형은 다음과 같다.

1. 극대치와 극소치를 찾아라!
주로 첫 문제는 극대치/극소치를 정답으로 출제한다.
가장 큰 숫자(구간, 그림, 그래프)가 극대치의 정답이며 정 반대로 가장 작은 숫자(구간, 그림, 그래프)는 극소치의 정답이 된다.

2. 평균(average)과 차이(range)를 찾아라!
일반적으로 숫자의 대소 관계를 묻는다. 최고치(the highest) 에서 최저치(the lowest)를 뺀 값이 그 차이(range)가 된다. 이 때 각 숫자의 단위를 조심한다.

3. 그림의 전체 분석 문제로서 큰 숫자나 구간의 의미를 찾아라! 또는 작은 숫자나 구간의 의미를 간파하라! 주로 마지막 문제로 출제된다.

[기출 유형 체험하기]

1. 독해력을 키워주는 토익 어휘 따라잡기 -경제편-

제조업, 서비스업 등 주요 산업 분야나 특정 산업이나 특정 기업의 동향이나 움직임 및 정보를 각종 산업별로 출제하며 부의 사회적 재분배에 따른 변화를 전반적인 경기 호황이나 불황의 진행 과정에 맞는 정보를 제시하고 출제한다.

뿐만 아니라 각종 신용 카드 및 화폐 등을 다루는 금융 기관, 재산, 부동산, 돈, 상품과
서비스에 대한 이윤 활동과 관련 상거래, 각 기업의 경기 상황에 따른 기업 동향을 자세히 출제하며 이를 통계와 수치상으로 표시한 수와 양의 변동폭을 제시해 준다.

> • 부의 재분배에 관한 기출 어휘 체험하기
>
> 1. 공정한 **fair, just**
> 2. 점유, 몫 **share**
> 3. 부, 재산 **wealth**
> 4. 가구 **household**
> 5. 공평하게 **equitably**
> 6. 분배하다 **distribute**
> 7. 집중시키다 **concentrate on, center on, focus on**
> 8. 인구 **population**
> 9. 경향, 추세 **trend**
> 10. 설명하다 **illustrate**
> 11. 축적하다 **accumulate**
> 12. 줄다 **shrink, decline, decrease, drop, sink, fall, reduce**
> 13. 부유한 **wealthy, rich**
> 14. 폭락하다 **plunge, crash, collapse, plummet**
> 15. 축소하다 **curtail, curb**
> 16. 급등하다 **soar, surge**
> 17. 두배가 되다 **double**
> 18. 증가 추세이다 **on the rise**
> 19. 능가하다 **exceed, surpass, outdo, outnumber**
> 20. 늘다 **increase, rise, hike, climb, multiply**
> 21. 수치 **digit, figure, number**
> 22. 비율 **rate, percent, ratio**
> 23. 최대화하다 **maximize**
> 24. 최소화하다 **minimize**   25. 대략, 거의 **approximate, rough, about, estimated**

Questions 1-3 refer to the following graph.

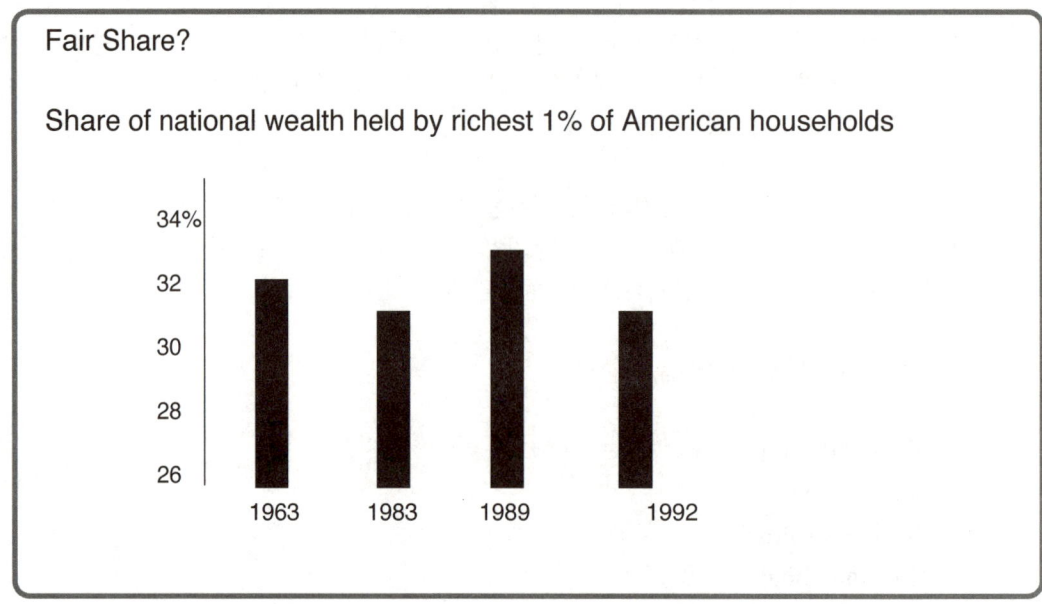

1. According to the graph, in what year was the national wealth least equitably distributed?

   (A) 1963   (B) 1983
   (C) 1989   (D) 1992

2. According to the graph, in what year was the national wealth least concentrated in the hands of the richest 1% of the population?

   (A) 1963   (B) 1983
   (C) 1989   (D) 1992

3. What trend is illustrated by the graph?

   (A) Most Americans are becoming poorer.
   (B) The rich are accumulating a larger share of the wealth.
   (C) The number of households in the United States is shrinking.
   (D) Wealth is becoming less concentrated in the hands of the very wealthy.

3. Part 7 공략법 따라잡기

[해석]

> 공평한 분배?
> 미국의 최고 부유한 1%가 차지하고 있는 부의 점유율

1. 그래프에 따르면 국가의 부가 가장 불공평하게 분배되었던 해는?

    (A) 1963년   (B) 1983년

    (C) 1989년   (D) 1992년

    [공략법] 그림 문제의 경우 극대치와 극소치가 출제된다. 그림이나 숫자가 가장 큰 구간(극대치)과 가장 작거나 적은 구간(극소치)은 항상 정답이 된다. 이 그림에서는 1989년과 1992년이 외관상 보기에도 극과 극을 보여 정답임을 쉽게 알 수 있다. 막대그래프가 높을수록 불공평한 분배가 된다.

2. 부유층 1%에 집중된 부가 가장 적었던 해는?

    (A) 1963년   (B) 1983년

    (C) 1989년   (D) 1992년

    [공략법] 1992년이 외관상 보기에도 극소치임을 보여서 정답임을 쉽게 알 수 있다. 막대그래프가 낮을수록 공평한 분배로서 사회에 되돌려 진다.

3. 이 그래프에서 알 수 있는 추세는?

    [공략법] 마지막 문제는 그림의 분석 문제로서 숫자의 대소 관계가 의미하는 바를 정답으로 한다.

    (A) 미국인 대다수가 점점 더 가난해지고 있다. (오답 장치⇒most)
    (B) 부유층이 부를 점점 더 많이 차지하고 있다.
    (C) 미국의 가구 수가 줄어들고 있다.
    (D) 부가 부유층에게 덜 집중되고 있다.

어구 | fair 공정한 share 점유, 몫 wealth 부, 재산 household 가구 equitably 공평하게 distribute 분배하다 concentrate 집중시키다 population 인구 trend 경향, 추세 illustrate 설명하다 accumulate 축적하다 shrink 줄다 wealthy 부유한

정답 ▶ 1. C 2. D 3. D

1-2 초안에 오답 장치를 이용한 오답 제거하기

보기 중에서 다음 오답 장치들은 오답이므로 제거된다.

『only, all, many, most, every, each, too+형용사, no+명사 등』

오답 장치

출제자들의 개인적인 입장과 주관, 간섭, 극단적 확신, 극단적인 긍정, 극단적인 부정, 극단적인 전체 표현들로서 마치 정답인 것처럼 분위기를 조장하는 함정들이지만 그 극단적인 성향으로 인해 결국은 오답이 되는 것들이다. 딱히 정답을 모를 때, 토익의 청취나 독해에서 아래의 오답 장치들이 등장할 땐 곧 오답이 되고 만다.

그러나 문제(질문)의 내용 속에 아래의 표현들이 똑같이 등장할 경우, 극히 드물지만 지엽적인 문제들로서 정반대로 정답이 되는 경우로써 1~8%까지 나타나고 있다.

① 극단적인 제한 표현 : only, alone, no more than, single, solo, merely, just, even, simply

 ◑ 지엽적인 문제에선 2~3% 정도 정답이 될 경우도 종종 있다.

② 극단적인 전체(수량) 표현 : all, every, any, many, much, most, a number of, an amount of, some, any other, each other, each both, several, quite a few, a crowd of

 ◑ 지엽적인 문제에선 2~3% 정도 정답이 될 경우도 종종 있다.

③ 극단적인 부정 표현 : 지엽적인 문제에선 5% 정도 정답이 될 경우도 있다.
  no+명사, nobody, nothing, nowhere, never, none, no one, neither, no longer[more],
  too + 형/부, seldom, scarcely, hardly, rarely, without, cannot, fail to, wrongly, badly, poorly
  부정접두사 (dis-, ir-, il-, in-, un-, non-), not ~enough, not ~either, not ~at all, not ~a bit, not ~in the
  least, not ~anymore

④ 극단적인 확신 표현 : sure, certain, confident, assured, major, excessive, exact, finally, mostly, totally,
  closely, main[ly], chief[ly], completely, absolutely, surely, certainly, definitely, automatically, exactly,
  easily, eventually, enormously, exclusively, thoroughly

 ◑ 지엽적인 문제에선 2~3% 정도 정답이 되는 경우도 있다.

⑤ 극단적인 간섭, 개입, 사견 표현 : 지엽적인 문제에선 5~8% 정도가 정답으로 출제되기도 한다. 특히, some, any, another, need, have to, had better, should have -ed[p.p], difficult, hard 등이 그런 경향을 보인다.

be asked[required] to, should, must, have to, need to, had better, would rather[sooner], should have -ed, difficult, hard, impossible, unlikely, useless, needless, -er ~than, as ~as, such ~as, the same ~as, more ~than, less ~than, rather than, other than would like to, should like to

⑥ 극단적인 무관심, 일반적인 경향 표현 : sometimes, always, already, usually, still, occasionally, really, forever, but ~not, -self, all the same

   ◑ 지엽적인 문제에선 2~3% 정도 정답이 될 경우도 있다.

⑦ 극단적인 강조 표현 : the most+형용사, the best, the latest, the earliest, the first, the last, -est, very, first of all, 형용사+enough, because, since, as, pretty, so+형용사

   ◑ 지엽적인 문제에선 3% 정도 정답이 되는 경우도 있다.

[기출 유형 체험하기]

1. 독해력을 키워주는 토익 어휘 따라잡기 -제조업편-

새로운 제품의 생산 및 시설 공정과 공장, 새 상품의 출시 및 생산품, 제품의 특징, 생산 직후 판매 제품 보관, 상품 요청 및 주문 변경과 취소, 대금 지불 방법, 제품 운송 서비스, 제품 판매 직후 애프터서비스, 배달 방식 표현 등을 출제하고 있다.

1. 고객 만족도 **customer satisfaction**
2. 충돌하다 **crash**
3. 버전업시켜주다 **update**
4. 무상으로 **free of charge**
5. 임시 파일 **temp file**
6. 발매되다 **be released**
7. ~인지를 알려주다 **let me know if**
8. ~라고 보다 **suspect that**
9. 기꺼이 ~하다 **feel free to**
10. 제거하다 **remove**
11. 다시 시작하다 **restart**
12. 자동적으로 **automatically**
13. 생성하다 **regenerate**
14. 부품 **part, component, attachment**
15. 장치 **device, gadget**
16. 생산품 **product, goods**
17. 시장 상품 **merchandise, commodity**
18. 기계 장비 **equipment, instrument**
19. 가전제품 **appliance**
20. 특허권 **patent**
22. 상표 **trademark, label**
23. 원자재 **raw material, crude material**
24. 완제품 **finished goods**
25. 특산품 **specialty**

Questions 1-3 refer to the following business letter.

MON 3/22/93 3:17 PM

Station Earth Communication, Inc.
Customer Satisfaction
685 East Hardcourt Road, Bldg. B

To: John Peter
Voice: 213-955-5436
Fax: 213-951-3001

Dear Mr. Peter
Thank you for your fax of March 15.
Could you tell me which version of Station Earth software you are currently using on your computer? Our newest version of this software, version 3.09, was released on march 1. Please let me know if you need this version. We will be happy to update your version free of charge. I suspect that the crashing of the computer is caused by a corrupted temp file. We have received several reports of frequent crashes caused by defective temp files. Please feel free to remove the file from your hard disk - upon restarting the computer, the program will automatically regenerate a new temp file. This problem appears to be solved in our 3.09 software version.

Thank you for your cooperation and patience.

Best Regards,
Steve Woods

1. Who is this facsimile communication directed to?

    (A) Station Earth Communication, Inc.

    (B) John Peter

    (C) Station Earth software

    (D) Steve Woods

2. When was this facsimile sent?

    (A) March 1

    (B) March 15

    (C) March 17

    (D) March 22

3. What problem is John Peter experiencing?

    (A) He doesn' t know the correct version at all.

    (B) His computer frequently "fails."

    (C) His Station Earth program is too old.

    (D) His program regenerates new files only.

3. Part 7 공략법 따라잡기

[해석]

3월 15일자 팩스 잘 받았습니다.
현재 귀하의 컴퓨터에 어느 버전의 스테이션 어스를 사용하시는지 알려주시기 바랍니다. 당사의 이 소프트 최신 버전 3.09가 3월 1일에 발매되었습니다. 이 버전이 필요하시면 알려주십시오. 당사로 서는 기꺼이 무상으로 최신 버전으로 바꿔 드리겠습니다. 컴퓨터의 기능 정지는 잘못된 임시 파일 에 의해 야기된 것이 아닌가 생각됩니다. 결함 있는 임시 파일에 의해 자주 기능 정지가 일어난다고 하는 보고가 몇 건 있었습니다. 주저 말고 하드디스크에서 그 파일을 삭제하십시오. 컴퓨터가 재 시 동될 때, 프로그램이 자동적으로 새로운 임시 파일을 다시 만듭니다. 이 문제는 버전 3.09에서는 해 결되어 있는 것 같습니다.
귀하의 협력과 인내에 감사드립니다.

1. 이 팩스는 누구에게 보낸 것인가?

(A) 스테이션 어스 통신사

(B) 잔 피터

(C) 스테이션 어스 소프트웨어

(D) 켄 퓨터

[공략법] 편지를 받는 이는 위에 쓰며 글을 보낸 사람은 아래에 이름을 남긴다.

2. 이 팩스가 전송된 때는?

(A) 3월 1일

(B) 3월 15일

(C) 3월 17일

(D) 3월 22일

[공략법] 전송 날짜는 우측 상단에 위치한다.

3. 잔 피터에게 어떤 문제가 발생했는가?

(A) 정확한 버전을 전혀 모른다.(오답 장치⇒not at all)

(B) 컴퓨터가 가끔 정지된다. (paraphrasing : crash⇒file)

(C) 그의 스테이션 어스 프로그램이 너무 오래 되었다.(오답 장치⇒too old)

(D) 그의 프로그램이 새로운 파일만을 다시 만든다.(오답 장치⇒only)

[공략법] 종속절(that절) 자체가 힌트 내지는 정답을 지닌다. 동사 crash를 fail로 철자를 바꾼 것(paraphrasing)이 정답이다. 동일한 철자가 계속 반복되면 박자나 리듬이 생겨서 노래나 시처럼 음악성을 지니므로 오답이 된다.

어구 | customer satisfaction 고객 만족 계 crash 충돌하다 update 버전업시켜 주다 free of charge 무상으로 temp file 임시 파일 be released 발매되다 let me know if ~인지를 알려주다 I suspect that ~라고 보다 feel free to 기꺼이 ~하다 remove 제거하다 restart 다시 시작하다 automatically 자동적으로 regenerate 생성하다 appear to ~해 보이다 be solved 해결되다

정답 ▶ 1. B 2. D 3. B

1-2 초안에 독해 정답 고르기

편지 서식(formal & business letter)

1 출제 유형
- e-mail, 추천서(reference), 초대장(invitation), 고객 complaint, 관광사 정보, invoice(송장), 사직서 (resignation), 법률 상담 등이다.

2 출제 빈도
- 연간 10~11회로 거의 매월 출제된다.

3 출제 내용
- (1) 수신자, 발신자, 편지 목적, 해야 할 업무(일, 행동) 등을 묻는 회사 업무와 관련해서 회사나 기관이 다른 회사나 기관 또는 개인에 보내는 업무 서신
- (2) 감사나 애도 등을 나타내는 개인과 개인의 사적인 편지 또는 개인이 회사나 조직에 문의하는 개인 서신

4 핵심 정보
- 인사말(Dear …)과 끝 맺음말(Sincerely yours)사이에 각 문단마다 정답은 보통 하나씩 출제된다. 통상, 첫 문제는 첫 문단에 그 정답이 있으며 두 번째(마지막) 문제는 두 번째(마지막) 문단에 그 정답을 분포시킨다.

5 독해 전략 5계명

▷ 계명 1. 아래의 해당 문제를 먼저 읽고 위에 지문으로 접근하라!
　　　　문제에서 요구하는 바를 정확히 이해함으로 위의 지문과 문제를 계속 왔다 갔다하며, 시간을 낭비하지 마라!

▷ 계명 2. 주제는 제목이나 각 문단별 첫 한 두 문장에서 간파하라!
　　　　문단별 첫 한 두 문장에 그 요지와 정보가 숨어 있다. 첫 문제는 첫 문단에 그 정답이 있으며 두 번째(마지막) 문제는 두 번째(마지막) 문단에 그 정답을 분포시킨다.

▷ 계명 3. 질문에서 요구하는 정보만을 전체적으로 훑어보라! (= skimming)
　　　　6하 원칙에 해당하는 세세한 정보의 정답은 바로 의문사가 결정한다.
　　　　즉, "who(◐수신자, 발신자 등의 사람이 정답), why(◐편지 목적, 의도 등의 to부정사, for

+ 명사, because, so that, 문장, because of, due to 등이 답), what(◑동봉된 물품, 사항 등으로 사물 정답, to부정사, 동사, that절), how + 형용사(◑숫자, 수량사), where(◑장소가 정답), when(◑숫자, 시간이 정답), how(◑from, by -ing, through…), what kind of (◑명사가 정답)

What is the purpose of this letter? ◑ To provide a reference
How did Mr. Smith learn? ◑ From a business associate
What should the person do? ◑ To prepare Mr. Smith's sales order
Why did the letter writer join the club? ◑ He needed a job
What kind of business ? ◑ Legal services
What does Mr. Hill require? ◑ That Mr. Johnson pay an export tax
Why has this letter been written? ◑ To comment on the excellence
When was the tax system created? ◑ In 1790
How many patents have been issued? ◑ 55,000
How much has the Internet grown? ◑ It has doubled
Where is the main office? ◑ Ontario
Why were losses not greater? ◑ Because of actions by union

▷ 계명 4. 모르는 어휘의 경우는 문맥으로 간파하고 넘어가라! (= skipping)
　　　　　독해 중에 잘 모르는 어휘를 만날 경우 앞뒤 문맥을 통해 의미나 분위기만을 파악한 채 재빨리 넘어간다.

▷ 계명 5. 고유 명사나 숫자를 취사선택을 주시하라! (= scanning)
　　　　　해당 문제가 의문사 how+형용사, who, where, what 등으로 시작할 경우는 그 정답의 모습으로 고유 명사나 숫자가 됨으로 해당 지문 중에서 고유 명사나 숫자를 재빨리 찾는다.

6. 편지의 출제 구성을 익혀라!

```
                         발신인(기관, 회사)

수신자 성명: _____                              발송 날짜: _____
직함, 회사:
주소:
    인사말 (Dear …)

          실 제 본 문
_____
_____
_____

                   맺음말(Sincerely yours)

                   발신자 성명: _____
                   직함, 소속: _____
```

실제 출제되는 지문 독해의 주제별 분류를 통해 출제 빈도가 가장 높은 기출 주제들을 체험함으로서 앞서 훈련한 제 8강까지의 정답의 위치를 1~2초 만에 검색해 내는 집중 훈련과 더불어 기초부터 실전 경험까지 대비하게 하는 단계이다.

[기출 유형 체험하기]

1. 독해력을 키워주는 토익 어휘 따라잡기 -제조업편-

새로운 제품의 생산 시설과 공정 및 공장, 새 상품의 재료 및 생산품, 제품의 특징, 생산 직후 판매 제품 보관, 상품 요청 및 주문 변경, 대금 지불 방법, 제품 운송 서비스, 제품 판매 직후 애프터서비스, 배달 방식 등을 출제한다.

• 상품 요청에 관한 기출 표현 체험하기

1. 회사, 기업(= corp) **corporation**
2. 최근에 **recently**
3. 광고(= ad) **advertisement, promotion, publicity, commercial**
4. ~을 원하다 would like + 명사
5. 더 자세한 **further, detailed**
6. (상품) 정보, 안내 **information (material)**
7. ~에 관하여 **regarding, concerning, as to, as for, about, on**
8. 상품 라인 **product line**
9. 카탈로그 **catalog**
10. 가격표 **price list**
11. ~에 대한 관심, 배려 **attention to**
12. 주문에 따라서 **on request**
13. (주문) 확인하다 **confirm the order**
14. (주문서) 작성하다 **fill the order**
15. (주문) 하다, 시키다 **place a order, send in an order**
16. 가격표 **price list**
17. (샘플) 요청하다 **ask for an sample**
18. 미지불 잔액 **outstanding balance**
19. 대금 송장(청구서) **cost invoice**
20. 대금 결제액 **charge**
21. 포장하다 **pack, wrap, package**
22. 현금으로 **in cash**

23. 수표로 **by check**
24. 신용 카드로 **by credit card**
25. 비용 **cost**
26. 자본금 **capital** * 사회 간접 자본 **SOC(social overhead capital)**
27. 재정 **finance**
28. 화폐 **currency**
29. 지폐 **banknote, paper money**
30. 잔돈 **change**

2. Part 7 실전문제 따라잡기

Questions 1-3 refer to the following business letter.

The John Smith Corporation

321 Broadway
New York, NY 10025
(212) 555-1212

Acme Business Products
123 Main Street
Mapleton, CO 72345

Dear Sirs :

We have recently seen your advertisement in the Times Post Intelligencer and would like further information regarding your product lines. Would you please send me a catalog and price list?

Thank you for your attention to this matter.

Sincerely

John Smith
President

---

1. How did Mr. Smith learn of Acme Business Products?

    (A) From a business associate
    (B) From a catalog he received
    (C) From a television commercial
    (D) From a published advertisement

2. What should the person who receives this letter do?

    (A) To prepare Mr. Smith's sales order
    (B) To send product information to Mr. Smith
    (C) To send a catalog to Acme Business Products
    (D) To forward a copy of the letter to Mr. Smith

3. Part 7 공략법 따라잡기

[해석]

존 스미스 회사

브로드웨이 321번지
뉴욕, 뉴욕주 10025
(212)555-1212

애크미 비즈니스 프로덕츠사
메인가 123번지
메이플턴, 콜로라도주 72345

최근 타임스 포스트 인텔리전서지에 실린 귀사의 광고를 보았습니다. 귀사 제품에 대해 좀더 자세히 알고 싶습니다. 카탈로그와 가격표를 보내 주시겠습니다.

이 부탁을 들어주시면 감사하겠습니다.

존 스미스
사장

---

1. 스미스씨가 애크미 비즈니스 프로덕츠사를 알게 된 계기는?

   (A) 사업 동료를 통해
   (B) 카탈로그를 받고
   (C) TV 광고를 보고
   (D) 공고를 보고

   [공략법] 보통 구성상 첫 문제의 경우 첫 2~3 문장에 정답이 등장하게 된다.

2. 이 편지를 받은 사람이 해야 할 일은?

   (A) 스미스씨의 주문서 작성
   (B) 스미스씨에게 제품 안내서 발송
   (C) 애크미 비즈니스 프로덕츠사에 카탈로그 발송
   (D) 스미스씨에게 편지 사본을 우송

   [공략법] "접속사 (and)" 뒤가 정답 내지 힌트로 출제된다.

[어구 | corporation 회사, 기업(= corp) recently 최근에 advertisement 광고(= ad) would like + 명사 ~을 원하다 further 더 자세한 information 정보, 안내 regarding ~에 관하여 product line 상품 catalog 카탈로그 price list 가격표 attention to ~에 대한 관심, 배려 matter 일, 문제 sincerely 편지의 끝맺는 말인 경구 president 사장

정답 ▶ 1. D 2. B

1. 독해력을 키워주는 토익 어휘 따라잡기 -직업편-

고용 형태에 따른 인력 관련 표현 및 직종별, 직위별, 직장별 각각 호칭 및 타이틀, 가장 많이 출제되는 영역으로서 구인, 구직에 필요한 각종 정보 및 지원 자격과 직원의 추천과 격려, 직장 구직 시 필요한 급여와 복리 후생 등의 정보를 상세히 출제하고 있다.

• 금융직 추천에 관한 기출 표현 체험하기

1. 보험 영업소 **insurance agency**
2. 인사과 **personnel**
3. 유가 증권 **securities**
4. 추천하다 **recommend**
5. 지원하다 **apply for**
6. 판매직 **sales position**
7. 감독 **supervision**
8. 접수계 직원, 안내원 **receptionist**
9. 회계 비서 **account secretary**
10. 관리하다, 유지하다 **maintain**
11. 지위, 자격 **capacity**
12. 투자사 **investment company**
13. 청구서 [작성]발송 **billing**
14. 고객 **account**
15. 유능한 **efficient**
16. 주식 **share, stock**
17. 신탁 회사 **trust company**
18. 일을 맡다 **take on**
19. 해볼 만한 일 **challenge**
20. 소매 **retail**
21. 주식 거래소 **stock exchange**
22. 상당한 **considerable**
23. 수익 **returns**

476 족집게 비법 **토익 RC**

24. 고객 **customer**
25. 공채 **public bond**
26. 자발적으로 일하는 사람 **self starter**
27. 빨리 배우는 사람 **quicker learner**
28. 주주 **stockholder, shareholder**
29. 늘어난 것(사람) **addition to**
30. 직원들 **the staff**

Questions 1-3 refer to the following recommendation letter.

Kiddell Insurance Agency
1413 Pine Court
Eldora, CO 80302
June 14, 2003

Mr. David Rabner, Director of Personnel
Ketchum's Department Store
1209 Aurora Boulevard
Nederland, CO 80309

Dear Mr. Rabner :

I am happy to recommend Cynthia Litton, who I understand has applied for a sales position with your company.

Ms. Litton has worked under my supervision for three years as a receptionists and account secretary at our agency. In this capacity she maintained our files. handles billing, and kept records for several hundred accounts. I have always found her to be efficient, accurate, and honest, and eager to take on new challenges.

Although she has not had retail sales experience in our firm, her position did require considerable customer contact, and we found her to be helpful, pleasant, and considerate. She has also proven herself to be a self starter and a quick learner.

I will be sorry to lose Ms. Litton, but I understand her desire to work for a company closer to her home. I think you would find her a welcome addition to your staff. I recommend her without reservation.

Sincerely,

Randolph Warren
Office Manager

1. What is the purpose of this letter?

   (A) To request a recommendation for a potential employee
   (B) To provide a reference for an employee applying for a new position
   (C) To provide additional information about a Ketchum's Department Store
       employee
   (D) To request additional information about a Kiddell Insurance Agency employee

2. What is the relationship between Cynthia Litton and David Rabner?

   (A) Ms. Litton is Mr. Rabner's former employer.
   (B) Ms. Litton is a former employee of Mr. Rabner.
   (C) Ms. Litton has interviewed Mr. Rabner for a job.
   (D) Ms. Litton has applied for a job with Mr. Rabner.

3. Part 7 공략법 따라잡기

[해석]

키델 보험 영업소

파인 코트 1413번지
엘도라, 콜로라도주 80302
2003년 6월 14일

데이비드 라브너, 인사 부장
켓첨 백화점
오로라로 1209번지
네델란드, 콜로라도주 80309

친애하는 라브너 씨께:

귀사 판매직에 지원한 신시아 리턴 양을 기꺼이 추천해 드립니다.
리턴 양은 당 영업소에서 안내원 겸 회계 비서로 제 밑에서 3년간 일했는데, 파일 관리, 청구서 발송,
수백 개의 고객사 기록 보관 등의 업무를 담당했습니다. 그녀는 유능하고, 정확하며, 정직하고, 새로
운 일에 열의를 갖고 도전한다는 걸 항상 알 수 있었습니다.
비록 우리 회사에서 판매를 해본 경험은 없지만, 고객들과 접촉을 많이 하는 일을 맡았었기 때문에
그녀가 이해심 많고 상냥하며 생각이 깊다는 걸 알 수 있었습니다. 게다가 그녀는 스스로 알아서 일
을 처리하며 일도 금방 배웠습니다.

리턴 양을 보내는 게 섭섭하지만, 집에서 더 가까운 회사에 근무하고 싶어하는 그녀의 마음을 충분히 이해합니다. 그녀가 귀사에서도 환영받는 직원이 될 거라고 생각하면서 그녀를 자신 있게 추천해 드립니다.

랜돌프 워런
과장

1. 이 편지의 목적은?

(A) 회사 지원자에 대한 추천서를 요청하는 것
(B) 새로운 직종에 지원한 직원을 위해 추천인이 되는 것
(C) 켓첨 백화점 직원에 대한 추가 정보를 요청하는 것
(D) 키델 보험 영업소 직원에 대한 추가 정보를 요청하는 것

[공략법] 보통, 첫 문제의 답 내지 힌트는 첫 2~3 문장에 있다.

2. 신시아 리턴과 데이비드 라브너의 관계는?

(A) 리턴 양이 라브너 씨의 직장 상사였다. (B) 리턴 양이 라브너 씨의 부하 직원이었다.
(C) 리턴 양이 라브너 씨의 면접관이었다.   (D) 리턴 양이 라브너 씨가 다니는 회사에 지원했다.

[공략법] 보통, 마지막 문제의 정답 내지 힌트는 마지막 2~3 문장에서 찾는다.

어구 | insurance agency 보험 영업소 court 길의 종류 personnel 인사과 department store 백화점 boulevard 대로, 큰길 recommend 추천하다 apply for 지원하다 sales position 판매직 supervision 감독 receptionist 접수계 직원, 안내원 account secretary 회계 비서 capacity 지위, 자격 maintain 관리하다, 유지하다 handle 처리하다 billing 청구서 [작성]발송, record 기록 account 고객 efficient 유능한 accurate 정확한 eager to +동사 원형 열심히 ~하는 take on 일을 맡다 challenge 해볼 만한 일 retail 소매 experience 경험 considerable 상당한 considerate 사려 깊은 customer 고객 prove oneself to+동사원형 ~임을 입증해 보이다 self starter 자발적으로 일하는 사람 quicker learner 빨리 배우는 사람 lose 잃다 desire to+동사원형 ~하고픈 욕망 addition 늘어난 것(사람) staff 직원들 without reservation 주저하지 않고

정답 ▶ 1. B 2. D

[기출 유형 체험하기]

1. 독해력을 키워주는 토익 어휘 따라잡기 -일상생활편-

부동산 광고 및 주택, 각종 지역 내의 문화 행사, 예술 공연 안내, 여가 활동, 각종 건강 정보와 질병 명칭과 증상 및 치료법과 치료 기관을 제시하는 건강, 쇼핑 및 상품 광고의 상품과 소매점 관련 어휘, 세금 및 각종 지불 요금과 공과금 내역, 자동차 관련 어휘 등에 관한 내용을 출제한다.

> • 감사와 후원에 관한 기출 표현 체험하기
>
> 1. ~대해 고마워하다 thank + 사람(A) + for + 사물(B)
> 2. 요청하다 **ask for, need, require, request**
> 3. 외국 **foreign country**
> 4. 후원, 지지 **support**
> 5. 분명히 알다 **realize**
> 6. ~하는데 A가 들다 it takes 시간(노력) to + 동사 원형
> 7. 노력 effort to + 동사 원형
> 8. 일정 **schedule**
> 9. ~확신하다 **be sure**(assured, convinced, confident) that절
> 10. 전화 요금 **phone bill**
> 11. 비용 **expense**
> 12. ~에 대한 적응 **adjustment to**
> 13. ~에 관하여 **as for, regarding, concerning, as regards, about**
> 14. 평화 봉사단 **Peace Corps**
> 15. 가입하다 **join**
> 16. 종종, 대개 **more often than not**
> 17. 굉장한 **tremendous**
> 18. 경험 **experience**
> 19. 놓치다 **miss**
> 20. 항공 우편 **air mail**
> 21. 육상 우편 **surface mail**
> 22. 속달 우편 **express mail**
> 23. 동봉하다 **enclose**
> 24. 소포 **parcel, bundle**
> 25. 우편요금 **postage, postal fee**

Questions 1-3 refer to the following formal letter.

Dear John,

I want to thank you for sending me the magazines and books I asked for.
Living in a foreign country is not easy, but it would be a lot worse if I didn't have the support of friends like you.
I also want to thank you for your letters and phone calls. I realize it takes time and effort to write, especially with your busy schedule, and I am sure your phone bill has become a major expense. You've made my adjustment to a foreign country easier. I'm lucky to have you for a friend.
As for the Peace Corps, it's great. I joined to help others, but more often than not, I find them helping me. It's a tremendous experience. I wouldn't have missed it for the world.

Yours,
Jerry Bryson

---

1. What is the purpose of the letter?

    (A) to make a request   (B) to thank a friend
    (C) to inquire about a job   (D) to stay in touch with family

2. Why did the letter writer join the organization?

    (A) he needed a job   (B) it was a requirement
    (C) he wanted to help people   (D) he wanted to travel the world

3. Part 7 공략법 따라잡기

[해석]

> 존에게
>
> 부탁한 잡지와 책 보내 줘서 고맙다. 외국 생활을 한다는 게 쉽지 않은데 너 같은 친구의 도움이 없다면 훨씬 더 힘들었겠지.
> 그리고 편지와 전화 고맙다. 더구나 너 같이 일정이 바쁜 애가 편지를 쓰려면 일부러 시간을 내야 되는 거 알고 있어, 전화 요금도 분명 많이 나올 테고. 난 네 덕분에 외국 생활에 쉽게 적응하고 있어. 너 같은 친구가 있어서 정말 다행이야.
> 평화 봉사단 일은 참 보람이 있어. 이곳 사람들을 돕겠다고 참여했지만 오히려 내가 도움을 받고 있다는 생각을 할 때가 많아.
> 정말 좋은 경험을 하고 있어. 어떤 것과도 바꾸지 않았을 거야. 정말 여러 가지로 고맙다.
>
> 친구
> 제리 브리슨

1. 편지의 목적은?

   (A) 요청할 게 있어서   (B) 친구에게 감사하려고
   (C) 일자리를 문의하려고   (D) 가족에게 안부를 전하려고

  [공략법] 글의 목적, 주제, 제목은 보통 첫 2~3 문장에 정답 내지 힌트가 등장한다.

2. 편지를 쓴 사람이 단체에 가입한 이유는?

   (A) 일자리가 필요해서   (B) 필요에 의해서
   (C) 사람들을 도우려고   (D) 세계를 여행하고 싶어서

  [공략법] 마지막 문제의 경우 정답 내지 힌트는 통상 마지막 문장의 2~3에 담긴다. 접속사 but 앞과 뒤는 가장 많은 답과 힌트를 지닌다.

어구 | thank + 사람(A) + for + 사물(B) A에게 B에 대해 고마워하다 magazine 잡지 ask for 요청하다 foreign country 외국 support 후원, 지지 realize 분명히 알다 it takes 시간(노력) to+동사 원형 ~하는데 A가 들다 effort 노력 especially 특히 schedule 일정 be sure ~확신하다 phone bill 전화 요금 major 주요한 expense 비용 adjustment to ~에 대한 적응 as for ~에 관하여 Peace Corps 평화 봉사단 join 가입하다 more often than not 종종, 대개 tremendous 굉장한 experience 경험 miss 놓치다 for all the world (부정문)결코, 무슨 일이 있어도

정답 ▶ 1. B 2. C

[기출 유형 체험하기]

1. 독해력을 키워주는 토익 어휘 따라잡기 -유통업편-

제품의 생산과 공정, 재료, 제품의 특징, 생산 직후 판매 제품 보관, 상품 요청 및 주문 변경, 제품 운송 서비스, 제품 판매 직후 애프터서비스, 배달 방식 등을 출제한다.

• 제품의 특징, 주문, 서비스에 관한 기출 표현 체험하기

1. 소매업 **retail store**
2. 능력 있는, 성능 뛰어난 **efficient**
3. 보안 장치 **security system**
4. 추천하다 **recommend**
5. 설치하다 **install**
6. 수공의 **handmade**
7. 수용성의 **water-soluble**
8. 품질 좋은 **superior**
9. 내구성 있는 **durable, sustainable, lasting**
10. 품질을 믿을 만한 **reliable**
11. 휴대용의 **portable**
12. 예방 **protection against**
13. ~이 특징이다 **feature, characterize**
14. 편리한 **convenient, comfortable**
15. 우리 필요에 딱 맞다 **suit our needs**
16. 맞춤 제작된 **customized, custom-made, tailored**
17. 완전 보장 **full guarantees for**
18. 깨지기 쉬운 **fragile, breakable**
19. 점검 서비스 **maintenance and service**
20. 경쟁력 있는 (견적)가격 **competitive quotation**
21. 호환성이 있는 **be compatible with**
22. 내부 장착형의 **built-in**
23. 직원 **representative**
24. 본사 **main branch**
25. 세부 사항 **details about**
26. 현명한 결정을 하다 **make a more informed decision**
27. 계획하다 **plan, outline**

28. 결정하다 **resolve, decide, come to the conclusion, reach the conclusion**

29. 동의하다 **agree, accord, see eye to eye**

30. 반대하다 **object to, be opposed to, refuse, dispute**

31. 협상하다 **compromise, negotiate**

32. 계약을 체결하다 **enter into contract, sign a contract**

33. 제안하다 **offer, suggest, propose**

34. 요구하다 **demand, require, request, need, postulate**

35. 중재하다 **arbitrate, mediate**

36. 논하다 **discuss, debate**

37. 주의시키다, 경고하다 **warn**

Questions 1-3 refer to the following business letter.

The Success Store
401 Lexington Ave.
Los Angeles, CA 90562

Dear Edwards,   March 24, 2003

We are a chain of retail stores and are looking for an efficient security system. You were recommended to us by our associates at TJC, Ltd., for whom you recently installed a "System 101" alarm.

We are looking for a security system that would give us protection against robbery and shoplifting. The "System 2003," featured in your catalog, appears to suit our needs. Of course, as is standard in the security business, we would require full guarantees for maintenance and service, and most importantly, a competitive quotation.

If you could send one of your representatives to our main branch to give us details about your available systems, we would be able to make a more informed decision. Please reply as soon as possible, as we would like to make a decision by the end of the month. Thank you.

Sincerely,
Mr. Skott

---

1. What kind of business is Mr. Skott in?

   (A) Legal services
   (B) Office maintenance
   (C) Retail sales
   (D) Consumer protection

2. How did Mr. Skott hear about the security company?

   (A) From a catalog
   (B) From a company
   (C) From a sales representative
   (D) From a magazine advertisement

3. What does Mr. Skott say is the most important condition for the security company to meet?

(A) Good price

(B) A reliable system

(C) Guaranteed maintenance and service

(D) A prompt visit form a representative

4. What does Mr. Skott expect a representative to do?

(A) Repair an alarm system

(B) Install the "System 2003"

(C) Explain the available options

(D) Protect him from robbery and shoplifting

3. Part 7 공략법 따라잡기

[해석]

우리는 소매 업체의 한 체인점이며 성능이 뛰어나 보안 장치를 찾고 있는 중이다. 귀사를 우리에게 추천 해준 것은 TJC사의 업자들이고 그 곳에 귀사에서 최근에 경보 장치 101을 설치한 곳입니다. 당사에서는 강도나 좀 도둑용 보안 장치를 찾고 있다. 카달로그에 광고된 보안 장치 2003은 우리에겐 딱 인 것 같습니다. 물론 보안 업계의 관례상 우리는 보수 점검 서비스를 완전히 보장해 줄 것을 원하며 가장 중요한 것은 경쟁력 있는 가격에 있는 것 같다.

귀사의 직원을 우리 본사로 파견해서 보안 장치의 세부 사항에 대해 설명을 해준다면 우리는 현명한 결정을 내릴 수 있을 것이다. 대답은 빠르면 빠를수록 좋으며 월말까지는 결정을 하고 싶다.

1. Mr. Skott은 무슨 업종에 종사하는가?

(A) 법률 서비스업   (B) 사무실 보수업

(C) 소매업   (D) 소비자 보호업

[공략법] 첫 문제는 항상 첫 2~3 문장에 정답 내지 힌트가 있다

2. Mr. Skott은 이 보안 업체에 대해 어떻게 듣게 되었는가?

(A) 카달로그에서   (B) 한 업체를 통해서

(C) 판매 직원을 통해서   (D) 잡지 광고를 통해서

[공략법] 전치사구나 종속절(관계절)이 정답과 힌트를 준다.

3. Mr. Skott은 보안 업체의 가장 중요한 조건을 뭐라고 하는가?

    (A) 좋은 가격   (B) 신뢰할 만한 장치

    (C) 보수 점검 서비스 보장   (D) 직원의 신속한 방문

       [공략법] 열거 형태가 나오면 접속사(and) 뒤가 정답으로 몰린다. 정답은 철자가 바뀐(competitive quotation ⇒ good price) 동의어 찾기다.

4. Mr. Skott이 직원에게 바라는 바는?

    (A) 경보 장치 수리   (B) 경보 장치 2003 설치

    (C) 이용 가능한 장치에 관한 설명   (D) 강도와 좀 도둑으로부터의 예방

       [공략법] 마지막 문제는 마지막 문단의 종속절(if) 속에 있다.

어구 | retail store 소매업 look for 찾다 efficient 능력 있는, 성능 뛰어난 security system 보안 장치 recommend 추천하다 install 설치하다 protection against robbery and shoplifting 강도와 좀 도둑 예방 feature ~이 특징이다 appear to ~인 것 같다 suit our needs 우리 필요에 딱 맞다 full guarantees for 완전 보장 maintenance and service 점검 서비스 competitive quotation 경쟁력 있는 (견적) 가격 representative 직원 main branch 본사 details about 세부 사항 make a more informed decision 현명한 결정을 하다 reply 대답하다 as soon as possible 가능한 빨리

정답 ▶ 1. C 2. B 3. A 4. C

[기출 유형 체험하기]

1. 독해력을 키워주는 토익 어휘 따라잡기 -세금편-

부동산 광고 및 주택, 각종 지역 내의 문화 행사, 예술 공연 안내, 여가 활동, 각종 건강 정보와 질병 명칭과 증상 및 치료법과 치료 기관을 제시하는 건강, 쇼핑 및 상품 광고의 상품과 소매점 관련 어휘, 세금(환불) 및 각종 지불 요금과 공과금 내역, 자동차 관련 어휘 등에 관한 내용을 출제한다.

> • 세금 환불 신청 기출 표현 체험하기
>
> 1. 부가세 환불 **sales tax rebate**
> 2. 업무 처리하다 **process**

3. 방문자 세금 환불 신청 **Visitor Tax Rebate Application**

4. 동봉하다 **enclose**

5. 서류 **documentation**

6. ~밖으로 가져가다 **be taken out of**

7. 수출(하다) **export**

8. 수입(하다) **import**

9. ~해야 한다 **be required(asked) to**

10. 고가품 **high-value items**

11. 환불 신청서 **rebate application form**

12. 영수증 원본 **original receipt of**

13. 재신청하다 **reapply for**

14. 제출하다 **submit, turn in, hand in**

15. 작성된 **completed**

16. 회계 감사하다 **audit**

17. 회계 연도 **fiscal year, accounting year**

18. 계산하다 **calculate, account**

19. 어림 잡다 **estimate, assess**

20. 취소하다 **cancel, withdraw, call off, break off, repeal**

21. 관세 **tariff on**

22. 관세 장벽 **tariff barrier**

23. 무역 박람회 **trade fair, exposition, trade show**

24. 자유 무역 **free trade**

25. (관세) 부과하다 **impose tariff, levy tariff**

26. 시장 점유율 **market share**

27. 독점 **monopoly on**

28. 국내 시장 **domestic market**

29. 회계 이익 **surplus**

30. 회계 손실 **deficit**

31. 틈새시장 **niche market**

32. 상업 **commerce**

33. 이윤 **benefit, profit, gain, earning**

Questions 1-3 refer to the following formal letter.

Dear Mr. Johnson:

We are unable to process your Visitor Tax Rebate Application because you did not enclose documentation proving that the computer with a value of $2,000 or more you purchased in New Zealand was taken out of the country. Proof of export is required for you to receive a sales tax rebate on high-value items.

We are enclosing a Visitor Tax rebate application form and the original receipt for the item.

To reapply for your sales tax rebate, please submit a completed application form, the original receipt, proof of export and a copy of this letter.

Yours truly,

Robert Hill
Visitor Tax Rebates

1. What has Mr. Johnson done?

   (A) Applied for only an income tax refund
   (B) Started a company in New Zealand
   (C) Applied to immigrate to New Zealand
   (D) Bought an item worth more than $2,000

2. What item must Mr. Johnson resubmit?

   (A) His passport

   (B) A visa application

   (C) The original receipt

   (D) A copy of Mr. Hill' s letter

3. What does Mr. Hill require?

　　(A) That Mr. Johnson pay an export tax
　　(B) That Mr. Johnson leave the country
　　(C) That Mr. Johnson return the computer
　　(D) That Mr. Johnson submit documentation

3. Part 7 공략법 따라잡기

[해석]

> 존슨씨에게
> 뉴질랜드에서 구매하신 컴퓨터에 대한 국외 반출 증명 서류의 미비로 방문자 부가세 환불 처리가
> 불가능합니다. 반출 증명 서류는 고가품(2천 불 이상 제품)에 대한 부가세를 환불받는데 필요합니
> 다.
> 방문자 부가세 환불 신청서와 구매품 영수증 원본을 동봉합니다.
> 부가세 환불 재 신청시에는 작성하신 신청서와 영수증 원본, 반출 증명 서류, 그리고 이 편지의
> 사본을 제출해 주십시오.
>
> 로버트 힐
> 방문자 세금 환불처

1. 존슨씨가 한 일은?

　(A) 수입세 환불만 신청했다.(오답 장치 ⇒ only)　(B) 뉴질랜드에서 창업했다
　(C) 뉴질랜드에 이민 신청을 했다.　　　　　　　 (D) 2천 불이 넘는 물품을 구입했다.

　　[공략법] 첫 문제는 첫 2~3 문장에 정답을 준다. because 바로 뒤에 "proving that절" 속에서 정답을 준다.

2. 존슨씨가 다시 제출해야 하는 것은?

　(A) 여권　　　　　　　　　　　(B) 비자 신청서
　(C) 영수증 원본　　　　　　　　(D) 힐씨의 편지 사본

　　[공략법] 두 번째 문제는 두 번째 문단에서 정답을 주며 접속사 and 바로 뒤가 정답이다.

3. 힐씨가 요구한 것은?

    (A) 잔슨씨가 수출세를 낼 것   (B) 잔슨씨가 출국할 것

    (C) 잔슨씨가 컴퓨터를 돌려 줄 것   (D) 잔슨씨가 서류를 제출할 것

    [공략법] 마지막 문제의 정답은 마지막 문단의 2~3 문장에서 주며, "please summit …" 부분이 정답이다.

어구 I be unable to ~할 수 없다 process 처리하다 Visitor Tax Rebate Application 방문자 세금 환불 신청 enclose 동봉하다 documentation 서류 prove 증명하다 purchase 구입하다 be taken out of ~밖으로 가져가다 export 수출(하다) be required to ~해야 한다 sales tax rebate 부가세 환불 high-value items 고가품 rebate application form 환불 신청서 original receipt 영수증 원본 reapply for 재신청하다 submit 제출하다 completed 작성된

정답 ▶ 1. D 2. C. 3. D

[기출 유형 체험하기]

1. 독해력을 키워주는 토익 어휘 따라잡기 -출판편-

각종 단체의 행사 및 지역 사회와 공동체, 정부 기관 등의 공지 사항, 규칙과 새 법안, 처벌, 신문, 방송 등의 각종 대중 매체 및 신문, 잡지 등의 홍보 및 광고(정정), 각종 통신 수단, 다양한 환경과 날씨 등을 출제한다.

- **출판 및 홍보 기출표현 체험하기**

1. 구독 **subscription**
2. 구독하다 **subscribe to**
3. 구독자 **subscriber to**
4. 발행 부수 **circulation**
5. 출판 **publication**
6. 판 **edition, print**
7. 발행(물) **release, issue**
8. 편집자 **editor**
9. 바로 잡다 **correct**
10. 진술하다 **make a statement**
11. 뛰어난 **excellent**
12. 기사 **article**
13. 모험 **adventure**
14. ~과 관련 있다, ~과 동족이다 **be related to**
15. 주목받다 **be brought to attention**
16. 소문 **hearing rumor**
17. 발견하다 **discover**
18. 전시하다, 보여주다 **have A on display**
19. ~이전까지 **as far back as**
20. 광고 **promotion, publicity, advertising**
21. 상업 광고 **commercial**
22. 연구 **survey, research**
23. 전략 **tactic, strategy, maneuver**
24. 사설 **editorial**
25. 절판된 **out of print**
26. (기사) 기고하다 **contribute**
27. 잡지 **magazine, journal**
28. 회보 **newsletter**
29. 보도 매체 **press**
30. 마감 시간에 맞추다 **meet the deadline**

Questions 1-3 refer to the following formal letter.

To the Editor

I would like to correct a statement that was made in your otherwise excellent article, "African Wildlife Adventures" (Feb. 25), which stated that the okapi (Okapia johnstoni) is "a tiny giraffe." While the okapi is indeed related to the giraffe, it is far from "tiny," being about the size of a small horse.

The okapi was first brought to world attention in 1912 by Sir Harry Johnson, who, after hearing rumors of its existence from pygmy tribes, discovered it in the Ituri Forest, in what is now Zaire.

The Bronx Zoo had an okapi on display as far back as the 1950's, where I remember seeing it as a child, visiting the zoo with my parents.

John Brownwood
Bronx, New York

1. Why has this letter been written?

   (A) To point out an error in a recent article
   (B) To comment on the excellence of a recent article
   (C) To complain about the quality of a recent article
   (D) To request additional information about the okapi

2. What does the writer say about the okapi?

   (A) It is a relative of the giraffe.
   (B) It is found in only a small area of Zaire.
   (C) It is a tiny giraffe.
   (D) It is a small horse.

3. How did Sir Harry Johnson learn of the okapi?

    (A) Native people informed him.

    (B) Other animals led him to it.

    (C) He studied it in university.

    (D) He heard its cry in the forest.

3. Part 7 공략법 따라잡기

[해석]

> 편집자에게
>
> 귀하의 흥미로운 기사 "아프리카 야생 생물의 모험"(2월 25일) 중에서 오카피를 "아주 작은" 기린이라고 언급한 부분을 바로 잡고 싶습니다. 오카피가 기린과에 속하는 것은 사실이지만 크기가 작은 말 정도는 되기 때문에 "아주 작다" 라고 말하기는 어렵습니다.
>
> 1912년 피그미족으로부터 오카피가 서식한다는 말을 들은 헨리 존슨 경이 지금의 자이르에 있는 이투리 숲에서 이 동물을 발견하게 되면서 오카피는 세상에 알려지게 되었습니다.
>
> 이미 1950년대부터 브롱크스 동물원에 오카피가 있어서 어렸을 때부터 부모님과 그곳에 가면 구경하던 기억이 있습니다.
>
> 존 브라운우드
> 브롱크스, 뉴욕

1. 편지를 쓴 이유는?

    (A) 최근 기사의 잘못된 부분을 지적하려고(paraphrasing : correct ⇒ point out an error)

    (B) 최근 기사가 아주 좋았다고 말해 주려고

    (C) 최근 기사의 내용에 불만이 있어서

    (D) 오카피에 대한 정보를 더 얻으려고

      [공략법] 첫 문제는 첫 2~3 문장에 정답이 몰리며, why에 해당되는 정답의 모습은 to부정사, so that절, in order that절, because, since, as, the reason is 등이다. 즉, 첫 문장에 "to correct a statement" 이 답이다.

2. 편지 쓴 이가 말하는 오카피는?

    (A) 기린과에 속한다.(paraphrasing : be related to ◑ a relative of)

    (B) 자이르의 일부 지역에만 분포한다.(오답 장치 ◑ only)

    (C) 아주 작은 기린이다.

    (D) 작은 말이다.

[공략법] 역접의 접속사 while 바로 뒤에 정답을 제시한다.

3. 해리 존슨 경이 오카피에 대해 알게 된 경위는?

    (A) 원주민이 알려 주어서(paraphrasing : hear from ⇒ be informed)

    (B) 다른 동물을 따라가다가(오답 장치 ⇒ other)

    (C) 대학에서의 연구를 통해서

    (D) 숲에서 울음소리를 듣고

    [공략법] 관계사 who 바로 뒤에 정답인 "after hearing from pygmy tribes" 을 주고 있다.

어구 | editor 편집자 correct 바로 잡다 make a statement 진술하다 otherwise 그렇지 않다면 excellent 뛰어난 article 기사 wildlife 야생 동물 adventure 모험 tiny 작은 giraffe 기린 while 하지만 indeed 정말 be related to ~과 관련 있다, ~과 동족이다 far from 결코 ~아닌 be brought to attention 주목받다 hearing rumor 소문 existence 존재 pygmy tribes 피그미족 discover 발견하다 forest 숲 what is now Zaire 지금의 자이레 have A on display 전시하다, 보여주다 as far back as ~이전까지 remember seeing 본 것을 기억하다

정답 ▶ 1. A 2. A 3. A

1-2 초안에 독해 정답 고르기 】

News Article (기사)

1 출제 유형

- hotel, brochure(팜플렛), literature, newspaper, 기업 합병 기사(corporation M & A), 제품 특허 (patent), 카드사용, 각종 혜택 기사 등 경제 관련 기사가 가장 많이 등장하며 사회 문화 관련 기사, 과학 관련 기사, 일기 예보 관련 기사, 스포츠 기사 등 다양하게 출제되고 있다.

2 출제 빈도

- 연간 5~10회 정도 출제되고 있다.

3 출제 내용

- 사회, 경제, 기업, 신용 카드, 제품 등 경제 전반에 관한 내용, 사건, 환경, 의료, 교육, 예술, 공연, 출판 내용, 과학 관련 기사, 일기 예보 관련 기사, 스포츠 기사 등 다양한 내용 등이 출제되고 있다.

4 핵심 정보

- 각 문단마다 정답은 보통 하나씩 출제된다. 통상, 첫 문제는 첫 문단에 그 정답이 있으며 두 번째 (마지막) 문제는 두 번째(마지막) 문단에 그 정답을 분포시킨다.

5 독해 전략 5계명 ▶

- 계명 1. 아래의 해당 문제를 먼저 읽고 위에 지문으로 접근하라!
  문제에서 요구하는 바를 정확히 이해한 그런 다음에 위의 지문으로 올라가라!
  제대로 이해하지 못했을 경우는 아래 문제와 위 지문을 계속 왔다갔다하며, 시간을 낭비하게 되므로 반드시 이해한 다음에야 지문으로 가라!

- 계명 2. 주제는 Headline이나 보통 첫 한 두 문장에서 간파하라!
  문단 별 첫 한 두 문장에 그 요지나 주제가 숨어 있다. 첫 문제는 첫 문단에 그 정답이 있으며 두 번째(마지막) 문제는 두 번째(마지막) 문단에 그 정답을 분포시킨다. headline이 없는 경우도 가끔 출제된다.

- 계명 3. 질문에서 요구하는 정보만을 전체적으로 훑어 바라!(= skimming)
  6하 원칙의 세세한 정보의 정답은 바로 의문사를 보고 결정해라!
  즉, "who(◐사람이 정답), why(◐목적, 의도 등의 to부정사, for + 명사, because, so that, 문장,

because of, due to 등이 답), what(❍물건, 사항 등으로 사물 정답, to부정사, 동사, that절), how + 형용사(❍숫자, 수량사), where(❍장소가 정답), when(❍숫자, 시간이 정답), how(❍from, by -ing, through…), what[which] kind of(❍명사가 정답)

What is the purpose of this letter? ❍ to provide a reference

How did Mr. Smith learn? ❍ From a business associate

What should the person do? ❍ To prepare Mr. Smith's sales order

Why did the letter writer join the club? ❍ he needed a job

What kind of business ? ❍ Legal services

What does Mr. Hill require? ❍ That Mr. Johnson pay an export tax

Why has this letter been written? ❍ to comment on the excellence

When was the tax system created? ❍ in 1790

How many patents have been issued? ❍ 55,000

How much has the Internet grown? ❍ It has doubled

Where is the main office? ❍ Ontario

Why were losses not greater? ❍ Because of actions by union

• 계명 4. 모르는 어휘의 경우는 문맥으로 간파하고 넘어가라! (= skipping)
   기사 독해 중에 잘 모르는 어휘를 만날 경우 앞 뒤 문맥을 통해 의미나 분위기만을 파악한 채 재빨리 넘어가라!

• 계명 5. 고유 명사나 숫자를 취사선택 주시하라! (= scanning)
   해당 문제가 의문사 how+형용사, who, where, what 등으로 시작할 경우는 그 정답의 모습으로 고유 명사나 숫자가 됨으로 해당 기사 지문 중에서 고유 명사나 숫자를 재빨리 찾아라!

⑥ 신문 기사의 구조 ▶

• Headline(표제) : 표제는 기사의 전체 주제로서 서술어를 생략함으로 핵심표현만으로 이뤄져 있다.

• Lead(머릿기사) : 머릿기사에는 육하원칙(5W1H)에 해당하는 세세한 정보를 제공함으로서 기사 전체의 내용을 개략적으로 나타내고 있다.

• Body(세부 기사) : 세부 기사에서는 Lead(머릿기사)에서 6하 원칙(5W1H)에 해당하는 따른 세세한 정보를 더욱 더 자세하고 세밀하게 전개, 해설, 분석, 결론을 내리는 중요 부분이다.

⑦ 신문 기사의 출제 구성을 익혀라! ▶

<u>표제(Headline)</u>

<u>머릿기사(Lead)</u>

세부 기사(Body)

_____

_____

_____

[기출 유형 체험하기]

1. 독해력을 키워주는 토익 어휘 따라잡기 -법과 내규편-

지역 사회와 공동체, 각종 단체의 행사, 정부 기관 등의 운영 및 활동과 공지 사항, 규칙과 새 법안, 처벌, 신문, 방송 등의 각종 대중 매체 및 신문, 잡지 등의 홍보 및 광고, 각종 통신 수단, 다양한 환경과 날씨 등을 출제한다.

• 관공서 운영 및 규칙 기출 표현 체험하기

1. ~의 권리를 부여받다 **be grated the right to**+부정사
2. 제정하다 **enact**
3. ~에 일치하여 **consistent with**
4. 특허법 **patent law**
5. 헌법 **The Constitution**
6. 의회 **the Congress**
7. 설립 **establishment**
8. 창설 **creation**
9. 공급 업자 **suppliers**
10. 다국적 특허 협력 조약 **multilateral Patent Cooperation Treaty**
11. 다국적 기업 **multinational corporation**
12. 기업가 **entrepreneur**
13. 외주 작업자 **outsourcer**
14. 규정, 약정 **terms**
15. 재벌 **conglomerate**
16. 세계 지적 소유권 기구 **the World Intellectual Property Organization**
17. 국제연합의 기구 **the United Nations agency**
18. 기업 **company, firm, corporation, limited, enterprise, business**
19. 본부 **headquarters, head office**
20. 지사 **branch**
21. 하청 업자 **subcontractor**
22. 계열사 **affiliate**
23. 자회사 **subsidiary**
24. 지역 공동체 **community**
25. 단체 **association, organization**
26. 정부 **government**
27. 행정 당국 **administration**
28. 공무원 **public servant**
29. 관리하다 **govern, control, manage**
30. 연합하다 **unite**

2. Part 7 실전문제 따라잡기

Questions 1-3 refer to the following news article.

The U. S. Patent Office

Having been granted the right to do so by the Constitution, Congress passed the first U.S. patent law in 1790. A basic system was enacted in 1836 (revised in 1870 and 1952) and the U.S. Patent Office was established at the same time as part of the Department of Commerce. Since its creation, the office has granted about 4 million patents. Each year, over 100,000 applications are filed and about 75,000 patents and 55,000 trademarks are issued. International applications are handled by the U.S. Patent Office according to the terms of the multilateral Patent Cooperation Treaty established in 1978, consistent with a 1966 proposal by the World intellectual Property Organization of the United nations agency.

---

1. When was the U.S. patent system created?

    (A) 1790
    (B) 1836
    (C) 1870
    (D) 1978

2. How many patents have been issued by the U.S. Patent office since its establishment?

    (A) 55,000
    (B) 75,000
    (C) 100,000
    (D) 4,000,000

3. The U.S. patent Office deals with patent applications from foreign countries according to terms first proposed by?
 (A) The U.S. Congress.
 (B) The Department of Commerce.
 (C) The Constitution only
 (D) A U.N. agency.

3. Part 7 공략법 따라잡기

[해석]

> 미국 특허청
>
> 헌법에 정해진 권리를 위임받아 의회가 처음으로 특허법을 승인한 것은 1790년의 일이다. 기본적인 체계는 1836년에 제정(1870년과 1952년에 개정)되고, 그와 동시에 미합중국 특허 국이 상무 부 내부에 설립되었다. 창설 이래 당국은 약 4백만 특허를 인정했다. 매년 10만 건 이상의 신청이 들어오고, 약 7만 5천 건의 특허와 5만5천 건의 상표가 등록된다. 국제 특허의 신청에 관해서도 국제 연합의 기관인 세계 지적 소유권 협회의 1966년 제안에 따라 1978년에 제정된 다국간 특허협력조약에 기초하여 미합중국 특허권이 취급하고 있다.

1. 미합중국 특허제도는 언제 만들어졌는가?

  (A) 1790년   (B) 1836년
  (C) 1870년   (D) 1978년

    [공략법] 두괄식 구성으로 첫 문제는 첫 2~3 문장에 정답이 있다.

2. 창설 이후에 미합중국 특허권은 몇 건의 특허를 인정했는가?

  (A) 5만 5천건   (B) 7만 5천건
  (C) 10만건   (D) 400만건

    [공략법] since 뒤에 정답을 준다.

3. 미합중국 특허권은 해외로부터의 특허 신청도 취급하는데, 그 근거가 되는 약정을 최초로 제안한 것은?

(A) 미국 의회   (B) 상무부

(C) 주로 헌법(오답 장치 ⇒ alone)   (D) 국제 연합의 한 기관

[공략법] 마지막 문제의 정답 내지 힌트는 마지막 2~3 문장에 있다.

어구 | be grated the right to부정사 ~의 권리를 부여받다 enact 제정하다 consistent with 에 일치하여 patent law 특허법 The Constitution 헌법 the Congress 의회 establishment 설립 creation 창설 multilateral Patent Cooperation Treaty 다국적 특허 협력 조약 terms 규정, 약정 the World Intellectual Property Organization 세계 지적 소유권 기구 the United Nations agency 국제연합의 기구

정답 ▶ [1. B 2. D 3. D

[기출 유형 체험하기]

1. 독해력을 키워주는 토익 어휘 따라잡기 -고용 및 인력개발편-

제조업, 서비스업 등 주요 산업 분야나 특정 산업이나 특정 기업의 동향이나 움직임 및 정보를 각종 산업별로 출제, 전반적인 경기 호황의 이유와 불황의 진행 과정에 관한 정보, 각종 신용 카드 및 화폐 등을 다루는 금융 기관, 재산 부동산, 돈, 상품과 서비스에 대한 이윤 활동과 관련 상거래, 각 기업의 경기 상황에 따른 기업 동향을 자세히 출제한다. 통계와 수치상의 수와 양의 변화 대소 관계도 출제된다.

• 기업의 교육 연수 및 개발 기출 표현 체험하기

1. 기업 **business, corporation, company, limited**
2. 삭감하다 **cut back on**
3. 직원 교육과 개발 **employee training and development**
4. 예산 **budget**
5. 평균 ~이다 **average**
6. 순 수입 **net income**
7. 숫자 **figure, number**
8. 감소 **decrease, drop, decline, reduction**
9. 고용 **employment**
10. 대기업과 중기업 **large-and mid-size company**
11. 인당 지출 **per capita spending**
12. 상공 회의소 **Chamber of Commerce**
13. 컴퓨터를 다룰 줄 아는 **computer-literate**
14. 고용되다 **be hired, be employed**
15. 합병하다 **merge, consolidate, amalgamate**
16. 파산하다 **go bankrupt, go out of business**
17. 개편하다 **reform, restructure, reorganize**
18. 인수하다 **take over, acquire, buy**
19. 개업하다 **open(start) a company, set up a business**
20. 부서 **department, division, unit, part**
21. 인력 **personnel, human resources**
22. 연구 개발 **research and development**
23. 회계 **payroll, accounting**
24. 경영 **administration**

25. 고객 만족 **consumer satisfaction**

26. 고객 지원 **consumer services(affairs)**

27. 고객 관련 정보 **consumer relations**

28. 마케팅 **marketing**

29. 개선하다 **improve**

30. 조사하다 **scrutinize**

31. 책임을 맡다 **take on, be responsible(answerable for), be in charge of, take(assume) responsibility for**

32. 책임을 주다 **assign, allocate**

33. 감독하다 **oversee, supervise, superintend, watch over**

34. 지적하다 **point out, criticize**

35. 합리화하다 **streamline**

36. 착수하다 **set out, tackle**

37. 실행하다 **effectuate, put into action, perform, implement, practice**

38. 검토하다 **review, inspect, examine, monitor**

39. 평가하다 **evaluate, estimate, appraise**

40. 수정하다 **revise, alter, make revision to**

2. Part 7 실전문제 따라잡기

Questions 1-3 refer to the following news article.

> Business Cutting Back on
> Employee training and Development
>
> In 1985, budgets for training and development averaged 2 percent of net income. This figure was down to 1 percent nine years later. Part of this decrease is due to the fact that total employment in large-and mid-size companies is down 5 percent over the same period, but per capita spending also fell.
> Alex Wasserman, a spokesman for the National Chamber of Commerce, said that less training is required today because most younger employees are already
> computer-literate when they are hired.

1. How much did business spend on training in 1985?

   (A) Two percent of profits
   (B) Two percent of revenues
   (C) Two percent more than in 1994
   (D) Twenty-three percent of profits

2. What are large companies doing?

   (A) They are raising salaries.
   (B) They are employing fewer people.
   (C) They are increasing their education budgets.
   (D) They are giving all employees benefits other than training.

3. According to Mr. Wasserman, Why has corporate spending on training fallen?

   (A) Computers are taking the place of most workers.
   (B) Employees today are more highly skilled.
   (C) All businesses have less money to spend.
   (D) Modern training is more efficient.

3. Part 7 공략법 따라잡기

[해석]

> 기업들, 직원 연수 개발비 삭감
>
> 1985년에는 연수비 예산이 순수입의 평균 2%이였는데, 9년후 1.2%로 감소했다. 이는 대기업과 중기업의 전체 고용이 동기간 중에 5%하락한 데서 그 원인을 일부 찾아 볼 수 있지만, 1인당 지출비 또한 감소했다. 상공 회의소 대변인 알레스 와서만에 따르면, 요즘 입사하는 젊은 신입 사원들은 대부분 컴퓨터를 사용할 줄 알기 때문에 교육의 필요성이 줄어들고 있다고 한다.

1. 1985년에 기업들이 연수비에 지출한 비용은?

  (A) 수익의 2%   (B) 총수입의 2%
  (C) 1994년 보다 2% 많게(오답 장치 ◯ more than)   (D) 수익의 23%

    [공략법] 첫 문제이므로 첫 2~3 문장에 정답이 있다. "averaged 2%" 이 정답.

2. 대기업들이 하고 있는 것은?

  (A) 급여를 인상하고 있다

  (B) 더 적은 수를 채용하고 있다.(paraphrasing: is down ⇒ fewer)

  (C) 연수비 예산을 올리고 있다.

  (D) 모든 직원들을 교육시키는 대신 다른 혜택을 주고 있다.(오답 장치 ⇒ all, other than…)

    [공략법] 종속절(the fact that절) 바로 뒤가 정답이다. "is down 5%" 을 "fewer people" 로 paraphrasing해서 정답을 주고 있다.

3. 와서만 씨에 의하면 기업들이 연수비를 삭감한 이유는?

  (A) 컴퓨터가 대다수 사람이 할 일을 대체하고 있어서(오답 장치⇒most)

  (B) 요즘 직원들은 기술이 더 뛰어나서

  (C) 모든 기업이 지출비를 덜 책정해 놓고 있어서(오답 장치⇒all)

  (D) 요즘에 하는 연수가 더욱 효과적이어서

    [공략법] 마지막 문제이므로 마지막 2~3 문장에 정답이 있으며 why는 ⇒ because, since, as, so that, to부정사 등이 답을 준다.

어구 | business 기업 cut back on 삭감하다 employee training and development 직원 교육과 개발 budget 예산 average 평균~이다 net income 순수입 figure 숫자 decrease 감소 due to ~때문이다 total 전체의 employment 고용 large-and mid-size company 대기업과 중기업 over the same period 같은 기간 동안 per capita spending 1인당 지출 spokesman 대변인

Chamber of Commerce 상공 회의소 computer-literate 컴퓨터를 다룰 줄 아는 be hired 고용되다

[기출 유형 체험하기]

1. 독해력을 키워주는 토익 어휘 따라잡기 -서비스업편-

제조업, 서비스업 등 주요 산업 분야나 특정 산업이나 특정 기업의 동향이나 움직임 및 정보를 각종 산업별로 출제, 전반적인 경기 호황의 이유와 불황의 진행 과정에 관한 정보, 각종 신용 카드 및 화폐 등을 다루는 금융 기관, 재산 부동산, 돈, 상품과 서비스에 대한 이윤 활동과 관련 상거래, 각 기업의 경기 상황에 따른 기업 동향을 자세히 출제한다.

- **• 경기 상황과 호텔 주가 상승 기출 표현 체험**

1. 성장 **growth in**
2. 출장 **business travel**
3. 숙박료 **room charge**
4. 기록에 가까운 **near-record**
5. 객실 이용률 **occupancy rate**
6. 숙박업 **hospitality industry**
7. A를 계속 한 상태로 두다 **keep A -ing**
8. 분석가 **analyst**
9. 호화로운 체인 **luxury chains**
10. ~대응하다 **respond to**
11. 입실하다 **check in**
12. 퇴실하다 **check out**
13. 행운 **good fortune**
14. 자멸적인 **self-defeating**
15. 괴롭히다 **afflict**
16. 무료 전화 **courtesy phone**
17. 숙박 업계 **lodging industry**
18. 호텔 **accommodation, lodge, hotel**
19. 특실 **suite room**
20. 1인용 객실 **single room, single occupancy**

21. 2인용 객실 **double room, double occupancy**
22. 룸서비스 **room service**
23. 호텔 경영가 **hotelier, hotelkeeper**
24. 편의 시설 **amenities**
25. 돈을 벌다 **make money**
26. 접수계 직원 **receptionist, room maid, desk clerk**
27. (양식을) 채우다 **fill in, fill out**
28. 벼락 경기 **boom**
29. 초래하다 **lead to**
30. 간접비, 일반 경비 **overheads**
31. 손실 **loss**
32. 비싸고 고급스러운 **high-end**
33. ~의 비율로 **at a rate of**
34. 증가율 **growth rate**
35. 요금을 첨가시키다 **bill the charge to the room**

Questions 1-3 refer to the following news article.

> ### Hotel Stocks Doing Well
>
> Although continued growth in business travel, higher room charges and near-record occupancy rates should keep hotel stocks rising this year, analysts say the luxury chains will do the best. Why? Because chains, like Sheraton and Hilton, are not responding to their good fortune by building more hotels, a self-defeating move that has often afflicted the lodging industry.
>
> When hoteliers start making money, they often start building new hotels that they are then unable to fill. The boom of the late 70' s and early 80' s led to the empty rooms, high overhead, and big losses of the 80' s and early 90' s. Last year, the high-end chains added rooms at a rate of 0.7 percent, while the growth rate for the rest of the industry was about 1.6 percent. While they added fewer rooms, occupancy and room rates grew faster for luxury hotels than for the average hotel.

1. Which of the following is NOT expected by analysts?

    (A) Higher room rates
    (B) High room occupancy
    (C) Increased room availability
    (D) Increases in business travel

2. What is one factor that contributed to losses for hotels in the 1980' s?

    (A) A lack of inexpensive land on which to build new hotels
    (B) a decline in business travel, because of recessions
    (C) An overabundance of hotels
    (D) Room rates that were higher than people could afford

3. Which of the following statements characterizes the luxury hotel business currently?

(A) The number of hotels being built is increasing at a slow rate.

(B) Room rates for hotels are generally decreasing.

(C) Occupancy rates for hotels are at an all-time high.

(D) The demand for low-end rooms is declining.

3. Part 7 공략법 따라잡기

[해석]

> ### 호텔 주가 상승
>
> 지속적으로 늘어나는 출장, 인상된 숙박료, 거의 기록적인 투숙률에 힘입어 올해는 호텔 주가가 오르겠지만 분석가들은 최고급 호텔 체인이 가장 선전할 것으로 보고 있다. 이유는? 쉐라톤과 힐튼 같은 체인이 호황이라도 호텔 신출을 자제하고 있기 때문인데, 과거에는 지나친 호텔 신축과 같은 자멸적인 조치로 숙박 업계가 불황에 빠졌던 적이 종종 있었다.
>
> 호텔이 돈을 벌기 시작하면 또 다른 호텔을 지어 결국 객실을 다 채우지 못하는 경우가 많다. 70년대 후반과 80년대 초반의 호텔 성업이 80년대와 90년대 초에 가서는 남아도는 객실과 높은 간접비, 그리고 엄청난 손실의 원인이 되었다. 작년에 최고급 체인의 객실 증가율이 0.7%에 머문 반면, 나머지 호텔들은 1.6%에 이르렀다. 고급 호텔들은 객실 수를 적게 늘렸기 때문에 일반 호텔에 비해 투숙률과 숙박료가 더 빨리 늘어났다.

1. 분석가들이 예측한 사실이 아닌 것은?

(A) 숙박료 인상(paraphrasing : room charges ⇒ room rates)

(B) 객실 이용률 증가(paraphrasing : near-record ⇒ high)

(C) 빈 객실 수 증가

(D) 출장 증가(paraphrasing : continued growth in ⇒ increase in)

[공략법] 양보의 접속사 although 바로 뒤가 정답이며, 열거 형태(A, B, and C)는 항상 문제와 정답이 같이 출제된다.

2. 1980년대에 호텔 업계가 손실을 입은 한 가지 요인은?

(A) 값싼 호텔 부지의 부족

(B) 경기 후퇴로 인한 출장 감소

(C) 너무 많은 호텔(paraphrasing: often start building new hotels ⇒ an overabundance of hotels)

(D) 지나치게 비싼 숙박료

[공략법] 접속사 when뒤의 문장인 "new hotels that they are unable to fill" 이 정답이다.

3. 고급 호텔 업계의 현 실태를 묘사한 것은?

(A) 신축 중인 호텔 수가 느린 속도로 증가하고 있다.(paraphrasing : fewer rooms ⇒ increasing at a slow rate)

(B) 숙박료가 전반적으로 떨어지고 있다.(오답 장치⇒generally)

(C) 호텔 이용률이 사상 최고다.(오답 장치⇒ all-time)

(D) 싸구려 호텔 객실에 대한 수요가 줄고 있다.

[공략법] 역접의 접속사 while절 자체가 정답이다.

어구 | although ~임에도 불구하고 continued 지속적인 growth in 성장 business travel 출장 room charge 숙박료 near-record 기록에 가까운 occupancy rate 객실 이용률 keep A -ing A를 계속 한 상태로 두다 analyst 분석가 luxury chains 호화로운 체인 respond to ~대응하다 good fortune 행운 self-defeating 자멸적인 move 행동, 조치 afflict 괴롭히다 lodging industry 숙박 업계 hotelier 호텔 경영가(=hotelkeeper) make money 돈을 벌다 be unable to ~할 수 없다 fill 채우다 boom 벼락 경기 lead to 초래하다 empty 텅 빈 overhead 간접비, 일반 경비 loss 손실 high-end 비싸고 고급스러운 add 더하다 at a rate of ~의 비율로 while ~반면에 growth rate 증가율 rest 나머지 average 보통의, 평범한

정답 ▶ 1. C 2. C 3. A

[기출 유형 체험하기]

1. 독해력을 키워주는 토익 어휘 따라잡기 -통신편-

각종 단체의 행사 및 지역 사회와 공동체, 정부 기관 등의 공지 사항, 규칙과 새 법안, 처벌, 신문, 방송, 인터넷 등의 각종 대중 매체 및 신문, 잡지 등의 홍보 및 광고, 각종
통신 수단 등을 출제한다.

> • 인터넷 통신 기출 표현 체험하기
>
> 1. 인터넷 분석가 **Internet analyst**
> 2. 연결 망 **network**
> 3. 방송(하다) **broadcast, cast, air**
> 4. 연락처 **contact information**
> 5. 위성 **satellite**
> 6. 연결하다 **link, connect**
> 7. 장거리 통화 **long distance call**
> 8. 전화하다 **call up, ring up, telephone, give a call**
> 9. 연락하다 **contact, keep in touch with, keep track of**
> 10. 수신자 부담 통화 **collect call**
> 11. 대학 교수 **academic, professor**
> 12. 두 배가되다 **double**
> 13. 대용량 컴퓨터 **host computer**
> 14. 연결하다 **connect, link**
> 15. 무료 통화 **toll-free phone**
> 16. 사용자가 쉽게 이용할 수 **user-friendly**
> 17. 멀티미디어 **multimedia**
> 18. 정보 **information**
> 19. 주소 **address**
> 20. 연예 정보 **entertainment**
> 21. 광고 **advertising, promotion, publicity**
> 22. 추산 **estimate**
> 23. A를 B로 추산하다 **put A at B**
> 24. 숫자 **figure, number**
> 25. ~만큼이나 높은 **as high as**
> 26. 통신 매체 **communications medium**
> 27. 가전제품 **consumer electronics**
> 28. 기술 **technology**
> 29. 개인용 컴퓨터 **personal computer**
> 30. 2년 내에 **within two years**
> 31. 시민 **citizen**
> 32. ~보다 수가 많다 **outnumber**

Questions 1-3 refer to the following article.

> The Fastest Growing Internet
>
> Last year the Internet, the worldwide computer network originally used to link computer scientists and academics, doubled in size, as it has done every year since 1988. It now reaches nearly 5 million "host" computers, each of which may connect several individual users. At the same time, the better-known, user-friendly, multimedia side of the Internet, called the World Wide Web, grew almost 20-fold; in just 18 months users created more than 3 million multimedia pages of information, entertainment, and advertising.
> No one knows exactly how many people are behind this, but an estimate by John Quarterman, an Internet analyst, put the number of users at 13.5 million in October of 1994. Analysts today argue that the figure is more like 11 million, or possibly as high as 16 million. Whatever the number is today, it will be at least half as big again a year from now. No communication medium or consumer electronics technology has ever grown as quickly; not the fax machine, not even the personal computer. At this rate, within two years the citizens of "cyberspace" will outnumber the population of all but the largest nations.

1. By how much has the Internet grown each year since 1988?

   (A) It has doubled.
   (B) It has increased 20-fold.
   (C) It has increased by 5 million users.
   (D) It has increased by between 11 and 16 million users.

2. What did John Quarterman do?

   (A) He estimated the number of users of the Internet.
   (B) He promoted the use of the Internet for advertising.
   (C) He developed the first multimedia page on the World wide Web.
   (D) He analyzed the Internet growth potential, in terms of dollars.

3. What is predicted for the Internet over the following two years?

    (A) Its popularity will gradually diminish.

    (B) The costs for using it will decrease rapidly.

    (C) Its growth rate will surpass those of the fax machine and the personal computer.

    (D) Its number of users will be larger than the population of many countries.

3. Part 7 공략법 따라잡기

[해석]

가장 빠른 인터넷

원래 컴퓨터 공학자들과 대학 교수들을 연결하기 위해 시작되었던 전 세계 통신망 1988년부터 그 규모가 매년 두 배씩 증가해 왔으며 작년에도 두 배가 늘었다. 인터넷은 현재 5백만 대에 가까운 "호스트" 컴퓨터를 연결하고 있으며 각 호스트는 네다섯 정도의 개인 사용자와 연결되어 있다. 또한 인터넷 중에서 편리함 때문에 더욱 친근해진 멀티미디어 기능을 갖춘 웹(www)이라는 서비스 사용은 약 20배나 늘었다; 불과 18개 월만에 사용자들은 정보, 오락, 광고 관련 홈페이지를 3백만 개나 넘게 개설했다. 정확한 사용자 수는 알 수 없지만 인터넷 전문가 존 쿼터만 씨는 1994년 10월 기준으로 그 수를 1,350만 명 정도로 추산하고 있다. 전문가들은 현재 사용자 수가 1,100만에서 최고 1,600만 명까지로 보고 있다. 현재 얼마나 되든 간에 1년 후에는 그 수가 1.5배 늘어날 것이다. 여태까지 어떤 통신 매체나 가전제품 기술도 이렇게 급속히 늘어난 적이 없었다;
팩스나 pc조차도 이에 미치지 못하고 있다. 이런 속도라면 향후 2년 내에 네티즌 수가 인구가 가장 많은 국가들을 제외한 나머지 국가들의 인구수를 앞지르게 될 것이다.

1. 1998년 이후 매년 인터넷의 성장 속도는?

(A) 2배

(B) 20배

(C) 사용자 수가 5백만 명씩 증가했다.

(D) 사용자 수가 1,100~1,600만 명씩 증가했다.

    [공략법] 첫 문제는 첫 2~3 문장 중에 답이나 힌트가 있으며 여기서는 컴마와 컴마에 의해서 삽입된 구조로 컴마가 있는 모든 부분은 반드시 문제가 출제되고 정답과 힌트도 제시된다.

2. 존 쿼터만 씨가 한 일은?

    (A) 인터넷 인구 추산   (B) 인터넷을 광고에 사용하게끔 홍보
    (C) www에 최초의 멀티미디어 페이지 개설   (D) 인터넷 성장 가능성을 금전적으로 분석

> [공략법] 역접 접속사 BUT뒤에 정답과 힌트가 제시되며 동시에 주어와 동사 사이에 삽입의 컴마가 나와 정답
> 이 된다.

3. 앞으로 2년 동안 인터넷의 전망은?

    (A) 인기가 점차 떨어질 것이다
    (B) 사용료가 현저히 줄어들 것이다.
    (C) 팩스나 개인용 컴퓨터의 성장률을 능가할 것이다.
    (D) 사용자 수가 여러 나라의 인구보다 더 많아질 것이다.

> [공략법] 마지막 문제이므로 마지막 2~3 문장에 정답의 위치는 전치사구 at this rate, within two years로 시작
> 되고 있다.

어구 | worldwide 세계적인 network 연결 망 originally 원래, 본래 link 연결하다 academic 대학 교수 double 두 배가되다 nearly 거의 host computer 대용량 컴퓨터 connect 연결하다 several 몇몇의 at the same time 동시에 better-known 더 잘 알려진 user-friendly 사용자가 쉽게 이용할 수 multimedia 멀티미디어 grow 성장하다 20-fold 20배 information 정보 entertainment 정보 advertising 광고 exactly 정확히 behind this 이것을 사용하다 estimate 추산 Internet analyst 인터넷 분석가 put A at B A를 B로 추산하다 argue 주장하다 figure 숫자 possibly 아마도 as high as ~만큼이나 높은 whatever ~이든 간에 at least 적어도 communication medium 통신 매체 consumer electronics 가전제품 technology 기술 personal computer 개인용 컴퓨터 at this rate 이런 속도라면 within two years 2년 내에 citizen 시민 outnumber ~보다 수가 많다 population 인구 but ~을 제외한

정답 ▶ 1. A 2. A 3. D

[기출 유형 체험하기]

1. 독해력을 키워주는 토익 어휘 따라잡기 -금융편-

제조업, 서비스업 등 주요 산업 분야나 특정 산업이나 특정 기업의 동향이나 움직임 및 정보를 각종 산업별로 출제, 전반적인 경기 호황의 이유와 불황의 진행 과정에 관한 정보, 각종 신용 카드 및 화폐 등을 다루는 금융 기관, 재산 부동산, 돈, 상품과 서비스에 대한 이윤 활동과 관련 상거래, 각 기업의 경기 상황에 따른 기업 동향을 자세히 출제하고 있다.

- 증권 시장의 평균 이윤 기출 표현 체험하기

1. 투자 신탁 회사 **Trust (company)**
2. ~하는 것도 당연하다 **every reason to+부정사**
3. 수상자, 수령인 **recipient**
4. 권위 있는 **prestigious**
5. 상 **award**
6. 두 번 연속으로 **for the second time running**
7. 모으다, 수집하다 **compile**
8. 계획하다 **be slated(scheduled, supposed) to**
9. 삼위의 **third-rated**
10. 평균 이익 **average gain**
11. 투자 **investment**
12. 투자사 **investment company**
13. 채권 **bond**
14. 대출 은행 **credit bank**
15. 주식 **share, stock**
16. 유가 증권 **securities**
17. 주주 **stockholder, shareholder**
18. 주식 거래 **stock exchange**
19. 예금 은행 **savings bank**
20. 통화 **currency**
21. 증시 **stock market**
22. 공채 **public bond**
23. 이자율 **interest rate**
24. 채권자 **creditor, lender**
25. 채무자 **payer, debtor**
26. 저당 **mortgage**
27. 인출 **withdrawal**
28. 입금 **deposit**
29. 논평 **feedback, comment on**
30. 평가 **appraisal, evaluation**
31. 취소하다 **cancel, withdraw, break off, call off, strike off**
32. 미루다 **delay, postpone, put off, retard**

Questions 1-3 refer to the following article.

Investment market average gain

Four managers at Fleighsom Trust have every reason to glow with pride : They have won the investment community' s most prestigious award as the best investment trust managers of the year for the second time running. Records compiled by Draybill Securities show that, as measured by performance over the last three years, a $100 investment with Fleighsom in December 1986 would have been worth $158.50 three years later, as compared with $152.70 for Bilksom, $150.50 for third-rated ConsAm, and $142.50 for the market average. Of course, success is built on success : The top three groups this year were in the same positions last year.

---

1. Who are the recipients of the award described in the article?

    (A) Employees of Bilksom Investment
    (B) Analysts at Draybill Securities
    (C) managers at Fleighsom Trust
    (D) Investors at ConsAm

2. What was the average gain on a $100 investment over three years in this market?

    (A) $58.50
    (B) $52.70
    (C) $50.50
    (D) $42.50

3. Which group achieved the second-highest rating last year?

    (A) Draybill Securities
    (B) Fleighsom Trust
    (C) Bilksom
    (D) ConsAm

3. Part 7 공략법 따라잡기

[해석]

> 투자 시장의 평균 이윤
>
> 네 명의 플레이섬 신탁의 부장들이 자부심으로 가득 차 있는 것은 당연하다. 그들은 투자 업계에서 가장 권위 있는 상인 올해의 최고 투자 신탁 부장 상을 2년 연속으로 수상한 것이다. 드레이빌 증권이 정리한 기록에 의하면 과거 3년간 실적으로 계산 할 때, 1986년 12월에 100불을 플레이섬에 투자한 경우 3년 후에는 158.50불이 되어 있다. 한편 빌크섬에서는 152.70불, 제3위의 콘스암에서는 150.50불, 시장의 평균은 142.50불이다. 물론 성공은 성공 위에 세워지는 것이므로 금년 상위 3사는 작년에도 마찬가지 순위에 있었다.

1. 이 기사에서 설명하는 상의 수상자는 누구인가?

   (A) 빌크섬 투자의 종업원들   (B) 드레이빌 증권의 분석가들
   (C) 플레이섬 신탁의 부장들   (D) 콘스암의 투자가들

> [공략법] 첫 문제는 첫 2~3 문장에 정답과 힌트가 있다. 동의어가 없는 어휘는 그대로 정답이 된다. manager
>   ● manager

2. 이 시장에서 3년간 100불을 투자했을 때 평균 이익은 얼마인가?

   (A) 58불 50센트   (B) 52불 70센트
   (C) 50불 50센트   (D) 42불 50센트

> [공략법] 열거 형태(A, B, and C)에서는 주로 접속사 뒤인 C가 정답으로 몰린다.

3. 작년에 두 번째로 높은 평가를 받은 것은 어느 그룹인가?

   (A) 드레이빌 증권   (B) 플레이섬 신탁
   (C) 빌크섬   (D) 콘스암

> [공략법] 마지막 문제는 마지막 문장 2~3 줄에 거의 정답을 준다. 콜론(:) 바로 뒤가 정답이자 힌트가 된다

어구 | Trust 투자 신탁 every reason to부정사 ~하는 것도 당연하다 recipient 수상자, 수령인 prestigious 권위 있는 glow 불타다 award 상 for the second time running 두 번 연속으로 securities 증권 compile 모으다, 수집하다 third-rated 삼위의 average gain 평균 이익

정답 ▶ 1. C 2. D 3. C

■ Double Passage 1

Questions 1-5 refer to the following information and telephone rate service.

Types of home telephone service

Flat rate service This service is offered as an individual line. It allows you to make as many calls as you wish within your local calling area for a fixed monthly charge.

Message rate service This service is offered on an individual line only and permits you to make 50 outgoing calls per month for a fixed charge which is lower than Flat rate service. Any calls after you make 50 will cost 10.6 cents for each additional call.

Economy service This service is offered on an individual line at a lower monthly charge than Message rate service. This service is designed for customers who make few calls but allows unlimited incoming calls. There is a 10.6 cents charge for each outgoing local call.

Classes of Service	Monthly Rate
Flat Rate Service	$16.48
Message Rate Service	$9.20
Economic Service	$5.00

1. For a person who makes more than 20 calls a day, what service would probably be best?

 (A) Flat rate
 (B) Message rate
 (C) Economy rate
 (D) Weekend rate

2. The Flat rate service pays for

 (A) collect calls
 (B) long distance calls
 (C) less than 50 calls
 (D) local calls

3. How many calls per month can one make with the Message Rate service?

 (A) Less than 50 calls
 (B) Less than 100 calls
 (C) Between 50 and 100 calls
 (D) As many as needed

4. Which is offered on an individual line at a lower monthly charge than Message rate service.?

 (A) collect calls
 (B) long distance calls
 (C) Economy service
 (D) local calls

5. Which of the following allows you to make as many calls as you wish within your local calling area for a fixed monthly charge?

 (A) collect calls
 (B) long distance calls
 (C) flat rate
 (D) local calls

가정용 전화 서비스의 종류

정액제 서비스 이 서비스는 개인용 회선으로 제공됩니다. 여러분은 정해진 월별 요금으로 지역전화 구역 내에서 원하시는 만큼 전화를 할 수 있습니다.
메시지 요금 서비스 이 서비스는 개인용 회선으로만 제공되고 여러분은 정액제 서비스보다 낮게 정해진 요금으로 한 달에 50회 이후의 통화는 매회 10.6센트의 요금이 부과됩니다.
절약형 서비스 이 서비스는 메시지 요금서비스 보다 낮은 월별 요금으로 개인용 회선에 제공됩니다.
이 서비스는 거의 전화를 걸지는 않지만 걸려오는 전화는 무제한으로 받아야 하는 고객들을 위해 마련되었습니다. 지역전화 구역으로 거는 전화에는 매회 10.6센트의 요금이 부과됩니다.

서비스의 종류	월별 요금
정액제 서비스	$16.48
메시지 요금 서비스	$9.20
절약형 서비스	$5.00

1. 하루에 20통 이상의 전화를 거는 사람에겐 어느 서비스가 가장 알맞겠는가?

   (A) 정액제 요금 서비스
   (B) 메시지 요금 서비스
   (C) 절약형 요금 서비스
   (D) 주말 요금 서비스

2. 정액제 서비스는 지역통화에 대한 요금을 계산한다.

   (A) 수신인 요금 부담 통화
   (B) 장거리 통화
   (C) 50통화 미만
   (D) 지역 통화 구역 내에서의 통화

3. 메시지 요금 서비스를 이용하면 한 달에 몇 통의 전화를 걸 수 있는가?

   (A) 50통화 미만

   (B) 100통화 민화

   (C) 50통화에서 100통화 사이

   (D) 필요한 만큼이나

4. 메시지요금 서비스보다 더 저렴한 월별 요금으로 개인 회선에 제공되는 서비스는?

   (A) 수신인 요금 부담 통화

   (B) 장거리 통화

   (C) 절약형 요금 서비스

   (D) 지역 통화 구역 내에서의 통화

5. 다음 중 어떤 서비스가 정해진 월별 요금으로 지역전화 구역 내에서 원하시는 만큼 전화를 할 수 있습니다.

   (A) 수신인 요금 부담 통화

   (B) 장거리 통화

   (C) 정액제 요금 서비스

   (D) 지역 통화 구역 내에서의 통화

어휘 | flat rate 정액(고정)요금 outgoing (congenial, friendly, sociable, departing, leaving, outbound) 나가는, 출발하는 collect calls 수신인 요금 부담 통화 local calls 지역 통화 구역 내에서의 통화

정답 ▶ 1. (A) 2. (D) 3. (D) 4. (C) 5. (C)

■ Double Passage 2

Questions 6-10 refer to the following article and merit and demerit.

Major Benefits of Working at Home

Ease.

Freedom to live where you wish.

No commuting hassles.

No time spent getting "dressed" for work.

Additional productivity because of fewer interruptions.

No expense for wardrobe, commute, parking, meals, etc.

Reduced auto, home insurance coats.

Opportunity to spend more time with family.

Limited need to send children to day-care centers.

Major Drawbacks of Working at Home

"Fuzzy" line between work and personal life.

Need to locate separate, private space for working.

Potential for becoming involuntary workaholic.

Business interruptions evenings and weekends.

Lower productivity if unable to get motivated.

Interruptions from neighbors, friends, and family.

Loneliness.

Feeling unprofessional.

---

6. The main idea of the article is

   (A) the merits and demerits of working at home
   (B) the major and minor advantages of working at home
   (C) the time and costs of working at home
   (D) how to work effectively at home

7. According to the article, which of the following is the advantage of working at home?

   (A) Private space of working
   (B) Reduced auto insurance costs
   (C) Prevention against workaholism
   (D) Reduced interruptions from neighbors

8. According to the article, which of the following is the disadvantage of working at home?

   (A) Additional home insurance costs
   (B) Opportunity to spend more time with friends
   (C) Personal life disturbed by work
   (D) No expense for commute

9. Which is not one of the merits of telecommuting ?

   (A) Ease.
   (B) Freedom to live where you wish.
   (C) No commuting hassles.
   (D) "Fuzzy" line between work and personal life.

10. Which is not one of the demerits of telecommuting ?

   (A) "Fuzzy" line between work and personal life.
   (B) Need to locate separate, private space for working.
   (C) Potential for becoming involuntary workaholic.
   (D) No time spent getting "dressed" for work.

집에서 일하는 것의 주요 장점

편하다.
원하는 곳에서 살 수 있는 자유.
통근 전쟁을 겪지 않는다.
출근을 위해 옷을 차려입는 시간이 필요하지 않다.
적은 방해에 따른 생산성의 증대
정장, 통근, 주차, 식비 등등의 비용이 들지 않는다.
자동차, 주택 보험비의 절감
더 많은 시간을 가족과 보낼 수 있다.
아이들을 보육원에 맡겨야 할 필요가 줄어든다.

집에서 일하는 것의 주요 단점
일과 개인적인 생활의 혼동
일하기 위한 독립되고 개인적인 공간을 찾아야 할 필요가 있다.
무의식중에 일중독 중에 걸릴 수 있는 가능성
일이 저녁 시간과 주말을 침범할 수 있다.
기분이 내키지 않을 때엔 생산성이 오르지 않는다.
이웃, 친구 및 가족으로부터의 방해.
직업적이지 못하다는 느낌.

---

6. 이 글의 주제는 집에서 일하는 것의 장점과 단점이다.

  (A) 집에서 일하는 것의 장점과 단점
  (B) 집에서 일하는 것의 크고 작은 이익들
  (C) 집에서 일하는 비용과 시간
  (D) 집에서 효과적으로 일하는 방법

7. 이 글에 따르면, 다음 중 어느 것이 집에서 일하는 것의 장점인가?

  (A) 개인적인 업무 공간
  (B) 감소한 자동차 보험 요금
  (C) 일에 중독되는 것을 방지 함
  (D) 줄어든 이웃의 방해

8. 이 글에 따르면, 다음 중 어느 것이 집에서 일하는 것의 단점인가?

   (A) 추가 주택 보험료

   (B) 친지들과 더 많은 시간을 보낼 수 있는 기회

   (C) 업무로 인해 불안해하는 개인 생활

   (D) 통근 비용이 전혀 안 든다.

9. 재택근무의 장점이 아닌 것은?

   (A) 홀가분함

   (B) 원하는 곳에 살 수 있는 자유

   (C) 출퇴근 전쟁이 없다.

   (D) 일과 개인적인 생활의 혼동

10. 재택근무의 단점이 아닌 것은?

   (A) 일과 개인적인 생활의 혼동

   (B) 일하기 위한 독립되고 개인적인 공간을 찾아야 할 필요가 있다.

   (C) 무의식중에 일중독 증에 걸릴 수 있는 가능성

   (D) 출근을 위해 옷을 차려입는 시간이 필요하지 않다.

어휘 | hassle 전쟁 wardrobe 의류, 양복장 drawback (disadvantage, flaw, liability, weakness, barrier, encumbrance, hurdle, obstacle) 결점, 약점 fuzzy (hazy, indistinct, obscure, unclear) 희미한, 분명하지 못한 demerit(excellence, virtue, worth, worthiness) 결점, 단점 telecommute 재택근무하다(work from home)

정답 ▶ 6. (A) 7. (B) 8. (C) 9. (D) 10. (D)

Questions 11-15 refer to the following chart and passage.

WHERE IT'S COMING FROM

	PERCENT CHANGE			CONTRIBUTION TO TOTAL GROWTH		
	1993	1994	1995	1993	1994	1995
Consumer spending	3.1%	2.6%	3.0%	83.4%	56.3%	62.1%
Business investment	13.6%	10.3%	9.7%	59.0%	39.3%	38.5%
Homebuilding	4.0%	5.4%	1.8%	6.6%	7.2%	2.4%
Net exports				(45.4%)	(3.0%)	1.8%
Exports	0.8%	3.6%	4.5%			
Imports	8.3%	5.4%	3.4%			
Federal Purchases	(6.4%)	(4.9%)	(5.3%)	(19.0%)	(10.5%)	(10.1%)
State & Local purchases	3.4%	3.0%	1.5%	15.4%	10,7%	5.3%
TOTAL GDP	2.5%	3.2%	3.3%	100.0%	100.0%	100.0%

Stronger hiring in manufacturing and construction will bolster spending power. Manufacturing workers earn an average of $11.25 an hour, and construction jobs pay $13.65. This compares with an average of $6.40 hourly pay in services and $7.20 in retail stores. After adjusting for inflation and taxes, real disposable income will increase by 2.6% during 1994 and close to 3% in the following year.

11. According to the chart, which made the greatest contribution to growth in 1993?

    (A) Consumer spending
    (B) Business investment
    (C) Net exports
    (D) Local purchases

12. According to the chart, which of the following will increase the least in 1995?

    (A) State and Local purchases
    (B) Homebuilding
    (C) Exports
    (D) Consumer spending

13. It can be inferred from the chart and passage that for the years 1993-1995, consumers will

(A) save more if they have more
(B) save more of their disposable income
(C) spend more of their disposable income
(D) increase their spending according to their disposable income

14. According to the chart, which made the least contribution to growth in 1993?

(A) Consumer spending
(B) Business investment
(C) Net exports
(D) Homebuilding

15. According to the chart, which of the following will increase the most in 1995?

(A) State and Local purchases
(B) Homebuilding
(C) Exports
(D) Business investment

[전문해석]

출 처

	PERCENT CHANGE			CONTRIBUTION TO TOTAL GROWTH		
	1993	1994	1995	1993	1994	1995
소비자 지출	3.1%	2.6%	3.0%	83.4%	56.3%	62.1%
민간 기업 투자	13.6%	10.3%	9.7%	59.0%	39.3%	38.5%
주택건설	4.0%	5.4%	1.8%	6.6%	7.2%	2.4%
순 수출	(45.4%)	(3.0%)	1.8%			
수출	0.8%	3.6%	4.5%			
수입	8.3%	5.4%	3.4%			
연방정부 구매	(6.4%)	(4.9%)	(5.3%)	(19.0%)	(10.5%)	(10.1%)
주와 지방자치단체 구매	3.4%	3.0%	1.5%	15.4%	10.7%	5.3%
TOTAL GDP	2.5%	3.2%	3.3%	100.0%	100.0%	100.0%

제조업과 건설업에서의 고용 확대는 구매력을 강화할 것이다. 제조업 근로자들은 시간당 평균 11.25불을 벌며 건설 노동자들은 13.65불을 받는다. 이는 서비스업의 시간당 평균 임금 6.40불, 소매업의 7.20불과 비교된다. 인플레이션과 세금에 따라 조정된 실질 가처분 소득은 1994년 2.7%가 증가하고 다음해에는 3% 증가에 이를 것이다.

11. 도표에 따르면, 1993년의 성장에 가장 많이 기여한 것은 무엇인가?

　(A) 소비자 지출
　(B) 민간 기업 투자
　(C) 순 수출
　(D) 지방자치단체 구매

12. 도표에 따르면, 다음 중 어느 것이 1995년에 가장 적게 증가할 것인가?

　(A) 주와 지방자치단체 구매
　(B) 주택건설
　(C) 수출
　(D) 소비자 지출

13. 도표와 글에 따르면 1993년에서 1995년 사이에 소비자들은 그들의 가처분 소득에 따라 지출을 증가 시킬 것이라는 것을 알 수 있다.

(A) 소득을 많이 가지고 있다면 더 저축할 것이다.

(B) 더 많은 가처분 소득을 저축할 것이다.

(C) 더 많은 가처분 소득을 지출할 것이다.

(D) 가처분 소득에 따라 지출을 증가시킬 것이다.

14. 도표에 따르면, 1993년의 성장에 가장 적게 기여한 것은 무엇인가?

(A) 소비자 지출

(B) 민간 기업 투자

(C) 순 수출

(D) 주택건설

15. 도표에 따르면, 다음 중 어느 것이 1995년에 가장 많이 증가할 것인가?

(A) 주와 지방자치단체 구매

(B) 주택건설

(C) 수출

(D) 민간 기업 투자

어휘 | bolster (brace, prop, strengthen, sustain) 북돋우다, 강화하다 spending power 구매력 real disposable income 실질 가처분 소득

정답 ▶ 11. (A) 12. (A) 13. (D) 14. (D) 15. (D)

Questions 16-20 refer to the following itinerary and flight

ITINERARY FOR : Mr. CUNNINGHAM

March 1 -3, 1992

SUNDAY, MARCH 1 Omaha to Philadelphia (No direct flight available)

4:15 p.m.   Leave Omaha on American Flight 23. Change in Chicago to United
            Flight 302 leaving at 6 : 15 p.m.
10:21 p.m.   Arrive in Philadelphia. Guaranteed arrival reservation at Warwich Hotel
            (confirmation attached).

MONDAY, MARCH 2 West Chester Plant

  Take Southeastern Pennsylvania Transportation Authority Conrail commuter train
from Penn Center Station. Frequent service (papers in briefcase).

TUESDAY, MARCH 3 En Route to Brussels

9:00 a.m.   Leave Philadelphia on American Flight 2 to La Guardia
            Airport (New York) to connect with Sabena Flight 34 to Brussels.
11:00 a.m.   Leave for Brussels.
5:00 p.m.   Arrive in Brussels. Reservation at
            Intercontinental Hotel (confirmation attached).

---

16. On what flight will he arrive in Philadelphia?

   (A) Sabena Flight 34
   (B) United Flight 302
   (C) American Flight 2
   (D) American Flight 23

17. What is Mr. Cunningham reminded of on his way to West Chester plant?

   (A) To confirm reservation
   (B) To visit frequently
   (C) To change in Penn Center Station
   (D) To take documents

18. At what time will the Flight to Bussels leave New York?

   (A) 9:00 p.m.
   (B) 4:15 a.m.
   (C) 5:00 p.m.
   (D) 11:00 a.m.

19. At what time will the Flight to Bussels arrive ?

   (A) 9:00 p.m.
   (B) 4:15 a.m.
   (C) 5:00 p.m.
   (D) 11:00 a.m.

20. At what time will the United Flight 302 arrive in Philadelphia?

   (A) 9:00 p.m.
   (B) 4:15 a.m.
   (C) 5:00 p.m.
   (D) 10:21 p.m.

일정표 : Mr. CUNNINGHAM

1992년 3월 1~3일

3월 1일, 일요일 Omaha에서 Philadelphia로 (직행 비행기가 없음)

4:15 p.m.   American Flight 23으로 Omaha를 출발. Chicago에서 6시 15분에 출발하는
United Flight 302로 갈아탐.

10:21 p.m.   Philadelphia에 도착.
Warwick Hotel에 예약되어 있음 (확인서 첨부).

3월 2일, 월요일 West Chester 공장

Penn Center역에서 Southeastern Pennsylvania Transportation Authority Conrail commuter train
승차. 수시로 출발함 (가방에 서류).

3월 3일, 화요일 Brussels로

9:00 a.m.   Brussels행 Sabena Flight 34로 갈아타기 위해 American Flight 2로 Philadelphia를 출발
La Guardia 공항(New York)으로.

11:00 a.m.   Brussels로 출발.

5:00 p.m.   Brussels에 도착. Intercontinental Hotel에 예약되어 있음(확인서 첨부).

---

16. 그는 어떤 비행기로 Philadelphia에 도착할 것인가?

(A) Sabena Flight 34
(B) United Flight 302
(C) American Flight 2
(D) American Flight 23

17. West Chester 공장으로 가는 길에 Mr. Cunningham이 잊지 말라고 주의 받은 것은?

(A) 예약 확인하기
(B) 종종 방문하기
(C) Penn Center Station에서 갈아타기
(D) 서류 가져가기

18. New York에서 Brussels행 비행기는 몇 시에 떠나는가?

(A) 9:00 p.m.

(B) 4:15 a.m.

(C) 5:00 p.m.

(D) 11:00 a.m.

19. Brussels행 비행기는 몇 시에 도착하는가?

(A) 9:00 p.m.

(B) 4:15 a.m.

(C) 5:00 p.m.

(D) 11:00 a.m.

20. United Flight 302 항공기는 Philadelphia에 언제 도착하는가?

(A) 9:00 p.m.

(B) 4:15 a.m.

(C) 5:00 p.m.

(D) 10:21 p.m.

어휘 | itinerary (log, outline, route travel plan) 여정, 여행 일정표 confirmation attached (예약)확인서 첨부 en route to ~ ~로 가는 길 (path, road, turnpike, course, direction)

정답 ▶ 16. (B) 17. (D) 18. (D) 19. (C) 20. (D)

▶ Double Passage 5

Questions 21-25 refer to the following news article and table

The world economy heads into 1994 with improving prospects for growth and the brightest inflation outlook since the 1960s. That's how the Organization for Economic Cooperation & Development sees it in its semiannual economic outlook. The OECD projects that North America will lead the way in 1994 3% growth while most of continental Europe and Japan continues to struggle slowly out of recession. Overall, growth in the 24-nation OECD area will reach a modest 2%.

However, the OECD also sees 1994 as a transition year in which growth rates begin to converge around a 2.7% pace heading into 1995.

HOW THE OECD SEES ECONOMIC GROWTH

Real GDP	'93	'94	'95
U.S.	2.8	3.1	2.7
JAPAN	-0.5	0.5	2.3
GERMANY	-1.5	0.8	2.2
FRANCE	-0.9	1.1	2.7
ITALY	-0.1	1.7	2.3
BRITAIN	2.0	2.9	2.9
CANADA	2.5	3.7	4.1
REMAINING	0.4	1.7	2.8
TOTAL OECD	1.1	2.1	2.7

21. GDP growth in OECD nations in 1994 will be led by

    (A) U.S.
    (B) U.S. and Canada
    (C) continental Europe and Japan
    (D) Japan

22. According to the article, what will be the average GDP growth in OECD nations in 1994?

    (A) 1.1%
    (B) 3%
    (C) 2%
    (D) 2.5%

23. According to the outlook, what will be the GDP growth in Britain in 1994?

    (A) 2.0%
    (B) 3.1%
    (C) -0.5%
    (D) 2.9%

24. According to the outlook, what best describes the OECD economy in 1995?

    (A) It will be out of recession.
    (B) It will record 3% growth.
    (C) It will be better than in 1994.
    (D) It will be led by North America.

25. According to the outlook, what will be the GDP growth in Canada in 1994?

    (A) 2.0%
    (B) 3.7%
    (C) -0.5%
    (D) 2.9%

[전문해석]

세계 경제는 성장에 대한 호전되고 있는 예측 및 1960년대 이후 가장 밝은 인플레이션 전망과 함께 1994년을 맞이하고 있다. 이것은 경제 협력 개발기구가 그들의 발기 경제 예측 보고서에서 내다본 것이다. OECD는 대부분의 유럽 대륙 국가들과 일본이 경기 침체를 벗어나기 위해 안간힘을 쓰는 반면 북미의 국가들이 3% 대의 성장으로 1994년을 주도할 것이라고 예측한다. 전반적으로, 24개 OECD 국가들의 성장률은 2%에 머물 것이다.

그렇지만 OECD는 1994년을 성장률이 2.7%에 달할 1995년을 위한 과도기적인 한 해가 될 것으로 보고 있다.

경제 성장에 대한 OECD의 전망

실질 GDP	'93	'94	'95
U.S.	2.8	3.1	2.7
JAPAN	-0.5	0.5	2.3
GERMANY	-1.5	0.8	2.2
FRANCE	-0.9	1.1	2.7
ITALY	-0.1	1.7	2.3
BRITAIN	2.0	2.9	2.9
CANADA	2.5	3.7	4.1
REMAINING	0.4	1.7	2.8
TOTAL OECD	1.1	2.1	2.7

21. 1994년 OECD 국가들의 GDP 성장은 미국과 캐나다에 의해 주도될 것이다.

(A) 미국

(B) 미국과 캐나다

(C) 유럽 대륙과 일본

(D) 일본

22. 이 글에 따르면 1994년 OECD 국가들의 평균 GDP 성장률은 얼마나 되겠는가?

(A) 1.1%

(B) 3%

(C) 2%

(D) 2.5%

23. 이 전망에 따르면 1994년 영국의 GDP 성장률은 얼마나 되겠는가?

 (A) 2.0%

 (B) 3.1%

 (C) -0.5%

 (D) 2.9%

24. 이 전망에 따를 때 1995년의 OECD 경제를 가장 잘 설명한 것은?

 (A) 일시적인 경기 후퇴에서 벗어날 것이다.

 (B) 3% 의 성장을 기록 할 것이다.

 (C) 1994년 보다 더 좋아질 것이다.

 (D) 북아메리카에 의해 주도될 것이다.

25. 이 전망에 따르면 1994년 캐나다의 GDP 성장률은 얼마나 되겠는가?

 (A) 2.0%

 (B) 3.7%

 (C) -0.5%

 (D) 2.9%

정답 ▶ 21. (B) 22. (C) 23. (D) 24. (C) 25. (B)

▶ Double Passage 6

Questions 26-30 refer to the following exchange of letters.

Palm Groves Office Tower
Attn: Building Maintenance Supervisor

Dear Sir,

I am writing on behalf of myself and several other people that work in the Palm Groves Office Tower. We have no wish to be a bother or cause you any inconvenience because we understand that you have responsibilities of your own, but we have a complaint concerning not being able to use the fitness club on the second basement level. We know that your maintenance workers are busy painting and repairing cracks in the concrete and we understand not being able to use that level, but we were told that it would be completed in less than two weeks. It has now been nearly four weeks and we still cannot use the exercise facilities. We pay a monthly fee to use the facilities. We are not asking for a refund, but only that the fitness club be reopened soon.

Sincerely,
Hank Erwin
CNR Trading, Inc.

CNR Trading, Inc.
Attn: Mr. Hank Erwin

Dear Mr. Erwin,

I would like to extend my apologies to you and the other fitness club users. Initially, the project on the second basement level was to take only between one and two weeks, but upon closer inspection, the cracks in the concrete turned out to be more serious than we thought. Unfortunately, this was not discovered until after painting was nearly complete. After further repairs we had to repaint the entire level. I can assure you that barring any further difficulties the second basement level will again be accessible by the end of this week. Though you have requested no refund, I have consulted the building management and they have agreed to give users of the fitness club a free month of membership in thanks for your patience.

Regards,
Henry Winthrop
Maintenance Supervisor

26. Why is Hank Erwin complaining to the maintenance supervisor of the Palm Groves Office Tower?

(A) Because his office needs repainted, and he's been waiting for four weeks
(B) Because the fitness club has been closed for more than two weeks
(C) Because he cannot work due to loud noise caused by the maintenance activities
(D) Because the second basement level is being repainted and repaired

27. What does Hank Erwin want?

(A) A free membership at the fitness club
(B) A refund for time lost at the fitness club
(C) An explanation for why the maintenance is taking so long
(D) Access to the fitness club

28. Why is the maintenance supervisor writing a response to Mr. Erwin?

(A) To announce the schedule of repairs in the building
(B) To inform him of the procedures concerning the maintenance
(C) To apologize and offer compensation for the inconvenience
(D) To show appreciation for his cooperation in the renovation

29. Why is the maintenance and painting taking longer than expected?

(A) Concrete damage was more serious than realized.
(B) They had the wrong color of paint.
(C) The workers were in the fitness club.
(D) The paint was cracking after it dried.

30. When will the fitness club reopen?

(A) In two weeks
(B) At the end of the month
(C) After another week
(D) By the end of the week

Palm Groves 어피스 타워
수신자 : 건물 관리소장

담당자님께,
저는 Palm Groves Office Tower에서 일하는 몇몇 다른 사람들을 대표해서 이렇게 편지를 드립니다. 저희는 관리자님께서도 업무로 바쁘시다는 것을 알고 있기 때문에 귀찮게 하거나 불편함을 드리고 싶지는 않습니다. (198) 하지만 지하 2층에 있는 헬스클럽을 사용하지 못하는 것과 관련해서 불평 사항을 말씀 드리고자 합니다. 저희는 관리실 직원 분들이 페인트칠을 하고 콘크리트에 금이 간 곳을 수리하는데 매우 바쁘시다는 것을 알고 있습니다. 또한 저희는 그 층을 사용할 수 없는 것도 이해합니다. (196) 하지만 저희는 수리가 2주 이내에 끝날 것이라고 들었습니다. 거의 4주가 다 되어 가는데, 여전히 운동 시설을 사용할 수가 없습니다. 저희는 이 운동 시설에 대한 이용료를 매달 지불하고 있습니다. (197) 환불을 요구하는 것은 아니지만, 헬스 클럽이 하루 빨리 재개장되기를 바랍니다.

감사합니다.
Hank Erwin
CNR Trading 사

CNR 무역 회사
수신자 : Hank Erwin

Erwin씨께,
(197) 귀하와 다른 헬스클럽 이용자분들께 사과의 말씀을 드립니다. 애초에, 지하 2층 수리는 1~2주 정도 걸릴 예정이었습니다. 하지만 자세히 살펴본 결과, (198) 콘크리트의 갈라진 금이 저희가 생각했던 것 보다 더 심각한 것으로 드러났습니다. 안타깝게도, 이 사실을 페인트 작업이 거의 완료된 후에야 알게 되었습니다. 수리를 더 진행한 후에, 저희는 전체 층을 다시 칠해야 했습니다. (200) 더 이상의 어려움 없이 이번 주 말에는 지하 2층을 다시 사용할 수 있다는 것을 확실히 말씀드릴 수 있습니다. 환불을 요청하지는 않으셨지만, 제가 건물 관리팀과 논의한 끝에 (197) 불편함을 참아 주신데 대한 감사의 표시로 헬스클럽 이용자들에게 한 달간의 무료 이용의 기회를 드리기로 결정하였습니다.

감사합니다.
Henry Winthrop
관리소장

26. 왜 Hank Erwin이 Palm Groves Office Tower의 관리소장에게 불평을 하는가?

(A) 그의 사무실의 페인트칠을 새로 해야 하는데 그는 4주 이상 기다리고 있기 때문에

(B) 헬스클럽이 2주 이상 문을 닫았기 때문에

(C) 수리로 인한 소음 때문에 일을 할 수 없기 때문에

(D) 지하 2층이 새로 페인트가 칠해지고 수리가 되고 있기 때문에

첫 번째 편지의 중반부에 공사가 1주 이내에 끝날 것이라고 들었는데 4주가 지나도 끝나지 않고 여전히 운동 시설을 이용하지 못하고 있다고 했으므로 정답은 (B)가 된다. Hank Erwin이 기다리고 있는 것은 사무실의 페인트를 새로 칠하는 것이 아니라 헬스클럽이 다시 오픈하는 것이므로 (A)는 오답이 된다. 본문에서 Hank가 '공사가 시작된 지 4주가 다 되었다'에 착안하여서, waiting for four weeks를 오답을 만들어서 혼동을 유도하려 했다는 것에 유의한다.

27. Hank Erwin이 원하는 것은 무엇인가?

(A) 헬스클럽의 무료 회원권

(B) 헬스클럽에 가지 못한 날짜에 대한 환불

(C) 수리가 오래 걸린 이유에 대한 설명

(D) 헬스클럽을 이용할 수 있는 것

첫 번째 편지의 마지막 부분에서 환불을 요구하는 것은 아니고 클럽이 빨리 재개장하기를 원한다고 했으므로 정답은 (B)가 아니라 (D)가 된다. 본문의 "~the fitness club be reopened soon"이 선택지에서는 access to the fitness club으로 조금 다르게 표현되어 있음에 유의하자. 또한 (A) 헬스클럽의 무료 회원권은 두 번째 편지에서 관리소장이 제공한 것이므로 혼동하지 않도록 주의한다.

28. 왜 관리소장이 Erwin씨에게 답장을 보내고 있는가?

(A) 건물 내 수리 일정을 알리기 위해서

(B) 그에게 수리 절차를 안내하기 위해서

(C) 불편을 끼친 것에 대해서 사과하고 보상하기 위해서

(D) 수리하는 데 있어 그가 협조한 것에 대해서 감사하기 위해서

이런 종류의 문제는 첫 번째 편지와 두 번째 편지의 의도를 모두 파악해야만 풀 수 있다. 첫 번째 편지에서 Erwin씨는 헬스클럽의 재개장이 늦어지고 있는 것에 대해 불평을 했고, 그에 대한 응답에서 관리소장은 사과를 하면서 헬스클럽 무료 이용의 기회를 제공하였다. 따라서 관리소장이 답장을 보낸 이유는 '불편에 대한 사과를 하고 보상을 하기 위해서'라고 할 수 있다. 정답 C이다.

29. 왜 수리와 페인팅 작업이 예상했던 것보다 더 오래 걸리고 있는가?

　　(A) 콘크리트 손상이 생각했던 것보다 더 심각했다.

　　(B) 잘못된 페인트 색을 사용했다.

　　(C) 일꾼들이 헬스클럽에 있었다.

　　(D) 페인트가 마른 후에 갈라졌다.

　　　　두 번째 편지에서 콘크리트에 금이 간 것이 생각했던 것보다 더 심각했다고 언급했으므로 정답은 (A)가 된다.
　　　　본문의 "the cracks in the concrete"가 선택지에서는 concrete damage로 다르게 표현된 것에 주목하자.

30. 헬스클럽이 언제 다시 개장할 것인가?

　　(A) 2주 후에

　　(B) 이 달 말에

　　(C) 일주일 후에

　　(D) 이번 주 말에

　　　　두 번째 편지의 마지막 부분에 헬스클럽은 이번 주 말에 개장될 것이라고 하였다.

정답 ▶ 26. (B)　27. (D)　28. (C)　29. (A)　30. (D)

101. For help with your retirement plans, contact one of our ----- financial advisors.

(A) profession
(B) professionalism
(C) professional
(D) professionally

102. The board of directors has ----- to accept the construction bid entered by Lowell & Sons Inc.

(A) picked
(B) settled
(C) decided
(D) established

103. For a small charge, the post office offers a ----- that confirms the delivery of a package.

(A) serviceable
(B) service
(C) serviced
(D) servicing

104. All proceeds from this evening's charity auction will benefit the Powell Foundation ----- the Music for Children.

(A) but
(B) so
(C) yet
(D) and

105. Ms. Stern is an accomplished violinist who enjoys spending her free time ----- music.

(A) composes
(B) composed
(C) composing
(D) composer

106. The annual budget report needs to be submitted ------ Monday if its conclusions are to be included in the next press release.

(A) upon
(B) beside
(C) before
(D) next to

107. The conference's keynote ------- should have arrived at 4:00 P.M., but she was delayed.

(A) speak
(B) spoken
(C) speaker
(D) speaking

108. Mr. Ndoto has been an extremely ------ member of the sales team in recent years.

(A) value
(B) values
(C) valuable
(D) valuing

109. Employees who have not turned in their old ID badges should bring them to the security office --------.

(A) recently
(B) especially
(C) unexpectedly
(D) immediately

110. The new CEO of Orrick Coffee importers ------- a more effective management structure for the company.

(A) proposed
(B) propose
(C) proposal
(D) proposing

111. It is fairly _____ for new restaurants in the city to take six to twelve months to establish a steady customer base.

(A) genuine
(B) level
(C) common
(D) even

112. Sheila Jackson, the personnel manager, will contact each applicant _____ to schedule an interview.

(A) she
(B) her
(C) hers
(D) herself

113. Dalytown Hospital offers classes on nutrition _____ adults and children

(A) by
(B) as
(C) to
(D) at

114. Mr. Ramirez will serve as the _____ replacement for the receptionist, who will be away for two weeks.

(A) minor
(B) duplicate
(C) lengthy
(D) temporary

115. The latest customer surveys indicate a high level of _____ with our current subscription package.

(A) satisfied
(B) satisfying
(C) satisfactory
(D) satisfaction

116. Although Mr.Benoit has already signed a contract, he _____ needs to sign an official offer of employment.

(A) besides
(B) also
(C) either
(D) too

117. The amount of rainfall for the region has been _____ moderate, as heavy rain is not normally expected until June.

(A) predict
(B) predictably
(C) to predict
(D) prediction

118. _____ the rise in fuel prices, BCS Delivery Services has added a surcharge to all deliveries made by truck.

(A) Due to
(B) In fact
(C) While
(D) Whether

119. Winters Electronics has replaced with JB3 stereo system with JB4, which has all the same features _____ digital music capabilities.

(A) plus
(B) together
(C) both
(D) though

120. Power to the whole building _____ when the tree fell against the electric pole.

(A) loses
(B) is lost
(C) was lost
(D) losing

121. An electronic transfer of money is a convenient way to move funds from one account to _____.

(A) one
(B) other
(C) one another
(D) another

122. The synthetic materials developed by Olsen Labs are guaranteed to
_____ longer than those of competitors.

(A) retain   (B) last
(C) pass   (D) spend

123. Dr. Hwang is _____ that a replacement for her medical assistant can
be found by Monday.

(A) doubt   (B) doubted
(C) doubtful   (D) doubtfully

124. Exquisite craftsmanship and the world's finest materials make
Longman Furniture _____ to other leading brands.

(A) better   (B) superior
(C) advanced   (D) improved

125. The mandatory mechanical training at Capcord Company ensures that
our workers perform complex tasks _____.

(A) efficient   (B) efficiency
(C) efficiencies   (D) efficiently

126. This coupon may not be used in _____ with any other
discount, rebate or promotional offer.

(A) relation   (B) alignment
(C) agreement   (D) conjunction

127. With only two weeks left until the mayoral election, voters have to
decide _____ candidates have the greater appeal.

(A) about   (B) whom
(C) on   (D) which

128. Analysts are surprised that Rava Metals became not _____ a
profitable business but also a multinational corporation.

(A) alone   (B) over
(C) only   (D) less

129. Because he had technical problems with the truck he rented, Mr. Ortiz would like to have the charge _____ .
   (A) is refunded
   (B) refunds
   (C) refunded
   (D) refunding

130. According to the corporate travel policy, employees are authorized to fly business class _____ the total estimated flight time is six hours or more.
   (A) as if
   (B) only if
   (C) not only
   (D) as much as

131. Train technicians who worked extra hours due to the recurring equipment problems in August will receive full _____ for their overtime work.
   (A) compensation
   (B) compensating
   (C) compensates
   (D) compensated

132. Danker Coporation's current market share of 15 percent brought it _____ two percentage points of its main competitor.
   (A) within
   (B) from
   (C) among
   (D) between

133. Mr. Bellman attributes the outstanding quality of his products to the fact that he is his own _____ critic.
   (A) harsher
   (B) harshest
   (C) harshly
   (D) more harshly

134. New tenants have no _____ to pay for any damage done to the apartment prior to their moving in.
   (A) pledge
   (B) promise
   (C) obligation
   (D) engagement

135. Because the report will cover different subject areas, contributors will have to work _____ to meet the deadline.
   (A) collaboratively
   (B) collaborative
   (C) collaboration
   (D) collaborate

136. The government decided to ----- the water conservation plan before the upcoming drought season.

(A) implement
(B) achieve
(C) waste
(D) spend

137. ------- the employee handbook, all staff members of JC Corporation will be considered for yearly salary increases.

(A) In common with
(B) According to
(C) In case of
(D) On behalf of

138. Twenty percent of participants in a recent survey reported spending a large ------- of their income on their children' s education.

(A) size
(B) proportion
(C) equivalence
(D) combination

139. Tricoat Island Times announced that the decrease in tourism in the region could have ------- consequences for the economy.

(A) worried
(B) worrying
(C) worries
(D) worrier

140. The price of heating oil ------- in November when supplies were unable to meet demand.

(A) enlarged
(B) reached
(C) magnified
(D) peaked

Questions 141-144 refer to the following article.

With more than 200 stores and restaurants, Miyazaki Square has not traditionally been known as a _____ area. However, this perception is about to change. The new,

141. (A) habitual
     (B) financial
     (C) recreational
     (D) residential

594-unit Miyazaki Tower, currentlyin the first phase of construction, is poised to be the largest condominium building ever erected in Port Ramsey. The project, which is expected to _____ young professionals and first-time home owners,

142. (A) apply
     (B) extend
     (C) attract
     (D) increase

will offer _____ two bedroom and three bedroom units.

143. (A) either
     (B) both
     (C) every
     (D) any

Myazaki Tower will be competing with two other _____ new luxury complexes in the

144. (A) frequently
     (B) relatively
     (C) greatly
     (D) unusually

downtown area: Maions on East 57th street and Starplus on West 63rd street, which were built in the last six years.

August 1
Techno Enterprise
889 Seventh Avenue
New York NY10106

Dear Sir or Madam:

I recently received an invoice from your company, date July 25, which shows that I have a _____ of

      145. (A) surplus
          (B) charge
          (C) credit
          (D) loan

$ 150 on my account. According to the letter, the money that I owe is for an Ultrasonic radio that I ordered from your Web site in June.
Please note that I _____ the radio in the mail at the beginning of July. However I

      146. (A) receive
          (B) will receive
          (C) received
          (D) receiving

discovered that the main tuning dial was broken, making it impossible to switch between radio stations. Because of this _____, I immediately telephoned a customer

      147. (A) alteration
          (B) urgency
          (C) charge
          (D) defect

Representative, who advised me to ship the radio back to your company headquarters.
Since I have not yet received the replacement for my order. I don't think that I should be billed for this _____. I'll happy to remit payment for the radio once it can be

      148. (A) product
          (B) production
          (C) produce
          (D) producing

delivered in good working order.

Sincerely

Rita Mondaza

Bus System Passes Test

Tuseday, January 5 : According to a recent survey, public response to Rosemore's newly added bus lines has been very _____. An overwhelming percentage

149. (a) positive
(b) popular
(c) uncertain
(d) disappointed

of those polled said they were now more likely to use the public buses.
"I'm really glad the city made this change. Now that I can travel _____

150. (a) economically
(b) immediately
(c) globally
(d) directly

between the suburbs and downtown Rosemore, I'm taking the bus more often, said Sandra Conley, a regular commuter. "When I had to transfer several times, the trip took me three hours."

The new bus routes _____ in late November after city planners recognized the

151. (A) might be introduced
(B) will be introduced
(C) were introduced
(D) have been introduced

need to reduce the amount of traffic in downtown area. In a _____ given yesterday,

152. (A) procedure
(B) statement
(C) performance
(D) debate

officials seemed very pleased with the public's reaction to the new routes, saying " This is exactly the response we were hoping for"

Questions 153-154. refer to the following invitation.

Members of The Evanston Environmental Action Club
Are cordially invited to a lecture
Entitled Preserving Forests in the 21st Century
At the house of
Frank and Elena Olivares
1765 Mountain View Road
Toronto

Guest Speaker : Dr. Jeanne Tung
Senor Research Fellow,
The Robert Marcello Foundation
For Environmental Policy Studies

November 22nd
7:30 P.M.
Reception to follow

Please respond by November 15th
Via e-mail to Frank.Olivares@email.com

153. Who is giving a talk?

(A) Robert Marcello
(B) Frank Olivares
(C) Elena Olivares
(D) Jeanne Tung

154. What is the subject of the talk?

(A) Environmental preservation
(B) Computer technology
(C) Transportation Policy
(D) Medical Research

Bernstein Music Academy
September 1

Dear colleagues,
I am writing to let you know that I have accepted a position as musicdirector of the Montague Symphony and will be resigning from my position as senior lecturer here on September 22. The decision to leave Bernstein Music Academy has been an extremely difficult one, as I have enjoyed teaching at our school tremendously. However, I do feel that it is time for me to move on to the next stage of my musical career. I believe the position at Montague provides an opportunity for such growth. During my seven years at this academy, I have had the privilege of working with many fine musicians such as yourselves. I am very grateful for your hard work and encouragement and wish you continued success.

Best wishes,

Phillip Janssen
Bernstein Music Academy
Canberra, Australia

155. Who is the letter intended for?
(A) The audience of the Montague Symphony.
(B) The Musicians in the Montague Symphony.
(C) Supporters of the Bernstein Music Academy.
(D) Coworkers at Bernstein Academy.

156. What is the main purpose of this letter?
(A) To recommend a staff member.
(B) To describe a collaboration.
(C) To announce a resignation.
(D) To state a job description.

157. What does Mr. Janssen say about the position at the Montague Symphony?
(A) It is based in Canberra.
(B) It is not yet been filled.
(C) It will advance his career.
(D) It requires teaching experience.

Questions 158 - 159 refer to the following.

Stuttgart, Germany, May 3

Kraftwager Automobiles of Germany said yesterday it will be introducing a new vehicle to its current lineup.

The production of the new vehicle, a four-door car called the Raven, will begin later this fall.

The Raven is described as a wide, low-to-the-ground vehicle with narrow side windows and ample interior space. The car will have room to carry a family of five and their luggage comfortably and will be designed with power, performance, and versatility in mind.

On the news of the latest car model, shares of Kratwager were up one percent in morning trading in Frankfurt.

Story by Mattew Ryan, a business writer.

158. What is the purpose of the article?

(A) To compare the features of popular car models

(B) To announce an increase in the price of a car

(C) To describe problems with a car

(D) To report an introduction of a new car

159. What is NOT a feature of the Raven?

(A) It has four doors.

(B) It has ample space.

(C) It has powerful engine.

(D) It has narrow body.

Questions 160-163 refer to the following letter.

Oct 12

Dear family, friends, and colleagues

I am writing to make you aware of a special opportunity to find it worthwhile. I am running the 42 Sarahbon marathon on November 6 sponsored by International Runners Aid. To prepare for this, I am running 15 kilometers three or four days a week.

International Runners Aid is a charitable organization which helps runners improve exercise and dietary habits by training for endurance events. They solicit money from donors and direct it to worthy causes across the globe. My local chapter is currently raising money to support vaccination for children.

Therefore, I'm asking for your help. Preaddressed envelopes are enclosed with this letter. Thanks you in advance for your donation.

Ron Gardner.

160. Why was this letter written?

(A) To ask for a financial contribution
(B) To sign up for a marathon
(C) To inform readers of a competition results
(D) To inform a new fitness center

161. What is Mr. Gardner's exercise routine?

(A) He runs on Sundays.
(B) He runs 15 kilometers several times a week.
(C) He runs 42 kilometers a day.
(D) He runs four times a month.

162. What is not the activity supported by International Runners Aid?

(A) Training runners
(B) Immunizing children
(C) Teaching healthy eating habits
(D) Building hospitals

163. What does Mr. Gardner want people to do after reading this letter?

(A) Return the envelope in the mail
(B) Sing up for a marathon
(C) Attend an event
(D) Request an information packet

Date: April 18
From: Keiji Sato
To: TCA mailing list
Subject: TCA annual award information

On behalf of the board of directors of the Tacoma Community Association(TCA), I would like to announce that we are now accepting nominations for the TCA annual educator of the year award. Each year, this prestigious award is granted to five people working in the field of education who go over and beyond the requirements of their profession to educate the youth and benefit our communities. The award includes a grant enabling the winners to continue their efforts to promote education.

This year, for the first time, the awards will be presented during a gala event at the Lynden Hotel on May 29. The event includes a five-course meal, the awards ceremony, and an auction. Proceeds from the auction will be used to fund new projects in education that will further benefit our youth and community.

To be nominated for the award, the educator must currently be working at least 8 hours a week in a Tacoma school. Nominations will be accepted from colleagues, administrators, or students. Each nomination must include an information form available at www.TCA.org/serviceawards and a short explanation of why the person is deserving of the award. The deadline for all nominations is 6 PM on Friday, May 8.
For more information, contact TCA at awards@TCA.org.

Sincerely
Keiji Sato
Chair, Selection Committee

164. What is the purpose of the e-mail?

   (A) To ask for information about the awards ceremony

   (B) To notify the committee of the finalists

   (C) To invite nominations for the awards

   (D) To request the e-mail address of the committee

165. For what will money raised from an auction be used?

   (A) Education programs

   (B) Hotel

   (C) Board of directors

   (D) Committee

166. What is NOT mentioned as a requirement of award winners?

   (A) All nominations must be submitted by May 8.

   (B) They must be interviewed by the TCA Committee.

   (C) Each nomination must include personal recommendations.

   (D) They must be working 8 hours every week.

167. What is implied in the e-mail?

   (A) The award ceremony has been popular in recent years.

   (B) The winners can use the award for personal activities.

   (C) The nomination must include

   (D) The awards have been given in previous years.

Questions 168 - 170 refer to the following report.

This week the Museum of Modern Art features a video exhibit entitled "From Barcelona to Madrid." Each day the works of two artists will be shown in the video viewing rooms located next to the main auditorium. The show presents a wide range of expression in the medium - from a performance of avant garde dance to a documentary about working women in Spain.

168. What kind of exhibit will be held at the museum?

(A) Photography
(B) Painting
(C) Video
(D) Sculpture

169. Where are the viewing rooms?

(A) In Madrid
(B) Next to the main auditorium
(C) In the television studio
(D) Next to the dining hall

170. Which of the following will be included in the exhibit?

(A) A movie about women
(B) An ancient manuscript
(C) An expensive diamond
(D) A tour of the museum

Questions 171 - 175 refer to the following article.

Early today, Susan Cabot executive director of the New Hightown City Transit Authority, announced the Transit Authority's decision to pass an unpopular rule banning waking between morning cars on the commuter train. The decision drew criticism from many people who ride the trains. Ms. Cabot reminded opponents of the ban that although moving between cars to find an available seat was a common practice, it was also a very dangerous one. She added that the new rule would help ensure the safety of the passengers and reduce accidents.

Mr. Cabot further stated that transit police officers on patrol would be responsible for enforcing the ban. In most cases, they would issue a warning before writing a ticket. She declined, however, to mention specific criteria that would be used when deciding whether to issue a ticket. "We are not writing tickets for everything we see, nor are we assigning police officers to watch every more passengers make on board. If a passenger has a good reason for not observing the rules, police officer discretion will prevail." Ms. Cabot ordered the Transit Authority to conduct a three-month study to monitor now often tickets are issued.

Other proposed charges under consideration include a ban on wearing roller skates, standing on a skateboard, or riding a bicycle on a train platform. In addition, the practice of putting one's feet up on the seat would also be forbidden. If approved by Transit Authority, these additional rule changes would take effect on May 1.

171. According to the article, what do passengers think of the ban?

(A) The fine is too high.
(B) It is long overdue.
(C) It will increase accidents.
(D) It is not a good policy.

172. How will police officers enforce the ban?

(A) They will strictly follow specific criteria.
(B) They will make decisions based on each situation.
(C) They will give offenders a verbal warning until May 1.
(D) They will monitor passengers only at major stations.

173. The word "drew" in paragraph 1, line 4, is closest in meaning to

(A) received

(B) moved

(C) pictured

(D) wrote

174. What is NOT one of the proposed bans still under consideration?

(A) Riding a skateboard

(B) Wearing roller skates

(C) Putting feet up on a seat

(D) Boarding with a bicycle

175. What needs to happen before the additional proposals go into effect?

(A) A three-month study

(B) Expansion of the police force

(C) Approval by the Transit Authority

(D) Installation of safety locks on train cars

To all stockholders

For the second year in a row, your corporation achieved the best earnings in its history. Profit before securities transactions was up 35% over 1980
to $90.5 million or $8.30 a share. In the past three years, our operating earnings have grown at a compound annual rate of 30%, outpacing inflation by a considerable margin. We ended the year with assets of $ 20.3 billion - a 20% increase over last year and another new record.

176. What can be said about this year's corporate earnings?

    (A) They have been historically the lowest.
    (B) They have only kept pace with inflation.
    (C) They were higher than last year's profits.
    (D) They were as high as last year's profits.

177. How much are the corporation's assets?

    (A) $90.5 million
    (B) $8.30 million
    (C) $35 billion
    (D) $20.3 billion

Questions 178-179 refer to the following notice.

the delivery service

The delivery service may be purchased for all classes of mail. It provides for delivery during special, prescribed hours which extend beyond the hours for delivery of ordinary mail. special delivery mail is also delivered on Sundays and holidays. This service is available at all destination post offices served by city carriers and within a one-mile radius of any other post office. The purchase of special delivery does not always mean the article will be delivered by special messenger. Consult with your post office about the availability of special delivery at the destination post office.

178. When is special delivery mail available?

    (A) Only on weekends

    (B) Only during regular business hours

    (C) During certain times arranged by the postal service

    (D) Only on holidays

179. Which of the following is true about special delivery service?

    (A) It can be bought for a type of mail.

    (B) It can be delivered anywhere in the nation.

    (C) It is always carried only by special messenger.

    (D) It is available only in large cities.

Question 180 refer to the following announcement.

The train schedules of the Point Line are planned for convenient transfer to buses and other trains. However, connections with other carriers cannot be guaranteed. Schedules are subject to change without notice.

180. This passage is directed toward

(A) Conductors
(B) Baggage carriers
(C) Train engineers
(D) Passengers

Employee name	Extension number
Katherine Davies	3-7079
Ashley De Silva	3-7054
David Fournier	2-8121
Maria Johnson	3-7043
Jessica Lindquist	2-8089
Bill Mason	3-7065

A2 prefix designated an office located on the second floor
A3 prefix designated an office located on the third floor

To : Greg Hughes
From : Ben Watanabe
Date : Tuesday, November
Subject : Phone question

Dear Mr. Hughes,

I'm writing to inform you about my recent move to room 316. I've taken over Ashely De Silva's old office and phone number, as she has taken an extended leave from work.

Unfortunately, customers were not informed about this, and consequently, have received, on average, over ten calls a day her from various parties. appears as though the employee directory has not yet been changed to them know that she is not here. It's so time-consuming and distracting to have to take many calls that are not intended for me.

Would it be possible to change the extension number or connect my old extension number 3-7025, to room I would greatly appreciate your help.

Thank you very much.

Ben Watanabe

181. According to the list, who works on the second floor?

(A) Katherine Davies
(B) Maria Johnson
(C) Jessica Lindquist
(D) Bill Manson

182. What does Ben Watanabe mention in his e-mail?

(A) He has changed offices
(B) His telephone isn' t functioning properly
(C) He has not received a telephone directory
(D) His office is on the second floor

183. In the e-mail, the word "leave" in paragraph 1 in line 2 is closest in meaning to

(A) permission
(B) departure
(C) removal
(D) absence

184. Why is Ben Watanabe receiving so many calls?

(A) He has been assigned a large amount of clients
(B) The employee directory has not been updated.
(C) He is gathering information for the employee directory.
(D) There are technical problems with the telephone system.

185. What is Ben Watanabe' s current extension number?

(A) 3- 7025
(B) 3- 7054
(C) 3- 7065
(D) 3- 7079

Chris Jenkins, Manager
Meyer' s Market
195 Seventh Street
Leads JKI N55

Dear Mr. Jenkins

Upon reviewing the receipt for the recent purchase at your store, I noticed that I was charged for an extra frozen pizza. I' m certain that I purchased only one of items , but I didn' t come back your store, as I was leaving town for a long weekend the next day. In my waste to get home from your store, I didn' t realize the error that day. The cashier I recall was courteous but seemed unfamiliar with your equipment.

Since I am your longtime satisfied customer, I hope you will agree to correct this error. I would be happy to accept a credit for the same amount toward a further purchase. I have enclosed the receipt of purchase so that you can verify and process the credit, as appropriate. Please contact me at Msamuel@leeds.am.uk if you have any further questions.

Yours,
Sincerely
Marriete Kwan

MEYER' S MAREKT
175 Seventh Street
Leeds JK1 NS5
Tel 28 76 11 77

Receipt

1 Sandwich - TUNA	3.45
1 Sandwich - CHEESE	2.85
2 Chocolate Bars @1.50	
	3.00
1 Frozen Pizza	8.15

```
1 Frozen Pizza              8.15
1 Newspaper                 1.50

TOTAL                      27.10

   Cashier  M. Briggs
       6:37 pm
    Thursday June 7
Thank you for shopping at Meyer' s

Open everyday 9 AM - 9 PM
```

186. What is the purpose ofMs. Kwan' s letter?

(A) To place an order for groceries to the delivered

(B) To complain about poor-quality cheese

(C) To give a travel itinerary

(D) To request a credit for an extra charge

187. When did Ms. Kwan leave for a trip?

(A) On June 7

(B) On June 8

(C) On June 13

(D) On June 14

188. What can be inferred about Ms. Kwan?

(A) She is moving away from Leeds.

(B) She is a good friend of Chris Jenkins.

(C) She has received good service at the store before.

(D) She was late for work because of the incident.

189. What most likely caused the problem?

(A) The cashier's inexperience
(B) Kwan's hurry to leave the store
(C) Faulty equipment at the store
(D) An incorrectly marked price

190. What is NOT on the receipt?

(A) The cashier's name
(B) The manager's name
(C) The store's telephone number
(D) The store's hours

DRIVE the DISTANCE.....
50 minutes West

GOLF at GOLDEN RIVERSIDE RESORT
- CPGA Golf Instruction Available
- Men's & Ladies' Leagues
- Special Rates for Seniors on Wednesdays

SUMMER SPECIAL

Monday ~ Friday (does not include holidays)
2 Golfers with Cart, 18 Holes
$ 45.00 (plus GST)

AMENITIES ON SITE FOR GOLFERS AND NON-GOLFERS:
- Golfing range
- Relaxful dining in our restaurant
- Fully renovated lounge
- Large outdoor pool with sundeck
- Hiking trails into the mountains
- Tennis courts
- R.V. Park with full hook-ups
- Large campground overlooking the river

For tea time bookings or more information, CALL 876-6553 or 987-2316

191. If a golfer wanted to golf on a Sunday, he or she would pay
    (A) the regular rate.
    (B) the summer special rate.
    (C) the senior's rate.
    (D) the weekend rate.

192. This golf course is not situated near

    (A) a river.

    (B) a mountain range.

    (C) hiking trails.

    (D) a landfill.

193. Which is not one of the amenities ?

    (A) Golfing range

    (B) Relaxful dining in our restaurant

    (C) Fully renovated lounge

    (D) The river overlooking large campground

194. Whom are all amenities on site most likely prepared for?

    (A) Seniors

    (B) Travellers

    (C) tourists

    (D) golfers and non-golfers

195. According to the above ads, what are summer special rates?

    (A) $ 40.00

    (B) $ 20.00

    (C) $ 25.00

    (D) $ 45.00

Questions 196-200 refer to the following letter and e-mail.

Date : August 15
From : Gail Mendoza <gmendoza@woodland.com>
To : Robert Hartman
Subject : Acct.#71422

Dear Mr. Hartman,

Our records show that you have an outstanding balance of $ 557.38. The charges reflect airfare and hotel booking made by our office on June 5. According to our records, your last bill was sent to you on July 5 and the payment was due on July 20. Please note that the standard late fee for overdue balances is $20.00. However, if we receive full payment by August 30, we will waive the penalty.

If you believe that this notice was sent in error, please contact us immediately either by telephone at 800-555-4555, or by e-mail at customer@woodland.com. Please include my name in all messages or correspondence, as I will be handling your account. Also be sure to include your account number.

Sincerely,
Gail Mendoza , Accounts officer
Woodland Travel Agency

Date: August 15
From: thartman@inteynet.com
To: customer@woodland.com

Dear Sir or Madam:

I received a notice this morning from Woodland Travel Services regarding my account (#71422). I did not receive a statement on this account in July, which is why I have not remitted a payment. It is possible that it was sent in error to my previous address in Washington, since I was living there until early July. Please verify my current address in your records. If you fax a copy of the bill to me at 800-555-0792, I will verify the charges and submit a check immediately.

Thank you,

Robert Hartman
14 Bayard Lane
Westport, Vermont 05494

196. What is the purpose of Ms. Mendoza' s e-mail?

    (A) To confirm a payment records.
    (B) To apologize for errors in a bill.
    (C) To explain a policy on late fees.
    (D) To request an overdue payment.

197. What does Ms. Mendoza suggest Mr. Hartman do?

    (A) Pay the bill in full by the end of the month.
    (B) Mail a check for $20.00 by Auguest 30
    (C) Send a written request to a waiver.
    (D) Pay a late fee immediately.

198. What does Mr. Hartman request in the email?

    (A) An extension on the due date his bill
    (B) An increase of his credit limit.
    (C) A faxed statement of his charge.
    (D) A cashier' s check in his name

199. What is suggested about Mr. Hartman?

    (A) He has recently changed his address.
    (B) He will have to pay late fees.
    (C) He now lives in Washington.
    (D) He has lost his account statement.

200. What requested information did Mr. Hartman failed to include in his email?

    (A) His credit card account number.
    (B) The name of his account representative.
    (C) His telephone number.
    (D) The reason his payment is late.

101. Because the negotiations were with an overseas company, the lawyers had to hire an ----- to help.

(A) interpreter
(B) interpret
(C) interpreting
(D) interpretation

102. Still in publication after 30 years, Fish Tank Zone is the only magazine for ----- beginning and experienced fish hobbyists.

(A) so
(B) neither
(C) either
(D) both

103. Due to the rising cost of fuel, we will be ---- delivery prices as of next month.

(A) increasing
(B) increase
(C) increases
(D) increased

104. Please ensure that payment envelops are addressed ----- before sending them out.

(A) corrects
(B) corrected
(C) correctly
(D) correction

105. After a long debate, Taylor Biotechnology Center ----- decided to sign a research collaboration agreement with Morrison Consulting Ltd.

(A) increasingly
(B) annually
(C) equally
(D) finally

106. Although the food at the restaurant is not very good, the staff is especially ----- and eager to make customers comfortable.

(A) friend
(B) friends
(C) friendship
(D) friendly

107. MCS technology ranks ----- the most trusted brands in internet security software.

(A) among
(B) from
(C) into
(D) at

108. Please accept our ----- for the delay in refunding your money for the damaged product.

(A) appreciation
(B) description
(C) apologies
(D) charges

109. ---- Maria Salgado has now retired, Scott Parker will take over as our sales representative to your company.

(A) Still
(B) During
(C) Despite
(D) Since

110. The Global Times' second annual job fairs will be held ----- the conference room at Johannesburg Grant Hotel on Oct. 5.

(A) in
(B) on
(C) of
(D) as

111. Our warehouse will be closed for the upcoming holiday, but we expect to resume _____ shipping schedules on June 1.

(A) regularities
(B) regularity
(C) regular
(D) regulars

112. _____ our shipping department has receive the order, package delivery details will be entered into the computer.

(A) However
(B) Sometimes
(C) Once
(D) Often

113. Critics for the Entertainment Times and other weeklies gave the new play at Harlow Theater outstanding _____.

(A) surveys
(B) reviews
(C) articles
(D) inspections

114. _____ in the new evening management classes has nearly tripled in the last year.

(A) Enroll
(B) Enrolled
(C) Enrollment
(D) Enrolling

115. Catering services for special events and parties will be _____ at Monsoon Deli starting next month.

(A) approaching
(B) available
(C) expressed
(D) potential

116. Hortas Food Products has proved _____ capable of meeting this stringent demand of pesticide-free production.

(A) himself
(B) ours
(C) itself
(D) theirs

117. The manuscript has been revised _____, but the reviewers may still require further changes to be made.

(A) significantly
(B) significance
(C) significant
(D) significancy

118. As the school-age population increases, the local government has begun to face a serious _____ of teachers in the school district

(A) level
(B) training
(C) shortage
(D) exaggeration

119. An official working for the Huntington City Transit Authority announced that trains will be delayed this morning _____ technical problems.

(A) otherwise
(B) instead of
(C) whereas
(D) due to

120. Because the service department is understaffed it can take five days for customer inquires to receive a _____.

(A) respond
(B) responding
(C) responded
(D) response

121. For over 35 years, Dr. Ortega has been a _____ member of our executive team.

(A) first
(B) valued
(C) high
(D) most

122. The new hospital, _____ is scheduled to open in February 2007, will provide a personal environment that patients are comfortable with.

(A) where
(B) when
(C) which
(D) who

123. The _____ of being a successful architect lies in designing buildings that are both functional and aesthetically appealing

(A) dimension
(B) compassion
(C) challenge
(D) concluding

124. The weather _____ for rain for this afternoon still held a chance of rain.

(A) forecast
(B) forecasts
(C) to forecast
(D) will forecast

125. The Publisher will not knowingly publish any advertisement which is illegal and misleading _____ its readers.

(A) by
(B) to
(C) with
(D) upon

126. Given the large number of participants at the conference, we should _____ into smaller groups for discussion.

(A) divisible
(B) division
(C) dividing
(D) divide

127. Rycom employees often eat lunch in the outdoor _____ near the North Cafeteria.

(A) posting
(B) exterior
(C) area
(D) event

128. The California-based pharmaceutical company agreed to buy a _____ Texas drug company for 2.5 billion dollars.

(A) rival
(B) partial
(C) renewed
(D) contrasting

129. _____ in medical technology have allowed doctors to diagnose illnesses far greater accuracy than ever before.

(A) advance
(B) advancing
(C) advancement
(D) advances

130. Mr. Fukui _____ answers incoming telephone calls with a cheerful greeting.

(A) habitual
(B) habit
(C) habitually
(D) habits

131. Fales Bookstores reported a 20 percent decrease in net profit this year, which the company _____ to fierce competition from Yule Booksellers, Inc.

(A) accused
(B) presented
(C) disapproved
(D) attributed

132. _____ what time it is when we receive an order, we do our best to ship it that same day.

(A) As if
(B) Even so
(C) As though
(D) No matter

133. The ____ high temperatures of the last week have produced record crowds at the town's public swimming pools.

(A) completely
(B) indifferently
(C) unbearably
(D) presumably

134. Employees _____ reimbursement for business-related expenses must submit receipts to Joy Algarve by the end of the month.

(A) seek
(B) seeks
(C) will seek
(D) seeking

135. _____ the construction of McKinley Condominiums runs behind schedule, units are expected to sell quickly.

(A) Therefore
(B) So that
(C) Whether
(D) Even if

136. At 200 feet tall, the Opera house makes a visual impact that is _____.

(A) impressed
(B) impressive
(C) impression
(D) impress

137. Ms. Butler _____ a promotion because of her excellent project management skills.

    (A) received   (B) raised

    (C) contended   (D) persuaded

138. Individuals who have not submitted _____ monthly reports should drop them off to Ms. Sanchez by the end of the day.

    (A) revise   (B) revising

    (C) revised   (D) revision

139. Wages are consistently higher for night shift workers than for those on the day shift since the required hours are not _____ for most people.

    (A) convenient   (B) protective

    (C) optional   (D) accessible

140. Profits for Millan Search Incorporated rose to 500 million euro _____ its status as the world's largest media company

    (A) reconfirms   (B) reconfirming

    (C) reconfirmed   (D) is reconfirmed

Questions 141-144 refer to the following letter.

July 22
Ms. Wacharee Purisathit
264 Chotana Road
A Muang, Chiang Mai

Dear Ms. Purisathit:

Thank you for interviewing with Buildsys Ltd., for the position of budget manager. We are delighted to make you an offer of employment. Enclosed you will find a contract _____ the salary and terms of employment. We ask that you sign one copy and return it

141. (A) details
     (B) detailed
     (C) detail
     (D) detailing

to us and keep one copy for your records. Buildsys would also like to offer you assistance with the cost of your _____ to the Bangkok area.

142. (A) transfer
     (B) designation
     (C) move
     (D) position

Further details are _____ in the enclose relocation agreement, which you should read,

143. (A) drawn
     (B) comprehended
     (C) explained
     (D) solved

sign and return along with your contract. If you have any questions in the meantime, I can be _____ at 555-3303.

144. (A) reach
     (B) reaches
     (C) reached
     (D) reaching

,Sincerely,
Charitta
Director, Human resources
Buildsys Ltd.

Re: My absence

Dear teammates,

I want to ----- you that I will be absent from the office next week.

145. (A) require
(B) request
(C) remind
(D) teach

In my previous e-mail, I told you that I will be attending the Leadership in Publishing Conference in Melbourne from November 8 to 13. I ----- my itinerary in that e-mail.

146. (A) include
(B) included
(C) am including
(D) will include

While I'm away, I will not be able to check my e-mail frequently. I will leave my consumer awareness project notes and documents with Jemma. She can be reached at extension 205.

Should you need access to any of them, please contact -----.

147. (A) her
(B) you
(C) us
(D) them

Also if you encounter any issues regarding my immediate -----, you can always reach me at the phone

148. (A) effect
(B) reference
(C) future
(D) attention

number noted in my itinerary

Questions 149-152 refer to the following e-mail.

To: rhaviland@occsteel.org
From: tevans@occsteel.org
Date: July 15
Subject : Stimaca Report

Dear Ms. Haviland;

Our team just returned from Stimaca with a complete evaluation of the region as a potential site for our OCC steel production plant. _____ to this message is a detailed our findings,

149. (A) Attaching
(B) Attached
(C) Attaches
(D) Attach

but here are the main points.
The local government will _____ the tax requirements for our OCC steel for

150. (A) waive
(B) delete
(C) obtain
(D) increase

the first two years of operation. This would free up our funds for building expansion and hiring. In exchange, we should guarantee employment for the least 200 people.
The presence of a nearby technology university is a good _____ that there

151. (A) objective
(B) reference
(C) indicator
(D) compromise

will be skilled walkers in the area.
Strimca is a major railway lines up same areas in which some of our important buyers are located. However, the railway system is not very well developed and the nearest highways are 100 miles away.
In short, there are many reasons for building our production plant in Strimca, but the _____supply

152. (A) reconstructed
(B) displayed
(C) inconvenient
(D) upgraded

routes should be taken into consideration before a final decision is made
Sincerely,
Theresa Evans.

Questions 153-154 Refer to the following form

FAX

Recipient : B. Roberts (1-733-555-4509)

Sender : A. Ortiz Sanchez (1-540-768-3478)

Remarks : Rental Agreement

Message:
I have attached a copy of your rental agreement as you requested.
As I explained on the phone, this is only a copy of your contract.
The original in our office must be signed by you within 10 days.
If you do not sign it by the date, the rental property can not be occupied on July 15,
the date you requested.

Sincerely
Arlene Ortiz Sanchez

---

153. What does Ms. Ortiz send Mr. Roberts?

(A) A rental offer
(B) A copy of a contract
(C) An office address
(D) An invitation

154. What should Mr. Roberts do if the message is incomplete?

(A) Contact Ms. Ortiz Sanchez
(B) Throw the message away
(C) Wait for Ms. Ortiz to call
(D) Return the message to the sender

Questions 155- 156 refer to the following E-mail form.

To : Front End Staff <front - end@flt.com> ; magement<mgmt@flt.com>
From : Walt woodraff <wwoodraff@flt.com>
Subject : Don' t Tell Janice!
Date : November 10

Dear employees,
Janice Shasta has been a value employee at First Loan & Trust Bank for the last fifteen years.
She came to us with the intention of becoming a teller, but BobJourgenson was so impressed with her qualification that the director hired her as a loan officer instead. Within a few short months, she became director of the loan department. Now, we will gather to honor her promotion to senior vice president of first Loan & in Trust Bank.

Alice wiliton is organizing a "congratulation" party for Janice on November 16. If you would like to help with the organization, setup, food, or cleanup, please e-mail her as soon as possible. Even if you can' t help, please join us next week in Mason Dining Hall to celebrate the success of one of our most valued employees. The party is a surprise, so please don' t mention it to Janice.

Walt woodraff
Personnel Director

155. What is the purpose of this e-mail?

(A) To thank staff for a retirement party
(B) To question a company party
(C) To advertise a job opening
(D) To announce an event

156. What was Janice Shasta' s first position at first Loan & Trust Bank?

(A) Bank teller
(B) Loan officer
(C) Personnel director
(D) Loan department director

Pine City Herald

Your Premier Source for News

July 11, Friday

Dear Subscribers,

We have some exciting news! You will receive a new feature in your home delivery, "Bravo" ; A brand new pull-out section that will appear in your newspaper every Friday, where you will find unusual fun features and useful information previously found in other sections - crossword puzzles, television listings, celebrity interviews. You will also find our popular movie column by Pedro Peptisno as well as restaurant reviews by Zaratmus, which you have voted of the Best Column in 3 years in a row. You will also see our new advice column by our city's noted psychologists, Allan Sorgens. (Welcome aboard, Sorgens!)

"Bravo" will also be included on the Web-based Herald beginning next week.
Bravo on the Web TM will also feature a new section where you will be able to post comments, community activity write-ups, even photographs online. Check out our " Bravo" on the web starting next Friday, July 18 at http://www.pinecityherald.com/bravo.

Sincerely Yours,

Petit
Vice President

157. Why was this letter written?
    (A) To promote a new feature in newspaper
    (B) To receive a new feature
    (C) To have some exciting news
    (D) To find our popular movie column

158. Who just started writing column?

    (A) Allan Sorgens

    (B) Petit

    (C) Zaratmus

    (D) see our new advice column

159. According to the letter, how can subscribers publicize their community activities?

    (A) By submitting them online

    (B) By paying an additional fee

    (C) By mailing them to the editor

    (D) By finding our popular movie column

160. What is true about the Pine City Herald?

    (A) Its' restaurant review is very popular.

    (B) A brand new pull-out section will appear

    (C) You will receive a new feature

    (D) You will find the popular movie column

Questions 161-163 refer to the following article.

Rase Chemical Corporation is proud to submit its entry to the annual Innovation contest to be held in the Royal Park Hotel.

The product is a new type of insulation material. Thanks to its unique micostructure, it can keep the houses up to 50 % warmer in the colder winter months. This means that using our new insulation will result in a substantial reduction in the consumer heating bills. In addition, our new insulation is made without any harmful chemicals. Moreover, our new insulation functions equally well in humid and dry climates.

We invite interested scientists and observers to visit our information booth in the annual Innovation contest and to meet our company CEO, Bernard Cho, who is giving a presentation on the product at 9 A.M. on September 9.

161. What can be inferred about the new insulation?

(A) It is most useful in small houses.
(B) It represents innovation in chemistry.
(C) It is currently being used in the Royal Park Hotel.
(D) It needs to be tested in dry climates.

162. What is not mentioned as an advantage of the new insulation?

(A) It reduces heating bills.
(B) It is made of safe chemicals.
(C) It costs less than other insulation.
(D) It functions well in dry climates.

163. According to the article, how can people learn more about the product?

(A) By visiting the Web Site
(B) By attending a presentation
(C) By contacting the heating company
(D)By calling Rase Chemical Corporation

132 Kerbing RoadMiami, FL 33234
May 25
Mr. Martin Martinez
Customer Complaints Department
Telcom Inc.
18 Granger Place
Miami, FL 33235

RE: Account number: 619-32-45
Dear Sir:
I am a subscriber to your basic service plan, which includes local telephone calls, call waiting, and caller identification. Usually the monthly service charge for this plan is $30. I recently received my bill for the month of April and noticed that I was charged $50.I understand that these are the charges normally paid by subscribers to your premium package, not the basic service plan.

Please note that I have not changed my service since I signed up with your company six months ago. I am sure that if you check your records, you will find that this is correct.

Thus far, I have been very happy with my phone service and interactions with your customer care department. As I would like to continue to be a subscriber to your phone service, I would appreciate it if you correct the bill for the month of April. Should you need additional information from me regarding this matter, please feel free to contact me at (914) 555 - 6132.

Thank you for your assistance and cooperation in this matter.
Sincerely
Janet Gallant

164. Why was this letter written?

    (A) To complain about a charge

    (B) To compliment an employee

    (C) To make changes to a contract

    (D) To report a change of address

165. What does Ms. Gallant request that the phone company do?

    (A) Give her a refund

    (B) Cancel her phone service

    (C) Change her subscription

    (D) Send her a corrected bill

166. What does Ms. Gallant say about her subscription?

    (A) She will renew it in April.

    (B) She paid for it with a check.

    (C) It's six months old.

    (D) It should cost $50.

Questions 167 - 168 refer to the following article.

TOWN MEETINGS TO DISCUSS TUNNEL PROJECT

The Tryilia city council will meet this week to discuss proposed tunnel construction under the Central River. The tunnel will not replace the existing bridge but will be designed to relieve traffic congestion on the roads that link downtown Tryilia to suburbs on the other side of the river. Yanco Builders is expected to receive the building contract.

"This tunnel will truly improve daily life for the people of Tryilia reducing traffic and noise levels significantly," said city council woman, Margaret Han. "Over the time it will also promote economic growth on both sides of the River."

Some questions with the tunnel will ease Tryilia's traffic problems at all. A group calling itself Citizen For Responsible Traffic Solution (CRTS) has been pushing to delay the project so that further studies might be considered. CRTS believe that improvements in the public transportation system would be more effective way to reduce the heavy traffic that has plagued Tryilia in recent years.

167. What does Margaret Han say about the tunnel?

(A) It will improve the city's air quality.
(B) It will help to improve the city's economy.
(C) It will link directly to the existing bridge.
(D) It will reduce the cost of public transportation.

168. What is not stated in the article?

(A) Some people oppose immediate contractor construction of the tunnel.
(B) A prospective building contractor for the tunnel has been identified.
(C) Further studies on the effectiveness of the tunnel are planned.
(D) There is considerable traffic on the roads connecting the city and surburbs.

Save Even More With Our
Frequent Saver Program !
www.allenofficmaster.com/frequentsaver.html

We work hard to keep our prices low. Now we are pleased to introduce our frequent saver program to provide our valued customers with the opportunity to save even more. Members with be eligibleto receive a gift certificate worth up to $ 300. Please note that computer equipment and computer software purchases do not qualify for his program.

Spend $ 1,000 ~ 2,000 and get a $ 100 gift certificate
Spend $ 2,001 ~ 3,000 and get a $ 200 gift certificate
Spend $ 3,001 ~ or more and get a $ 300 gift certificate

Purchase may be made online, by phone, by fax, or at any of our stores. Just present the identification number printed on your membership card at the time of purchase. You will receive an annual statement showing your purchase activity along with the frequent saver gift certificate you have earned, good toward your next purchase with Allen Office Master.

This is a limited time offer.
To apply for a frequent saver membership, visit our website.

169. What type of business is being advertised?

(A) A bank
(B) A fitness club
(C) A web-site design firm
(D) An office-supply store

170. What will members of the program receive?

(A) Airline tickets
(B) Computer software
(C) Gift certificates
(D) Computer equipment

171. How often do members receive information about their accounts?

    (A) Four items a year

    (B) Three times a year

    (C) Twice a year

    (D) Once a year

172. How are interested customers asked to sign up for this program?

    (A) By going to a store

    (B) By visiting a Web site

    (C) By calling the company

    (D) By faxing an application form

A corporate office, to avoid being personally liable when signing contract, must make it very clear that he or she acted for the company and not personally. If not, the officer may end up by having to pay damages. The company name, including the word "incorporated" if applicable, should appear first above the signature, and the officer should always include his or her title.

173. Who is this warning intended for?

(A) A security guard
(B) A plant manager
(C) A personnel recruiter
(D) A vice-present

174. When might employees be held personally responsible for paying damages?

(A) When the company is incorporated.
(B) When the company no longer promotes them.
(C) When they sign their names to a contract.
(D) When they lose every contract.

For these two months, until the end of November, there will be a critical shortage of hotel accomodations in Paris. A series of international exhibitions are scheduled and most hotels are already fully booked. Travelers are advised to have confirmed hotel reservations prior to arrival.

175. What is the purpose of this announcement?

(A) To give a warning to travelers
(B) To announce a Paris hotel opening
(C) To confirm most reservations
(D) To announce an exhibition

176. When will accommodations be available?

(A) Until the end of October
(B) From the first part of November
(C) Until the end of November
(D) From the first part of December

This fall Venture Cosmetics will be introducing an important new product called Natural Glow, a moisturizer especially created for women on the go. Natural Glow contains three natural ingredients : honey, orange essence, and glycerin. Our public relations campaign will be focused on the women who value naturally transparent skin rather than a more sophisticated, carefully made-up look.

177. What is most important about the ingredients of this product?

(A) Their naturalness
(B) Their sophistication
(C) Their transparency
(D) Their concentration

178. When will this product probably come out?

(A) In January
(B) In March
(C) In July
(D) In October

I would like to introduce Mr. Alan J. Clayton, Senior Vice President and a member of the Board of Directors. Prior to joining our firm in 1973, Mr. Clayton was a professor of Economics. He has spent several years at our branch offices in Singapore and Indonesia. He will speak to us today about comtemporary patterns in foreign trade.

179. What is Mr. Clayton's present position?

(A) Chairman of the Board
(B) Branch Manager
(C) Professor of Economics
(D) Senior Vice President

180. When did he join the firm?

(A) 1937
(B) 1962
(C) 1973
(D) 1977

Questions 181-185 refer to the following weather forecast and message.

Caribou Daily News for Central British Columbia
Extended weather forecast for Central British Columbia

Monday (May 21):Cloudy and windy. Northwesterly winds expected to pick up in the evening.
       (Low 6C / High 11C)
Tuesday (May 22): Heavy rain. Cold. Winds from the North at 40-55 kilometers per hour.
       (Low 0C / High 7C)
Wednesday (May 23): Cold in the morning, temperatures rising in the afternoon.
       (Low 1C / High 14C)
Thursday (May 24): Warmer. Winds from the southeast at 40-55 per hour.
       (Low 5C / High 18C)
Friday (May 25): Sunny. Unseasonably hot temperatures. Today's temperatures will seem like late summer
       (Low 3C / High 28C)
Weekends (May 26-27): Sunny. Pleasant temperatures. Some clouds

---

Time : May 1809:45:44
Sent : Lily Jenkins, Whitehorse office<lilyj@arcticpublishing.com>
To: Michael Roberts, Vancouver officemichaelr@arcticpublishing.com
Re: Rescheduling the Art of Editing seminar

I hope everything is going well in your office. I have been looking forward to next week's professional development seminar in Deercliffe Lodge. It is a good opportunity for staff from our offices to be introduced to one another.

However, I have been reading weather reports in Caribou Daily News, and it is supposed to rain heavily in Deercliffe on the day of the seminar. I think we should reschedule. I would not want our staff to risk driving when the weather conditions are bad.

Lodge doesn't charge its $120 cancellation fee as long as we change the reservation at least 24 hours in advance.

How about rescheduling for Friday?

----Michael

Arctic Publishing Incorporated / Vancouver Office

181. According to the weather forecast, what is unusual about the weather predicted on May 25?

(A) The cloud cover
(B) The strong wind
(C) The high temperature
(D) The amount of rain

182. What does the message suggest about the staff from the Vancouver and Whitehorse offices?

(A) They' ve never met.
(B) They rent vans for a trip.
(C) They asked Michael to arrange seminar.
(D) They all subscribe to "Caribou Daily News."

183. When was the seminar originally scheduled to be held?

(A) May 21
(B) May 22
(C) May 23
(D)24

184. What is Deercliffe Lodge' s policy for the changes to reservations?

(A) It cancels reservation without penalties.
(B) It charges $120 for changes made less than one day advance.
(C) It charges no penalty if a new reservation is made.
(D) It charges the customer for one night at the lodge.

185. What is the reason Michael wrote the e-mail?

(A) To cancel a reservation
(B) To report a workshop
(C) To propose the address of a meeting
(D) To express concerns about the travel safety

From : Richard Baxter
To : Jessica Shire
Date : Tuesday, November 12, 10:12 AM
Subject: The sales conference

Dear Jessica,
Thanks for agreeing to take my place at the annual marketing conference next month in Detroit. Some Korean clients will be in town that week, and I need to meet with them here in the New York Office. When I attended the conference last year in Chicago, I found the experience to be very rewarding and made many useful contracts. I' ve contacted our travel department and asked that your flight and hotel arrangement be made. Your flight will leave Philadelphia on Sunday, December 1 at 1:00 pm and arrive in Detroit at 4:45 pm The cost of the flight, rental car and hotel room will be paid in advance by MPR Industries. There is an allowance to cover the cost of your meal but you will not be reimbursed until you return. Please be sure to save all of your receipts and submit them to the account payable department when you return.

The schedule for the conference seminars is as follows,

On Monday from 9:00 AM to 11:30 PM is Exhibit Marketing and from 1:30 PM to 4:30 PM is Brand Marketing. On Tuesday from 9:00 AM to 11:30 PM is Internet Marketing and 1:30 PM to 4:30 PM is Power Marketing.

Have a nice trip
Richard

From : Jessica Shire
To : Richard Baxter
Date : Thursday, Dec. 5, 09:30 AM

I just returned from my trip to the conference in Detroit yesterday. And I' m writing to say thank you for your offer. It was an absolutely valuable experience for me to broaden my view and knowledge regarding marketing ideas as well as to expand the personal business network.

Attached are the reviews on the conference I summarized for your reference.

By the way, the exhibit marketing that was initially scheduled for Monday morning was called off due to the small number of attendees.

Thanks again and please let me know for more details about the conference.

Jessica Shire
Jessica Shire, Sales Dept.

186. Why did Richard Baxter write to Jessica Shire?

   (A) To ask her to meet with some international clients
   (B) To request that she make travel reservations
   (C) To give her the information about a trip
   (D) To tell her about changes to the conference schedule

187. What does Richard Baxter imply about the annual conference?

   (A) The conference is always held in Detroit.
   (B) He has gone to the conference for many years.
   (C) The conference is a good place to develop business relationships.
   (D) Some clients from Korea will be attending the conference.

188. What MPR Industries NOT pay for in advance?

   (A) Airline flights
   (B) Dining expenses
   (C) Hotel rooms
   (D) Car rentals

189. What seminar was canceled at the conference?

   (A) Brand Marketing
   (B) Internet Marketing
   (C) Trade Marketing
   (D) Exhibit Marketing

190. For what department does Jessica work?

   (A) Travel
   (B) Sales
   (C) Accounts payable
   (D) Human Resources

Questions 191-195 refer to the following two e-mails.

From : David Marshall
To : Customer _ Service
Subject : Computer problem

Dear Sir,
I'm writing to ask for help with my new Nordovex computer which I purchased two months ago. I made a purchase because one of advertised strengths of Nordovex 4000 is its ability to run multiple programs at once. However it seemed that every time I run more than two programs at the same time, I get error massage stating 'Memory Full'.

It may help you to know that I recently installed several graphic programs regularly used by architects including 3-dimentional visualization software program and two other specialized designs and building programs. Any information and suggestion you can offer in solving this issue would be much appreciated. As I have an important deadline approaching in two weeks and I need this computer to complete my work. I contact the store where I bought this computer but the technicians there have been unable to provide assistance.

Sincerely,
David Marshall
Marshall Enterprises

From: Jeanne Kim jk@7862.service.com
Date: March, 3, 9:12 A.M
To: David Marshall <dmarshall.dme.com>
Subject: Computer problem

Dear. Mr. Marshall

I have thoroughly reviewed the issue you reported with your Nordovex 4000. This issue is commonly reported users who run several technical and graphics programs simultaneously as you do. Fortunately there is an easy solution that works in almost all cases. If you visit our website, http://nordovex.com/downloads, you will be able to download a free program that should solve this problem.

We suggest you install this program immediately on your computer. If after installation of the program your problem persists, you may ship the computer by air to our factory in Toronto for diagnosis by our team of specialists. However, please be aware of that it typically takes 4-6 weeks for us to service computers that are sent to the factory. If you determine that you must send your machine to the factory, please contact us so that we can offer you with a shipping label and further instructions.

Sincerely,
Jeanne Kim
Technical Support Representative

191. When did David Marshall buy a computer?

(A) 2 days ago
(B) 2 weeks ago
(C) 2 months ago
(D) 1 year ago

192. What most likely is Marshall Enterprises?

(A) Architect company
(B) Computer store
(C) Airplane company
(D) Television studio

193. According to the second e-mail, what should Marshall do next?

(A) Take the computer back to the store.
(B) Contract a computer repair expert.
(C) Install a program on the computer.
(D) Refer to the user' s manual.

194. According to the first e-mail, when does David Marshall receive an error message?

    (A) When he attempt to save his work.

    (B) When he attempt to exit a program.

    (C) When he installs a new software.

    (D) When he uses several program at the same time.

195. Why would David Marshall not want to send his computer to the factory?

    (A) Technicians at the local store can fix the problem.

    (B) He would miss the deadline for his work.

    (C) The factory has received many computer complaints.

    (D) He thinks the factory repairs would cost too much.

Canthapatheth Society
222 Cornwall Street
Kowloon, Hong Kong
Phone: 832-555-9513, Fax: 832-555-2341

August 1
Ms. Lian Xiao
Suite 38, 390 Sung Woo street
Kowloon, Hong Kong

Dear. Ms. Xiao

The Canthapatheth Society is pleased to invite you to An Evening with Khamtay Gum. The main attraction of the evening is the screening of Mr. Gum's latest film, The Cloth Weaver. It tells the story of a man who, over time, realizes that the fame and fortune cloth weaving has brought him do not necessarily lead to happiness.

Mr. Gum was born in Laos and is director of the much-acclaimed documentary Vientiane Plaza. This documentary won the award for Most Outstanding Production at the Quebec documentary film festival in Quebec city, Canada, and was shown in over 70 countries. He was honored by his government for giving his country international recognition. Mr. Gum's latest production is likely to be just as successful. Earlier this year, The Cloth Weaver was awarded the Golden Plum Blossom at the Guangdong film festival in China.

The Canthapatheth Society has gained a reputation for organizing remarkable events. An evening with Khamtay Gum continues this long-standing tradition. Please refer to the enclosed brochure for more details.

Sincerely
Kong Vatthana
Public Relations

The Chanthapatheth Society
presents
An Evening with Khamtay Gum
Saturday, August 30 at the Tsim Ha Theater

Program
6:00 P. M. Screening of The Cloth Weaver
7:45 P. M. Question-and-answer session with Mr. Gum
8:15 P. M. Reception

Ticket Information
Priority seating $30
General admission $20

Please note that tickets are not available at the box office of the Tsim Ha Theater.
*The Chanthapatheth Society is a nonprofit organization that supports institutions and individuals engaged in the study of Southeast Asian culture. All proceeds of this evening go to support the organization.

Topurchase tickets, please complete this portion of the brochure and mail it back to us in the enclosed return envelop no later than Saturday, August 16. Tickets will be mailed starting August 18.

Yes, I will be attending An Evening with Khamtay Gum.
Please mail me tickets. Enclosed is my check for $.
(Please make check payable to Chanthapatheth Society.)

196. What is the purpose of the letter?

    (A) To confirm the details of a conference.
    (B) To acknowledge a donation.
    (C) To introduce a new manager.
    (D) To promote an upcoming event.

197. What does the letter say about Mr. Gum?

(A) He once worked as a cloth weaver.

(B) He has won awards for his work.

(C) He founded the Chanthapatheth Society.

(D) He organized the Guangdong Film Festival.

198. When will Mr. Gum' s latest fim be shown?

(A) August 1

(B) August 16

(C) August 18

(D) August 30

199. What is true about the Chanthapatheth Society?

(A) It is based in Quebec City.

(B) It is organizing its first event.

(C) It promotes the culture of the people of Southeast Asia.

(D) It received an award from the Laotian government.

200, What should Ms. Xiao do if she wants to buy tickets?

(A) Complete and mail the bottom part of the brochure.

(B) Call the Public Relations Office of Chanthapatheth Society.

(C) Send a fax to the Chanthapatheth Society.

(D) Go to the box office of Tsim Ha Theater.

101. C	135. A	169. B
102. C	136. A	170. A
103. B	137. B	171. D
104. D	138. B	172. B
105. C	139. B	173. A
106. C	140. D	174. C
107. C	141. A	175. C
108. C	142. B	176. B
109. D	143. D	177. D
110. D	144. C	178. A
111. C	145. D	179. B
112. D	146. D	180. B
113. C	147. D	181. C
114. D	148. C	182. A
115. D	149. B	183. D
116. B	150. A	184. B
117. B	151. C	185. B
118. A	152. B	186. D
119. A	153. D	187. B
120. C	154. A	188. C
121. D	155. D	189. A
122. B	156. C	190. B
123. C	157. C	191. A
124. B	158. D	192. D
125. B	159. D	193. D
126. D	160. A	194. D
127. D	161. B	195. B
128. C	162. D	196. D
129. C	163. A	197. A
130. B	164. C	198. C
131. A	165. A	199. A
132. B	166. B	200. B
133. B	167. D	
134. C	168. C	

101. A	135. D	169. D
102. D	136. B	170. C
103. A	137. A	171. D
104. C	138. C	172. B
105. D	139. A	173. C
106. D	140. B	174. A
107. A	141. A	175. D
108. C	142. B	176. C
109. D	143. C	177. C
110. A	144. D	178. B
111. C	145. C	179. D
112. C	146. A	180. B
113. B	147. A	181. C
114. C	148. B	182. A
115. B	149. D	183. B
116. C	150. B	184. B
117. A	151. D	185. D
118. C	152. A	186. C
119. D	153. B	187. C
120. D	154. A	188. B
121. B	155. D	189. D
122. C	156. B	190. B
123. C	157. A	191. C
124. A	158. A	192. A
125. B	159. A	193. C
126. D	160. A	194. D
127. C	161. B	195. B
128. A	162. C	196. D
129. D	163. B	197. B
130. C	164. A	198. D
131. D	165. D	199. C
132. D	166. C	200. A
133. C	167. B	
134. D	168. C	

선생님 감사드려요··*

  1월달에 점수보장 실전반 한달 수강했던 학생이에요ㅎㅎ 방금전에 점수 확인해봤는데 910점 나왔네요··* 900점 이상을 목표로 했었기에 기뻤습니다ㅋㅋ 토익 공부를 제대로 해본적이 한번도 없었거니와 시험도 한번 본적 없던 저에게 정체모를 불안함과 궁금증을 해결해주신 선생님이 계셨기에 가능했던게 아닌가 생각해요 수업 중간중간 재밌는 얘기도 빼놓지 않으시고 가끔은 수강생들에게 일침도 가하시고 좋은 자료도 많이 주시고 무엇보다 책 한권만 봐도 충분할 정도로 선생님이 직접 지으신 책 토익은 내밥과 강의 내용이 가장 좋았습니다 감사드리고 계속 좋은 강의 부탁드릴게요!

선생님 덕분에 토익 만점 받았습니당

♣ 게시판 &고득점수기   No Doubt
조회 1584|추천 0|2006.04.25. 13:27http://cafe.daum.net/pattoeic/60kZ/839

(대학생[최민정-)daum의 pattoeic 카페에 고득점수기에 글쓴이 no doubt의 만점후기글도 두 달만에 만점맞은 전설적인 바로 그 비법서!)
 daum에 pattoeic카페의 게시판&고득점수기에 글쓴이 no doubt의 만점 후기글입니다

　　강남 파고다에서 선생님 강의를 2월에 들었던 학생입니다. (거의 맨날 수업 끝나고 질문하러 나갔던 학생 기억하실지.. ㅋ) 3월에는 수업을 안 하신다 해서 3월 말에 약간 불안한 마음으로 시험을 쳤었습니다. 학교 개강하고 나서 체계적으로 공부를 안해서 걱정이 되었었거든요.(전 대학교 3학년) 사실 저는 그 전에 토익을 한번도 친 적이 없어서, 선생님이 쓰신 문제집이나 나누어주시는 핸드아웃을 학원에서 풀때는 되게 어려웠거든요. 선생님 수업 듣기 전까지는 유형이 뭔지도 모르고 기출 답이 뭔지도 하나도 몰랐으니까. 근데 그날 시험볼때는 왜인지 쉽게 느껴지는 거에요. ㅋ 실제로 난이도가 낮았는지는 모르지만 ‥;; 특히 이번에 R/C에서 많이 틀리면 점수가 확 깎였다고 그러던데 선생님이 수업시간에 강조하셨던 대로 풀었더니 시간도 정말 많이 남았고 되게 쉽게 쉽게 풀리더라고요 ㅋ 그래서 이번에 가채점했을 때는 R/C 다 맞았었거든요~~~ 선생님이 또 R/C 빡세게 가르치시잖아요~~~ ㅎ 성적 받고 나서 2월에 고생했던게 기억났습니다. 너무 감사합니다. 리스닝에서는 사실 딴 생각 쫌 하느라 몇개 나갔었는데 그래도 선생님이 말씀하셨던 원칙 같은 건 계속 기억할려고 햇어요. 솔직히 처음에 수업 들었을 땐 약간 엄하신 것 같아서 반발감이 들었는데 감사합니다. 선생님 덕분에 토익 만점이 나왔습니다. 990점 중 제 실력이 전부가 아닐겁니다. 선생님이 지도해주신 방향대로 따라가니까 이렇게 좋은 결과가 나온 것이겠죠. 사실 지금도 얼떨떨 합니다. 인터넷으로 확인할 때 잘못나왔나 싶기도 했고.. 오늘 성적표가 왔는데 너무 신기합니다. 선생님 덕분이에요~~~ 학원에 찾아가고 싶어도 ㅋ(그럼 밥 한끼는 사주시겠지.. ㅎㅎ) 5월 토익 때문에 바쁘실 것 같아서..‥;; 건강 약하시다고 들었는데 몸 조심하세요~ 전 감기에 걸려서 콜록 콜록.. ㅠ.ㅜ 다른 학생들에게도 좋은 가르침 주시기를*‥*

쌤 안녕하세요!! 쌤 찾으러 파고다 다시 가려는데 쌤 수업을 찾을수 없네요ㅠㅠ

쌤 안녕하세요!!

저 아라예요

고아라! 혹시 기억 하시는지요 :)

세라 친구 아라예요.

쌤의 명강의 덕분에 960점 찍고 취업한지 훌쩍 1년이 지났어요.

쌤 어떻게 지내고 계시나요?

님 뵙고싶어용!

쌤 수업 다시 듣고싶은데 저...어디로 가야 하나요? ㅋㅋㅋㅋㅋ

펫 전 선생님 덕분에 200점향상‥

안녕하세요‥펫 전 선생님을 뵌지도 어느덧 두달이 되었네요. 정말 많은 도움 받고 갑니다. 대학교 2학년 1학기때 휴학하고 혼자 여러달 공부하다가 거의 복학할 때 즈음 되서 급하게 학원을 오게 되었습니다. 앞으로 복학해서도 열심히 공부해서 반드시 고득점으로 보답하겠습니다.

6월달 시험볼때만해도 감이 안왔는데 7월달 시험을 보니 토익의 끝이 보이더군요. 아직 저의 토익실력은 다듬어지지 않는 부분이 많아 앞으로 부단히 실력을 단련하고 좀더 세련된 토익실력을 갖추겠습니다. 독학으로 여러달동안 공부했지만 얻을수없는 것을 단 2달만에 느끼게 해주서서 정말 감사합니다. 07년 4월 395 점 맞던 제가 어느덧 보니 R/C L/C 각각 10개 안팎을 내다볼수있다는게... 정말 꿈만 갔습니다. 앞으로는 RC LC 모두 합쳐 10개 안팎을 볼수 있도록 노력하겠습니다. 6월 7월 다니기 전보다 무려 200점 가량 올랐구요.,‥ 07년 04월 395–>08년 04월 635—> 08년 5월 660—> 08년 6월 780—> 08년 7월 875 (가채점예상) (08년 6월7월 두달간 수강)

수기... 이 글을 보시는 분들께서는 그 점수에 수기를 쓰냐고 생각하시는 분들도 많으실 꺼라 생각됩니다. 하지만 과거의 수능성적보다 안나오는 토익... 수능은 500 만점 토익은 990만점..... 좌절과 암흑시기 ...ㅠ.ㅠ(그 당시는 500 600도 꿈의 점수 였을정도로....) 이런 시절 딛고 빛을 볼수 있구나라는 것을 보여드리고 싶어서 글 올립니다. 그리고 휴학해서 혼자 독학으로 여러 달 햇는데 점수가 600점대에서 계속 제자리더군요. 해X스, 토X토, 시X공 등 문제집 왠만한건 다 풀었는데 이 점수대이니 환장하겠더군요. 그래서 6월 7월 두달 학원 다니기로 맘을 먹고 파고다 오게 됐습니다. 전 선생님께서 말씀하신 팟 7을 먼저 풀고 나중에 팟 56 을 푸는 방법은 정말 혁신적이었습니다. 보통 리스닝이 끝나고 팟 56을 풀게되면, 시간을 최대한 줄여야 된다는 강박관념에 사로잡혀서 빈칸 뒤에 좀만 보면 되면 쉽게 빠지지 않는 함정도 콱콱 빠지고 셤끝나고 자책...ㅠ.ㅠ 하지만 먼저 독해 팟 7을 푸니 확실히 독해도 여유 있게 되고 팟 5 6도 여유가 생기더군요. 초조해지면 오히려 문제가 안 풀리시는 분들은 반드시 이 방법하셔야 될 것 같아요. 물론 다른 분들도 마찬가지로 이 방법 추천드립니다. 아 그리고 최우선 순위는 펫 전 수업샘의 수업... 그리고 나눠주시는 인쇄물입니다. 그리고 토익은 내밥책... 펫 전 선생님께서 누누이 말씀하시지만, 집에서 오늘 수업한 거 반복해서 보는 것이 가장 확실한 방법이라고 생각합니다. 한달 다니고 나서 시험 봤는데, 그때는 팟 5 6은 마니 향상되었지만 나머지는 파트들은 제자리라 마음 고생이 심했죠 ㅠ.ㅠ 두달째, 4시 40분 타임 속성비법반으로 들어가서.. 선생님의 강의를 들으면서, 토익은 시험범위가 정해진 암기 과목이다라는 것을 깨닫게 되었습니다. 심지어 독해 지문이 그대로 나오는 경우가 있을 정도로... 팟 5 6는 정말 반복만이 살길인 것 같아요. 토익은 내밥책 미친척하고 시간 날때마다 만화책 읽듯이 계속 읽었습니다. 팟 5 6는 알면 3초 모르면 고민하다가 함정 빠지거나 로또!!찍기..... 여러분도 아시다시피 많이 좋은 문제를 풀다보면 어느새 경향이라는 흐름이 느껴집니다. 주구장창 보시면....

전 독해는 왜 그 놈이 답이 되는가 핵심문장.. 문제가 하나면 핵심문장 하나... 꼭하나... 예외적으로, 이 글과 일치하지 않는 것과 같은 문제는 보기 4개중 일치하는거 3개를 찾아야 되죠. 그래서 다른 문제집 안보고 2달동안 독해 지문 주신거 왜 그렇게 답이 되는 확실한 증거 문장 찾기 연습하니깐 독해는 필요한 것만 딱딱 하면 시간이 절약할 수 있다는 것을 알았습니다. 다른 두꺼운 문제집 낑낑대면 풀었던 것보다 훨씬 효과가 좋았어요. 허접한 수기라도 읽으시고 도움 되시길 바랍니다. 저도 계속 정진해야되는 입장이라 이런 수기 쓰기 정말 민망할 따름입니다. 이 수기 읽은 분과 저 모두 토익 정복해봅시다··

한달만에 450점 올렸어여..
팻전 강사님 감사합니다..

대학 졸업 후 몇년만에 처음으로 승진시험을 위해 1월에 토익을 봤습니다. 얼마 후 성적표를 봤을 때 300을 간신히 넘긴 점수를 보고 정말 앞이 암담하고 답답하고 ... 참 난감했는데.. 다급한 마음과 일단은 무작정 해보자는 심정으로 생전 처음으로 어학원을 알아보고 그 중 파고다 학원에 등록해서 수업을 받은지 두달이 다 되어 가네여.. 회사일과 수업을 병행하느라 많은 시간을 투자하지는 못하지만 팻전 강사님의 가르침을 바탕으로 예습과 복습 그리고 꼭 암기하라고 하는것들 외우는데 최선을 다하고 팻전 강사님의 조언대로 3월 토익시험에 응시해서 토익을 봤습니다. 일단은 문제에 익숙하자는 뜻에서 봤는데 오늘 성적이 나왔네여...오늘 팻전 강사님의 토요일 특강을 듣고 집에 와서 3월 토익 성적을 확인했는데 성적은 750점대네여.....성적을 보고 얼마나 기쁘던지.....정말 너무 기쁜 하루입니다...아직 승진시험까지 2달정도 남았고 목표인 800점 돌파...1월까지만 해도800점 고지가 너무나도 멀어보였는데...지금도 800점 고지가 멀어보이지만 자신감이라는 무기를 얻었네여..이러한 자신감을 가질 수 있게 해주신 팻전 강사님께 정말 고맙습니다..수업 중 강사님 말씀대로 초딩들도 나오는 점수 우리도 나올 수 있다고자신감 가지라고 늘 말씀하시는데...ㅋㅋ 저 이젠 초딩들과 조금 비슷한 실력이 된건가여?ㅋㅋㅋㅋㅋ앞으로 남은 두달 팻전 강사님과 믿고 열심히 따라 가겠습니다..복 많이 받으실거에여...ㅋㅋ